INTRODUÇÃO AO DESENVOLVIMENTO DE GAMES

Dados Internacionais de Catalogação na Publicação (CIP)
(Câmara Brasileira do Livro, SP, Brasil)

Introdução ao desenvolvimento de games: vol. 2:
programação: técnica, linguagem e arquitetura /
editado por Steve Rabin; tradução Opportunity
Translations; revisão técnica Luís Carlos
Petry. -- São Paulo: Cengage Learning, 2012.

Título original: Introduction to game development.
2º ed. norte-americana
Bibliografia.
ISBN 978-85-221-1144-2

1. Jogos por computador - Design 2. Jogos por
computador - Programação 3. Videogames - Design
I. Rabin, Steve.

12-00721   CDD-794.81536

Índices para catálogo sistemático:

1. Games por computador: Desenvolvimento
   794.81536

INTRODUÇÃO AO DESENVOLVIMENTO DE GAMES

Tradução da 2ª edição norte-americana

Volume 2
Programação: técnica, linguagem e arquitetura

Tradução
Opportunity Translations

Revisão Técnica
Luís Carlos Petry

Doutor em Comunicação e Semiótica pela PUCS-SP. Professor no Programa de Pós-Graduação em Tecnologias da Inteligência e Design Digital e no Curso de Tecnologia Superior em Jogos Digitais da PUC-SP. Coordenador do Núcleo de Pesquisas em Hipermídia e Games da PUC-SP.

Editado por
Steve Rabin

CENGAGE Learning

Austrália • Brasil • Japão • Coreia • México • Cingapura • Espanha • Reino Unido • Estados Unidos

CENGAGE Learning™

Introdução ao desenvolvimento de games
Volume 2 – Programação: técnica, linguagem e arquitetura
Tradução da 2ª edição norte-americana
Editado por Steve Rabin

Gerente Editorial: Patricia La Rosa

Supervisora Editorial: Noelma Brocanelli

Editora de Desenvolvimento: Marileide Gomes

Supervisora de Produção Editorial: Fabiana Alencar Albuquerque

Título original: Introduction to game development, second edition
ISBN 13: 978-0-84003-103-7
ISBN 10: 0-84003-103-3

Tradução: Opportunity Translations

Revisão Técnica: Prof. Dr. Luís Carlos Petry

Copidesque: Mônica de Aguiar Rocha

Revisão: Ana Maria de Carvalho Tavares, Vera Lúcia Pereira e Márcia Elisa Rodrigues

Diagramação: Alfredo Carracedo Castillo

Capa: Sergio Bergocce

Indexação: Casa Editorial Maluhy & Co.

© 2010 Course Technology, uma divisão da Cengage Learning
© 2013 Cengage Learning Edições Ltda.

Todos os direitos reservados. Nenhuma parte deste livro poderá ser reproduzida, sejam quais forem os meios empregados, sem a permissão, por escrito, da Editora.
Aos infratores aplicam-se as sanções previstas nos artigos 102, 104, 106 e 107 da Lei nº 9.610, de 19 de fevereiro de 1998.

> Para informações sobre nossos produtos, entre em contato pelo telefone
> **0800 11 19 39**
> Para permissão de uso de material desta obra, envie seu pedido para
> **direitosautorais@cengage.com**

© 2013 Cengage Learning.
Todos os direitos reservados.

ISBN: 13: 978-85-221-1144-2
ISBN: 10: 85-221-1144-8

Cengage Learning
Condomínio E-Business Park
Rua Werner Siemens, 111 – Prédio 20
Espaço 04 – Lapa de Baixo
CEP 05069-900 – São Paulo – SP
Tel.: (11) 3665-9900 – Fax: (11) 3665-9901
SAC: 0800 11 19 39

Para suas soluções de curso e aprendizado, visite **www.cengage.com.br**

Impresso no Brasil.
Printed in Brazil.
1 2 3 4   15 14 13 12

⟩ Agradecimentos

Muitas pessoas dedicadas contribuíram para a criação deste livro. Primeiro, gostaria de agradecer aos autores. Esta obra é um tributo ao trabalho intenso e dedicação em compartilhar seu conhecimento com outros. Como líderes em seus campos, é necessário sacrifício e boa vontade para doar seu tempo livre na transmissão de conhecimento a outras pessoas. Por esse esforço, muito obrigado.

Este livro começou como um sonho de trazer veteranos importantes da área de jogos para criar um volume de conhecimento e sabedoria sem igual. Charles River Media acreditava imensamente no projeto desde o começo e me confiou a fazê-lo. Quero agradecer-lhes por sua orientação, suporte e fé. Toda a equipe da Charles River Media foi muito prestativa e utilizou suas habilidades para produzir esta obra rapidamente, e merece muitos agradecimentos por isso.

Quero manifestar minha gratidão a Jason Della Rocca, ex-diretor executivo da IGDA, não apenas pelo encorajamento para este projeto, mas também por seu suporte e contribuição à International Game Developers Association (IGDA) e à IGDA Curriculum Framework, que inspiraram e orientaram este livro. Obrigado também aos outros membros do Curriculum Development Committee: Tracy Fullerton, Magy Seif-El Nasr, Darius Kazemi, Darren Torpey, Yusuf Pisan, Rob Catto, Doug Church, Robin Hunicke, Katherine Isbister, Katie Salen, Warren Spector e Eric Zimmerman.

Agradeço ainda a Rob Bakie, Isaac Barry, Hal Barwood, Jim Charne, Henry Cheng, Miguel Gomez, Jeff Lander, Eric Lengyel, Tito Pagan e Graham Rhodes pela ajuda no recrutamento de autores e pela revisão de muitos dos capítulos.

Por fim, obrigado à minha amada esposa e a meus filhos, Aaron e Allison, por me apoiarem durante essa jornada, bem como meus pais, Diane e Barry, e meus sogros, Jim e Shirley.

Sumário

Prefácio	xxvii
Prefácio à edição brasileira	xxxiii
Biografia dos colaboradores	xxxv

▶▶▶ PARTE 3 – PROGRAMAÇÃO DE JOGOS: LINGUAGENS E ARQUITETURA

3.1 – EQUIPES E PROCESSOS	**165**
Visão geral	165
Equipes de programação	165
Áreas de programação	166
Código do jogo	166
Motor do jogo	166
Ferramentas	167
Organização da equipe	167
Habilidades e personalidades	168
Metodologias	169
Código e correção	169
Cascata	169
Iteração	170
Metodologias ágeis	170
Práticas comuns	171
Controle de versão	171
Padrões de codificação	172
Versões automatizadas diariamente	172
Qualidade	173
Revisões do código	173
Assertivas (*asserts*) e travamento	173
Testes de unidade	175
Testes de aceitação	175
Base de dados de erros (*bugs*)	176
Aproveitando código existente	176
Plataformas	178

Computadores pessoais (PCs)	179
Consoles de jogo	180
Portáteis e celulares	180
Jogos de navegador (*browser*) e de download	181
Desenvolvimento multiplataforma	181
Resumo	**183**
Exercícios	**183**
Referências	**183**
3.2 – C++, JAVA E LINGUAGENS DE SCRIPT	**185**
Visão geral	**185**
C++ e desenvolvimento de jogo	**185**
Vantagens	186
Desempenho	186
Características de alto nível	186
Herança C	187
Bibliotecas	188
Fraquezas	189
Nível muito baixo	189
Muito complicado	189
Carência de recursos	189
Iteração lenta	190
Quando utilizar?	190
Java	**191**
Por que Java?	191
Desempenho	192
Plataformas	193
Linguagens de script	**194**
Por que linguagens de script?	194
Facilidade de desenvolvimento	195
Tempo de iteração	195
O código se torna um recurso	195
Recursos	196
Desvantagens de linguagens de script	196
Desempenho	196

Suporte a ferramentas	197
Encontrando erros	197
Interface com o restante do do jogo	198
Linguagens de script populares	198
Python	198
Lua	198
Outras linguagens padronizadas	199
Linguagens customizadas	199
Escolhendo uma linguagem de script	199
Você precisa de uma linguagem de script?	200
De que características você precisa?	200
De que tipo de desempenho você precisa?	200
Que facilidades de depuração a linguagem possui?	200
Em quais plataformas as linguagens de script precisam funcionar?	201
Que especialidades e recursos você tem disponível?	201
Resumo	201
Exercícios	202
Referências	202

3.3 – FUNDAMENTOS DA PROGRAMAÇÃO   205

Visão geral	205
Estruturas de dados	205
Arrays	206
Listas conectadas	207
Dicionários	207
Outro	208
Empacotamento de bit	209
Flags	209
Comunicação em rede	211
Números de ponto flutuante	212
Outros usos	212
Design orientado a objetos nos jogos	213
Conceitos orientados a objetos	213
Herança	213
Polimorfismo	215
Herança múltipla	217

Sistemas de componente — 219
Limitações da herança — 219
Acoplamento forte — 219
Fluxo de controle incerto — 219
Não é flexível o suficiente — 220
Hierarquia estática — 221
Organização do sistema de componente — 221
Composição direcionada a dados — 222
Desvantagens e análises — 223
Padrões de design — 224
Singleton — 225
Problema — 225
Solução — 225
Aplicação ao desenvolvimento do jogo — 225
Consequências — 225
Fábrica de objeto (Object Factory) — 226
Problema — 226
Solução — 226
Aplicação ao desenvolvimento do jogo — 226
Consequências — 227
Observador (Observer) — 228
Problema — 228
Solução — 228
Aplicação ao desenvolvimento do jogo — 228
Consequências — 229
Composto (Composite) — 229
Problema — 229
Solução — 229
Aplicação ao desenvolvimento do jogo — 230
Consequências — 230
Outros padrões — 231
Resumo — 231
Exercícios — 231
Referências — 232

3.4 – ARQUITETURA DO JOGO — 233

Visão geral — 233

Estrutura principal	233
Tipos de arquitetura	234
Arquitetura Ad-Hoc	234
Arquitetura modular	234
Arquitetura de grafos acíclicos dirigidos (DAG)	235
Arquitetura em camadas	236
Ferramentas domésticas	237
Visão panorâmica de um jogo	**238**
Etapas de inicialização/desligamento	**238**
Visão geral	239
Aquisição de recurso é inicialização	240
Otimizações	241
Desligamento rápido	241
Reinicialização a quente	241
Loop do jogo principal	**242**
Tarefas	242
Etapa de tempo	242
Input	243
Rede	244
Simulação	244
Colisão	244
Atualizações de objeto	245
Renderização	245
Outros	245
Estrutura	245
Acoplamento	247
Ordem de execução	247
Entidades do jogo	**250**
Definição	250
Organização	251
Atualizando	251
Criação	252
Instanciação de nível	256
Identificação	258
Comunicação	259
Resumo	**261**
Exercícios	**261**
Referências	**262**

3.5 – MEMÓRIAS E SISTEMAS I/O 263

Visão geral 263

Gerenciamento de memória 263

   Trabalhando com memória 264
      Segurança 264
      Conhecimento 264
      Controle 265
   Fragmentação de memória 265
   Alocação estática 266
   Alocação dinâmica 268
   Gerenciador de memória personalizado 269
      Operadores globais new e delete 269
      Operadores específicos de classe new e delete 271
      Verificação de erro 273
      Detectando vazamentos de memória 275
      Agrupamentos de memória 276

Arquivo I/O 280

   Sistema de arquivo unificado independente de plataforma 280
   Arquivos 282
   Buffering 283
   Empacotamento de arquivos 285
   Extensões e usos avançados 287

Recursos de jogos 288

   Trabalhando com os recursos de jogo 288
   Gerenciador de recurso 288
   Tempo de vida do recurso 290
      Tudo de uma vez 290
      Gerenciamento explícito de tempo de vida 291
      Contagem de referência 291
   Recursos e instâncias 292
   Pré-cache do recurso 292

Serialização 293

   Gravação 293
      Interface ISerializable 293
      Implementando o Write 294
      Identificadores únicos 295
      Recursos 296

Ponteiros de gravação	296
Carregamento	296
Criando objetos	296
Ponteiros de carregamento	297
Resumo	**299**
Exercícios	**299**
Referências	**300**

3.6 – DEPURANDO OS JOGOS 303

Visão geral	**303**
O processo de depuração em cinco etapas	**304**
Passo 1: Reproduzir o problema de forma consistente	304
Passo 2: Coletar pistas	305
Passo 3: Localizar o erro	305
Método 1: Proponha uma hipótese	305
Método 2: Divida e conquiste	306
Passo 4: Corrigir o problema	306
Passo 5: Testar a solução	307
Dicas especializadas de depuração	**307**
Questione suas suposições	308
Minimize interações e interferência	308
Minimize aleatoriedade	308
Divida cálculos complexos em etapas	308
Verifique as condições-limite	308
Interrompa computações em paralelo	308
Explore ferramentas no depurador	308
Verifique o código modificado recentemente	309
Explique o erro para alguém	309
Depure com um parceiro	309
Afaste-se um pouco do problema	309
Obtenha ajuda externa	309
Padrões e cenários de depuração complicada	**309**
O erro existe no compilado, mas não na depuração	310
O erro existe no hardware do console do consumidor, mas não no kit de desenvolvedor	310
O erro desaparece quando muda algo inócuo	310

Problemas verdadeiramente intermitentes	310
Comportamento inexplicável	311
Erros do compilador interno	311
Quando você tem a suspeita de não ser o seu código	312
Entendendo o sistema subjacente	312
Adicionando infraestrutura para ajudar na depuração	313
Altere variáveis de jogos durante a sessão de jogo	313
Diagnósticos visuais de IA	313
Capacidade de registro	313
Capacidade de gravação e reprodução	313
Rastreie alocação de memória	314
Imprima o máximo de informações durante o travamento	314
Treine sua equipe inteira	314
Prevenção de erros	314
Resumo	316
Exercícios	316
Referências	317

PARTE 4 – PROGRAMAÇÃO DE JOGOS: MATEMÁTICA, DETECÇÃO DE COLISÃO E FÍSICA

4.1 – CONCEITOS MATEMÁTICOS — 321

Visão geral	321
Trigonometria aplicada	322
Funções trigonométricas	322
Identidades trigonométricas	324
Funções trigonométricas inversas	326
As leis dos senos e cossenos	327
Vetores e matrizes	329
Aritmética de vetor	329
Aritmética de matriz	332
Produto escalar	336
O produto vetorial	340
Transformações	343

Transformações do sistema de coordenadas	343
Coordenadas homogêneas	344
Transformações comuns	345
Transformando vetores normais	347
Geometria	**349**
Linhas	349
Planos	349
Distância de um ponto para a linha	351
Interseção de uma linha e um plano	351
Resumo	**352**
Exercícios	**352**
Referências	**353**

4.2 – DETECÇÃO DE COLISÃO E RESOLUÇÃO 355

Visão geral	**355**
Detecção de colisão	**355**
Teste de sobreposição	**356**
Resultados	356
Limitações do teste de sobreposição	356
Teste de interseção	**358**
Limitações do teste de interseção	359
Lidando com complexidade	**360**
Geometria simplificada	**360**
Soma de Minkowski	361
Vinculando volumes	**362**
Alcançando complexidade de tempo O(*n*)	**363**
Varredura de plano	364
Detecção de colisão de terreno	**364**
Redes irregulares trianguladas (TINs)	366
Resolução de colisão	**368**
Prólogo	368

Colisão	368
Epílogo	368
Resolvendo testes de sobreposição	369
Resolvendo teste de interseção	370

Resumo — 370

Exercícios — 371

Referências — 371

4.3 – FÍSICA DOS JOGOS EM TEMPO REAL — 373

Visão geral — 373

Rebobinando: um novo olhar sobre física básica — 374

A importância de unidades consistentes	374
Cinemática de partículas	375
As famosas leis de Newton	376
O ciclo de movimento	377
O efeito de uma força constante em um movimento de partícula	377
Consistência de unidades, ainda importante	378
Movimento de projétil	378
Resposta de colisão sem atrito	379
A história até agora	382

Introdução à simulação de física numérica — 384

Integração numérica da equação newtoniana do movimento	385
Usando integração numérica para simular uma coleção de partículas	387
Resposta de colisão no loop de simulação	388
Complexidades sutis na resposta de colisão	389
Uma breve explicação sobre métodos alternativos de resposta de colisão	389
Problemas de estabilidade numérica e alternativa para integração explícita de Euler	391
A importância da independência da taxa de frames	393

Além das partículas — 394

Motores de física de terceiros — 395

Objetos estáticos e cinemáticos	395
Dinâmicas de corpo rígido	396
Dinâmicas de corpo flexível	396
Restrições	398
Ragdoll e física de personagem	398

Dinâmicas de fluido	399
Criação de conteúdo de física	400
Tendências emergentes	400
Resumo	401
Material complementar disponível para download	402
Exercícios	402
Referências	403

PARTE 5 – PROGRAMAÇÃO DE JOGOS: GRÁFICOS, ANIMAÇÃO, IA, ÁUDIO E REDE

5.1 – GRÁFICOS — 407

Visão geral	407
Fundamentos dos gráficos	407
Frame *buffer* e *back buffer*	408
Visibilidade e *depth buffer*	408
Stencil buffer	409
Triângulos	410
Vértices	410
Espaços de coordenadas	411
Texturas	413
Shaders	413
Materiais	414
Organização de alto nível	414
Interações entre o jogo e o renderizador	414
Objetos de renderização	415
Instâncias de objetos de renderização	415
Malhas	415
Esqueletos	416
Particionamento do volume de renderização	416
Portais	417
Particionamento de espaço binário (BSP)	419
Quadtrees e *Octrees*	420
Conjunto potencialmente visível (PVS)	421
Usos comuns	421
Velocidade e eficiência	422

Tipos de renderização de primitivos	423
Texturas	426
Formatos de texturas	426
Mapeamento de texturas	429
Filtragem de textura	430
Renderização para textura	432
Iluminação	433
Componentes	434
Representação do ambiente de iluminação	435
Representando múltiplas luzes	437
Iluminação difusa	439
Mapas normais	440
Mais sobre espaço tangente	442
Transferência de brilho pré-computada	443
Iluminação especular	444
Mapas de ambiente	446
O pipeline de renderização do hardware	447
Montagem de entrada	448
Sombreamento do vértice	448
Montagem de primitivo, seleção e corte	448
Projeção, rasterização e antialiasing	450
Sombreamento de pixel	451
Operações de Z, stencil e alpha-blend	451
Múltiplos alvos de renderização	452
Características de shader	452
Linguagens de programação de shader	454
Pipelines de função fixa	454
Resumo	455
Exercícios	455
Referências	456
5.2 – ANIMAÇÃO DA PERSONAGEM	**457**
Visão geral	457
Conceitos fundamentais	458
A hierarquia do esqueleto	458
A transformação	459

Ângulos de Euler	460
A matriz de rotação 3x3	461
Quatérnios	462
Animação *versus* deformação	463
Modelos e instâncias	463
Controles de animação	464
Armazenamento de animação	**464**
Decomposição e eliminação de constante	465
Keyframes e interpolação linear	466
Interpolação de ordem mais alta	469
Looping	471
Reproduzindo animações	**472**
Scrubbing	473
Combinando animações	**474**
A lerp	474
Métodos de combinação de quatérnions	475
Combinando múltiplos caminhos	477
Máscaras de ossos	478
Lerp mascarada	479
Combinação hierárquica	479
Extração de movimentos	**480**
Extração de movimento linear	480
Extração de movimento composto	481
Extração de delta variável	482
Encontrando suas raízes	483
Se uma árvore se anima em uma floresta...	484
Deformação da malha	**485**
1. Transformar cada osso em espaço do mundo	485
2. Encontrar o delta da pose de descanso	485
3. Deformar as posições de vértice	486
4. Deformar as normais do vértice	487
Cinemática inversa	**488**
IK de um único osso	488
IK de múltiplos ossos	489
IK de dois ossos	491
IK por interpolação	492

Attachments	495
Detecção de colisão	495
Resumo	496
Exercícios	497
Referências	497

5.3 – INTELIGÊNCIA ARTIFICIAL: AGENTES, ARQUITETURA E TÉCNICAS — 499

Visão geral	499
IA para jogos	500
Especialização	501
Agentes de jogos	502
Percepção	502
Visão	502
Audição	503
Comunicação	504
Tempos de reação	504
Pensamento	504
Conhecimento especializado	505
Busca	505
Aprendizagem da máquina	505
Flip-flopping	506
Ação	506
Aprender e lembrar	507
Tornando os agentes estúpidos	507
Trapaça do agente	507
Resumo dos agentes do jogo	508
Máquina de estados finitos	508
A máquina de estados finitos básica	508
Definindo uma FSM	509
Estendendo a FSM básica	513
FSMs múltiplas	514
Depurando FSMs	514
Resumo das FSMs	514

Técnicas comuns de IA	**514**
A* Pathfinding	514
Exemplo de jogo	515
Árvore de comportamento	515
Exemplo de jogo	515
Hierarquia de comando	515
Exemplo de jogo	516
Navegação estimada	516
Exemplo de jogo	516
Comportamento emergente	516
Exemplo de jogo	516
Flocagem	516
Exemplo de jogo	517
Formações	517
Exemplo de jogo	517
Mapeamento de influência	517
Exemplo de jogo	517
IA de nível de detalhe	518
Exemplo de jogo	518
Distribuição de tarefas do gerenciador	518
Exemplo de jogo	518
Evitar obstáculos	519
Exemplo de jogo	519
Scripting	519
Exemplo de jogo	520
Máquina de estados	520
Exemplo de jogo	520
Máquina de estados baseada em pilha	520
Exemplo de jogo	520
Arquitetura de subsunção	521
Exemplo de jogo	521
Análise de terreno	521
Exemplo de jogo	521
Sistema de acionamento	521
Exemplo de jogo	522
Técnicas promissoras de IA	**522**
Redes bayesianas	522
Exemplo de jogo	522
Arquitetura de quadro-negro	522
Exemplo de jogo	522

Aprendizado da árvore de decisão 523
   Exemplo de jogo 523
Aleatoriedade filtrada 523
   Exemplo de jogo 524
Lógica fuzzy 524
Algoritmos genéticos 524
   Exemplo de jogo 525
Predição estatística n-grama 525
   Exemplo de jogo 525
Redes neurais 526
   Exemplo de jogo 526
Perceptrons 526
   Exemplo de jogo 526
Planejamento 526
   Exemplo de jogo 527
Modelagem do jogador 527
   Exemplo de jogo 527
Sistemas de produção 527
   Exemplo de jogo 527
Aprendizado por reforço 528
Sistema de reputação 528
   Exemplo de jogo 528
Terreno inteligente 528
   Exemplo de jogo 529
Reconhecimento de fala e texto para fala 529
Aprendizado da modificação de fraqueza 529
   Exemplo de jogo 529

Resumo 530

Exercícios 530

Referências 531

5.4 – INTELIGÊNCIA ARTIFICIAL: VISÃO GERAL DA PATHFINDING 535

Visão geral 535

Representando o espaço de busca 536
  Grades 536
  Gráficos de waypoint 537

Malhas de navegação	539
Pathfinding	**540**
Random-trace	541
Entendendo o algoritmo A*	542
Breadth-First	544
Best-First	545
Dijkstra	546
A*	548
Resumo	**549**
Exercícios	**550**
Referências	**551**

5.5 – PROGRAMAÇÃO DE ÁUDIO 553

Visão geral	**553**
Programando áudio básico	**554**
Terminologia básica de áudio e física	555
Representação digital do som	558
Pipeline de áudio e recursos de mixagem	560
Reprodução de amostra e manipulação	561
Fazendo streaming de áudio	562
Formatos comprimidos de áudio	563
Envelopes ADSR	564
Áudio 3D	565
Efeitos de ambiente	567
Padrões de efeitos de ambiente: I3DL2 e EAX	568
Programando sistemas musicais	**569**
Um reprodutor de música baseado em MIDI	569
DLS	570
iXMF	570
Um reprodutor de fluxo (stream) de áudio digital	570
Um sistema de música interativa conceitual	571
Programando áudio avançado	**572**
Integração de efeitos de ambiente de áudio 3D	572
Integração de motor e script de áudio	574
Tecnologia de sincronização de lábios (lip-sync)	575

Reprodução avançada de voz ... 576
Reconhecimento de voz ... 576

Resumo ... 576

Exercícios ... 577

Referências ... 577

5.6 – REDE E MULTIJOGADOR ... 579

Visão geral ... 579

Modos multijogador ... 579

Temporização de evento ... 580
  Baseado em turnos ... 580
  Tempo real ... 580
I/O compartilhada ... 580
Tela cheia ... 580
Tela dividida ... 581
Conectividade ... 582

Protocolos ... 583

Pacotes ... 583
Request for comments [Solicitação de comentários] ... 584

Pilha de protocolos ... 584

Camada física ... 585

Largura de banda e latência ... 585
Meio de conexão ... 586

Camada de conexão de dados ... 587

Camada de rede ... 587

Endereços IP ... 587
Difusão ponto a ponto ... 587
Endereços especiais ... 588
  Multidifusão ... 588
  Transmissão local ... 588
  Transmissão direcionada ... 588
  Loop back ... 588
  Endereço qualquer ... 588
Nome de domínio ... 589

Camada de transporte — 589

- Portas — 589
- Protocolo de controle de transmissão — 590
  - *Entrega em ordem garantida TCP* — 590
  - *Conectado* — 590
- Usar Datagram Protocol (UDP) — 591
- Broadcasting — 591

Camada de sessão — 591

- Soquetes — 591
- Origens — 592
- WinSock — 592
- Modos de soquete — 592
- Modelos de soquete padrão — 593
  - *Criação do soquete* — 593
  - *Conexão TCP* — 593
  - *Ouvinte TCP* — 594
  - *Transmissões stream* — 594
  - *Transmissões de datagramas* — 595
- Modelos de soquete de alto desempenho — 596

Camada de apresentação — 597

- Compressão — 597
- Criptografia — 598
- Serialização — 598
- Buffering — 599
  - *Coalescência de pacote* — 599
  - *Latência induzida* — 599
  - *Dados mortos* — 599
  - *Pacotes maiores* — 600

Camada do aplicativo — 600

- Verificação da versão — 600
- Modelos de atualização — 600
  - *Reflexão de entrada* — 600
  - *Reflexão de estado* — 602
- Sincronização — 603
  - *Navegação estimada (DR)* — 603
  - *Assistência de IA* — 603
  - *Arbitragem* — 603

Comunicação em tempo real 603
   Modelos de conexão 604
      Transmissão (Broadcast) 604
      Peer to peer 605
      Cliente/servidor 605
      Complexidade de conexão 606
      Largura de banda 606
   Ambientes assíncronos 607
Segurança 607
   Criptografia 608
      Chave pública (assimétrica – pares de chave) 608
      Chave secreta (simétrica – mesma chave) 608
      Codificações 608
      Retenção da mensagem 608
      Certificados 608
   Proteção de cópia 609
      Marca d'água 609
   Criptografia de execução 609
      Ofuscação do código 609
      Heap Hopper 609
      Execução do estouro da pilha 610
      Hacks inoperantes 610
      Hacks de temporizador 610
      Correção de DLL 610
   Privacidade do usuário 610
   Interceptação de nome de usuário e senha 611
   Firewalls 611
      Filtro de pacotes 611
      Proxies 611
      Gateways de circuito 612
      Tradução de endereço de rede (NAT) 612
      Encaminhamento de porta 612
      Ativação de porta 613
      DMZ 613
      Determinando o IP WAN 613
Resumo 613
Exercícios 614
Referências 616
Índice 618

〉 Prefácio

Bem-vindo à *Introdução ao desenvolvimento de games, Volume 2 – Programação: técnica, linguagem e arquitetura*. Este é um livro único que combina a sabedoria e a experiência de mais de 20 profissionais do setor de jogos para lhe dar uma visão sem precedentes do desenvolvimento de jogos – desde o design, programação, produção até questões de negócios.

O maior desafio na criação deste livro foi abordar praticamente todo o desenvolvimento de um jogo, tentando manter a profundidade necessária para realmente entender e apreciar o estado da arte dos processos tecnológicos. A solução foi reunir alguns dos especialistas mais brilhantes e respeitados na indústria e permitir que cada autor fosse fundo nos detalhes para cobrir sua especialidade. Esse processo resultou em um livro bastante longo, dividido em quatro volumes. Apesar de ser uma obra longa comparada à maioria, tal aspecto foi peça-chave para manter conceitos e ideias importantes, dando-lhe discernimento profundo para os problemas do desenvolvimento real de jogos.

O histórico dos autores é impressionante. Grande parte tem mais de uma década de experiência na indústria de jogos e são líderes em seus respectivos campos, palestrando regularmente na Game Developers Conference,[1] ministrando aulas de desenvolvimento de jogos em nível superior, ou até mesmo escrevendo seus próprios livros. O que destaca esta obra é a incrível percepção e experiência que cada autor traz para seu capítulo, com todas as áreas do desenvolvimento de jogos sendo exploradas. Ninguém poderia criar um livro como este, já que requer vidas de especialização e experiência para entender e refinar os problemas. Contudo, não leve minhas palavras em consideração; observe a biografia dos autores nas páginas a seguir.

Estrutura do livro e inspiração

A estrutura da obra é totalmente apoiada na Estrutura de Currículo da International Game Developers Association (IGDA) proposta pelo IGDA Curriculum Development Committee. Por meio da cooperação entre os profissionais respeitados da indústria e da academia, esse comitê foi capaz de definir uma estrutura que daria orientação para escolas e universidades para criar seus próprios programas acadêmicos no desenvolvimento de jogos. Por ser a Estrutura de Currículo da IGDA um continuado processo, ela forneceu a orientação e a inspiração para este livro.

Não é a intenção que todo tópico e capítulo deste livro sejam ensinados completamente em uma aula de desenvolvimento de jogos. Em vez disso, a obra contém uma classificação de assuntos, divididos em partes, que podem ser misturados e combinados para criar um currículo customizado, porém direcionado a um programa acadêmico particular.

Embora o livro possa ser customizado para criar um foco em particular, há um valor imenso na compreensão de todos os elementos do desenvolvimento de jogos e como eles interagem. O desenvolvimento de jogos não é apenas o design, programação ou criação de modelos 3D. Ele abarca o processo completo e como cada elemento interage e influencia os demais. Especialistas em programação não serão muito úteis se não entenderem as motivações do designer de jogos, artistas ou produtor. Os artistas irão criar uma arte inútil se não levarem em conta as limitações da programação do hardware e não criarem uma arte que combine com o design do jogo. Por fim,

---

[1] N.R.T.: A *Game Developers Conference* é um evento da indústria de games que se organiza em vários módulos. Consulte o site da GDC em http://www.gdconf.com/.

seria prejudicial a um projeto se a área comercial não entendesse os desafios técnicos envolvendo programação e criação de arte. O desenvolvimento de jogos é um processo cooperativo que depende de que cada departamento compreenda as motivações, os requisitos e as limitações colocadas pelos demais. Este livro deseja estabelecer um respeito mútuo e atitude de equipe de trabalho para o desenvolvimento de jogos.

Atualizações da segunda edição
A primeira edição deste livro foi desenvolvida em 2004-2005, antes do lançamento do Xbox 360, PS3 e Wii. Durante essa última transição dos consoles, vimos os processadores passarem do *single core* para o *multicore*,[2] os preços dos jogos subirem de US$ 50 para US$ 60, a distribuição digital se tornar cada vez mais aceita mundialmente e um retorno à ênfase na jogabilidade sobre materiais visuais impressionantes. E por mais que o desenvolvimento de jogos tenha mudado nos últimos quatro anos, os fundamentos principais continuam os mesmos. O único modo de ter sucesso é produzir grandes jogos que se concentrem na experiência do jogador.

Nesta segunda edição, tornamos mais eficiente a seção *Design de Jogos* (no Volume 1), expandindo métodos e técnicas para fazer o design dos jogos. Um novo capítulo sobre *Escrita de jogos e contando histórias interativas (Interactive storytelling)* foi adicionado. Este capítulo, que também faz parte do Volume 1, complementa e completa a seção *Design de Jogos*, dando orientação na disciplina de como construir e contar uma história dentro de uma experiência interativa. Além disso, atualizamos todos os capítulos para refletir o avanço tecnológico no desenvolvimento comercial de jogos.

Desenvolvimento de jogos no século XXI
Passados são os dias que um desenvolvedor solitário fabricava sozinho o design, o código e a arte do jogo. Desenvolvimento de jogos no século XXI trata da luta de grandes equipes para atingirem uma meta comum, em um período de vários anos. A indústria de jogos é um negócio "movido por grandes êxitos", e é necessário incrível talento, experiência, criatividade, marketing e sorte para produzir o próximo jogo de sucesso. Contudo, nessa indústria inovadora e evolutiva, há uma enorme oportunidade para alcançar novas barreiras e empurrar a tecnologia ainda mais além.

Enquanto a primeira edição do livro estava em produção, a indústria de jogos testemunhou o aparecimento do Nintendo DS. Esse sistema de jogos portáteis se mostrou como um exemplo perfeito de como a inovação continua a surgir ao nosso redor, ano após ano. O sistema suporta múltiplas telas, um microfone, um painel de toque, conectividade sem fio, e o jogar por transferência sem fios. Cada um desses elementos já existia há algum tempo, de uma forma ou de outra, mas ao colocarem tudo em um único pacote que milhões de pessoas compraram, os desenvolvedores podem contar com a presença dessas características na exploração de novos modos de jogabilidade. Centenas de empresas dedicaram seus desenvolvedores mais talentosos na criação de jogos que exploram essa nova interatividade.

Com quase 40 anos de idade, a indústria de videogames ainda é jovem e se encontra em um ritmo de expansão impressionante. A receita global de 2007 foi de US$ 41,9 bilhões e foi estimada em torno de US$ 57 bilhões em 2008. Apesar da crise econômica global ao final de 2008 e 2009,

---

[2] N.R.T.: Os computadores contam atualmente com uma arquitetura de multiprocessamento, designada como *multicore*, baseada em estudos da indústria e, em pesquisadas do MIT. Maiores detalhes em: http://www.ic.unicamp.br/~rodolfo/Cursos/mc722/2s2007/trabalhos/g20_texto.pdf.

os videogames parecem ser mais à prova de recessão do que as outras indústrias e irá resistir ao ambiente econômico muito bem, talvez alcançando US$ 68 bilhões em receita global em 2012 de acordo com a PricewaterhouseCoopers LLP.

Esse crescimento incrível significa oportunidade para novas ideias, novas formas de jogar e a necessidade de novos talentos para a indústria. Este livro espera inspirar, motivar e guiar gerações futuras de desenvolvedores a criar jogos inovadores que continuem a elevar as fronteiras do que foi criado no passado.

www.IntroGameDev.com

Juntamente com a publicação do livro, temos um site que serve de suporte aos aspirantes a desenvolvedores de jogos. Nele você encontrará informações sobre tudo o que deve saber e conhecer para o desenvolvimento de jogos. O site funciona como um guia para encontrar artigos e informações sobre desenvolvimento de jogos; dicas que não estão disponíveis em qualquer outro local. São mais de 1.300 artigos, categorizados por disciplinas como física, IA ou design de jogos. Utilize-o como ferramenta e recurso quando for explorar as técnicas e conhecimentos de desenvolvimento de jogos. As informações estão disponíveis em inglês.

Material complementar disponível para download

Este livro disponibiliza para download códigos-fonte, demonstrações, arquivos de arte, e outros materiais que podem ser muito úteis para estudos e exercícios apresentados ao longo do texto. Esses materiais estão disponíveis na página do livro, no site da editora em www.cengage.com.br. O conteúdo está disponível em inglês, consulte o link.

Requisitos do sistema
Séries Intel® Pentium®, AMD Athlon ou processadores mais recentes recomendados. Windows XP (64MB RAM) ou Windows 2000 (128MB RAM) ou superior recomendado. Placas gráficas de vídeo 3D necessária para algumas aplicações de amostra. DirectX 9 ou o mais recente. Software necessário para utilizar todos os arquivos fornecidos: Microsoft Visual Studio .NET 2003, 3ds max 6, Microsoft Word, Microsoft Excel, Microsoft PowerPoint, Adobe Reader e QuickTime Player.

Como utilizar este livro

À primeira vista, a natureza desta obra pode ser desencorajadora para qualquer estudante, instrutor ou aspirante a desenvolvedor de jogos. Claramente, não é a intenção de que todo o capítulo seja ensinado de modo minucioso em uma aula acadêmica, mas encorajamos que várias partes sejam usadas para criar uma experiência educacional customizada. Personalizando o conteúdo deste livro, muitos programas acadêmicos com propósitos um pouco diferente podem ser satisfatoriamente atendidos. As partes e os capítulos são independentes, o que facilita a sua customização. É possível ignorar certas partes ou mover capítulos quando necessário. As informações a seguir fornecem uma orientação e exemplos de como usar o livro em um contexto educacional.

Entender as várias partes deste livro é a chave para criar um currículo customizado. Como mostra a Figura 1, os volumes que compõem o livro estão divididos em quatro categorias principais: entendendo os jogos, programação de jogos, criação de arte/recursos e negócios/gerenciamento. Para qualquer currículo, o objetivo é encontrar um equilíbrio entre as quatro categorias.

Entendendo os Jogos (Volume 1)

- **Parte 1** — Estudos Críticos de Jogos
- **Parte 2** — Design de Jogos

Programação de Jogos (Volume 2)

- **Parte 3** — Programação de Jogos: Linguagens e Arquitetura
- **Parte 4** — Programação de Jogos: Matemática, Detecção de Colisão e Física
- **Parte 5** — Programação de Jogos: Gráficos, Animação, IA, Áudio e Rede

Criação de Arte/Recursos (Volume 3)

- **Parte 6** — Design Audiovisual e Produção

Negócios/Gerenciamento (Volume 4)

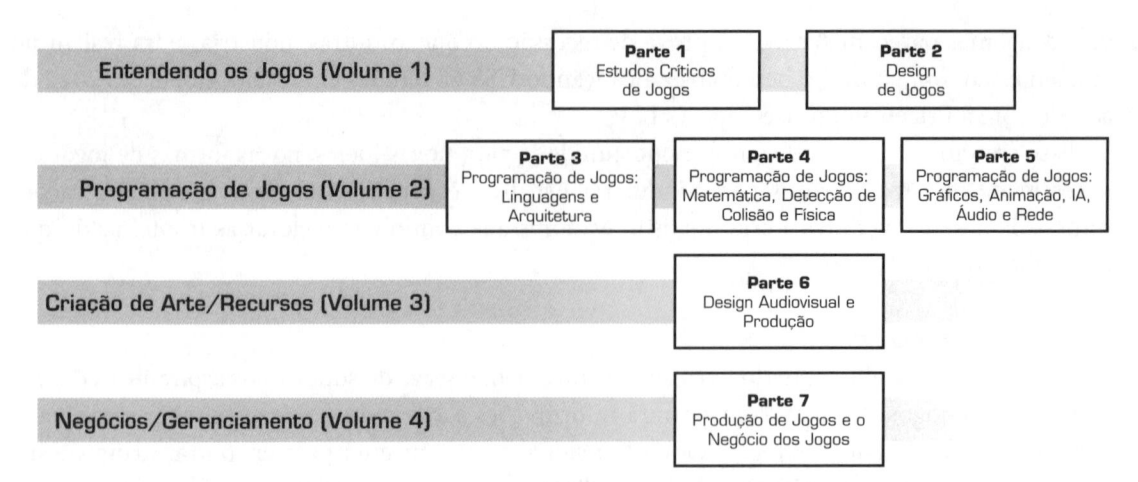

- **Parte 7** — Produção de Jogos e o Negócio dos Jogos

Figura 1 Quatro categorias principais para equilibrar um currículo.

Em um curso de desenvolvimento de jogos, promovido por um departamento de ciência da computação, é, sem dúvida nenhuma, importante se concentrar nos aspectos de programação (Partes 3, 4 e 5 – Vol. 2). Contudo, é essencial para motivar o que está sendo construído (Partes 1 e 2 – Vol. 1), evidenciar que existem limitações relacionadas a recursos que vão ser integrados (Parte 6 – Vol. 3), e como um projeto de jogo é gerenciado (Parte 7 – Vol. 4). Em um curso de dez semanas, seria apropriado dedicar sete a oito semanas em programação, enquanto se intercala o tópico principal, com aproximadamente duas ou três semanas, de *entendendo os jogos*, *criação de arte/recurso*, e questões de *negócios/gerenciamento*.

Cada vez mais em universidades, cursos interdisciplinares especiais estão sendo oferecidos na área do desenvolvimento de jogos, abrangendo estudantes de disciplinas diferentes como ciência da computação, arte, música e negócios. Em um ambiente dinâmico e rico, este livro pode ajudar de diversas maneiras, desde design de jogos, programação, criação de arte até no gerenciamento de projetos de equipes. Nesse tipo de curso, estudantes adotam um papel e interagem uns com os outros como se fossem parte de uma equipe real de desenvolvimento de jogos. As aulas podem ser divididas dentro das quatro categorias principais, observando-se uma maior ênfase na parte da programação. O livro fornece profundidade suficiente para que os estudantes em cada disciplina se aprofundem mais e explorem tópicos individuais.

Outros currículos, como os de design de jogos, podem se beneficiar da exploração das inter-relações de todos os aspectos do desenvolvimento que este livro oferece. Enquanto a maioria dos tópicos de programação poderia ser abordada superficialmente ou de maneira esparsa, há uma grande quantidade de material a explorar nas Partes 1 e 2 (Vol. 1), 6 (Vol. 3) e 7 (Vol. 4). Um curso sobre design de jogos dedicaria mais ou menos três semanas à história dos jogos e à análise de jogos, outras duas a três ao design principal, então as quatro semanas restantes na relação da programação seriam dedicadas a criação de recurso e questões de negócios (como regulamento de conteúdo) com o design do jogo. Por exemplo, temas como inteligência artificial ou áudio podem ter um grande impacto no design de um jogo proporcionando muitas oportunidades interessantes de jogabilidade.

Em resumo, três currículos de exemplo são dados na Tabela 1 para cada um dos três tipos de cursos apresentados. Cada um aborda a maioria dos capítulos deste livro, mas a diferença está no foco e na profundidade. Ao dedicarem tempo apropriado a cada tópico, os estudantes garantem aprofundar-se em um assunto, porém podendo apreciar as questões tecnológicas, artísticas e de negócios que são parte integrante do desenvolvimento do jogo. Observe também que as partes e os capítulos são geralmente independentes e podem ser omitidos, misturados ou distribuídos em pares conforme for necessário.

Tabela 1 Três exemplos de currículos baseados em um curso de nível superior, de 10 semanas.

Semana	Curso orientado à programação	Curso interdisciplinar	Curso de design de jogos
1	Visão geral e design de videogames (Caps. 1.1, 1.2, 2.1, 2.2) – Vol.1	Visão geral de videogames (Caps. 1.1, 1.2) – Vol.1	História dos videogames (Cap. 1.1) – Vol. 1
2	Equipes e a produção de jogos (Caps. 3.1, 7.1) – Vols. 2 e 4	Equipes e a produção de jogos (Caps. 3.1, 7.1) – Vols. 2 e 4	Questões sociais e culturais dos jogos (Cap.1.2) – Vol.1
3	Linguagem e arquitetura (Caps. 3.2 – 3.6) – Vol. 2	O papel da indústria de jogos e a economia (Caps.7.2, 7.3, 7.4) – Vol.4	Estudando os jogos a partir de uma perspectiva acadêmica (Cap. 1.3) – Vol.1
4	Matemática, detecção de colisão e física (Caps. 4.1, 4.2, 4.3) – Vol. 2	Design de jogos (Caps. 2.1, 2.2) – Vol.1	Design de jogos (Caps. 2.1, 2.2) – Vol.1
5	Gráficos, modelos 3D, texturas (Caps. 5.1, 6.2, 6.4, 6.7) – Vols. 2 e 3	Criação de recursos e arte (Caps. 6.1 – 6.7) – Vol. 3	Design de jogos (Caps. 2.1, 2.2) – Vol. 1
6	Programação de animação e criação (Caps. 5.2, 6.7) – Vols. 2 e 3	Linguagens de programação e arquitetura (Caps. 3.2 – 3.6) – Vol. 2	Influência da inteligência artificial e do áudio no design de jogos (Caps. 5.3, 5.5, 6.8) Vols. 2 e 3
7	Gráficos e animação (Caps. 5.1, 5.2) – Vol. 2	Conceitos de matemática e física 3D (Caps. 4.1, 4.3) – Vol. 2	Equipes e produção de jogos (Caps. 3.1, 7.1) – Vols. 2 e 4
8	Inteligência artificial (Caps. 5.3, 5.4) – Vol.2	Visão geral dos gráficos e animação (Caps. 5.1, 5.2) – Vol. 2	Visão geral da criação de arte e recursos (Caps. 6.1 – 6.7) – Vol. 3
9	Áudio e rede (Caps. 5.5, 5.6) – Vol.2	Visão geral de inteligência artificial, áudio e rede (Caps. 5.3, 5.5, 5.6) – Vol. 2	Papel da indústria de jogos e da economia (Caps. 7.2, 7.3, 7.4) – Vol. 4
10	Questões legais e de negócios (Caps. 7.2 – 7.6) – Vol. 4	Propriedade intelectual e regulamento de conteúdo (Caps. 7.5, 7.6) – Vol. 4	Propriedade intelectual e regulamento de conteúdo (Caps. 7.5, 7.6) – Vol. 4

〉 Prefácio à edição brasileira

A primeira edição brasileira de *Introdução ao desenvolvimento de games, Volume 2 – Programação: técnica, linguagem e arquitetura*, editado por Steve Rabin, liderando uma equipe de profissionais e desenvolvedores com larga e comprovada experiência na área dos jogos, dá mais um passo na promoção da cultura e desenvolvimento de jogos no Brasil.

O conjunto de livros que forma a *Introdução ao desenvolvimento de games* se caracteriza por uma sólida organização didática, a qual se pauta pela apresentação estruturada dos conceitos, pela sistematização de exemplos e situações modelares, pela discussão de alternativas e opções adicionais, sempre acompanhados de exercícios que cobrem o conteúdo de cada capítulo. Além disso, traz uma excelente bibliografia para estudo e materiais de apoio (disponíveis no site da editora) que compõem um conjunto de recursos didático-pedagógico extremamente rico e versátil.

O cenário internacional da teoria e desenvolvimento de jogos sofreu profundas alterações nos últimos cinco anos, com o incremento dos motores de jogos acompanhando a evolução dos processadores, e com o crescimento da comunidade de desenvolvedores e jogadores.

O Brasil, por sua vez, passou da simples posição de consumidor secundário para a condição de território emergente de consumo e produção. Empresas brasileiras e profissionais começaram a se destacar dentro do plano internacional, seja na participação em projetos de jogos, seja no desenvolvimento de metodologias associadas aos motores de jogos, a progressiva liberação dos motores de jogos e ferramentas para produtores *indie* e para o uso educacional, conceito até então ignorado pela indústria tecnológica. Nesse tempo, viu-se o surgimento de inúmeros estúdios de desenvolvimento independentes no Brasil e um aumento significativo de cursos universitários que agora voltam sua atenção para a formação de profissionais focados inteiramente na concepção e desenvolvimento de jogos.

É sob esse panorama efervescente que esse volume, que trata da grande área da programação para games (linguagem, arquitetura, inteligência artificial, fundamentos matemáticos e físicos, gráficos, animação, áudio etc.), vem cobrir uma demanda por novos e consistentes materiais conceituais.

Da mesma forma como o primeiro volume (*Entendendo o universos dos jogos*), este é um excelente recurso disponível para todos os que estudam, pensam e pesquisam jogos. Vejo-o como essencial para o ensino e aprendizagem da produção de jogos que buscam uma referência conceitual sólida e a indicação de fontes consagradas. Se para as graduações de jogos ele pode ser tomado como uma bibliografia básica, já nos cursos de pós-graduação se converterá em precioso recurso para a pesquisa de tópicos avançados.

Assim, como recurso didático-pedagógico, o volume apresenta uma considerável quantidade de pseudocódigos e códigos. Aqui uma observação metodológica que é de interesse para a programação, bem como para a matemática e para a física dos jogos: os autores utilizam o *Sistema Internacional de Unidades*, mas seguem a norma norte-americana quanto ao separador decimal. Um dos resultados disso é que utilizam o *ponto* como separador decimal, e não a *vírgula* como no Brasil e Portugal. Como essa organização interessa diretamente à programação, na revisão técnica deste volume, seguiu-se a regra da coerência conceitual, que reza manter a estrutura lógica em sua notação original. Ao mesmo tempo, sempre que necessário, notas explicativas e complementares foram introduzidas, todas elas tendo em mente a utilidade didática para os iniciantes no assunto.

A revisão técnica do livro contou com o apoio de uma comunidade de pesquisadores em jogos, aos quais agradeço pelas contribuições e discussões. Com Leonel Morgado, da Universidade do Minho (Portugal), foram discutidos inúmeros termos e seus usos, desde o primeiro volume, na busca por equilibrar a terminologia dentro da comunidade de língua portuguesa. De Cristiano Natal Tonéis, recebi um positivo acolhimento na discussão detalhada das questões referentes aos conceitos matemáticos e físicos presentes no livro. Vários outros pesquisadores colaboraram na discussão dos conceitos desta edição: referente a linguagens, arquiteturas, inteligência artificial e redes, agradeço a contribuição de Rogério Cardoso dos Santos, David de Oliveira Lemes, Reinaldo Ramos, Leonardo Silva, Jaderson Aparecido de Souza, Felipe Dacal Fragoso, Maigon Pontuschka e Carlos Augusto Pinheiro de Sousa; na parte de programação de áudio, agradeço a Lucas Correia Meneguette.

Luís Carlos Petry

> Biografias dos colaboradores

Robert T. Bakie

slinkie@serv.net
Rob Bakie é um profissional da indústria de jogos desde 1998 e um ávido jogador desde pouco tempo após seu nascimento. Atualmente, trabalha na Nintendo of America como webmaster no grupo de suporte ao desenvolvedor. Antes, trabalhou na divisão on-line multijogador WON.net da Sierra Entertaiment. Já escreveu críticas e revisões de jogos para revistas e sites norte-americanos. Rob é bacharel em Communications-Broadcast Journalism pela University of Washington com formação secundária em Música Computacional.

Isaac Barry

isaac.barry@gmail.com
Isaac Barry é diretor de Criação para a GameHouse, o primeiro estúdio de desenvolvimento de games casuais em Seattle, Washington. Próximo do final do século XX, começou a procurar trabalho e logo encontrou o de designer de jogos. O trabalho com design em todos os tipos de sistemas e conteúdos o levou a uma paixão pelo desenvolvimento de ferramentas visando à melhoria de seu trabalho e da indústria em geral. Ele teve a sorte de ter encontrado sua segunda casa em um campo no qual os profissionais se dedicam na criação de experiências afetivas, e grato à sua primeira casa por continuar a apoiar e sustentar seu processo.

Ed Bartlett

ebartlett@igaww.com
Ed Bartlett, vice-presidente e cofundador do IGA Worldwide Europa, é um profissional da nova geração de visionários da indústria multidisciplinar, combinando um histórico de 15 anos no setor de videogames com uma perspicácia de negócios e especialidade em mídia e publicidade comprovada. Tendo participado de cargos de produção e criatividade sênior em lançamentos importantes de jogos para produtoras, incluindo a Sega, Virgin Interactive, BMG Interactive, Acclaim e Hasbro Interactive, Bartlett passou para o desenvolvimento de negócios em 1999, como diretor de um renomado estúdio de desenvolvimento de jogos, The Bitmap Brothers.
Bartlett é um dos pioneiros da publicidade de jogos, dedicadamente fundando a agência Hive Partners, à frente da concorrência em 2003. Como diretor executivo, levou a empresa a lucrar em seu primeiro ano, conseguindo contas globais de anunciantes como Red Bull, e alcançando acordos revolucionários com produtoras de videogame, incluindo Sega e Vivendi Universal Games. Em 2005, negociou a aquisição da Hive Partners pela IGA Worldwide, unindo as companhias como membro fundador e ajudando a aumentar os US$ 17 milhões de capital de risco da empresa. Desde então é responsável pela construção das fundações da Radial Network, líder no setor, garantindo negócios mundiais com empresas como Electronic Arts, Valve, Sega, Atari e Codemasters. A IGA Worldwide foi selecionada pela Sony Computer Entertainment America e pela Sony Computer Entertainment Europe como a principal parceira para a inserção de publicidade a ser realizada no interior de jogos do Playstation3 (os *in-game advertising plataform*).

James Boer

author@boarslair.com

James Boer está na indústria de jogos desde 1997, trabalhando em títulos como *Deer Hunter, Deer Hunter II, Trophy Hunter, Pro Bass Fishing, Microsoft Baseball 2000, Tex Atomic's Big Bot Battles* e *Digimon Rumble Arena 2*. Também contribuiu de maneira frutífera com a mídia impressa da indústria de jogos, tendo escrito vários artigos para a revista *Game Developer*, com coautoria no *DirectX Complete*, autoria em *Game Audio Programming* e contribuído com quatro volumes de *Game Programming Gems*. Atualmente, trabalha na ArenaNet, onde é responsável pela criação de sistemas de áudio e cinemática, bem como de ferramentas para títulos que ainda estão em produção.

Sue Bohle

sue@bohle.com

Sue Bohle é uma profissional de relações públicas altamente conceituada. Iniciou sua carreira na Burson-Marsteller, a maior agência de relações públicas do mundo. Ela então foi contratada pela J. Walter Thompson Co. para ajudar a empresa a desenvolver uma presença de relações públicas em Los Angeles. No prazo de três anos, tornou-se a primeira vice-presidente da JWT na Costa Oeste e, um ano depois, a primeira mulher em Los Angeles a ser nomeada gerente geral de um escritório de uma empresa internacional de Relações Públicas. Em 1979, Sue decidiu abrir sua própria empresa de relações públicas. Hoje, The Bohle Company é uma das 50 maiores agências independentes de Relações Públicas nos Estados Unidos e a maior empresa focada em tecnologia no Sul da Califórnia. Profissionalmente ativa, é membro e ex-presidente do College of Fellows, PRSA, uma honra concedida a profissionais avaliados como modelo na indústria de Relações Públicas. Ela também é ex-presidente da Counselors Academy, uma organização nacional de chefes de agências, bem como ex-presidente da Los Angeles Chapter of Public Relations Society of America. Sue possui tanto o bacharelado como o mestrado da Northwestern University's Medill School of Journalism. Antes de entrar em relações públicas, ela era instrutora de jornalismo dos ensinos médio e superior.

Todd M. Fay

todd@audiogang.org

Todd M. Fay era o diretor de desenvolvimento para a Game Audio Network Guild (www.audiogang.org). Já trabalhou com Creative Labs ATC, Blizzard Entertainment, THQ, Vivendi Universal, Black Ops Entertainment, G4 Media, e Tommy Tallarico Studios. Seu talento chamou a atenção na *Game Developer Magazine*, Gamasutra.com, Music4Games.net e, no G4: Television for Gamers, a rede 24 horas dedicada a jogos e ao estilo de vida dos jogadores. No G4 Media, Todd supervisionou o desenvolvimento dos programas *Filter and Cheat!: Pringle's Gamer's Guide*, bem como o *Special: Splinter Cell* da Icon. Enquanto trabalhava com a Creative Labs, contribuiu com o desenvolvimento do EAX 3.0, e foi também autor do guia do designer para essa tecnologia. Todd produziu seu primeiro livro, *DirectX 9 Audio Exposed: Interactive Audio Development*, para a Wordware Publishing em 2003, que lhe proporcionou o Prêmio G.A.N.G.[3] em 2004. Possui bacharelado em música pela University of Massachusetts Lowell (UML), cujo Departamento de Tecnologia em Gravação de Som foi ganhador do Prêmio Lowell (UML).

---

[3] N.R.T. : Consulte o site da G.A.N.G em http://www.audiogang.org/.

Tom Forsyth

Tom.Forsyth@eelpi.gotdns.org
Tom é um arquiteto de software e hardware na Intel trabalhando no projeto Larrabee. Anteriormente, escreveu software de animação para a RAD Game Tools, motores gráficos de jogos para a Muckyfoot Productions e drivers para placas de vídeo Direct3D para a 3Dlabs. Em seu tempo livre, fez uma variedade de pesquisas relacionadas aos gráficos, com foco em sombras, e já escreveu e editou muitos livros e artigos, notavelmente como parte da série *ShaderX*.

David Johnson

undertone_dj@yahoo.com
David iniciou sua carreira como colorista na CST Technology, em 1994, colorizando desenhos animados e filmes. Após estudar animação e efeitos especiais no Santa Monica College's Academy of Entertainment Technology, tornou-se um modelador 3D. Trabalhou como modelador profissional na 3Name3D e Viewpoint Digital. David tem créditos em um filme, créditos em vários jogos e já criou modelos para diversos sites e comerciais de TV. Está trabalhando em jogos desde 1999 e é um dedicado artista de efeitos desde 1995. Trabalhou em títulos como *Shadowrun*, *Halo 3* e também no *Modern Warfare 2*, da Infinity Ward.

Eric Lengyel

lengyel@terathon.com
Eric Lengyel é arquiteto chefe no Terathon Software, onde comanda o desenvolvimento do C4 Engine. Ele se dedica à pesquisa de gráficos 3D há mais de 15 anos e é autor do best-seller *Mathematics for 3D Game Programming and Computer Graphics*. Também é autor do *OpenGL Extensions Guide* e já escreveu muitos artigos para publicações da indústria desde o Gamasutra.com até a série *Game Programming Gems*.

Peter Lewis

peterlewis@primitive-eye.com
Peter Lewis trabalha com gráficos de computador desde metade dos anos 1980, quando começou a programar câmeras de controle de movimento para a indústria de filmes. Começou a atuar na indústria de videogames em 1991 com a Dynamix, Sierra Online, onde criou o Cinematics e gráficos 3D para jogos. Foi *senior art lead*[4] na WildTangent, Mad Doc Software, estúdio ACES dentro da Microsoft Game Studio, e é atualmente diretor de arte na Reality Gap. Peter é instrutor no DigiPen Institute of Technology, onde ensina animação de computador para estudantes de arte e programação; tem sido instrutor do programa de animação de computador certificado pela University of Washington Extension.

Noel Llopis

llopis@gmail.com
Noel Llopis é fundador da Snappy Touch, desenvolvendo independentemente jogos para iPhone. Anteriormente cofundou a Power of Two Games. Também foi arquiteto técnico chefe na High Moon Studios onde coordenou a pesquisa e o desenvolvimento de tecnologia de ponta. No Day 1 Studios, arquitetou e

---

[4] N.R.T.: *Senior art lead* é um cargo da indústria de games. Ele é o responsável pela produção, processamento e a localização das artes e recursos dentro do jogo. O cargo é ocupado por um artista com ampla experiência e conhecimento; uma versão possível seria: *artista principal sênior*.

desenvolveu a tecnologia que está na base de jogos como *MechAssault 1 e 2*. É um entusiasta dos métodos de desenvolvimento ágil, testes automatizados e desenvolvimento direcionado por testes. É autor do livro *C++ for Game Programmers*, contribuiu com diversos artigos para a série *Game Programming Gems*, e atualmente escreve a coluna Inner Product na *Game Developer Magazine*. Obteve bacharelado pela University of Massachusetts Amherst e mestrado pela University of North Carolina em Chapel Hill.

Syrus Mesdaghi

syrusm@hotmail.com

Syrus Mesdaghi é o engenheiro chefe de IA na Dynamic Animation Systems, onde é o chefe de tecnologia em um projeto FPS (*First Person Shooter*) para treinamento tático de tomada de decisões baseadas em equipe, assumindo muitos aspectos do projeto, o que inclui a IA. Anteriormente foi diretor do Curso de IA no programa de Desenvolvimento e Design de Jogos da Full Sail University. Além de sua paixão por IA, dedicou-se à melhoria, demonstração e promoção da tecnologia Java. Desenvolveu e exibiu tecnologia de jogos de ponta para DAS, Full Sail University e Sun Microsystems em diversas conferências como GDC, SIGGARH, QuakeCon e I/ITSEC em projetos, desde jogos de FPS, RTS, luta e corrida. Realizou apresentações na GDC e é um dos autores de *Practical Java Programming*. Contribuiu ainda com outras publicações como *AI Game Programming Wisdom*.

Tito Pagan

tpagan@w-link.net

O diretor de arte Tito Pagan é um veterano desenvolvedor de jogos e escritor com 17 anos de experiência na indústria, além de possuir créditos em dezenas de títulos de jogos. Sua experiência vai desde artista de texturas, designer de nível, chefe de animação, modelador de personagem, artista de conceito, diretor de captura de movimentos e diretor técnico. Há pouco tempo fundou o BoldFist, um estúdio de animação e captura de movimentos em Washington. Anteriormente para a WildTangent, Tito chefiou a direção de arte de títulos de jogos Internet, bem como a edição de jogos para a Internet publicados de forma customizada para os clientes. Os ciclos de desenvolvimento agressivos na WildTangent ensinaram muito a Tito sobre produção e terceirização otimizada de arte nos jogos, com uma média de três jogos por ano durante seus cinco anos de empresa. Com o lançamento da Gas Powered Games, chefiou o trabalho de animação, com a tarefa de coordenar os elementos de movimentação do personagem no jogo *Dungeon Siege*.

Mark Peasley

mp@pixelman.com

Mark Peasley é um veterano na indústria de jogos, com 20 anos de experiência produzindo ilustrações, cronogramas, gerenciando equipes e fazendo trabalhos impossíveis. Durante esse tempo, foi artista, diretor de arte, produtor e diretor de projeto. Trabalhou em mais de 25 títulos de PC, 3DO, Xbox e Xbox 360. Recentemente na Microsoft Games Studio, trabalhou com *Forza Motorsport*, *Forza Motorsport 2*, *Midtown Madness* e *Rallisport*.

Steve Rabin

steve.rabin@gmail.com

Steve Rabin é engenheiro de software principal da Nintendo of America, onde pesquisa novas técnicas para as plataformas atuais e futuras da Nintendo, ferramentas de desenvolvimento para arquitetos como o WiiProfiler e dá suporte aos desenvolvedores da empresa. Antes da Nintendo, trabalhou principalmente como engenheiro IA em diversas empresas iniciantes em Seattle incluindo Gas Powered Games,

WizBang Software Productions e Surreal Software. Organizou e editou a série de livros da *AI Game Programming Wisdom*, o livro *Introduction to Game Development* e tem dúzias de artigos publicados na série *Game Programming Gems*. Palestrou na conferência AIIDE em Stanford, na Game Developers Conference e em muitas conferências de desenvolvimento da Nintendo na América do Norte e Europa. Organizou a AI Summit com duração de dois dias na GDC 2009 e moderou as mesas-redondas de IA na GDC. Steve também fundou e gerencia um grupo profissional conhecido como AI Game Programmers Guild. Ensina inteligência artificial para jogos na University of Washington Extension e no DigiPen Institute of Technology. Possui bacharelado em Engenharia da Computação e mestrado em Ciência da Computação, ambos pela University of Washington. Por fim, mantém um site que cataloga mais de mil artigos de desenvolvimento de jogos no www.introgamedev.com.

Graham Rhodes

grhodes@nc.rr.com

Graham Rhodes começou a fazer jogos nos computadores Commodore e Atari de 8 bits quando ainda estava no ensino médio. Desde então vem criando software para gráficos 3D em tempo real, jogos e simulações. Foi programador chefe para uma série de jogos educacionais para o *World Book Multimedia Encyclopedia*, bem como em diversos *"serious games"* em primeira/terceira pessoa, além de contribuir em inúmeros projetos de modelagens procedurais de simulações baseadas em física. Graham contribuiu com capítulos para diversos livros na série *Game Programming Gems*. É moderador do fórum de matemática e física no site *gamedev.net*, apresentou-se na Game Developers Conference (GDC) anual e outros eventos e regularmente participa da GDC e da conferência anual ACM/SIGGRAPH. Graham é membro da ACM/SIGGRAPH, da International Game Developer's Association (IGDA), da North Carolina Advanced Learning Technologies Association (NC Alta) e da Long Now Foundation.

Dr. Stephen Rubin , Esquire

sr@stephenrubin.com

Steve Rubin representa desenvolvedores e distribuidores engajados em todos os aspectos da indústria de jogos em assuntos tais como contratos, licenças, proteção e aplicação da propriedade intelectual e litígio, formação de negócios, aquisições e financiamento. Antes de criar sua própria empresa, Steve era um advogado na Divisão Antitruste do Departamento de Justiça dos Estados Unidos, professor de direito na University of Florida e sócio em um escritório onde chefiava as práticas de propriedade intelectual e antitruste. Também atuou como *special master*[5] e como mediador na Corte Federal norte-americana para casos de patentes e outros litígios. É autor de diversos livros e artigos sobre antitruste e propriedade intelectual. Além disso, é palestrante sobre tópicos de direito e negócios na Game Developers Conference.

Kathy Schoback

kathy@igda.org

Como vice-presidente executiva e diretora global de marca para a Game Group of Think Services, Kathy supervisiona a série de eventos da Game Developers Conference, localizada em São Francisco, CA; Austin, TX; Vancouver, Canadá; Xangai, China; e Colônia, Alemanha. Também gerencia produtos impressos e sites para o Game Group, que inclui Gamasutra.com e *Game Developer*. Uma veterana da indústria de jogos, Kathy começou sua carreira na SEGA of America e em seus nove anos lá ocupou uma variedade de cargos de desenvolvimento de gerenciamento e negócios. Outra experiência profissional inclui trabalhar

---

[5] N.R.T.: O *special master* é um cargo judiciário nos EUA, designado pelo juiz. Sua função é a de cuidar que as ordens judiciais sejam seguidas criteriosamente.

como diretora de Operações de Produtos na Eidos e vice-presidente de Aquisição de Conteúdo para AGEIA Technologies, bem como fazer parte do comitê consultivo da Game Developers Conference, como diretora da International Game Developers Association, e participar no comitê de direção do Women in Games International. Kathy se graduou com *summa cum laude* no bacharelado em Inglês da University of California, Berkeley.

Jeff Selbig

jselbig@hotmail.com
Jeff trabalha na indústria de jogos desde 2000 como artista 3D, diretor de arte e gerente de terceirização. Anteriormente, atuou como geologista de exploração para ARCO e engenheiro geotécnico no Alasca. Gasta seu tempo livre convencendo sua família de que jogar *World of Warcraft* e *Guild Wars* é pesquisa relacionada a trabalho.

Tom Sloper

tomster@sloperama.com
Tom Sloper é produtor e designer de jogos há mais de 25 anos, projetou e produziu jogos para grandes plataformas desde o Vectrex e Atari 2600 até Playstation, Dreamcast, Nintendo DS, Xbox 360 e IPTV. Trabalhou para Sega, Atari, Activision e Yahoo. Como palestrante, proferiu palestras na KGC, GDC e no Smithsonian. Como autor contribuiu com diversos livros sobre jogos e a indústria (*Secrets of the Game Business, Game Design Perspectives, Introduction to Game Development*). Sloper está na faculdade da University of Southern California, onde ensina design de videogames, produção e garantia de qualidade. É um autor e um expert internacionalmente reconhecido do clássico jogo chinês de mah-jongg.

Leslie Stirling

lesliestirling@hotmail.com
Leslie é escritora de jogos e contadora de histórias profissional de jogos. Possui mestrado em Biblioteconomia e Ciência da Informação, com ênfase em narrativas e tecnologia pela University of Washington. É uma jogadora de longa data e gerencia ativamente uma guilda MMO on-line com mais de 2.500 jogadores.

Tommy Tallarico

www.tallarico.com
Tommy Tallarico é compositor musical para videogames há mais de 18 anos. Em 1994, fundou o Tommy Tallarico Studios, o maior estúdio de produção de áudio da indústria de multimídia. Foi o primeiro a utilizar um áudio 3D em um jogo (*Q-sound*) , responsável por trazer o verdadeiro som *surround* interativo digital 5.1 (seis canais) para a indústria dos jogos. Tommy trabalhou na indústria de jogos como analista de jogos, gerente de produto, produtor, escritor, designer e chefe dos departamentos de Vídeo e Música. É o fundador e presidente da Game Audio Network Guild (G.A.N.G.), uma organização sem fins lucrativos para educar e elevar a percepção do áudio para o mundo interativo (www.audiogang.org). Tommy está no comitê consultivo da Game Developers Conference, é um orgulhoso membro da International Game Developers Association, e membro da comissão de indicação da Academy of Interactive Arts & Sciences. Já ganhou mais de 20 prêmios da indústria pelo melhor áudio de videogames e trabalhou em mais de 20 títulos, até hoje, com total de vendas de mais de 75 milhões de unidades e 2 bilhões de dólares.

Bretton Wade

brettonwade@gmail.com
Bretton Wade é um veterano da indústria de gráficos e jogos. Atualmente é diretor na SC Technologies and Clockwork 3. Foi diretor de tecnologia da Firaxis Games, gerente da equipe de software do sistema Xbox, líder de um estúdio independente contratado pela Blizzard Entertainment e líder de desenvolvimento no projeto do Microsoft *Flight Simulator*.

Chuck Walters

chuck@gamegineer.com
Chuck Walters atualmente contrata desenvolvimento de jogos por meio da Gamegineer Corp. Também instrui cursos sobre Arquitetura de Jogos Multijogador (*Multiplayer Game Architecture*) e ASP.NET na University of Washington Extension. Seus empreendimentos anteriores incluem *Magic The Gathering Online* na Wizards of the Coast, jogos para celulares baseados na plataforma Brew para a Tooned In, o jogo de corrida *Need for Speed* para a Electronic Arts, demonstrações para Microsoft Research Group, transferência de jogos de uma plataforma para outra para Manley & Associates, ferramentas de software para a Tektronix, engenharia de hardware para Attachmate, e um artigo sobre dispositivos de feedback de força para *Game Developer Magazine*.

PARTE 3

Programação de jogos: linguagens e arquitetura

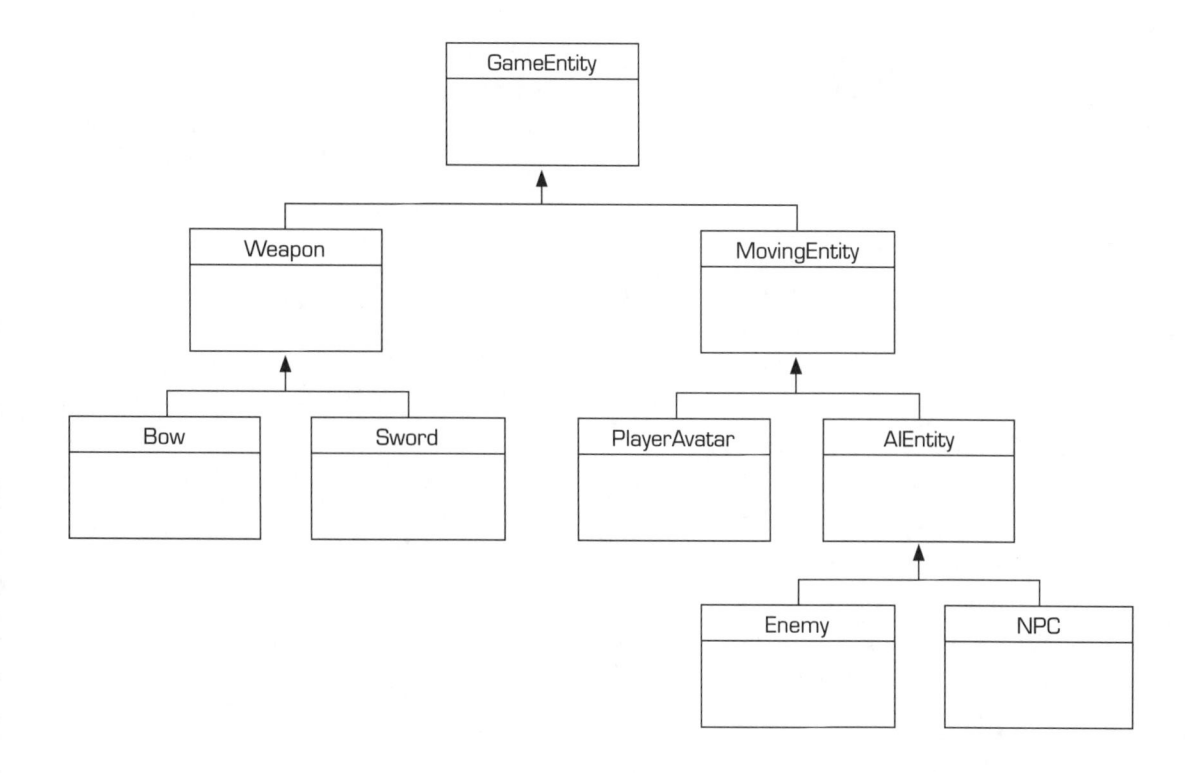

3.1 Equipes e processos

Neste capítulo

- Visão geral
- Equipes de programação
- Metodologias
- Práticas comuns
- Qualidade
- Aproveitando código existente
- Plataformas
- Resumo
- Exercícios
- Referências

› Visão geral

Há mais para programar um jogo do que sentar à frente de um computador equipado com seu editor e compilador favoritos e teclar a noite inteira. A maioria dos jogos comerciais é criada por grandes equipes, desde centenas de programadores, dependendo do tamanho do grupo e do escopo do programa. Este capítulo explica como as equipes de programação são organizadas e que técnicas comumente são usadas para coordenar eficazmente o trabalho de todos os integrantes e criar um grande jogo.

› Equipes de programação

Anos atrás, no início dos anos 1990, os programadores estavam no centro do desenvolvimento de um jogo e eram a visão por trás dele. Contudo, com o crescimento de equipes e orçamentos e a mudança do foco do desenvolvimento de aprimoramentos técnicos para o próprio jogo, as pessoas perceberam que só porque alguém foi um programador brilhante não significa que seria um bom criador de jogos.

O papel dos programadores hoje é muito diferente do que era há algumas décadas. Atualmente, o jogo é desenvolvido pelos criadores de conteúdo (artistas e designers) com pleno suporte dos programadores. Os programadores são responsáveis por criar alguns códigos (seguindo as instruções dos designers), a tecnologia na qual o jogo irá funcionar (geralmente chamada de "motor do jogo") e as ferramentas que os artistas e designers irão usar para criar o conteúdo do próprio jogo.

Isso não é de jeito nenhum um papel menos interessante ou prestigioso, mas é mais orientado a servir o resto da equipe de desenvolvimento e lhes fornecer meios para criar um jogo incrível. O destino da equipe está nas mãos dos programadores, e é sua responsabilidade ter certeza de que tudo corra de forma consistente e confiável.

Áreas de programação

Existem três áreas distintas da programação envolvidas na criação de um jogo.

Código do jogo

O código do jogo é a parte principal em que os profissionais pensam quando se referem à programação de um jogo. Isso inclui tudo diretamente relacionado ao próprio jogo: como a câmera se comporta quando o controle é pressionado, como a pontuação é mantida para um tipo de jogo em particular, ou como as entidades de IA no mundo reagem a certas situações.

Esse tipo de programação envolve escrever uma grande quantidade de código em linguagens de script (opostas à linguagem principal em que o resto do jogo é escrito, como C++). O propósito de usar linguagens de script nesse nível é:

- Produzir uma iteração mais rápida evitando ciclos demorados de compilação, correção e execução.
- Permitir que designers e artistas inclinados tecnicamente mudem comportamentos diretamente no jogo.
- Apresentar uma linguagem mais apropriada para lidar com o domínio de problema (por exemplo, uma linguagem customizada de alto nível para lidar com problemas de IA é provavelmente mais fácil do que usar C++).

Motor do jogo

A programação do motor do jogo envolve todos os códigos utilizados do início ao fim, e não os itens específicos do jogo. Em outras palavras, é todo o código de suporte necessário para que o jogo funcione. Algumas vezes, as pessoas erroneamente pensam em motor de jogo como algo responsável pelo desenho de belos gráficos 3D, mas isso é função do renderizador gráfico (também chamado de "motor gráfico", o que causa mais confusão), que é uma das muitas partes do motor do jogo.

Um dos propósitos de um motor é isolar o jogo do hardware no qual está funcionando. Isso acontece pela criação de uma camada abstrata entre o jogo e o hardware. Desse modo, o jogo torna-se independente dos detalhes da plataforma e concentra-se exclusivamente na própria lógica do jogo. Exemplo desse tipo de abstração é a coleta de informações enviadas pelo controlador, colocando gráficos na tela, ou reproduzindo sons de fundo.

O motor também fornece funcionalidade comum necessária para partes diferentes do jogo. Por exemplo, ele irá dar suporte à serialização (leitura e escrita do estado dos objetos), comunicação e sincronização de rede para jogos com multijogadores, funcionalidade do *pathfind* para a IA[1] ou detecção de colisão e resposta para simulação física de objetos no mundo.

Como veremos mais à frente, o uso eficaz de *middleware* pode reduzir, ou até mesmo remover completamente, a necessidade para esse tipo de programação.

Ferramentas

A programação de ferramentas é extremamente importante, mas em geral uma área negligenciada. Quanto mais o desenvolvimento de jogos se torna direcionado a dados, mais crucial são as ferramentas e mais diferença fazem na qualidade do jogo final.

O tipo primário de ferramentas envolve a criação de conteúdo: editores de nível, editores de efeito de partículas, editores de som e assim por diante. Essas ferramentas são normalmente escritas na forma de plug-ins para outras ferramentas já existentes. Com os plug-ins a funcionalidade de ferramentas consagradas comercialmente é estendida para fornecer exatamente o que a equipe necessita. Isso apresenta a grande vantagem de permitir aos criadores de conteúdo usar ferramentas maduras e robustas com as quais já estão familiarizados, em vez de recursos domésticos sem qualquer documentação. Algumas das mais populares usadas no desenvolvimento de jogos, estendidas através do uso de plug-ins, são ferramentas de modelagem 3D, como o Maya da Alias e o 3ds Max da Autodesk, e ferramentas editoras de imagens, como o Adobe® Photoshop®.

Se uma ferramenta para criar um certo tipo de conteúdo não está disponível ou estendê-la por meio de plug-in não é possível, então ela será escrita a partir do zero. Esse é frequentemente o caso com certos tipos de editores muito especializados como, por exemplo, editores de efeito de partículas ou ainda a edição de atributos de unidades do jogo (número de pontos de vida, velocidade, animações etc.). Essas ferramentas são escritas em C++ ou em qualquer linguagem de alto nível que permite um desenvolvimento rápido de uma interface gráfica (GUI) e, ainda, a interface com a linguagem primária na qual o motor foi escrito.

Outros tipos de ferramentas necessárias no desenvolvimento de jogos são os scripts para automatizar tarefas repetitivas, conversores para otimizar e empacotar dados em formatos eficientes e código de teste para verificar se tudo está funcionando como esperado. Todas são em geral ferramentas de linha de comando sem uma GUI.

Organização da equipe

A parte principal da equipe de programação é composta de programadores (ou engenheiros de software). Essas são as pessoas que na verdade projetam e implementam todos os sistemas diferentes e trazem a arte e o design do jogo à vida.

Programação de jogos é uma atividade técnica muito desafiadora; os programadores geralmente possuem formação em matemática, engenharia ou ciência da computação. Do contrário, mas não incomum, os profissionais que vêm de outras formações, precisam ser autodidatas muito disciplinados e ter alto envolvimento em projetos independentes relacionados a jogos.

---

[1] N.R.T.: A técnica do *pathfinding* é uma técnica e um problema da IA, dentro da qual se busca o melhor trajeto entre dois pontos, considerando-se os obstáculos entre eles. Com ela, os NPCs podem se deslocar pelo ambiente, indo de um ponto a outro, por trajetos calculados em tempo real e desviando de obstáculos (locais ou objetos designados como tais).

Devido aos jogos serem tão extensos e abrangerem tantas áreas, os programadores se especializam em setores específicos, para que possam se concentrar em um subconjunto de problemas e trabalhar em soluções além do que qualquer generalista poderia fazer. É comum encontrar especialistas em gráficos, rede, IA, som e assim por diante. Uma pós-graduação na área pode ser útil para os programadores que querem se especializar em uma área em particular.

Ao contrário dos especialistas, alguns programadores são capazes de entender a maioria das áreas de programação de jogo sem dominar qualquer uma delas. Os generalistas são cruciais ao projeto porque têm a função de unir todos os especialistas. Sua visão global do projeto dá-lhes uma perspectiva única de encontrar erros e corrigir interações inesperadas entre sistemas diferentes. Os generalistas com muita experiência quase sempre se tornam grandes programadores líderes.

Tão logo o número de programadores ultrapasse três ou quatro, alguma forma de organização é necessária. Nesse ponto, o papel do programador líder é introduzido.

Um programador líder coordena os esforços dos outros e garante que todos estejam trabalhando com o mesmo propósito. Alguém nesse papel dedica muito de seu tempo com gerenciamento e pode apenas concentrar-se parcialmente na programação real.

Se uma equipe crescer mais ainda (mais de dez programadores), é comum também haver diversos programadores líderes para partes específicas do jogo. Algumas funções desse tipo são *líder de gráfico*, *líder de IA* e assim por diante.

Na linha sutil entre a programação e o design estão os profissionais encarregadas dos scripts que controlam o comportamento da maioria dos itens no jogo. Em algumas empresas, são chamados de "designers técnicos", em outras são "programadores de jogabilidade".

Habilidades e personalidades

Algumas pessoas podem pensar que a equipe ideal é composta de programadores seniores com muita experiência, que já trabalharam uns com os outros em muitos projetos. Contudo, equipes compostas de profissionais de formação variada e com níveis diferentes de experiência podem ser muito eficazes.

É verdade que um programador sênior experiente pode trazer experiência e conhecimento para a equipe. Contudo, um programador júnior inteligente que acabou de sair da faculdade trará uma nova perspectiva, questionar decisões e trazer um certo grau de entusiasmo para a equipe inteira. Esperamos que todos os membros da equipe possam contribuir para o projeto e aprender uns com os outros.

O mesmo pode ser dito por existirem personalidades diferentes. Algumas pessoas são muito metódicas e organizadas, preferindo prosseguir lentamente e com um fundamento certo. Elas compõem uma força confiável na qual a equipe pode se apoiar para chegar do ponto A para o ponto B. Outros profissionais são mais impulsivos e visionários, e tendem a pensar fora dos padrões preestabelecidos. Eles podem ser a centelha que leva o jogo a novas direções, abrir novas portas, ou inspirar os colegas com suas ideias.

Possuir uma equipe com diversos níveis de experiência e diferentes tipos de personalidade pode apresentar alguns desafios de gerenciamento, mas com o gerenciamento correto, uma equipe diversa pode realizar resultados verdadeiramente extraordinários.

› Metodologias

"Metodologia" é apenas um nome bonito para quais procedimentos serão seguidos durante o desenvolvimento de criação do jogo. Pode variar de algo completamente informal para algo muito estruturado com etapas bem específicas. A escolha da metodologia terá um grande efeito em quão tranquilo o desenvolvimento será. Quanto maior a equipe, mais importante é ter uma metodologia bem definida para permitir a todos trabalhar lado a lado sem tropeçar um no outro.

Código e correção

Infelizmente, a metodologia de desenvolvimento de jogos mais comum hoje é a falta de uma – geralmente referida como ambiente de "código e correção". Envolve muito pouco ou nenhum planejamento, mergulhando diretamente na implementação e corrigindo problemas quando aparecem, também chamado de "combate a incêndio". Esses ambientes são basicamente reativos, não proativos, pois sempre lidam com uma situação de emergência de forma apressada em oposição a encontrar novos desafios com conhecimento pleno do que está vindo à frente.

Má qualidade e falta de confiabilidade do produto final são consequências do ambiente "código e correção". De acordo com o número de jogos com problemas técnicos, questões de incompatibilidade ou erros de colisão, isso é muito comum hoje na indústria.

O que é pior, a baixa confiabilidade do jogo também afeta o seu desenvolvimento. Se o jogo e as ferramentas estão dando problemas ou são problemáticos para trabalhar, a iteração e os experimentos feitos pelos criadores de conteúdo serão reduzidos, levando a pior qualidade do produto final.

As coisas podem ficar ainda piores para ambientes de "código e correção". O processo de desenvolvimento completo pode rapidamente sair do controle, pois as contagens de erros podem aumentar muito mais rapidamente do que a capacidade de serem corrigidos e a criação do conteúdo do jogo diminui até parar. Isso é chamado de "espiral da morte". Projetos nesse estágio são em geral cancelados pelo editor e completamente esquecidos.

Os projetos de sorte que conseguem alcançar o final geralmente tiveram de sobreviver a momentos significantes de fase "crítica" de horas de trabalho. Apesar das empresas de jogos gostarem de falar de suas fases críticas, o resultado são funcionários desiludidos que ou deixam a empresa ou se tornam bem menos produtivos em projetos futuros.

Se o ambiente de código e correção tem tantos problemas, por que a indústria continua a caminhar nessa direção? Grande parte por causa da inércia. Esse é o modo como as coisas eram feitas há 15 ou 20 anos, e antigamente eles provavelmente trabalhavam bem com uma equipe de quatro pessoas e um projeto que durava apenas de seis meses a um ano. Com o tamanho atual de equipes e ciclos de desenvolvimento, esse tipo de ambiente é claramente inadequado. Os projetos não estão ficando menores – pelo contrário – então as coisas continuaram a ficar piores.

O lado positivo é que muitas empresas estão preocupadas com esses problemas e começam a enxergar além dos ambientes de código e correção, procurando novas soluções. Enfim, há esperança de que a indústria irá conseguir sair desse dilema.

Cascata

Uma abordagem metodológica do tipo cascata tenta combater as incertezas de um desenvolvimento de jogo planejando todos os detalhes antes do tempo [Rollings03]. As equipes criam documentos técnicos detalhados (e em geral documentos compactos de design e bíblias de arte) explicando todos os pormenores de como irão implementar o jogo.

Os benefícios desta abordagem é que ela não força a equipe a pensar com antecedência sobre o que vai fazer, quais serão os desafios durante o caminho e como irá resolvê-los. Se realizada adequadamente, também pode elaborar um calendário preciso, criar um conjunto de objetivos para a editora e estimar a data de entrega do jogo final. Contanto que o planejamento tenha sido feito corretamente e nada de inesperado aconteça, tudo vai correr bem e o jogo será lançado na hora certa. Esta abordagem pode funcionar bem para sequências ou jogos que proponham pouca inovação, tanto em termos técnicos quanto sob o ponto de vista da jogabilidade, como sequências de jogos de esportes ou pacotes de expansão.

No entanto, na maioria das situações, o desenvolvimento do jogo é muito imprevisível para planejar em detalhes antecipadamente. Se há uma coisa garantida no desenvolvimento do jogo é que algo inesperado está para acontecer: por exemplo, ter de apoiar um novo hardware no meio do desenvolvimento, algumas das tecnologias mais desafiadoras estarem atrasadas, ou simplesmente quando o jogo ficar pronto não parecer tão divertido como se esperava no início. Assim que isso acontecer, todo o plano normalmente deixa de funcionar e voa pela janela. Gestores e produtores podem tentar trazê-lo de volta aos trilhos ou criar novos cronogramas, mas normalmente esse cronograma está sempre fora da realidade do desenvolvimento. Na pior situação, um ambiente de cascata pode degenerar em ambientes de código e correção enquanto a equipe se atrapalha ao tentar recuperar o atraso com alguma programação inicial e cumprir os prazos da editora.

Iteração

Metodologias iterativas abrangem muitas abordagens diferentes. A ideia básica é fazer um desenvolvimento por um período de tempo (um mês ou dois), concluir um conjunto de objetivos, levar o jogo até um estado razoável e então começar novamente com outro período e adicionar novas características. Cada um dos períodos é geralmente feito para coincidir com os objetivos da editora.

Esta abordagem tem a vantagem de que um planejamento é possível, pode ser um ambiente proativo em vez de um reativo e permite a flexibilidade de mudança de curso no meio do projeto se necessário ou ajustar as coisas com base na progressão do desenvolvimento.

Métodos iterativos podem variar, de abordagens extremamente informais para metodologias muito mais formalizadas como o *processo unificado*, que ainda é iterativo, mas recomenda que a equipe siga um conjunto de fases e produza um conjunto de documentos específicos e os resultados para cada iteração.

Metodologias ágeis

As metodologias ágeis tentam lidar com um ambiente imprevisível, não tentando planejar todas as contingências possíveis, mas admitindo que as coisas vão mudar e se adaptar a essas mudanças [Beck04, Larman03, Schwaber04]. A estratégia geral é evitar olhar muito para o futuro. Em vez disso, eles planejam por um período curto de tempo (algumas semanas), trabalham com base nesse plano e o iteram constantemente em seus produtos. Eles valorizam simplicidade e a habilidade de mudar o rumo a qualquer momento.

Essas características permitem que as metodologias ágeis se adaptem a quaisquer acontecimentos imprevistos, ou mesmo ao que aprendem enquanto desenvolvem o jogo. Se um concorrente vem com uma característica essencial, eles podem facilmente incorporá-la no meio de seu desenvolvimento; se a equipe perde um membro principal, as coisas podem ser reduzidas ou adaptadas e ainda permitir que o jogo seja publicado em tempo.

A equipe é sempre muito consciente da situação atual de seu jogo, onde eles estão em relação a onde eles querem estar, e quais são as tarefas de maior prioridade a qualquer momento. Essa visibilidade e flexibilidade dão às metodologias ágeis uma vantagem. Quando os grandes ventos da mudança sopram, as metodologias ágeis se dobram e seguem o vento em vez de ficarem rígidas e eventualmente quebrarem sob pressão.

A desvantagem principal das metodologias ágeis é convencer os editores ou acionistas no projeto de que esta é uma metodologia razoável, pois ainda é relativamente nova no desenvolvimento de jogos. As metodologias ágeis também exigem que todos os envolvidos tenham uma atitude flexível e estejam prontos para que as coisas mudem, se necessário. Infelizmente, algumas pessoas se sentem mais confortáveis programando datas rígidas de planejamento definidas com meses de antecedência, embora a probabilidade de o plano permanecer inalterado seja praticamente zero.

〉 Práticas comuns

Cada equipe realiza seu trabalho de maneira diferente, mas a seguir estão algumas das práticas comuns que você irá encontrar em quase todas as equipes de desenvolvimento.

Controle de versão

Em poucas palavras, um programa de controle de versão é um banco de dados que contém qualquer número de arquivos e, possivelmente, a história de cada um deles. Cada equipe tem, hoje em dia, todo o código-fonte sob controle de versão. Isso implica várias vantagens:

Colaboração da equipe. Este é o principal benefício do controle de versão. Ter todos os arquivos de código-fonte sob controle de origem possibilita que os membros da equipe trabalhem em um conjunto relacionado de arquivos sem substituir o trabalho dos outros. O programa de controle de versão funciona como um árbitro e evita conflitos entre as diferentes mudanças que as pessoas realizam.

Localização centralizada. Usar o controle de versão envolve um ponto central que contém todo o código-fonte para o jogo e as ferramentas.

Histórico para cada arquivo. A história de cada arquivo no projeto é preservada no banco de dados de controle de versão. Isso pode ser extremamente útil para rastrear problemas que começaram a acontecer em uma data especial, para verificar as decisões de implementação feitas no passado ou para desfazer algumas mudanças recentes e voltar à forma de como determinada parte do código estava há poucos dias.

Ramificação e mesclagem. Finalmente, os programas de controle de versão permitem que se ramifique um conjunto de arquivos. Ramificar um conjunto de arquivos significa que uma nova cópia deles é criada. Os arquivos originais são chamados de "tronco principal", e os novos arquivos, de "novo ramo". A parte fundamental é que o programa de controle de versão "lembra" quando e onde foi derivada e, então, usa essa informação para permitir a fusão de alterações feitas no ramo ou para a linha principal de forma relativamente fácil. A ramificação pode ser usada para separar o código que está quase pronto, para trabalhar em subtarefas complexas sem afetar o resto da equipe ou dividir o trabalho entre várias subequipes funcionais, dando a cada uma um ramo de trabalho.

O controle de versão não está limitado ao código-fonte. É muito comum, hoje, que os fabricantes de jogos coloquem todos os recursos (*assets*) gerenciados pelo controle de versão. Isso inclui todos os recursos que os artistas e designers criaram: texturas, modelos, *shaders*, níveis, personagens, animações, sons, efeitos e assim por diante.

Padrões de codificação

A programação, acima de tudo, é uma atividade em equipe. Não se escreve código para o computador entender, escreve-se para outros membros da equipe entenderem. Eles precisarão ler, modificar ou depurar seu código em algum ponto no futuro, e você provavelmente vai ter de fazer o mesmo com o deles. É por essa razão que muitas empresas estabelecem um padrão de codificação para facilitar a colaboração entre programadores.

O padrão de codificação é um documento que descreve as diretrizes que os programadores devem seguir ao escreverem um código. Pode abranger problemas de layout e formatação do código, como onde serão colocados os signos de pontuação (colchetes, chaves, parênteses etc.) e a estrutura de tabulação, nomeando convenções para variáveis e classes, ou mesmo aspectos de design, tal como quando usar classes de interface e o que expor para os usuários da biblioteca.

O padrão de codificação utilizado varia de empresa para empresa. Seu conteúdo varia, já que todo o mundo parece ter uma forma diferente de fazer as coisas, e até mesmo o tamanho do próprio documento varia, desde um documento de uma página, até um enorme volume com mais de 50 páginas detalhando cada diretriz. Outra diferença diz respeito ao rigor dos conteúdos da norma. Algumas empresas a tratam como um conjunto sugerido de diretrizes que os profissionais podem querer seguir, enquanto outras a tratam como lei suprema, e o código terá de ser modificado para cumprir as normas antes que seja verificado no controle de versão.

Versões automatizadas diariamente

As equipes, muitas vezes, terão uma máquina de versão automatizada e dedicada. Em momentos fixos do dia (e noite), irá obter automaticamente o código mais recente do controle de origem, realizar a montagem[2] do jogo, das ferramentas e outros programas, e relatar o sucesso ou fracasso, enviando um e-mail para a equipe. Se erros forem encontrados, a lista dos mesmos será incluída no e-mail para que possa ser corrigida imediatamente. Se a compilação for bem-sucedida, o código será rotulado no controle de código para que os programadores saibam que um determinado conjunto de código-fonte teve sucesso e pode ser usado como ponto de partida para seu trabalho.

Essas versões são cruciais para o progresso do projeto. Enquanto as versões do jogo sejam compiladas de forma satisfatória, estamos realizando progresso. Se o jogo entrar em um período em que só existe falha durante as repetidas compilações, não temos um progresso visível. Além disso, enquanto o jogo não pode ser compilado e executar corretamente, os programadores não podem

---

[2] N.R.T.: *Montar o jogo*, em inglês, *build the game*. O termo *build* é traduzido como *montagem* ou *compilação*, dependendo do contexto.

rodá-lo para testar suas alterações. Ter a versão sempre atualizada em termos de compilação e o jogo sempre funcionando deve ser alta prioridade para qualquer equipe.

Além de construir o código, o equipamento automatizado de versão (ou outra máquina dedicada) também compila os recursos do jogo: converter os recursos para formatos binários eficazes, verificar a validade dos recursos, construir os níveis, executar cálculos de iluminação dispendiosos e organizar esses recursos em grandes pacotes de arquivos. O equipamento pode ainda executar um conjunto de testes no jogo com o código e os recursos construídos apenas para a certificação de que todos os níveis podem ser carregados e de que nada travará.

〉 Qualidade

Como os projetos cada vez mais se tornam maiores e mais complexos, um número maior de programadores é necessário para escrever o código, bem como as bases de código resultantes estão maiores e mais complicadas do que nunca. Nesse ponto, o desafio principal não é fazer algum truque de hardware inteligente, mas certificar-se de que todo o código funciona como o esperado, de forma confiável e robusta. Esta seção apresenta algumas técnicas para ajudar na qualidade e confiabilidade do código.

Revisões do código

Dois pares de olhos são melhores do que um: esse é o princípio das revisões de código. É muito fácil para o programador que implementou certa característica não perceber erros óbvios ou problemas potenciais. Ter outro programador para examinar o código pode contribuir muito na visualização de detalhes que o autor não percebeu.

As revisões de código podem variar bastante quanto a sua implementação. Podem acontecer de maneira formal, com a apresentação do código a um grupo em um retroprojetor e todos, assim, contribuírem com comentários e indicações de falhas. No outro extremo, pode ser bem informal, com apenas outro programador examinando rapidamente o código na estação de trabalho do autor.

As revisões de código também podem diferir em relação ao momento em que são realizadas. Algumas equipes preferem fazê-las em seções, uma vez por semana depois de ter sido adicionadas à base de código, enquanto outras preferem realizá-las frequentemente para pequenas seções de código, em geral antes de o código tornar-se parte do controle de código.

Outro benefício das revisões de código é que tornam os programadores conscientes de que os integrantes da equipe estarão lendo seu precioso código, assim eles vão pensar duas vezes antes de tomar qualquer atalho ou se descuidar. Não subestime o poder positivo da pressão do grupo em uma situação como essa.

Assertivas (*asserts*) e travamento

Apesar de todo o cuidado que se toma para ter certeza de que o jogo torne-se, quanto possível, livre de erros, é quase certo de que em algum momento ele irá falhar durante o desenvolvimento (esperançosamente antes da publicação!). O importante é que se aprenda rapidamente a razão pela qual parou de funcionar e que seja corrigido imediatamente para que não falhe novamente. Como podemos fazer isso?

A principal ferramenta de que dispomos é o uso de *declarações assertivas* (*assert statements* ou o equivalente da linguagem, se você não estiver usando C++) [McConnell04, Rabin00]. Uma *assertiva* (*assert*) é apenas uma declaração que verifica determinada condição. Se a condição é válida, então nada acontece e o programa continua executando normalmente. No entanto, se a condição não é válida, o programa é interrompido e imprime o máximo de informações possíveis sobre a falha da assertiva (*assert*): qual condição falhou, onde a assertiva estava no código e quaisquer outras informações relevantes. Se o jogo (ou ferramenta) estava funcionando em um depurador, um ponto de parada é utilizado para que o programador possa rapidamente determinar a sequência de eventos que levem à assertiva falha.

De certa maneira, estamos travando o programa de forma controlada para evitar um desastre total. Pense nisso como um pouso de emergência de um avião que está ficando sem combustível: interrompemos nossa viagem e tentamos pousar de maneira controlada, em vez de continuar o nosso voo e cair depois que todo o combustível seja utilizado. Felizmente, topar com uma declaração *assertiva* é muito menos ameaçador do que um pouso de emergência, então os programadores podem usá-lo livremente em todo o código-base.

Provavelmente o uso mais comum da assertiva é verificar se os ponteiros não estão *nulos* (NULL) antes de usá-los. Caso contrário, se tentar utilizar um ponteiro *nulo* (NULL), o programa falhará imediatamente. Outros usos incluem a verificação da gama de parâmetros passados para uma função (por exemplo, que um índice em uma matriz não seja maior do que a própria matriz), ou mesmo que os resultados de um cálculo façam sentido (por exemplo, que o número de pontos de uma entidade nunca seja negativo).

É importante que as assertivas sejam empregadas apenas para detectar falhas causadas por erro de código, não para procedimentos inesperados que o usuário do jogo ou as ferramentas possam fazer. Assim, embora não haja problema em usarmos uma assertiva para acusarmos a memória insuficiente (*out of memory* – evidentemente um problema técnico que precisa ser corrigido), devemos evitar o uso de assertiva se o usuário tentar abrir um arquivo que não existe. Em vez disso, simplesmente informe os erros do usuário de forma significativa sem interromper o programa, permitindo-o tentar novamente. Isso é particularmente importante para melhorar a eficiência dos criadores de conteúdo na equipe; irá torná-los mais confiantes no que fazem, e vão ser muito mais felizes e produtivos no longo prazo.

No entanto, apesar de todos os nossos esforços, ainda devemos estar prontos para o jogo travar (esperamos que nada muito frequente). Nessa situação, o objetivo não é se recuperar do travamento, mas dar o máximo de informação possível para corrigir o erro causado. Para tanto, devemos escrever um código que é chamado sempre que nosso programa trava e tentar recolher o máximo de informação possível sobre o que aconteceu ali: em que parte do código ocorreu o travamento, qual a aparência da pilha de requisições, um despejo dos registradores da CPU, e talvez até uma descarga total do estado do hardware, que poderia ser usado para diagnosticar o problema com um depurador.

Tenha em mente que você pode apenas usar assertivas e notificações de travamento como essas durante o desenvolvimento. Especialmente no caso de jogos de console, que não podem ser facilmente corrigidos, uma vez que o jogo é enviado e está fora de seu alcance, é melhor remover todo esse código, esperar que todos os erros tenham sido resolvidos, e esperar pelo melhor. Por outro lado, se você está trabalhando em um jogo de PC ou um jogo massivo de multijogador que deverá ser corrigido e atualizado ao longo do tempo, é aconselhável deixar que os usuários informem quaisquer erros fatais que encontrem.

Testes de unidade

Quando se tem uma base de código tão grande quanto a requerida para os jogos modernos, composta de centenas de milhares ou até milhões de linhas de código, criada por toda uma equipe de programadores, ninguém consegue manter todos os detalhes na cabeça. Como alguém pode ter certeza de que todas as mudanças que acabou de fazer não vão produzir erros ou interferir com o código existente? Claro, podemos executar o jogo e certificar-nos de que funciona bem.

E se quebrarmos uma seção do código que não estamos testando? E se quebrarmos de maneira não óbvia? E se quebrarmos uma ferramenta? Iremos testar tudo toda vez que fizermos uma mudança?

Os testes de unidade são pequenos testes que verificam se um único bit de funcionalidade está funcionando corretamente [McConnell04]. Eles normalmente são escritos em um nível muito baixo e testam os sistemas de maneira isolada. Por exemplo, podemos ter um conjunto de testes de unidade que verifica se a nossa biblioteca de matemática está funcionando corretamente: a transposição da matriz faz o que esperamos, e uma multiplicação de matriz de vetor produz o resultado correto.

O verdadeiro poder dos testes de unidade é que o computador os executa, não nós. Ele pode executar milhares de testes, automaticamente, nunca se cansa de executá-los repetidamente e isso nos permite saber se qualquer teste poderá falhar. Ou seja, podemos executar todos os testes de unidade sempre que fizermos uma alteração. Supondo que nossos testes abrangem a maioria das funcionalidades em nosso código, se alguma vez causarmos alguma quebra, saberemos imediatamente, mesmo antes de executarmos o jogo. Caso contrário, se tudo correr bem, podemos seguir em frente com confiança e encaminhar nossas mudanças de controle de código.

Dois fatores são cruciais em quão útil os testes de unidade se tornaram para um projeto em particular. Primeiro, eles devem ser fáceis de escrever. Quanto mais difíceis e mais complicados forem para escrever, menos os programadores irão usá-los. O segundo fator é quão fácil são de serem executados. Idealmente, devem ser executados automaticamente toda vez que houver alterações ao código-fonte, talvez como uma etapa pós-compilação. Se isso não for possível, então deveriam pelo menos ser executados durante a compilação automatizada diária.

Já se escreveram ferramentas de teste que simplificam o processo de adição de novas unidades de testes e sua execução. Informe-se sobre a estrutura de teste xUnit (*xUnit test framework*) que está disponível gratuitamente; com certeza, deve haver uma versão dela para a linguagem que você está usando. Duas estruturas populares de C++ são CppUnit e CppUnitLite.

Testes de aceitação

Os testes de unidade são capazes de verificar que a funcionalidade de baixo nível está funcionando corretamente. Isso é muito útil, mas não nos diz muito sobre o jogo em si. Sabemos que a biblioteca de matemática está fazendo todos os cálculos corretamente, mas o jogador pode chegar ao fim de um nível completando todos os objetivos? A IA responde corretamente a determinado caminho através da árvore de diálogo?

Os testes de aceitação verificam se o jogo está funcionando corretamente em um nível muito elevado e respondem a algumas das perguntas anteriores. Tal como acontece com os testes de unidade, o poder dos testes de aceitação vem do fato de que são automatizados, para que possam ser executados repetidamente, sem qualquer supervisão direta e saberemos assim que alguma coisa travar.

Esses testes são frequentemente implementados em uma linguagem de script simples, que conduz o jogo. Os scripts também precisam interagir com o jogo e recuperar algum estado para verificar os resultados do teste. Por exemplo, um teste de aceitação pode ser tão simples como ter certeza de que cada nível carregou de forma correta. Ele percorre a lista de níveis, tenta carregar cada um e verifica se foram carregados corretamente. Se algum erro for encontrado, as informações são coletadas e enviadas por e-mail aos membros da equipe em questão.

Outro teste de aceitação mais avançado pode mover automaticamente o jogador através de todos os objetivos em um nível e certificar-se de que a missão foi concluída com um estado de sucesso. É evidente que, para implementarmos esse tipo de funcionalidade, precisamos fornecer muitos ganchos ao nosso jogo para permitir que todas as ações sejam impulsionadas a partir do script de teste. Qualquer tempo e esforço gasto adicionado ao sistema fornecerá o seu próprio custo, várias vezes durante o ciclo de desenvolvimento do jogo.

Base de dados de erros (*bugs*)

Usar uma base de dados de erros (*bug database*) é uma das técnicas mais estabelecidas no desenvolvimento de jogos. Dificilmente qualquer equipe de desenvolvimento de jogos não terá uma base de dados de erros, e a maioria das editoras irá pedir para seus desenvolvedores usá-las [Chandler08].

A ideia de uma base de dados de erros é documentar todos os erros, quaisquer etapas que levem a um erro e qual era o comportamento esperado do jogo. Esses relatórios de erros são arquivados pelo Departamento de Qualidade (QA), por outros programadores, pelo editor, ou por qualquer um que jogue o jogo durante o desenvolvimento. Os erros são em geral classificados com base na sua gravidade, por isso é possível rapidamente localizar e corrigir os erros de travamento e adiar a correção de erros puramente cosméticos. Quando os programadores corrigem os erros, eles são marcados como resolvidos, mas permanecem no banco de dados como um registro do que foi feito.

A base de dados de erros serve a um duplo objetivo. O objetivo principal é certificar-se de que todos os erros estão listados e que todos estão cientes deles. Caso contrário, em uma equipe grande, é muito fácil que os erros aconteçam de novo, pelo fato de que todos os envolvidos não tenham sido avisados ou por se supor incorretamente que alguém já esteja trabalhando em certo erro.

O objetivo secundário da base de dados de erros é oferecer uma ideia de como o jogo está progredindo. Se o objetivo é atender à data de entrega sem erros importantes, mas os erros não estão sendo corrigidos com rapidez suficiente, podemos afirmar imediatamente que a data de entrega estará comprometida e algo deve ser feito a esse respeito.

Ao contrário de outras técnicas para melhorar a qualidade do código listado nesta seção, uma base de dados de erros não impede, à primeira vista, que erros sejam produzidos; só mantém um registro deles e assegura que sejam priorizados e corrigidos. A base de dados de erros é uma ferramenta inestimável, mas não deve ser usada isoladamente, e as técnicas preventivas de qualidade, tais como testes de unidade ou revisões de código, devem ser empregadas em conjunto.

〉 Aproveitando código existente

Das três áreas de programação que mencionamos (código de jogo, código do motor e ferramentas), apenas o código de jogo (e talvez uma pequena parte das ferramentas) é único para cada projeto. O motor de jogo, por definição, é em sua maioria independente do jogo. As ferramentas também são, em sua maior parte, independentes do jogo já que os modelos, texturas, sons e a maioria dos conteúdos são criados de forma semelhante, em jogos diferentes.

Não é um desperdício de tempo e recursos escrever um motor para cada projeto de jogo antes de escrever o jogo? O desenvolvimento do motor é uma parte muito complicada e desafiadora de programação, e especialistas nas áreas de gráficos, física ou redes são muitas vezes obrigados a criar motores de jogos de qualidade. As ferramentas também consomem muito tempo, e pode levar anos para uma equipe de programadores experientes criar ferramentas maduras e robustas que os criadores de conteúdo possam usar eficazmente. Consequentemente, fazer isso toda vez não é apenas um esforço duplicado, mas também é muito caro.

Se você está trabalhando para uma grande empresa, pode reutilizar as ferramentas e o motor de jogos anteriores, especialmente se houver um grupo dedicado de tecnologia responsável por manter o código e torná-lo disponível para cada grupo de jogo. Todavia, e se estiver em uma empresa pequena ou começando do zero?

Uma possibilidade é tentar adotar códigos existentes disponíveis gratuitamente na Internet. Um pouco de pesquisa revelará muitos códigos-fonte já escritos para as tarefas mais gerais, e esse código, muitas vezes, é disponibilizado livremente para qualquer um usar. (Não deixe de verificar a licença para qualquer restrição sobre o uso comercial, tais como entrar em contato com o autor ou ter de liberar o código-fonte para o seu produto.) Bons exemplos de códigos prontos para serem usados são o Boost (um conjunto de bibliotecas C++) ou o zlib (biblioteca popular de compressão). Entretanto, esteja ciente de que o código livre normalmente não vem com nenhum outro apoio técnico a não ser listas de discussão de outros usuários; tenha certeza de que você pode lidar com qualquer problema ou que possui um plano de backup.

Se o código que você queria, não estiver disponível gratuitamente ou se não houver apoio para ele, compre ambos. Algumas empresas se especializam em fornecer soluções para subsistemas específicos de motores de jogo. Isso é chamado de "middleware" porque fica no meio, entre o hardware de sua plataforma-alvo e do próprio jogo. Middleware é normalmente disponível para subsistemas bem definidos, muito específicos. Por exemplo, há empresas que oferecem middleware para renderização de gráficos, detecção de colisão e de física, animação, som, reprodução de vídeo, IA ou conectividade de rede. Tem-se de pagar pelo middleware, mas geralmente vem com o suporte técnico de desenvolvimento, desse modo valendo a pena o gasto.

Se você licenciar um middleware, estará apenas comprando parte de um motor. Você recebe um renderizador ou uma camada de rede, porém não será o suficiente para escrever um jogo completo. Você ainda precisará escrever o resto do motor do jogo e as ferramentas para conectar todo o middleware à sua tecnologia personalizada em um motor de jogo coerente. Desse modo, tenha um planejamento à frente.

Você pode ir mais longe e licenciar um motor de jogo completo. Ao contrário do middleware, os motores de jogo são um pacote completo: incluem todos os códigos do motor do jogo, ferramentas e, muitas vezes, o código do jogo que se pode usar como ponto de partida para o próprio jogo. Você só tem de modificar o código do motor, se precisar implementar algo único para o seu próprio jogo. Caso contrário, pode usá-lo imediatamente para começar a criar o jogo. Motores completos são normalmente adaptados aos gêneros de jogos específicos (como FPS, RTS, multijogador etc.), portanto, se o motor estiver orientado para o seu tipo de jogo, facilitará e muito o seu desenvolvimento.

Os benefícios de nivelar o código existente são claros. Não é preciso gastar tempo para conceber, implementar e depurar o código. Na maioria das vezes, mesmo se for necessário pagar por licenças de middleware ou de um motor, o custo de licenciamento é bem menor do que o de uma equipe de programadores para desenvolver essa mesma tecnologia (considerando que se tenha acesso a profissionais com esse conjunto de habilidades). Portanto, não só se poupa tempo, como também dinheiro. Tenha em mente que os programadores ainda vão precisar se familiarizar com o novo código e aprender como usá-lo.

Outro benefício significativo do middleware é o conjunto de ferramentas integradas a ele. Embora o código possa ser reproduzido por seus próprios programadores, as ferramentas para manipular os dados do jogo, construir os níveis, construir o comportamento da personagem ou ajustar as animações podem exigir o mesmo tempo de construção que o motor do jogo em si. Na verdade, as empresas de middleware maduras entendem que grande parte do valor do seu produto vem das ferramentas que oferecem, por isso despendem quantidade considerável de seus recursos aperfeiçoando esse aspecto. Não subestime o valor e a contribuição das ferramentas bem integradas ao jogo final, já que pode afetar drasticamente a eficiência de sua equipe durante a produção.

Por outro lado, há razões para não se utilizar soluções de middleware existentes. Uma delas é a financeira. Se você está na rara situação de ter tempo ilimitado, mas não um orçamento ilimitado, desenvolver a tecnologia poder fazer mais sentido. Além disso, se você planeja vários títulos, o desenvolvimento da tecnologia pode poupar dinheiro no longo prazo.

No entanto, o argumento mais convincente para a não utilização do código existente é que você precisa ter mais controle sobre ele ou que o código não é capaz de suportar as características de seu jogo. Cuidado com essa situação, no entanto. Programadores são conhecidos por ter uma enorme síndrome NIH (*Not Invented Here*, não inventado aqui), e eles vão criticar e rejeitar qualquer código que não escreveram. Lute contra essa tendência e tente analisar objetivamente se o código existente irá atender às suas necessidades ou se será mais fácil modificá-lo do que escrevê-lo. Essa decisão pode ter tremendas consequências para o projeto e até mesmo à empresa inteira mais à frente.

Algumas das áreas em que o código existente pode ficar aquém dizem respeito a novas plataformas (isso pode levar alguns meses ou anos antes que aproveite ao máximo o novo hardware), ou à integração com outras ferramentas ou partes de código (como a interface com o seu próprio *pipeline* de conteúdo). Por último, lembre-se da possibilidade de a empresa de middleware sair do negócio, e esteja preparado com um plano de backup ou pelo menos tenha certeza de que pode ter acesso ao código-fonte completo.

Não há dúvida de que o foco do desenvolvimento do jogo está indo para um nível mais alto. Já se vê uma tendência de middleware tornando-se mais comum do que há alguns anos. Poucas equipes hoje consideram escrever seu próprio sistema de física, e cada vez mais estão considerando o licenciamento de middleware de som, gráficos ou rede. No futuro, espera-se que o licenciamento de middleware e motores completos se tornem muito mais comuns e, assim, os profissionais se sintam mais confortáveis com a ideia de usar código de outros.

> Plataformas

Os jogos sempre foram desenvolvidos para uma ampla variedade de plataformas. Qualquer tipo de dispositivo eletrônico que poderia suportar jogos usualmente os tinha. No entanto, parece que hoje, mais do que nunca, você pode encontrar uma enorme variedade de plataformas diferentes, com recursos extremamente variados. A escolha da plataforma pode afetar profundamente a forma como você irá programar o jogo.

Computadores pessoais (PCs)

Os PCs têm sido uma plataforma muito popular para jogos por muitos anos. Atualmente, o sistema operacional mais popular para jogos é o Microsoft Windows, mas existem jogos para outros sistemas operacionais, como Linux ou Macintosh.

Jogos em PCs são apenas outro aplicativo que roda no computador, então eles devem se comportar e funcionar bem com o sistema operacional e outros aplicativos. Por exemplo, jogos, muitas vezes, possuem um programa de instalação, têm de lidar com a mudança de foco entre aplicativos ou precisam suportar um antivírus rodando em plano de fundo. Diferentemente de muitos aplicativos, os jogos irão testar esses limites e aproveitar o máximo do PC utilizando a tela inteira e cada recurso de hardware e possivelmente requerendo que outros programas não estejam rodando no plano de fundo.

Há uma característica única de jogos para PC que se torna tanto um dos seus mais importantes atrativos e um dos seus principais problemas: a mudança de hardware. Jogos de PC são os primeiros a testar os limites do hardware. Novas placas de vídeo e de som são desenvolvidas exclusivamente para jogos, e um PC de primeira linha, geralmente, pode ter gráficos e sons incríveis que superam qualquer coisa.

A desvantagem é que nem todo o mundo tem o hardware mais recente, e os jogos de PC precisam ter certeza de serem executados em uma ampla gama de hardware, dos computadores antigos ao mais novo no mercado. Quanto maior a audiência à qual o jogo visa, maior a variedade de hardware que precisa suportar. O problema não é só ter de lidar com os *drivers* peculiares e combinações incomuns de hardware, mas também ter de suportar uma ampla gama de desempenho e funcionalidade. É preciso um grande esforço para fazer ao mesmo tempo um jogo ter ótima qualidade em um hardware mais recente e em uma CPU ultrapassada com uma placa de vídeo antiga. Devido a esse aspecto a atualização de sistema é geralmente colocada como um imperativo de uma ordem ou duas de grandeza. Por isso, os jogos de PC sempre têm um conjunto de requisitos mínimos de hardware e não suportam nada menos poderoso do que isso. Em alguns casos, a diferença de desempenho e capacidade entre o sofisticado e o popular pode ser tão grande que os desenvolvedores que desejam apoiar plenamente as duas extremidades do espectro devem tratá-las como plataformas separadas.

Outro ponto forte dos jogos de PC é a capacidade de criar e distribuir conteúdos do usuário. Muitos jogos vêm com as ferramentas necessárias para criar novos conteúdos e, por vezes com o próprio código-fonte do jogo, assim os usuários podem modificá-los para criar novas variações do jogo e redistribuí-las (normalmente chamada de *mods*).

A conectividade de rede era um domínio exclusivo dos jogos de PC, mas os consoles de jogos têm tomado esse caminho nos últimos anos. Acesso à rede e à Internet permite novos tipos de jogos com multijogadores (qualquer coisa como uma ligação de rede entre dois computadores com um jogo massivo com multijogador persistente). Também facilita a correção dos jogos pelas empresas, já que o programa pode ser atualizado depois que foi distribuído. Isso pode ser uma benção ou maldição, dependendo de como as empresas incrementarem o jogo com novo conteúdo após lançá-lo, tornando-o mais valioso para os jogadores, ou lançá-lo antes que esteja pronto e corrigir depois os seus erros através de *patches*.

Consoles de jogo

Os consoles de jogos são sistemas proprietários fechados com um conjunto fixo de hardware. Sua principal finalidade é jogar jogos, então não haverá problema de interferência de outros programas. Os consoles têm um ciclo de vida típico de cerca de cinco anos, findo o qual são geralmente substituídos por um modelo mais novo.

Do ponto de vista da programação, ter um conjunto fixo de hardware faz muita diferença. Os programadores não precisam se preocupar em suportar dezenas ou centenas de placas de vídeo ou incompatibilidades com dispositivos de entrada diferentes. Eles podem contar com a presença de um conjunto de hardware e ter certeza de que seu jogo tem o melhor desempenho com ele.

Os consoles, muitas vezes, têm um conjunto diferente de APIs do que aqueles em computadores pessoais (PCs). Essas APIs são personalizadas para o console e não são encontradas em nenhum outro lugar, o que significa que os programadores precisam se familiarizar com o novo hardware e suas APIs. Além disso, por causa do hardware fixo, jogos de console muitas vezes podem ter alguma programação num nível mais baixo do que na suas versões para PC.

Em geral, PCs e consoles são muito bem adaptados em poder e capacidades, de modo que se não for o código de baixo nível que interage com o hardware, os jogos para ambas as plataformas podem muitas vezes ser escritos usando-se a mesma linguagem (em geral C++) e o mesmo conjunto de técnicas. Normalmente é possível lançar um jogo em ambos, PCs e consoles, que usam o código de alto nível e os recursos de jogo muito similares.

O outro lado de ter hardware fixo é que o fabricante do console tenta manter os custos baixos ao mínimo, de modo que os programadores ficam limitados por não ter memória suficiente, ou ainda por ter um lento acesso à memória ou hardware de vídeo peculiar.

Jogos destinados a consoles devem levar em conta as limitações do console específico e lidar com elas desde o início.

Portáteis e celulares

O mercado de jogos para portáteis e celulares viu um grande crescimento nos últimos cinco anos. Os dispositivos para essa plataforma trocam as capacidades de hardware muito limitadas por uma mobilidade leve e um baixo consumo de energia. A programação de jogos para essa plataforma é muito diferente da realizada para um PC ou um console de jogos. Por sua vez, ela assemelha-se mais com a programação de meados da década de 1990 quando os jogos faziam a transição de *sprites* 2D para mundos 3D com poucos polígonos. As resoluções de tela são em geral bastante baixas e a memória é muitas vezes extremamente restrita.

Esse fato tem um impacto grande no lado de programação. C++ não é automaticamente a linguagem de escolha, uma vez que alguns dispositivos suportam apenas linguagens particulares ou proprietárias. Por exemplo, embora seja comum o uso de C ou C++ no Nintendo DS, a linguagem padrão no iPhone da Apple é Objective C, enquanto outros dispositivos móveis podem suportar apenas o Java ou Python. Também se torna extremamente difícil a reutilização de código ou recursos de um jogo entre consoles e portáteis, devido às diferenças nas especificações e linguagens.

Entretanto, os jogos para portáteis são desenvolvidos em um período de tempo muito menor (meses em vez de anos), com uma equipe muito menor e, consequentemente, com um orçamento muito menor. Algumas pessoas são atraídas para esse tipo de desenvolvimento porque traz de volta a "simplicidade" do desenvolvimento do jogo de 10 ou 20 anos atrás. É claro que podemos esperar que equipamentos portáteis continuem a melhorar, por isso em breve chegarão a níveis comparáveis aos consoles de jogos de poucos anos atrás.

Alguns dos mais recentes portáteis a chegar ao mercado estão começando a preencher essa lacuna. Tanto o Nintendo DS e o Sony PSP são máquinas muito poderosas, comparáveis a jogos completos de consoles de poucos anos atrás. Com bastante memória e poder de processamento disponível, o desenvolvimento mais se assemelha a jogos regulares de consoles, e muitos desenvolvedores e bibliotecas optam por fazer pleno uso do C++.

Jogos de navegador (*browser*) e de download

A quarta maior "plataforma" para o desenvolvimento de jogos são os jogos de navegador ou de download. Esta não é uma verdadeira plataforma de hardware como as outras três categorias que vimos, mas é tão diferente que faz sentido pensar nisso como uma plataforma separada.

Tal como acontece com os portáteis, estes são muitas vezes jogos simples e pequenos, ostentando gráficos 2D e jogabilidade simples. Em vez de funcionar em um telefone celular ou um console portátil, eles são executados no navegador da Web do usuário no PC e são baixados "dinamicamente" toda vez que são jogados.

Estes jogos podem contar com o hardware de um PC completo, mas devem manter seu tamanho ao mínimo para serem baixados rapidamente. Isso é particularmente importante para atrair jogadores casuais que preferem não esperar por um grande download. Eles também são diferentes dos jogos de PC regulares na medida em que não tentam assumir a maior parte dos recursos do PC. Em vez disso, tentam funcionar em harmonia com o resto dos aplicativos e do sistema operacional, e são muitas vezes confinados à execução em uma janela (no navegador), em vez de assumir a tela cheia.

Jogos de navegador têm como objetivo serem capazes de rodar em qualquer navegador, independentemente do hardware ou do sistema operacional. Algumas das linguagens mais populares para esses jogos são o Java e o Adobe Flash, e todos precisam de determinado plug-in para ser instalado[3]. Essas linguagens não podem competir com C++ em termos de desempenho, mas permitem que os jogos sejam desenvolvidos em um nível maior de abstração, o que propicia um desenvolvimento mais rápido. A ênfase está na jogabilidade, não na inovação técnica.

Desenvolvimento multiplataforma

Lançar o mesmo jogo em múltiplas plataformas apresenta um conjunto único de desafios. No papel, parece um bom negócio. O plano geralmente parece algo como: escrevemos um jogo, lançamos para quatro plataformas, eficientemente lucrando quatro vezes pelo mesmo esforço. Na prática, as coisas não são tão simples.

Primeiro, você tem de se certificar de que todas as plataformas visadas possuem capacidades praticamente iguais. Quanto mais variarem, mais difícil vai ser alcançar a eficácia do desenvolvimento multiplataforma. Normalmente, isso significa ter como alvo vários consoles e PCs, ou vários portáteis, e talvez uma versão para download. A diferença de hardware entre os consoles e portáteis é abissal e torna o desenvolvimento para várias plataformas algo extremamente difícil.

---

[3] N.R.T.: Desde 2009, os *motores de jogos* mais robustos têm produzido *plug-ins* que permitem que os jogos construídos com eles possam ser produzidos em versões para navegadores. Exemplos que podem ser dados são o Unity 3D, o Shiva, o UDK, o Quest etc. Em 2011 a UDK e a Unity se organizaram para realizar suas montagens (*Builds*) dos jogos para o formato SWF, o que permitirá que eles sejam executados nos navegadores como se fossem aplicativos em *Flash*.

Há ainda o fato de que cada plataforma vai custar-lhe certa quantidade de tempo e esforço, mesmo se todos os códigos de alto nível e os recursos do jogo forem os mesmos. Será preciso escrever o código do motor de baixo nível para cada plataforma (a menos que você o licencie), depurar e testar seu jogo em cada plataforma separadamente, criar um código personalizado para cada plataforma para atender aos padrões esperados naquela plataforma (um instalador para um jogo para PC, os ícones do menu especial padrão para consoles etc.) e lidar com uma variedade de hardware, incluindo diferentes dispositivos de entrada (teclado e mouse para diferentes controles) e dispositivos de armazenamento (disco rígido, cartões de memória, DB, DVDs, CD-ROMs etc.).

Na prática, se tudo correr bem, uma equipe experiente não gastará o dobro de recursos para lançar o jogo em duas plataformas diferentes, mas pode dispender uma vez e meia com os recursos para produzir para uma das plataformas. Depois, cada nova plataforma se tornará um pouco mais fácil, e lançar para três plataformas deve requerer quase duas vezes o esforço de fazer para uma única plataforma.

Para tornarmos o desenvolvimento multiplataforma tão eficaz quanto possível, devemos tentar maximizar a quantidade de código compartilhado entre diferentes plataformas. Não há nada pior do que ter o mesmo código duplicado para cada plataforma e ter de corrigir a mesma versão de um erro em cada versão. Idealmente, devemos ter um baixo nível de camada de abstração de hardware que unifique o acesso ao hardware para todas as nossas plataformas. Isso significa que podemos acessar os arquivos da mesma forma, reproduzir sons da mesma forma e colocar os gráficos na tela da mesma forma. Então, podemos construir o resto do código do motor e jogo sobre essa camada.

Escolher exatamente onde essa camada está e quais operações ela deve apresentar é uma decisão muito delicada. Deve-se encontrar um equilíbrio entre ser de baixo nível o suficiente para minimizar a quantidade de código específico da plataforma e alto o suficiente para maximizar o desempenho e a capacidade de tirar proveito do hardware de cada plataforma. Por exemplo, se adicionarmos uma camada de abstração de gráficos, em que a operação principal era renderizar um único triângulo, poderíamos estar nos dirigindo em direção ao desastre, porque a maioria das plataformas possui um desempenho horrível. Em vez disso, queremos ter uma abstração de alto nível que nos permita processar malhas inteiras de uma vez.

Outro aspecto importante do desenvolvimento multiplataforma a considerar é o que fazer se as plataformas têm capacidades ligeiramente diferentes, como é normalmente o caso. Uma abordagem é apontar para o menor denominador comum. Ou seja, se uma plataforma só pode lidar com resoluções de tela de 640 × 480, escolhemos essa resolução para o nosso jogo, apesar de nossas outras plataformas poderem usar uma maior e melhor resolução. Esta abordagem tem a vantagem de minimizar o custo de desenvolvimento e recursos, mas geralmente é muito ridicularizada pelos jogadores e desenvolvedores, e é uma das razões pelas quais o desenvolvimento multiplataforma tem a reputação de criar jogos medíocres.

Uma abordagem melhor é tentar tirar proveito dos recursos de cada plataforma. Às vezes, isso exigirá programação extra e conteúdo extra de jogo. Também exigirá que o motor seja suficientemente flexível para ser capaz de facilmente substituir ou melhorar os sistemas específicos para plataformas específicas. No final, a menos que se esteja trabalhando em uma produção com orçamento limitado, o jogo resultante será mais bem recebido pelos jogadores.

Resumo

Neste capítulo, aprendemos que há muito mais a fazer em um jogo do que apenas a codificação. A composição e a organização de uma equipe têm um grande impacto no produto final. Igualmente importante é a metodologia que a equipe opta por empregar para o desenvolvimento do jogo: ambientes de código e correção são comuns, mas não muito eficazes, o desenvolvimento em cascata pode ser útil para os gêneros mais conhecidos com poucos riscos envolvidos, e ambientes de desenvolvimento ágeis e de iteração são provavelmente os mais compatíveis com a indústria do jogo em constante mudança.

Quando se trata de escrever código, vimos como algumas práticas comuns, como padrões de codificação ou o uso de controle de código, podem ajudar muito uma equipe a trabalhar em conjunto. Em particular, técnicas que melhoram a qualidade do código, como revisões de código, bom uso de assertivas (*asserts*) ou testes de unidade e testes de aceitação, terão um impacto direto sobre o jogo em si.

Finalmente, é muito importante pesquisarmos se o código pode ser reutilizado em vez de escrevermos o nosso. A indústria de middleware de jogos está crescendo e se tornando mais importante a cada ano. Isso, combinado com nossa escolha de plataforma, irá determinar como o desenvolvimento deve ser feito e as áreas na qual a equipe deve se concentrar.

Exercícios

1. Escreva um documento padrão de codificação de uma página em linguagem de sua escolha com base em suas preferências e estilo.
2. Troque os padrões de codificação com outro estudante e discuta as escolhas que você fez. Onde você discorda? Por quê? Escreva um padrão de codificação revisado que ambos concordem.
3. Escolha uma das grandes áreas de middleware (gráficos, IA, rede, som, filme, animação, física). Pesquise os maiores fornecedores de middleware para aquela área e crie uma tabela destacando essas características, diferenças e custos de licença. Quais você escolheria e por quê?
4. Compile uma lista dos maiores motores de jogos comerciais disponíveis para licença. Liste quaisquer jogos lançados ou em desenvolvimento que utilizem esse motor. Quais desses motores oferecem um editor e capacidades para usuários finais modificarem o jogo?
5. Escolha um console de sua preferência. Descubra o máximo de especificações de hardware sobre: CPU, memória, velocidade de barramento e largura de banda, capacidades gráficas e assim por diante. Como se compara ao PC atual? Por que você acredita que os jogos de console conseguem parecer tão bons (se não melhores) que muitos jogos de PC?

Referências

[Beck03] Beck, Kent, *Test-Driven Development*, Addison-Wesley, 2003.
[Beck04] Beck, Kent, and Andres, Cynthia, *Extreme Programming Explained: Embrace Change*, Addison-Wesley, 2004.
[Chandler08] Chandler, Heather, *Game Production Handbook*, Charles River Media, 2008.

[Hunt00] Hunt, Andrew, and Thomas, David, *The Pragmatic Programmer*, Addison-Wesley, 2000.

[Jacobson99] Jacobson, Ivar; Booch, Grady; and Rumbaugh, James, *The Unified Software Development Process*, Addison-Wesley, 1999.

[Larman03] Larman, Craig, *Agile and Iterative Development: A Manager's Guide*, Addison-Wesley, 2003.

[Maguire94] Maguire, Steve, *Debugging the Development Process*, Microsoft Press, 1994.

[McConnell96] McConnell, Steve, *Rapid Development*, Microsoft Press, 1996.

[McConnell98] McConnell, Steve, *Software Project Survival Guide*, Microsoft Press, 1998.

[McConnell04] McConnell, Steve, *Code Complete: A Practical Handbook of Software Construction*, Microsoft Press, 2004.

[McConnell06] McConnell, Steve, *Software Estimation: Demystifying the Black Art*, Microsoft Press, 2006.

[Rabin00] Rabin, Steve, "Squeezing More Out of Assert", *Game Programming Gems*, Charles River Media, 2000.

[Rollings03] Rollings, Andrew, and Morris, Dave, *Game Architecture and Design: A New Edition*, New Riders, 2003.

[Schwaber04] Schwaber, Ken, and Beedle, Mike, *Agile Software Development with Scrum*, Prentice Hall, 2004.

3.2 C++, Java e linguagens de script

Neste capítulo

- Visão geral
- C++ e desenvolvimento de jogo
- Java
- Linguagens de script
- Resumo
- Exercícios
- Referências

› Visão geral

Você deve sempre escolher a ferramenta certa para o trabalho, e a linguagem de programação é apenas isso, uma ferramenta. Exceto umas poucas limitações físicas, você pode terminar o trabalho com qualquer linguagem que deseja. Contudo, se optar pela linguagem mais apropriada, o desenvolvimento se tornará melhor e será concluído mais rapidamente.

Este capítulo destaca as maiores linguagens usadas no desenvolvimento de jogos, explica suas vantagens, e ajuda você a decidir qual escolher em qual situação.

› C++ e desenvolvimento de jogo

Do meio para o fim dos anos 1990, C era a linguagem preferida para o desenvolvimento de jogos. Hoje, C++ claramente deu um passo à frente e tomou seu lugar como a linguagem favorita para jogos.

Vantagens

Por que usar o C++? Qual a razão para a popularidade da linguagem? Existem quatro razões principais.

Desempenho

Tradicionalmente, o desempenho[1] tem sido o item mais importante em qualquer atividade relacionada a desenvolvimento de jogos. Em geral os jogos levam o hardware ao limite e tentam fazer o inesperado. Hoje, com o advento dos hardwares poderosos na forma de PCs modernos e consoles, isso não é um problema, exceto por algumas seções críticas de desempenho do jogo. Mesmo assim, a maioria dos jogos deve realizar cálculos em tempo similar ao utilizado para exibição de um frame[2]. Para jogos com uma constante de 60 ou 30 frames por segundo (*fps*), é necessário que tudo seja realizado em mais ou menos 16 ms ou 33 ms, respectivamente. Portanto, desempenho sempre é um problema. Não podemos nos dar ao luxo de esperar por uma operação que leve 100 ms, pois isso afetaria radicalmente a taxa constante de frames e quebraria com o envolvimento do jogador.

C++ é uma linguagem muito eficiente, e sua construção de mapas é bem próxima da funcionalidade do sistema operacional de baixo nível, e até mesmo das operações do hardware. Com algum conhecimento em linguagem assembly e arquitetura de hardware, é relativamente fácil imaginar o que o hardware fará com uma determinada seção do código C++.

C++ também torna o custo de desempenho para cada operação claramente explícito. A filosofia geral por trás do design C++ não visa forçar as pessoas a pagar por desempenho da funcionalidade daquilo que não estejam usando. Por exemplo, usar funções virtuais adiciona um pequeno custo de desempenho, mas os programadores podem optar por não usá-las quando não são necessárias e evitar qualquer custo extra.

O gerenciamento de memória é deixado para o programador; não há coleta de lixo automatizada (o processo de liberar memória que não está sendo usada). A coleta de lixo é uma das causas mais comuns para desastres de desempenho em linguagens de alto nível, e seu potencial para picos inesperados de desempenho cria uma combinação problemática com aplicativos de tempo real como os jogos.

Na rara situação em que o desempenho fornecido pelo C++ não é suficiente, sempre temos a opção de descer para o C ou mesmo optar por outra linguagem mais próxima do processador. É muito comum integrarmos C e *assembly* com C++ na maioria das plataformas. Desse modo, sempre podemos aproveitar ao máximo daquele pouco de desempenho necessário em partes críticas do código.

Características de alto nível

O que torna C++ particularmente compatível com jogos é que, além de ter um desempenho de primeira classe, também é uma linguagem rica em características de alto nível. C++ tem o conceito de classes com níveis diferentes de encapsulamento, heranças múltiplas e únicas, polimorfismo, metaprogramação (templates) e tratamento de exceções. Essas características permitem aos programadores lidar com o problema em um nível mais alto do que com o assembly ou o C, e tais

---

[1] N.R.T.: Optamos pela palavra *desempenho*, como tradução do inglês *performance*.
[2] N.R.T.: O termo *frame* corresponde, no português, a *quadro*. Mas, no jargão técnico, é mais comum o uso do termo no inglês: *frames per second* por *frames por segundo*.

recursos podem ser empregados para aplicar facilmente técnicas de desenvolvimento como programação orientada a objeto.

Usar características de linguagem de alto nível é especialmente importante hoje, pois a complexidade de projetos está aumentando exponencialmente. Quando as equipes trabalham nas bases de códigos que excedem milhões de linhas e envolvem dezenas de programadores, quaisquer características que ajudem os programadores a operar em um nível mais alto valem a pena. Desse modo, os programadores podem se concentrar mais na solução de problemas e lidar com arquitetura, e menos na manipulação de bits, manuseando registros diretamente e gerenciando a memória manualmente. Como resultado, o código será menos propenso a erros e sua produtividade, significativamente maior.

Em geral, linguagens de alto nível são associadas a baixo desempenho. No caso de C++, todas as características de alto nível são implementadas eficientemente (algumas vezes a custo de clareza ou simplicidade), então o custo de desempenho adicionado a essas características é mínimo.

C++ também fornece algumas características que melhoram a confiabilidade do código e minimizam erros no momento de compilação em vez do momento de execução. C++ é uma linguagem fortemente digitada, o que significa que o compilador será muito atencioso ao fato de que sempre tentamos usar parâmetros do tipo correto quando são passados para as funções. Esse conceito simples permite detectar vários erros em potencial que passariam despercebidos de outra maneira e exigiria de todos considerável tempo para resolver problemas no depurador.

Outra característica de tempo de compilação que o C++ introduz é o *const-correctness*. As funções de membros podem ser marcadas como constantes (com a palavra-chave "const"), o que significa que não irão modificar os conteúdos de um objeto ou chamar funções não *const*. Novamente, esse é um conceito simples que adiciona mais informações para o código-fonte sobre nossa intenção e permite que o compilador detecte quaisquer erros em nossos programas logo no momento de compilação.

Herança C

C++ não é a linguagem de alto nível com promessas de bom desempenho, mas é a única que possui retrocompatibilidade com C. Já que C foi a linguagem de programação principal durante o fim dos anos 1980 e começo dos 1990, é natural que a indústria tenha migrado para C++, já que era um passo pequeno e gradual. As empresas foram capazes de portar vários códigos de projetos anteriores, e, mais importante, os programadores foram capazes de aproveitar suas especialidades e conhecimentos antigos. Isso também significa que C++ foi usada em sua maioria como "C com classes" simples em primeiro lugar, mas foi o suficiente para atrair toda a indústria muito rapidamente.

Também significa que os criadores dos compiladores também tiveram de aprimorar seu compilador C existente para lidar com o C++ (o que não foi uma tarefa trivial, mas mostrou-se melhor que criar um novo compilador ou um ambiente inteiro de desenvolvimento). Como resultado, o suporte ao compilador C++ foi rapidamente difundido, mesmo para os suportes de ferramentas dos consoles de jogos.

Por fim, a retrocompatibilidade com o C também significou que as bibliotecas que existiam ganharam um bom tempo para a transição para o C++. Quaisquer bibliotecas existentes para C poderiam ser usadas de dentro do C++; enquanto a linguagem tornou-se mais popular, novas bibliotecas escritas em C++ começaram a aparecer.

Bibliotecas

A maioria dos principais fornecedores de middleware oferece bibliotecas C++ (e, às vezes, em C puro), que tornam a sua utilização com o C++ uma simples questão. Todas as maiores APIs gráficas, como OpenGL e DirectX, também fornecem bibliotecas em C++.

Além das bibliotecas comerciais, C++ possui um conjunto muito abrangente de bibliotecas-padrão, o STL (Standard Template Library) [Josuttis99]. O STL tenta fornecer toda a funcionalidade de alto nível necessária para a maioria dos programas.

Especificamente, ele fornece os dois maiores tipos de funcionalidade:

Contêineres: Conjunto de estruturas de dados comuns que pode ser usado com qualquer tipo. Alguns deles são vetores (*arrays* redimensionáveis), listas, deques (lista de dados) e conjuntos. Todos os contêineres usam o conceito de iteradores para acessar os elementos dentro dos contêineres.

Algoritmos: Conjunto de algoritmos básicos que funciona nos contêineres. Alguns dos mais populares são algoritmos de classificação, algoritmos de busca ou algoritmos de cópia.

Usar o STL ajuda a economizar tempo e recursos de criação (e depuração!) de alguns dos códigos. Por ser parte do padrão C++, os programadores já estarão familiarizados com isso, bem como outros códigos terceirizados podem ser escritos para interagir com eles facilmente.

Outra biblioteca muito popular é a Boost [Boost09]. Mesmo que não seja uma biblioteca oficial como o STL, seu uso é amplo e está escrita para integrar perfeitamente com o STL. A Boost contém uma maior variedade de funcionalidades do que o STL, e é um pouco mais esotérica e especializada. Você provavelmente não a usará toda, mas provavelmente existirão algumas seções perfeitamente adequadas para o seu projeto atual. Apenas alguns dos destaques da Boost incluem um contêiner gráfico e um conjunto de algoritmos para manipular gráficos, um conjunto de funções de manipulação de matrizes, vários ponteiros inteligentes e uma biblioteca de expressão regular.

O que não há de bom nessas bibliotecas? Para começar, às vezes são um exagero para a tarefa. Talvez esse não seja um problema quando se escreve uma ferramenta GUI, mas poderia ser se tentássemos adicioná-la ao motor do jogo. Embora o desempenho da maioria delas seja de alto nível, às vezes surpreende aos não familiarizados com elas, por criarem muitas cópias de um objeto ou muitas alocações de memória dinâmica. É importante conhecer todas as características da maioria das partes dessas bibliotecas para usá-las de forma eficaz.

Elas também fazem uso pesado de templates e de algumas características muito avançadas do compilador. Apesar de que todo compilador C++ deve implementar plenamente a especificação padrão C++, a verdade é que poucos o fazem. Essas bibliotecas não irão sempre compilar em todas as plataformas e, mesmo que o façam, o código gerado poderá não ser adequado, e você pode ficar limitado por suas escolhas de plataforma e compiladores.

A depuração pode ser difícil quando utilizamos tais bibliotecas, pois o código é modelado com base em templates e, algumas vezes, os depuradores encontram problemas em examinar os conteúdos de alguns contêineres. Isso pode geralmente ser solucionado utilizando-se alguns truques do depurador ou fazendo com que o código tome alguns atalhos e, com isso, cada um podendo ser examinado no depurador de maneira mais fácil.

Fraquezas

C++ pode ser a linguagem mais popular para o desenvolvimento de jogos hoje, mas está longe da perfeição. A seguir apresentamos umas das maiores fraquezas do C++ que se aplica ao desenvolvimento de jogos.

Nível muito baixo

Apesar de o C++ ter muitas características de alto nível, ainda força o programador a lidar com muitos problemas de baixo nível. Os programadores C++ têm de se preocupar constantemente a respeito de como a memória é alocada e liberada, precisam lidar com ponteiros de memória e verificar se eles são NULL; precisam se preocupar se eles podem apontar para um local de memória inválida ou devem manipular textos com *char* * (ponteiro de memória) em vez de usar um conceito de alto nível de uma *string*.

Tanto o STL como o Boost tentam aliviar tais problemas com métodos de alto nível. Por exemplo, o STL fornece a classe std::string, que é um grande passo para lidar com *char**. O Boost fornece um conjunto de ponteiros inteligentes que ajudam a remover parte da carga de alocação de memória do programador.

Estes são o outro lado de um dos principais benefícios do C++: desempenho e bom mapeamento para as operações de hardware. O C++ foi projetado principalmente como uma linguagem de sistemas, por isso o desempenho foi escolhido em detrimento de características de alto nível. Ao usarmos C++, muito do esforço de programação é dirigido a detalhes de baixo nível, os quais não fornecem benefícios de desempenho. Considerando que mais de 90% do código de C++ em um jogo não diz respeito ao desempenho crítico, C++ pode não ser a melhor escolha para o desenvolvimento do jogo. Uma linguagem de alto nível iria permitir ao programador ignorar muitas dessas características e se concentrar em escrever um grande jogo ou mesmo um motor. Mais tarde, neste capítulo, veremos como linguagens script podem ser usadas para complementar o C++ nesse aspecto.

Muito complicado

C++ não é apenas uma linguagem de nível muito baixo, é também bastante complexa. Um programador pode usar C++ em tempo integral durante anos e ainda declarar ser ignorante quanto a muitos aspectos do padrão C++.

A principal razão de o C++ ser tão complicado se deve à sua herança em relação ao C. Não é surpresa que esse foi um dos seus principais benefícios. Na época, os projetistas do C++ preferiam ter uma linguagem mais complicada, compatível com o C anterior (retrocompatibilidade), do que uma totalmente nova, que ninguém usaria e apoiaria. Observando todas as vítimas ao longo da estrada na evolução das linguagens de programação nas últimas décadas, parece que a decisão foi a mais correta.

Em qualquer caso, o que temos agora é uma linguagem muito mais complexa do que poderia ter sido, e precisamos lidar com isso. Outras linguagens, como Java ou C#, trazem consigo a maioria dos bons conceitos de C++, sem qualquer bagagem histórica, e apresentam uma linguagem de alto nível, relativamente simples, em ambiente limpo.

Carência de recursos

Quanto mais se usa C++ para desenvolvimento de jogos modernos, mais se percebe quantos recursos o C++ não possui. Você provavelmente irá gastar uma quantidade enorme de tempo para tentar implementar e adaptar os recursos no motor de jogo que deveriam estar prontamente disponíveis na própria linguagem de programação.

Qualquer projeto sério e direcionado a dados vai desejar possuir em suas entidades características de introspecção e reflexão (ou seja, os objetos são conscientes de sua estrutura e do tipo de dados que contêm e podem consultá-los no momento da execução, em tempo real). Implementar tal propriedade em C++ em geral envolve um emaranhado de macros de pré-processador ou outros artifícios complicados que tomam o tempo que poderia ser gasto em escrever o jogo ou o próprio motor.

Serialização de objetos (escrever e ler de alguma mídia o estado de um objeto) é outro exemplo. Cada jogo tem de criar alguma maneira de serializar seu estado para criar jogos salvos ou enviar o seu status através da rede. Invariavelmente, todos os motores de jogo implementam uma solução personalizada diferente, desperdiçando tempo e recursos.

O mesmo acontece com a transmissão da mensagem. Muitos motores de jogos querem passar mensagens entre os objetos, mas como C++ não suporta nativamente essa característica, cada um precisa implementar esse recurso a partir do zero. O resultado é um sistema diferente em cada motor de jogo e geralmente não tão eficiente como deveria.

Outras linguagens oferecem esses recursos e muitos outros, os quais podem ser aplicados a um motor de jogo imediatamente.

Iteração lenta

O último dos grandes problemas com o C++ é que muitas vezes é muito lento para os programadores iterarem e experimentarem propriedades diferentes. C++ é muito eficiente e, por isso, é totalmente compilado em formato binário nativo, a partir do código-fonte. Isso significa que para cada mudança, o programa precisa ser compilado e ligado a outros módulos.

Quando se lida com apenas um pequeno número de arquivos-fonte e somente algumas bibliotecas, os tempos de compilação são, provavelmente, muito rápidos. No entanto, centenas de milhares ou até milhões de linhas de código estão presentes na criação de um jogo. Compilar todos os arquivos leva muito tempo, até mesmo mais de uma ou duas horas em alguns casos, dependendo da quantidade de código, como está estruturado e quais recursos ele utiliza.

Mesmo que tenham sido feitas apenas algumas alterações e somente um arquivo precise ser compilado, o tempo de conexão pode facilmente levar 30 segundos até um minuto ou mais. Talvez não seja muito em grandes projetos, mas certamente reduz o ritmo em momentos de iteração rápida.

Alguns fornecedores de compiladores buscam contornar esse problema fornecendo recursos especiais, como cabeçalhos pré-compilados, conexão incremental, ou versões distribuídas. Infelizmente, esses recursos não são suportados por todas as plataformas e eles não reduzem o tempo de iteração para uma quantidade aceitável.

Esperar por hardware mais rápido provavelmente não ajude, pois o tamanho do programa e a complexidade continuará a crescer enquanto o hardware evoluir. É até mesmo possível que esse problema se agrave, pois a complexidade do programa é um problema exponencial que irá ultrapassar quaisquer melhorias de hardware.

Quando utilizar?

Depois de tudo ter sido dito e feito, quando faz sentido usar C++?

C++ é uma boa combinação para qualquer código em que o desempenho seja crucial. Isso costumava acontecer com todo o código do jogo há um pouco mais de uma década. Hoje, é limitado a alguns dos códigos de baixo nível em motores com elementos como gráficos, física ou funções de baixo nível intensivas de IA na CPU. A maioria dos outros códigos poderia ser mais bem escrita em uma linguagem de alto nível, mesmo à custa da perda de algum desempenho.

Ferramentas é outra área na qual C++ não é um ajuste perfeito. Existem linguagens de alto nível mais adequadas para o desenvolvimento de ferramentas GUI, incluindo Java, C# ou Python. Escrevê-las em C++ é um pouco como pintar uma parede com um pincel em vez de um rolo: você pode fazê-lo, mas vai ser mais demorado e provavelmente não resultará em um bom trabalho, mesmo que tenha mais controle sobre cada pincelada e possa atingir os cantos da parede.

Por outro lado, se a sua base de código atual é em grande parte de C e C++, faz sentido continuar usando C++. Talvez considere alternativas sempre que reescrever partes dele, mas não conserte o que não está defeituoso.

Além disso, se você tem um grande número de especialistas em C++ em sua equipe, pode ser produtivo com o C++ se fizer um bom uso de bibliotecas de alto nível, como faria com outras linguagens. Certamente será mais vantajoso se estimar a curva de tempo que levaria para chegar até a velocidade com uma nova linguagem. Mais uma vez, pense em alternativas num futuro próximo, já que a composição de sua equipe é suscetível a mudança, e traga alguns profissionais não tão experientes em C++.

› Java

Java está batendo à porta do desenvolvimento de jogos há vários anos com suas promessas de desenvolvimento rápido e independência de plataforma. Parece que com os recursos mais recentes, Java está finalmente pronto para entrar no desenvolvimento de jogos.

Por que Java?

Aparentemente, Java é apenas uma linguagem de alto nível que se apoia em vários conceitos de C++, mas simplifica muito o trabalho porque não precisa manter qualquer compatibilidade com versões anteriores do C. Não só evitou muitos dos recursos de baixo nível presentes em C, por exemplo, ponteiros e gerenciamento de memória explícita, como também evitou alguns dos recursos mais complicados do C++, por exemplo, templates ou herança múltipla.

Além de apresentar uma linguagem bem limpa, o Java também introduziu algumas características de alto nível muito úteis no desenvolvimento de jogos. O Java possui um mecanismo de serialização de objetos por meio do qual pode facilmente salvar e restaurar seu estado para o disco ou mesmo a rede. Também é possível para um objeto Java estruturar sua própria consulta por meio da funcionalidade fornecida pela reflexão.

No entanto, há muito mais para Java do que um C++ simplificado. Uma das características notáveis é que ele não é compilado em um formato binário nativo e executado diretamente no hardware. Em vez disso, é compilado em um bytecode especial e, então, interpretado em tempo real pela Java Virtual Machine (JVM), que não é uma máquina de hardware real, mas sim uma máquina de computação abstrata. Uma implementação da JVM é um programa que suporta todos os recursos presentes na especificação JVM e pode executar o bytecode diretamente na plataforma em que é executado.

A consequência de ser compilado em um *bytecode* intermediário é que, pelo menos em teoria, podemos executar programas compilados em Java em qualquer plataforma que tenha uma implementação da JVM. Originalmente tal propriedade foi apresentada como "desenvolva uma vez, execute em qualquer lugar".

Na prática, isso nem sempre é verdade por causa de pequenas variações entre as plataformas, diferentes capacidades, resoluções de tela e dispositivos de entrada. Em qualquer caso, é um grande passo para o desenvolvimento multiplataforma em relação ao C++.

Como os programas Java são executados diretamente na JVM, são completamente isolados do hardware real em que rodam. Isso tem a vantagem de libertar os programas de detalhes de baixo nível do hardware. No entanto, também significa que os programas têm muito pouco controle sobre seu funcionamento no hardware e podem não ser capazes de aproveitar as otimizações específicas da plataforma. Examinaremos o desempenho em mais detalhes na próxima seção.

O Java foi cercado por um conjunto muito abrangente de bibliotecas que tornou o desenvolvimento de suas aplicações bastante conveniente, desde o início. Alguns exemplos de bibliotecas Java são I/O, gráficos, tanto a rede de baixo nível (soquetes) e rede de alto nível (protocolos, por exemplo, HTTP e FTP) e até mesmo aquelas para escrever aplicativos GUI (AWT e Swing). Novas bibliotecas continuam a ser criadas para Java, e nos últimos anos temos visto a introdução daquelas que se ligam ao OpenGL (gráficos) ou OpenAL (som), que abriram a porta para o desenvolvimento de jogos de alto desempenho em Java.

Desempenho

Desempenho tem sido o calcanhar de Aquiles do Java quando o assunto é desenvolvimento de jogos. Mesmo se o desempenho não estivesse muito próximo do que poderia ser alcançado com C++, seria o suficiente para outros tipos de programas, como os tradicionais baseados na Web e aplicativos GUI. Durante os anos, muitos jogos simples baseados na Web, para os quais o desempenho não era algo crítico, foram criados em Java por causa da facilidade do desenvolvimento e da facilitada distribuição para muitas plataformas. Contudo, Java não conseguiu entrar nas grandes ligas de jogos comerciais, pois os desenvolvedores não podem se dar ao luxo de aceitar um desempenho de 4x a 10x.

No entanto, as coisas mudaram rapidamente ao longo dos anos e, embora o desempenho do Java ainda não esteja ao nível de C++, está próximo o suficiente para que prestem atenção nele e muitos desenvolvedores reconsiderem a sua escolha de linguagem de desenvolvimento. Muitas técnicas de otimização foram aplicadas para a JVM, incluindo a compilação Just-In-Time (JIT), o que leva à próxima seção do código a ser executado e o compila em tempo real para o formato binário nativo e, mais recentemente, às máquinas virtuais HotSpot, que observam as seções críticas do código e as otimizam igualmente em tempo real.

Anos atrás, o Java era muito rigoroso quanto a usar apenas códigos independentes de plataforma que poderiam rodar em qualquer plataforma Java. O resultado foi que programas eram fáceis de transferir, mas o desempenho muitas vezes deixava a desejar. Agora, o Java tem uma abordagem mais aberta, que permite acesso a código binário nativo. Possibilita o uso de hardware de aceleração de gráficos 3D através de vinculação com a OpenGL ou o acesso a operações de som de hardware por meio da OpenAL. Com ele, também é possível escrever algumas das partes de alto desempenho do código em C++ ou outra linguagem que compile nativamente, e usar esse código em um programa Java através da Java Native Interface (JNI). Claramente: usar código nativo restringe a gama de plataformas para as quais podemos desenvolver, mas nos possibilita escrever programas que de outra maneira seria impossível.

Podemos esperar que a tendência de oferecer um acesso melhor e mais rápido para o código nativo continue no futuro. O Java também está prestes a apresentar algumas características cruciais para o desenvolvimento de jogos comerciais, como o acesso a temporizadores de alta resolução.

Uma área na qual o Java ainda deixa a desejar é o gerenciamento de memória. Por não permitir o gerenciamento de memória explícita, por parte do programador, requer a coleta de lixo automática. O problema com a coleta de lixo é que pode causar resultados inesperados de desempenho, fazendo pausas inesperadas no meio do jogo. Existem técnicas de programação que podem ser usadas para minimizar a quantidade de alocação de memória dinâmica e suavizar os custos da coleta de lixo. No entanto, resulta em complexidade extra, que começa a comprometer a simplicidade original da linguagem.

Considerando todos os aspectos, o Java pode competir com C++ como uma linguagem de desenvolvimento de jogos. Ele não consegue competir com C++ em força bruta, mas ele compensa isso com uma curva de aprendizado menor e sua facilidade de desenvolvimento e manutenção. Especialmente agora que os jogos são tão complexos, trocando algum desempenho por robustez e desenvolvimento mais fácil, parece ser um passo na direção certa.

Plataformas

O Java pode ser utilizado em uma ampla gama de plataformas, mas, infelizmente, não está disponível para todas as plataformas de jogos importantes ainda.

Java tem uma forte presença em jogos para download ou de navegador. É muito bem adaptado a essa plataforma, pois programas em Java podem ser entregues de forma muito fácil para muitas plataformas usando um navegador da Web, e também porque o Java roda inteiramente dentro de sua máquina virtual, o que reduz o risco à segurança da execução de programas para download.

Essa linguagem começou sua vida segmentando sistemas incorporados, por isso não é uma surpresa descobrirmos que é um candidato importante nas arenas dos móveis e portáteis. Mesmo que o hardware nessas plataformas não seja quase tão poderoso quanto PCs, o Java ainda é uma boa escolha porque abstrai todos os hardwares diferentes e permite aos desenvolvedores escrever jogos que podem ser usados em diversos celulares ou consoles portáteis.

O Java também é bastante adequado para criar jogos comerciais completos para PC, mas até agora, são poucos os títulos usando Java como linguagem primária. Especialmente para os jogos mais simples que se concentram mais na jogabilidade em vez de testar os limites do hardware, o Java seria uma ótima opção. Uma área na qual o Java tem contribuído para jogos de PC é como uma linguagem de script embutida. Vários títulos de alto perfil escolheram o Java para implementar a maioria dos comportamentos de jogo de alto nível para colher os benefícios da facilidade de desenvolvimento.

Contudo, uma área em que o Java está visivelmente ausente é a de consoles de jogos. Nenhum dos grandes consoles para essa geração tem uma implementação oficial do JVM; contudo, o Xbox 360 tem suporte ao C#, um parente próximo do Java. Infelizmente, o desempenho e controle de C# ainda não é tão bom como C++ no Xbox 360, resultando em praticamente nenhum jogo *de prateleira em* C# na plataforma (embora alguns jogos Xbox Live Arcade sejam feitos com C#). Ainda que a situação pareça desoladora para os consoles, isso não significa que os desenvolvedores não possam escrever seus próprios jogos em Java ou C#, já que as especificações para a máquina virtual estão amplamente disponíveis, mas devemos observar que esse é ainda outro obstáculo para a adoção de Java nessas plataformas.

Parece que o Java tem as plataformas de jogo muito bem cobertas, com a notável exceção dos consoles. Infelizmente, consoles são atualmente a plataforma mais popular de jogos comerciais, tendendo a colocar o Java em um papel secundário atrás do C++. No entanto, essa linguagem domina o desenvolvimento de portáteis e tem uma forte presença em jogos para download. Não se surpreenda se a influência do Java logo se espalhar para os consoles de jogos e PCs.

Que jogos usam Java?

A razão, como eles dizem, está nos fatos. Quando tudo estiver dito e feito, quais jogos comerciais estão usando Java?

Primeiro, temos todos os jogos para download voltados para o mercado casual. Provavelmente a empresa mais bem-sucedida é a PopCap Games, com versões de seus jogos totalmente escritas em Java, como *Peggle*, *Bejeweled* e *Bookworm*.

Um segmento de mercado muito diferente, que também usa Java, devido ao seu potencial para download, são jogos de cartas on-line. O Yahoo Games é um dos mais populares portais de jogos de cartas, a maioria dos quais utiliza um cliente Java. Muitos cassinos on-line também fornecem clientes Java para jogar *Poker* ou o *Blackjack*.

No setor de jogos comerciais de PC, temos alguns títulos muito populares que utilizam Java como linguagem principal de scripts. Um dos primeiros a integrar o Java foi o *Vampire: The Masquerade* da Nihilistic. A sinopse no Gamasutra fornece mais detalhes sobre como integraram o Java em seu jogo [Huebner00].

Um exemplo mais recente de fazer bom uso do Java é o *Star Wars Galaxies*.

Eles também usam uma versão simplificada do Java como sua linguagem de script.

Isso é ainda mais significativo, porque *Star Wars Galaxies* é um jogo massivo com multijogador on-line, por isso é interessante ver que eles estavam dispostos a ir nessa direção.

E os jogos que foram totalmente escritos em Java? Alguns dos mais populares são *You Don't Know Jack* e *Who Wants to Be a Millionaire* da Jellyvision. Ambos foram extremamente populares, voltados para o mercado casual. Um jogo destinado a um mercado mais hardcore que fazia uso pesado da tecnologia Java foi o extinto jogo da EA, *Majestic*, cujo *back-end* foi completamente implementado por meio do Java.

› Linguagens de script

É usual hoje muitos jogos contarem com linguagens de script para executar alguma parte de seu código de alto nível. Alguns usam linguagens de script apenas para desencadear certos eventos e, talvez, controlar uma sequência durante uma cinemática no jogo; outros usam para toda a lógica do jogo e seu comportamento. Esta seção analisa o papel das linguagens de script em jogos e as opções que temos ao usá-las em nossos projetos.

Por que linguagens de script?

Existem muitas razões para os jogos usarem linguagens de script.

Facilidade de desenvolvimento

Facilidade de desenvolvimento é um dos motivos mais citados para a utilização de linguagens de script. Elas são certamente mais fáceis de usar do que o C++, mas, infelizmente, esse pensamento é em geral acompanhado da ideia de que os designers podem cuidar da escrita na linguagem de script, apesar de quase nunca isso ser uma boa ideia. Os designers podem realmente fazer algumas alterações no código existente, e até mesmo certos programadores designers (também chamados de "designers técnicos") muitas vezes podem estar prontos para essa tarefa sem problema. Na maior parte do tempo, o código de script ainda precisa ser escrito por um programador, mesmo por um não experiente.

Deve ser mais rápido e menos propenso a erros escrever em uma linguagem de script do que fazê-lo em C++. Como as linguagens de script têm frequentemente nível mais elevado do que C++, muitas tarefas são realizadas nos bastidores. Por exemplo, linguagens de script quase sempre cuidam da alocação de memória, deixando o programador livre de atividades com ponteiros e gerenciamento da vida dos objetos.

No final, estamos negociando algum desempenho (porque linguagens de script são significativamente mais lentas do que C++) tendo em mente a facilidade e velocidade de desenvolvimento. Já que código de alto nível não é em geral crítico para o desempenho, mas muito rico em recursos e envolve uma grande quantidade de programação, esta é uma troca bastante útil em diversas situações.

Tempo de iteração

Talvez a razão mais importante para a utilização de uma linguagem de script é o tempo de iteração, o tempo decorrido entre o momento em que fazemos uma alteração no código e o momento em que vemos os resultados no jogo. Se fôssemos fazer a nossa programação em C++, o tempo de iteração implicaria compilar o código, vinculando-o a todas as bibliotecas e ao funcionamento do jogo. Com uma linguagem de script, normalmente não precisamos compilar nada, e às vezes podemos recarregar scripts na hora, enquanto o jogo está em execução. O tempo de iteração pode facilmente ser reduzido de um a dois minutos a cerca de dez segundos.

O código se torna um recurso

Uma consequência interessante de escrever algum código em linguagem de script é a possibilidade de tratá-lo como um recurso do jogo em vez de ser parte do programa. Para um jogo direcionado a dados, isso significa ser muito mais fácil manter o código do jogo e o resto do conteúdo em sincronia, pois eles podem ser modificados e atualizados juntos.

Por exemplo, considere uma unidade de peão em um jogo de estratégia em tempo real. Sem o uso de uma linguagem de script, o comportamento para o peão deve ser especificado no código, por isso seria parte do jogo executável, e o resto do peão seria um recurso do jogo (texturas, sons, animações etc.). Se implementarmos todo o comportamento do peão em uma linguagem de script, poderemos acrescentar os scripts para o resto dos dados e ter um conjunto autônomo de recursos que integralmente descreveram como o peão parecia e se comportou no jogo.

Outra consequência do tratamento de código escrito em uma linguagem de script como um recurso do jogo é que ele pode ser facilmente modificado, atualizado e redistribuído pelos usuários finais que querem fazer modificações no jogo. Se todos os códigos foram escritos em C++ e compilados como parte do programa, os usuários seriam limitados a fornecer novas texturas, modelos ou níveis. Se eles querem escrever novos comportamentos ou sobrescrever os existentes, não serão capazes ou precisarão escrever códigos C++ na forma de DLLs, compilá-los e redistribuí-los. Isso exige que as pessoas tenham um ambiente de desenvolvimento completo e também produz problemas importantes de segurança, redistribuindo DLLs completas e executáveis. Contudo, se o código do jogo utilizar a linguagem de script, os usuários poderão editar scripts existentes ou escrever novos e redistribuí-los com o resto de seus recursos como parte de seu *Mod* sem qualquer dificuldade.

Recursos

As linguagens de script são mais fáceis e mais simples que o C++, mas isso não significa que são uma linguagem problemática. Muito pelo contrário: muitas linguagens de script oferecem recursos não encontrados no C++. Por exemplo, linguagens de script em geral fornecem funcionalidade para salvar e restaurar o estado de objetos (serialização), modos de examinar os conteúdos e estrutura de um objeto (reflexão) ou mesmo versões leves dos processos. Se estivéssemos escrevendo o jogo puramente em C++ e quiséssemos usar alguns desses recursos, seríamos forçados a escrevê-los a partir do zero.

Além de alguns recursos da linguagem geral, as linguagens de script podem ser altamente customizadas de acordo com a forma como são utilizadas no jogo, para que possam fornecer uma série de funcionalidades de alto nível para essas tarefas. Por exemplo, uma linguagem de script que é destinada a ser utilizada para comportamentos IA pode suportar máquinas de estado finito ou árvores de decisão fuzzy. Por outro lado, uma linguagem de script que se destina a eventos de sequência nas cenas cinematográficas e outros eventos de script podem ter um suporte muito bom para eventos em uma linha do tempo. Tentar escrever o código dessa maneira em C++ seria bastante complicado e não muito intuitivo.

Desvantagens de linguagens de script

Nem tudo é verde do outro lado da cerca das linguagens de script. Para todas as vantagens existem suas desvantagens.

Desempenho

Você paga por todos os excelentes recursos de linguagens de script com desempenho. Simplesmente não pode esperar obter o mesmo desempenho escrevendo algum código em uma linguagem de script, como faria em C++. Dependendo da linguagem de script, o impacto no desempenho pode ser até dez vezes ou mais o desempenho de um programa equivalente em C++. Não se desespere, pois o uso primário das linguagens de script é destinado ao código lógico de alto nível do jogo e, na maioria do tempo, ele não deve ser um código de desempenho crítico, poderemos arcar com o impacto extra no quesito desempenho.

Por que linguagens de script são tão lentas? Porque em geral não são compiladas em formato binário nativo como os programas C++. Muitas linguagens de script são puramente interpretadas, o que significa que são analisadas e executadas em tempo real, enquanto o jogo está rodando. Ser interpretado significa que não há necessidade de uma etapa de compilação entre alterar o código e executá-lo, mas também significa que é possível recarregar os scripts, mesmo quando o jogo está rodando, o que não é possível com uma linguagem puramente compilada.

Algumas linguagens de script usam uma abordagem intermediária, compilam seu código em um código byte intermediário (quase igual ao Java) e executam esse código byte. Os resultados são quase sempre um desempenho melhor ao custo de ter uma etapa curta de compilação após modificar o programa.

Outra área que pode afetar muito o desempenho é o gerenciamento automático de memória (também conhecido como "coleta de lixo automática"). Ao contrário do C++, a maioria das linguagens de script tenta evitar que o programador lide com o gerenciamento de memória manualmente; eles têm de tomar o cuidado de liberar a memória sempre que não for mais usada. Parece uma ótima ideia, porque o programador fica livre de cuidar dos detalhes de baixo nível, mas por vezes isso pode causar travamentos e problemas de desempenho em um aplicativo em tempo real, tal como um jogo.

A utilização de memória dinâmica é outra área problemática que pode afetar o desempenho. Algumas linguagens de script não são cuidadosas sobre a limitação de quanta memória irão usar enquanto analisam e executam o código de script. Isso pode ser bom em um PC com grande quantidade de memória RAM e memória virtual, mas será completamente inadequado em um console com quantidades de RAM muito limitadas.

Suporte a ferramentas

É uma realidade infeliz que o suporte a ferramentas para a maioria das linguagens de script seja deficiente se comparado ao C++. Você descobrirá que se tiver um depurador, ele será bem primitivo. Ferramentas de análise podem ser inexistentes. Até mesmo encontrar um ambiente de desenvolvimento integrado com destaque de sintaxe e um bom visualizador de código pode ser um desafio. Então, apoie-se no fato de que suas ferramentas não serão tão boas quanto as da linguagem C++[3].

A menos que você tenha muitos recursos, escrever sua própria linguagem de script também não irá ajudar. É muito difícil implementar uma linguagem de script que faça exatamente o que se deseja. Mas escrever todas as ferramentas de suporte é um esforço enorme que a maioria das equipes não se pode dar ao luxo de fazer. Em geral, linguagens de script caseiras acabam tendo o pior conjunto de ferramentas, se tiverem algum, a menos que eles as reutilizem e as aprimorem em seus projetos subsequentes.

Encontrando erros

A maioria das linguagens de script é dinamicamente tipada. Na teoria, isso é uma coisa boa, pois liberta os programadores de ter de declarar explicitamente tipos de variáveis e usá-las. Desse modo, a produtividade deveria ser maior permitindo aos programadores escrever o programa e esquecer o que diz respeito às regras de linguagem. Infelizmente, tipagem dinâmica combinada com a maneira como as linguagens de script são em geral interpretadas também significa que os scripts podem conter erros que não serão detectados até esse código ser executado. Com linguagens compiladas, fortemente tipadas como C++, o compilador não tem misericórdia e encontra muitos erros no momento de compilação, economizando tempo e esforço no longo prazo.

---

[3] N.R.T.: Mais recentemente, com avanço nos motores de jogos, como *Unity 3D*, *UDK*, *Shiva* e *Quest* por exemplo, muitos investimentos foram realizados no sentido de melhorar e aperfeiçoar consideravelmente seus ambientes de desenvolvimento script. Enfim, a distância, hoje, cada dia mais fica menor neste quesito de suporte ao desenvolvimento.

Interface com o restante do jogo

O código de linguagem de script está acima de todos os códigos de jogo e motor, que provavelmente foram escritos em C++. Para esses scripts fazerem algo útil, precisam se comunicar com o código de jogo. Deve ser possível ativar as ações do script, criar novos objetos, executar cálculos ou ler o estado do jogo. A interface entre o código da linguagem de script e o código C++ não é um assunto trivial.

As diferentes linguagens lidam com isso de maneira diversa, mas quase sempre implica indicar explicitamente as funções C++ como "exportadas" para a linguagem de script. Isso é feito com muitos truques de macro e truques de templates para evitar que toda a digitação envolvida seja realizada manualmente. Essas funções são limitadas a ter tipos básicos de dados para seus parâmetros, como integrais, flutuantes, booleanas e strings e muito raramente podem passar ao redor de objetos plenos. As próprias funções são geralmente obrigadas a serem funções globais, então a linguagem de script não pode sempre acessar diretamente os objetos e suas funções membros.

Todas essas restrições tornam a interface entre a linguagem de script e o resto do jogo mais estranha do que deveria ser e deixam os programadores de script querendo mais funcionalidade e melhor interface.

Linguagens de script populares

Existem algumas das mais populares linguagens de script no desenvolvimento de jogos. Você pode usar esta seção como ponto de início para descobrir mais sobre cada linguagem.

Python

Python é uma linguagem de script interpretada orientada a objeto [Beazley09, Martelli06, Python09]. Possui muitas bibliotecas cobrindo praticamente qualquer funcionalidade. A sintaxe é clara e fácil, mas diferencia-se de uma sintaxe parecida com C, em que o espaço branco determina a estrutura do programa. Por ser uma linguagem madura e existir há um bom tempo, há muita documentação disponível, tutoriais e materiais de referência. O suporte a ferramentas também é bom, com um shell interativo e até um depurador remoto.

Por outro lado, Python é muito grande; utilizá-la em ambiente com memória limitada pode não ser uma opção. Existe uma variante da Python chamada "Stackless Python" que tenta remediar essa situação e é mais adequada para sistemas incorporados ou consoles de jogos.

Lua

Lua é uma linguagem de script muito leve, projetada para ser incorporada em outros programas [Lua09, Ierusalimschy06]. Não é, de forma nativa, orientada a objeto, mas pode ser estendida para usar muitos conceitos orientados a objeto. Lua tem um baixo uso de memória e um desempenho muito bom, o que a torna uma boa candidata para ser incorporarada a jogos, até mesmo para consoles com hardware limitado.

No lado negativo, há alguns problemas de desempenho com a coleta de lixo, causando pausas na execução em momentos inoportunos. Diferentemente da Python, utiliza apenas um tipo de número, um formato duplo de C, deixando muito lentas as operações numéricas; tais tarefas são mais bem executadas com código escrito em C++. Além disso, é uma linguagem pequena e simples que, justamente por isso, não necessariamente representa bem uma boa medida para projetos grandes escritos exclusivamente em Lua.

Outras linguagens padronizadas

Lua e Python são atualmente as duas linguagens mais populares usadas nos jogos, mas o mundo das linguagens de script não termina aqui. Outras linguagens menos populares às vezes usadas em um jogo incluem Ruby, Perl e JavaScript. Antes de começar seu próximo projeto, avalie essas linguagens para ver se possuem alguma vantagem para os seus requisitos de projeto.

Linguagens customizadas

Muitos jogos utilizam sua própria linguagem de script escrita do zero. Você não poderá usar essas linguagens em seu jogo (a menos que esteja trabalhando com o motor que contiver as mesmas), mas vale a pena se familiarizar com algumas das mais populares e conhecer suas vantagens e desvantagens.

Algumas das mais populares linguagens personalizadas de script são UnrealScript (motor do Unreal), QuakeC (motor do Quake) e NWNScript (*Neverwinter Nights*). Elas são muito usadas na criação de mods (modificações) desses programas pelos jogadores que desejam fornecer seus próprios conteúdos e novos jogos nesses motores. Há uma extensa documentação on-line, tanto das empresas que escreveram os motores, quanto dos próprios usuários.

Um aviso antes de decidir escrever sua própria linguagem de script: escrever uma linguagem de script robusta e eficiente é extremamente difícil. A menos que você tenha muita experiência na criação de linguagens, compiladores e intérpretes, levará muito mais tempo do que você pensa, e isso será muito mais lento e menos eficaz do que espera. Certifique-se de que realmente precisa fazer algo único que não possa ser feito com uma linguagem já existente. No final, muitas equipes que tentam escrever sua linguagem acabam lamentando, e se deparando com uma linguagem de script em geral muito semelhante a Python ou Lua, mas muito menos eficaz e sem qualquer apoio de ferramentas e documentação.

Uma empresa que escreveu sua linguagem

Um conto preventivo sobre a escrita de sua própria linguagem de script vem da empresa Naughty Dog, que usava uma linguagem de script interna personalizada chamada *GOAL* (Game Object Assembly Lisp) para suas franquias *Crash Bandicoot* e *Jax & Daxter* durante os anos do PS1 e PS2. Na verdade, a GOAL pode ser uma das linguagens de script de jogos mais originais e abrangentes, uma vez que praticamente todos os sistemas do jogo foram escritos nela. Embora GOAL tenha funcionado bem para a Naughty Dog, em geral, permitindo a iteração rápida, a empresa tinha uma dificuldade extrema para contratar programadores qualificados, já que quase ninguém na indústria de jogos era experiente em Lisp. No desenvolvimento do PS3, a Naughty Dog decidiu abandonar a GOAL, principalmente porque a empresa não poderia utilizar o código de outros estúdios da Sony e vice-versa [VanLeuveren07]. Outra razão importante para não fazer a transição da GOAL para o PS3 é que o arquiteto original e cofundador da Naughty Dog, Andy Gavin, não estava mais na organização. A partir desse momento, a GOAL se tornou uma deficiência e foi descontinuada.

Escolhendo uma linguagem de script

Como discutido antes, linguagens de script não deixam de ter seu conjunto de problemas. Selecionar a linguagem errada fará mais mal para um projeto do que quaisquer benefícios que ela fornecerá. Abordaremos aqui algumas questões que você deverá responder antes de escolher a linguagem de script (se houver) que talvez possa usar em seu próximo projeto.

Você precisa de uma linguagem de script?
Assumimos desde o começo que queremos uma linguagem de script, mas esta é a primeira pergunta que você deve fazer a si mesmo. Uma linguagem de script é uma ótima ferramenta para iteração rápida, experimentação e futuras modificações. No entanto, se você não precisa de nenhuma dessas características ou não pode desistir de um pouco de desempenho, uma linguagem de script pode não ser a opção. Se você estiver trabalhando em um gênero muito bem definido, saberá exatamente o que vai escrever e, ainda, se você não pretende fazer muitas mudanças ao longo do caminho, escrever todo o código do jogo em C++ pode até poupar tempo.

Contudo, a maioria dos jogos de uma complexidade razoável será fortemente beneficiada do uso da linguagem de script para implementar grande parte de seu código de alto nível.

De que características você precisa?
O que você quer da linguagem de script? Quer uma linguagem de script genérica, que substitua C++ para o código do jogo de alto nível ou você quer algo mais especializado? Quanto mais ampla a gama de tarefas que deseja realizar, mais geral a linguagem de script deve ser. Como alternativa, você pode usar vários tipos de linguagens de script no mesmo jogo, por exemplo, uma para o sistema de animação, outra para as decisões de IA e ainda uma geral para uma interface do usuário (UI) e qualquer outro código diverso. No entanto, você terá de fazer um esforço de integração e de suporte de cada linguagem de script em seu jogo.

De que tipo de desempenho você precisa?
Você precisa escrever um código em uma linguagem de script que vai ser quase tão rápido quanto C++ ou está disposto a desistir de algum desempenho? Normalmente, quanto menor desempenho, mais recursos e facilidade de desenvolvimento se tem em troca.

Antes de responder que precisa de alto desempenho, tenha em mente que a maioria dos jogos só tem algumas áreas que são verdadeiros gargalos de desempenho (gráficos, física, colisão) e o código de alto nível geralmente não é um deles. No entanto, se está planejando mover milhares de elementos simultaneamente na tela, pode querer usar uma linguagem de script com alto desempenho.

Além da velocidade de execução pura, você também deve considerar consumo de memória e desempenho de coleta de lixo, se a linguagem que estiver considerando assim os possuir.

Que facilidades de depuração a linguagem possui?
Se tudo que a linguagem de script vai fazer é gerenciar o front-end da GUI, você provavelmente não precisará de muito no que diz respeito à facilidade de depuração. Quando precisar verificar algo, utilize o método antigo de imprimir algo no console de saída sempre que um evento acontecer. No entanto, se a maioria de seu código de alto nível for escrita em uma linguagem de script, definitivamente você irá querer ter um depurador para tanto. Você vai querer definir pontos de interrupção, passos em código, ver o estado do jogo e assim por diante. Você também vai querer ter um tratamento de erros robusto para evitar que os scripts travem no primeiro sinal de problema.

Isso é um aspecto importante muitas vezes negligenciado quando são avaliadas as linguagens de script. Ter facilidades de depuração adequadas em um jogo que faz uso pesado de scripts pode significar a diferença entre lançar um grande jogo ou não haver lançamento.

Em quais plataformas as linguagens de script precisam funcionar?
Se você estiver usando uma linguagem de script padronizada, pode estar limitado às plataformas às quais ela já foi portada. Especificamente, isso significa que poderá encontrar dificuldade de selecionar linguagens para executar em consoles. Às vezes, o código-fonte para a linguagem de script em si estará disponível e você será capaz de portá-lo para a sua plataforma de escolha, mas isso pode ser uma tarefa desafiadora (dependendo de quão diferente for sua plataforma de destino). Além disso, tenha em mente que ao portar esse código para uma nova plataforma, você pode perder alguns dos benefícios já disponíveis, como alto desempenho, depuradores, bibliotecas específicas da plataforma e assim por diante.

Que especialidades e recursos você tem disponíveis?
Observe ao seu redor e analise sua equipe. Se todos já estão confortáveis com determinada linguagem de script, isso é um grande ponto favorável, pois o grupo será capaz de começar a usá-la efetivamente a partir do primeiro dia. Por outro lado, se você estiver montando uma equipe ou ninguém tem qualquer experiência prévia, sinta-se livre para escolher uma linguagem baseada em outros fatores. Além disso, se você tiver um expert em linguagem no grupo e deseja fazer algo original, talvez criar uma nova linguagem seja uma opção.

≫ Resumo

C++ é a linguagem atual e preferida para a maioria dos desenvolvimentos de jogo. Combina o controle de baixo nível e alto desempenho do C com a abordagem orientada a objeto e maior produtividade de linguagens de alto nível. Conhecer bem a linguagem é essencial para tirar o máximo proveito dela e evitar as armadilhas comuns que são frequentes em C++.

Java e C# têm feito algumas incursões no desenvolvimento de jogos ao longo dos anos. Devido a algumas atualizações recentes para a linguagem Java e bibliotecas, o desempenho dos programas em Java tornou-se muito melhor. Além disso, Java é mais fácil e muito mais limpo do que o C++, bem como o nível ligeiramente mais elevado (o que implica maior produtividade); é fácil entender por que se tornou uma alternativa mais atraente.

Todos os dias, mais jogos estão usando linguagens de script para escrever código de alto nível. Feito por designers ou programadores, permite um desenvolvimento muito rápido e iteração das características do jogo. Em termos de linguagem de script, você poderá utilizar uma das mais populares linguagens padronizadas (Python ou Lua), adotando uma para um jogo já existente ou escrever a sua própria.

Exercícios

1. Algumas das mais complicadas características de C++ não presentes em Java são heranças múltiplas e templates. Como o Java fornece funcionalidade similar?
2. Liste todos os contêineres disponíveis no STL e dê um exemplo de como você usará cada um.
3. Selecione duas bibliotecas do Boost (www.boost.org/) e explique como podem ser aplicadas para qualquer aspecto do desenvolvimento de jogo.
4. Serialização e reflexão são duas características encontradas em Java que não estão presentes em C++. Escreva um código que utilize as duas características. Explique os usos específicos dessas características no jogo.
5. Observe os dez jogos de PC mais vendidos este mês ou ano. Para cada um, verifique se há linguagem de script exposta para o usuário final e se houver, qual é? Que conclusões você pode tirar dessa observação? Existe alguma linguagem dominante?
6. Escolha qualquer jogo de PC de sua preferência com uma linguagem de script customizada. Analise essa linguagem e compare com Python ou Lua. É mais rápida e simples? Possui alguma característica radicalmente diferente? Que tipo de suporte de ferramentas tem (editores, perfiladores, depuradores etc.)?

Referências

C++

[Alexandrescu01] Alexandrescu, Andrei, *Modern C++ Design*, Addison-Wesley, 2001.
[Boost09] Boost C++ Libraries, www.boost.org/.
[Dickheiser06] Dickheiser, Mike, *C++ for Game Programmers*, Charles River Media, 2006.
[Josuttis99] Josuttis, Nicolai M., *The C++ Standard Library*, Addison-Wesley, 1999.
[Meyers96] Meyers, Scott, *More Effective C++*, Addison-Wesley, 1996.
[Meyers01] Meyers, Scott, *Effective STL*, Addison-Wesley, 2001.
[Meyers05] Meyers, Scott, *Effective C++: 55 Specific Ways to Improve Your Programs and Designs (3rd Edition)*, Addison-Wesley, 2005.
[Stroustrup00] Stroustrup, Bjarne, *The C++ Programming Language Third Edition*, Addison-Wesley, 2000.

Java

[Bloch01] Bloch, Joshua, *Effective Java Programming Language Guide*, Addison-Wesley, 2001.
[Clingman04] Clingman, Dustin; Kendall, Shawn; and Mesdaghi, Syrus, *Practical Java Game Programming*, Charles River Media, 2004.
[Eckel06] Eckel, Bruce, *Thinking in Java, 4th Edition*, Prentice Hall, 2006.
[Flanagan05] Flanagan, David, *Java in a Nutshell, 5th Edition*, O'Reilly & Associates, 2005.
[Harbour07] Harbour, Jonathan, *Beginning Java Game Programming, 2nd Edition*, Course Technology PTR, 2007.
[Huebner00] Huebner, Robert, "Postmortem of Nihilistic Software's Vampire: The Masquerade–Redemption", Gamasutra, 2000, available at www.gamasutra.com/features/20000802/huebner_01.htm.
[JavaTech09] Java Technology, http://java.sun.com/.

Linguagens de script
[Beazley09] Beazley, David, *Python Essential Reference, 4th Edition*, SAMS, 2009.
[Ierusalimschy06] Ierusalimschy, Roberto, *Programming in Lua, 2nd Edition*, Roberto Ierusalimschy, 2006.
[Lua09] Lua Programming Language, www.lua.org/.
[LuaUsers09] Lua Users Wiki, http://lua-users.org/wiki/.
[Martelli06] Martelli, Alex, *Python in a Nutshell, 2nd Edition*, O'Reilly & Associates, 2006.
[Python09] Python Programming Language, www.python.org/.
[VanLeuveren07] Van Leuveren, Luke, "Naughty Dog Interview Part Two", PALGN, 2007, http://palgn.com.au/article.php?id=9226.

3.3 Fundamentos da programação

Neste capítulo

- Visão geral
- Estruturas de dados
- Design orientado a objetos nos jogos
- Sistemas de componente
- Padrões de design
- Resumo
- Exercícios
- Referências

› Visão geral

Um entendimento firme dos fundamentos de programação é necessário para programar videogames. Isso inclui estruturas rudimentares de dados, técnicas orientadas a objeto e um repertório saudável de padrões de design. Enquanto esses tópicos estão em muitos livros introdutórios de programação, este capítulo irá direcionar sua abordagem para a aplicação aos jogos, fornecendo *insights* úteis ao longo do caminho.

› Estruturas de dados

Programação de jogos, como muitos outros tipos de programação, envolve uso de estruturas de dados para tudo. As estruturas fundamentais de dados são as mesmas para qualquer outro tipo de programação, mas esta seção irá destacar quais são as mais usadas, quando são tipicamente usadas e quais problemas incomuns você pode enfrentar.

Arrays

Arrays são uma sequência de elementos ocupando posições adjacentes na memória. É possível acessar qualquer elemento de um array de seu índice muito rapidamente (em tempo contínuo). Você pode inserir novos elementos em um array, e também substituir os existentes sobrescrevendo-os.

Os arrays são muito atrativos em função de sua simplicidade: eles nunca crescem, não fragmentam a memória e seus elementos não se movem para um local diferente da memória. Além disso, são extremamente amigáveis com os caches, pois todos os seus elementos estão ligados contiguamente na memória. Ademais, ao serem percorridos em ordem, obteremos uma coerência ótima no cache. Essas propriedades fazem deles uma boa escolha para situações com memória limitada ou quando alocações de memória dinâmica não são possíveis e sabemos que o número de elementos que queremos armazenar é fixo. Os arrays provavelmente eram as estruturas de dados mais utilizadas no desenvolvimento de jogos durante os anos 1980, quando a memória era calculada em KB em vez de MB ou GB.

Contudo, essas mesmas propriedades tornam os arrays inadequados para uma variedade de aplicativos. Não podem ser realmente usados se o número de elementos não for conhecido previamente (a não ser que queiramos verificar falta de espaço, realocar um novo array, copiando todos os elementos e fixando algum ponteiro – não é, certamente, uma tarefa trivial). Além disso, inserir ou excluir elementos de um local específico na sequência requer a cópia de todos os elementos após aquele local e a sua substituição um a um. Essa operação de cópia pode ser custosa; então, sempre é melhor evitá-la ao máximo possível.

Um dos problemas principais com os arrays é tentar acessar um elemento fora do seu limite. É muito comum configurarmos um loop que acaba saindo fora do array em uma unidade, ou ainda tentar ler ou escrever um elemento que está após o último elemento do array. Em C e C++, o programa irá silenciosamente tentar acessar aquele elemento sem qualquer aviso ou erro, apesar de outras linguagens lidarem melhor com essa situação. Se você tiver sorte, isso resultará em um travamento, e saberá logo que há algo de errado. De outra forma, o programa poderia continuar a ler dados de lixo de um slot inexistente, causando todos os tipos de comportamentos estranhos. Ou até pior, poderia escrever dados em um local na memória usado por outra atividade, fazendo o jogo travar em dado momento ou se comportar de formas estranhas. Erros como esse são bem difíceis de rastrear e assombram os programadores por muitas noites. Existem produtos comerciais que verificam erros em seu código que situam-se fora dos seus limites, mas nem todos os utilizam.

Uma alternativa melhor para os arrays é usar uma estrutura de dados de alto nível com muitas das mesmas propriedades de desempenho, mas com melhor verificação de erros e até mesmo possibilidade de crescimento. A estrutura de dados std::vector no C++ STL [Josuttis99] é uma boa alternativa aos arrays: é tão rápida quanto um array, possuindo alguma verificação de erro (em modo depuração) para evitar que o programa acidentalmente esteja operando fora dos limites previstos e pode ser aumentada, se necessário. Apenas tenha em mente que se os vetores crescerem, será preciso copiar todos os seus elementos para um novo local. Isso significa que o tipo de objeto armazenado no vetor deve ser capaz de ser copiado (se forem objetos, será necessário ter um construtor de cópia válido), que quaisquer ponteiros ou iteradores que você tinha antes de copiar serão invalidados e a operação de cópia poderá tornar-se, em si mesma, uma despesa significativa. Consulte a documentação ou um bom livro sobre STL para o comportamento exato da estrutura de dados std::vector.

Listas conectadas

Listas são extremamente comuns na programação de jogos. Parece que tudo acaba armazenado em uma lista em um ponto ou outro: entidades do jogo em um mundo, projéteis no ar, jogadores no jogo, itens no inventário e assim por diante. Sua principal vantagem é que, ao contrário dos arrays, é realmente rápido adicionar ou remover qualquer elemento. As desvantagens são que as listas requerem um pouco mais de memória (um ponteiro ou dois por elemento) e não são armazenadas consecutivamente na memória; não teremos uma boa consistência de cache como ocorre com os arrays.

Listas conectadas podem ser tanto conectadas singularmente quanto de forma dupla. Listas conectadas singularmente possuem um ponteiro por nodo, indo de cada elemento na lista para o próximo. Isso reduz o cabeçalho de memória da lista, mas impede que atravessemos de maneira eficiente a lista de trás para a frente ou adicionemos um elemento em um ponto arbitrário a menos que tenhamos um ponteiro para o elemento anterior. Listas conectadas de forma dupla não têm nenhum desses problemas, mas requerem dois ponteiros por elemento.

Já que as listas conectadas de forma dupla são usadas tão frequentemente, não há desculpa para escrever código para uma nova lista conectada em toda situação. Mesmo que as listas sejam uma estrutura de dados muito simples, é sempre complicado acertar todos os casos de remoção de elementos do final ou do começo de uma lista e é fácil introduzirmos erros. Você deve estar usando uma implementação de lista conectada, como std::list em C++ STL (ou std::slist para uma lista conectada singularmente). Java e outras linguagens oferecem uma versão de lista conectada em suas bibliotecas. Se essas implementações de listas conectadas por alguma razão não forem aceitáveis, considere a sua criação e use-as onde for necessário.

Dicionários

Pode parecer uma surpresa que os dicionários sejam uma das estruturas de dados mais comuns usadas nos jogos, mas isso é devido à natureza interativa dos jogos. Em um jogo moderno, as entidades estão constantemente interagindo umas com as outras: enviam mensagens para outras entidades (enquanto colidem umas com as outras ou como resultado de um acionador), criam novas entidades (criando inimigos ou fragmentos durante uma explosão) e estão à procura de outras entidades (verificação de IA de presença inimiga ou uma armadilha aguardando o jogador entrar dentro dela). Durante essas interações, nós frequentemente precisamos de um caminho a ser percorrido para algum tipo de ID única para a entidade atual do jogo ser representada; é exatamente isso que faz um dicionário.

Um dicionário mapeia de maneira eficiente um conjunto de chaves para um conjunto de dados. Isso pode ser implementado de diferentes maneiras: como uma árvore balanceada, uma tabela hash (tabela de dispersão) ou uma lista de pares ordenada. A parte importante é que a translação da chave para os dados acontece de maneira eficaz. O C++ STL oferece diferentes tipos de dicionários: std::map, std::multimap, e, em algumas versões, std::hash. A escolha entre eles dependerá de seu conjunto de dados e seus requisitos de desempenho e memória.

Essas estruturas de dicionário terão geralmente uma complexidade de algoritmo de $O(\log n)$ ou mesmo $O(1)$. No entanto, não se impressione apenas pela complexidade algorítmica; tenha em mente que para pequenos conjuntos de dados (menos de cem ou mesmo algumas centenas), muitas vezes é mais rápido fazer uma busca linear através de todos os elementos em uma matriz do que tentar usar uma estrutura de dados do dicionário. Na dúvida, faça alguns testes para decidir se deve usar um dicionário para suas consultas.

Estruturas de dados de dicionário não são limitadas a mapear identificações (IDs) de entidade para ponteiros. Outros usos frequentes de dicionários em jogos são mapeamento entre nomes de entidades e sua definição de código, entre os nomes de arquivos dos recursos e os recursos reais carregados ou entre os nomes de som e sua alocação no banco de som.

Outro

Outros tipos de estruturas de dados muitas vezes surgem no desenvolvimento do jogo. Algumas das mais comuns são pilhas e filas. Como você pode imaginar, o C++ STL fornece implementações modelo para ambas: std::stack, que é um adaptador que fica em cima de um outro contêiner, e std::deque ou std::queue.

As pilhas são utilizadas para qualquer item que precise ser processado em ordem, do tipo "primeiro a entrar, último a sair" (FILO)[1]. Elas serão frequentemente usadas internamente com funções que percorrem uma hierarquia de elementos, para armazenar informações sobre cada nível visitado e, então, desenrolar a pilha para combinar os resultados (por exemplo, a atualização de rotações e translações através de uma hierarquia de nodos). Outros usos das pilhas poderiam envolver aplicação de regras de dano (damage) ou regras de efeitos, isto se o design exigir que sejam adicionadas todas de uma vez e então resolvidas em ordem reversa.

As filas, que aplicam a ordem "primeiro a entrar, primeiro a sair" (FIFO), talvez sejam utilizadas com maior frequência do que as pilhas. O uso mais comum de uma fila é armazenar mensagens entre entidades para um frame. Em uma fase do jogo, todas as mensagens são armazenadas e, em seguida, distribuídas na mesma ordem em que foram recebidas. As filas também são utilizadas para os pacotes de rede (entrada e saída), para armazenar todas as colisões que afetam um objeto e assim por diante.

A variação em uma fila é a fila de prioridade, em que a ordem de saída não é determinada apenas pela ordem que o elemento é adicionado, mas por outro fator. Filas de prioridade são extremamente úteis para otimizar acesso a um conjunto de elementos. Por exemplo, se houvesse mil entidades no mundo, seria um desperdício de desempenho visitar cada uma delas, cada frame e verificar a necessidade de atualização para o frame em questão. Mesmo que não fizessem nada, atravessar todas as entidades desse modo iria diminuir a velocidade de forma significativa por causa da falta constante de cache. Uma estratégia melhor seria armazenar todas as entidades em uma fila de prioridade, e o fator de prioridade seria qual o momento que deveriam ser executadas. Quanto antes devessem ser executadas, mais na frente na fila estariam. Isso nos permite colocar entidades no topo, executá-las e recolocá-las na fila até que descubramos que a entidade do topo não precisa executar este frame, o que pode significar que talvez só tenhamos executado algumas entidades e não precisemos tocar nas outras.

Existem muitos outros tipos de estruturas de dados utilizados no desenvolvimento de jogo, mas são normalmente tão especializados que se aplicam a um domínio específico. Por exemplo, um dos mais cruciais para o desempenho de um jogo é a estrutura espacial de dados, ou seja, uma estrutura de dados que nos dá um bom desempenho em consultas espaciais, como "que entidades estão nas proximidades", "o que estou vendo diante de mim", "em que estou colidindo" e assim por diante. Alguns tipos de estruturas espaciais são grades hierárquicas, *quadtrees* ou *octrees*, e se você vai escolher qual deles usar com base nos requisitos para o seu jogo em particular. A computação

---

[1] N.R.T.: FILO e FIFO são acrônimos que dizem respeito a estruturas de dados do tipo pilha e se organizam com FILO: primeiro a entrar e último a sair; FIFO: primeiro a entrar e primeiro a sair.

gráfica também tem sua parcela de estruturas de dados especializados, como *BSP trees* para estruturas de dados de visibilidade ou adjacência para rapidamente atravessar as bordas de uma rede e criar volumes de sombra. Várias estruturas gráficas e de colisão são discutidas em detalhe no Capítulo 4.2, Detecção de colisão e resolução, e no Capítulo 5.1, Gráficos.

Empacotamento de bit

Empacotamento de bit é um dos recursos muito úteis que normalmente não são ensinados nos cursos de ciência da computação. Talvez não seja necessário para desenvolvimento de software em geral, mas certamente aparece muito no desenvolvimento de jogos e programação de sistemas incorporados.

Tipos de dados básicos, como números inteiros ou flutuantes, são de tamanho fixo, independentemente do valor do número que representam. Por exemplo, um inteiro sem sinal pode ser representado com 32 bits e têm valores que variam de 0 a $2^{32}-1$. O empacotamento de bit permite que você use menos espaço quando sabe que não há a necessidade de tantos bits para representar a faixa de valores em que está interessado.

Flags

Vejamos um exemplo simples. Imagine que todo número no jogo tem um conjunto de flags indicando algumas de suas propriedades. Dado que cada propriedade é apenas verdadeira ou falsa, podemos usar variáveis booleanas para representar cada estado. O código C++ correspondente seria algo assim:

```
bool isWearable;
bool isMagical;
bool isCursed;
bool isPoisoned;
bool isLightSource;
//... mais propriedades aqui
```

Em teoria, apenas precisamos de um bit para representar cada variável booleana: ela somente pode ser verdadeira ou falsa. Entretanto, se você realmente observar o layout da memória de tal estrutura, vai descobrir que o compilador provavelmente separou mais bits do que isso para cada variável. Na maioria das plataformas atuais, são utilizados até 32 bits para cada variável booleana, embora às vezes, dependendo da plataforma e do compilador, serão atribuídos no mínimo 8 bits e no máximo 64 bits. Por que se faz isso? Em nome da otimização. Porque os processadores lidam com conjuntos de vários bits de cada vez, e é em geral muito mais rápido acessar um conjunto de dados se estiverem alinhados em um limite determinado de bits.

No entanto, em nosso caso, isso é desnecessário. Não só o layout do compilador ocupa mais memória do que queremos, mas ao aumentar cada objeto pode reduzir significativamente o desempenho, aumentando a quantidade de falta de cache, um dos principais obstáculos com a arquitetura de hardware de hoje.

Quanta memória estamos perdendo? Digamos que cada variável booleana seja de 32 bits, por isso estamos usando 160 bits em vez de apenas 5 bits que precisamos para representar cinco estados. Isso não é muita memória, então por que toda a confusão? Agora imagine que tenhamos 30 estados diferentes. Além disso, lembre-se de que cada entidade do jogo no mundo vai ter todos os 30 estados.

Se tivermos um universo de jogo com 5 mil dessas entidades, as variáveis booleanas terão 585 KB. Isso é mais da metade de um megabyte! Agora começa a ser significativo.

A forma mais comum de empacotar bits estas flags é colocar todos os bits no mesmo valor de 32 bits e usar uma série de máscaras de bit para consultar se tal bit está presente. Embora esse procedimento pareça muito suscetível a erros, é, na verdade, bastante legível:

```
#define IS_WEARABLE     0x0001
#define IS_MAGICAL      0x0002
#define IS_CURSED       0x0004
#define IS_POISONED     0x0008
#define IS_LIGHTSOURCE  0x0010
// outras flags 0x0020, 0x0040, 0x0080, 0x0100, etc.
int flags;
if (flags & IS_MAGICAL) //... fazer algo
```

Nesse caso, conseguimos empacotar todas as variáveis booleanas em um único valor inteiro, que é 32 bits. Poderíamos empacotar até 32 dessas variáveis antes de precisar de outra variável de número inteiro. Note o valor que designamos para cada uma das constantes. Os números são representados em sistema hexadecimal, mas são escolhidos para que cada um seja apenas um bit, e não aconteça sobreposição entre eles.

Voltando a nosso exemplo, todos os bits de estado de uma simples entidade caberiam em 32 bits, e com 5 mil entidades no universo do jogo, isso resulta em um total de 20 KB. Economizamos mais de 550 KB de memória, optando por essa operação de empacotamento de bits nas flags apenas.

Vale a pena se familiarizar com tal abordagem para armazenar as flags, porque você as encontrará em toda a programação de jogos. No entanto, há sua parcela de desvantagens. A primeira é que não é uma abordagem segura. Qualquer um pode atribuir um inteiro para a variável de flags e o compilador não saberá que existe algo errado. Além disso, poderemos acidentalmente verificar a variável de flag em relação a outros conjuntos de constantes destinados a outro contexto e o programa continuará a funcionar bem. Esse é um problema significativo com as bibliotecas que dependem desse tipo de mecanismo para muitas tarefas diferentes, como o Direct3D, e às vezes é muito fácil misturar dois conjuntos de constantes.

Uma melhor implementação para empacotar bit de flags em C++ seria aproveitar os campos de bits característicos da própria linguagem. Essa é uma forma possível de implementar o exemplo anterior usando campos de bits:

```
union EntityFlags {
    int isWearable : 1;
    int isMagical : 1;
    int isCursed : 1;
    int isPoisoned : 1;
    int isLightSource : 1;
}
EntityFlags flags;
if (flags.isMagical) // ... fazer algo
```

Utilizando campos de bit, ainda alcançamos as mesmas economias de memória, mas continuamos seguros e não temos nenhuma constante que pode se misturar. O código otimizado gerado pelo compilador deve ser exatamente o mesmo do produzido na abordagem anterior; desse modo, deve ter a mesma eficiência.

Comunicação em rede

Outro uso comum para o empacotamento de bit é a comunicação em rede. Em jogos on-line, a banda da rede é normalmente um recurso escasso. Mesmo com a banda larga tornando-se mais popular, sua conexão continua muito limitada, e queremos mantê-la tão pequena e constante quanto possível para evitar problemas no jogo.

Uma abordagem comum é usar o empacotamento de bit, mesmo para outros tipos de valores booleanos. Por exemplo, ao passarmos mensagens, vamos sempre precisar passar os IDs da entidade. Essas identificações são únicas para cada entidade no universo do jogo. Normalmente, a identificação seria armazenada em um valor inteiro e enviaríamos todos os 32 bits para a rede. No entanto, se sabemos que um número de identificação nunca pode ultrapassar o valor de 20 mil, podemos empacotar até 15 bits, para criar um intervalo entre 0 e 32.768. Isso nos deixa com 17 bits para usar para outros fins, em cada mensagem que contém um ID de entidade.

Claramente, o código do lado receptor tem de estar ciente de exatamente como estamos empacotando nossos valores e precisa passar pelo processo inverso para descompactá-los e interpretá-los corretamente.

O código a seguir empacota três valores e um bit de status em um número inteiro único de 32 bits:

```
unsigned int packed = ID; // Usa até 15 bits
packed |= ((int)coordX << 15); // Usa até 8 bits
packed |= ((int)coordY << 23); // Usa até 8 bits
packed |= ((int)status << 31); // Último bit
// envia o valor empacotado pela rede
```

O seguinte código desempacota-os no lado receptor:

```
int ID = (packed & 0x7FFF); //Pega os 15 bits de baixo
packed = packed >> 15;
int coordX = (packed & 0xFF); // Pega os próximos 8 bits
packed = packed >> 8;
int coordY = (packed & 0xFF); // Pega os próximos 8 bits
packed = packed >> 8;
bool status = (packed & 0x01); // Último bit
```

Você pode aplicar o mesmo princípio a qualquer valor que será delimitado: o máximo de saúde, pontos de vida[2], velocidade, coordenadas do universo do jogo e assim por diante. Considerando

---

[2] N.R.T.: *Hit points*: traduzido para o português geralmente como pontos de vida, também denominados em inglês com os termos *health points*, *damage points*, *life points*, ou apenas *health* (dentre outros). Eles são um parâmetro usado nos jogos para determinar o quão resistente é uma personagem (indicando quanto dano ela é capaz de suportar).

a forma como muitas mensagens são enviadas a cada segundo e como muitos desses campos podem ser transmitidos pela rede, as economias de memória e de largura de banda podem aumentar muito rapidamente.

Números de ponto flutuante

Empacotar outros tipos de dados numéricos, como flutuantes (floats), é mais complicado. Não podemos reduzir o número de bits, como fizemos com números inteiros, porque flutuantes normalmente usam o formato IEEE-754 de ponto flutuante, que envolve um bit de sinal, uma mantissa e um expoente. No entanto, se estamos dispostos a aceitar um menor intervalo de números e uma possível perda de precisão, podemos armazená-los usando menos bits.

Uma dessas técnicas usa números de *ponto fixo*, e é diferente de números de ponto flutuante na medida em que tem um número fixo de bits que representam a parte inteira do número, e um número fixo de bits que representam a parte fracionária do número. Por exemplo, um ponto fixo de 16 bits pode usar 4 bits de inteiros e 12 bits fracionários. Isso nos permite representar números de 0 a quase 16 em incrementos de 0,00024 unidade. Não é um número muito grande, e isso não apresenta grande precisão, mas se encaixa muito bem em 16 bits. Dependendo de suas necessidades, tente usar um formato diferente de ponto fixo, como 6 bits de inteiros e 10 bits fracionários. A parte importante é que, enquanto as restrições não afetam o resultado do que estamos tentando realizar, reduzimos pela metade a quantidade de memória exigida por esses números.

Números de ponto fixo são extremamente populares para a realização de operações aritméticas rápidas, quando as de ponto flutuante costumavam ser muito lentas em comparação com as de inteiros. Por exemplo, o popular jogo da id, *Doom*, fez uso pesado da aritmética de ponto fixo. Atualmente, as operações de ponto flutuante são muitas vezes mais rápidas do que as com inteiros, e podem ser mais bem paralelizadas com o resto do programa. Por isso não haveria nenhum benefício em tentar realizar operações aritméticas diretamente sobre os números de ponto fixo, mas eles continuam a ser uma solução viável para armazenar números fracionários em menos bits. Além disso, plataformas portáteis como o Nintendo DS não possuem hardware de ponto flutuante; o ponto fixo é ainda necessário nesses dispositivos.

Outros usos

Se o empacotamento de bit é tão bom e economiza tanta memória, devemos usá-lo em qualquer lugar? A resposta é um sonoro "não". O empacotamento de bit deve ser guardado como um último recurso para conseguir alguma economia de memória ou de largura de banda. Diferentemente do caso das flags, devemos evitar usá-lo na programação diária tanto quanto possível.

Uma desvantagem do empacotamento de bit é que o acesso a valores empacotados em geral é ligeiramente mais lento do que a valores não empacotados. No entanto, esse não é o grande problema. A verdadeira razão para evitar ao máximo o empacotamento é que ele é suscetível a erro, impede que o compilador faça verificações de segurança e é altamente dependente do tamanho exato de cada tipo de dado. Você pode obter ganhos significativos empacotando flags, e até mesmo torná-lo razoavelmente seguro de usar. Qualquer outra coisa não vale o esforço e a complicação, a menos que seja algo tão comum que você vai economizar uma quantidade significativa de memória.

⟩ Design orientado a objetos nos jogos

Os jogos muitas vezes tratam da interação com objetos ou entidades em algum mundo virtual: você controla um avatar, pega chaves, quebra caixas, mata monstros e abre portas. Olhe a frase anterior e conte o número de substantivos que usamos lá: avatar, chaves, caixas, monstros e portas. O resto da frase é composto de ações que podemos realizar sobre os objetos: controlar, pegar, destruir, matar e abrir. Não é à toa que tantos jogos hoje são desenvolvidos com design orientado a objeto, uma vez que se aproxima muito dos conceitos que estamos tentando representar.

Conceitos orientados a objetos

Na década de 1980 e início de 1990, os jogos eram em sua maioria implementados usando a programação procedural. A ênfase da programação procedural está no próprio código: no escopo do código (dividido em módulos) e sobre os procedimentos (ou funções) previstos em cada módulo. Conceitualmente, um programa procedural é apenas uma sequência de chamadas de procedimento que realizam algumas operações, o que pode alterar alguns dados em algumas partes do sistema.

Programação orientada a objetos, no entanto, enfatiza o conceito de objeto, que é uma coleção de dados, juntamente com um conjunto de operações que atua sobre esses dados. A chave para a programação orientada a objeto é que os dados e o código são tratados como uma unidade, em comparação aos dados sendo apenas uma consequência da execução do código, como no caso da programação procedural. Esses dados são quase sempre encapsulados e só podem ser acessados por meio das operações definidas no objeto em si.

Antes de prosseguirmos, é importante definir alguns termos básicos que vão ser usados constantemente ao falarmos de desenvolvimento orientado a objeto:

Classe: A especificação abstrata de um tipo definido pelo usuário. Inclui os dados e as operações que podem ser realizadas nos dados.
Instância: Uma região da memória com semânticas associadas usada para armazenar os membros de dados de uma classe. Podem existir múltiplos desses para cada classe.
Objeto: Outro nome de uma instância de uma classe. Os objetos são criados *instanciando* uma classe.

Herança

A herança nos permite facilmente criar novas classes que estendem o comportamento de classes existentes, apenas adicionando um pouco de código, e sem ter de modificar a classe original, de qualquer maneira.

Essa capacidade é útil para representar conceitos de maneira muito intuitiva. Por exemplo, poderíamos ter acabado de criar uma classe que represente um personagem inimigo (*enemy*) no nosso jogo. A classe se encarrega de animar o personagem na tela, mantendo o controle dos seus pontos de vida, executando a IA para esse personagem e assim por diante.

```
class Enemy
{
public:
    void SelectAnimation( );
```

```
        void RunAI( );
        // Muito mais funções
private:
        int m_nHitPoints;
        // Mais variáveis de membro aqui
};
```

No final do nível, gostaríamos de acrescentar um inimigo "chefe" (*boss*). Chefes vão ter muitas das funcionalidades básicas em comum com uma unidade inimiga regular: eles têm pontos de vida, se movem e executam animações, atiram, se machucam e (espero) morrem. No entanto, vão ter IA muito diferente para torná-los muito mais espertalhões e difíceis de matar.

Como implementaremos um inimigo chefe? Já escrevemos muitas das funcionalidades para os inimigos que podem ser usadas nos chefes. Uma solução possível é acrescentar qualquer funcionalidade extra à classe Enemy e ignorá-la quando for uma unidade inimiga regular. Essa abordagem leva a criar classes infladas, as quais são difíceis de manter e compreender, porque acabamos adicionando muitas funcionalidades e sobrecarregando a classe. Uma alternativa seria refatorar muitas das funções da classe Enemy e ter uma classe nova Boss, que também as utiliza. Infelizmente, isso significaria dividir a classe satisfatória, encapsulada, que acabamos de criar, resultando em mais dores de cabeça de manutenção mais à frente.

Felizmente, há uma maneira melhor – usar herança. Podemos criar uma nova classe Boss que herda da classe Enemy. Isso significa que Boss vai adotar todas as funcionalidades da classe Enemy por padrão, mas, além disso, podemos substituir seções específicas para dar ao chefe o comportamento único que queremos. Nesse caso, podemos substituir a IA para fazer algo completamente diferente e dar ao chefe o seu caráter único.

Veja como a classe Boss ficaria com a herança:

```
class Boss : public Enemy
{
public:
        void RunAI( );
};
```

Em uma situação como essa, Enemy seria chamado de classe "pai", e Boss seria uma classe "filho", porque herda de Enemy.

Você pode continuar herdando de uma classe filho para criar uma nova classe filho. Por exemplo, podemos criar um chefe especial para o fim do jogo, então criamos o SuperDuperBoss. Uma classe derivada não é limitada a funções prioritárias de sua classe pai imediata; pode substituir funções protegidas e públicas de qualquer de suas classes pai. Nesse caso, iremos predominar outra função da classe pai Enemy:

```
class SuperDuperBoss : public Boss
{
public:
        void RunAI( );
```

};

Rapidamente se torna complicado falar sobre as classes que herdam umas das outras e de outras classes, apenas tentando descrever como estão conectadas. As frases rapidamente tornam-se um número grande de palavras *pai*, *filho* e seus *derivados* mencionadas repetidamente e fazendo muito pouco sentido. Não muito diferente de tentar explicar uma relação distante da família: "Foi o irmão do primo de segundo grau da minha meia-irmã que...". Assim como uma boa árvore de família, diagramas de classe podem ser usados para fornecer a mesma informação de forma muito mais concisa. O diagrama na Figura 3.3.1 mostra a relação entre as três classes que construímos até agora.

Utilizaremos esse tipo de diagrama ao longo deste capítulo. Você também vai encontrar diagramas semelhantes amplamente utilizados no desenvolvimento do jogo e no desenvolvimento de software em geral.

| Enemy | ← | Boss | ← | SuperDuperBoss |

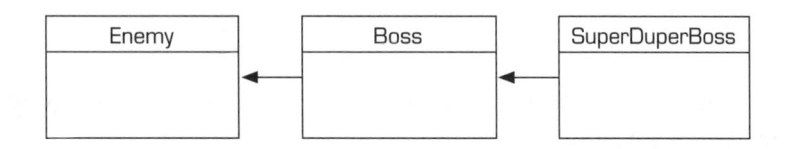

Figura 3.3.1 Relação de herança entre nossas três classes de inimigos.

Polimorfismo

A herança pode ser a vantagem mais popular de um desenvolvimento orientado a objeto, mas o polimorfismo é o que realmente nos permite fazer bom uso do design orientado a objeto em nossos programas.

Considere a seguinte situação. Temos um jogo com as unidades, conforme descrito na seção anterior, mas temos 20 tipos diferentes de inimigos e cinco chefes diferentes, e queremos chamar a função ExecuteFrame( ) uma vez para todos os inimigos atualmente presentes no nível. Para tanto, precisamos acompanhar o tipo de cada NPC inimiga, então temos de manter uma lista para cada tipo de inimigo e chefe, e depois percorrer cada lista. Cada vez que adicionarmos um novo tipo de unidade, teremos de lembrar de adicionar uma nova lista, iterar e assim por diante. Isso parece bastante incômodo. Não seria bom se houvesse uma maneira de manter apenas uma lista de unidades inimigas e chamar a função RunAI( ) em todas elas, independentemente de que tipo realmente eram?

Isso é exatamente o que o *polimorfismo* nos oferece: a habilidade para nos referirmos a um objeto por meio de uma referência ou um ponteiro do tipo de uma classe pai do objeto em si. Isso é bastante complicado, mas parece muito mais assustador do que realmente é. Leia novamente, e você vai ver que começa a fazer sentido. É um conceito fundamental e é extremamente importante que você entenda para ser capaz de seguir neste capítulo e no resto do livro, bem como para qualquer trabalho de desenvolvimento de jogos.

Veja um exemplo rápido do que o polimorfismo nos permite fazer:

```
class A {
    //...
};
```

```
class B: public A {
    //...
};
// Criamos um objeto do tipo B
B * pB = new B;
// Mas agora utilizamos um ponteiro do tipo A para nos referirmos a ele
A * pA = pB;
```

O polimorfismo nos permite esquecer o verdadeiro tipo do objeto que estamos manipulando e desacoplar o código que lida com os objetos a partir de implementações específicas de cada classe derivada. Por exemplo, poderíamos ter uma função que considera um inimigo como um parâmetro e detecta se podemos atirar nele. Essa função poderia ser algo como:

```
bool CanShootAt (const Enemy & enemy) const;
```

Assim que adicionamos um chefe para o jogo, queremos saber se podemos atirar nele. Sem polimorfismo, ou somos forçados a escrever uma função semelhante, tendo um objeto do tipo Boss como parâmetro, ou fazer algo muito perigoso, como passar um ponteiro nulo e um sinalizador que indica o tipo de variável. A situação pode piorar uma vez que adicionemos novos tipos de classes de inimigos. O polimorfismo nos ajuda com isso, permitindo ter apenas uma função que receba uma referência para uma classe inimiga independentemente de exatamente que tipo de inimigo ele seja.

Voltando ao exemplo do inimigo, podemos tirar vantagem do polimorfismo para tornar o nosso programa muito mais simples, mantendo todas as unidades inimigas em um array, independentemente de serem inimigos simples, chefes ou o chefe final especial. Assim, podemos tratá-los todos da mesma maneira.

Em C++, temos de lembrar as funções flag que vão ser utilizadas polimorficamente como *virtuais*. Uma função marcada como virtual indica que o tipo do objeto, não o tipo da referência, deve ser usado para determinar qual função deve ser chamada caso classes herdadas substituam essa função. Caso contrário, o tipo do ponteiro ou referência será sempre usado.

No nosso exemplo, queremos que os chefes usem a IA do chefe (*boss AI*) e cada inimigo utilize o tipo correto de IA com base em seu tipo de objeto, de modo que devemos fazer a função virtual RunAI( ). A seguir, a classe Enemy revisada:

```
class Enemy
{
public:
    void SelectAnimation( );
    virtual void RunAI( );
    // Muito mais funções
private:
    int m_nHitPoints;
    // Muito mais variáveis de membro aqui
};
```

Agora podemos tratar todos os inimigos com o mesmo código, independentemente se são chefes:

```
Enemy * enemies[256];
enemies[0] = new Enemy;
enemies[1] = new Enemy;
enemies[2] = new Boss;
enemies[3] = new FlyingEnemy;
enemies[4] = new FlyingEnemy;
// etc...
{
        // Dentro do loop de jogo
        for ( int i=0; i < nNumEnemies; ++i )
                enemies[i]->RunAI( );
}
```

Herança múltipla

Nem todas as linguagens orientadas a objeto suportam herança múltipla, mas, já que é um recurso de C++, é importante saber quando usar, e, até mais importante, quando não usar.

Herança múltipla, como o nome indica, permite uma classe herdar de mais de uma classe-base ao mesmo tempo. Como no caso de herança simples, a classe derivada adota toda a funcionalidade protegida e pública de todas as classes-base. Também pode ser tratada de forma polimórfica como se fosse do tipo de qualquer de suas classes-base.

Logicamente, deve ser usada como a herança sinples já que ainda modela o relacionamento "é um". Por exemplo, quando projetamos nossa classe game entity, queremos ter certeza de que ela possa receber mensagens (então deve ser um MessageReceiver) e ser inserida em qualquer árvore (então deve ser um TreeNode). Poderíamos usar herança múltipla para modelar esse relacionamento.

Veja como seria o código:

```
class GameEntity : public MessageReceiver, public TreeNode {
public:
        // Funções de entidade dos jogos...
};
```

O diagrama de herança correspondente é mostrado na Figura 3.3.2.

Mesmo que a herança múltipla pareça ótima no papel, ela tem sua parcela de problemas e limitações. A linguagem C++ tenta resolver alguns desses problemas, fornecendo novos recursos na sua própria linguagem, mas à custa de complicar ainda mais as coisas.

O primeiro problema introduzido por herança múltipla é a ambiguidade. O que acontece se duas classes que herdamos contêm uma função membro com o mesmo nome e parâmetros? Em nosso exemplo anterior, imagine que tanto MessageReceiver e TreeNode tenham uma função membro pública chamada IsValid( ), usada para depuração, que verifica se o objeto está em um estado correto. Qual será o resultado de chamar IsValid( ) em um objeto GameEntity? Precisaremos eliminar explicitamente a ambiguidade da chamada informando qual classe pai deseja chamar.

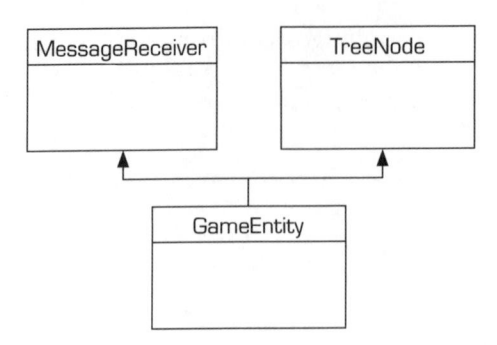

Figura 3.3.2 GameEntity modelado com herança múltipla.

Um problema maior ainda é a topografia de algumas das possíveis árvores de herança que podem ser criadas com herança múltipla. É possível para uma classe D herdar multiplamente das classes B e C, e com essas classes, por sua vez, herdar da classe A. Esse arranjo é o que chamamos de DOD (*Diamond of Deth*, diamante da morte) e reúne todo o tipo de problema: os conteúdos da classe-base A aparecerão duas vezes na estutura da classe D, será ambíguo tentar usar qualquer dos conteúdos da classe A até a Classe D e assim por diante. C++ tenta resolver isso introduzindo *herança virtual* (não confundir com *funções virtuais*), mas só complica ainda mais a situação. É aconselhável que evitemos a hierarquia de herança do diamante (DOD) a todo custo. Normalmente, é o indício de projeto de classe ruim, que vai causar mais problemas no longo prazo do que resolver.

Essa é uma situação em que a herança múltipla é mais aceitável e menos suscetível a erros: quando multiplicamos herança de *classes de interface* (também chamadas de *classes virtuais puras*). Classes de interface declaram um conjunto de funções membro, mas não pussuem nenhuma implementação sobre si próprias. Uma classe que herda de uma classe de interface se compromete a implementar a interface, fornecendo implementações de todas as funções membro.

Por que herdar de uma interface sem implementação? Podemos tratar uma classe polimorficamente em qualquer uma das interfaces da qual herdamos. No entanto, uma vez que essas classes não têm suas próprias interfaces de aplicação, evitam alguns dos problemas mais sérios de herança múltipla em geral.

Em C++, podemos criar uma função virtual pura adicionando = 0 ao final da sua declaração. Isso informa ao compilador que não estamos fornecendo uma implementação e que as outras classes que herdam devem implementá-la. A seguir um exemplo de uma classe de interface em C++:

```
class MessageReceiver {
public:
    bool HandleMessage(const Message & msg) = 0;
};
```

Os projetistas do Java tomaram a sábia decisão de deixar a herança múltipla fora da linguagem para evitar complicar demais as coisas. No entanto, como a herança de classes de interface é muito útil, eles forneceram o tipo Interface e a palavra-chave implements. Dessa forma, uma classe pode herdar de uma classe pai desenvolvida e implementar as inúmeras interfaces necessárias.

⟩ Sistemas de componente

Usar design orientado a objetos não significa que tudo precisa ser representado como parte de uma gigantesca hierarquia de heranças de classe. Um sistema de componentes é uma abordagem diferente, que utiliza componentes independentes e agregação para criar um comportamento complexo e reutilizar o código comum, enquanto mantém a flexibilidade e a capacidade para dinamicamente alterar as propriedades no momento da execução.

Limitações da herança

Quando tudo o que você tem é um martelo, tudo parece um prego. É fácil para os programadores que começaram a utilizar design orientado a objetos serem levados pelo entusiasmo. Normalmente, isso resulta em complicados emaranhados de hierarquias de classe que usam a herança para tudo.

Sim, a herança é muito útil, não há como negar isso, mas também é fácil exagerarmos, e isto resulta em algo que não é não particularmente flexível. Vamos examinar os problemas potenciais de usar a herança, antes de apresentar algumas abordagens alternativas.

Acoplamento forte

O primeiro problema com herança é o *acoplamento* introduzido entre classes. Acoplamento é uma medida de quanto duas classes se conhecem e dependem uma da outra. Devemos sempre nos esforçar para manter um acoplamento bem fraco entre as classes, o que significa que eles são muito modulares e fáceis de mudar, e as modificações de uma não afetam a outra. Acoplamento forte, entretanto, significa que duas classes são muito ligadas, e é difícil fazer qualquer atividade com uma sem afetar a outra. Na vida real, você precisa encontrar um ajuste entre baixo acoplamento e eficiência e facilidade de desenvolvimento, mas sempre será uma preocupação. Quanto maior e mais complicado o projeto, mais importante torna-se o acoplamento fraco.

A herança é a mais firme forma de acoplamento entre duas classes. A classe-base conhece tudo sobre os membros públicos e protegidos de sua classe pai e conta com eles exatamente do jeito que são. Mudanças realizadas na classe pai em geral resultam em mudanças nas classes derivadas também.

Fluxo de controle incerto

A razão principal para usar herança é ser capaz de sobrepor algumas funções para fornecer nova funcionalidade para a classe-base sem afetar sua classe pai. Essa é uma grande solução para situações simples, mas rapidamente se torna não gerenciável para hierarquias de classe complexas e profundas.

Com muita frequência, você encontrará uma hierarquia de classe com muitos níveis diferentes. Não apenas a classe B está herdando da classe A, mas C herda de B, D de C, E de D e assim por diante. Se você agora faz uma chamada para uma função virtual, qual delas será chamada? B pode substituir uma função de A, mas também pode substituir de C e talvez de E. Tentar encontrar o fluxo de execução pode ser muito complicado.

A situação torna-se ainda mais complicada quando a classe-base apenas quer adicionar alguma funcionalidade em vez de substituir completamente a classe, então implementa uma função virtual, executa alguns cálculos e, em seguida, chama a versão do pai dessa função. Para cada classe, precisamos lembrar se a função pai foi chamada, antes ou após de seu próprio código, e mesmo se foi chamada. O código eventualmente se torna totalmente dependente da ordem em que é executado, e tenta fazer uma pequena mudança em uma classe em direção ao topo da hierarquia, muitas vezes provocando uma total mudança de comportamento do programa.

Não é flexível o suficiente

Essa é uma desvantagem particularmente importante para o desenvolvimento do jogo. Digamos que você decidiu modelar todas as entidades em seu universo de jogo usando herança. Afinal, faz sentido. A Figura 3.3.3 mostra parte da hierarquia de classes dessa organização.

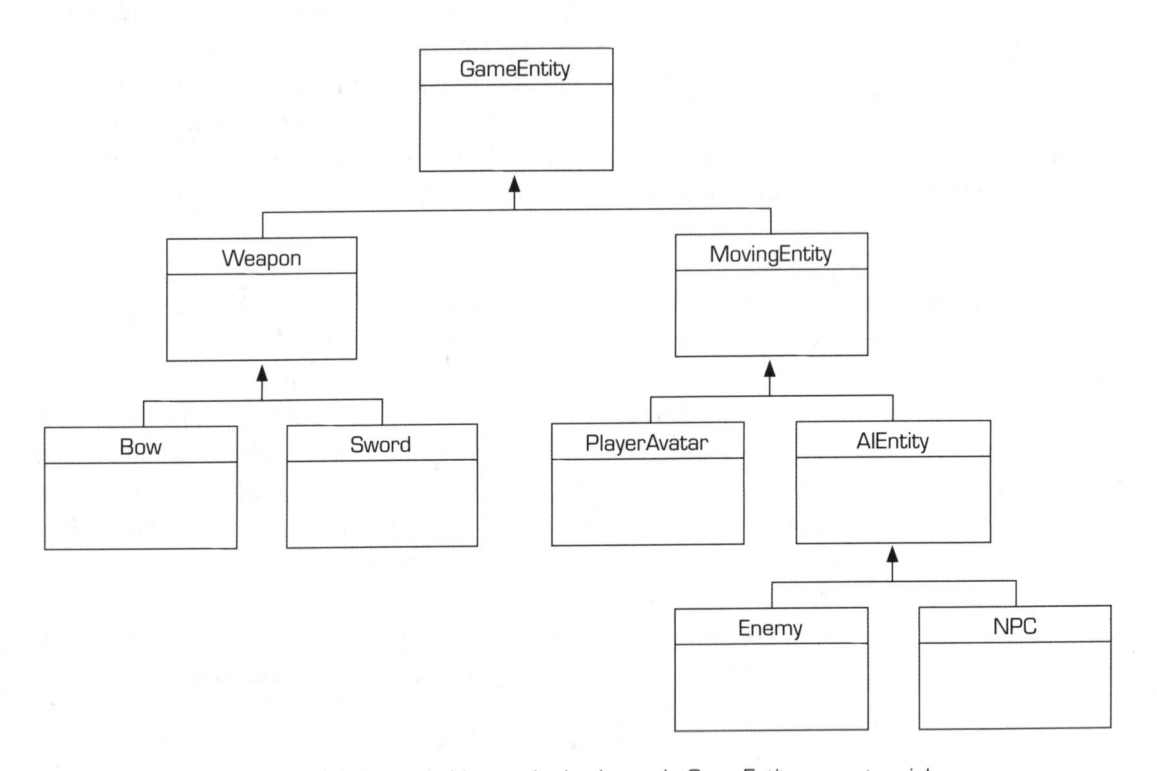

Figura 3.3.3 Parte da hierarquia de classe de GameEntity em potencial.

Neste exemplo, a classe Sword herda de Weapon. Entretanto, e se mais tarde os designers quiserem criar uma espada falante? Para ser capaz de estabelecer um diálogo e permitir interações normais, teria de ser AIEntity, que está em um ramo separado da hierarquia. Herança múltipla não é a solução, pois introduz o temido DOD e irá causar no longo prazo mais problemas do que resolver. Poderíamos adicionar uma nova classe Weapons a AIEntity ou uma nova classe AI sob Weapons, mas isso poderia exigir muitos códigos duplicados difíceis de manter, fáceis de se tornarem obsoletos e ter comportamentos diferentes do código correspondente no outro ramo da árvore.

Esse não é apenas um exemplo hipotético, acontece o tempo todo. Há muitas maneiras de organizar uma hierarquia de classes dado um conjunto de tipos de objeto, o que significa que existem muitas maneiras de olhar para o mesmo conjunto de dados. Ter uma única hierarquia de classe estática é muito inflexível para o que estamos tentando fazer nos jogos.

Hierarquia estática

A hierarquia de herança de classes é completamente estática, pelo menos nas linguagens mais utilizadas no desenvolvimento de jogos como C++ e Java.

A classe Dragon está sob AIEntity, mas e se você domar o dragão e puder montar em suas costas mais tarde? Nesse ponto, o Dragon terá de estar sob Vehicles. Usando herança de classe, provavelmente precisará ter uma classe DragonVehicle, criar um objeto DragonVehicle, transferir todos os dados do Dragon para o DragonVehicle antes de montá-lo e destruir o Dragão original garantindo que tudo na tela pareça exatamente igual para que o jogador tenha a impressão de que nada mudou. Dificilmente uma solução limpa, e apresenta um acoplamento muito forte entre o Dragon e as classes DragonVehicle, que tornará a manutenção futura uma dor de cabeça.

Organização do sistema de componente

Agora, você deveria começar a questionar quão sábio é modelar todos os objetos de seu jogo usando herança. Qual a alternativa? Afinal, não é herança a "forma orientada a objetos" de fazê-lo? Esse é o primeiro conceito que precisamos nos livrar. Só porque algo é orientado a objeto, não significa que ele precisa usar a herança em todos os lugares.

Um sistema de componente é uma solução alternativa muito mais flexível que depende da composição (ou agregação) em vez de herança para a maioria de sua modelagem. A ideia é que não criamos uma classe separada para cada tipo de objeto do jogo. Em vez disso, temos uma classe, chamada GameEntity, o que representa cada objeto no jogo. Essa entidade contém uma série de componentes, cada qual acrescenta um novo tipo de comportamento ou funcionalidade para a própria entidade. Por exemplo, podemos ter um RenderComponent, que exibe a representação da entidade em tela, um BrainComponent, que se encarrega de fazer a tomada de decisão da IA, ou um HealthComponent, que mantém controle de quantos pontos de vida uma entidade possui.

A Figura 3.3.4 mostra uma possível organização de uma entidade sword (espada). Observe como é fácil fazer alterações sem afetar outras entidades. Se queremos que a espada converse, adicionamos um BrainComponent a ela. E se queremos ser capazes de montá-la, como uma bruxa em uma vassoura, apenas temos de adicionar um VehicleComponent especial sem ter de mudar a hierarquia de herança de qualquer forma.

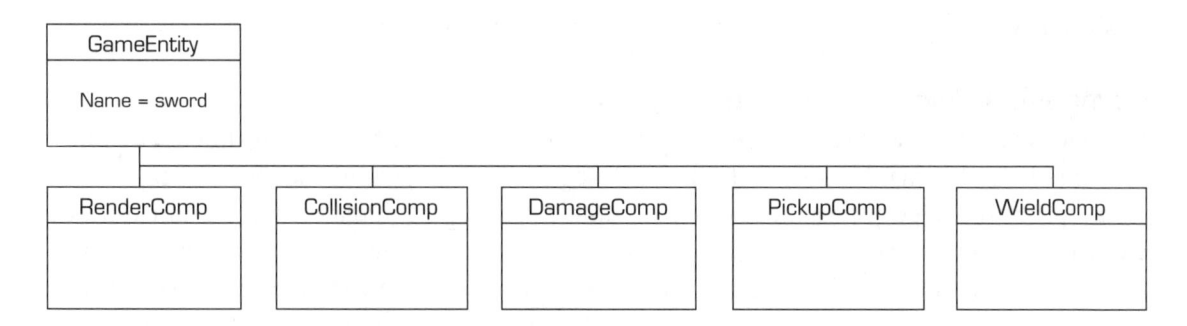

Figura 3.3.4 Organização de uma SwordEntity usando um sistema de componente.

A espada pode ser criada em C++ desta maneira:

```
GameEntity * pSword = new GameEntity;
pSword->AddComponent(new DamageComponent(...));
pSword->AddComponent(new RenderComponent(...));
pSword->AddComponent(new CollisionComponent(...));
//... e quaisquer outros componentes necessários
```

Observe que podemos ainda adicionar e remover componentes durante a execução do jogo, portanto é possível modificar radicalmente as propriedades de uma entidade sem afetar o resto do jogo ou ter de fazer cópias do objeto e substituir referências a ele em todos os lugares, como teria de ser feito antes.

Já que a classe entity (entidade) não sabe nada sobre o que está tentando representar, seu código de execução só vai dar a cada um dos seus componentes a oportunidade de executar. O componente de animação vai executar as animações, movendo o frame para o seu próximo à frente, o componente de renderização vai renderizar o objeto na tela e assim por diante.

As interações entre as entidades são um pouco mais difíceis de lidar do que eram no caso da hierarquia de classe estática, pois nada sabem sobre o que elas são, e toda a lógica está nos próprios componentes; a interação deve acontecer ao nível dos componentes também. Conceitualmente, é mais fácil pensar nas interações como mensagens que são passadas (embora possam ser implementadas como chamadas de função ou qualquer outro método mais eficiente).

Por exemplo, considere a situação em que uma bala voa pelo ar. A bala em si pode ser uma entidade (novamente, como uma otimização, se você tem muitas balas como no caso de uma metralhadora, pode modelar o "fluxo" de balas como uma entidade única). Em dado momento, a bala colide com uma caixa; então, quando executamos a bala nesse momento, um `CollisionComponent` executa e detecta a colisão. A bala também possui um `DamageComponent` que, quando percebe a colisão, envia um pacote de danos para a entidade com a qual colidiu, incluindo informações como tipo de dano, quantia de danos, local etc.

Na extremidade da recepção, a caixa irá receber uma mensagem de dano da entidade bala. Por ter um `HealthComponent`, aceita a mensagem e começa a processá-la. Do contrário, caso a caixa não tivesse um `HealthComponent` a mensagem teria sido ignorada e nada teria acontecido. O componente analisa o conteúdo da mensagem e percebe que a bala causou tanto dano que a saúde é levada a zero e envia uma mensagem de morte para os outros componentes da entidade. O `DestructionComponent` pega essa mensagem, e então executa um efeito da caixa sendo quebrada e substitui a malha da `RenderComponent` com o estado da caixa destruída.

Composição direcionada a dados

Podemos considerar a ideia do sistema de componente ainda mais longe e realmente definir a estrutura de cada uma das nossas entidades de jogo em um arquivo de dados, em vez de fazê-lo no próprio código [Bilas02]. Isso nos dá uma extrema flexibilidade e força a estrutura da entidade a ser um pedaço de dados em vez de parte do código. Em outras palavras, isso significa que muitas mudanças na estrutura da entidade não afetarão o código e não vão exigir que façamos recompilações completas do jogo e das ferramentas. Separamos efetivamente o código dos dados.

Por exemplo, veja como os dados para a entidade sword podem parecer em um arquivo XML:

```
<entity name="sword" full_name="Great sword of Pelayo">
        <component type="weapon"
                damage="slashing"
                damage_range="5-10"
                magical="true"
                range="1.5" />
        <component type="render"
                mesh="meshes/weapons/great_sword.mesh"
                attributes="glow"/>
        <component type="collision"
                collision_type="tight_volume"
                attributes="standard"/>
        <!- Quaisquer outros componentes vão aqui ->
</entity>
```

Se você escrever uma ferramenta para representar os diferentes componentes como unidades visuais, pode dar aos designers de sua equipe o poder de criar tipos de entidade totalmente novos, sem qualquer intervenção de um programador. Você provavelmente será surpreendido pela criatividade deles, dada a liberdade de experimentar com esse sistema flexível direcionado a dados.

Desvantagens e análises

Embora estejamos relatando as virtudes de um sistema baseado em componentes nesta seção, ele tem a sua cota de desvantagens, e você deve estar ciente delas antes de decidir qual abordagem adotar para o seu próximo jogo.

A primeira desvantagem de um sistema baseado em componentes é que é difícil de depurar. Se você parar no meio de um jogo com o depurador, no caso de uma hierarquia de classe, verá coisas como uma classe Sword em seu depurador e poderá acessar facilmente todas as suas variáveis membro e examinar seu conteúdo. Por outro lado, com um sistema de componentes, tudo o que se vê são as listas das entidades, cada uma com um conjunto de componentes. Será mais trabalhoso entrar em cada um deles e descobrir o que representam. Esse arranjo também torna mais difícil de usar pontos de interrupção, uma vez que o único código que se tem é aquele nos componentes, e não nas próprias entidades.

O desempenho também pode ser um problema se não formos cuidadosos. Em vez de termos chamadas de função dentro de uma classe, estaremos passando mensagens, tanto dentro da entidade e para outras entidades. Esse é o preço que pagamos por dissociar as partes de uma entidade. Além disso, tenha em mente que uma hierarquia de classe de profundidade pode passar chamadas de função para cima e para baixo da árvore de hierarquia, de modo que não apenas os componentes estão recebendo cadeias de mensagens e chamadas de função. Com um pouco de cuidado e um bom olho para otimizações, deve ser possível ter um desempenho muito próximo ao de uma hierarquia de classe estática.

Se utilizarmos uma abordagem orientada a dados e movermos a estrutura das entidades para um arquivo de dados, pode ser difícil, às vezes, mantermos o código e os dados em sincronia. Idealmente, devem ser completamente independentes um do outro, mas, na prática, eles dependem de que variáveis ou funções específicas estejam lá. O que acontece se o código depender de uma variável que não está definida no arquivo de dados? Inversamente, e se há uma variável no arquivo de dados acerca da qual qual o código nada sabe? Decidir o que fazer nessas situações e tratá-la de forma correta é a chave para ter um fluxo de trabalho eficiente e evitar a interrupção do jogo.

Por fim, um problema com o design baseado em componentes é a sua própria flexibilidade. Para sistemas maiores, uma entidade pode ter várias dezenas de componentes. Eles foram tão modularizados e dissociados que é difícil ver rapidamente como vão interagir uns com os outros. Às vezes, mesmo a ordem em que as mensagens são processadas poderia afetar o resultado das operações e o comportamento das entidades no jogo, por isso é importante tentar manter as coisas simples e aplicar algumas regras de ordem estrita, se isso se tornar um problema.

Dito tudo isso, qual a abordagem que você deve usar para o seu próximo jogo? Uma estrutura de herança de classe ou uma baseada em componente? A resposta, como é frequentemente o caso, depende da natureza exata de seu jogo e como pretende usá-lo.

Imagine que esteja escrevendo a quarta versão de uma franquia de tênis de sucesso. Você sabe que vai ter uma quadra, rede, jogadores, raquetes e uma bola. Sabe como os jogos serão marcados, que tipo de jogo vai ter e quais tipos de multijogadores vai envolver. Você também sabe que os designers não irão pedir uma rede que fale no meio do jogo ou uma raquete que pode ser montada como um veículo na quadra durante o jogo. Como tudo no jogo é conhecido antes do tempo e você sabe exatamente como pretende lidar com isso, uma estrutura de herança de classe pode ser perfeitamente adequada.

No entanto, se você estiver escrevendo um jogo no qual o jogador visitará uma variedade de ambientes (apenas alguns dos quais são conhecidos antes do tempo) e terá de interagir com muitas personagens e itens, uma abordagem baseada em componentes, provavelmente, dará melhores resultados. Permitirá novas experiências aos designers com novos tipos de entidades e criará situações desafiadoras de modo muito mais fácil do que se fossem comprimidos por uma hierarquia de classe estática.

〉 Padrões de design

Padrões de design são soluções gerais para situações específicas e problemas que surgem frequentemente no desenvolvimento de software. Uma vez que padrões de design lidam com conceitos de alto nível de organização e arquitetura, quase sempre não são apresentados fornecendo bibliotecas de código que podem ser colocadas diretamente em um projeto, mas são definidos em termos mais abstratos de classes, objetos e suas interações.

Há vários padrões de design listados e catalogados em livros e na Internet. Nesta seção, veremos alguns dos padrões mais importantes que surgem no desenvolvimento de jogos. Os padrões são muitas vezes referidos com quatro elementos: nome do padrão, problema que se resolve, solução e consequências. Além disso, vamos descrever como cada padrão se aplica ao desenvolvimento de jogos e quais são alguns de seus usos mais comuns. Consulte algumas das referências listadas no final do capítulo para uma discussão mais detalhada de cada padrão [Gamma95].

Singleton

Problema
Algumas classes precisam ter exatamente uma instância e estarem disponíveis de forma global para todas as partes do programa. Por exemplo, os recursos de hardware, como um dispositivo de gráficos ou um sistema de arquivo, são únicos e devem ser utilizados de diversas partes do programa. Como podemos criar essa organização?

Solução
Singletons são geralmente implementados para que tenham um simples ponto de criação e acesso. Ele nos dá o controle para criar apenas uma simples instância e a disponibiliza para o resto do código.

Algumas implementações têm um conjunto de funções separadas de criação e destruição, enquanto outras criam automaticamente a instância na primeira vez que é solicitada. A vantagem de ter funções separadas de criação e destruição é que é mais fácil controlar a vida de um objeto singleton, o que nos permite criá-lo depois que outros sistemas forem inicializados ou destruí-lo, antes de reportar os vazamentos de memória. Um diagrama de classe para o padrão singleton é apresentado na Figura 3.3.5.

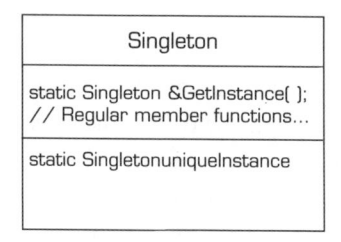

Singleton
static Singleton &GetInstance( );   // Regular member functions...
static SingletonuniqueInstance

Figura 3.3.5 Diagrama de classe de um singleton.

Aplicação ao desenvolvimento de jogo
Há uma infinidade de oportunidades no desenvolvimento de jogos para usar singletons. Recursos de hardware original são alvos claros para singletons: dispositivos gráficos, sistemas de som, gerenciadores de arquivos e memória, interfaces de rede e assim por diante. No entanto, nem todos os recursos de hardware são únicos, como controles ou cartões de memória, para que possam ser implementados como objetos regulares.

Há também uma série de outros objetos únicos no jogo que pode tirar proveito do acesso global, mesmo se não estiverem relacionados com os recursos de hardware: um sistema para cuidar do *log* para manter um registro de todas as atividades, avisos e erros no jogo, uma fila de mensagens para distribuir e trocar mensagens entre entidades do jogo, ou mesmo um objeto que represente o jogo em si mesmo.

Consequências
Singletons nos oferece duas vantagens principais: uma única instância e acessibilidade global. No que isso difere de uma variável global? Não muito. Na verdade, o único benefício sobre uma variável global é que vamos manter um controle mais preciso sobre como será criada e destruída. De maneira geral, ele pode ser considerado como uma variável global.

O que sabemos sobre as variáveis globais? Elas não conduzem a código modular e podem ser um problema sério em grandes bases de código para compreender e manter o código existente. As mesmas advertências são aplicáveis aos singletons, por isso não os utilize a menos que precise.

O uso abusivo de singletons é comum nas equipes que recentemente mudaram para C++ e começaram a usar padrões de design. Os singletons são padrões únicos, e é fácil ver tudo como um singleton. Resista à tentação tanto quanto possível. Evitar singletons vai produzir um código mais modular, melhor estrutura física e lógica do programa e tornar o código mais fácil de testar e manter.

Alguns itens, como um sistema de registro, podem fazer sentido como um singleton, mas outros, como uma fila de mensagens, provavelmente devem ser implementados como variáveis membro do sistema de objetos do jogo. O sistema de objeto do jogo pode garantir que apenas uma instância da fila de mensagens seja criada, mas restringe o acesso a somente o código que lida diretamente com o sistema de objetos do jogo, em vez de expor para todo motor de jogo.

Fábrica de objeto (*Object Factory*)

Problema
Às vezes precisamos criar um objeto de uma classe que não conhecíamos no momento da compilação. Precisamos de uma maneira de adiar a decisão de qual tipo de objeto criar até a execução do jogo.

Solução
Em vez de criar dinamicamente instâncias de uma classe resultando em um *novo objeto* (ou qualquer mecanismo que usa a sua linguagem favorita), usamos um objeto de fábrica que cuida da criação de outros objetos. Chamamos uma função membro com um parâmetro para especificar o tipo de objeto a ser criado, e ela retorna um novo objeto desse tipo. Um diagrama de classes para o padrão de fábrica de objeto é mostrado na Figura 3.3.6.

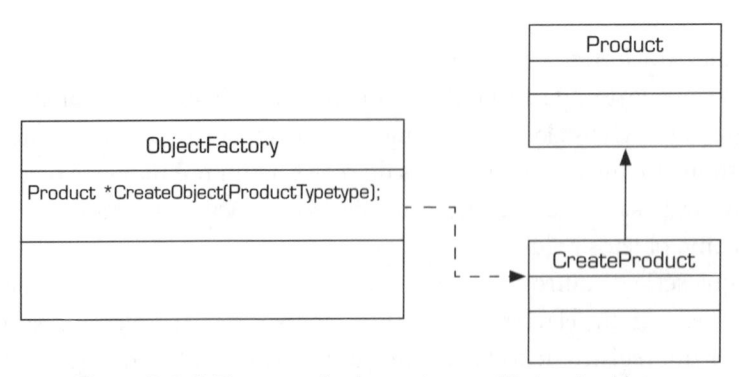

Figura 3.3.6 Diagrama de classe de uma fábrica de objeto.

Aplicação ao desenvolvimento de jogo
Fábricas de objetos desempenham um papel crucial no desenvolvimento de jogo e são essenciais para programação direcionada a dados, pois estamos constantemente criando objetos de todos os tipos que não podemos prever de antemão.

Por exemplo, quando pela primeira vez carregamos um nível em um jogo, precisamos saber que tipos de objetos estão no universo do jogo, onde estão localizados e quais suas propriedades iniciais. Claramente, não vamos ter uma função chamada PopulateLevel1() que explicitamente cria todos os objetos no nível. Em vez disso, teremos um arquivo de dados que contém todas essas informações. O código de carregamento de nível analisa os arquivos, e, para cada objeto, determina o tipo de objeto que ele precisa ser, chama a fábrica com esse tipo de objeto, lê todos os dados do arquivo e adiciona-o ao universo do jogo.

Muitas vezes usamos a fábrica de objeto, quando criamos objetos no momento de execução, já que muitas das decisões sobre quais objetos deverão ser criados estão armazenadas em dados, não no próprio código. Assim, por exemplo, o tipo de criatura que um ponto de geração ativa é armazenado em um arquivo de dados, e o tipo alimenta a fábrica de objetos, a qual produz uma criatura do tipo desejado.

As fábricas de objeto também podem ser usadas para estendermos facilmente o jogo e adicionar novos tipos de objetos, fazendo pequenas modificações ou mesmo nenhuma modificação se carregarmos o código de maneira dinâmica. Uma vez que temos uma fábrica de objeto pronta, é muito fácil adicionar novos tipos de objetos, que podem ser criados apenas pelo fornecimento de novos dados.

Consequências

Uma implementação direta de uma fábrica de objeto poderia ser feita deste jeito:

```
enum GameObjectType {
        PLAYER,
        ENEMY,
        POWERUP,
        WEAPON,
        // ... restante dos objetos...
}
GameObject * ObjectFactory::Create(GameObjectType type) {
        switch (type) {
                case PLAYER: return new Player( );
                case ENEMY: return new Enemy( );
                case POWERUP: return new Powerup( );
                case WEAPON: return new Weapon( );
        }
        return NULL;
}
```

Isso funciona bem, mas tem a desvantagem de que a classe de fábrica de objetos precisa saber de antemão sobre todos os tipos de objetos que pode eventualmente criar. A adição de novos tipos de objetos requer a adição de outro enum e outra entrada na função Create(). Pior, torna-se impossível acrescentar novos tipos de objetos sem modificar o código, de modo que isso restringe o poder disponível para os usuários que querem fazer um "mod" do jogo.

Uma boa solução é utilizar uma fábrica de objeto *extensível*. Em vez de ter os tipos de objetos conectados em um arquivo de código, cada classe que deseja ser criada através de uma fábrica de objeto precisa se registrar com uma identificação única (ID) e uma maneira de criar o objeto.

A fábrica em si é apenas um dicionário que associa tipo de identificações com os criadores de objeto e consulta esse dicionário toda vez que um pedido de um novo objeto é enviado. Há um exemplo de uma fábrica de objeto extensível que você pode começar a utilizar em seus projetos imediatamente. Esse conteúdo está disponível (em inglês), na página do livro, no site da editora, em www.cengage.com.br.

Observador (*Observer*)

Problema

Os objetos muitas vezes precisam saber quando certas coisas acontecem ou quando o estado de outros objetos muda. Precisamos de uma maneira de notificar os objetos de diferentes tipos com um mínimo de acoplamento.

Solução

O padrão observador envolve duas classes: um sujeito e muitos observadores. Os observadores se registram com um sujeito no momento de execução do game e o sujeito adiciona todos os observadores em uma lista. Quando qualquer evento que iria ativar uma notificação acontece, o sujeito itera através de todos os observadores na lista e chama a função Update( ). Um diagrama de classe para o padrão observador é mostrado na Figura 3.3.7.

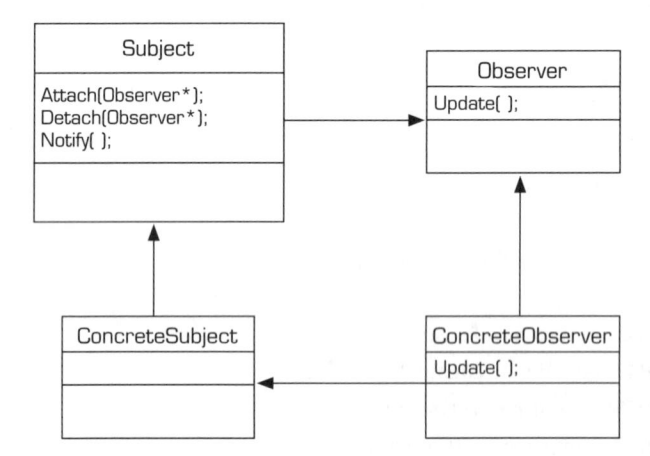

Figura 3.3.7 Diagrama de classe mostrando a relação entre o sujeito e um observador.

Aplicação ao desenvolvimento de jogo

É extremamente comum em jogos notificarmos outros objetos quando determinados eventos ocorrem. Por exemplo, se os dispositivos gráficos alteram profundidade de cor ou resolução, provavelmente iremos notificar todos os objetos que têm algum *buffer*[3] gráfico para que possam atualizar-se.

Essa situação é ainda mais comum em um nível superior, entre as entidades do jogo. Entidades não vivem isoladas umas das outras, pelo contrário, interagem como se estivessem no mundo real. Se um cavaleiro deixar cair uma espada no chão, a espada pode ter de ser notificada para que possa

---

[3] N.R.T.: Um *buffer* é caracterizado por uma região de memória temporária para armazenamento, escrita e leitura de dados.

atualizar seu status. Se o jogador pisa em uma placa de pressão, um alçapão deve ser notificado para que possa abrir-se.

Podemos conectar essas situações fazendo o cavaleiro atualizar explicitamente a espada depois que ela cai, mas isso é entediante e propenso a erros. Quantos itens devem ser notificados em cada evento? É aconselhável deixar que cada objeto decida em quais eventos está interessado e inscrever-se como um observador nos temas que o interessa.

Outro uso comum dos observadores no desenvolvimento de jogos envolve notificar outros objetos que um certo objeto foi destruído. Por exemplo, o jogador pode manter um ponteiro para o inimigo que está atualmente travado no sistema de mira das armas. Se esse inimigo for destruído por alguma outra razão, queremos ter certeza de que o jogador reconheça isso imediatamente para que possa redefinir seu ponteiro. Caso contrário, ele ainda pode tentar acessar o ponteiro inválido e fazer com que o jogo deixe de funcionar (trave).

Consequências

O padrão observador é ótimo porque permite que o sujeito seja completamente dissociado dos observadores, por isso parece ser uma excelente solução para a maioria das interações de objeto. No entanto, você precisa ter cuidado com o desempenho e a utilização da memória.

Se o sujeito tem uma longa lista de observadores de que necessita notificar, é preciso atravessá-lo de forma linear, chamar a função de atualização em cada observador e deixá-los lidar com a atualização. Para eventos que ocorrem várias vezes a cada frame, isso pode resultar em uma queda de desempenho considerável, especialmente porque percorrer a lista e acessar um conjunto de objetos não relacionados é muito problemático para o cache.

Se você tiver grandes listas de observadores e vários tipos de notificações (por isso apenas um pequeno subconjunto dos observadores realmente se preocupa com uma atualização específica), uma boa opção é fazer com que os observadores registrem-se para mudanças de atualização específicas. Por exemplo, um observador pode ser notificado toda vez que um objeto se move, outro pode querer ser informado apenas quando o objeto for destruído.

Uso de memória também pode ser um problema. Cada sujeito vai armazenar uma lista de ponteiros para objetos. Como uma lista conectada simples, ela levará dois ponteiros por nodo, além do que houver de sobrecarga para uma alocação de memória dinâmica. Se pretendemos ter milhares desses sujeitos com milhares de possíveis observadores, a sobrecarga da memória crescerá rapidamente.

Em caso de eventos muito frequentes ou um grande número deles, podemos considerar a não utilização do padrão observador e usar acoplamento mais forte integrando o sujeito e o observador de forma mais próxima e obter melhor desempenho e menos sobrecarga de memória.

Composto (*Composite*)

Problema

Muitas vezes queremos agrupar um conjunto de objetos e tratá-lo como um único objeto em todo o código. Queremos evitar casos especiais para um conjunto de objetos e para um único objeto.

Solução

Podemos criar um tipo de objeto que seja uma coleção de objetos. Em seguida, podemos implementar todas as funções que o tipo de objeto regular exporia iterando através de todos os seus objetos e realizando essa operação. Um diagrama de classe para o padrão composto é mostrado na Figura 3.3.8.

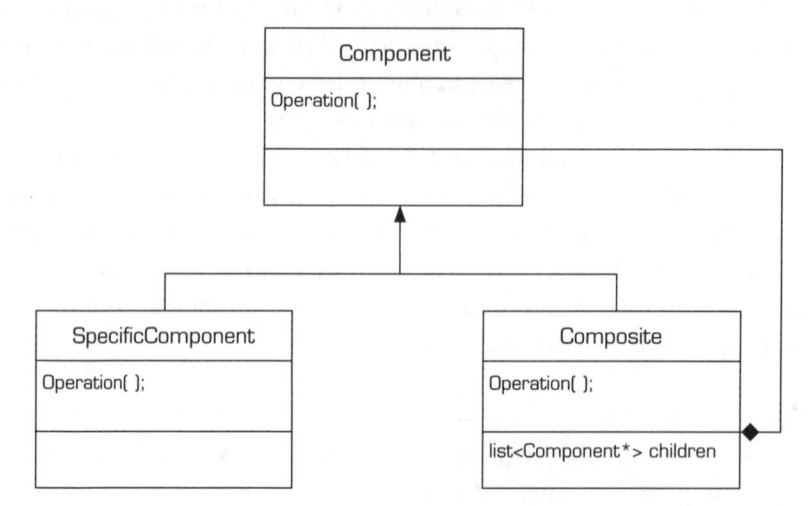

Figura 3.3.8 Diagrama de classe de um padrão composto.

Aplicação ao desenvolvimento de jogo

O padrão composto frequentemente aparece no desenvolvimento de jogos. O exemplo mais comum ocorre na interface dos menus para o jogo e os elementos do HUD no jogo[4]. Por exemplo, temos uma classe widget; herdamos dela e criamos uma classe button, uma classe pane text e uma classe picture. Agora podemos agrupar conjuntos de widgets e tratá-los como qualquer outro widget, o que significa que pode ser movido na tela, pode ter foco etc.

Também usamos o padrão composto em entidades de jogo e nodos de cenas. Dessa forma, qualquer operação realizada sobre o conjunto de nodos é aplicada à totalidade deles. Se são organizados hierarquicamente, a operação pode ser realizada em uma ordem específica, enquanto percorremos a árvore. Por exemplo, se temos um conjunto de nodos organizados hierarquicamente e usamos o padrão composto para fazer o conjunto de nodos parecer um único nodo para o resto do código, quando aplicamos uma transformação, o nodo composto irá percorrer a árvore hierarquicamente e atualizar as matrizes corretamente, já que implica a transformação na árvore.

Consequências

Os padrões compostos são muito úteis e apresentam poucas desvantagens. Provavelmente a maior delas é que precisamos escrever manualmente o código para cada função exposta na classe-base e criar uma implementação que itera através de um conjunto de objetos aplicando a mesma operação.

Para usarmos o padrão composto, as funções precisam ser virtuais, cada uma pode ter um pequeno impacto de desempenho, mas se usássemos polimorfismo, elas já seriam virtuais, então não deveriam causar problemas de desempenho.

---

[4] N.R.T.: HUD: Acrônimo para *heads-up display*, quer dizer a representação dos objetos do jogo, como vida, magia, mapas, armas etc. Seus nomes e valor variam de acordo com o jogo.

Outros padrões

Muitos padrões de design são utilizados no desenvolvimento de jogos. Alguns são mais aplicáveis a determinadas áreas do que outros. Você verá que certos modelos são mais usados no código do jogo de alto nível do que no motor e outros aplicados nos cálculos de física, mas não na IA.

A melhor maneira de aprender sobre padrões é conhecer alguns dos mais populares e depois ler vários códigos-fonte para jogos e verificar quantos você consegue encontrar. Para localizá-los, basta fazer uma busca por um nome de determinado padrão, porque ele vai ser chamado dessa maneira ou haverá um comentário explicando qual padrão é implementado.

Veja alguns dos outros padrões que você provavelmente encontrará no desenvolvimento de jogos:

Decorador (*Decorator*): Fornece uma maneira de anexar nova funcionalidade aos objetos em tempo real, sem a necessidade de herdar da classe original.
Fachada (*Facade*): Combina um conjunto complexo de interfaces envolvendo muitos objetos e funções em uma interface unificada, simples.
Visitante (*Visitor*): Permite-nos definir novas operações a serem realizadas em um conjunto de objetos sem termos de modificar qualquer código existente.
Adaptador (*Adapter*): Permite que classes trabalhem juntas, pois de outra forma não se comunicariam.
Flyweight (*Flyweight*): Permite compartilhamento de memória em um grande número de objetos pequenos.
Comando (*Command*): Encapsula um pedido ou mensagem, que pode então ser armazenado, entregue a objetos e assim por diante.

Resumo

Para se tornar um programador eficaz, você precisa saber mais do que as especificidades de uma linguagem de computador. As estruturas de dados são fundamentais para qualquer programa estruturado, e todos os programadores do jogo devem estar bem familiarizados com o básico: arrays, listas, dicionários, pilhas, filas entre outros. Além disso, um sólido conhecimento dos fundamentos da orientação a objeto deve ser considerado essencial para o desenvolvimento de jogos hoje, com linguagens orientadas a objeto, tendo como padrões C++ e Java.

Conhecer os conceitos básicos de programação orientada a objetos não é suficiente. É importante aplicá-los corretamente e saber quando escolher uma hierarquia de herança de classe e quando usar composição. A identificação correta e o uso de padrões de design também levarão a um desenvolvimento mais rápido e uma melhor arquitetura.

Exercícios

1. Exatamente quanta memória é necessária para uma std::list com N elementos? Pesquise os arquivos de cabeçalho para sua implementação do STL ou escreva um programa para verificar isso. Certifique-se de levar em conta tanto a memória para a própria lista quanto a memória usada pelos nodos.

2. A STL fornece vários tipos de contêineres associativos: conjuntos, mapas e, em algumas implementações, *hashes*, bem como suas "multi" contrapartidas. Explique o que cada contêiner faz, como se diferem uns dos outros e dê um exemplo de como cada um poderia ser usado.
3. Escreva um programa que adiciona 20 valores inteiros (valores de 1 a 20) para um vetor usando std::vector. Procure o vetor linearmente para cada um dos elementos. Marque o tempo que cada pesquisa levou (se você não tiver um temporizador de alta resolução, faça loop das buscas diversas vezes). Agora adicione o mesmo conjunto de valores inteiros em uma std::set e procure por todos eles. Que abordagem foi mais rápida? Que tal para 100 ou 1.000 valores inteiros? Certifique-se de compilar seu programa com todas as otimizações ligadas.
4. Desenhe um diagrama de classe de uma possível hierarquia para um jogo como *Pac-Man*.
5. Organize o mesmo jogo usando uma abordagem baseada em componentes. Desenhe um diagrama mostrando quais componentes algumas entidades principais teriam (jogador, inimigo, bala, pontos de força).
6. Escolha dois padrões de um catálogo de padrões (exceto singleton, fábrica de objeto, observador e composto) e explique como podem ser aplicados ao desenvolvimento de jogos.

Referências

[Alexandrescu01] Alexandrescu, Andrei, *Modern C++ Design*, Addison-Wesley, 2001.
[Bilas02] Bilas, Scott, "A Data-Driven Game Object System", *Game Developers Conference 2002*, available online at www.drizzle.com/~scottb/gdc/game-objects.htm.
[Dickheiser06] Dickheiser, Mike, *C++ for Game Programmers*, Charles River Media, 2006.
[Gamma95] Gamma, Eric, et al., *Design Patterns*, Addison-Wesley, 1995.
[Josuttis99] Josuttis, Nicolai M., *The C++ Standard Library*, Addison-Wesley, 1999.

3.4 Arquitetura do jogo

Neste capítulo

- Visão geral
- Visão panorâmica de um jogo
- Etapas de inicialização/ desligamento
- Loop do jogo principal
- Entidades do jogo
- Resumo
- Exercícios
- Referências

⟩ Visão geral

O código necessário para criar jogos modernos é tudo menos simples. Passaram-se os dias em que o código-fonte para um jogo completo era apenas um par de arquivos e não tínhamos de nos preocupar com a estrutura geral e a arquitetura. Nos jogos de hoje, com bases de código superiores a um milhão de linhas de código, é extremamente importante termos uma arquitetura bem definida, a fim de entender o código-fonte, adicionar novas funcionalidades e lançar o jogo no prazo.

Estrutura principal

A maioria dos jogos estabelece uma distinção entre o *código específico do jogo* e o *código do motor do jogo.*

O código específico de jogo é, como o nome implica, customizado para o jogo que está sendo desenvolvido. Envolve a implementação de partes específicas do próprio domínio do jogo, como o comportamento de zumbis e naves espaciais, razão tática para um conjunto de unidades ou a lógica para a tela inicial. Esse código não é voltado para reutilização em qualquer outro jogo no futuro a não ser possíveis sequências.

O código do motor de jogo é a fundação sobre a qual o código específico do jogo é construído. Ele não possui nenhum conceito das especificidades do jogo em desenvolvimento e lida com conceitos genéricos que se aplicam a qualquer projeto: renderização, transferência de mensagem, reprodução de som, detecção de colisão ou comunicação via rede.

Ambos os códigos são grandes o suficiente e, em geral, divididos em vários módulos. Dependendo de como o projeto é organizado os módulos podem ser bibliotecas estáticas, bibliotecas dinamicamente conectadas (DLLs) ou, algumas vezes, simples subdiretórios no projeto.

Tipos de arquitetura

Ao discutirmos arquiteturas diferentes, quase sempre falaremos de *acoplamento*. Acoplamento é uma medida de quão fortemente duas partes de um código estão conectadas uma com a outra. Acoplamento solto significa que existe apenas uma conexão fraca entre os dois conjuntos de códigos, que é a situação ideal, pois torna possível mudar um sem afetar o outro. Quanto mais forte o acoplamento, mais difícil é modificar ou substituir um sem afetar o outro. Acoplamento realmente forte significa que dois conjuntos de códigos são altamente dependentes um do outro.

O código do jogo é geralmente organizado em uma das seguintes maneiras, as quais serão discutidas em ordem, visando aumentar a estrutura e complexidade.

Arquitetura Ad-Hoc

As bases de código desenvolvidas dessa maneira não possuem nenhuma organização aparente. Em geral crescem organicamente, com código sendo adicionado quando necessário sem observar o todo. Subsistemas diferentes não são identificados, muito menos isolados, o que conduz a um acoplamento extremamente forte entre todas as partes do código. Essa abordagem funciona bem para projetos com bases de código muito pequenas (algumas dúzias de arquivos), mas produz severas limitações em grandes projetos, tornando o desenvolvimento difícil e custoso e, virtualmente, impossível reutilizar o código em projetos futuros (veja a Figura 3.4.1).

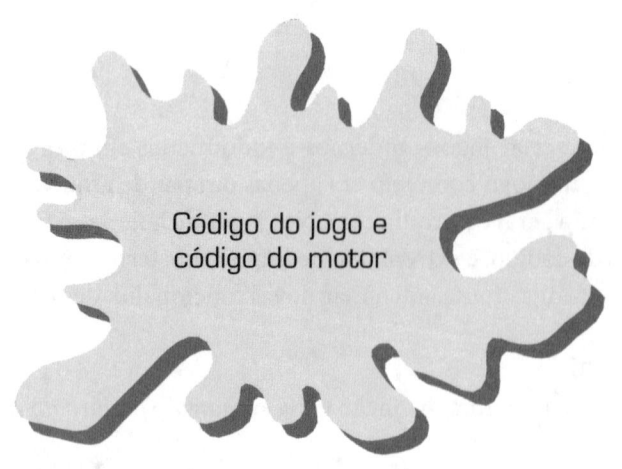

Figura 3.4.1 Base de código com uma arquitetura Ad-Hoc.

Arquitetura modular

Em uma arquitetura modular, subsistemas específicos são claramente identificados e separados em módulos ou bibliotecas. Os módulos podem variar na maneira como estabelecem a interface com o restante do jogo. Em um extremo, podem apenas ser um grupo de objetos ou funções relacionados que todos podem usar, e em outro, representam uma fachada unificada para o resto do sistema.

Reúso e manutenção do código são grandemente mais aprimorados do que em uma arquitetura *ad-hoc*. Essa abordagem também permite integração mais simples de pacotes middleware, pois os módulos podem ser mais facilmente substituídos ou até mesmo empacotados para apresentar uma interface unificada em relação ao restante do motor. Contudo, dependências entre os módulos não são controladas; e, com o passar do tempo, as coisas geralmente se degeneram em uma situação em que todo módulo se comunica diretamente com quase qualquer outro módulo, levando a um acoplamento mais forte do que idealmente queríamos (veja a Figura 3.4.2).

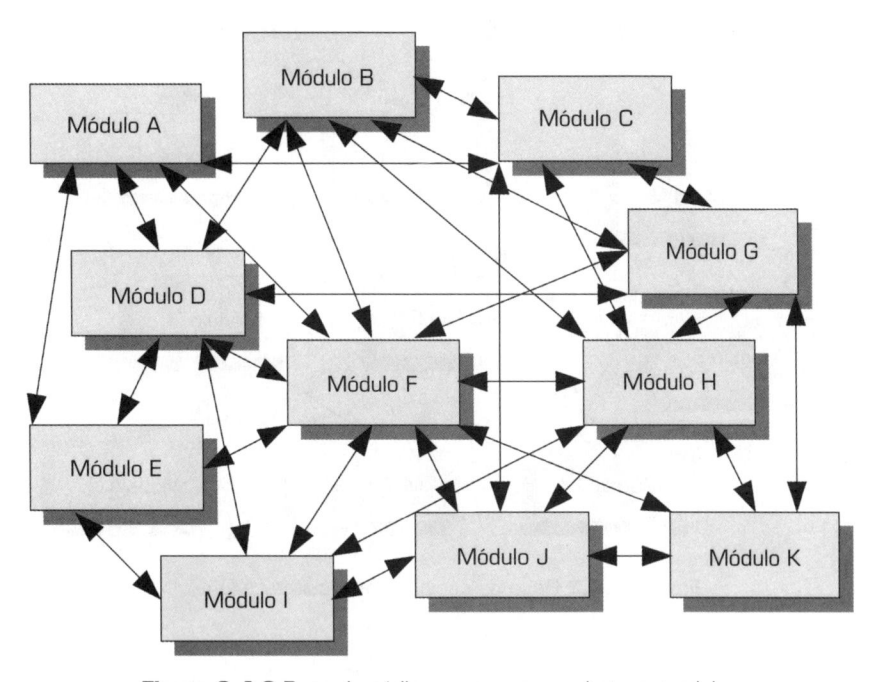

Figura 3.4.2 Base de código com uma arquitetura modular.

Arquitetura de grafos acíclicos dirigidos (DAG)

Uma arquitetura DAG é modular na qual as dependências entre módulos são fortemente controladas. Pense nos módulos como nodos em um grafo e suas dependências como as laterais. Uma arquitetura DAG requer que não haja loops nas dependências. Portanto, se o Módulo A depende do Módulo B, o Módulo B não pode depender de quaquer módulo que diretamente ou indiretamente depende do Módulo A.

Esse arranjo nos permite classificar alguns módulos de acordo com seu nível, ou seja, maior ou menor do que os outros e apresenta a vantagem de manter os módulos ignorantes de quaisquer módulos com níveis mais altos que os deles, o que reduz o acoplamento geral entre módulos. Tipicamente, o código específico do jogo será o módulo com nível mais alto já que depende de todos os módulos de alto-nível do motor. Também torna fácil decidir o uso de parte do código base, pois, ao selecionarmos qualquer ramo da DAG, estamos assegurados de conseguir todos os módulos necessários. Isso é particularmente útil na criação de ferramentas que necessitam apenas de partes específicas do motor ou que são completamente independentes do jogo e não precisam de nenhum código do jogo.

Idealmente, gostaríamos que a DAG fosse a mais ampla (ou rasa) possível, indicando que a cadeia de dependência entre os módulos é relativamente curta. Isso torna mais fácil adicionar, substituir ou remover módulos sem afetar o restante do programa. O pior caso é quando todos os módulos estão alinhados, cada um deles dependendo do anterior (veja a Figura 3.4.3).

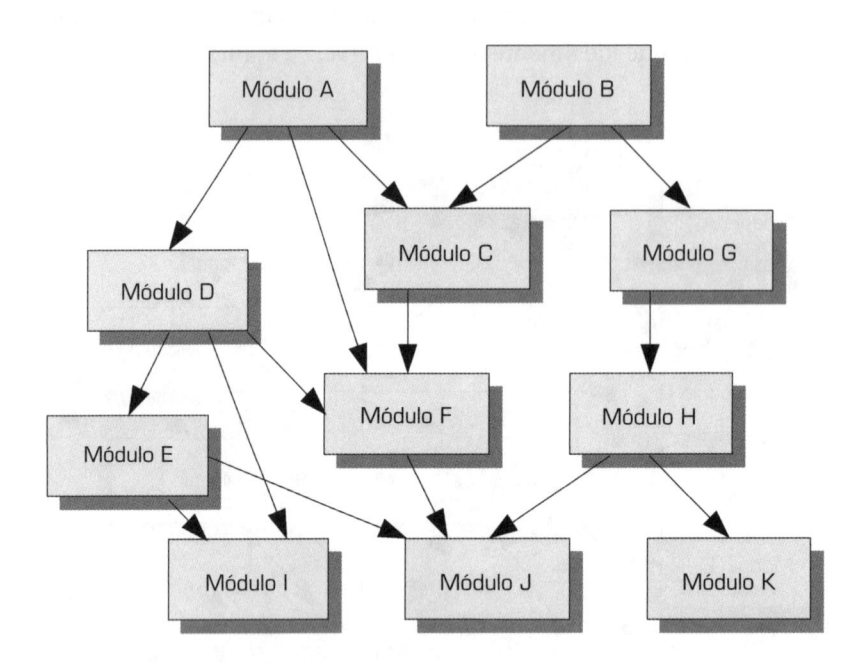

Figura 3.4.3 Base de código com arquitetura DAG.

Arquitetura em camadas

Arquitetura em camadas é um arranjo como a DAG, em que não pode existir qualquer dependência cíclica entre os módulos, mas a leva a um passo adiante. Enquanto a arquitetura DAG permite que um módulo acesse qualquer outro abaixo dele, neste caso os módulos são ordenados em camadas rígidas; um módulo só pode interagir com os diretamente abaixo dele.

Esse tipo de arquitetura é mais pesada do que um simples arranjo DAG, e pode muitas vezes levar a uma duplicação de código ou à organização de interfaces para expor certas funcionalidades disponíveis em uma camada inferior para uma camada que está várias camadas acima. Alguns domínios são muito bem adaptados a uma arquitetura em camadas, como a comunicação de rede, porque, pela sua natureza, executa muitas operações em série de camada a camada. No entanto, a base de código do jogo não é tão rigidamente estruturada, por isso pode não ser uma combinação perfeita para uma abordagem em camadas.

Este tipo de arquitetura é mais desejável quando o número de módulos cresce bastante e torna-se difícil manter em dia as dependências individuais entre módulos. Nesse ponto, as camadas podem agir como um outro nível de organização sobre o arranjo DAG dos módulos, no interior de cada camada (veja a Figura 3.4.4).

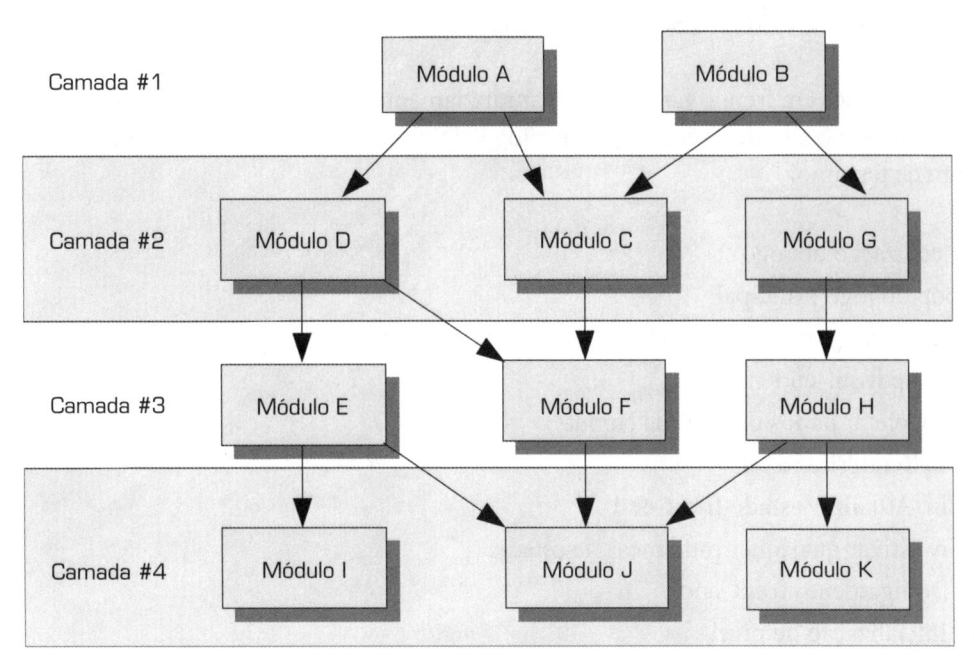

Figura 3.4.4 Base de código com uma arquitetura em camadas.

Ferramentas domésticas

Ferramentas de desenvolvimento doméstico sempre garantem uma consideração especial. Essas são as ferramentas que criamos para que os artistas e desenvolvedores possam criar mundos fantásticos e preenchê-los com conteúdos surpreendentes. Como é que elas se encaixam na arquitetura global?

Um dos primeiros pontos a decidir é quanta funcionalidade o motor de jogo e as ferramentas terão em comum. Talvez a única forma de as ferramentas e o jogo interagirem é por meio da criação de uma série de arquivos XML que podem ser interpretados no jogo. Nesse caso, eles não precisam ter nenhum código em comum; mantê-los como duas bases de código separadas seria uma boa ideia.

Outra possibilidade é que as ferramentas exigem algumas das funcionalidades do jogo, mas não todas. Por exemplo, talvez seja necessário carregar recursos e gravar arquivos ou renderizar alguns gráficos em 3D, mas eles não têm nenhuma relação com os códigos de colisão, IA ou rede. Nesse caso, o ideal é utilizar apenas as partes do código do jogo necessárias para a ferramenta. Se tivermos uma arquitetura em camadas ou DAG, deve ser muito fácil selecionar somente as partes em que estamos interessados. Afinal, ninguém quer inicializar o processador de gráficos para executar apenas uma ferramenta de uma linha de comando.

Finalmente, a nossa última opção é a integração plena. Se as ferramentas precisam de acesso completo a todas as áreas do jogo (situação suspeita que poderia indicar uma arquitetura *ad-hoc* ou modular), então podemos fazer isso para que as ferramentas usem todo o código do jogo. Ou indo mais adiante, fazer com que as ferramentas façam parte do próprio motor de jogo, e você só tem um único executável para tudo.

Tal como acontece com a arquitetura global, pensar sobre isso com antecedência e decidir qual abordagem usar facilitará o desenvolvimento das ferramentas e garantirá que se integrem bem com o motor de jogo.

› Visão panorâmica de um jogo

Antes de seguirmos em frente, vamos observar rapidamente o que o jogo faz em seu nível mais alto.

Veja uma sequência de eventos que um jogo típico fará do momento de inicialização até o momento de término:

1. Inicialização do jogo
2. Loop do jogo principal
   a. Inicialização front-end
   b. Loop front-end
      i. Coletar dados de entrada (inputs)
      ii. Renderizar a tela
      iii. Atualizar estado front-end
      iv. Ativar quaisquer mudanças de estado
   c. Desligamento front-end
   d. Inicialização de nível
   e. Loop de jogo de nível
      i. Coletar dados de entrada (inputs)
      ii. Executar IA
      iii. Executar simulações físicas
      iv. Atualizar entidades do jogo
      v. Enviar/receber mensagens de rede
      vi. Atualizar etapa de tempo
      vii. Atualizar estado do jogo
   f. Desligamento do nível
3. Desligamento do jogo

Como você pode ver, há alguns padrões nessa sequência de eventos. Repetidamente observamos eventos de inicialização e desligamento para uma variedade de fases. Esses eventos ocorrem sempre de forma pareada, e há um desligamento compatível para cada inicialização. Também observamos os loops de jogos que executam em uma sequência de operações em cada frame. As próximas duas seções abrangem cada um desses recursos em detalhes.

› Etapas de inicialização/desligamento

Inicialização e desligamento de diferentes sistemas e fases do jogo é uma etapa muito importante, porém quase sempre mal observada. Sem uma forma limpa e robusta de inicialização e desligamento de partes diferentes do jogo, torna-se muito difícil e propenso a erros alternar entre os níveis, alternar entre ida e volta entre o jogo e a interface inicial, ou até mesmo rodar o jogo por algumas poucas horas, sem travamentos ou lentidão.

Visão geral

O propósito da etapa de inicialização é preparar tudo que é necessário para iniciar certa parte de um jogo. Por exemplo, a etapa de inicialização front-end poderia cuidar da inicialização do sistema GUI, carregando alguns recursos de arte comuns e configurando o estado correto no perfil do jogador.

```
void FrontEnd::Initialize( ) {
        GUI::Initialize( );
        LoadCommonResources( );
        PlayerProfile::Set(LoadPlayerProfile( ));
}
```

A etapa de desligamento em geral tem um conjunto de declarações para desfazer tudo que a etapa de inicialização fez, mas na sua ordem reversa em que foram listadas na etapa de inicialização. Todo sistema que foi inicializado é desligado, todo objeto criado é destruído e todo recurso carregado é libertado.

É muito importante que a etapa de desligamento desfaça tudo que foi feito na etapa de inicialização. Falha na execução irá resultar em vazamentos de memória, subsistemas que nunca são desligados e muitos outros erros. Além disso, para minimizar o potencial de erros, recomenda-se que se faça tudo na ordem oposta da etapa de inicialização. Desse modo, podemos ter certeza de que não liberamos um recurso ou desligamos algum sistema necessário para uma parte posterior do programa.

```
void FrontEnd::Shutdown {
        // Nothing to free for the player profile
        ReleaseCommonResources( );
        GUI::Shutdown( );
}
```

Veja como as funções de inicialização e desligamento seriam chamadas pelo programa de jogo:

```
{

        FrontEnd frontEnd;
        frontEnd.Initialize( );
        frontEnd.Loop( );
        frontEnd.Shutdown;
}
```

Note a ausência conspícua de qualquer processo de resolução de erros nas funções anteriores. Na prática, você desejaria verificar os erros na inicialização e carregamento e lidar com eles de acordo com a política do jogo para a resolução de erros: talvez exibindo o erro, colocando-o em um log e prosseguindo normalmente, tentando recuperá-lo ou apenas usando a função assert( ) e deixando o programador corrigir no mesmo momento.

Aquisição de recurso é inicialização

Uma boa regra a seguir para minimizar os erros de incompatibilidade em etapas de inicialização e desligamento é usar a filosofia *Aquisição de Recurso é Inicialização* (muitas vezes abreviado como RAII). Isso significa que a criação de um objeto irá adquirir e inicializar todos os recursos necessários e, para destruí-lo, deverá desligar todos os recursos utilizados nele e destruí-lo. A vantagem dessa abordagem é que as chamadas de inicialização e desligamento são automaticamente chamadas quando os objetos são criados e destruídos, portanto não existe a possibilidade de se esquecer de chamá-las ou ter chamadas incompatíveis.

Continuando o exemplo anterior, se usássemos RAII com a classe FrontEnd, nossa inicialização seria feita no construtor, e todas as operações de desligamento, no destruidor. As funções Initialize( ) e Shutdown( ) não devem sequer ser listadas como públicas porque ninguém deve chamá-las diretamente. Se um objeto da classe FrontEnd estiver ao redor, podemos ter certeza de que ele passou pela fase de inicialização com êxito. Agora podemos usar a classe FrontEnd da seguinte maneira, e todos os registros acontecem nos bastidores:

```
{
    FrontEnd frontEnd;
    frontEnd.Loop( );
}
```

Como verificamos os erros agora? Antes, poderíamos apenas utilizar a função Initialize( ) para retornar uma variável booleana indicando se houve um sucesso ou falha. Agora faremos a inicialização no construtor, que não retorna qualquer valor. A etapa de desligamento acontece no destruidor e pode retornar quaisquer valores.

A maneira mais fácil de lidar com isso é usar o tratamento de exceção. Em vez de juntarmos todos os códigos-fonte com declarações checando por erros e nos retornando a função assim que encontram um problema, podemos apenas colocar a criação front-end prévia em uma declaração try–catch:

```
try {
    FrontEnd frontEnd;
    frontEnd.Loop( );
}
catch (...) {
    // Lida com qualquer problema aqui
}
```

É uma solução limpa, mas infelizmente nem sempre prática. Lidar com exceções pode ser uma questão complicada, especialmente em C++. Exige a elaboração de um código à prova de exceções, que requer que todos os recursos sejam liberados corretamente sempre que uma exceção for ativada, mesmo que isso aconteça durante a etapa de um construtor. No mínimo, será necessário o uso de ponteiros inteligentes (que é uma coisa boa) e que alguns programadores se aperfeiçoem com as consequências de lidar com exceções.

Outra questão é o suporte para tratamento de exceção em diferentes linguagens e compiladores. Infelizmente, em C++ nem todo compilador irá lidar muito bem com exceções. Alguns irão gerar código muito ineficiente, que pode afetar o desempenho do jogo. Certos fabricantes de consoles até admitem que o seu compilador não geram bons códigos de tratamento de exceção e que você não deve contar com eles para os seus jogos.

Mesmo que você não utilize o tratamento de exceção, vale a pena usar a abordagem RAII sempre que possível. Você terá de verificar manualmente se a inicialização foi bem-sucedida, mas ainda se beneficiará de saber que o objeto está sempre em um estado bem conhecido e não precisará se preocupar em chamar a etapa de desligamento adequado manualmente.

Otimizações

A seguir apresentamos algumas técnicas utilizadas nos jogos para tornar a fase de desligamento mais rápida ou mais confiável.

Desligamento rápido

Idealmente, queremos ser capazes de transitar entre níveis ou entre o jogo e a interface inicial o mais rápido possível. Durante a etapa de inicialização, é preciso carregarmos alguns recursos, por isso tentamos fazê-lo o mais rápido possível, mas, às vezes, ficaremos surpresos ao vermos que passamos um ou dois segundos na etapa de desligamento para o próximo nível do jogo antes de carregarmos algo. Reduzir esse tempo para um mínimo melhoraria a experiência do usuário e manteria os jogadores mais felizes e mais engajados no seu jogo.

O que exatamente estamos fazendo que leva tanto tempo? Normalmente, a etapa de desligamento para o jogo não é trivial, afinal, precisamos destruir o mundo inteiro que carregamos na memória e trazer tudo de volta ao seu estado inicial (em um novo nível, por exemplo). Os jogos em geral irão iterar todas as entidades do seu universo e livrá-las uma de cada vez. E eles vão fazer o mesmo com cada um dos recursos que foram carregados (texturas, geometria etc.). Reiniciarão ou destruirão estruturas complexas de dados, com muitos nós e limites, e farão uma limpeza geral, que envolve a liberação de memória alocada dinamicamente.

Se vamos apenas limpar todo o nível, realmente precisamos ser cuidadosos e meticulosos, deletando cada peça, uma de cada vez? É como derrubar uma casa removendo cuidadosamente cada tijolo e colocá-lo ordenadamente em uma pilha. Uma alternativa é ter certeza de que todas as alocações de memória dinâmica para o nível do jogo aconteçam em um conjunto de agrupamentos de memória dedicados exclusivamente a esse nível. No final, quando é hora de desligar o nível, tudo o que temos a fazer é resetar os agrupamentos de memória colocando-os em um estado vazio, em uma operação muito rápida. Contanto que nenhum código tente acessar qualquer objeto ou memória alocada naqueles agrupamentos de memória, seguramente reduziremos o tempo de desligamento, da estimativa de um ou dois segundos para praticamente nada.

Reinicialização a quente

Seu jogo deve ser capaz de ser executado durante horas a fio, sem travar. Isso é mais difícil do que parece. Só porque ele roda muito bem com alguns níveis, não significa que pode continuar por três dias sem interrupções (alguns editores exigem que o jogo funcione por todo esse tempo sem quaisquer problemas antes de aprovar um jogo). Mesmo se o jogo não travar depois de vários dias de jogo, em geral desenvolve efeitos colaterais irritantes, como uma taxa de frames instável causada por vazamentos de memória, problemas de alocação de memória decorrentes da fragmentação da memória ou animações agitadas (ou truncadas), produzidas pela perda de precisão no temporizador do jogo.

Uma maneira drástica, mas muito eficaz para evitar esses problemas, é fazer uma reinicialização a quente da máquina após cada nível. Claramente, isso não é algo que podemos fazer em um PC, mas vai funcionar bem em um console, já que é totalmente dedicado ao jogo. Pelo fato de a reinicialização a quente ser rápida o suficiente, carregar logo o jogo e preservar todos os seus pontos, o jogador não vai notar a diferença, mas a máquina será restaurada ao seu estado inicial, sem desenvolver quaisquer problemas no longo prazo. Para tornar isso ainda mais perfeito para o jogador, alguns consoles de jogo oferecem funções para exibir uma imagem na tela enquanto a máquina está reiniciando em vez de ficar em branco ou piscando.

> Loop do jogo principal

No fundo, os jogos são dirigidos por um loop de jogo que executa uma série de tarefas a cada frame. Ao fazer essas tarefas em cada frame, construímos a ilusão de um mundo animado, vivo. Às vezes, os jogos terão loops separados para o front-end e o jogo em si, uma vez que o front-end envolve um subconjunto de funções menor que o jogo. Outras vezes, os jogos são organizados em torno de um loop unificado principal. Esta seção descreve em detalhes as diferentes tarefas realizadas durante um loop de jogo e formas de implementá-las.

Tarefas

As tarefas que acontecem durante o loop executam todas as ações necessárias para manter um jogo plenamente interativo, como coletar as ações do jogador através de seus comandos (inputs), renderizando e atualizando seu universo e assim por diante. É importante perceber que todas essas tarefas precisam ser executadas em apenas um frame. No caso de um jogo que roda a 30 fps (frames por segundo), isso significa que todas as tarefas para um frame têm que ser feitas em menos de 33,3 ms (milissegundos). Se optarmos por rodar o jogo a 60 frames por segundo, teremos metade dessa quantidade de tempo: 16,6 ms. A tarefa não pode levar um tempo excessivamente longo em um frame e atropelar seu tempo previsto, pois isso afetaria a taxa total de frames e prejudicaria o andamento do jogo. Se uma tarefa realmente precisa de um longo período de tempo, tem de ser dividida em várias etapas e executada através de vários frames. Mesmo em jogos que permitem uma taxa de frames variáveis, evite mudanças bruscas na taxa de frames para fornecer uma jogabilidade suave.

A seguir apresentamos as principais tarefas que cada jogo precisa executar no seu loop em um momento ou outro.

Etapa de tempo

Era uma vez, na idade das trevas do desenvolvimento de videogames, jogos que não se preocupavam em usar relógios. Eles executavam o máximo de tarefas que podiam em um frame (de acordo com a potência do processador, ou até o próximo sinal de sincronismo vertical do monitor). Isso funcionou bem enquanto o jogo rodava no mesmo hardware. Tão logo alguém com uma CPU mais rápida tentou executá-lo, o jogo se tornou superveloz. Não só o jogo funcionava a uma velocidade mais rápida, mas tudo acontecia mais rápido na tela, tornando o jogo impossível de ser utilizado.

Hoje, as coisas são diferentes. A maioria dos jogos contemporâneos usa alguma forma de relógio que conduz o jogo e torna-o independente da velocidade do sistema em que é executado.

Mesmo os jogos de console, que podem sempre contar com a execução no mesmo hardware, normalmente se beneficiam de um relógio para lidar com a atualização em frequências diferentes de vídeo para sistemas PAL e NTSC.

A maioria dos cálculos feitos durante o loop do jogo envolve a atualização de objetos para refletir todas as mudanças que aconteceram desde o último frame (ou desde a última vez que foram atualizados). Para evitarmos que o jogo mude de velocidade de acordo com a taxa real de frames, usamos o período de tempo a partir da última passagem pelo loop do jogo como a quantidade necessária para mover nossa simulação para a frente para esse frame.

A etapa de tempo no loop de jogo atualiza o relógio do jogo de acordo com o relógio de hardware e calcula o número de milissegundos decorridos desde a última etapa. Estas são as duas únicas fontes de informação de tempo que iremos usar durante este frame. Se fôssemos para trás e lêssemos o relógio de hardware sempre que precisássemos saber o tempo decorrido, obteríamos leituras ligeiramente diferentes ao longo do frame porque o relógio de hardware não para nunca. Em vez disso, basta lermos os valores de tempo uma vez no início do frame, e usá-lo em toda a simulação para aquele frame.

Há duas maneiras de lidar com o tempo em jogos: *duração de frame variável* e *duração de frame fixa*. A maioria dos jogos em PCs, assim como muitos de console, utiliza duração de frame variável. Isso significa que os frames podem durar qualquer quantidade de tempo, dependendo do que é exibido na tela, do que o jogador está fazendo ou de qualquer número de fatores. Às vezes, os frames serão incrivelmente rápidos e durarão apenas 10 ms (100 frames por segundo), e em outras situações podem ser lentos e ter 50 ms (20 frames por segundo). Essa abordagem tem a vantagem de escalonar muito bem em diferentes configurações de hardware, de conteúdo e de diferentes carregamentos de jogo. E também permite que os jogadores manipulem as configurações de jogo para alcançar um equilíbrio entre qualidade e velocidade de execução.

Os jogos de duração de frames fixa são em geral encontrados nos consoles, em que o hardware não muda e os frames podem ser presumidos com a mesma duração (o que quase sempre coincidirá com um múltiplo do sincronismo vertical, ou v-sync, sinal na tela). A duração de frames fixa tem algumas propriedades interessantes, como um comportamento mais previsível, facilidade na simulação física e comportamento de rede mais confiável. Mesmo que você pretenda ter duração de frames fixa, ainda é aconselhável certificar-se de que seu jogo mede e utiliza o tempo de duração real de cada frame para a simulação, em vez de assumir determinado tempo por frame. Dessa forma, o jogo será capaz de responder corretamente a um tranco na taxa de frames (uma explosão muito maior do que havia previsto, por exemplo), e a execução será facilitada, em uma taxa diferente de frames fixos, como em um sistema de vídeo PAL (que roda a 25 ou 50 frames por segundo em vez de 30 ou 60 frames por segundo em um sistema NTSC).

Input

Um jogo é uma experiência interativa, de modo que uma das tarefas mais importantes é a de reunir os inputs (entrada de dados) do jogador e reagir de acordo com eles. Capturamos esses inputs por meio de uma variedade de mecanismos de entrada: controle, mouse, teclado, volante, câmera ou qualquer um de uma infinidade de dispositivos de entrada. O aspecto importante é que os inputs devem ser consistentes e os mais próximos possível instantâneos.

Para fornecer ao usuário inputs consistentes, é aconselhável ter uma amostra do dispositivo de entrada por frame e utilizar esses valores para o resto do frame. Caso contrário, se amostrarmos o dispositivo de inputs sempre que precisarmos saber o seu estado, poderemos obter resultados muito inconsistentes dentro do mesmo frame.

É importante minimizar a quantidade de tempo decorrido entre o momento em que exibimos o input do dispositivo e o momento que o nosso jogo reage ao input. Isso dará ao jogador uma melhor impressão da responsividade e do controle. Para minimizarmos esse tempo, normalmente capturamos o input no início do loop do jogo, logo antes da etapa de simulação. Caso contrário, se deixarmos a tarefa do input para o final do loop, estaremos respondendo às ações do jogador com um frame de atraso, e tudo iria parecer defasado em cerca de 30 ms (ou menos, no caso das taxas de frames mais alta).

Rede
Outro aspecto dos inputs são aqueles que recebemos da rede. Em algum momento no loop de jogo, precisamos coletar todas as mensagens da rede e lidar com elas de acordo, atualizando as entidades do jogo ou fornecendo um novo input.

Simulação
Esta é uma tarefa enorme que engloba todos os tipos de subtarefas, e é o momento em que o universo do jogo realmente se torna vivo. A etapa de simulação cuida da execução de qualquer código de comportamento de IA para que as entidades dotadas de inteligência artifical decidam o que fazer e aonde ir. Executa qualquer código do jogo ou script que atualiza o estado do jogo ou ativa novos eventos. Executa simulações de física para fazer os objetos se moverem corretamente na tela. Atualiza os sistemas de partículas para que as cachoeiras com neblina e as explosões de fogo pareçam reais. Movimenta os ciclos de animações para frente para todos os personagens visíveis. Atualiza a posição do jogador e da câmera com base no input gravado em uma tarefa anterior.

Devido ao grande número de cálculos envolvidos e entidades para atualizar, essa é frequentemente a mais dispendiosa de todas as tarefas que realizamos em um loop de jogo. Tanto que, para um jogo ser executado em uma taxa de frames razoável, é importante que limitemos o número de entidades e os tipos de atualizações que fazemos a cada frame. Não precisamos perder tempo com uma entidade de IA que não esteja ativada, muito menos atualizar continuamente um inimigo que se move dentro de um prédio a três quarteirões de distância. Decidir o que atualizar e quando atualizar é um dos elementos que mais afeta o incremento do desempenho em alguns dos jogos de hoje com gigantescos universos e repletos de inúmeras entidades.

Colisão
Na tarefa anterior, quando fazemos uma etapa de simulação, apenas mudamos tudo para a posição onde idealmente deveria estar. Nesta fase, procuramos por colisões entre entidades e lidamos com elas consequentemente. Isso é feito em duas fases: *detecção de colisão* e *resposta de colisão*.

A detecção de colisão é a mais simples das duas fases. Para cada entidade, é preciso detectar se está colidindo com outra. Por *entidade* realmente queremos dizer qualquer coisa do universo do jogo: outro personagem, uma seta ou mesmo o chão. Isso é relativamente simples, mas não é uma operação barata. Geralmente tentamos abreviá-la, fornecendo volumes simplificados para serem colididos, e só procuramos por colisões para as entidades com as quais nos importamos (aquelas que estão diretamente na visão da câmera ou nas proximidades).

A segunda fase é a resposta de colisão. Isso pode ser muito mais complicado do que a parte de detecção. A fase de resposta lida com atualização direta de entidades que se colidiram (processo definido por leis consistentes de um jogo, não necessariamente pela realidade). Se um personagem colide com uma flecha, precisamos determinar o dano e notificar o personagem que ele foi atingido. Se um carro colide com uma parede, é preciso amassar o carro e mudar sua posição e velocidade para dar conta da colisão. Fazer com que essas coisas pareçam realistas requer uma simulação de física dos sólidos e algum adequado ajuste do jogo.

Atualizações de objeto
Agora que executamos a simulação e lidamos com os problemas de colisão, é hora de atualizarmos os objetos para sua posição desejada. Aplicaremos a correta transformação para os objetos, atualizando todos os seus filhos, aplicando animações para um esqueleto e assim por diante.

Temos o nosso mundo estruturado como um grafo de cena, ou seja, propagamos estados para cima e para baixo na árvore, tais como renderização ou estados de jogo.

Renderização
Finalmente, o momento que estávamos esperando pela duração de um frame inteiro. Agora que tudo está no lugar, podemos exibir na tela.

Mais uma vez, por causa dos grandes mundos dos jogos atuais, não podemos simplesmente jogar o mundo inteiro no hardware gráfico e esperar que tenha um desempenho decente. Primeiro precisamos identificar todos os objetos que poderiam ser potencialmente visíveis e, em seguida, passar apenas esses objetos para o hardware gráfico. Para isso, podemos usar uma variedade de técnicas de particionamento espacial, como os portais ou árvores BSP e, talvez, combiná-las com um simples recorte do volume de visão (*simple view frustum cull*) em relação ao volume (*frustum*) definido pela câmera.

A operação deve ser repetida uma vez para cada câmera que exibimos na tela, como no caso de um jogo em tela dividida ou de um espelho retrovisor de um jogo de corrida. Às vezes precisamos renderizar a cena mais vezes, se tivermos algum reflexo em tempo real ou mapas de ambiente.

Muitas técnicas são aplicadas neste momento para alcançar sombras realistas, modelos complexos de iluminação, processamento de tela cheia etc. Renderização é uma área ativa de pesquisa, e todo ano novas técnicas estão sendo desenvolvidas para criar efeitos visuais mais realistas. O hardware gráfico também é atualizado em um ritmo alucinante, o que contribui para a melhoria do visual do jogo a cada ano.

Outros
Há um número enorme de tarefas que têm de ser feitas durante cada frame, por isso é importante que sejam incluídas no loop do jogo. Por exemplo, podemos precisar atender ao sistema de som e atualizá-lo uma vez a cada frame para que todos os sons sejam carregados e mixados corretamente, ou talvez tenhamos juntado todos os pacotes de rede de saída criados durante o frame e precisamos enviá-los de uma só vez ao final.

Estrutura
Agora sabemos o que um loop de jogo faz; mas como ele é exatamente estruturado? A abordagem mais direta é ter um loop de while com todos os passos inclusos no loop. O código a seguir é um típico loop de jogo:

```
while (!IsDone( )) {
    UpdateTime( );
    GetInput( );
    GetNetworkMessages( );
    SimulateWorld( );
    CollisionStep( );
    UpdateObjects( );
    RenderWorld( );
    MiscTasks( );
}
```

Esse loop de jogo tem a vantagem de ser simples, direto e muito claro. As etapas estão bem identificadas e é muito fácil adicionar novas etapas ou remover as já existentes. No entanto, os passos são conectados no próprio loop. E se quisermos ter várias etapas dependendo do estado do jogo? Por exemplo, se não estamos jogando na rede, não precisamos ter uma etapa da rede. Podemos facilmente corrigir isso fazendo uma verificação no início da função GetNetworkMessages( ), mas pode haver outras situações semelhantes.

Um dos lugares mais comuns onde precisamos de um loop de jogo muito diferente é o front-end. Conceitualmente, é muito semelhante: queremos um loop, capturamos o input do jogador, atualizamos o estado dos menus e os renderizamos, mas, a menos que tenhamos algum tipo de front-end 3D, provavelmente não iremos fazer a detecção de colisão, as atualizações de rede, ou muitas outras tarefas específicas do jogo. O mesmo se aplica a outros estados de jogo como a tela de carregamento enquanto carregamos dados do nível ou transições especiais entre os níveis.

Uma solução possível é ter loops múltiplos do jogo, um para cada estado maior do jogo. Contudo, essa solução envolve duplicar muito código, e é suscetível a erros e de difícil manutenção. Toda vez que fizermos uma alteração para um dos loops do jogo, precisaremos pensar em como afetará todos os outros loops, ou poderemos produzir erros sutis que podem ser difíceis de rastrear e corrigir.

Uma alternativa mais flexível é considerar cada uma das etapas de um loop de jogo como tarefas genéricas e fazer o loop de jogo percorrer todas as tarefas e chamar a função Update ( ) em cada uma:

```
while (!IsDone( )) {
    for (Tasks::iterator it=m_tasks.begin( );
        it != m_tasks.end( ); ++it) {
        Task * task = *it;
        it->Update( );
    }
}
```

Agora podemos controlar exatamente quais os passos que queremos realizar no loop de jogo por meio do próprio código do jogo. Isso significa que podemos ter um loop de jogo único para todos os estados, incluindo o próprio front-end. Sempre que estamos transitando do front-end para o jogo, adicionamos as tarefas corretas ao loop principal e continuamos executando como de costume.

Acoplamento

Até agora, o loop de jogo que vimos foi extremamente simples. Cada passagem corresponde a um frame, e, em cada frame, realizamos o mesmo conjunto de operações. Contudo, nem todos os loops de jogo são estruturados como esse. Uma técnica comum é dissociar a etapa de renderização da simulação dispendiosa e as etapas da atualização. Essa técnica permite a um jogo executar a simulação com uma taxa fixa (por exemplo, 20 vezes por segundo), enquanto ainda renderiza o mais rápido possível. Combina as vantagens de uma simulação de etapa de tempo fixo com a escalabilidade e taxas de frames aprimoradas de um jogo de etapa de tempo variável.

Para um loop principal dissociado funcionar de forma eficaz, não podemos executar a simulação 20 vezes por segundo e renderizar gráficos 100 vezes por segundo. Se fizéssemos isso, muitos dos frames que renderizaríamos na tela seriam duplicatas do frame anterior, porque o estado do jogo não mudou. Para resolvermos esse problema, antes da renderização da tela, interpolamos quaisquer valores de posição e rotação com base em sua posição anterior e velocidade conhecida. Esse acordo pode resultar em maiores taxas de frames, animação mais suave e melhor capacidade de resposta global do que um um loop de jogo totalmente acoplado.

Podemos implementar um loop de jogo dissociado usando duas tarefas simultâneas: uma para a simulação e uma para a renderização. Parece uma boa ideia na teoria, mas, infelizmente, a programação multitarefa pode ser um negócio complicado, e é muito mais propensa a erros do que as abordagens simples. O custo de desempenho de contexto alterna-se entre as tarefas, e a sincronização para o mesmo conjunto de dados também pode ser acrescentada e tornar-se um dreno significativo no desempenho.

Como temos um loop de jogo apertado que se repete a cada 30 ms ou menos, nós mesmos podemos fazer o agendamento sem muita dificuldade. O loop principal seria algo parecido com isto:

```
while (!IsDone( )) {
    if (TimeToRunSimulation( ))
        RunSimulation( );


    InterpolateState( );
    RenderWorld( );
}
```

A função RunSimulation( ) poderia ser implementada por meio de uma abordagem de tarefa flexível descrita na seção anterior. RunSimulation( ) apenas é executada em intervalos fixos, e o resto do loop é executado o mais rápido possível.

Ordem de execução

Quando falamos sobre as diferentes etapas envolvidas em um loop de jogo, realmente não abordamos a ordem em que foram executadas. Para a maioria, isso não importa muito, e o jogo vai executar de maneira satisfatória se fizermos a coleta de mensagem de rede no início ou no final. Percorremos o loop de jogo de forma constante, de qualquer maneira. No entanto, existem algumas situações em que a ordem de execução das diferentes tarefas é importante.

Em um jogo, o jogador está em constante interação com o seu universo. Uma das metas que queremos alcançar é manter essa interação tão simples quanto possível, o que significa reduzir o atraso entre o momento em que o jogador interage com o mundo e o tempo que o jogo é atualizado para refletir essa interação. Por exemplo, se o jogador move o mouse, queremos movimentar a câmera o mais rapidamente possível, não é 100 ms a partir de agora. Se esperássemos tanto tempo, o jogo iria parecer lento, mesmo que tivesse uma taxa de frames muito elevada.

Para tanto, queremos minimizar o tempo entre a etapa da captura dos inputs e da renderização com essas mudanças levadas em consideração. Um arranjo natural seria capturar os inputs, realizar simulações e renderizar o frame nessa ordem. Após a renderização, podemos cuidar de tarefas não críticas como atualizar o sistema de som.

Também queremos reduzir o tempo entre o recebimento de mensagens de rede e o tempo gasto com os processamentos no jogo. Se fôssemos atrasá-los em alguns frames, iríamos adicionar outro atraso de 30-60 ms para as mensagens, o que é uma porcentagem significativa de 100-200 ms que gastam viajando dentro da rede.

Outra razão para ser cuidadoso com a ordem de execução de diferentes passos no loop de jogo é maximizar o paralelismo que podemos alcançar entre o hardware gráfico e a CPU. A maioria das placas de vídeo nos PCs hoje em dia, e em todos os consoles modernos, tem hardware gráfico dedicado. Esse hardware pode funcionar em paralelo sem afetar a CPU, então queremos maximizar esse paralelismo.

A melhor ordem de etapas irá depender de seu hardware específico. A maioria dos hardwares gráficos possuem buffer para enfileirar instruções, para que possam ser indulgentes sobre quando os dados foram enviados a eles, e irão funcionar com eficácia plena enquanto este buffer estiver completo. Idealmente, queremos manter esse buffer cheio enquanto a CPU estiver ocupada em trabalhar na simulação para o próximo frame. Isso é representado na Figura 3.4.5a. Compare isso com a pior situação mostrada na Figura 3.4.5b, na qual a CPU envia vários dados para o hardware gráfico e então espera até que tudo esteja feito antes de continuar para o próximo frame. No primeiro caso, nosso jogo será executado duas vezes mais rápido e mais leve do que na segunda vez.

Há vários anos, foi anunciado que o "almoço gratuito estava acabado" e programas de computador teriam de ser reescritos e, com isso, suportarem o multiprocessamento, a fim de ficarem cada vez mais rápidos (no passado, os programas, naturalmente, executavam mais rápido em um hardware mais novo, mas os ganhos "livres" de velocidade agora já não existem mais) [Sutter05]. A razão é que os núcleos individuais não se tornaram muito mais rápidos; empresas de processadores como Intel, AMD e IBM compensaram colocando mais núcleos por chip. Infelizmente, o resultado é que os novos computadores e consoles não executam programas simples, do tipo *single-threading*, mais rapidamente do que antes.

Atualmente as CPUs dos Pcs são tipicamente multinúcelos, com dois ou quatro núcleos, cada um executando várias tarefas ao mesmo tempo. Os consoles atuais têm também vários núcleos, como o Xbox 360, que possui três núcleos, cada um capaz de executar duas tarefas, e o PS3, que tem um núcleo primário (PPU), com sete núcleos ligeiramente menos potentes (conhecidos como SPUs). No futuro, veremos uma tendência direcionada para arquiteturas de *múltiplos núcleos* (*many-core*), que prometem colocar dezenas de núcleos por chip.

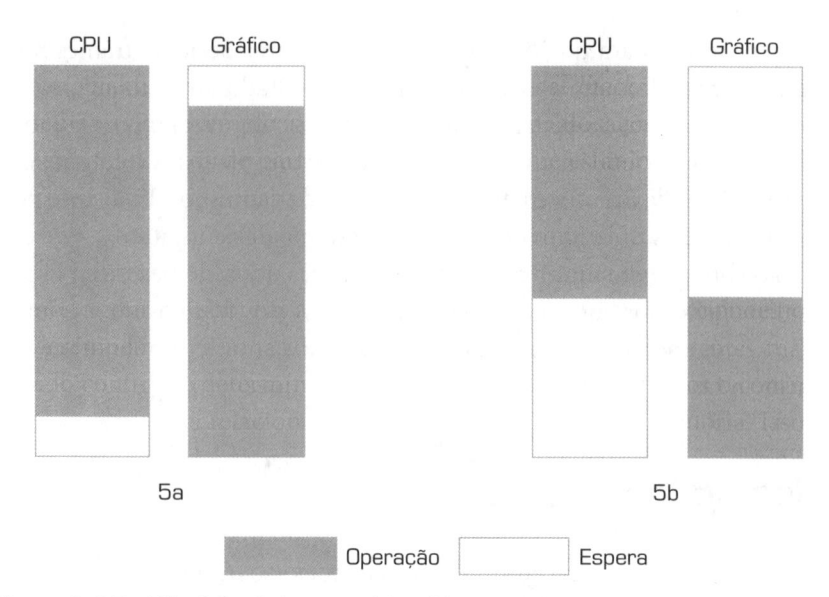

Figura 3.4.5 a) Um loop de jogo paralelo. b) Um loop de jogo que não se beneficia do paralelismo entre o hardware gráfico e a CPU.

A chave para trabalhar com essas arquiteturas de múltiplos núcleos está na divisão de tarefas em ambos os códigos e dados, que podem ser criadas para cada um dos núcleos. Embora, em teoria, o conceito seja simples, na prática isso é difícil de encontrar e programar as tarefas para manter todos os núcleos disponíveis ocupados o tempo todo. Por exemplo, os estúdios de jogos, como a Insomniac Games (desenvolvedora de *Resistance 2*), levaram três gerações de jogos no PS3 para explorar plenamente o seu poder [Acton08].

Para entender e desenvolver uma plataforma de múltiplos núcleos em particular, você deve avaliar plenamente a arquitetura de hardware e memória. Por exemplo, no caso do PS3, cada um dos núcleos SPU possui 256 KB de memória dedicada associado a ele. Quando queremos que um núcleo SPU faça algum trabalho, devemos fazer o código acessar diretamente a memória (DMA) *e* os dados a SPU. Quando a tarefa SPU estiver concluída, o resultado geralmente deve ser movido para a memória principal. Com esse tipo de arquitetura, a grande revelação é que o trabalho precisa ser centrado em torno dos dados (e não em torno do código), pois a movimentação de dados entre a memória principal e os SPUs se constitui no gargalo. No entanto, isso é algo exclusivo de uma arquitetura de memória não unificada em que cada núcleo tem acesso apenas a um pequeno agrupamento de memória.

Por outro lado, a arquitetura Intel Core i7 tem uma memória unificada principal e cache L3 unificado, mas cada um dos núcleos tem seu próprio cache L1 e L2 [Intel09, Swinburne08]. Nessa arquitetura, os dados não devem ser transportados propositalmente como no PS3, mas os cuidados ainda devem ser tomados para sincronizar o acesso a dados como com qualquer sistema baseado em tarefas simultâneas. Em particular, os dados gravados no cache L1 e L2 de um núcleo são invisíveis para os outros núcleos e devem ser enviados propositadamente para o cache L3, a fim de serem vistos e compartilhados.

Uma vez que você compreenda uma arquitetura de plataforma particular, tudo se resume na divisão de sistemas (código e dados) que podem ser executados em paralelo, porém permanecendo perfeitamente sincronizado para que o resultado final seja uma série de frames renderizados de forma coerente. Lamentavelmente, a escolha do que é executado em cada núcleo dependerá em grande medida do tipo de jogo e a plataforma em que está sendo executado. Os candidatos para a tarefa a ser realizada nos núcleos secundários incluem cálculos de física e colisão, processamento de animação, atualizações de agentes e *pathfinding* (busca de caminho). Infelizmente, arquiteturas específicas para plataformas individuais estão fora do escopo deste capítulo.

A programação concorrente em jogos ainda é uma área ativa de pesquisa. Espera-se que irá evoluir e mudar nos próximos anos, pois arquiteturas de vários núcleos são exploradas por cada fabricante de chip. É realmente um momento especial para a arquitetura de chip e vale a pena ver como tudo se desenrola.

> Entidades do jogo

Um jogo tem tudo a ver com a interação com o mundo, mas são os orcs fedorentos e aliens telepatas, naves espaciais mais rápidas que a luz e os veículos, o lançador de foguete e a espada mágica que habitam esse universo e o torna uma experiência inesquecível para o jogador. Essas são as entidades de jogo e são elas que, finalmente, fazem um jogo. Esta seção descreve como as entidades são tratadas em um jogo: como estão organizadas, como interagem umas com as outras e como podem ser colocadas juntas para criar um jogo completo.

Definição

Até agora, falamos sobre entidades de jogo, sem nunca defini-las rigorosamente. Temos confiado em um entendimento intuitivo do que é uma entidade de jogo. Francamente, isso acontece porque uma entidade é uma besta muito imprecisa e instável. Ela pode realmente se referir a qualquer coisa em um universo de jogo no qual podemos interagir.

Alguns exemplos são óbvios: uma unidade inimiga é uma entidade de jogo, uma espada é uma entidade jogo. Outras são um pouco imprecisas, porque não pensamos em interagir com elas, mas a cúpula do céu é, provavelmente, uma entidade de jogo, pois precisa ser processada, animada e se move junto com o jogador. Além disso, possivelmente, também são objetos ricos em efeitos, como incêndios e quedas-d'água; mesmo a geometria do nível ou o campo de altura em si podem ser considerados entidades de jogo. Outras entidades às vezes esquecidas incluem os acionadores (*triggers*) que produzem alguma ação quando o jogador entra em uma área ou até mesmo a câmera, que é controlada pelo jogador; apesar de não terem nenhuma representação física no universo, ainda são parte essencial do jogo.

Observando esses exemplos, uma boa definição de entidade de jogo pode ser "um pedaço independente de conteúdo interativo lógico". É amplo o suficiente para abranger todos os exemplos anteriores, mas preciso suficiente para lidar com praticamente qualquer tipo de entidade de jogo. A parte mais importante dessa definição é o aspecto independente. Uma peça de roupa pode ser uma entidade se puder ser escolhida no mundo do jogo e equipada, mas não será considerada uma entidade se servir apenas de decoração em um avatar do jogador e não poder ser modificada.

Decidir o que é e o que não é uma entidade de jogo não é uma decisão arbitrária. Como veremos no restante desta seção, uma entidade tem certa identificação de memória e um custo de desempenho associado à sua atualização e trajetória. Somente aquelas coisas com as quais realmente vamos interagir devem tornar-se entidades de jogo.

Organização

Conceitualmente, todas as entidades do jogo no mundo são armazenadas em uma lista. Em seguida, percorremos a lista para atualizá-las em cada frame, para renderizá-las ou realizar quaisquer outras operações. É importante que as entidades sejam armazenadas em uma lista, e não em um array ou vetor, pois algumas delas tendem a ser muito voláteis e novas entidades estão constantemente sendo criadas (balas, inimigos, itens caídos), enquanto outras estão sendo destruídas (cadáveres sumindo, explosões e projéteis depois de atingirem um alvo).

Na prática, manter todas as entidades em uma lista e atravessá-las de forma linear seja provavelmente uma abordagem muito ingênua e lenta para qualquer coisa, menos jogos com apenas um punhado de entidades no mundo. Geralmente queremos alguma organização melhor que permita ao jogo realizar suas etapas de simulação e renderização o mais rápido possível.

Esse é o ponto onde os jogos variam muito. Um jogo de estratégia em tempo real terá uma organização muito diferente de entidades de jogo do que um jogo de tiro em primeira pessoa ou, ainda, um jogo de luta. Quase sempre, as entidades serão armazenadas em estruturas de dados que permitam ao jogo fazer quaisquer operações que precise para obter melhor desempenho. Por exemplo, um jogo de estratégia em tempo real poderia usar uma estrutura de grade para acessar rapidamente todas as entidades em uma região em particular do mundo já que o mundo pode facilmente ser projetado em um plano 2D. Contudo, um jogo de tiro em primeira pessoa poderia usar árvores BSP ou portais como método mais eficaz dado o tipo de ambientes que tem de lidar.

Porém, poderíamos querer realizar operações diferentes com requisitos conflitantes nas entidades de jogos. Uma abordagem interessante para solucionar isso é não nos limitarmos a um arranjo simples das entidades, mas usar muitas estruturas de dados para operações diferentes que queremos realizar. Dessa maneira, a detecção de colisão pode usar um tipo de estrutura de dados altamente otimizado para detectar contatos entre objetos, enquanto o código de renderização pode usar um tipo de estrutura que rapidamente desativará objetos que estão fora do foco da câmera ou ocultos por outros objetos. Para tanto, gostaríamos de voltar à ideia original de manter todas as entidades em uma única lista e, em seguida, cada tipo de estrutura de dados manteria uma referência para uma entidade na lista.

Se vamos ter a mesma entidade referenciada em muitas estruturas de dados diferentes, é fundamental que todas as estruturas de dados permaneçam em sincronia. Se a entidade é movida ou excluída, todas as estruturas de dados precisam ser atualizadas automaticamente. O padrão de design do observador é uma solução muito visível para essa situação.

Atualizando

Uma das operações que queremos realizar com muita frequência em entidades de jogo é atualizá-las. Normalmente, damos a cada entidade uma chance de fazer todas as atualizações necessárias uma vez por frame durante a etapa de simulação. Trata-se de executar qualquer IA, scripts, simulações de física, eventos de acionamento ou enviar mensagens a outras entidades.

Em geral desejamos que cada entidade tenha a oportunidade de executar seu código de atualização uma vez a cada frame, mas isso é normalmente muito dispendioso em universos de jogos grandes e entidades complexas. Em vez disso, podemos tentar ser práticos acerca de quais entidades atualizar, e só lidar com aquelas que estão perto do jogador ou são importantes para o jogo de alguma maneira. As que estão fora da vista e atualmente não têm um efeito direto sobre o jogo podem ser deixadas para mais tarde quando tivermos alguns ciclos da CPU sobrando.

As entidades do jogo são, por vezes, organizadas hierarquicamente; em vez de armazená-las em uma lista direta, podemos armazená-las em uma estrutura de árvore. Tal prática nos permite impor algum tipo de hierarquia sobre elas: se a entidade pai não precisa ser atualizada, podemos ignorar a atualização de todas as entidades filho. Isso pode reduzir o número de atualizações de que precisamos fazer por frame se a árvore é profunda e bem povoada. Às vezes, essa abordagem será mesclada com um particionamento lógico espacial por ter todas as entidades em uma sala ou setor em um galho da árvore, para que possamos ignorá-las, se não estão nem perto da sala.

Uma técnica mais geral envolve o uso de uma fila de prioridade de entidades de jogo para decidir qual delas atualizar a cada frame. A ideia é que sejam adicionadas à fila de prioridade e classificadas com base no tempo em que precisam ser atualizadas. Portanto, uma entidade que está bem na frente do jogador estaria classificada na frente da fila, enquanto uma entidade que está muito longe ficaria na parte de trás. A importância da entidade também influencia no tempo de atualização: uma entidade muito importante seria atualizada com frequência, mesmo que estivesse longe.

O conceito-chave é que agora podemos apenas começar a avançar entidades fora da parte dianteira da fila, chamando suas funções de atualização, e colocá-las de volta na fila. Sempre que a entidade na frente da fila de prioridades não precisar ser atualizada em um frame, podemos parar todos os processamentos de entidades. A maior vantagem não é tanto a redução do número de entidades atualizadas, mas não ter de percorrer a lista completa das entidades investigando se precisam ser atualizadas ou não. Em hardwares modernos, percorrer uma lista com muitos elementos e acessar cada um pode ser exaustivamente lento, devido à constante falta de cache. Em contraste, o método de fila de prioridades só precisa acessar o número exato de entidades que foram atualizadas nesse frame e não mais que isso.

Criação

Há mais detalhes na criação de entidades de jogo do que podemos imaginar. Primeiramente, podemos pensar que seja uma operação trivial: há uma classe que corresponde a cada entidade de jogo, e nós simplesmente criamos uma nova classe (new) para criar um objeto naquele momento. Isso foi fácil.

Acontece que as coisas não são assim tão simples. Dependendo de como as entidades do seu jogo são estruturadas, você pode não ter uma classe por entidade de jogo (veja a seção Sistemas de componente no Capítulo 3.3), ou seja, não poderá renovar um objeto sempre que quiser. Além disso, será preciso criarmos entidades de jogo pelo seu nome (ou identificação: ID), quando inicialmente carregamos um nível de jogo ou um jogo salvo, portanto, usar um operador new diretamente está fora de questão.

Dos requisitos que acabamos de citar, a criação de entidades de jogo é uma combinação perfeita para a fábrica de objetos. Uma fábrica de objetos irá cuidar da criação das entidades de jogo corretas a pedido. Não se limita à simples criação de um objeto específico, mas pode-se criar quaisquer outros objetos necessários em uma abordagem de componentes.

No Capítulo 3.3, apresentamos uma fábrica simples de objetos que criou as entidades de jogo. Agora iremos descrever uma versão mais complexa, chamada de *fábrica de objeto extensível*, o que nos permite registrar novos tipos de objeto a serem criados em tempo de execução. As vantagens de uma fábrica de objeto extensível são muitas. Uma das consequências imediatas é que ela em si não tem de saber sobre cada item que pode criar, então o acoplamento (e dependências físicas) entre a fábrica e os itens que produz é bastante reduzido.

Uma segunda consequência é que é muito mais fácil adicionar novos tipos de objetos para a fábrica apenas registrando-os em um tempo de execução. Isso torna mais fácil adicionar novos objetos durante o desenvolvimento e propicia a extensão de nosso jogo depois que é lançado, por meio de DLLs ou de algum outro código carregado dinamicamente que registre quaisquer novos tipos de objetos na fábrica.

Comecemos com uma simples aplicação de uma fábrica de objeto extensível. Nossa fábrica precisa de uma chamada Create ( ) e uma maneira de ter o registro do programa (e o cancelamento do registro) de novos tipos de objetos:

```
class ExtensibleGameFactory {

public:
    GameObject * Create(GameObjectType type);
    void Register (FactoryMaker * pMaker, GameObjectType type);
    void Unregister (GameObjectType type);

private:
    typedef std::map<GameObjectType,FactoryMaker*> TypeMap;
    TypeMap m_makers;
};
```

Toda vez que registramos um novo tipo de criador (maker), o adicionamos à estrutura do mapa que nos dá um mapeamento muito rápido entre o tipo de objeto e o ponteiro para seu *criador*. Criar novos objetos é apenas uma questão de examinar o mapa e chamar a função de criação (create) no *criador* se encontrarmos um:

```
GameObject * ExtensibleGameFactory::Create(GameObjectType type) {
        TypeMap it = m_makers.find(type);
        if (it == m_makers.end( ))
            return NULL;
        FactoryMaker * pMaker = (*it).second;
        return pMaker->Create( );
}
```

Como você pode ver, a fábrica do jogo não sabe absolutamente nada sobre quais tipos de objeto está criando no momento. Esse detalhe é totalmente deixado para o próprio *criador*. Quais medidas devemos tomar para adicionar um novo objeto a essa fábrica?

1. Definir um novo tipo de objeto (que é apenas um *enum*, uma enumeração atribuída, no momento).
2. Criar uma classe maker (o *criador*), que cria o objeto que queremos.

3. Registrá-lo na fábrica no início do programa.
4. Cancelar o registro no final do programa.

Então, há uma boa quantidade de trabalho envolvida. Se vamos ter centenas de tipos de objeto, pode tornar-se pesado tomar todas essas medidas sempre que precisarmos adicionar um novo tipo de objeto. Contudo podemos automatizar algumas tarefas nesse processo.

Em primeiro lugar, o tipo de objeto pode ser alterado para que não seja um *enum*, mas identificador único (ID) que cada tipo de objeto deve ter. Isso evita ter de adicionar explicitamente uma entrada para uma lista de enumeradores (*enum list*), e também significa que não devemos ter uma lista centralizada de todos os tipos de objeto, o que dificultaria mais a sua extensão para outras seções do código ou para uma DLL.

Se temos alguma identificação do tipo no momento da execução no nosso motor, poderíamos usar uma identificação (ID) única para cada classe. Caso contrário, podemos criar uma variável estática da classe nas classes que estamos interessados e usarmos esse endereço de memória como identificação exclusiva para o mapa, uma vez que nunca mudaria e seria a garantia de ser único. O inconveniente é que a identificação não pode ser a mesma entre diferentes execuções do programa; devemos ter certeza de usar um tipo de identificação (ID) que não irá mudar para jogos salvos e arquivos de nível.

Outra abordagem é usar uma sequência única para cada novo tipo de objeto. Não vai ser tão eficiente quanto uma identificação (ID) única de 32 bits, mas será fácil de depurar e pode ser salva no disco, sem quaisquer problemas, porque nunca mudará.

Se todos os objetos serão criados mais ou menos da mesma forma, tendo o mesmo tipo e número de parâmetros em seus construtores e executando o mesmo conjunto de operações, podemos envolver a classe maker em um template (modelo) de modo que eles sejam gerados automaticamente.

Finalmente, uma vez que a fábrica de jogo não sabe nada especificamente sobre o tipo de objeto que cria, a não ser seu tipo de base, também podemos criar um template (modelo) para a fábrica e reutilizá-lo em outros lugares onde temos de criar objetos definidos por tipo. No site da editora, na página do livro, em www.cengage.com.br, você encontrará um exemplo de uma fábrica de objeto extensível que pode começar a utilizar em seus projetos imediatamente. Visite o site, o material está disponível em inglês.

Veja a seguir como usaríamos a fábrica de templates (modelos) extensível no jogo:

```
ExtensibleObjectFactory<GameObject> m_factory;
m_factory.Register(new FactoryMaker<GameClass_1>);
m_factory.Register(new FactoryMaker<GameClass_2>);
m_factory.Register(new FactoryMaker<GameClass_3>);
//... etc...
```

Como você pode ver, isso virtualmente não requer nenhum esforço para registrar novos objetos na fábrica.

Uma técnica que você pode encontrar consiste no registro automático de tipos de objeto nas fábricas. A inscrição automática torna desnecessário o registo de tipos de objeto manualmente ou até mesmo de qualquer tipo de etapa de registro. Tudo isso acontece nos bastidores, aproveitando os construtores e criação global de objeto. A ideia é criar um objeto global, que trata do registro em seu construtor quando ele é criado pela primeira vez. Por ser um objeto global, seu construtor será chamado durante a fase de inicialização estática, o que acontece antes mesmo de main( ) ser chamada.

Você poderia criar um template para tornar a criação de objetos de registro o mais simples possível:

```
template <class Factory, class Type>
class Registrar {
        Registrar(Factory & factory) {
                factory.Register(new FactoryMaker<Type>);
        }
};
```

Agora, tudo que você precisa fazer para registrar automaticamente os tipos de objeto é criar um objeto Registrar global:

```
Registrar<ExtensibleObjectFactory<GameObject>, GameClass_1>
registrarGameClass_1;
```

Se isso é demasiado pesado para digitar, apenas envolva-o em uma macro (ou combine-o em uma macrodefinição de classe se você já tiver uma), e você pode simplesmente digitar:

```
FACTORY_REGISTER(GameClass_1)
```

No entanto, tão conveniente quanto essa técnica possa parecer, ela tem sua parcela de inadequação. Um dos aspectos mais irritantes, com o qual você será obrigado a conviver mais cedo ou mais tarde, é que o compilador poderá muito bem remover o código de registro quando otimizações forem ativadas. Estamos criando um objeto global com o único propósito de executar seu construtor, mas nada no restante do programa faz referência a isso. Consequentemente, muitos compiladores, que aplicarão agressivamente uma redução de código morto, irão removê-lo do executável final e nenhum dos tipos de nosso objeto será registrado.

Você pode ser capaz de enganar o compilador para que não esvazie esse código, mas ainda existem outras desvantagens. Um dos maiores problemas com essa abordagem, e com qualquer coisa que dependa de inicialização estática, é que você não tem muito controle sobre exatamente quando isso acontece. Não pode controlar a ordem de inicialização (a menos que os objetos estejam no mesmo arquivo) e não pode garantir que outros subsistemas sejam inicializados antes. E se quiséssemos inicializar a fábrica antes de registrar qualquer coisa? Estamos sem sorte: teremos de verificar se a função Register( ) já foi iniciada, e fazê-lo caso não tenha sido ainda iniciada, o que é desagradável e significa pedir por problemas. E se precisamos chamar uma função diferente ou um subsistema totalmente diferente?

Como se isso não bastasse, o registo automático não nos permite personalizar quais objetos são registrados durante a execução. Por exemplo, se um instrumento está funcionando em "modo artista", poderemos querer apenas registrar e disponibilizar certos tipos de objetos, mas se ele estiver rodando no "modo programador", poderemos registrar um conjunto diferente de objetos. Mesmo no jogo, podemos ter tipos de objetos diferentes para determinados Mods, os quais podem ser completamente diferentes do jogo regular.

Uma vez que consideramos o que ganhamos com o registro automático de tipos e todos os possíveis inconvenientes, o registro explícito torna-se cada vez mais atraente. Especialmente se você puder diminuí-lo para uma linha como no exemplo anterior, há pouca razão para não fazê-lo dessa maneira e nos economiza muitas dores de cabeça mais para a frente.

Instanciação de nível

Antes de podermos jogar um determinado nível, é preciso carregá-lo do disco. Não estamos apenas carregando os recursos (assets), mas igualmente o estado real do jogo. Se for a nossa primeira vez jogando naquele nível ou estivermos carregando o nível com um estado salvo anteriormente, precisaremos criar as entidades que estão no universo do jogo no momento e definir o estado correto para cada uma.

A parte de criação é fácil, agora que temos uma fábrica de objeto extensível que cria entidades de jogo. O arquivo do nível conterá uma lista das entidades do universo do jogo, listadas por nome ou ID. Tudo que temos a fazer é ler a lista e chamar repetidamente a fábrica de objetos com cada um dos tipos de objeto, e acabaremos com a quantidade e o tipo correto de entidades de jogo.

O que não falamos é sobre o próprio estado das entidades de jogo. Apenas criarmos uma entidade de jogo da classe Orc não é suficiente. Precisamos definir sua posição correta, a orientação, a quantidade de saúde, quais as armas que transporta e assim por diante. Caso contrário, teríamos muitos orcs completamente idênticos, o que provavelmente não é o que queremos.

Essa situação é ainda mais evidente se tivermos classes mais gerais como Enemy. Não é suficiente apenas criar um inimigo, precisamos carregar as texturas corretas, geometria, animação, estado da IA, scripts etc. para cada tipo de inimigo que queremos criar.

Uma maneira simples de fazer isso é armazenar todos os dados necessários de estado com cada entidade no arquivo do nível, para que possam ser restaurados enquanto criamos cada entidade. Essa abordagem funcionará, mas apresenta um grande problema: entidades similares terão os mesmos dados carregados repetidamente e, pior ainda, vão utilizar a memória extra para armazenar toda essa informação. Se tivermos 200 orcs no nosso nível, todos os 200 objetos orc vão conter a maioria dos mesmos dados (geometria, animações etc.), e só vão diferir em um punhado de valores (saúde atual, a posição e o estado). Assim, não são apenas os nossos tempos de carregamento ficarão mais lentos, mas também estaremos perdendo memória no jogo. A Figura 3.4.6 mostra essa situação com várias entidades semelhantes que tenham uma grande quantidade de dados em comum.

Para resolver isso, dividimos os dados que estão associados a cada entidade em dados de instância *versus* template de dados. Dados de instância são os valores que diferem de entidade para entidade: posição, rotação, estado da IA atual, saúde atual etc. Os dados do template são os valores que se aplicam a todas as entidades desse tipo de animação, texturas, geometria, scripts e assim por diante. Observe que estamos usando a palavra *template*[1] no sentido geral de um modelo para se criar uma entidade particular com alguns atributos específicos, e não no sentido de template de

---

[1] N.R.T.: O termo *template* aqui usado tem um sentido aproximado de um gabarito de dados ou informações que podem variar. Trata-se de uma palavra de uso corrente em programação, tendo os sentidos de *modelo*, *gabarito*, *estrutura* etc., dependendo da situação. Neste sentido, julgamos ser mais bem compreendida na sua grafia original.

3.4 ARQUITETURA DO JOGO

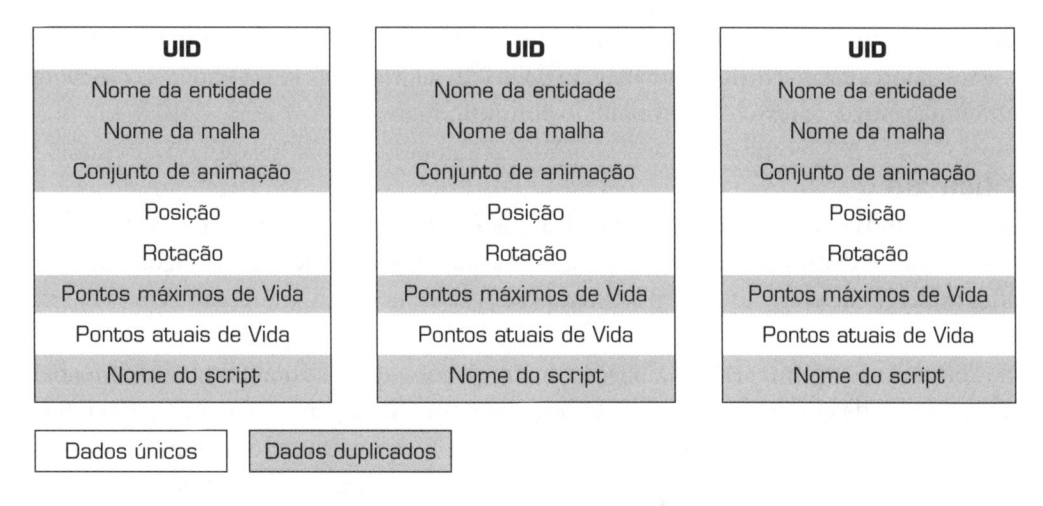

UID
Nome da entidade
Nome da malha
Conjunto de animação
Posição
Rotação
Pontos máximos de Vida
Pontos atuais de Vida
Nome do script

Dados únicos | Dados duplicados

Figura 3.4.6 Várias entidades similares com uma grande quantidade de dados duplicados.

código C++. Com essa abordagem, podemos carregar os dados do template de uma só vez e fazer com que as entidades contenham apenas os dados da instância, que devem ser muito menores. A Figura 3.4.7 mostra várias entidades compartilhando os mesmos dados do template.

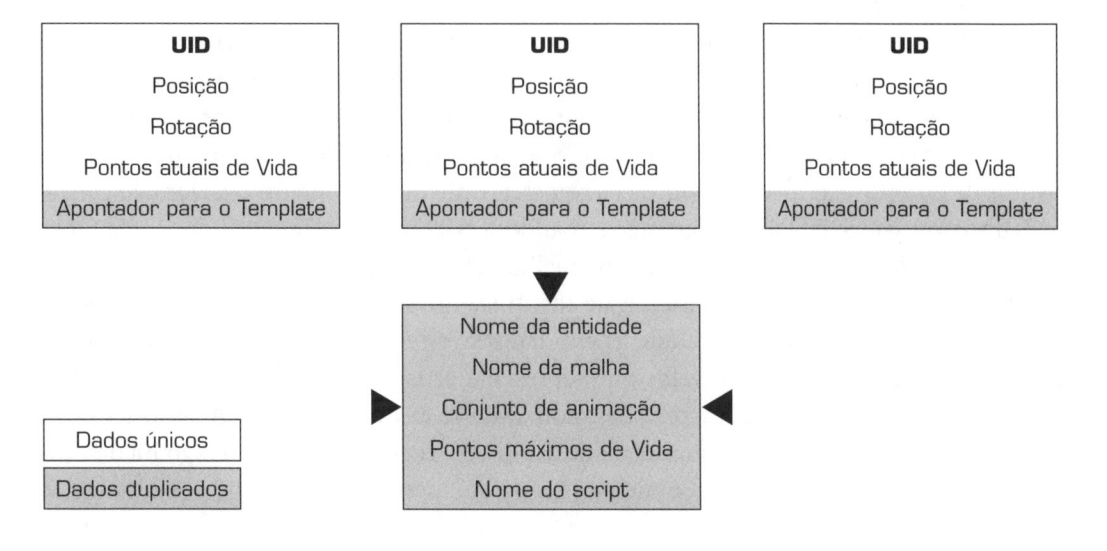

UID
Posição
Rotação
Pontos atuais de Vida
Apontador para o Template

Dados únicos | Dados duplicados

Nome da entidade
Nome da malha
Conjunto de animação
Pontos máximos de Vida
Nome do script

Figura 3.4.7 Entidades de um mesmo template de dados compartilham dados comuns e têm apenas dados por instância.

Essa é uma abordagem particularmente poderosa, porque significa que podemos ter vários templates de entidade que usem a mesma classe C++, mas com diferentes conjuntos de template de dados. Exponha esses valores para seus designers, e eles vão ser capazes de criar uma grande variedade de entidades com as mudanças mínimas no código. Por exemplo, poderíamos ter o template "Orc" regular, que carrega os valores padrão do orc. No entanto, seria trivial adicionar um template "OrcChieftain", que usa valores muito semelhantes aos de Orc, mas tem duas vezes a saúde, armaduras melhores, uma aparência um pouco diferente e talvez uma arma diferente. Todos esses valores são parte do template, não da instância, e um designer poderia criá-los apenas editando um arquivo de texto ou por meio do editor do jogo.

Identificação

Antes de podermos entregar uma carta, precisamos saber o nome e o endereço da pessoa a quem estamos enviando. O mesmo acontece com a interação entre as entidades de jogo. Antes de duas entidades poderem interagir uma com a outra, precisam saber como se encontrarem e se dirigirem pelo nome.

Uma abordagem ingênua seria a utilização de *strings* para identificar as entidades de jogo. Poderíamos ter certeza de que as entidades são criadas com uma *string* única, baseada em seu template ou nome da classe mais uma *marca temporal* (*timestamp*)[2] ou um número sequencial. No entanto, as *strings* usarão muita memória e serão lentas demais para processar no momento da execução, a menos que tenham um nível de jogo bem pequeno com apenas umas poucas entidades.

Outra abordagem é a utilização de ponteiros para as próprias entidades. Infelizmente, os ponteiros são propensos a erros, e não há nenhuma maneira de saber se a entidade referida pelo ponteiro ainda está lá. Esse é um problema particularmente insidioso, devido a quão dinâmico os jogos modernos são. Você pode interagir com vários objetos no ambiente, movê-los, pegá-los e até mesmo destruí-los. Os objetos estão sendo constantemente criados e destruídos, por isso, não há garantias de que, só porque você tem um ponteiro para algo que viu alguns instantes atrás, o objeto ainda estará por aí agora.

Considere o seguinte exemplo: logo depois que uma torre dispara uma saraivada de projéteis no ar, ela é destruída por um tanque. Poucos segundos depois, os projéteis caem e destroem qualquer outra unidade. Normalmente, quando um projétil acerta, queremos comunicar tal fato à entidade para que possa adquirir experiência ou obter atualizações ou simplesmente manter estatísticas de taxas de acerto e precisão. Se os projéteis tinham um ponteiro relacionado com a torre que os disparou, o jogo irá falhar, pois estão tentando acessar um ponteiro inválido, já que a torre não existe mais. Claramente, precisamos de uma melhor abordagem.

A maioria dos jogos usa um sistema de identificadores (IDs) únicos (muitas vezes referida como *UIDs*) ou alças. Isso significa que as entidades se referem umas às outras não por meio de ponteiros, mas através de algum valor que representa cada entidade única no mundo. Quando necessário, o próprio jogo se encarrega de traduzir entre alças e ponteiros. A vantagem é que, se alguém tenta se comunicar com uma entidade depois de ter sido destruída, o jogo irá detectar que a alça não é mais válida e ignorará a mensagem ou até mesmo indicará que a entidade não está mais próxima.

Muitos esquemas permitem mapear alças para as entidades de jogo. A única exigência é que cada alça mapeie apenas uma entidade de jogo e que a tradução seja tão eficiente quanto possível, porque isso pode ser feita centenas ou mesmo milhares de vezes por frame. A abordagem mais simples é criar uma *tabela hash* em que as alças são as chaves e os conteúdos contenham apontadores para as entidades de jogo.

---

[2] N.R.T.: Uma *timestamp* é uma *marca temporal* que consiste em uma cadeia de caracteres denotando a hora ou a data em que certo evento ocorreu. A cadeia é geralmente apresentada em um formato consistente, permitindo fácil comparação entre duas marcas temporais distintas.

Quanto à geração de identificadores únicos, em geral um aumento global inteiro de 32 bits fará o trabalho de forma simples. Sempre que uma nova entidade é criada, ela recebe o próximo número maior. Essa abordagem irá funcionar bem para a maioria dos jogos. No entanto, se a expectativa é que o jogo chegue perto de geração de 2^{32} entidades em uma execução (em um universo on-line persistente pode acontecer), você precisará usar mais bits ou reutilizar antigos IDs inativos.

Comunicação

Criamos um grupo de entidades para preencher o nível, as atualizamos a todo instante e elas executam suas próprias tarefas. Mesmo que possa ser divertido vagarmos um pouco sem destino por esse universo, para ter um jogo completo precisamos de alguma maneira para interagir com as entidades (e fazê-las interagirem umas com as outras). A comunicação entre as entidades permite essa interação.

A comunicação entre as entidades pode ser muito simples por meio de chamadas de função ou um pouco mais complicado, usando um sistema completo de mensagens. No caso mais simples, quando uma entidade precisa se comunicar com outra, ela envia o ponteiro para aquela com quem quer falar (através da alça para ponteiro de tradução que discutimos na seção anterior), e ele chama uma função diretamente na entidade receptora. Essa abordagem é simples e direta, mas apresenta várias desvantagens.

O primeiro problema é que pode exigir que a entidade emissora conheça uma quantidade razoável de detalhes sobre a entidade receptora, a fim de saber quais funções chamar. Por exemplo, se a entidade A tenta pegar a entidade B, ela primeiro precisa saber se B pode ser pega, e depois precisa saber qual a sequência de funções a serem chamadas em B para ter certeza de que seu status será atualizado para refletir que foi pega. Grande parte desse tipo de código leva as entidades a descobrir qual o tipo específico de outras entidades, lançando-as para o seu tipo real e executando operações condicionais sobre elas com base no tipo (geralmente com uma longa instrução switch). Isso conduz a códigos frágeis e de difícil manutenção, com muito potencial para erros nas interações entre as entidades.

O segundo problema é que, se chamar uma função em uma entidade diretamente, a entidade vai lidar com ela imediatamente. Isso é bom, às vezes, mas há situações em que queremos ter certeza de atualizar as entidades em uma ordem certa, ou que as atualizamos todas em sincronia (ou seja, primeiro executar a simulação em todas elas e somente quando estiverem finalizadas poderão lidar com as mensagens que receberam neste frame). Para tanto, precisamos de um buffer na comunicação entre elas.

Uma prática comum em muitos jogos é usar um sistema de mensagens. As entidades, em vez de chamar as funções diretamente, enviam mensagens umas às outras. Em seguida, uma entidade cria uma mensagem, preenche-a com as informações que deseja passar para outra entidade, e envia para o sistema de entrega de mensagens. A mensagem ficará na fila até o momento que queiramos entregá-la, e só então é que a passamos para a entidade receptora (assumindo que ainda anda por aí).

Esse método resolve o problema do armazenamento de mensagens (já que podem ficar na fila, pelo tempo que desejarmos) e minimiza o acoplamento entre as entidades. Agora uma entidade pode enviar uma mensagem para outra sem precisar ser notificada sobre isso. Se a entidade não sabe como lidar com essa mensagem, nada acontece. Por exemplo, uma entidade A pode enviar mensagens de "coleta" para outras entidades que encontrar, sem saber o que elas são. Uma unidade inimiga irá ignorar uma mensagem de coleta, mas uma "entidade arma" vai reagir corretamente e iniciar uma sequência de coleta.

As mensagens em si podem ser implementadas em uma variedade de maneiras. Se está pensando em ter apenas meia dúzia de mensagens diferentes, você pode querer reconsiderar uma única estrutura que pode conter todos os dados de que você precisa, juntamente com uma identificação (ID) tipada que indica que tipo de mensagem é. Contanto que você consiga manter o tamanho de sua mensagem pequena (já que vai ter de ser preenchida, enviada e lida), esta tem a vantagem de tornar todas as suas mensagens exatamente do mesmo tipo e exatamente do mesmo tamanho, o que significa que pode facilmente otimizar o modo como elas são criadas e repassadas.

Se você vai ter muitos tipos diferentes de mensagens, e os jogos modernos podem facilmente ter centenas de mensagens diferentes para modelar, de diversas formas, permitindo que as entidades e os jogadores possam interagir uns com os outros. Por isso uma abordagem diferente pode ser benéfica. Poderíamos criar uma classe interface com o nome Message que seria usada para enviar e receber qualquer tipo de mensagem, e depois implementar mensagens específicas como classes (ou estruturas), que herdam da Message e adicionam seu próprio conjunto de dados. Isso nos permite ter mensagens muito diferentes, exigindo conjuntos completamente diferentes de dados, sem inflar o tamanho da mensagem ou ter de reutilizar o mesmo espaço de memória com múltiplas variáveis (por meio de uniões ou selecionando diretamente). Com essa abordagem, você nem precisa ter um tipo de ID indicando que espécie de mensagem é. Em vez disso, use o seu sistema de tipado de identificação em tempo de execução (o padrão C++ ou qualquer um construído para essa finalidade) para descobrir o tipo específico da mensagem e lidar com ela adequadamente.

As mensagens estão sendo criadas e destruídas constantemente. Para cada interação entre um par de entidades, haverá pelo menos uma mensagem criada e enviada. Ela pode ser facilmente seguida por uma mensagem de resposta ou talvez a própria mensagem desencadeie uma cascata de eventos que crie mais mensagens. Em todo caso, devemos estar prontos para termos potencialmente centenas ou mesmo milhares de mensagens por frame.

O que tudo isso significa? Devemos ser muito cuidadosos sobre como passar essas mensagens. As mensagens em si geralmente não são muito grandes, mas não são um simples número de 32 bits também. Devemos evitar copiá-las, tanto quanto possível, e, em vez disso, criá-las uma vez e depois passar ponteiros (ou referências) para elas durante sua vida.

Nós também precisamos ser cuidadosos sobre como alocar tais mensagens, especialmente em consoles de jogos. Se realizarmos um new/delete toda vez que quisermos criar ou destruir uma mensagem, o desempenho seria subadequado (new dificilmente é uma operação rápida quando você quer fazê-la milhares de vezes por frame), e possui o potencial de fragmentar a memória num piscar de olhos. Para solucionar isso, devemos ter o cuidado de alocar as mensagens de um conjunto de agrupamentos de memória, o que evita a fragmentação e torna a alocação mais rápida. Substituindo os operadores new e delete, isso faz com que o fato de estarmos usando agrupamentos de memória seja totalmente transparente para o restante do programa, o que mantém o código mais limpo e nos permite mudar a forma de implementá-lo. No entanto, se levarmos a abordagem, usando várias classes de mensagens diferentes, objetos de mensagem vão ser de todos os tamanhos, o que torna o uso de agrupamentos de memória um pouco menos simples. Veja o Capítulo 3.5 para mais detalhes sobre agrupamentos de memória.

Uma palavra de cautela: só porque estamos passando mensagens entre as entidades, não significa que podemos passar essas mensagens através da rede e executar um jogo on-line. Em geral, só queremos passar um subconjunto das mensagens pela rede, e muitas vezes elas precisam conter dados diferentes (usando *marcas temporais*, identificações (IDs) de rede especiais etc.) e serem tratadas de maneiras diferentes. (Talvez precisem ser comprimidas, ou seus resultados podem precisar ser interpolados ou ignorados.) Por essas razões, é melhor ter um conjunto completamente diferente de mensagens para comunicação em rede.

Resumo

Como os projetos cresceram em tamanho e complexidade, considerada cuidadosamente, a arquitetura da base de código do jogo está se tornando cada vez mais importante, especialmente se você pretende reutilizar parte do código em projetos futuros.

No nível mais alto, os jogos são normalmente um conjunto de etapas de inicialização/desligamento e um ou mais loops de jogo. Cada etapa da inicialização cuida da criação de alguns recursos ou sistemas necessários para o jogo, enquanto que a etapa de desligamento correspondente limpa qualquer coisa feita pela etapa de inicialização. O loop do jogo é executado uma vez a cada frame, e executa todas as tarefas que cada frame deve fazer para que o jogo responda ao jogador: entrada de dados (inputs), simulação de colisão, renderização e assim por diante. Isso se torna cada vez mais complexo com arquiteturas de múltiplos núcleos: dessa forma, o trabalho deve ser dividido para ser executado em paralelo, prestando-se atenção ao acesso de dados e sincronização.

Todo jogo possui algum tipo de entidade. Elas são as unidades independentes da lógica de jogo. Podem ser unidades inimigas, um cenário animado, o avatar do jogador ou até mesmo um evento acionado. Criar, gerenciar e atualizar essas entidades de maneira eficiente é fundamental para o bom funcionamento do jogo.

Exercícios

1. Por que exatamente a fase de desligamento precisa espelhar a ordem na qual os itens foram inicializados? Escreva um programa com uma fase de inicialização e uma fase de desligamento que demonstre por que usar uma ordem de desligamento diferente pode causar problemas.
2. A maioria dos motores de jogo terão um gerenciador de memória que, entre muitas outras coisas, irá relatar vazamentos de memória. No entanto, muitas bibliotecas C++ oferecem funções especiais para mostrar vazamentos de memória. Saiba quais as funções disponíveis na sua plataforma e escreva um programa rápido com vazamentos de memória para demonstrar todas as informações que pode reunir com eles. Você é capaz de exibir o número de vazamentos de memória? Seu endereço? Qual parte do código os alocou? Seu conteúdo?
3. Implemente um loop simples do jogo principal que qualifique cada uma das funções descritas neste capítulo. Cada função de tarefa imprime o seu nome na tela e retorna. Agora, modifique o loop do jogo para dissociar simulação e renderização. Execute-o novamente e compare as saídas.
4. Reimplemente o loop do jogo com base no exercício anterior por meio de tarefas registradas em um loop de jogo genérico. Crie dois conjuntos de tarefas: um para o front-end e um conjunto para o loop principal do jogo. Adicione a capacidade de alternar entre os dois conjuntos de tarefas pressionando uma tecla.

5. Escolha um jogo que você jogou recentemente. Crie uma lista com todas as entidades possíveis que você vê e interage nos primeiros minutos de jogo. Lembre-se de procurar entidades sem representações físicas como acionadores ou temporizadores.

Referências

[Acton08] Acton, Mike, and Christensen, Eric, "Insomniac's SPU Best Practices", Game Developers Conference, 2008, http://www.insomniacgames.com/tech/articles/0208/insomniac_spu_programming_gdc08.php.

[Alexandrescu01] Alexandrescu, Andrei, *Modern C++ Design*, Addison-Wesley, 2001.

[Bilas02] Bilas, Scott, "A Data-Driven Game Object System", *Game Developers Conference 2002*, available online at www.drizzle.com/~scottb/gdc/game-objects.htm.

[Duran03] Duran, Alex, "Building Object Systems: Features, Tradeoffs, and Pitfalls", *Game Developers Conference 2003*, available online at www.gdconf.com/archives/2003/Duran_Alex.ppt.

[Intel09] Intel, "Intel Core i7 Processor", Intel.com, 2009, http://www.intel.com/products/processor/corei7/index.htm.

[Lakos96] Lakos, John, *Large-Scale C++ Software Design*, Addison-Wesley, 1996.

[Laramée01] Laramée, François, "A Game Entity Factory", *Game Programming Gems 2*, Charles River Media, 2001.

[Llopis04] Llopis, Noel, "The Clock: Keeping Your Fingers on the Pulse of the Game", *Game Programming Gems 4*, Charles River Media, 2004.

[Rabin00] Rabin, Steve, "The Magic of Data-Driven Design", *Game Programming Gems*, Charles River Media, 2000.

[Ranck00] Ranck, Steven, "Frame-Based Memory Allocation", *Game Programming Gems*, Charles River Media, 2000.

[Rollings03] Rollings, Andrew, and Morris, Dave, *Game Architecture and Design: A New Edition*, New Riders, 2003.

[Sutter00] Sutter, Herb, *Exceptional C++*, Addison-Wesley, 2000.

[Sutter05] Sutter, Herb, "The Free Lunch Is Over: A Fundamental Turn Toward Concurrency in Software", Dr. Dobb's Journal, 30(3), March 2005, http://www.gotw.ca/publications/concurrency-ddj.htm.

[Swinburne08] Swinburne, Richard, "Intel Core i7—Nehalem Architecture Dive", bit-tech.net, 2008, http://www.bit-tech.net/hardware/cpus/2008/11/03/intel-core-i7-nehalem-architecture-dive/1.

3.5 Memórias e sistemas I/O

Neste capítulo

- Visão geral
- Gerenciamento de memória
- Arquivo I/O
- Recursos de jogos
- Serialização
- Resumo
- Exercícios
- Referências

⟩ Visão geral

Todo jogo precisa lidar com os detalhes de baixo nível da plataforma em que está funcionando. Precisa decidir como a memória será usada, como carregar os dados de algum tipo de armazenamento, como lidar com os recursos do jogo e assim por diante. Normalmente, esse tipo de funcionalidade está presente nos subterrâneos dos sistemas de baixo nível do motor de jogo em si. Saber como funcionam os sistemas e as barganhas (*tradeoffs*) envolvidas fará de você um programador de jogo muito mais eficaz, mesmo que nunca tenha de implementá-los sozinho. Neste capítulo, vamos estudar o gerenciamento de memória, a manipulação de arquivos I/O, organizando os recursos do jogo e o processo de salvar e carregar estados de jogo.

⟩ Gerenciamento de memória

Linguagens de alto nível como Java ou Python cuidam do gerenciamento de memória para o programador. Em C++, é completamente nossa responsabilidade gerenciar a memória que usamos. Ter controle total sobre o gerenciamento de memória nos dá uma ferramenta extremamente poderosa que, quando bem utilizada, pode melhorar o desempenho de um programa em uma ordem de magnitude. Também nos permite assumir o controle sobre toda a memória disponível em consoles de jogos para certificarmo-nos de que nosso jogo usa cada byte disponível, mas não mais do que isso.

Por outro lado, a gestão de memória explícita é uma área em que os erros são introduzidos constantemente, causando erros, travamentos e comportamentos inesperados. Os problemas decorrentes dos erros no gerenciamento de memória também podem ser muito difíceis e demorados de depurar.

Esta seção irá explicar como podemos usar melhor o gerenciamento de memória em C++, enquanto permanecemos o mais seguro possível, e minimizar o número de problemas. Mais tarde, nesta seção, veremos essas ideias em ação enquanto desenvolvemos um gerenciador de memória personalizado.

Trabalhando com memória

Temos três objetivos principais no gerenciamento de nossa própria memória: segurança, conhecimento e controle.

Segurança

A segurança deve ser sempre a prioridade número um quando se lida com a memória. É muito fácil cometer erros e fazer com que todo o programa pare de funcionar de forma impossível de reproduzir ou de depurar, ou ainda fique lerdo com o tempo e trave depois de horas de jogo.

Queremos sempre manter um olho aberto nos *vazamentos de memória* e corrigi-los imediatamente. Um vazamento de memória é uma alocação de memória que é "esquecida" pelo programa e nunca utilizada novamente. Um pequeno vazamento de memória por si só não é grande coisa. O problema é que quando alguma parte do nosso programa começa a criar vazamentos de memória, isso significa que há um erro de lógica, e as chances são de que irá acontecer repetidas vezes. Antes que você perceba, um bom pedaço da sua memória global será utilizado pela memória vazada e você não terá espaço para o seu jogo. Em um console, você vai simplesmente ficar sem memória e travar (embora isso possa acontecer depois de muitas horas de jogo, dependendo da gravidade do vazamento), em um PC com memória virtual, o desempenho vai piorar lentamente, pois a memória começa a ser trocada pelo disco rígido com mais frequência. Manter o controle sobre os vazamentos de memória e corrigi-los imediatamente deve ser uma prioridade.

A outra questão da segurança é lidar com memórias corrompidas. Essa situação acontece quando alguma parte do programa inicia uma substituição de posições de memória que não deveria. Esse pode ser um dos problemas mais difíceis de depurar, uma vez que a causa (o programa sobrescrevendo a memória) e o efeito (travamento ou comportamentos estranhos) podem estar muito distante um do outro. Detectar imediatamente quando um programa começa a corromper a memória irá poupar muitas horas mais à frente.

Conhecimento

Se nós mesmos assumimos o gerenciamento da memória (não temos muita escolha em C++), é melhor que tenhamos uma boa ideia de onde essa memória está, quais partes do programa irão usá-la, exatamente como ela está sendo usada e quanta memória é liberada em todos os momentos. Essa informação nos permitirá decidir o que cortar quando chegar a hora de adequar todo o conteúdo para o jogo, assim como ajustar nossas estratégias de alocação de memória.

Saber quanto de memória temos alocado e, possivelmente, a quantidade de memória que nos resta é também crucial no caso de querermos fazer alguns *feedbacks* de emergência para evitar o uso de muita memória. Por exemplo, se as partículas causam alocações de memória, podemos desacelerar os sistemas de efeitos de partículas, se sabemos que estamos executando com uma falta perigosa de memória.

Controle

Por fim, queremos o controle sobre as alocações de memória. Esse controle pode nos dar um grande impulso ao desempenho.

Um aspecto do controle é determinar onde algo está alocado. Se temos o controle total, podemos optar por alocar objetos relacionados estreitamente juntos na memória. Isso nos fornecerá uma melhor eficiência ao cache, porque ambos os objetos podem estar no cache de dados ao mesmo tempo. Essa é a estratégia perfeita para aplicar a uma longa lista de objetos que serão percorridos sequencialmente pelo programa, e pode nos render um aumento de desempenho bastante significativo.

O outro aspecto do controle é dado pelo como a memória é alocada. Para alguns tipos específicos de objetos, podemos querer alocar a memória de um modo muito mais rápido, mas também de maneira mais limitada. Isso é particularmente verdadeiro para pequenos objetos de mesmo tamanho alocados durante a execução do jogo. Nesse caso, o desempenho obtido sobre as atribuições rápidas também pode adicionar uma melhoria muito significativa.

Fragmentação de memória

A fragmentação da memória é um problema insidioso que aparece na maioria das plataformas com uma quantidade limitada de memória. Esse é um aspecto que os desenvolvedores de PC geralmente não têm com que se preocupar, mas é um problema na maioria das outras plataformas.

Vejamos o que acontece na memória com um jogo quando começa a alocar memória dinâmica. Primeiramente, antes de qualquer atribuição ocorrer, toda a memória é um grande bloco de memória livre contígua. Não importa o tamanho da atribuição que pedimos (enquanto está sob o total de memória), ela será algo quase trivial para alocar. Quanto mais memória é alocada e liberada, situações um pouco desagradáveis começam a surgir. Os blocos de memória de tamanhos muito diferentes são alocados e liberados em uma ordem quase que aleatória. Depois de um tempo, o grande bloco contíguo foi picado em pedaços e, embora possa haver uma grande percentagem de memória livre, ela está dispersa em pedaços pequenos.

Eventualmente, poderíamos solicitar uma alocação para um único bloco de memória, e a alocação falhará, não porque não há memória livre suficiente, mas porque não há um bloco único grande o suficiente para segurá-la. Devido à natureza aleatória de fragmentação de memória, não há maneira simples de prever quando isso irá acontecer, desse modo, poderia causar um daqueles erros muito difíceis de controlar, quase impossíveis de reproduzir quando precisamos.

Um sistema de *endereçamento virtual* vai ajudar muito a reduzir esse problema. O endereçamento virtual é um nível extra de caminho indireto oferecido pelo sistema operacional ou pelas bibliotecas de alocação de memória, em geral contando com recursos de hardware para tornar o seu custo de desempenho quase gratuito. A memória física é dividida em blocos de tamanho igual (4 KB, por exemplo), e a cada bloco é dado um endereço virtual diferente, o que é entendido pelo programa. Toda vez que tentamos usar um endereço virtual, ele é traduzido em um endereço físico real, por meio de uma tabela. Tudo isso é feito de forma transparente para o usuário dentro das funções de alocação de memória. O ponto principal é que, sob esse regime, dois blocos de memória separados, em partes completamente diferentes da memória física, poderiam ser organizados para mapear dois blocos contíguos no endereço virtual (veja a Figura 3.5.1). De repente, um dos maiores problemas com fragmentação de memória praticamente desapareceu, já que podemos organizar em um bloco de memória maior, a partir de vários separados.

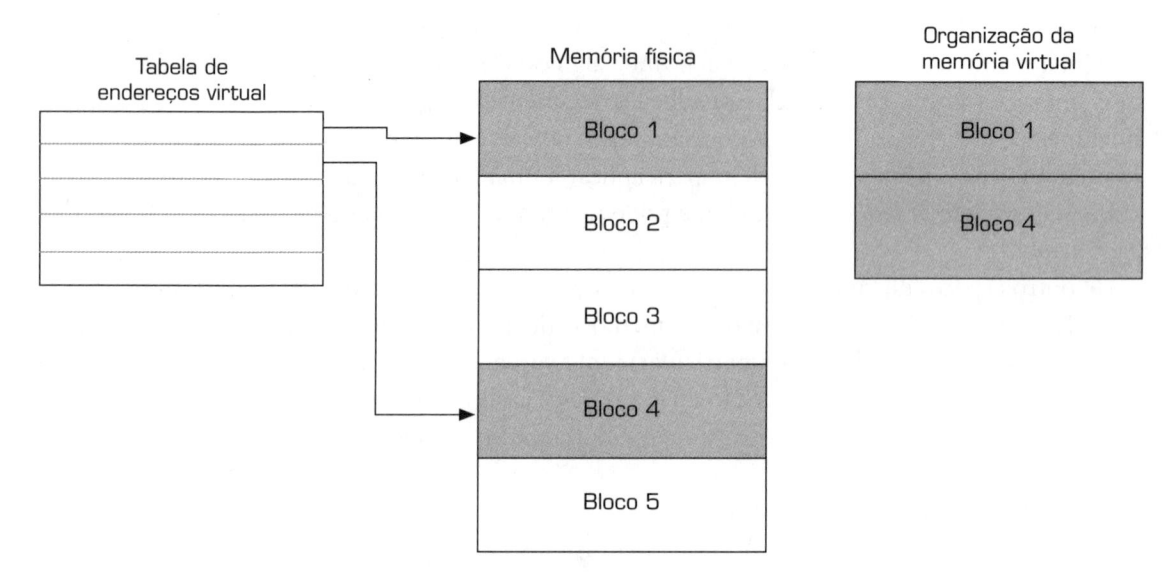

Figura 3.5.1 O endereçamento virtual mapeando dois blocos desconexos de memória física em um bloco de endereços virtuais consecutivos.

No PC, quando a memória fica escaça, alguns dos blocos de memória menos utilizados recentemente são salvos no disco rígido para liberar espaço para novas alocações. Isso é chamado de "sistema de memória virtual". Não é necessário dizer que geralmente não é uma situação aceitável para jogos, porque provoca grandes lentidões enquanto a memória está sendo lida ou gravada no disco rígido.

As outras principais plataformas de jogos não têm endereçamento virtual, então precisam lidar com a questão da fragmentação da memória de maneira explícita.

Alocação estática

Uma das mais antigas soluções para todos os problemas de alocação de memória é evitá-la completamente. Um programa pode ser projetado de modo que nunca use new e delete (ou malloc e free)[1] e baseie-se exclusivamente em objetos estáticos ou objetos criados na pilha.

---

[1] N.R.T.: *Malloc* quer dizer memória alocada (dinamicamente). Um *malloc* é um agrupamento de memória (*memory pool*).

Veja alguns exemplos de alocação estática:

```
// Crie um número fixo de nodos de caminho IA
#define MAX_PATHNODES      4096
AIPathNode   s_PathNodes[MAX_PATHNODES];
// Crie um buffer de tamanho fixo para geometria
// 8 MB
#define GEOMSIZE           (8*1024*1024)
byte   *   s_GeomBuffer[GEOMSIZE];
```

Essa abordagem possui algumas vantagens definidas. Claramente, o desempenho de alocação de memória não é um problema, uma vez que nunca ocorre durante a execução. Além disso, já que tudo é estaticamente atribuído pelo compilador, nada muda durante a execução do jogo, nem a fragmentação da memória, nem a possibilidade de ficar sem memória é um problema.

Outra vantagem de inicialização estática é que é muito simples de acompanhar aonde a memória vai e quanto utiliza de cada tipo de dados. Decidimos explicitamente qual o tamanho de cada array, e o buffer será fixado no momento da compilação; sabemos que nunca vai crescer, por isso só examinar o código-fonte é suficiente para conhecer a distribuição de memória. No exemplo anterior, é claro que estamos reservando 8 MB de geometria e 4.096 de tamanho para um nodo de caminho da memória de exploração.

Até agora, abordamos toda a segurança, conhecimento e questões de controle mencionadas anteriormente. Isso significa que a alocação estática é a resposta que estávamos procurando? Talvez, mas também tem sua parcela de inconvenientes.

O primeiro inconveniente principal de alocação estática de memória é o seu desperdício. Somos forçados a decidir antes do tempo a quantidade de memória que será dedicada a cada aspecto do jogo e toda a memória que está alocada de uma vez. Isso significa que, para um jogo com muitas coisas acontecendo na tela e mudando ao longo do tempo, estamos desperdiçando grandes quantidades de memória. Pense em todas as explosões, efeitos de partículas, inimigos, mensagens da rede, projéteis no ar, caminhos de pesquisa temporários e assim por diante. Todos esses objetos teriam de ser criados antecipadamente; com alocação dinâmica de memória, só os que realmente necessitamos seriam alocados, e alocaríamos mais apenas se precisássemos. É improvável que pudéssemos precisar de tanta memória ao mesmo tempo como ocorre com alocação estática.

É importante observar que não é suficiente decidir antecipadamente quantos objetos de um ramo de hierarquia queremos alocar. Temos de decidir exatamente quanto precisaremos de cada tipo de classe individual. Por exemplo, se temos uma hierarquia de objetos do jogo, da qual os outros tipos de objetos mais concretos derivam (como inimigos, jogador, projéteis, ativadores etc.), não é o bastante informar que vamos ter 500 objetos do jogo; ao contrário, precisamos decidir exatamente quantos inimigos, quantos projéteis e assim por diante. Quanto mais detalhada for a hierarquia da classe, mais dificuldades aparecem e mais propenso estamos para um grande desperdício de memória. Por outro lado, ter uma complexa hierarquia de herança não é, provavelmente, o melhor dos projetos; por isso não é tão descabido que a alocação estática desencoraje esse método.

Uma vantagem aparente da alocação estática é que ela parece reduzir as chances de apontadores pendentes, uma vez que a memória referida por um apontador nunca será liberada. É muito possível, porém, que o conteúdo dessa memória se torne inválido (por exemplo, depois da explosão de um projétil, esse objeto é marcado como inválido); a essa altura o ponteiro ainda será válido, mas irá acessar dados sem sentido. Esse é um erro ainda mais difícil de rastrear do que um ponteiro pendente para um local de memória inválido, porque usar o ponteiro pendente muito provavelmente resultará em uma exceção imediata de violação de acesso com alocação dinâmica de memória; sob esse esquema o programa irá continuar silenciosamente a ser executado com dados ruins e, eventualmente, travar em um momento posterior.

Por fim, outra desvantagem da alocação estática é que os objetos precisam estar preparados para serem inicializados estaticamente, com todas as suas consequências. Ao lidarmos com alocação dinâmica de objetos, é aconselhável garantirmos que o objeto esteja totalmente inicializado quando é construído, e desligado corretamente, quando destruído. Com alocação estática, os objetos serão construídos antecipadamente, mas não serão inicializados até algum tempo depois. Isso significa que precisamos adicionar lógica extra a todos os nossos objetos para inicializar e desligar corretamente múltiplas vezes sem nunca terem sido libertados.

Além disso, precisamos ter muito cuidado com qualquer inicialização feita no construtor. Estamos planejando a criação de arrays estáticos desses objetos, e, como você pode lembrar, inicialização estática é um problema com C++. Em resumo, temos muito pouco controle quanto à ordem em que as coisas são iniciadas, portanto, não podemos confiar na ideia de nossos dados de exploração estarem prontos quando os objetos inimigos são inicializados, ou o sistema de efeitos estar pronto quando os objetos de efeitos especiais são criados. De fato, em uma situação como essa, provavelmente é melhor deixarmos toda a inicialização para mais tarde e não fazermos absolutamente nada no construtor, a não ser definir valores padrão e marcar o objeto como não inicializado.

Alocação dinâmica

Quando a alocação estática não é suficiente, precisamos nos voltar para a flexibilidade oferecida pela alocação dinâmica. Queremos encontrar uma solução segura e que nos forneça bastante informação de como a memória é alocada e o controle necessário para otimizar as alocações quando decidirmos que é necessário.

Alocação dinâmica de memória pode ser algo confuso. As alocações acontecem em momentos aparentemente aleatórios, para valores aleatórios da memória. Nosso primeiro objetivo é reunir informações suficientes sobre as alocações de memória do nosso programa para entender como estamos gastando nossa memória e o que podemos fazer para melhorar isso.

Antes de podermos chegar a uma solução, precisamos entender o que acontece com o resultado de uma solicitação de alocação de memória.

1. Tudo começa com uma inocente criação de objeto no código:

    ```
    SpecialEffect * pEffect = new SpecialEffect( );
    ```

2. O compilador, internamente, substitui essa chamada por duas outras chamadas separadas: uma para alocar a quantia correta de memória, e outra para chamar o construtor da classe SpecialEffect:

    ```
    SpecialEffect * pEffect = __new (sizeof(SpecialEffect));
    pEffect->SpecialEffect( );
    ```

3. O operador global new deve então alocar a quantia de memória requisitada. Na maioria das implementações padrão, o operador global new simplesmente chama a função malloc:

```
void * operator new ( unsigned int nSize ) {
  return malloc(nSize);
}
```

A sequência de chamada não termina aqui; malloc não é uma operação atômica. Em vez disso, ele chamará funções específicas da plataforma de alocação de memória para alocar a quantidade correta. Muitas vezes, isso pode resultar em várias chamadas e algoritmos custosos para pesquisar pelo bloco livre de memória adequado para uso.

O operador global delete segue uma sequência similar, mas chama o destruidor e free, em vez de chamar o construtor e malloc. Felizmente, a quantidade de trabalho necessária para devolver a memória para a pilha é geralmente muito menor do que o trabalho realizado para alocar, por isso não vamos entrar em detalhes.

Gerenciador de memória personalizado

Para tirar pleno partido da alocação de memória dinâmica, precisamos criar o nosso próprio gerenciador de memória personalizado. Quando terminarmos com isso, teremos abordado as questões de segurança, conhecimento e controle, e estaremos prontos para entrar de cabeça em um jogo comercial.

Operadores globais New e Delete

Precisamos começar por substituir os operadores globais new e delete. Não mudaremos a política de alocação, começaremos a chamar malloc e free. No entanto, vamos adicionar alguma lógica extra, a qual nos permitirá acompanhar como se dá a alocação do sistema de memória.

Para especificarmos as preferências de alocação de memória, iremos criar uma classe Heap. Agora, Heap não corresponde à quantia fixa de memória ou até a um conjunto de memória contígua. É apenas um modo para agruparmos logicamente algumas alocações de memória. Para começar, tudo que a classe Heap precisa é de um nome:

```
class Heap {
public:
    Heap (const char * name);
    const char * GetName( ) const;
private:
    char    m_name[NAMELENGTH];
};
```

Agora estamos prontos para fornecer nossa primeira versão dos operadores globais new e delete:

```
void * operator new (size_t size, Heap * pHeap);
void operator delete (void * pMem);
```

Além desses, precisaremos de uma versão do operador new que não tem um parâmetro de Heap. Dessa forma, todo o código que não passar explicitamente uma pilha (heap) continuará a funcionar corretamente. Uma vez que há apenas um operador delete, ele sempre precisa liberar corretamente a memória alocada por qualquer uma das funções diferentes do operador new. Com efeito, isso significa que, se criarmos qualquer operador new, será preciso substituir todos eles mais o operador delete:

```
void * operator new (size_t size) {
    return operator new (size,
        HeapFactory::GetDefaultHeap( ) );
}
```

Antes de examinarmos como o operador new será implementado, vamos ver primeiro como será usado. Para chamarmos nossa versão especial do operador new, precisamos passar explicitamente uma referência heap como um parâmetro para a nova chamada:

```
GameEntity * pEntity = new (pGameEntityHeap) GameEntity( );
```

A implementação do operador new vai começar de maneira muito simples. Inicialmente, tudo que queremos é manter a associação entre a pilha da qual foi alocada e a memória alocada em si. Observe que o operador delete só leva um parâmetro de ponteiro, então de alguma forma precisamos ser capazes de ir de um ponteiro até as suas informações.

Por enquanto, vamos alocar um pouco mais de memória do que foi solicitado, o suficiente para caber um cabeçalho para cada alocação de memória com as informações que precisamos. Para simplificar, este cabeçalho irá conter apenas um ponteiro para a pilha correta:

```
struct AllocHeader {
        Heap * pHeap;
        int    nSize;
};
```

As funções operator_new e operator_delete agora têm a seguinte aparência:

```
void * operator new (size_t size, Heap * pHeap) {
        size_t nRequestedBytes = size +
                sizeof(AllocHeader);
        char * pMem = (char *)malloc(nRequestedBytes);
        AllocHeader * pHeader = (AllocHeader *)pMem;
        pHeader->pHeap = pHeap;
        pHeader->nSize = size;
        pHeap->AddAllocation (size);

        void * pStartMemBlock = pMem +
                sizeof(AllocHeader);
```

```
        return pStartMemBlock;
}

void operator delete (void * pMem) {
        AllocHeader * pHeader =
                (AllocHeader *)((char *)pMem -
                        sizeof(AllocHeader));
        pHeader->pHeap->RemoveAllocation (pHeader->nSize);
        free(pHeader);
}
```

Essas duas funções estão fazendo o mínimo para finalizar o trabalho. Mesmo assim, são extremamente úteis. A qualquer momento, podemos observar quanto de memória alocamos em cada fila, o que nos dá uma ideia do uso geral de memória.

Até o momento estávamos ignorando propositalmente os comandos relativos ao operator_new e ao operator delete: operator new[ ] e operator delete[ ]. Seu trabalho é alocar e liberar a memória para um grande array de objetos. No momento, podemos tratá-los como suas contrapartes sem array e chamar o operator new e o operator delete a partir deles.

Operadores específicos de classe New e Delete

Mesmo que este sistema comece a ser útil, ainda é bastante incômodo ter de passar explicitamente a pilha para cada alocação com que estamos lidando. Substituir os operadores específicos de classe new e delete irá automatizar a tarefa e, finalmente, torná-la útil o suficiente para usar em nossos jogos e ferramentas.

Podemos usar uma classe específica operator_new para automatizar algumas das complexidades do nosso esquema de gestão de memória. Uma vez que geralmente desejamos colocar todos os objetos de determinada classe em uma pilha em particular, podemos ter a classe operator_new por meio de uma chamada global operator_new com os parâmetros extras:

```
void * GameObject::operator new (size_t size) {
        return ::operator new(size, s_pHeap);
}
```

Agora, toda vez que um objeto da classe GameObject for criado com new, automaticamente será adicionada a pilha correta. Isso certamente começa a facilitar nosso trabalho.

O que precisamos exatamente adicionar a cada classe para dar suporte a isso? Um operator new, um operator delete e uma variável membro estática de pilha:

```
// GameObject.h
class GameObject {
public:
        // Todas as declarações normais...

        static void * operator new(size_t size);
```

```
            static void operator delete(void * p,
                    size_t size);

private:
        static Heap * s_pHeap;
};

// GameObject.cpp
Heap * GameObject::s_pHeap = NULL;

void * GameObject::operator new(size_t size) {
      if (s_pHeap==NULL) {
          s_pHeap = HeapFactory::CreateHeap(
                        "Game object");
      }
      return ::operator new(size, s_pHeap);
}
void GameObject::operator delete(void * p,
        size_t size)
{
        ::operator delete(p);
}
```

Na terceira vez que adicionarmos essas mesmas funções a uma classe, perceberemos que deve haver uma maneira mais fácil, em vez de realizar toda essa digitação propensa a erros – e há. Podemos facilmente fornecer a mesma funcionalidade com duas macros ou mesmo com templates, se realmente precisarmos. Mostraremos a versão mais simples da macro. A mesma classe GameObject agora aparece desta maneira:

```
// GameObject.h
class GameObject {
        // Corpo da declaração
private:
        DECLARE_HEAP;
};

// GameObject.cpp
DEFINE_HEAP(GameObject, "Game objects");
```

Uma observação importante: quaisquer classes derivadas de uma classe que têm operadores new e delete personalizados irão usar seus operadores pais, a menos que tenham seus próprios. Em nosso caso, se uma classe GameObjectTrigger é herdada de GameObject, também irá automaticamente utilizar a pilha de GameObject.

Agora está muito simples de usar um gerenciador, até o ponto que deve valer a pena adicioná-lo a todas as classes mais importantes.

Um objeto poderia também fazer alocação de memória bruta da pilha durante a execução. Uma alocação de memória bruta significa alocar certa quantidade de bytes direto da memória, não alocando novos objetos. Se esse for o caso, a alocação pode ser redirecionada para apontar para a fila da classe de objeto para ficar de olho no melhor no uso de memória:

```
char * pScratchSpace;
pScratchSpace = new (s_pLocalHeap) char[1024];
```

Neste ponto, temos a base para um sistema simples, mas totalmente funcional de gerenciamento de memória. Podemos acompanhar a quantidade de memória usada por classe ou por tipo principal de classe a qualquer momento durante a execução do jogo, assim como algumas outras estatísticas úteis (pico de consumo de memória etc.). Com alguns recursos a mais, o gerenciador estará pronto para utilização em um jogo comercial.

Verificação de erro

Para transformarmos o gerenciador de memória em algo realmente passível de utilização em software comercial, precisamos considerar a possibilidade de erro e uso impróprio. A forma como o gerenciador de memória foi descrito nas duas últimas seções não apresentou disposição para erros: não poderíamos detectar vazamentos de memória, poderíamos tentar apagar um ponteiro não atribuído por nós e não obtivemos nenhum mecanismo para capturar corrupções de memória.

A primeira coisa a fazer é nos certificar de que a memória que estamos prestes a liberar foi alocada através do nosso gerenciador de memória. O modo com que o operator new e o operator delete são implementados sempre deve ser o caso, mas há a possibilidade de outra biblioteca alocar a memória, ou talvez alguma parte do código chamando malloc diretamente. Além disso, essa verificação vai detectar os ponteiros livres referentes a outras partes da memória, bem como problemas de corrupção de memória, em que a memória alocada mais tarde é substituída por outro elemento.

Para tanto, iremos adicionar uma assinatura única ao nosso cabeçalho de alocação:

```
struct AllocHeader {
    int     nSignature;
    int     nSize;
    Heap *  pHeap;
};
```

Claro, não existe um número "único" que podemos acrescentar ou mesmo uma combinação de números. Há sempre a possibilidade de que alguém irá alocar a memória com o mesmo número, mas a probabilidade de sua ocorrência exatamente no lugar que estamos examinando é muito pequena. Dependendo de quão paranoicos queremos ser, podemos adicionar mais de um número inteiro à custa de maior sobrecarga, mas um será suficiente para este exemplo e para a maioria dos nossos propósitos.

O que deveria ser aquele número único? Qualquer coisa que não uma ocorrência comum. Por exemplo, usar o número zero não é uma boa ideia, como acontece muito em programas reais.

A mesma coisa com 0xFFFFFFFF, *opcodes*[2] comuns de assembly, ou endereços para memória virtual. Digitar qualquer número hexadecimal aleatório em geral será suficiente. Um dos velhos favoritos é o 0xDEADC0DE.

Um erro comum quando se lida com a memória alocada dinamicamente, especialmente na forma de um array, é escrever após o fim do bloco alocado. Para verificarmos essa situação, podemos adicionar um número de guarda no final da memória alocada. Apenas outro número mágico será usado agora. Além disso, também vamos economizar o tamanho do bloco de memória alocada para checar novamente quando tentarmos liberar a memória:

```
void * operator new (size_t size, Heap * pHeap) {
    size_t nRequestedBytes = size +
            sizeof(AllocHeader) + sizeof(int);
    char * pMem = (char *)malloc (nRequestedBytes);
    AllocHeader * pHeader = (AllocHeader *)pMem;
    pHeader->nSignature = MEMSYSTEM_SIGNATURE;
    pHeader->pHeap = pHeap;
    pHeader->nSize  = size;

    void * pStartMemBlock = pMem +
            sizeof(AllocHeader);
    int * pEndMarker = (int*) (pStartMemBlock + size);
    *pEndMarker = MEMSYSTEM_ENDMARKER;

    pHeap->AddAllocation (size);

    return pStartMemBlock;
}

void operator delete ( void * pMemBlock ) {
    AllocHeader * pHeader =
            (AllocHeader *)((char *)pMemBlock -
            sizeof(AllocHeader));
    assert (pHeader->nSignature ==
            MEMSYSTEM_SIGNATURE);
    int * pEndMarker = (int*)(pMemBlock + size);
    assert (*pEndMarker == MEMSYSTEM_ENDMARKER);

    pHeader->pHeap->RemoveAllocation(pHeader->nSize);
    free (pHeader);
}
```

---

[2] N.R.T.: *Opcode*: um *código de operação* consiste na referência à instrução que um determinado processador possui para conseguir realizar determinadas tarefas. As suas especificações e formatos são definidos no conjunto de instruções da arquitetura do processador em questão.

Finalmente, como outra salvaguarda, é uma boa estratégia preencher a memória que estamos prestes a liberar com um padrão de bits bastante distinto. Dessa forma, se acidentalmente substituirmos qualquer parte da memória, veremos de imediato que ela foi causada pela tentativa de liberar um ponteiro. Como vantagem adicional, se o padrão também é o código de operação (*opcode*) para uma instrução que indica a suspensão da execução do programa, nosso programa irá parar automaticamente se tentar executar em uma seção que deveria estar liberada.

Todas essas características de segurança são ótimas, mas têm um preço. Fazer toda essa operação leva algum tempo, especialmente o preenchimento de memória livre com um padrão determinado de bit. Um dos objetivos iniciais da criação de nosso sistema de gerenciamento de memória personalizado era atingir melhor desempenho, de modo que não parecem estar caminhando na direção certa. Felizmente, a maioria do que estamos fazendo aqui só será habilitada para compilações de depuração, e podemos desativá-la em compilações para um futuro ótimo desempenho.

Detectando vazamentos de memória

O conceito de encontrar vazamentos de memória é simples: em um ponto no tempo, selecionamos um indicador do estado da memória e depois outro marcador e comunicamos todas as alocações de memória que estavam presentes na segunda vez, mas não na primeira. Surpreendentemente, a implementação será quase trivial.

Tudo que temos a fazer é manter uma contagem de alocação. Sempre que tivermos uma nova repartição, aumentaremos o contador de alocação com seu número correspondente. Neste exemplo, vamos supor que nunca teremos mais de 2^{32} atribuições. Se isso for um problema, é preciso manter 64 bits para a contagem de alocação ou elaborar um esquema para o seu encapsulamento. Em ambos os casos, é razoavelmente fácil de implementar.

Nosso cabeçalho de alocação agora ficará parecido com este:

```
struct AllocHeader {
        int             nSignature;
        int             nAllocNum;
        int             nSize;
        Heap *          pHeap;
        AllocHeader *   pNext;
        AllocHeader *   pPrev;
};
```

E o operator_new ficará como antes, exceto para o fato de que ele preenche o campo nAllocNum. Em seguida, criamos uma função trivial, GetMemoryBookmark. Tudo que ela faz é retornar o nosso número de alocação atual.

```
int GetMemoryBookmark ( ) {
        return s_nNextAllocNum;
}
```

Por fim, a função que dará um pouco mais de trabalho é ReportMemoryLeaks. Ela usa dois marcadores de memória como parâmetros e relata todas as alocações de memória ativas que aconteceram entre os dois indicadores. É implementada apenas atravessando todas as atribuições em todas as pilhas, procurando atribuições que têm um número entre os dois marcadores. Sim, isso é algo potencialmente muito lento para percorrer todas as atribuições em todas as pilhas, mas esse é um luxo que podemos nos permitir neste momento, uma vez que essa função é usada apenas para depuração, e realmente não nos importamos com quão rápida ela é executada.

Note que também acrescentamos um campo pPrev e pNext para o cabeçalho de alocação. Os ponteiros vão nos permitir percorrer todas as alocações de certa pilha. Os operadores new e delete vão cuidar de atualizar corretamente o ponteiro de lista para cada repartição e a cada chamada free (livre). Uma vez que estamos mantendo uma lista conectada de forma dupla, a sobrecarga de desempenho para a manutenção da lista é trivial.

A função de relatório de vazamento de memória é mostrada a seguir em forma de pseudocódigo.

```
void ReportMemoryLeaks (int nBookmark1,
        int nBookmark2)
{
        for (each heap) {
                for (each allocation) {
                        if (pAllocation->nAllocNum >= nBookmark1 &&
                        pAllocation->nAllocNum < nBookmark2) {
                        // Imprime informações sobre pAllocation
                        // Imprime seu número de alocação, fila, tamanho...
                        }
                }
        }
}
```

Agrupamentos de memória

Até agora, abordamos dois dos objetivos de um sistema de gerenciamento de memória: a segurança e o conhecimento. Ainda não vimos como ter controle sobre as alocações de memória para melhorar o desempenho. A solução para a maioria dos problemas de desempenho de atribuição são os agrupamentos de memória[3].

Lembre-se de que a parte difícil da implementação padrão de alocação de memória da pilha foi encontrar o bloco de memória para retornar. Especialmente quando a memória está muito fragmentada, o algoritmo de busca pode ter de examinar através de muitos blocos diferentes antes que possa retornar o mais apropriado.

Conceitualmente, um agrupamento de memória é uma certa quantidade de memória pré-alocada que será usada para alocar objetos de determinado tamanho no momento de execução. Sempre que um desses objetos é liberado pelo programa, sua memória retorna ao agrupamento, não sendo liberada de volta para a pilha.

Esta abordagem possui várias vantagens:

Nenhum impacto no desempenho. Assim que alguém solicitar memória do agrupamento, retornamos o primeiro bloco pré-alocado livre. Não há chamadas para malloc e nenhuma pesquisa.

---

[3] N.R.T.: Agrupamentos de memória: *memory pools*.

Nenhuma fragmentação. Os blocos de memória são alocados uma vez e nunca liberados, assim a pilha não fica fragmentada enquanto a execução do programa avança.
Uma alocação grande. Podemos pré-alocar esses blocos da maneira que desejarmos. Normalmente, isso é feito como um grande bloco de memória, de onde retornamos subseções de pequeno porte. Isso tem a vantagem de reduzir ainda mais o número de alocações da pilha, bem como garantir a coerência espacial para os dados que são retornados (o que pode melhorar ainda mais o desempenho, isto por meio do aperfeiçoamento dos acertos do cache de dados).

A única desvantagem é que os agrupamentos em geral possuem algum espaço livre (espaço de folga). Enquanto são de tamanho razoável e utilizados apenas para os elementos dinâmicos, o espaço extra serve bem aos benefícios que irá proporcionar.

A primeira coisa que o agrupamento de memória precisa saber é quão grande os objetos alocados vão ser. Uma vez que isso nunca vai mudar, vamos passá-lo para o construtor. Além disso, as duas operações fundamentais que iremos realizar em um pool será alocar e liberar memória. Veja a primeira versão de uma declaração de classe do memory pool (agrupamento de memória):

```
class MemoryPool {
public:
        MemoryPool (size_t nObjectSize);
        ~MemoryPool ( );

        void * Alloc (size_t nSize);
        void Free (void * p, size_t nSize);
};
```

Precisamos criar um esquema para gerenciar vários blocos de memória de tamanhos semelhantes, retornando um bloco na chamada Alloc e colocá-lo de volta para ser gerenciado quando retornar na chamada Free.

Poderíamos pré-alocar todos os blocos de memória e manter uma lista de ponteiros para eles; colocar o primeiro da lista na chamada Alloc e devolvê-lo de volta à lista na chamada Free. Conceitualmente, isso é muito simples, e evita alocações dinâmicas da pilha no momento de execução, mas também apresenta vários problemas. O principal deles é que estamos aumentando a sobrecarga de memória para cada alocação. Agora uma alocação exige uma entrada na lista de objetos livres. Isso também significa que todos os objetos pré-alocados são alocados individualmente, não como um bloco de memória grande, desse modo, também implica qualquer sobrecarga de que o sistema operacional requeira para múltiplas e pequenas alocações.

Há uma solução para todos esses problemas, mas exige que sujemos um pouco nossas mãos: manuseando memória diretamente, lançando os endereços de memória para dados específicos e outras atividades desagradáveis. Vale a pena e, no final, não vai exigir nenhum trabalho extra; toda a memória será alocada fora de grandes blocos de memória contígua – exatamente o que estávamos procurando. Além disso, toda a complexidade será escondida sob a classe do agrupamento de memória, para que ninguém que a for usar tenha que saber como é implementada para poder usá-la corretamente. De fato, uma vez que tenhamos terminado corretamente nossa tarefa, ninguém vai nem mesmo precisar saber que existe uma classe memory pool (agrupamento de memória).

Comecemos pela atribuição de um bloco de memória grande. Conceitualmente, vamos pensar que esse bloco é constituído de pedaços de memória de tamanho similar contíguos. Cada fatia será exatamente do tamanho das alocações que serão requisitadas a partir deste agrupamento (veja a Figura 3.5.2a).

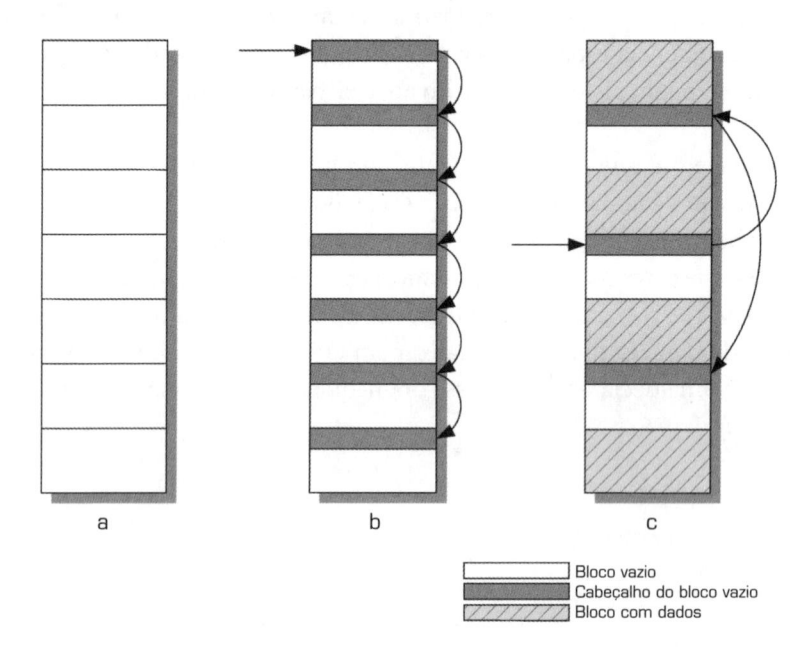

Figura 3.5.2 a) Um objeto de agrupamento recém-alocado. b) Um objeto de agrupamento com as conexões de lista conectadas. c) Um objeto de agrupamento após de ter sido usado por um tempo.

No início, antes que qualquer alocação seja feita, toda a memória do bloco está disponível; todos os pedaços podem ser marcados como livres. Para tanto, criaremos uma lista conectada de pedaços livres. Uma vez que o bloco de memória foi alocado, mas não direcionamos nenhuma memória para o programa, temos uma grande quantidade de memória não utilizada; poderíamos utilizá-la de maneira satisfatória. Em vez de desperdiçarmos memória com uma lista separada, dobraremos as duas primeiras palavras repetidas de cada trecho, com os ponteiros de próximo e anterior para um elemento da lista, e iremos ligar todos os pedaços em uma lista duplamente conectada (veja a Figura 3.5.2b).

O restante é simples. Sempre que chegar uma nova solicitação para a classe pool, selecionaremos o primeiro elemento da lista de pedaços livres e retornaremos um ponteiro para esse trecho. Sempre que a memória é liberada, a adicionamos para a cabeça da lista de pedaços livres. Após algumas alocações, os pedaços estarão fora de ordem na lista, mas não importa. Não estamos causando qualquer fragmentação de memória e alocamos e liberamos memória rapidamente (veja a Figura 3.5.2c).

E se precisarmos de mais memória do que a quantidade original que alocamos? Isso é com você. Talvez queira ter certeza de que os agrupamentos de memória nunca cresçam além de determinado tamanho, caso em que, se eles tornarem-se totalmente preenchidos, você pode lançar uma assertiva e parar. Caso contrário, se quiser que cresçam, aloque um outro bloco de memória e conecte-os com o restante dos blocos livres.

Qual o tamanho que podem ter os blocos de memória? Vai depender totalmente do tipo de atribuições que estamos realizando e do comportamento do programa que usa o agrupamento de memória.

De um lado, não queremos desperdiçar muito espaço tendo um grande bloco que nunca será completamente usado, mas, por outro, não queremos ter muitas alocações pequenas de memória a todo o momento.

A melhor opção é escolher algum padrão. Por exemplo, cada agrupamento irá criar um bloco que pode conter 512 pedaços. Uma vez que temos agrupamentos de memória ligados ao nosso gerenciador de memória, podemos relatar quanto espaço desperdiçado existe e ajustá-lo adequadamente. Podemos também querer ter a certeza de que blocos de memória são múltiplos do tamanho de uma página de memória ou de algum outro tamanho significativo que pode tornar nossa vida mais fácil e as alocações mais rápidas. No Win32, faz sentido fazer com que cada bloco seja um múltiplo de 4 KB e alocar a memória diretamente, ignorando malloc e todas as suas confusões.

Para termos certeza de que todos os objetos de uma classe particular utilizem um agrupamento para a sua alocação, precisamos criar uma variável membro estática que contenha o agrupamento de memória e depois substituir o operator new e o operator delete para a utilização do agrupamento de memória para alocar a memória de que necessitam.

```
// MyClass.h
class MyClass {
public:
    // Todas as declarações normais...

    static void * operator new(size_t size);
    static void operator delete(void * p,
        size_t size);

private:
    static MemoryPool * s_pPool;
};
```

```
// MyClass.cpp
MemoryPool * s_MyClass::pPool;
void * MyClass::operator new(size_t size) {
    if (s_pPool==NULL) {
        s_pPool = new MemoryPool(sizeof(MyClass));
    }
    return s_pPool->Alloc(size);
}

void MyClass::operator delete(void * p, size_t size) {
    s_pPool->Free(p, size);
}
```

Podemos limpar, isso bem como empacotar em um par de macros. Veja a definição de macro no código-fonte disponível na página deste livro (em inglês), no site da editora, em www.cengage.com.br. Agora podemos escrever a classe a seguir:

```
// MyClass.h
class MyClass {
public:
    // Todas as declarações normais...
    MEMPOOL_DECLARE(MyClass)
};


// MyClass.cpp
MEMPOOL_IMPLEMENT(MyClass)
```

Finalmente, para integrar os agrupamentos com o gerenciador de memória, cada agrupamento pode conter uma pilha e registrar todas as suas alocações através da pilha. Agora todas as alocações, agrupadas ou não, serão exibidas corretamente na visualização do agrupamento.

› Arquivo I/O

Toda linguagem vem com seu próprio conjunto de chamadas de biblioteca para abrir arquivos e ler e escrever dados. Então por que precisamos nos preocupar com arquivo I/O no desenvolvimento de jogos?
Existem várias razões. Uma das mais importantes é nosso desejo de carregar arquivos muito rapidamente. Existem poucas coisas mais frustrantes do que ter de esperar muito tempo para um carregamento de nível, por isso precisamos ter certeza de que podemos reduzir os tempos de carregamento; carregar arquivos um de cada vez do sistema de arquivos padrão normalmente não funciona. Além disso, se fizermos algum tipo de desenvolvimento multiplataforma, desejaremos acessar e manipular arquivos da mesma maneira em todas as plataformas diferentes.
Criar o nosso próprio sistema de arquivo personalizado permite-nos lidar com esses problemas. Também nos dá a oportunidade de ampliar o sistema de arquivos para acessar arquivos em diferentes mídias, como um drive de DVD, um cartão de memória, ou mesmo a rede, de maneira uniforme, simplificando ainda mais quaisquer operações de arquivos I/O em nosso jogo e ferramentas.

Sistema de arquivo unificado independente de plataforma

Antes que possamos manipular os arquivos, é preciso encontrá-los e abri-los. No mínimo, o nosso sistema de arquivos independente da plataforma deve nos deixar abrir um arquivo e recuperar um identificador ou um objeto para fazer qualquer operação sobre eles. A declaração para esse sistema de arquivos minimalista se parece com isso:

```
class FileSystem {
public:
    File * Open (cons std::string & filename);
};
```

No entanto, para um jogo completo, provavelmente vamos querer adicionar mais operações. Por exemplo, podemos querer verificar se existe um arquivo antes de abri-lo (por motivos de desempenho e para evitar encher o log com erros, se nós estamos apenas verificando se existe um arquivo, não temos qualquer intenção de abri-lo).

Também podemos querer ser capazes de montar e desmontar partes de um sistema de arquivos, como um cartão de memória ou os conteúdos de um arquivo de pacote do jogo (que cobriremos em detalhes em breve). Se vamos montar as partes do sistema de arquivos, podemos também tratar o sistema de arquivos local como qualquer outro tipo de arquivo e montá-lo explicitamente. Isso nos dá a flexibilidade adicional de sermos capazes de termos diferentes mapeamentos em nosso jogo e ferramentas do que os apresentados no caminho exato (*exact path*) em nossos computadores, que serão úteis durante o desenvolvimento.

Também pode ser útil para manipular o conceito de caminho atual (*current path*). Alguns sistemas de arquivos suportam esse conceito de forma nativa, enquanto alguns dos mais minimalistas, em alguns consoles de videogame, não. Se você decidir que gostaria de oferecer esse tipo de suporte, deve adicionar funções para recuperar e definir o diretório atual, bem como as funções internas para traduzir os diretórios relativos e nomes de caminhos incompletos em caminhos completos. Caso contrário, você pode apenas certificar-se de que lida com caminhos absolutos, o que pode levar algum tempo para se acostumar, mas pode poupar algumas dores de cabeça mais para frente, tornando as coisas mais fáceis de depurar.

Uma interface de sistema de arquivo mais detalhada pode parecer assim:

```
class FileSystem {
public:
    File * Open (const std::string & filename);
    bool DoesFileExist (const std::string &
        filename) const;
    bool Mount (const std::string & src,
    const std::string & dest);
    bool Unmount (const std::string & src);
};
```

Para começar a implementar esse sistema de arquivo, precisamos de uma maneira de mapear nomes de arquivos para que eles possam ser pesquisados e abertos. Também queremos que essa operação seja bem eficaz, pois provavelmente estaremos abrindo centenas de arquivos durante um carregamento de nível.

O outro maior requisito é minimizar a quantia de memória usada pelo próprio sistema de arquivo, então desejamos evitar manter a lista dos nomes completos dos arquivos. Isso pode parecer uma otimização de memória trivial, mas os nomes de arquivos podem rapidamente adicionar quantias significativas de memória. Imagine que nosso jogo tenha 10 mil arquivos e, na média, cada um desses arquivos tenha 60 caracteres (porque estamos mantendo caminhos completos com os nomes dos arquivos): estaríamos gastando 600 KB apenas nos nomes dos arquivos.

Uma *tabela hash* é a estrutura de dados perfeita para atender às suas necessidades. Podemos conseguir acesso muito eficiente (tempo constante) a qualquer arquivo em um conjunto grande e não precisamos guardar os nomes próprios. Sempre que pedirmos um nome de arquivo, executaremos a *string* através da função *hash* e, em seguida, acessaremos a própria *tabela hash*. Uma função CRC faz o trabalho muito bem, permitindo-nos traçar uma *string* arbitrária em números de 32 ou 64 bits de maneira muito eficiente.

Arquivos

Vamos operar nos próprios arquivos por meio de uma classe File. Poderíamos ter optado por usar um identificador do sistema, no qual a chamada Open( ) retornaria um identificador em vez de um ponteiro para um objeto, mas o código resultante seria menos legível e mais pesado. Em vez disso, podemos usar a sintaxe orientada a objeto para tratar um arquivo como um objeto. Como benefício adicional, toda vez que um objeto de arquivo for destruído, poderemos automaticamente fechar o arquivo, para que não haja necessidade de explicitamente fechá-lo.

As operações básicas que queremos realizar no arquivo são ler e escrever a partir dele e possivelmente buscar parte do arquivo. A seguir a interface básica para classe File:

```
class File {
public:
    File (const std::string & filename);
    int Read(byte * pData, int bytesToRead);
    int Write(byte * pData, int bytesToWrite);
    int Seek(int desiredPosition);
};
```

Internamente as funções read (ler), write (escrever) e seek (buscar) apenas chamam as funções nativas de plataforma diretamente.

Com uma simples classe de arquivo como essa, estamos prontos para iniciar a leitura e escrita de dados:

```
int number;
if (pFile->Read((byte *)&number, sizeof(number)) !=
        sizeof(number))
{
        return false;
}
```

Este é um código bem desagradável com todas as chamadas de declaração e sizeof( ) em todo lugar. Podemos torná-lo mais fácil de usar e entender por meio dos templates de função membro a seguir:

```
class File {
public:
    File (const std::string & filename);
    int Read(byte * pData, int bytesToRead);
    int Write(byte * pData, int bytesToWrite);
    int Seek(int desiredPosition);
```

```
        template<typename T>
        int Read (T * pData, uint nCount = 1) {
            uint nRead = ReadRaw((byte *)pData,
                    uint(nCount * sizeof(T)));
            return nRead/sizeof(T);
        }
};
```

Agora podemos escrever o mesmo exemplo de modo mais simples:

```
int number;
if (!pFile->Read(&number))
        return false;
```

Buffering

Um dos objetivos que tivemos para criar nosso próprio sistema de arquivos era alcançar um ótimo desempenho. Buffering é um elemento-chave para alcançar tal meta.

Considere o seguinte código inocente que apenas tenta ler uma sequência de números de um arquivo:

```
int attribute[NUM_ATTRIBUTES];
for (int i=0; i<NUM_ATTRIBUTES; ++i)
    if (!pFile->Read(&attribute[i]))
       return false;
```

Estamos apenas lendo uma série de números sequencialmente no mesmo arquivo. Idealmente, o código anterior deve executar muito rapidamente, requisitando uma ou duas leituras atuais do disco físico que faz o buffer de todos os resultados. No pior caso, um sistema sem buffering irá acessar o disco para todo valor lido, destruindo o código de carregamento.

Uma situação similar acontece se você desejar ler muitas partes diferentes de um arquivo. Nosso código iria buscar diferentes locais e ler alguns dados, mas isso poderia causar um desempenho terrível. Nessa situação, podemos querer carregar o arquivo inteiro na memória antes de iniciar a leitura de suas diferentes partes. Tendo controle sobre o buffering, o sistema de arquivos nos oferece capacidade de melhorar nosso desempenho de carga e consumo de memória ajustando-o para adequá-lo ao que que estamos prestes a fazer.

A maneira mais clara de implementar um esquema de buffering é usando uma abordagem em camadas. Assim que começarmos a pensar sobre isso, percebemos que o buffering e a leitura/escrita do arquivo são conceitos totalmente ortogonais. Buffering descreve o que fazer com os dados que acabamos de ler (ou que estamos prestes a escrever), nada mais.

Se pudéssemos adicionar uma camada de buffering sobre um arquivo e fazer com que pareça um arquivo regular para o resto do mundo, poderíamos ter o controle sobre o buffering ao mesmo tempo que analisamos a interface do mesmo arquivo. Podemos atingir exatamente esse efeito usando polimorfismo, criando uma classe de interface DataStream e um conjunto de classes derivadas, FileSource e BufferingLayer. A Figura 3.5.3 mostra o diagrama de herança de classe que descreve esse arranjo.

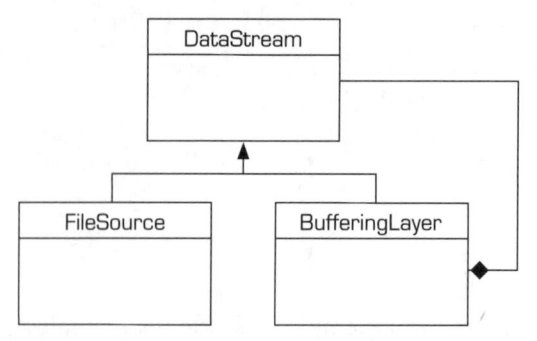

Figura 3.5.3 Diagrama de herança de classe para algumas classes DataStream.

A classe BufferingLayer tem a seguinte aparência:

```
class BufferingLayer : public DataStream {
public:
    BufferingLayer (DataStream & sourceStream,
                int bufferSize);
    virtual int Read(byte * pData, int bytesToRead);
    virtual int Write(byte * pData, int bytesToWrite);
    virtual int Seek(int desiredPosition);

private:
    DataStream & m_stream;
    byte * pBuffer;
};
```

Observe que BufferingLayer precisa de um DataStream passado para ele no seu construtor. É onde consegue todos os dados para o buffer uma vez que o buffer em si não lê dados de qualquer dispositivo físico. Esse é o trabalho da classe FileSource. Também precisamos especificar quão grande é o buffer que queremos utilizar. Às vezes, não sabemos quão grande queremos que o buffer seja, apenas queremos ter certeza de que todo o arquivo será armazenado em buffer na memória. Nesse caso, poderíamos passar -1 como o tamanho do buffer e interpretaríamos que seria do tamanho correto.

Por padrão, para um ótimo desempenho, devemos fazer o tamanho do nosso buffer corresponder a algum múltiplo do tamanho do setor da mídia física que estamos lendo. Dessa forma, um buffer de leitura corresponde exatamente a um (ou vários) conjunto do setor lido. Também temos de tomar alguns cuidados para sempre iniciar o buffer em múltiplos do tamanho do setor físico, evitando assim abarcar dois setores físicos e causar duas leituras físicas de cada uma das nossas próprias leituras.

Além disso, precisamos mudar a função FileSystem Open para ter um parâmetro de tamanho opcional do buffer. Se sabemos que vamos precisar de um buffer de pelo menos 32 KB para um arquivo específico, podemos chamá-lo desta maneira:

```
DataStream * pStream =
        fileSystem.Open("myfile.txt", 32);
```

E se quisermos que o conteúdo completo do arquivo seja alocado no buffer, poderemos chamá-lo da seguinte maneira:

```
DataStream * pStream =
        fileSystem.Open("myfile.txt", FULL_BUFFER);
```

Empacotamento de arquivos

Até agora, este sistema de arquivo personalizado parece uma reimplementação genérica do sistema de arquivo na maioria das plataformas. É bom ter a flexibilidade adicionada sobre o aspecto de buffer, mas podemos às vezes conseguir o mesmo efeito usando o arquivo específico da plataforma de funções I/O. No entanto, os arquivos do pacote são o que fazem esse sistema de arquivos único e extremamente útil para o desenvolvimento do jogo.

Se você tivesse de desenvolver um jogo sem se preocupar com o sistema de arquivos, provavelmente perceberia que os tempos de carregamento seriam dolorosamente lentos, especialmente se carregasse diretamente de um DVD ou disco Blu-ray como muitos dos consoles de jogos. Utilizamos nosso gerenciador de perfil para tentar descobrir o que estava causando o mau desempenho, e, após algumas investigações, veremos que a maioria de nosso tempo foi gasto na busca de lugares diferentes no disco. "Buscando? Mas tomamos o cuidado de não fazer qualquer busca durante o carregamento de cada arquivo", você poderia dizer. Essa busca não decorre de movimentos durante um carregamento de arquivo único, mas sim do carregamento de arquivos que estão localizados em diferentes locais físicos no disco.

Normalmente, quando usamos o sistema de arquivos padrão, não temos controle sobre onde os arquivos estão localizados fisicamente. A maioria dos aplicativos não precisa saber isso, de modo que seria uma complicação inútil. Infelizmente, os jogos precisam dessa informação, e é aqui que entram os arquivos do pacote.

Outra forma de atingir um grande desempenho, provavelmente, pode se mostrar sob a forma das operações de arquivo open e close. Os sistemas de arquivos na maioria das plataformas possuem um processamento relativamente grande para abertura e fechamento de arquivos. Se estamos pensando em 1.000 arquivos durante um carregamento de nível, mesmo com um tempo extra de 10 ms por arquivo acrescenta mais 10 segundos.

Um pacote de arquivos é simplesmente um grande arquivo que contém outros arquivos. É muito provável que contenha algumas informações de cabeçalho com uma lista de todos os arquivos contidos e onde estão localizados (o seu deslocamento a partir da origem do arquivo), além de um grande pedaço de dados com o conteúdo de cada arquivo. Como nós mesmos criamos essa imagem, temos o controle total sobre onde estão localizados os arquivos diferentes e podemos minimizar os tempos de busca. Além disso, como é um único arquivo grande, também removemos completamente o processamento associado com a abertura e o fechamento de arquivos enquanto continuamos a ler deste arquivo de pacote.

O formato atual do arquivo de pacote realmente não importa. Podemos adotar um formato existente e obter os benefícios das ferramentas para criar e exibir seu conteúdo. Alguns dos formatos de arquivo de pacote populares são arquivos cab ou até mesmo arquivos zip (com ou sem compressão). Se por algum motivo um formato não atenda às nossas necessidades, podemos sempre criar um muito facilmente, mas tenha em mente que também exigirá a escrita de várias ferramentas de apoio.

Antes de podermos usar um arquivo na forma de pacote, é preciso montá-lo em nosso sistema de arquivos. Então o FileSystem precisa ser estendido para lidar com arquivos do pacote. Sempre que um arquivo de pacote é montado, podemos entregá-lo ao objeto PackFileSystem, que cuida da análise de seu conteúdo e a adição de todas as entradas para o mapa do sistema de arquivos.

O que acontece quando tentamos abrir um arquivo que está contido em um arquivo de pacote? Evidentemente, não podemos usar o padrão de chamadas para arquivo open e close que utilizamos para arquivos no sistema de arquivos local. Em vez disso, passamos o pedido para o PackFileSystem, que cria um DataStream começando no offset correto para o grande pacote de arquivo. Também temos de tomar cuidado para que o comprimento deste novo DataStream coincida com o arquivo que estamos abrindo e não com o comprimento do arquivo de pacote. A maneira mais clara de implementar isso é adicionar uma camada nova para usar uma variedade menor de um fluxo existente.

```
class RangeLayer : public DataStream {
public:
    RangeLayer (DataStream & sourceStream, int offset,
                int length);
    virtual int Read(byte * pData, int bytesToRead);
    virtual int Write(byte * pData, int bytesToWrite);
    virtual int Seek(int desiredPosition);

private:
    DataStream & m_stream;
    int m_offset;
    int m_length;
};
```

O sistema de arquivo de pacote pode retornar um novo fluxo de dados dessa maneira, e o resto do código irá apenas ver um DataStream com os dados e comprimento corretos.

```
return new RangeLayer(packFileStream,
        file.Offset, file.Length);
```

Agora que temos um arquivo de pacote funcionando, os tempos de carregamento já devem estar mais rápidos, pois só fazemos uma chamada nativa para abrir o pacote de arquivo, e todas as outras operações abertas sobre o conteúdo do arquivo de pacote são muito rápidas. Neste ponto, podemos também tentar reorganizar o conteúdo do arquivo de pacote para que os arquivos lidos consecutivamente estejam posicionados, um ao lado do outro. Isso irá reduzir ainda mais os tempos de carregamento, evitando procura, tanto quanto possível.

Outras possíveis otimizações que podemos fazer é alinhar os arquivos em algum limite específico (como 4 KB), o que gasta um pouco de espaço, mas pode nos dar carregamentos de arquivos mais rápidos, alinhando com os setores sobre o meio físico onde o arquivo de pacote está armazenado. Alguns outros meios de comunicação têm exigências rigorosas sobre alinhamentos de operação de leitura, especialmente para chamadas de baixo nível assíncronas, de modo que possamos mudar o alinhamento de nossos arquivos para que correspondam facilmente às necessidades.

Extensões e usos avançados

Com um sistema de arquivos como esse no local, podemos adicionar quaisquer recursos que precisemos ao jogo ou mesmo durante o desenvolvimento.

Você provavelmente irá querer oferecer uma interface similar a um arquivo para uma seção em vez de um arquivo físico em disco. Tudo que precisa fazer é implementar uma classe DataStream que lê e escreve de uma seção de memória RAM. Desse modo a área da memória RAM poderá crescer à medida que se escreve nela, assim como um arquivo real aumentaria de tamanho. A capacidade de leitura da memória RAM como se fosse um arquivo será muito útil se tentarmos fazer qualquer carregamento assíncrono, no qual primeiro carregamos o conteúdo de um arquivo de maneira assíncrona na memória e depois criamos os objetos apropriados por meio do conteúdo desse arquivo.

Outra extensão muito útil, especialmente durante o desenvolvimento, é um DataStream que acessa arquivos através da rede. Ele permite-lhe operar com qualquer arquivo na rede como se fosse local, e isso se torna muito conveniente para trabalhar com os recursos mais recentes do jogo armazenados em uma unidade de rede ou, no caso de um console de jogos, para obter os arquivos diretamente fora de um PC, tornando o tempo de iteração mais rápido para os artistas e designers.

A compressão pode ser um recurso extremamente útil para adicionarmos ao nosso sistema de arquivos. Especialmente em hardware com acesso lento aos dados (drives de DVD) e CPUs relativamente rápidas, um algoritmo de compressão razoável reduziria o tamanho dos dados pela metade possuindo pouco impacto sobre a CPU, o que poderia traduzir-se em quase metade do tempo de carregamento. Poderíamos facilmente adicionar a compressão por meio da aplicação de uma camada nova de DataStream que iria assentar entre a camada de arquivo e do jogo. Como no caso da camada de *buffer*, seria totalmente transparente, mas monitoraria toda a descompressão. Se ainda queremos economizar dados comprimidos (por exemplo, inserir em um cartão de memória pequeno), também podemos implementar as operações de escrever nessa camada e fazer funcionar em ambos os sentidos. Se usarmos um algoritmo de compressão padrão, temos uma grande quantidade de código-fonte que podemos usar ao implementarmos essa camada, e também obter as ferramentas para compactar e descompactar arquivos. Alguns algoritmos de compressão populares são gzip (biblioteca zlib [Gailly05]) e bzip2. Ambos são muito eficazes, leves e livres; podemos usá-los em qualquer jogo comercial.

É importante que todas as chamadas I/O de arquivo sejam tratadas pelo nosso sistema de arquivo personalizado. Se partes do nosso programa usam as chamadas I/O de arquivo padrão do sistema operacional e a outra metade usa o sistema de arquivo personalizado, estamos indo de encontro ao desastre. Podemos facilmente controlar o que fazemos em nosso código, mas temos de ser especialmente cuidadosos sobre os middleware e bibliotecas de terceiros. Qualquer middleware decente deve ter ganchos I/O de arquivo, para que possamos apontar as nossas funções personalizadas para assegurar que todas as operações sejam feitas através do mesmo sistema de arquivos. Caso contrário, a biblioteca de middleware não seria capaz de aproveitar todas as funcionalidades que implementamos, como arquivos de pacote ou buffer personalizado.

❯ Recursos de jogos

Um recurso de jogo, também chamado de "asset de jogo", é qualquer objeto carregado do disco que pode ser compartilhado em diversas partes do jogo: uma textura, uma animação, um som e assim por diante. Recursos de jogo são criados por artistas e designers; geralmente são grandes e ocupam uma grande porcentagem de toda a memória disponível nos jogos modernos. Esta seção explica como organizar recursos de forma efetiva no motor de jogo.

Trabalhando com os recursos de jogo

Vamos imaginar por um momento que não temos qualquer sistema em particular para lidar com os recursos de jogos. Realmente precisamos de um? O que acontece se não precisamos?

Estamos no meio de um carregamento do nível do jogo. Do arquivo de descrição de nível, é nos dito que precisamos criar um orc e colocá-lo no canto do calabouço. Isso deveria ser fácil. Procuramos a definição de um orc, e carregamos sua malha 3D[4], texturas, animações e sons do disco. Até agora tudo bem. Enquanto continuamos a carregar o nível, encontramos outro orc que precisa ser colocado em um lugar próximo. Esse orc é exatamente igual ao anterior: mesmas texturas, mesmas animações etc. Infelizmente, nosso código burro de carregamento não sabe como tirar vantagem disso, e simplesmente usa o disco novamente e carrega e cria todos esses recursos. Imagine que não existem apenas dois orcs, mas dúzias. Irá levar muito tempo para carregar um nível, e é um desperdício de memória monumental, que é um dos mais preciosos recursos que um desenvolvedor de jogo possui.

Como se não bastasse, imagine que vamos em frente e carregamos o nível mesmo assim. O jogador começa a se embrenhar no calabouço e mata alguns orcs. Em algum momento, a lógica do jogo decide que quer criar alguns orcs a mais. Como podemos fazer isso? Toda informação que temos é o nome dos arquivos de recursos diferentes do orc, então vamos novamente ao disco e carregamos esses recursos. Contudo, dessa vez o carregamento aconteceu durante o tempo de jogo, fazendo o jogo travar por um período, ou talvez engasgar durante vários frames.

Claramente, essa não é uma situação aceitável. Nós definitivamente precisamos de um sistema que trabalhe com recursos de jogos mais eficazes.

Gerenciador de recurso

Nós poderíamos tentar ser um pouco mais espertos sobre como carregamos os recursos. Por exemplo, o código que carrega as texturas poderia tentar lembrar cada textura que foi carregada. Se tentarmos carregar a mesma textura novamente, basta retornar uma referência ao que temos na memória. O código do jogo obterá os recursos necessários e não precisamos nem mesmo acessar o disco.

Parece perfeito, exceto que, em seguida, percebemos que precisamos escrever o mesmo código para animações (e para as malhas 3D, sons, filmes, para a geometria de nível etc.). É provável que tenhamos dúzias de diferentes recursos, então escrever o mesmo código em todo lugar não parece uma ideia atraente.

---

[4] N.R.T.: O termo *mesh* deriva da expressão técnica em computação *polygon mesh*, *malha poligonal* em português. Uma malha poligonal é uma coleção de faces (e cada face é formada por um conjunto de vértices) que definem um objeto tridimensional nos campos da computação gráfica e da modelagem tridimensional. O termo possui várias traduções possíveis, mas, na área da produção dos jogos digitais, ele geralmente é traduzido como *malha*, *malha* 3D.

A solução foi boa; só precisamos de uma forma de generalizá-la em algo que pode ser usado com qualquer tipo de recurso. A primeira coisa que precisamos é criar o conceito de um recurso de jogo genérico. Isso é o uso perfeito para uma classe de interface. Quaisquer recursos específicos com que temos de lidar herdarão dessa classe de interface. De forma adicional, existem provavelmente algumas operações que queremos fazer em qualquer tipo de recurso, e poderemos adicioná-las na classe de interface.

```
class IResource {
public:
    virtual ~IResource( ) { };
    virtual const std::string & GetName( ) const = 0;
    virtual ResourceType GetType( ) const = 0;
};
```

Agora podemos finalmente criar um gerenciador de recursos, que será responsável por carregar os recursos, lembrando todos os recursos carregados atualmente, e retornando as referências a eles sempre que isso for pedido [Bilas00, Boer00]. Um primeiro passo para o gerenciador de recursos se parece com isso:

```
class ResourceManager {
public:
    Texture * CreateTexture(const std::string &
        filename);
    Animation * CreateAnimation(const std::string &
        filename);
    Mesh * CreateMesh(const std::string & filename);
    //...

private:
    IResource * CreateResource(const std::string &
        filename);
    typedef std::map<std::string, IResource *>
        ResourceMap;
    ResourceMap m_resources;
}
```

Cada uma das funções de criação simplesmente chama o CreateResource ( ) e faz a verificação simples de erros. O coração do gerenciador de recursos está na função CreateResource ( ). Primeiro, olha para ver se o recurso está no mapa e, se sim, retorna imediatamente. Caso contrário, ele cria e o adiciona ao mapa. Isso é tudo que ele faz.

```
IResource * ResourceManager::CreateResource(
        const std::string & filename)
{
```

```
        ResourceMap::iterator it =
                m_resources.find(filename);
        if (it != m_resources.end( ))
                return (*it).second;

        IResource * pResource = LoadResource(filename);
        if (pResource == NULL)
                return NULL;

        m_resources[filename] = pResource;
        return pResource;
}
```

O gerenciador de recursos irá funcionar bem como implementado até agora, mas há um ponto desagradável nisso. Ter de criar uma função para cada tipo de recurso é bastante complicado. Também significa que, se o jogo precisa carregar os tipos de recursos personalizados, assim precisamos modificar o próprio gerenciador de recursos, o qual é parte dos sistemas de baixo nível do motor de jogo.

Uma abordagem muito melhor é usar um sistema de registro, assim como as fábricas de registro de objeto que vimos no Capítulo 3.4. Para qualquer tipo de recurso que queremos que o nosso gerenciador de recursos dê suporte, precisamos criar uma classe que deriva da interface IResource-Maker e registrá-la com o gerenciador de recursos. O gerenciador, então, mantém a associação entre as extensões de arquivo (ou bytes de cabeçalho, ou como você preferir identificar seus recursos) e os criadores de recursos. Sempre que o jogo tentar carregar um recurso de um desses tipos, se ainda não tiver sido carregado, deixa o ResourceMaker carregá-lo e retorna um ponteiro para ele. Caso contrário, retornamos o ponteiro para o que já estava carregado na memória. Consulte os arquivos low_level_memory_mgr, para obter uma implementação completa de um gerenciador de registro dos recursos. Esse conteúdo está disponível em inglês na página do livro em www.cengage.com.br.

Tempo de vida do recurso

Até agora, temos ignorado completamente a questão do que acontece quando os recursos são destruídos. O gerenciador de recursos é notificado para que possa remover o recurso de sua lista? O que acontece se tentarmos criar o mesmo recurso de novo? Antes de respondermos a essas questões, realmente devemos pensar sobre como queremos lidar com os recursos na nossa situação.

Tudo de uma vez

Para muitos jogos, simplesmente queremos carregar todos os recursos no início no nível de jogo e mantê-los por ali até termos saído do nível. Não queremos destruir ou criar quaisquer recursos enquanto o nível está sendo jogado. A maneira mais simples de lidar com isso é destruir todos os recursos e limpar o gerente de recursos no final de cada nível. Em seguida, carregamos novos recursos necessários para o front-end, ou para o próximo nível.

Essa abordagem tem a vantagem de ser muito simples: não há criação dinâmica de recursos, e nunca precisamos nos preocupar com o fato de um recurso não estar lá quando precisamos dele ou ter de acompanhar quantos lugares estão usando um recurso em particular no momento.

Essa também é uma estratégia muito limitada, porque não nos permite implementar qualquer tipo de carregamento sob demanda para trazer modelos em alta resolução ou texturas quando necessário durante o jogo. Ela também dificulta a atualização de recursos individuais durante o desenvolvimento, que realmente melhoraria o tempo de iteração para artistas e designers. Por fim, jogar fora todos os recursos no final de cada nível pode ser um pouco radical. Pode haver recursos que queremos reutilizar de nível para nível, ou talvez alguns recursos front-end que simplesmente nunca queremos descarregar. Também requer que todas as partes do código que continham ponteiros para recursos estejam cientes de que esses recursos já não existem mais. Essa abordagem parecia muito atrativa devido à simplicidade, mas agora ela está parecendo muito limitada.

Gerenciamento explícito de tempo de vida
Poderíamos nos encarregar manualmente do gerenciamento do tempo de vida de cada recurso. Sempre que não queremos mais um recurso, fazemos uma chamada explícita para excluí-lo. Isso resolve algumas das desvantagens da abordagem anterior, em que podemos facilmente trocar recursos e carregar os novos no ato.

Contudo, temos de ser extremamente cautelosos com a maneira que destruímos os recursos existentes. A visão geral dos recursos é que eles podem ser compartilhados. Se estamos destruindo um orc e decidimos destruir todas as suas texturas e animações, o que acontece se houver outro orc que esteja usando os mesmos recursos? Poderíamos tentar controlar todas as entidades que mantêm um ponteiro para os recursos e notificá-las quando um recurso fosse destruído. Isso, por outro lado, poderia utilizar muita memória e não resolveria o problema das outras partes do código, que ficariam sem aqueles recursos caso fossem destruídos.

Contagem de referência
Contagem de referência busca resolver o problema da propriedade compartilhada de recursos. Cada recurso mantém o controle da quantia de partes do código que são referenciadas a ele. Enquanto a referência for maior que zero, o recurso está sendo necessário em algum lugar. Sempre que chegar a zero, significa que ninguém o está usando e que pode ser excluído com segurança, se quisermos.

A contagem de referência pode ser feita de forma explícita. Isto é, cada vez que algo tem uma nova referência para um recurso, deve chamar a função AddRef( ), que simplesmente incrementa a contagem de referência atual. Sempre que alguma entidade não precisar do recurso, a função Release( ) é chamada, diminuindo a contagem de referência. Essa abordagem funciona razoavelmente bem para lidar com recursos compartilhados, mas ter de chamar as funções AddRef( ) e Release( ) manualmente é em geral propenso a erros, e é comum fazer chamadas incompatíveis para os recursos, o que acaba confundindo toda a contagem de referência.

Uma abordagem mais segura é a utilização de ponteiros inteligentes [Colvin02, Hawkins03]. Estes podem ser usados quase que como um ponteiro regular pelo resto do código, mas lidam com as chamadas das funções AddRef( ) e Release( ) no recurso em que são criadas ou excluídas. Ao lidarmos com ponteiros inteligentes, temos muitas opções: a contagem de referência intrusiva ou não intrusiva, a política de exclusão, cópia da gravação e assim por diante. Consulte as referências no final do capítulo para uma discussão detalhada dos ponteiros inteligentes aplicados a recursos de jogo, assim como várias implementações padronizadas e disponíveis no mercado.

A contagem de referência é muito conveniente. Trata perfeitamente do problema de compartilhamento, das objeções anteriores sobre a troca de recursos e atualização dos recursos individuais durante o desenvolvimento. No entanto, precisamos ter cuidado ao utilizá-la em um jogo. Queremos ter certeza de que, se matarmos o último dos orcs, os recursos necessários para eles não sejam liberados, porque poderíamos criar alguns orcs a mais na próxima sala do calabouço. Em situações como essas, podemos querer que o jogo mantenha uma referência extra para cada recurso necessário no nível; liberá-lo quando o nível é finalizado evita que quaisquer recursos sejam liberados antes do tempo.

Recursos e instâncias

Ao lidar com recursos, é importante fazer uma distinção clara entre os recursos e as instâncias. Os recursos são todos os dados que podem ser compartilhados entre as diferentes partes do jogo. Uma instância é qualquer dado associado ao recurso que é único para cada ocorrência do recurso no jogo. Mantermos os dois conceitos claramente separados nos ajudará a usar os recursos corretamente.

Às vezes, a distinção entre os recursos e as instâncias é muito clara. Por exemplo, uma malha esquelética é um recurso, mas a sua posição e orientação são parte da instância. Em geral não pensamos nisso porque a posição e orientação são frequentemente associadas com um conceito de alto nível da entidade e não com o próprio recurso.

Outras vezes, a distinção entre recursos e instâncias não é tão simples. Considere uma textura com múltiplos frames (animando a chama de uma tocha, por exemplo). O recurso contém o número de frames e os dados em cada um dos frames. No entanto, a velocidade com que esses quadros se animam e o quadro atual é provavelmente parte de dados da instância. Caso contrário, todas as malhas em todo o mundo que usam essa textura iriam percorrer seus frames, ao mesmo tempo, sincronicamente.

Situações semelhantes acontecem com os parâmetros que são inicialmente parte do recurso, mas que acabam por serem modificados durante o jogo. Por exemplo, considere o valor de transparência de um material aplicado a um campo de força. A menos que o movamos para a parte de instância, sempre que o alteramos para torná-lo mais ou menos opaco, todos os campos de força no jogo vão mudar ao mesmo tempo.

Se você achar que a maioria de seus recursos tem alguns dados que devem mudar por instância, considere dividir os recursos em duas partes: uma instância e o próprio recurso. O exemplo seria um objeto muito leve, com apenas os valores necessários para descrever a instância e um ponteiro para o recurso completo. Toda vez que usarmos o recurso no jogo, criamos uma nova instância de recurso, com os valores de instância padrão.

Pré-cache do recurso

Temos assumido que, para carregar todos os recursos necessários para um nível de jogo em particular, tudo que precisamos fazer é passar pelo arquivo que descreve o nível e carregar todos os recursos para todas as entidades que aparecem nesse nível. Acontece que isso não é suficiente. Também precisamos lidar com os recursos dos objetos que serão gerados durante o jogo, mas não são necessariamente parte do layout original do nível. Isso é chamado de *pré-cache*.

O pré-cache envolve carregar recursos para objetos que não precisamos agora, mas sabemos que iremos utilizar mais tarde. Por exemplo, uma explosão precisa de um conjunto de sons e texturas, mas certamente não queremos esperar até uma explosão acontecer pela primeira vez para realmente carregarmos esses recursos, ou estamos arriscando que nosso jogo pare por alguns quadros para acessar o disco, acabando totalmente com a experiência do jogador.

Como sabemos que recursos precisaremos no futuro? Certamente não queremos interconectar quaisquer nomes de recursos no próprio código. Caso contrário, toda vez que precisarmos de um novo recurso, os designers ou artistas teriam de vir até os programadores para pedir-lhes para adicionar ou alterar um recurso.

Uma observação importante é que quaisquer recursos necessários no meio do jogo serão solicitados por entidades que já estão no nível. Por exemplo, um barril contendo gases inflamáveis sabe que se explodir terá de algumas animações de explosões. Um ponto de geração sabe que pode precisar criar novos orcs se for acionado. Ou um avatar do jogador tem conhecimento de todas as armas possíveis que pode escolher. A forma mais limpa de lidar com pré-cache é permitir a cada entidade a chance de fazer o pré-cache de qualquer objeto que vai precisar usar mais tarde. A entidade não precisa manter o recurso, simplesmente informa ao sistema para mantê-lo por ali, caso queira usá-lo mais tarde. O jogo pode manter uma lista de todos os recursos feitos por pré-cache para o nível que, se usarmos a contagem de referência, também manteremos a contagem de referência positiva, por isso saberemos que não serão destruídos antes do fim do nível.

Durante o jogo, podemos criar novos recursos, como faríamos com qualquer outro, por meio do gerenciador. Nesse caso, porém, os recursos já estarão carregados na memória, por isso não vamos ler o disco e interromper o jogo. Podemos querer tomar a precaução extra de desabilitar o acesso ao disco durante o próprio nível. Pelo menos, podemos imprimir um óbvio aviso ou erro se alguma entidade no jogo tentar criar um recurso que já não tenha passado pelo pré-cache; dessa forma, vamos receber uma notificação de imediato e saberemos como corrigi-lo, acrescentando à lista de pré-cache.

〉 Serialização

Praticamente todo jogo precisa lidar com a gravação e o carregamento de estados. Mesmo que seu jogo apenas suporte a gravação no ponto de verificação, você provavelmente ainda precisa implementar um recurso de gravação completo para exportar o estado inicial do nível por meio do editor de níveis, ou pelo menos uma versão simplificada de um estado do jogo para cada gravação e carregamento a partir do ponto de verificação.

Gravação

Quando se trata de gravar entidades de jogo, é melhor que cada entidade decida por si própria a melhor forma de gravar a si mesma no fluxo. Para tanto, faremos uma passagem por todas as entidades que estamos interessados em gravar e daremos a chance de se serializarem [Brownlow03, Eberly06].

Interface ISerializable

Podemos chamar a função Write para cada entidade que queremos serializar. Poderíamos tornar essa função parte da classe-base GameEntity e tudo funcionaria bem. As entidades que não queiram ser serializadas podem deixar tudo em branco e todo o mundo poderá implementar a função dependendo do seu conteúdo.

Uma abordagem melhor é fazer as funções relacionadas à serialização parte de uma interface abstrata, ISerializable. Então, a classe-base GameEntity pode herdar disso, e tudo funcionará da mesma maneira. No entanto, dividir essas funções em uma interface separada nos permite serializar outros tipos de objetos que não são necessariamente entidades de jogo. A interface ISerializable é muito simples:

```
class ISerializable
{
public:
    virtual ~ISerializable( ) { };
    virtual bool Write(IStream & stream) const = 0;
    virtual bool Read(IStream & stream) = 0;
};
```

Como você pode ver a partir da função Read, iremos usar a interface ISerializable durante o processo de carregamento.

Implementando o Write

Implementar a função Write para cada entidade é uma tarefa simples. Precisamos decidir quais os dados que desejamos gravar. Para cada variável membro que queremos gravar, serializamos no fluxo.

Para valores inteiros, flutuantes e outros tipos de dados-padrão, apenas colocamos no fluxo diretamente. Entretanto, e se nossa entidade contém uma variável membro de si própria que precisamos serializar? Fácil. Temos de garantir que a variável também implemente a interface ISerializable e apenas chamamos sua função Write, que, por sua vez, será executada da mesma maneira. Dessa forma, podemos gravar qualquer quantidade de objetos aninhados sem qualquer dificuldade.

Se a entidade contém ponteiros ou referências a outros objetos, em vez do próprio objeto, precisamos lidar com eles de uma forma diferente. Veremos como na próxima seção.

Se nossas classes de entidade usam a herança, podemos querer deixar as classes pai lidar com a serialização para seus próprios dados. As classes derivadas só precisam se preocupar com novas variáveis que acrescentam.

Veja um possível código para a função Write para a classe câmera:

```
bool GameCamera::Write(IStream & stream) const
{
    // Deixe a classe pai gravar coisas comuns como
    // posição, rotação, etc.
    bool bSuccess = GameEntity::Write(stream);

    // Esses são tipos básicos de dados, serialize-os
    // diretamente
    bSuccess &= WriteFloat(stream, m_FOV);
    bSuccess &= WriteFloat(stream, m_NearPlane);
    bSuccess &= WriteFloat(stream, m_FarPlane);
```

```
        // Este é um objeto que precisa ser
        // serializado em turno
        bSuccess &= m_lens.Write(stream);

        return bSuccess;
}
```

O que temos implementado até agora é um formato binário puro – nenhum cabeçalho, nenhuma informação extra, apenas os dados brutos. Pode ser um formato bom para quando precisarmos carregar as entidades o mais rápido possível, como no jogo lançado, mas não é um formato muito amigável com o qual desenvolver o jogo. Assim que uma pequena alteração é feita para uma classe de entidade, todos os jogos salvos anteriormente se tornam inutilizáveis. Pior, não há jeito de detectar que algo está errado, e provavelmente iremos ler dados imprestáveis.

Por essa razão, é aconselhável implementar ao menos dois tipos de formatos: um formato binário rápido, como vimos anteriormente, e um com base em texto mais lento, que é fácil de depurar e irá funcionar quando o formato mudar.

Identificadores únicos
Ainda não resolvemos um dos problemas principais: o que fazer com os ponteiros de gravação. Temos várias escolhas.

A primeira possibilidade é evitar completamente os ponteiros ou pelo menos os ponteiros para outras entidades do jogo. Em vez de um ponteiro, podemos nos referir a qualquer outra entidade do jogo por meio de IDs únicas (ou UIDs). Se cada entidade de jogo tem uma UID, que nunca será repetida, podemos apenas manter esse número. Toda vez que precisarmos trabalhar diretamente com a entidade, pediremos que o sistema de entidade de jogo nos dê um ponteiro para a entidade correspondente a esse número. Como vimos no Capítulo 3.4 sobre entidades de jogo, essa é uma abordagem razoável que se pode querer adotar apenas para facilitar a comunicação entre entidades de jogo.

Por exemplo, o código seguinte atualiza a posição de um projétil que travou em algum alvo, usando o método UID.

```
void HomingProjectile::Update( )
{
        if (!m_bLocked)
            return;

        GameEntity * pTarget =
            GetEntityFromUID(m_targetUID);

        if (pTarget == NULL) {
            m_bLocked = false;
            return;
        }
}
```

```
        // Fazer qualquer correção de curso
        // que seja necessária aqui...
        // ...
}
```

Essa é exatamente a solução para o problema de objeto compartilhado com identificadores que vimos no Capítulo 3.4. Os mesmos comentários sobre a construção de identificadores e como a tradução é implementada se aplicam aqui.

Recursos

Que tal ponteiros para recursos de jogos em vez de entidades? Geralmente, isso é menos problemático. As entidades apontam para os recursos porque foram criadas dessa maneira, e seus dados foram configurados desse modo desde o início. Por exemplo, uma das propriedades de determinada entidade do avatar do jogador é a malha que será usada para ser renderizada, juntamente com todas as suas animações e texturas. Normalmente, as entidades vão se referir a recursos pelo nome do arquivo ou por alguma identificação (ID), e isso é tudo que precisamos. Se o recurso para onde aponta vai mudar durante o programa, a entidade deve guardar esse nome ou identificação a ser restaurada mais tarde. Caso contrário, será sempre a mesma, portanto não há necessidade de salvá-la.

Ponteiros de gravação

E se decidíssemos não usar UIDs (Identificadores Únicos) para identificar nossas entidades de jogo e usássemos apenas ponteiros diretos? Alterar uma base de código existente de utilização de ponteiros para usar UIDs pode ser uma tarefa desgastante. Imagine passar através de centenas ou milhares de classes mudando todos os ponteiros e o código que utilizam para UIDs. Se tudo que desejamos é uma maneira rápida de serializar entidades, há uma alternativa melhor: podemos gravar os ponteiros diretamente no disco.

Sabemos que o endereço de memória contido no ponteiro não aponta para a localização de memória correta quando carregamos o jogo novamente. Obviamente, algo tem de ser feito quando carregamos as entidades do jogo para resolver o problema. Por enquanto, vamos gravar os ponteiros brutos e deixar assim. A próxima seção aborda o que precisa ser feito no momento de carregamento para fazer tudo funcionar.

Carregamento

Chegamos ao momento da verdade. Tudo o que temos feito até agora são os preparativos para o carregamento das entidades do jogo e restauração do estado do jogo.

Criando objetos

Um requisito ao restaurarmos tipos diferentes de objetos é sermos capazes de criar qualquer tipo de objeto baseado nos dados que lemos do fluxo. Não é o suficiente sermos capazes de ler os dados que devem ir em uma classe GameCamera; precisamos saber que ele pertence a uma classe GameCamera e precisamos realmente criar um objeto desse tipo.

Se esse problema lhe parecer familiar, ele certamente deve ser. Abordamos em detalhes quando falamos sobre as fábricas de objetos. Uma boa fábrica de entidade de jogo deve ser capaz de criar qualquer tipo de entidade que queremos apenas passando para ela o nome da classe ou um identificador de tipo. Então chamamos Read no objeto que acabamos de criar para carregar todos os dados do fluxo.

```
string strClassName = ReadString(stream);
GameEntity * pEntity =
        EntityFactory::Create(strClassName);
// ... Algum registro aqui ...
pEntity->Read(stream);
```

Dependendo do tipo de sistema de fábrica que temos, podemos salvar strings completas para o nome da classe de nossas entidades e criá-las novamente, passando as strings para o sistema de fábrica. O uso de strings oferece as compensações usuais: são fáceis de depurar e claras para que consigamos ver o que estamos tentando fazer, mas são lentas e ocupam mais memória do que os identificadores simples. Por exemplo, identificadores de 32 bits serão mais eficientes, mas não será imediatamente óbvio para nós sabermos que tipo de objeto estamos tentando criar, ao examinarmos o identificador no depurador.

Ponteiros de carregamento

Como podemos lidar com a delicada questão dos ponteiros? Mencionamos anteriormente que poderíamos salvá-los de forma direta e restaurá-los corretamente. Veja como fazê-lo.

Sabemos que cada endereço de memória é original. Ao armazenarmos o endereço de memória da entidade que nos interessa, estamos identificando-o exclusivamente. Se, junto com cada entidade, também armazenamos sua localização de memória quando foi salvo, podemos construir uma tabela de conversão no momento do carregamento que nos permitirá ir dos endereços antigos de memória para os endereços novos de memória.

Para a tradução funcionar corretamente, ela precisará ser feita quando todas as entidades já estiverem carregadas; caso contrário, podemos tentar procurar um endereço de memória que não tenhamos carregado ainda. O processo de carregamento é o seguinte: primeiro, carregamos todas as entidades e construímos uma tabela mapeando os endereços antigos para endereços novos; depois, fazemos com que um "ajuste" (fix-up) passe por todas as entidades e lhes dê a chance de corrigir quaisquer ponteiros que tenham para apontar para as novas posições corretas de memória.

Para realizar esse ajuste de endereços, precisamos de um pouco mais de apoio do sistema de carregamento e da interface ISerializable; então estendemos a interface ISerializable para incluir uma função Fixup.

```
class ISerializable
{
public:
    virtual ~ISerializable( ) { };
    virtual bool Write(IStream & stream) const = 0;
    virtual bool Read(IStream & stream) = 0;
    virtual void Fixup( ) = 0;
};
```

Assim como as entidades implementaram suas próprias funções Read e Write, vão implementar uma função Fixup que cuida da tradução de endereços de ponteiros antigos para endereços corrigidos de cada ponteiro que gravaram. Se uma entidade não salvou os ponteiros, não precisa implementar a função Fixup, já que a classe-base GameEntity implementou um vazio. Tal como acontece com as outras funções de serialização, uma entidade deve chamar a sua versão pai de Fixup, além de fazer suas próprias traduções de ponteiro.

Para tornar possível a etapa de ajuste (fix-up), cada entidade deve ser associada a seu endereço antigo quando este for carregado de volta na memória. Podemos fazer isso salvando o endereço de cada entidade quando for escrita para o fluxo.

Com todas essas informações em mãos, estamos prontos para lidar com ponteiros de forma correta. Sempre que um objeto for criado a partir do fluxo, também leremos o seu antigo endereço e o inseriremos na tabela de tradução junto com o novo endereço. A classe AddressTranslator será responsável pela manutenção e controle de todos os endereços e nos fornecer uma tradução durante a etapa de ajuste.

```
GameEntity * LoadEntity(IStream & stream)
{
        string strClassName = ReadString(stream);
        GameEntity * pEntity =
                EntityFactory::Create(strClassName);

        void * pOldAddress = (void *)ReadInt(stream);
        AddressTranslator::AddAddress(pOldAddress,
                pEntity);

        pEntity->Read(stream);
        return pEntity;
}
```

A função AddAddress coloca o novo endereço em uma tabela hash, indexado pelo endereço antigo; desse modo será muito eficiente para traduzir do endereço antigo para o novo.

Para implementarmos a função Fixup, precisamos usar a outra função fornecida na classe AddressTranslator, que é TranslateAddress. Esta irá procurar na tabela hash por um valor antigo de ponteiro e irá selecionar o novo valor. Veja como a função Fixup para nossa classe HomingProjectile pode ser escrita:

```
void HomingProjectile::Fixup( )
{
        m_pTarget = (GameEntity *)
                AddressTranslator::TranslateAddress(
                        m_pTarget);
}
```

Após o carregamento ser concluído e todos os ponteiros forem ajustados, devemos redefinir a tabela de tradução para economizar memória; ela não será mais necessária.

Um aspecto importante a observar é que esse método só funciona para os ponteiros que explicitamente gravamos e adicionamos na tabela. Nesse caso, isso acontece automaticamente para todas as entidades de jogo. Se fôssemos tentar fazê-lo com um ponteiro que não havia sido adicionado à tabela de tradução, deverá ser informado ou impresso um grande aviso para que possamos saber que algo deu errado no processo de tradução. Caso contrário, o problema pode não ser noticiado e o erro pode não ser encontrado sem testes exaustivos.

Há uma específica quantidade de digitação para cada variável que queremos serializar. Precisamos adicioná-la na função Write( ), na função Load( ) e talvez na função Fixup( ). É fácil esquecer de adicioná-la a um desses lugares e, se isso acontecer, a serialização irá falhar de maneira sutil. O que temos visto é a forma básica de fazer a serialização. Um motor de jogo completo deve ter um método para automatizar toda essa digitação com algumas macros simples ou modelos que fazem a mesma coisa nos bastidores, como as nossas funções de serialização.

Consulte a página do livro em www.cengage.com.br, para ter acesso ao código-fonte completo para um sistema de serialização com todos os recursos descritos nesta seção (conteúdo disponível em inglês).

Resumo

Neste capítulo, vimos o que esperar de sistemas de baixo nível, como gerenciamento de memória e arquivos I/O.

A alocação de memória é frequentemente a causa de muitos erros e falhas nos jogos. Neste capítulo, implementamos um sistema de alocação de memória dinâmica que nos deu conhecimento, segurança e controle sobre as alocações.

Vimos então como um sistema de arquivo I/O do tipo ingênuo pode realmente deixar lento o carregamento do jogo com muitos arquivos abertos e chamadas de busca. Criamos um sistema de gerenciamento de arquivo completo que nos permitiu acesso a recursos diferentes de forma consistente, bem como nos deu controle suficiente para permitir um desempenho muito mais rápido.

Os recursos de jogo são grandes seções de dados carregados do disco e compartilhados entre partes diferentes do jogo. Vimos diferentes estratégias para lidar com esse compartilhamento, como separar os recursos e instâncias e como criar um pré-cache dos recursos para evitar uma interrupção no meio do jogo enquanto novas entidades são criadas.

Por fim, observamos um sistema de serialização simples que nos permitiu gravar e carregar o estado do jogo a qualquer momento. Tal sistema pode ser usado para gravações dentro do jogo ou mesmo para exportar o estado de nível inicial a partir do editor de níveis.

Exercícios

1. Considere a situação de gerenciar um bloco contíguo de memória RAM para alocar texturas no momento de execução. Você não pode confiar em endereçamento virtual, porque não é suportado ou porque precisa garantir que a memória esteja fisicamente contígua (este é frequentemente o caso com memória que a unidade de processamento gráfico acessa diretamente).

Pesquise o assunto nas referências e descreva um algoritmo bom e simples que possa ser utilizado para minimizar a fragmentação da memória.
2. Observe três ou mais jogos de PC dos últimos dois anos. (Você pode usar demonstrações que pode baixar gratuitamente.) Instale-os e verifique os arquivos que estão utilizando. Eles usam arquivos de pacote ou têm milhares de arquivos individuais? Marque quanto tempo leva para carregar um nível em cada um desses jogos. Há alguma correlação entre o tempo de carga e o uso de arquivo de pacote?
3. Implemente uma classe MemoryDataStream que trabalha obtendo dados de um local de memória em vez de um arquivo. Certifique-se de que continua totalmente compatível com a interface DataStream e o restante das camadas de fluxo.
4. Implemente uma simples classe de contagem de referência, a partir da qual outras classes podem derivar. Implemente as seguintes funções membro: AddRef ( ), Release ( ) e GetRefCount ( ). Escreva um programa simples que mostre como funciona a classe de referência.
5. Reescreva o mesmo programa que você escreveu no exercício anterior, mas, em vez de usar a classe de contagem de referência, use os ponteiros boost::shared_ptr da biblioteca Boost, que usa a contagem de referência não intrusiva. (A contagem de referência está no próprio ponteiro inteligente, e não no objeto de referência a ser contado.)

Referências

Gerenciamento de memória
[Dickheiser06] Dickheiser, Mike, *C++ for Game Programmers*, Charles River Media, 2006.
[Hixon02] Hixon, Brian, et al., "Play by Play: Effective Memory Management", *Game Developer Magazine*, February 2002.
[Meyers05] Meyers, Scott, *Effective C++: 55 Specific Ways to Improve Your Programs and Designs (3rd Edition)*, Addison-Wesley, 2005.
[Ravenbrook01] Ravenbrook Limited, *The Memory Management Reference*, www.memory-management.org/, 2001.

Arquivo I/O
[Gailly05] Gailly, Jean-loup, and Adler, Mark, "zlib", http://www.zlib.net/, 2005.
[PKWARE04] PKWARE, "Application Note: .ZIP File Format Specification", www.pkware.com/company/standards/appnote/, 2004.
[Sousa02] Sousa, Bruno, "File Management Using Resource Files", *Game Programming Gems 2*, Charles River Media, 2001.

Gerenciamento de recurso
[Bilas00] Bilas, Scott, "A Generic Handle-Based Resource Manager", *Game Programming Gems*, Charles River Media, 2000.
[Boer00] Boer, James, "Resource and Memory Management", *Game Programming Gems*, Charles River Media, 2000.
[Colvin02] Colvin, Greg; Dawes, Beman; and Adler, Darin, "Boost: Smart Pointers", http://boost.org/libs/smart_ptr/smart_ptr.htm, 2002.

[Hawkins03] Hawkins, Brian, "Handle-Based Smart Pointers", *Game Programming Gems 3*, Charles River Media, 2003.
[Llopis04] Llopis, Noel, "The Beauty of Weak References and Null Objects", *Game Programming Gems 4*, Charles River Media, 2004.

Serialização

[Brownlow03] Brownlow, Martin, "Save Me Now!", *Game Programming Gems 3*, Charles River Media, 2003.
[Eberly06] Eberly, David H., *3D Game Engine Design, Second Edition*, Morgan Kaufmann, 2006.

3.6 Depurando os jogos

Neste capítulo

- Visão geral
- O processo de depuração de cinco etapas
- Dicas especializadas de depuração
- Padrões e cenários de depuração complicada
- Entendendo o sistema subjacente
- Adicionando infraestrutura para ajudar na depuração
- Prevenção de erros
- Resumo
- Exercícios
- Referências

⟩ Visão geral

Depurar um jogo, ou qualquer outra parte do software, pode ser uma tarefa extremamente difícil. Para a maior parte, um programador experiente pode rapidamente identificar e corrigir até o erro mais confuso, mas, para o iniciante, pode ser uma experiência frustrante. Para piorar o problema, quando você começa a procurar pela fonte do erro, nunca sabe quanto tempo irá demorar para encontrar. A chave é não entrar em pânico e, em vez disso, ser disciplinado e manter-se concentrado no processo. Este capítulo fornecerá técnicas e conhecimentos para, metodicamente, você encontrar e prevenir até mesmo os erros mais complicados, enquanto presta atenção especial a problemas e métodos de depuração únicos para os jogos.

Já que procurar um erro pode ser confuso e aleatório, este capítulo inicia com um estruturado *processo de depuração de cinco etapas* que tenta emprestar alguma estrutura à depuração. Apesar de não ser à prova de defeitos, seu uso disciplinado irá impedir o trabalho em vão e provavelmente minimizar o tempo gasto na procura de cada erro. Já que é igualmente importante ter alguns truques de especialista na manga ao se aproximar de um erro particularmente difícil, este capítulo inclui algumas dicas valiosas muito consagradas, bem como uma lista de cenários difíceis de depuração que explicam o que fazer quando se lida com padrões de erro em particular. Boas ferramentas são essenciais para a depuração de qualquer jogo, por isso vamos discutir também as ferramentas específicas de execução que você pode inserir em seu jogo para ajudar a depurar problemas exclusivos da programação de jogos. Por fim, vamos analisar algumas técnicas simples para evitar erros em primeiro lugar.

〉 O processo de depuração em cinco etapas

Programadores experientes têm a habilidade de rápido e magistralmente rastrear até mesmo os mais difíceis erros. A maneira mágica com a qual instintivamente eles sabem onde encontrar a falha pode ser inspiradora. Embora a experiência desempenhe um papel significativo nesse talento aparente, eles também têm interiorizado um método disciplinado para investigar e estreitar as possíveis causas. O processo de cinco etapas a seguir tem como objetivo reproduzir essa disciplina e irá ajudá-lo a descobrir erros de maneira metódica e focada.

Passo 1: Reproduzir o problema de forma consistente

Não importa qual seja o erro, é importante que você saiba como reproduzi-lo de forma consistente. Tentar reparar um erro que aparece aleatoriamente é frustrante e normalmente uma perda de tempo. O fato é que quase todos os erros irão ocorrer dadas as circunstâncias corretas, por isso é seu trabalho ou de seu departamento de teste descobrir tais circunstâncias.

Dado um erro ficcional de jogo, um testador pode relatar: "Às vezes o jogo trava quando o jogador mata um inimigo". Infelizmente, esse tipo de relatório de erro é muito vago, principalmente porque o problema não parece acontecer de forma consistente. O jogador pode regularmente detonar os inimigos, por isso deve haver alguma outra correlação quando o jogo trava.

Para erros que não são triviais para se reproduzir, o ideal é criar um conjunto de "passos para a reprodução", que mostram como sempre reproduzir o erro. Por exemplo, os seguintes passos melhoraram muito o relatório de erro anterior:

Passos para reprodução:
1. Inicie um jogo para um único jogador.
2. Escolha Skirmish no mapa 44.
3. Encontre um acampamento inimigo.
4. A distância, use armas de longo alcance para atacar os inimigos no acampamento.
5. Resultado: 90% das vezes o jogo trava.

Obviamente, os passos de reprodução são uma ótima maneira para o testador ajudar os outros a reproduzir um erro; contudo, o processo de delimitação da cadeia de eventos que levaram ao erro também é crítico por três outras razões. Primeiro, fornece dicas valiosas do porquê o erro está acontecendo. Em segundo lugar, fornece uma maneira sistemática, para testar se o erro foi corrigido. Em terceiro lugar, pode ser empregado em testes de regressão para assegurar que o erro não reapareça.

Enquanto essa informação não nos diz a causa direta do erro, ela nos permite reproduzi-lo de forma consistente. Quando tiver a certeza das circunstâncias que causam o erro, você pode facilmente avançar para a próxima etapa e começar a recolher pistas úteis.

Passo 2: Coletar pistas

Agora que você pode forçar confiavelmente o erro a ocorrer, o próximo passo é colocar seu chapéu de detetive e recolher as pistas. Cada pista é uma chance para afastar uma causa possível e restringir a lista de suspeitos. Com indícios suficientes, a origem do erro será óbvia, então vale a pena o esforço para acompanhar cada pista e entender suas implicações.

Uma palavra de cautela: no fundo, você deve sempre considerar que uma pista recolhida pode ser enganosa ou incorreta. Por exemplo, talvez fomos informados de que determinado erro sempre acontece depois de uma explosão. Embora possa ser uma pista vital, pode ser falsa. Esteja preparado para descartar pistas que acabam por entrar em conflito com outras informações que você reúne.

Continuando com o relatório de erro de exemplo, hoje sabemos que o jogo trava durante um ataque de projéteis em um campo inimigo em particular. O que há de tão especial em projéteis ou combates a distância? Estes são pontos importantes a ponderar, mas não gaste muito tempo fazendo isso. Vá até lá e observe exatamente como ocorre a falha. Precisamos de provas mais concretas, e refletir sobre pistas superficiais é a maneira menos eficiente de obtê-las.

No exemplo, quando entramos no jogo e realmente assistimos à falha, vamos perceber que ocorre em um objeto flecha quando se refere a um ponteiro ruim. Inspeção mais aprofundada mostra que o ponteiro deve apontar para a personagem que atirou a flecha. Nesse caso, a flecha estava tentando informar que acertou um inimigo e que o atirador deve receber pontos de experiência pelo ataque bem-sucedido. Embora possa parecer que encontramos a causa, a verdadeira causa ainda é desconhecida. Temos de descobrir o que prejudicou o ponteiro em primeiro lugar.

Passo 3: Localizar o erro

Quando você achar que tem dicas suficientes, é hora de focar sua pesquisa e localizar o erro. Há duas maneiras principais de fazer isso. A primeira é propor uma hipótese para o que está causando o erro e tentar provar ou refutar essa hipótese. A segunda maneira, mais metódica, é usar o método dividir e conquistar.

Método 1: Proponha uma hipótese

Com pistas suficientes, você vai começar a suspeitar do que está causando o erro. Essa é a sua hipótese. Uma vez que está claramente em sua mente, comece a projetar os testes que vão provar ou refutar.

No exemplo do jogo, o nosso trabalho de detetive produziu as seguintes dicas e informações sobre o design do jogo:

- Quando uma flecha é atirada, é dado um ponteiro à personagem que atirou.
- Quando a flecha acerta um inimigo, o atirador recebe um crédito.
- O travamento ocorre quando a flecha tenta usar um ponteiro ruim para dar crédito ao atirador.

Nossa primeira hipótese pode ser que o ponteiro torna-se corrompido em algum momento durante o voo da flecha. Armados com essa hipótese, temos agora de elaborar testes e coletar dados para comprovar ou refutar tal causa. Um método possível seria que cada flecha registrasse o ponteiro do atirador em um local de backup. Quando o travamento acontecer de novo, podemos verificar o backup de dados para nos certificar se o ponteiro é diferente de quando foi dado originalmente para a flecha.

Infelizmente, nesse exemplo em particular de jogo, essa hipótese acabou por não ser a correta. O ponteiro do backup se assemelhou inteiramente ao ponteiro responsável pelo travamento do jogo. Assim, precisamos tomar uma decisão. Queremos elaborar outra hipótese e testá-la ou voltar a procurar por mais pistas? Tentemos mais uma hipótese.

Se o ponteiro do atirador da flecha nunca se corrompeu (nossa nova pista), talvez o atirador tenha sido excluído depois que a flecha fora disparada, mas antes de acertar um inimigo. Para checkarmos, vamos gravar o ponteiro de cada personagem que morre no acampamento inimigo. Quando a falha ocorrer, podemos comparar o ponteiro ruim com a lista de inimigos que morreram e foram excluídos da memória. Com um pouco de trabalho, verifica-se que essa foi a causa. O atirador morreu enquanto sua flecha estava em pleno voo!

Método 2: Divida e conquiste

As duas hipóteses que levaram a encontrar o erro também demonstram o conceito de "dividir e conquistar". Sabíamos que o ponteiro estava ruim, mas não sabíamos se ele realmente mudou os valores, como resultado de ser corrompido, ou se o ponteiro se tornou inválido em algum momento anterior. Ao testarmos a primeira hipótese, fomos capazes de descartar uma das duas possibilidades. Como Sherlock Holmes uma vez disse: "... ao eliminar o impossível, o que permanecer, ainda que improvável, deverá ser a verdade".

Algumas pessoas podem descrever o método de dividir e conquistar como simplesmente identificar o ponto de falha e fazer o retrocesso através das entradas para descobrir o erro. Considerando-se um erro que não provoque travamento, haverá um ponto em que um erro inicial em cascata causará, eventualmente, a falha. A identificação do erro inicial em geral é realizada por meio da configuração de pontos de interrupção (condicional ou não) em todos os caminhos de entrada até encontrar a entrada que quebra a saída, causando o erro.

Ao retroceder a partir do ponto de falha, você está procurando por qualquer anomalia em variáveis locais ou funções superiores na pilha. Com um erro de travamento, procure por valores NULL ou valores com um número extremamente elevado. Se for um erro com número de ponto flutuante, procure NANs[1] ou números realmente grandes mais acima da pilha.

Se você fizer suposições para o problema, testar uma hipótese ou caçar o culpado através de uma pesquisa metódica, provavelmente encontrará o problema. Confie em si mesmo e mantenha a calma durante esta fase. Outras seções deste capítulo vão elaborar técnicas específicas que podem ser utilizadas durante esta etapa.

Passo 4: Corrigir o problema

Uma vez que a verdadeira causa do erro foi identificada, uma solução deve ser proposta e implementada. No entanto, a correção também deve ser adequada para a fase em particular do projeto. Por exemplo, nas últimas fases de desenvolvimento, não é razoável mudar as estruturas de dados subjacentes ou arquitetura para corrigir um erro. Dependendo do estágio de desenvolvimento, o arquiteto-chefe ou do sistema deve tomar a decisão sobre que tipo de correção deve ser aplicada. Em momentos críticos, muitas vezes engenheiros (juniores ou de nível médio) podem tomar decisões ruins porque não estão examinando o todo.

---

[1] N.R.T.: NAN: *Not a Number*. Usado em programação para representar um valor não válido.

Outra questão importante é que o programador que escreveu o código deve, idealmente, corrigir o erro. Quando isso não for possível, tente discutir a correção com o autor antes de implementar soluções. Isso lhe dará uma visão do que poderia ter sido feito no passado sobre os problemas semelhantes e o que pode causar erros, como resultado de sua solução proposta. É perigoso alterar o código de outras pessoas sem entender completamente o contexto.

Continuando no nosso exemplo de jogo, a origem do travamento foi um ponteiro ruim para um objeto que não existe mais. Uma boa solução para esse tipo de padrão de jogo é a utilização de um nível de dissimulação para que o tipo de falha não possa acontecer. Muitas vezes, os jogos usam identificadores para objetos em vez de ponteiros diretos por essa razão (conforme descrito no Capítulo 3.4, Arquitetura do jogo). Essa seria uma correção razoável.

No entanto, se o jogo deve estar pronto para um marco ou uma demonstração importante, você poderia ser tentado a implementar uma solução mais direta para esta situação especial (como o atirador invalidar o seu ponteiro na flecha quando for excluído). Se esse tipo de gambiarra for feito, não se esqueça de fazer uma nota dele para ser reavaliado após o prazo. É um problema comum ver soluções rápidas esquecidas apenas para causarem problemas mais tarde.

Enquanto parece que descobrimos o erro e identificamos uma correção (usando identificadores, em vez de ponteiros), é fundamental explorar outras formas que possam fazer o mesmo problema ocorrer. Isso pode levar mais tempo, mas vale a pena o esforço para nos certificar de que o erro subjacente foi corrigido, e não apenas como uma manifestação em particular. No nosso exemplo do jogo, provavelmente não somente outros tipos de projéteis também farão com que o jogo trave, mas também outros objetos que não armas, ou mesmo os relacionamentos entre personagens, também podem ser vulneráveis à mesma falha de projeto. Encontre esses casos relacionados de modo que sua solução resolva o problema central e não apenas um sintoma.

Passo 5: Testar a solução

Uma vez que a solução foi implementada, ela deve ser testada para verificar se realmente corrigiu o erro. A primeira medida é ter certeza de que os passos de reprodução original já não causam o erro. Também é uma boa ideia ter alguém, como um testador, para confirmar, independentemente de o erro estar corrigido.

A segunda medida ao corrigir o erro é ter certeza de que outros erros não foram introduzidos. Você deve executar o jogo por um período de tempo razoável e assegurar que nada foi afetado pela correção. Isso é muito importante, já que muitas vezes uma correção de erros, sobretudo no final do ciclo de desenvolvimento, pode produzir outas falha no sistema. No final de um projeto, você também vai querer que cada correção seja revisada pelo líder ou outro desenvolvedor, como um teste adicional de sanidade, no sentido de que não irá afetar negativamente a versão final.

⟩ Dicas especializadas de depuração

Se você seguir as etapas básicas de depuração, será capaz de localizar e reparar a maioria dos erros. No entanto, ao tentar estabelecer uma hipótese, buscando provar/refutar uma causa ou tentar encontrar o ponto de falha, você pode querer considerar as dicas que se seguem.

Questione suas suposições

É importante manter uma mente aberta quando fizer a depuração e não realizar muitas suposições. Se você assumir que as coisas simples funcionam, poderá estar prematuramente estreitando sua busca e perdendo completamente a causa. Por exemplo, nem sempre presuma que esteja executando com o software ou biblioteca mais atualizados. Em geral vale a pena certificar-se de que suas suposições são válidas.

Minimize interações e interferência

Algumas vezes, os sistemas interagem um com o outro de maneira que complica a depuração. Tente minimizar essa interação, desativando subsistemas que você acredita não estejam relacionados com o problema (por exemplo, desativar o sistema de som). Às vezes, isso vai ajudar a identificar o problema, já que a causa pode estar no sistema que você desativou, indicando que deve verificar ali em seguida.

Minimize aleatoriedade

Muitas vezes, os erros são difíceis de reproduzir por causa da variabilidade introduzida pela taxa de frames ou a partir de números aleatórios utilizados. Se o jogo tem uma taxa de frames variável, tente tornar a "taxa de frames" uma constante. Para números aleatórios, ou desative o gerador de números aleatórios ou coloque em seu gerador de números aleatórios uma constante para que ele produza sempre a mesma sequência. Infelizmente, o jogador introduz uma importante fonte de aleatoriedade que você não pode controlar. Se a aleatoriedade do jogador deve ser controlada, considere gravar dados de entrada do jogador para que possam ser alimentados de volta para seu jogo de maneira previsível [Dawson01].

Divida cálculos complexos em etapas

Se determinada linha de código combina muitos cálculos, talvez quebrar a linha em várias etapas ajudará a identificar o problema. Por exemplo, talvez uma parte do cálculo esteja sendo mal usada, uma função não retorne o que você pensou que faria ou a ordem das operações seja diferente do que esperava. Isso também lhe permite examinar o cálculo em cada uma das etapas intermediárias.

Verifique as condições-limite

O problema clássico de off-by-one[2] tem incomodado todos nós em um momento ou outro. Verifique algoritmos para essas condições-limite, especialmente em loops.

Interrompa computações em paralelo

Se você suspeitar de uma condição de corrida, serialize o código para verificar se o erro desaparece. Nas trocas (*threads*), adicione atrasos extras para ver se o problema muda. O problema pode ser reduzido se você puder identificá-lo como uma condição de corrida e usar experiências para isolá-lo.

Explore ferramentas no depurador

Compreenda e aprenda a utilizar os pontos de interrupção condicionais, relógios de memória, relógios de registro, pilhas e depuração de montagem/mista. As ferramentas ajudam a encontrar pistas e provas convincentes do que é fundamental para identificar o erro.

---

[2] N.R.T.: Um erro *off-by-one* (OBOE) é um tipo de erro lógico que envolve o equivalente discreto de uma condição de limite. Ocorre frequentemente em programação de computadores, quando um loop iterativo itera uma vez a mais ou a menos.

Verifique o código modificado recentemente

É impressionante a depuração que pode ser feita com controle das versões das fontes de código. Se você sabe a data que ele funcionava e a data em que parou de funcionar, poderá examinar os arquivos que mudaram e encontrar rapidamente o código incorreto. Isso, pelo menos, restringe sua pesquisa aos subsistemas particulares ou arquivos.

Outra maneira de explorar o controle das fontes do código é criar uma compilação do jogo antes de o erro ser introduzido. Isso é útil se você não puder localizar o problema. Executar a antiga e a nova versão por meio de um depurador e comparar os valores poderiam ser a chave para encontrar o problema.

Explique o erro para alguém

Muitas vezes, ao explicar um erro para outra pessoa, você vai refazer seus passos e perceber algo que perdeu ou esqueceu de verificar. Outros programadores também são bons em sugerir hipóteses alternativas que podem ser exploradas. Não subestime o poder de falar com outras pessoas e nunca tenha vergonha de procurar aconselhamento. As pessoas em sua equipe são seus aliados e uma de suas melhores armas contra erros realmente difíceis.

Depure com um parceiro

Isso geralmente compensa, uma vez que cada pessoa possui diferentes experiências e táticas para lidar com os erros. Muitas vezes você vai aprender novas técnicas e atacar o erro de um ângulo que não considerou. Ter alguém em alerta pode ser uma das melhores maneiras de rastrear um erro.

Afaste-se um pouco do problema

Algumas vezes, você está tão próximo do problema que não consegue olhar e vê-lo com clareza. Tente sair da situação e vá dar uma volta fora do ambiente de trabalho. Quando você relaxar e voltar para a situação, terá uma nova perspectiva. Uma vez que tenha dado a você mesmo permissão para tirar uma folga, muitas vezes seu subconsciente irá trabalhar no problema e a solução irá simplesmente aparecer.

Obtenha ajuda externa

Existem muitos grandes recursos para conseguir assistência. Se você está fazendo um jogo para console, cada fabricante tem uma equipe completa pronta para ajudá-lo quando se encontrar em problemas. Tenha seus dados de contato. Os três grandes fabricantes de consoles fornecem suporte via telefone, suporte via e-mail, e *newsgroups* em que desenvolvedores podem ajudar uns aos outros.

❯ Padrões e cenários de depuração complicada

Os erros muitas vezes seguem padrões em que eles se entregam. Em cenários de depuração complicada, os padrões são a chave. Aqui é onde a experiência compensa. Se você viu o padrão antes, tem uma boa chance de encontrar rapidamente o erro. Os cenários e padrões a seguir vão lhe dar alguma orientação.

O erro existe no compilado, mas não na depuração

Um erro que só existe em uma versão compilada em geral aponta para dados não inicializados ou um erro no código otimizado. Muitas vezes, as versões de depuração irão inicializar variáveis para zero, mesmo que você não tenha escrito o código para fazer isso. Já que essa inicialização invisível não acontece em versões compiladas, o erro aparece.

Outra tática para rastrear a causa está em utilizar sua versão de depuração e habilite lentamente cada uma das otimizações. Através de testes com cada nível de otimização, às vezes, você pode encontrar o culpado. Por exemplo, em versões de depuração, as funções normalmente não são incorporadas. Quando se tornam incorporadas para versões otimizadas, por vezes, um erro vai aparecer.

Também é importante notar que os símbolos de depuração podem ser ligados em versões compiladas. Isso permite a depuração limitada (embora muitas vezes frustrante) de código otimizado, e ainda permite que você mantenha alguns sistemas de depuração habilitados. Por exemplo, você poderia fazer seus manipuladores de exceção executarem um rastreamento em pilha (que requer símbolos) para o local do acidente. Isso pode ser especialmente útil quando os testadores devem executar uma versão otimizada do jogo, porém ainda são capazes de rastrear falhas e travamentos.

O erro existe no hardware do console do consumidor, mas não no kit do desenvolvedor

Ao desenvolverem jogos para consoles, os fabricantes de hardware (Sony, Microsoft e Nintendo) fornecem aos desenvolvedores os kits de desenvolvimento. Esses kits são quase idênticos ao hardware de produção do consumidor vendido nas lojas, mas em geral acrescentaram memória para depuração, hardware extra para se comunicar com um PC e emular os tempos de acesso à mídia com base no disco (já que todos os carregamentos fora do disco, na verdade, vêm do disco rígido do PC). Essas diferenças são importantes quando o jogo apresenta um erro ou travamento no hardware do consumidor, mas não no kit de desenvolvimento. Isso quase sempre aponta para um problema geral com o uso de muita memória, um problema de tempo que envolve o carregamento de dados do disco ou alguma outra diferença entre os kits de desenvolvimento e o hardware de produção.

O erro desaparece quando muda algo inócuo

Se um erro vai embora mudando algo completamente alheio, como adicionar uma linha de código inofensiva, é provável existir um problema de temporização ou de substituição de memória. Por exemplo, ao adicionar ou remover uma linha de código, todos os códigos posteriores e alterações de dados mudam sua localização na memória. Se o problema é uma substituição de memória, qualquer mudança no tamanho do código pode afetar o que está sendo substituído. Portanto, mesmo que pareça que o erro desapareceu, provavelmente foi transferido para uma parte diferente do seu código onde o problema estará latente (não substituindo nada importante), até haver mudanças de memória novamente. Não perca essa oportunidade de encontrá-lo. Ele ainda está lá, e isso certamente vai incomodá-lo no futuro, de uma maneira sutil ou quase indetectável.

Problemas verdadeiramente intermitentes

Como mencionado anteriormente, a maioria dos problemas seguramente irá ocorrer dadas as corretas circunstâncias. Se você realmente não pode controlar as circunstâncias, examine o problema quando ele se tornar óbvio. O importante aqui é gravar o máximo de informações possível quando detectar o problema, para que possa analisar os dados posteriormente, se necessário. Você não terá muitas oportunidades, por isso aprenda o máximo de cada falha. Outra dica útil é comparar os dados recolhidos do caso de uma única falha com a os dados coletados enquanto tudo funcionava corretamente e, em seguida, identificar as diferenças.

Comportamento inexplicável

Há casos em que você vai percorrer o código e as variáveis vão mudar sem que qualquer coisa toque nelas. Comportamentos verdadeiramente bizarros como esse geralmente apontam para o fato de o sistema ou o depurador terem ficado fora de sincronia. A solução é tentar ressincronizar o sistema com "níveis crescentes de limpeza de cache".

Os quatro Rs da limpeza de cache são cortesia de Scott Bilas:

- **Retry (Retentar)** (liberar o estado atual do jogo e executar novamente)
- **Rebuild (Reconstruir)** (limpar os objetos intermediários compilados e fazer uma reconstrução completa)
- **Reboot (Reiniciar)** (limpar a memória de sua máquina com uma reinicialização a quente)
- **Reinstall (Reinstalar)** (limpar os arquivos e configurações de suas ferramentas/OS, reinstalando-os)

Desses quatro Rs, o mais importante é reconstruir. Às vezes, os compiladores não rastreiam as dependências e irão falhar para recompilar o código afetado. Os sintomas são normalmente estranheza geral e instabilidade. A reconstrução completa, muitas vezes, resolve o problema.

Ao lidar com o comportamento inexplicável, é importante questionar o depurador. Verifique o valor real das variáveis com printfs, já que, por vezes, o depurador ficou confuso e não refletiu com precisão os verdadeiros valores.

Erros do compilador interno

De vez em quando, você vai encontrar uma situação em que o próprio compilador desistiu de seu código e queixa-se de um erro interno do compilador. Esses erros podem sinalizar um problema legítimo em seu código ou podem ser inteiramente culpa do software compilador (por exemplo, se excedeu seu limite de memória ou não consegue lidar com seus modelos). Quando se deparar com um erro interno do compilador, veja uma boa série dos primeiros passos a seguir:

1. Realize uma reconstrução completa.
2. Reinicie sua máquina e então tente uma reconstrução completa.
3. Verifique se você tem a última versão do compilador.
4. Verifique se você tem a última versão de qualquer biblioteca que está usando.
5. Verifique se o mesmo código é compilado em outras máquinas.

Se essas etapas não resolverem o problema, tente identificar qual trecho de código está causando o erro. Se possível, use a técnica de dividir e conquistar para aparar o código até que o erro interno do compilador vá embora. Uma vez identificado, examine o código visual e garanta que esteja correto. (Várias pessoas examinando-o pode ajudar.) Se o código parece razoável, o próximo passo é tentar reorganizá-lo para ver se você pode obter uma mensagem de erro mais significativa do compilador. Uma última etapa é a compilação com versões anteriores do compilador. É bem possível que um erro tenha sido introduzido na versão mais recente do compilador, e um compilador mais antigo irá compilar o código corretamente.

Se nenhuma dessas soluções ajudar, pesquise sites que apresentem casos de problemas semelhantes. Se nada aparecer, contate o fabricante do compilador para obter assistência adicional.

Quando você tem a suspeita de não ser o seu código

Sinta vergonha – você deve sempre suspeitar de seu próprio código! No entanto, se você está convencido de que não é seu código, a melhor opção é verificar os sites de correções para bibliotecas ou compiladores que você está usando. Estude os arquivos *readme* ou sites de busca da Web para erros conhecidos de suas bibliotecas ou compilador. Muitas vezes, outras pessoas já se depararam com problemas semelhantes e soluções ou correções foram criadas.

No entanto, há sempre uma possibilidade remota de que o erro seja o resultado de outra biblioteca ou mesmo um hardware com defeito (e acontece de você ser a primeira pessoa a encontrá-lo). Enquanto esse geralmente não é o caso, certamente acontece. A maneira mais rápida de lidar com isso é fazer um programa de amostra minúscula que isola o problema. Você pode, então, enviar um e-mail desse programa para os fabricantes das bibliotecas ou para o fornecedor do hardware para que possam investigá-lo. Se ele realmente for um erro de alguém, você poderá corrigi-lo rapidamente, ajudando essas pessoas a identificar e reproduzir o problema.

> Entendendo o sistema subjacente

Para encontrar erros realmente difíceis, você deve entender o sistema subjacente. Saber completamente C ou C++ simplesmente não é suficiente. Para ser um programador muito bom, entenda como o compilador implementa conceitos de alto nível, compreenda a montagem e conheça os detalhes do seu hardware (especialmente para o desenvolvimento em console). É bom pensar que linguagens de alto nível mascaram todas essas complexidades, mas a verdade é que, quando algo *realmente* quebra, você não terá noção a menos que entenda o que está abaixo das abstrações. Para mais discussão sobre como abstrações de alto nível podem *vazar*, consulte "The Law of Leaky Abstractions" [Spolsky02].

Portanto, que detalhes subjacentes você deve saber? Para os jogos você deve entender o seguinte:

Saiba como um compilador implementa um código. Estar familiarizado com a forma como herança, chamada de função virtual, chamadas de convenções e exceções são implementadas. Saber como o compilador aloca memória e lida com o alinhamento.

Conheça os detalhes de seu hardware. Por exemplo, entender um problema de cache no hardware (quando a memória no cache pode diferir da memória principal), restrição de alinhamento de endereço, ordenação de bits, tamanho da pilha e tamanhos de tipo (como *int*, *long* e *bool*).

Saiba como funciona a montagem e seja capaz de lê-la. Isso pode ajudar a rastrear problemas com versões otimizadas em que o depurador tem problemas de rastreamento através da fonte.

Sem uma firme compreensão dessas questões, você terá um ponto fraco quando se trata de combater os erros realmente difíceis. Entenda o sistema subjacente e conheça intimamente as suas regras.

⟩ Adicionando infraestrutura para ajudar na depuração

A depuração a vácuo sem as ferramentas certas pode ser frustrante. A solução é fazer a balança pender na direção contrária e construir ferramentas de depuração diretamente em seu jogo. As ferramentas a seguir ajudarão muito quando estiver rastreando erros.

Altere variáveis de jogos durante a sessão de jogo
Uma ferramenta valiosa para depuração e reprodução de erros é a capacidade de alterar as variáveis de jogo no momento da execução. A interface clássica para fazer isso é usar um teclado para alterar as variáveis por meio de uma interface de linha de comando de depuração (CLI) em seu jogo. Com o pressionar de um botão, a depuração de texto é sobreposta na tela de seu jogo e um aviso permite que sejam inseridos dados de entrada pelo teclado. Por exemplo, se você quiser mudar o tempo em seu jogo para tempestade, poderá digitar "tempestade" no prompt de comando. Esse tipo de interface também é ótimo para ajustar e verificar o valor das variáveis ou dos estados de jogo em particular.

Diagnósticos visuais de IA
Boas ferramentas são inestimáveis para a depuração, e depuradores padrão são simplesmente ineficazes para diagnosticar problemas de IA. Os depuradores fornecem grande profundidade em um momento, mas são péssimos para mostrar como um sistema de inteligência artificial (IA) evolui durante o jogo. Eles também são ruins em mostrar as relações espaciais no mundo do jogo. A solução é a construção de diagnósticos de visualização diretamente no jogo que podem acompanhar qualquer personagem. Usando uma combinação de texto e linhas 3D, sistemas importantes de IA como pathfinding, percepção de limites, alvos locais podem ser facilmente rastreados e verificados quanto a possíveis erros [Tozour02, Laming03].

Capacidade de registro
Muitas vezes, em jogos, fazemos dezenas de personagens interagirem e se comunicarem uns com os outros, resultando em um comportamento muito complexo. Quando essas interações quebram e um erro surge, torna-se crucial poder registrar os estados e os eventos de cada personagem que levaram ao erro. Com a criação de registros separados para cada personagem, com os principais eventos marcados temporalmente, torna-se possível rastrear a falha, examinando os registros (*logs*) [Rabin00a, Rabin02]

Capacidade de gravação e reprodução
Como mencionado, a chave para o rastreamento de erros é a reprodutibilidade. A última palavra em reprodutibilidade implicaria gravação e reprodução de entrada de dados (*input*) do jogador [Dawson01]. Para falhas muito raras, isso pode ser um instrumento fundamental na identificação da causa exata. No entanto, para apoiar esse recurso, mantenha seu jogo previsível, de modo que

um estado inicial juntamente com a entrada de dados do jogador produza o mesmo resultado de cada vez. Isso não significa que seu jogo seja previsível para os jogadores, só significa que você tem de lidar cuidadosamente com a geração de números aleatórios [Lecky-Thompson00, Freeman-Hargis03], estado inicial, dados de entrada e ser capaz de salvar a entrada de dados quando um acidente acontece [Dawson99].

Rastreie alocação de memória
Crie alocadores de memória que podem realizar um rastreamento de pilha completa em cada repartição. Ao manter os registros de quem está solicitando a memória, evitará vazamentos de memória.

Imprima o máximo de informações durante o travamento
Depuração *post-mortem* é muito importante. Em uma situação de travamento, você irá querer capturar a pilha de chamadas, registros e quaisquer outras informações de estado que podem ser relevantes. Essa informação pode ser impressa na tela, escrita em um arquivo ou enviada automaticamente por e-mail para a caixa postal de um desenvolvedor. Esse tipo de ferramenta irá ajudá-lo a encontrar a origem do travamento em minutos em vez de algumas horas. Isso é especialmente verdadeiro se o travamento acontecer com a máquina de um artista ou de um designer, e eles não se lembrarem como se desencadeou o travamento.

Treine sua equipe inteira
Este recurso não é uma infraestrutura que podemos programar, é a infraestrutura mental que deve estar à disposição para que sua equipe use as ferramentas que você criou. Treine-os para não ignorar as mensagens de erro e certifique-se de que saibam como reunir informações para que um erro encontrado não seja perdido. Vale a pena o investimento de tempo para treinar testadores, artistas e designers.

> Prevenção de erros

Uma discussão sobre a depuração não estaria completa sem um pequeno guia sobre como evitar erros em primeiro lugar. Seguindo estas orientações, você irá evitar escrever alguns erros ou tropeçar em cima de erros que desconhecia. De qualquer maneira, vai ajudá-lo a eliminar os erros no longo prazo.

> **Defina seu compilador para o nível mais elevado de alerta e habilite os avisos como erros.** Tente corrigir o maior número de advertências quanto possível e, em seguida, # pragma o resto do caminho. Às vezes, problemas automáticos e outras questões de nível de alerta irão causar erros sutis.

> **Faça o seu jogo compilar em múltiplos compiladores.** Se você certificar-se que pode fazer o Build de seu jogo com múltiplos compiladores e para múltiplas plataformas, as diferenças entre os avisos e erros de ambos os compiladores normalmente irão garantir um melhor código. Por exemplo, pessoas que escrevem jogos de Wii ou PS3 podem ter certeza de que uma versão incompleta funciona também em Win32. Isso também pode permitir que você veja se um erro é específico de plataforma.

Escreva seu próprio gerenciador de memória. Isso é crucial para os consoles de jogos. Você deve entender qual memória está usando e protegê-la contra o estouro de memória. Já que os estouros de memória causam alguns dos erros mais difíceis de rastrear, é importante ter certeza de que nunca aconteçam. Usar blocos de proteção de *overrun* e *underrun* em versões de depuração podem fazer erros aparecerem antes que possam se manifestar[3]. Para desenvolvedores de PC, escrever seu próprio gerenciador de memória poderia não ser necessário, uma vez que o sistema de memória no VC++ é bastante poderoso e boas ferramentas como SmartHeap podem ser exploradas para identificar erros de memória.

Use assertivas para verificar suas suposições. Adicione assertivas ao início de funções para verificar as suposições sobre os argumentos (como os ponteiros não NULL ou intervalos). Além disso, se o caso-padrão de uma declaração *switch* nunca for realizado, adicione uma assertiva para esse caso. A assertiva-padrão pode ser expandida para dar-lhe muito mais poder de depuração [Rabin00b]. Por exemplo, pode ser extremamente útil se suas afirmações imprimirem uma pilha de chamadas.

Sempre inicialize variáveis quando forem declaradas. Se você não pode atribuir um valor significativo a uma variável quando declarada, atribua-lhe algo reconhecível, que você possa identificar como nunca ajustado. Algumas ideias para valores são 0xDEADC0DE, 0xCDCDCDCD ou, simplesmente, zero.

Sempre suporte seus loops e declarações if. Isso lhe mantém honesto, fazendo com que explicitamente envolva o código, tornando-o mais evidente do que se pretendia.

Use nomes de variáveis cognitivamente diferentes. Por exemplo, m_objectITime e m_objectJTime quase têm a mesma aparência. O exemplo típico deste problema é o uso do "i" e "j", como contadores de loop. Os caracteres "i" e "j" são muito parecidos, e você poderia facilmente trocar um pelo outro. Como alternativa, use "i "e "k" ou simplesmente use nomes mais descritivos. Mais informações sobre as diferenças cognitivas na nomeação de variáveis podem ser encontradas em [McConnell04].

Evite códigos idênticos em locais múltiplos. Ter o mesmo código em vários locais diferentes é algo comum. Se o código for alterado em um só lugar, é improvável que também seja alterado em outros. Se for necessário duplicar o código, repense a funcionalidade central e tente centralizar a maioria dos códigos em um só lugar.

Evite números mágicos (codificados). Quando aparecer um número único no código, seu sentido e o significado podem ser completamente perdidos. Se não houver nenhum comentário, não está claro por que o valor foi escolhido e o que ele representa. Se você precisa usar

---

[3] N.R.T.: *Overrun* e *underrun* dizem respeito ao transbordamento de dados de memória. O primeiro, *overrun*, geralmente acontece quando o tamanho de um *buffer* ultrapassa sua capacidade máxima de armazenamento, enquanto o segundo, *underrun*, ocorre quando um *buffer* é lido, ou esvaziado, mais rapidamente do que é reescrito, levando a um esvaziamento do mesmo e a consequente interrupção do fluxo de dados.

números mágicos, declare-os como constantes ou definições que dão um rótulo significativo para o número.

Verifique cobertura de código durante o teste. Ao escrever um trecho de código, verifique se ele executa corretamente todos os ramos. Se você nunca o viu executar determinado ramo, há chance de que contenha um erro. Um possível erro detectado nesse processo denota que é impossível detectar um ramo particular. Quanto mais cedo for detectado, melhor.

Resumo

Este capítulo lhe deu as ferramentas necessárias para depurar jogos de forma eficaz. A depuração é por vezes descrita como uma arte, mas isso é porque as pessoas tornam-se melhores com a experiência. Ajuda a internalizar os cinco passos do processo de depuração, aprender a detectar padrões de erros, integrar suas próprias ferramentas de depuração em seu jogo e construir seu repertório de técnicas de depuração. Você vai rapidamente tornar-se perito em rastrear e metodicamente esmagar erros resistentes. Com um pouco de prevenção, seu jogo terá um percurso suave e quase nenhum erro vai incomodá-lo.

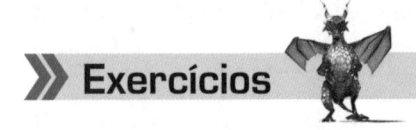

Exercícios

1. Narre um erro complicado que levou várias horas para localizar e corrigir. Que medidas tomou para encontrá-lo? Que medidas poderiam ter sido tomadas para encontrar o problema mais rapidamente?
2. Uma versão de lançamento de um console de jogos só trava quando é gravado no disco e utilizado em hardware para o consumidor. Que medidas devem ser tomadas para solucionar esse problema? Proponha várias hipóteses de qual seria o problema.
3. Depurar a IA de um jogo ajuda a representar visualmente o que os agentes do jogo estão pensando ou para onde se movem. Que serviços de desenho gráfico devem estar no local para suportar essa funcionalidade?
4. Por que poderia ser uma má escolha usar os nomes de variável distanceSquaredToObject e distanceSquaredToOrigin dentro da mesma função?
5. Como um perfilador pode ajudar a encontrar erros que você desconhecia?
6. Escreva um tutorial sobre como usar pontos de interrupção condicionais em seu depurador. Como um ponto de interrupção condicional é melhor ou pior do que os testes para condição diretamente no código (usando uma declaração if e um ponto de interrupção normal)?

Referências

[Agans02] Agans, David, *Debugging: The 9 Indispensable Rules for Finding Even the Most Elusive Software and Hardware Problems*, Amacom, 2002.

[Dawson99] Dawson, Bruce, "Structured Exception Handling", *Game Developer Magazine* (Jan 1999), pp. 52–54.

[Dawson01] Dawson, Bruce, "Game Input Recording and Playback", *Game Programming Gems 2*, Charles River Media, 2001.

[Freeman-Hargis03] Freeman-Hargis, James, "The Statistics of Random Numbers", *AI Game Programming Wisdom 2*, Charles River Media, 2003.

[Laming03] Laming, Brett, "The Art of Surviving a Simulation Title", *AI Game Programming Wisdom 2*, Charles River Media, 2003.

[Lecky-Thompson00] Lecky-Thompson, Guy, "Predictable Random Numbers", *Game Programming Gems*, Charles River Media, 2000.

[McConnell04] McConnell, Steve, *Code Complete: A Practical Handbook of Software Construction*, Second Edition, Microsoft Press, 2004.

[Rabin00a] Rabin, Steve, "Designing a General Robust AI Engine", *Game Programming Gems*, Charles River Media, 2000.

[Rabin00b], Rabin, Steve, "Squeezing More Out of Assert", *Game Programming Gems*, Charles River Media, 2000.

[Rabin02], Rabin, Steve, "Implementing a State Machine Language", *AI Game Programming Wisdom*, Charles River Media, 2000.

[Spolsky02] Spolsky, Joel, "The Law of Leaky Abstractions", Joel on Software, 2002, available online at www.joelonsoftware.com/articles/LeakyAbstractions.html.

[Telles01] Telles, Matt, and Hsieh, Yuan, *The Science of Debugging*, The Coriolis Group, 2001.

[Tozour02] Tozour, Paul, "Building an AI Diagnostic Toolset", *AI Game Programming Wisdom*, Charles River Media, 2002.

PARTE 4

Programação de jogos: matemática, detecção de colisão e física

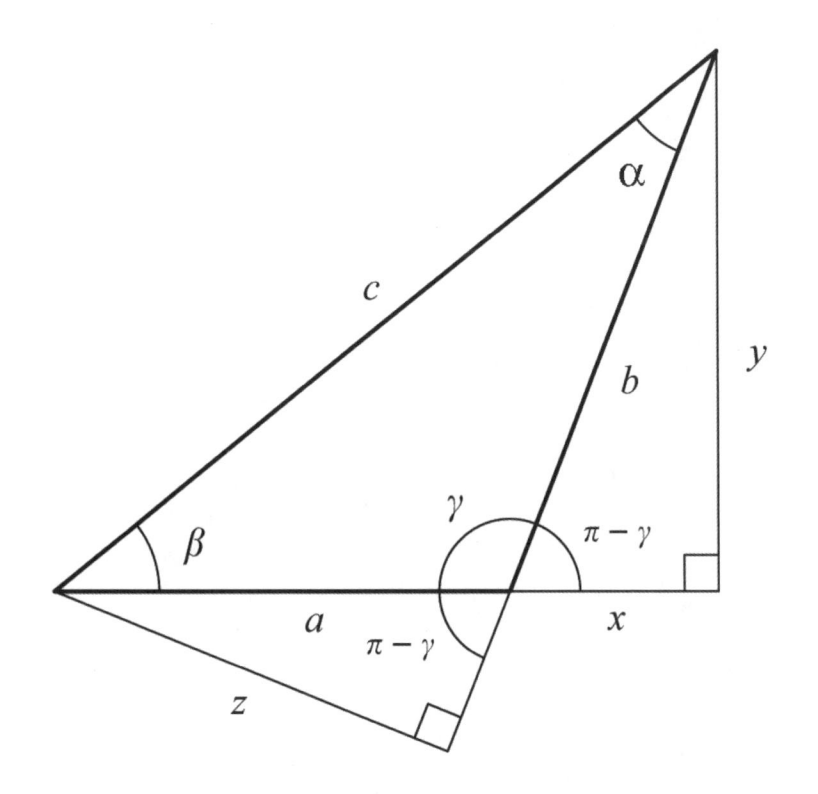

Programação de jogos matemática: detecção de colisão e física

4.1 Conceitos matemáticos

Neste capítulo

- Visão geral
- Trigonometria aplicada
- Vetores e matrizes
- Transformações
- Geometria
- Resumo
- Exercícios
- Referências

⟩ Visão geral

A matemática tornou-se um componente essencial no desenvolvimento de jogos modernos. Como os processadores principais e processadores gráficos em nosso hardware de jogo se tornaram mais poderosos, a complexidade da matemática usada para modelar ambientes realistas e simulações físicas crescem sem limites. Este capítulo fornece uma introdução aos vários campos da matemática, vitais para os motores de jogos da atualidade.

A trigonometria é uma ferramenta amplamente utilizada pelos programadores de jogos e serve como tema deste capítulo de abertura e pré-requisito para o tema de importância indiscutível da álgebra linear. A maior parte do capítulo aborda vetores e matrizes, ferramentas indispensáveis da álgebra linear com a qual todos os desenvolvedores de jogos 3D precisam estar familiarizados. Também introduzimos representações matemáticas de entidades geométricas, como linhas e planos e descrevemos como executar certos cálculos de rotina com eles.

⟩ Trigonometria aplicada

O desenvolvimento moderno de jogos geralmente envolve uma quantidade considerável de cálculo geométrico. Um ambiente 3D e os objetos que residem dentro dele são compostos inteiramente de vértices, arestas e faces que carregam a informação geométrica necessária para produzir uma imagem renderizada. Além disso, a determinação de visibilidade, a detecção de colisão, a física e muitos outros componentes de um jogo contam com a capacidade de executar cálculos úteis com os dados geométricos. Muitos desses cálculos dependem direta ou indiretamente das relações trigonométricas.

Funções trigonométricas

Considere o triângulo retângulo da Figura 4.1.1. Para o ângulo rotulado α, chamamos o lado cujo comprimento é x de lado *adjacente*, e chamamos o lado cujo comprimento é y de lado *oposto*. O lado oposto ao ângulo direito, cujo comprimento satisfaz o teorema pitagoreano $h^2 = x^2 + y^2$, é chamado de *hipotenusa*. As seis funções trigonométricas são definidas para o ângulo α como as razões de comprimentos de lado mostrados na Tabela 4.1.1.

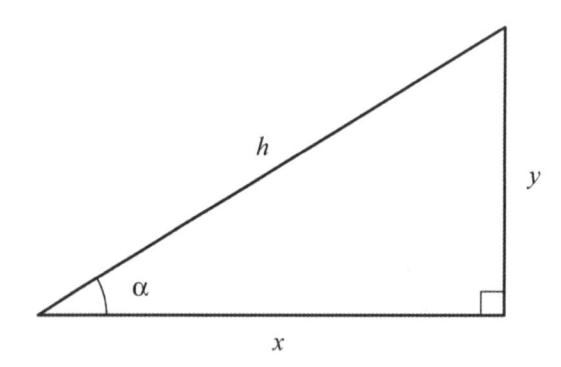

Figura 4.1.1 As funções trigonométricas são definidas como razões dos comprimentos laterais em um triângulo retângulo.

Tabela 4.1.1 Funções trigonométricas.

Nome da função	Símbolo US	Símbolo BR	Definição
seno	sin	sen	$\operatorname{sen} \alpha = \dfrac{y}{h}$
cosseno	cos	cos	$\cos \alpha = \dfrac{x}{h}$
tangente	tan	tg ou tan	$\operatorname{tg} \alpha = \dfrac{y}{x} = \dfrac{\operatorname{sen} \alpha}{\cos \alpha}$
cossecante	csc	cosec	$\csc \alpha = \dfrac{h}{y} = \dfrac{1}{\operatorname{sen} \alpha}$
secante	sec	sec	$\sec \alpha = \dfrac{h}{x} = \dfrac{1}{\cos \alpha}$
cotangente	cot	cotg ou cotan	$\cot \alpha = \dfrac{x}{y} = \dfrac{1}{\operatorname{tg} \alpha}$

As funções cossecante, secante e cotangente são raramente utilizadas em programação de computadores e nem sequer têm implementações padrão de biblioteca. Vamos, portanto, nos concentrar exclusivamente nas funções seno, cosseno e tangente, que estão disponíveis em programas C e C++ como as funções sen( ), cos( ) e tan( )[1].

O que torna as funções trigonométricas úteis é que para um dado ângulo α, as razões de comprimentos dos lados de um triângulo retângulo contendo o ângulo α são sempre as mesmas. Assim, as funções seno, cosseno e tangente dependem apenas do ângulo α, e não do tamanho real do triângulo. Os valores dessas funções estão listados na Tabela 4.1.2 para vários ângulos comuns.

Tabela 4.1.2 Valores de funções trigonométricas para ângulos comuns.

Ângulo α, em radianos	Ângulo α, em graus	sen α	cos α	tg α
0	0°	0	1	0
π/6	30°	1/2	$\sqrt{3}/2$	$\sqrt{3}/3$
π/4	45°	$\sqrt{2}/2$	$\sqrt{2}/2$	1
π/3	60°	$\sqrt{3}/2$	1/2	$\sqrt{3}$
π/2	90°	1	0	indefinido

As funções sen( ), cos( ) e tan( ) padrão exigem que o ângulo seja especificado em radianos. Um *radiano* é o ângulo α para o qual o arco circular subtendido por α em um círculo de raio r tem um comprimento igual a r, como mostra a Figura 4.1.2. Já que a circunferência C de um círculo de raio r é dada por $C = 2\pi r$, existem precisamente 2π radianos em um círculo completo, o que corresponde a 360°. Assim, temos as seguintes fórmulas para conversão entre radianos e graus.

$$radianos = \frac{\pi}{180}\ (graus) \qquad graus = \frac{180}{\pi}\ (radianos) \qquad (4.1.1)$$

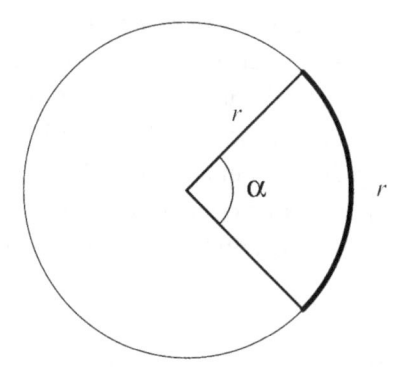

Figura 4.1.2 Em uma circunferência de raio r, um radiano é o ângulo α para o qual o arco circular subtendido por α tem um comprimento igual ao próprio r.

---

[1] N.R.T.: As expressões: sen( ), cos( ) e tan( ), são usadas dentro da sintaxe do C++.

As funções trigonométricas são usadas frequentemente para se decompor um segmento de linha com uma distância conhecida e fazer um ângulo conhecido com o eixo x em componentes que estão alinhados com os eixos de coordenadas. Considere o segmento de linha da Figura 4.1.3, que começa na origem e se estende até algum ponto **P** a uma distância r da origem. Dado que esse segmento de linha faz um ângulo α com o eixo x, podemos tratá-lo como a hipotenusa de um triângulo retângulo cujos outros dois lados estão alinhados com os eixos x e y. Usando as definições das funções de seno e cosseno, podemos calcular as coordenadas x e y do ponto **P** como se segue:

$$x = r \cos \alpha$$
$$y = r \operatorname{sen} \alpha$$

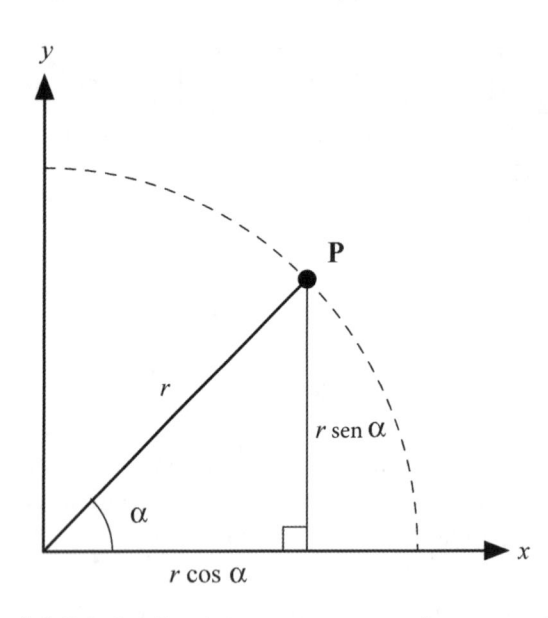

(4.1.2)

Figura 4.1.3 As funções de seno e cosseno podem ser usadas para decompor um ponto em um círculo em seus componentes x e y.

As relações dadas pela Equação 4.1.2 também nos permitem fazer uma extensão natural das funções trigonométricas para ângulos além de 90°. A função cosseno é associada com a coordenada x de um ponto sobre um círculo centrado na origem e, portanto, é negativa para ângulos entre 90° e 270°, ou nos quadrantes II e III. A função seno é associada com a coordenada y, e, portanto, é negativa para os ângulos de 180° e 360°, ou quadrantes III e IV. Isso é resumido na Figura 4.1.4. Observe que a função tangente é positiva nos quadrantes I e III onde as funções seno e cosseno têm o mesmo sinal, e é negativa nos quadrantes II e IV onde as funções de seno e cosseno têm sinais opostos.

Identidades trigonométricas

Existe uma multiplicidade de relações entre as funções trigonométricas, que permitem cálculos para simplificá-las em muitas situações. Essas relações são expressas como fórmulas chamadas *identidades*. Algumas das mais simples identidades derivam do reconhecimento de simetrias nas funções trigonométricas. A função cosseno é uma *função igual*, o que significa que é simétrica em torno do eixo *y*. As funções de seno e tangente são *funções ímpares*, o que significa que são simétricas sobre a origem. Essas simetrias nos fornecem as seguintes identidades:

$$\operatorname{sen}(-\alpha) = -\operatorname{sen}\alpha$$
$$\cos(-\alpha) = \cos\alpha$$
$$\operatorname{tg}(-\alpha) = -\operatorname{tg}\alpha \qquad (4.1.3)$$

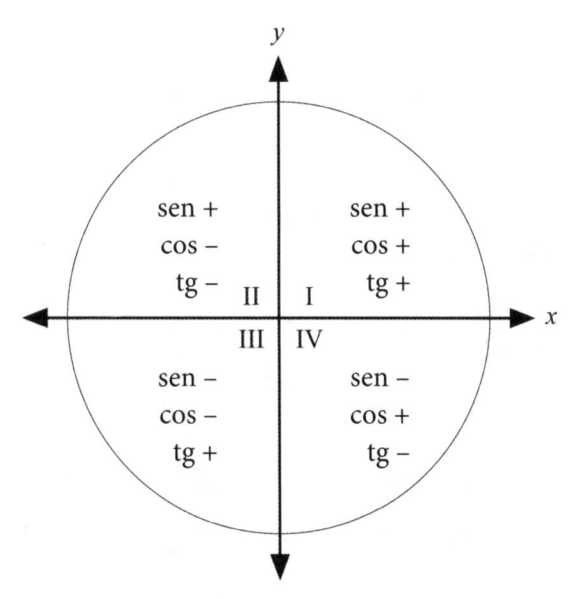

Figura 4.1.4 As funções seno, cosseno e tangente mudam o sinal apenas nos ângulos de 0, 90, 180 e 270 graus, em que um ponto em um círculo centrado na origem se move de um quadrante para outro.

Algumas outras identidades podem ser encontradas por meio do reconhecimento de que as funções seno e cosseno têm a mesma forma e que é simplesmente um deslocamento por $\pi/2$ radianos em relação ao outro. A função cosseno produz o mesmo valor em um ângulo α que a função seno produz no ângulo $\alpha + \pi/2$. Isso nos permite formular as seguintes identidades:

$$\cos\alpha = \operatorname{sen}(\alpha + \pi/2)$$
$$\operatorname{sen}\alpha = \cos(\alpha - \pi/2) \qquad (4.1.4)$$

Usando as propriedades de simetria dadas pela Equação 4.1.3, podemos ainda deduzir as seguintes identidades:

$$\cos\alpha = -\operatorname{sen}(\alpha - \pi/2)$$
$$\operatorname{sen}\alpha = -\cos(\alpha + \pi/2) \qquad (4.1.5)$$

Mudar a função seno ou cosseno por um valor de π simplesmente nega os valores da função. Essa propriedade nos dá identidades mais simples.

$$\operatorname{sen}\alpha = -\operatorname{sen}(\alpha + \pi) = -\operatorname{sen}(\alpha - \pi)$$
$$\cos\alpha = -\cos(\alpha + \pi) = -\cos(\alpha - \pi) \qquad (4.1.6)$$

Um conjunto mais poderoso de identidades trigonométricas pode ser derivado do simples fato de $x^2 + y^2 = h^2$ no triângulo retângulo mostrado na Figura 4.1.1. Dividirmos ambos os lados dessa equação por h^2 nos dá

$$\frac{x^2}{h^2} + \frac{y^2}{h^2} = 1 \qquad (4.1.7)$$

Substituindo as razões x/h e y/h pela funções que elas definem, temos

$$\operatorname{sen}^2 \alpha + \cos^2 \alpha = 1 \qquad (4.1.8)$$

A identidade é verdadeira para qualquer ângulo α. Também podemos resolver para a função seno ou cosseno em termos de outro ângulo como se segue, mas temos de atentar ao sinal quando lidamos com raízes quadradas.

$$\operatorname{sen}\alpha = \begin{cases} \sqrt{1-\cos^2\alpha}, & \text{se } 0 \leq \alpha \leq \pi \\ -\sqrt{1-\cos^2\alpha}, & \text{se } \pi \leq \alpha \leq 2\pi \end{cases}$$

$$\cos\alpha = \begin{cases} \sqrt{1-\operatorname{sen}^2\alpha}, & \text{se } 0 \leq \alpha \leq \frac{\pi}{2} \text{ ou } \frac{3\pi}{2} \leq \alpha \leq 2\pi \\ -\sqrt{1-\operatorname{sen}^2\alpha}, & \text{se } \frac{\pi}{2} \leq \alpha \leq \frac{3\pi}{2} \end{cases} \qquad (4.1.9)$$

Funções trigonométricas inversas

Às vezes, conhecemos certos comprimentos em um arranjo geométrico, mas precisamos determinar um ângulo. Se podemos estabelecer uma relação trigonométrica, tal como senα = z, então podemos encontrá-lo para o ângulo α, aplicando a função trigonométrica *inversa* adequada. Os inversos da função seno, cosseno e tangente são chamados de funções *arco seno*, *arco cosseno* e *arco tangente*, respectivamente, e estão disponíveis em C e C + + como as funções asen( ), acos( ) e atan( ).

As funções trigonométricas inversas são frequentemente escritas utilizando-se a notação sobrescrita –1. Por exemplo, o arco seno pode ser escrito sen^{-1}, o arco cosseno pode ser escrito $\cos^{-1}$ e o arco tangente pode ser escrito tg^{-1}. Nesses casos, o –1 denota uma função inversa e não um expoente. Aplicar uma função trigonométrica inversa ao seu homólogo comum desfaz a operação trigonométrica. Por exemplo, na equação senα = z, na resolução para α, aplicamos a função *arco seno* em ambos os lados para obter α = sen^{-1} z. Como as funções trigonométricas são periódicas, sempre há um número infinito de ângulos que satisfazem uma equação como senα = z. As funções inversas devolvem o ângulo que está mais próximo de zero, preferindo pelo ângulo positivo para a função cosseno. Isso resulta em intervalos listados na Tabela 4.1.3.

Tabela 4.1.3 Domínios e intervalos de funções trigonométricas inversas.

Função	Domínio	Intervalo (radianos)
$\operatorname{sen}^{-1}z$	[–1, 1]	[–π/2, π/2]
$\cos^{-1}z$	[–1, 1]	[0, π]
$\operatorname{tg}^{-1}z$	R	[–π/2, π/2]

As leis dos senos e cossenos

Tudo o que temos discutido até agora pertencia apenas ao triângulo retângulo, mas muitos problemas não se prestam para a construção de triângulos retângulos. Nesta seção, examinaremos duas leis trigonométricas que se aplicam a triângulos arbitrários, e não apenas àqueles que contêm um ângulo reto.

Considere o triângulo com comprimentos laterais a, b e c mostrado na Figura 4.1.5 e observe as relações seguintes derivadas da definição da função seno.

$$\operatorname{sen}\alpha = \frac{z}{c}$$

$$\operatorname{sen}\beta = \frac{y}{c} \tag{4.1.10}$$

Resolver ambos para c nos permite formar a igualdade

$$\frac{z}{\operatorname{sen}\alpha} = \frac{y}{\operatorname{sen}\beta} \tag{4.1.11}$$

As seguintes observações também podem ser feitas.

$$\operatorname{sen}(\pi - \gamma) = \frac{z}{a}$$

$$\operatorname{sen}(\pi - \gamma) = \frac{y}{b} \tag{4.1.12}$$

Assim, $z/a = y/b$. Multiplicar o lado esquerdo da Equação 4.1.11 por a/z e o lado direito da Equação 4.1.11 por b/y resulta na lei dos senos.

$$\frac{a}{\operatorname{sen}\alpha} = \frac{b}{\operatorname{sen}\beta} \tag{4.1.13}$$

A mesma relação pode se derivar do par de ângulos α e γ ou do par de ângulos β e γ, então podemos escrever

$$\frac{a}{\operatorname{sen}\alpha} = \frac{b}{\operatorname{sen}\beta} = \frac{c}{\operatorname{sen}\gamma} \tag{4.1.14}$$

Isso significa que a relação entre o comprimento de um lado para o seno do ângulo oposto àquele lado é a mesma para os três lados de qualquer triângulo em particular.

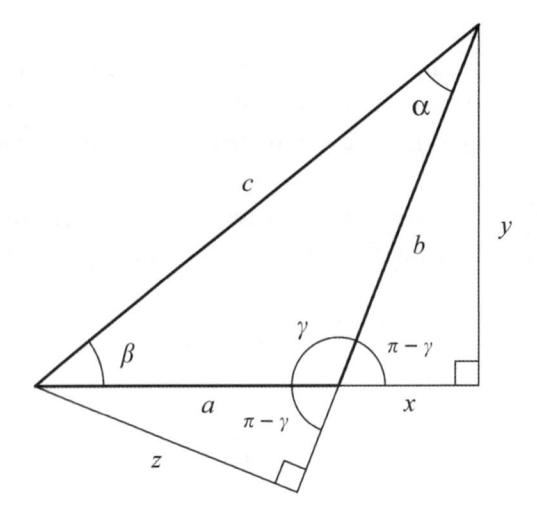

Figura 4.1.5 Para o triângulo com lados de comprimentos *a*, *b* e *c*, a lei dos senos é dada pela Equação 4.1.14, e a lei dos cossenos é dada pela Equação 4.1.19.

Agora observe as relações pitagóricas existentes dentro do triângulo da Figura 4.1.5:

$$x^2 + y^2 = b^2$$
$$(a+x)^2 + y^2 = c^2 \qquad (4.1.15)$$

Resolvendo a primeira equação para y^2 e substituindo na segunda equação, temos:

$$c^2 = (a+x)^2 + b^2 - x^2$$
$$= a^2 + b^2 + 2ax \qquad (4.1.16)$$

O valor de *x* pode ser substituído, pela observação:

$$\cos(\pi - \gamma) = \frac{x}{b} \qquad (4.1.17)$$

Já que cos(π − γ) = −cosγ, temos

$$x = -b\cos\gamma \qquad (4.1.18)$$

Ao introduzirmos isso à Equação 4.1.16, produzimos a lei dos cossenos.

$$c^2 = a^2 + b^2 - 2ab\cos\gamma \qquad (4.1.19)$$

A lei dos cossenos é uma generalização do teorema de Pitágoras para triângulos arbitrários. Quando γ é um ângulo reto, a Equação 4.1.19 é reduzida ao teorema de Pitágoras, já que cosπ/2 = 0.

⟩ Vetores e matrizes

Quantidades numéricas resultantes da geometria, física e muitos outros campos utilizados pelos desenvolvedores de jogos em geral caem em duas grandes categorias. Quantidades como distância, tempo e massa podem ser totalmente descritas usando um único valor numérico, e esses tipos são chamados de *quantidades escalares*. As outras quantidades só podem ser completamente descritas por associar um sentido com uma magnitude ordinária, conforme ilustrado pelos seguintes exemplos:

- A diferença entre dois pontos no espaço é representada pela distância entre ambos os pontos (a magnitude) e a direção apontando de um dos pontos para o outro.
- A velocidade de um projétil é representada tanto pela velocidade (a magnitude), quanto pela direção na qual está viajando.
- Uma força agindo sobre um objeto é representada tanto pela magnitude como pela direção em que é aplicada.

Essas quantidades, trazendo informações sobre uma magnitude e uma direção, são chamadas de *vetores*. Os vetores são usados extensivamente em todas as múltiplas facetas do desenvolvimento de jogos modernos, especialmente gráficos 3D, áudio 3D, simulação de física e inteligência artificial.

Aritmética de vetor

Um vetor é frequentemente visualizado por meio de um desenho de um *segmento de linha* com uma ponta de flecha em uma extremidade, como mostra a Figura 4.1.6. O comprimento do segmento de linha corresponde à magnitude do vetor, e o ângulo em que o segmento de linha é traçado corresponde à direção do vetor. Multiplicar um vetor **V** por uma quantidade escalar *a* muda o comprimento do segmento de linha pelo fator *a*, alterando assim sua magnitude pelo mesmo fator. Se a quantidade *a* é negativa, a direção na qual aponta o vetor **V** também é revertida pela multiplicação, o que equivale a mover a seta para o lado oposto do segmento de linha que representa **V**.

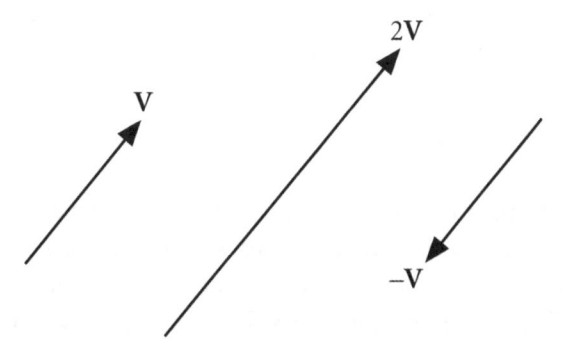

Figura 4.1.6 Vetores podem ser visualizados por meio de segmentos de linha cujos comprimentos correspondem a suas magnitudes e cujos ângulos correspondem a suas direções.

Dois vetores **V** e **W** são adicionados colocando o início de **W** no final de **V**, resultando em um novo vetor que começa onde **V** começa e termina onde **W** termina, como mostra a Figura 4.1.7.

Se pensarmos em cada vetor como uma distância e direção ao longo do qual podemos percorrer, então a soma representa a distância acumulada e a direção que iríamos percorrer se primeiro percorrêssemos ao longo do vetor **V** e, em seguida, percorrêssemos ao longo do vetor **W**. Se um vetor é subtraído do outro, então nós iremos percorrer um trajeto ao longo do vetor subtraído na direção oposta.

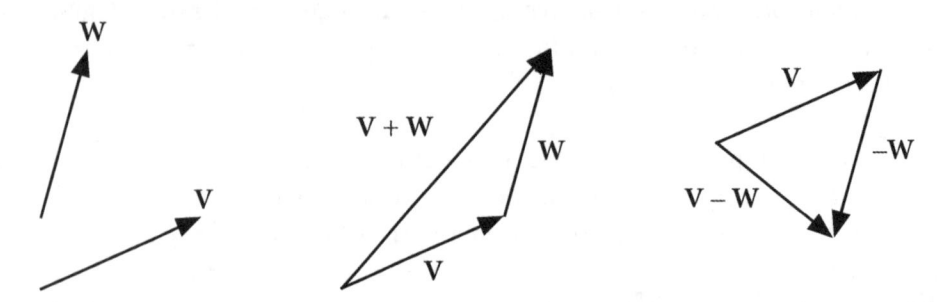

Figura 4.1.7 A soma **V** + **W** é formada pela concatenação de **W** e **V**, e desenha um novo vetor que aponta diretamente a partir do início de **V** para o fim de **W**. A diferença **V** − **W** é formada pela inversão da direção na qual **W** aponta.

Ao passo que uma quantidade escalar é representada por um único valor numérico, um vetor requer uma representação composta de vários valores numéricos chamados de *componentes*. O número de componentes corresponde à *dimensão* do vetor, e escrevemos os componentes de um vetor n-dimensional como uma *n-tupla* ordenada[2]. Por exemplo, um vetor tridimensional **V**, cujos componentes são 1, 2 e 3, é escrito como

$$\mathbf{V} = \langle 1, 2, 3 \rangle \tag{4.1.20}$$

O primeiro, segundo e terceiro componente de um vetor são em geral referidos como componentes x, y e z do vetor. Representamos um componente individual de um vetor escrevendo x, y e z como subscritos seguindo o símbolo que representa o vetor. Para o vetor **V** mostrados da Equação 4.1.20, temos

$$\begin{aligned} V_x &= 1 \\ V_y &= 2 \\ V_z &= 3 \end{aligned} \tag{4.1.21}$$

Observe que o símbolo para o vetor está agora escrito em itálico, em vez de negrito, como usado anteriormente. Para distinguir entre escalares e vetores, a convenção amplamente adotada é a de escrever escalares em itálico e vetores em negrito. Essa convenção abrange o caso em que estamos nos referindo a componentes individuais de um vetor, como na Equação 4.1.21. O vetor **V** por si só é escrito em negrito, mas sendo o componente **V** aqui um escalar, então escrevemos o símbolo de forma subscrita em itálico como feito na Equação 4.1.21.

---

[2] N.R.T.: *n-tupla*, no inglês, *n-tuple*, traduzida também como *enupla* ou *n-upla*. Uma *n-tupla* é uma sequência ordenada de n elementos, que pode ser definida pela recursão do par ordenado.

Adicionamos ou subtraímos dois vetores **V** e **W**, pela simples adição ou subtração de seus componentes individuais. (Para tanto, os dois vetores devem ter a mesma dimensão). Se **V** e **W** são os n-dimensionais, podemos escrever a soma e a diferença como:

$$\mathbf{V} + \mathbf{W} = \langle V_1 + W_1, V_2 + W_2, \dots, V_n + W_n \rangle$$
$$\mathbf{V} - \mathbf{W} = \langle V_1 - W_1, V_2 - W_2, \dots, V_n - W_n \rangle \qquad (4.1.22)$$

Aqui, usamos um inteiro subscrito para nos referir a cada componente do vetor **V** como uma necessidade notacional. Em três dimensões, os subscritos 1, 2 e 3 têm o mesmo significado que os índices x, y e z.

A magnitude, ou comprimento, de um vetor **V** n-dimensional, escrito $\|\mathbf{V}\|$, é definido como:

$$\|\mathbf{V}\| = \sqrt{\sum_{i=1}^{n} V_i^2} \qquad (4.1.23)$$

Para um vetor **V** tridimensional, isso se torna

$$\|\mathbf{V}\| = \sqrt{V_x^2 + V_y^2 + V_z^2} \qquad (4.1.24)$$

Se considerarmos os componentes de um vetor **P** = {x, y, z} a serem as coordenadas de um ponto no espaço tridimensional, então a magnitude de **P** pode ser pensada como a sua distância da origem. A fórmula dada pela Equação 4.1.24 é simplesmente o teorema de Pitágoras em três dimensões. A distância entre dois pontos **P** e **Q** é igual à magnitude de **P** − **Q**, uma vez que a diferença é o vetor cuja direção e magnitude representa o caminho direto iniciando em **P** e terminando em **Q**.

Como mencionado anteriormente, a multiplicação de um vetor **V** por uma escalar a muda sua magnitude pelo fator a. Para que isso funcione com a definição de magnitude dada pela Equação 4.1.23, definimos o produto de um vetor **V** n-dimensional e uma escalar para que cada componente de **V** seja multiplicado por a como:

$$a\mathbf{V} = \mathbf{V}a = \langle aV_1, aV_2, \dots, aV_n \rangle \qquad (4.1.25)$$

Um vetor cuja magnitude seja exatamente 1 é dito como *normalizado* ou possuindo uma *unidade de comprimento*. (O termo *vetor normal* também existe e se refere à propriedade independente em que a direção de um vetor é perpendicular a uma superfície.) Um vetor normalizado é muitas vezes tratado como se já não carregasse informações sobre magnitude, mas representasse apenas uma direção pura. Qualquer vetor **V** pode ser normalizado, basta dividi-lo por sua magnitude como:

$$\hat{\mathbf{V}} = \frac{\mathbf{V}}{\|\mathbf{V}\|} \qquad (4.1.26)$$

O chapéu (circunflexo) adicionado ao **V** no lado esquerdo da equação é uma notação comum usada para indicar que um vetor possui uma unidade de comprimento.

Os vetores $\hat{\mathbf{i}}$, $\hat{\mathbf{j}}$ e $\hat{\mathbf{k}}$ são em geral usados como notação rápida para os vetores de unidades alinhados aos três eixos de coordenadas. São definidos pelas seguintes igualdades:

$$\hat{\mathbf{i}} = \langle 1,0,0 \rangle$$
$$\hat{\mathbf{j}} = \langle 0,1,0 \rangle$$
$$\hat{\mathbf{k}} = \langle 0,0,1 \rangle \qquad (4.1.27)$$

Essa notação nos permite escrever qualquer vetor tridimensional na forma

$$\mathbf{V} = a\hat{\mathbf{i}} + b\hat{\mathbf{j}} + c\hat{\mathbf{k}} \qquad (4.1.28)$$

Aritmética de matriz

Uma *matriz* é uma série[3] retangular de quantidades numéricas individuais organizadas como um conjunto de linhas e colunas[4]. Quando descrevemos o tamanho de uma matriz, o número de linhas vem em primeiro lugar e o número de colunas a seguir. Assim, uma matriz de n linhas e m colunas é chamada de matriz $n \times m$. Por exemplo, a seguinte matriz é uma matriz 2×3.

$$\mathbf{M} = \begin{bmatrix} 1 & 2 & 3 \\ 4 & 5 & 6 \end{bmatrix} \qquad (4.1.29)$$

Se $n = m$ (ou seja, o número de linhas se iguala ao número de colunas), a matriz $\mathbf{M}$ é chamada de matriz *quadrada*.

Os componentes individuais de uma matriz são chamados de *entradas*. A única entrada de uma matriz $\mathbf{M}$ que reside na linha i e coluna j é denotada por M_{ij}. Observe que usamos de novo a convenção de que a própria matriz é escrita em negrito, e uma entrada da matriz é escrita em itálico. Para a matriz mostrada na Equação 4.1.29, podemos escrever

$$\begin{aligned} M_{11} &= 1 & M_{21} &= 4 \\ M_{12} &= 2 & M_{22} &= 5 \\ M_{13} &= 3 & M_{23} &= 6 \end{aligned} \qquad (4.1.30)$$

As entradas M_{ii} são chamadas de *entradas principais diagonais* da matriz $\mathbf{M}$. Uma matriz quadrada tendo entradas não zero apenas na diagonal principal é chamada de matriz *diagonal*.

A *transposição* de uma matriz $\mathbf{M}$, denotada por $\mathbf{M}^T$, é a matriz para a qual a entrada residindo na posição (i, j) é igual a M_{ji}. Ou seja, a transposição de uma matriz é obtida por meio do intercâmbio de significados de linhas e colunas e, de maneira eficaz, refletindo as entradas através da diagonal principal. A transposição da matriz $\mathbf{M}$ mostrada na Equação 4.1.29 é

$$\mathbf{M}^T = \begin{bmatrix} 1 & 4 \\ 2 & 5 \\ 3 & 6 \end{bmatrix} \qquad (4.1.31)$$

---

[3] N.R.T.: *Série* é a tradução, para o presente uso, do termo inglês *array*.
[4] N.R.T.: No original inglês, *rows and columns*.

Uma matriz igual a sua própria transposição (e, portanto, devendo ser quadrada) é chamada de matriz *simétrica*.

Duas matrizes de mesmo tamanho podem adicionar ou subtrair componentes, embora a necessidade de fazê-lo muitas vezes não surja. Tal como acontece com os vetores, onde multiplicar uma matriz **M** $n \times m$ por uma escalar a simplesmente distribui o fator a para cada uma das entradas da matriz da seguinte maneira:

$$a\mathbf{M} = \mathbf{M}a = \begin{bmatrix} aM_{11} & aM_{12} & \cdots & aM_{1m} \\ aM_{21} & aM_{22} & \cdots & aM_{2m} \\ \vdots & \vdots & \ddots & \vdots \\ aM_{n1} & aM_{n2} & \cdots & aM_{nm} \end{bmatrix} \tag{4.1.32}$$

Um vetor **V** n-dimensional pode ser considerado uma matriz $n \times 1$, então podemos escrever

$$\mathbf{V} = \langle V_1, V_2, \ldots, V_n \rangle = \begin{bmatrix} V_1 \\ V_2 \\ \vdots \\ V_n \end{bmatrix} \tag{4.1.33}$$

Quando um vetor é escrito como uma única coluna de entradas como essa, costumamos chamá-lo de *vetor coluna*. Às vezes, será conveniente escrever os componentes de um vetor como uma única linha de entradas, caso em que podemos transpor a matriz da Equação 4.1.33 para obter

$$\mathbf{V}^{\mathrm{T}} = \begin{bmatrix} V_1 & V_2 & \cdots & V_n \end{bmatrix} \tag{4.1.34}$$

Quando um vetor é escrito como uma matriz tendo uma única linha, costumamos chamá-lode *vetor linha*. Se um vetor será escrito como um vetor coluna ou linha, realmente dependerá de como queremos transformá-lo usando multiplicação de matriz.

As duas matrizes **A** e **B** podem ser multiplicadas juntas, sempre que o número de colunas de **A** seja igual ao número de linhas de **B**. Se **A** é uma matriz $n \times m$, então ela pode ser multiplicada por **B** apenas quando **B** for uma matriz $m \times p$, em que m é o mesmo para **A** e **B**. O produto **AB** é uma matriz $n \times p$ para os quais a entrada na posição (i, j) é dada pela seguinte equação.

$$(\mathbf{AB})_{ij} = \sum_{k=1}^{m} A_{ik} B_{kj} \tag{4.1.35}$$

A entrada (i, j) de **AB** é derivada unicamente de entradas da linha i de **A** e a coluna j de **B**. O que a Equação 4.1.35 nos informa é que para calcularmos a entrada (i, j) de **AB**, multiplicamos cada entrada de k na linha i de **A** pela entrada k na coluna j de **B** e adicionamos todos os produtos individuais juntos. Por exemplo, considere o seguinte produto de duas matrizes 2×2.

$$\mathbf{M} = \begin{bmatrix} 2 & 3 \\ 1 & -1 \end{bmatrix} \begin{bmatrix} -2 & 1 \\ 4 & -5 \end{bmatrix} = \begin{bmatrix} 8 & -13 \\ -6 & 6 \end{bmatrix} \quad (4.1.36)$$

As entradas individuais de **M** foram calculadas usando-se a Equação 4.1.35 como se segue:

$$\begin{aligned}
M_{11} &= 2 \cdot (-2) + 3 \cdot 4 &= 8 \\
M_{12} &= 2 \cdot 1 + 3 \cdot (-5) &= -13 \\
M_{21} &= 1 \cdot (-2) + (-1) \cdot 4 &= -6 \\
M_{22} &= 1 \cdot 1 + (-1) \cdot (-5) &= 6
\end{aligned} \quad (4.1.37)$$

A multiplicação de matrizes não é geralmente uma operação comutativa. Não somente poderia ser o caso de **AB** ≠ **BA**, mas não é possível formar um dos produtos **AB** ou **BA**, pois o número de linhas e colunas não corresponde corretamente. Quase sempre trabalharemos com matrizes quadradas, de modo que sempre será possível a formação de ambos os produtos **AB** e **BA**, mas devemos notar que a ordem de multiplicação é importante.

É frequente o caso de termos de multiplicar uma matriz **M** $n \times n$ por um vetor **V** n-dimensional. Como veremos mais adiante, essa operação é usada para transformar um vetor de um sistema de coordenadas para outro. Se **V** é expressa como um vetor de coluna $n \times 1$, então somente podemos formar o produto **MV**, e dizemos que **V** é multiplicado pela matriz **M**, à esquerda. Se expressarmos **V** como um vetor de linha $\mathbf{V}^T$ $1 \times n$, então podemos formar o produto $\mathbf{V}^T\mathbf{M}$, e dizemos que $\mathbf{V}^T$ é multiplicado pela matriz **M** do lado direito. Ordinariamente, os vetores colunas ou vetores linhas são escolhidos para serem a convenção e são utilizados de forma consistente ao longo de um projeto. Neste capítulo, usamos vetores colunas como convenção, e em três dimensões; portanto, temos o seguinte produto entre uma matriz **M** 3×3 e um vetor **V** tridimensional.

$$\begin{bmatrix} M_{11} & M_{12} & M_{13} \\ M_{21} & M_{22} & M_{23} \\ M_{31} & M_{32} & M_{33} \end{bmatrix} \begin{bmatrix} V_x \\ V_y \\ V_z \end{bmatrix} = \begin{bmatrix} M_{11}V_x + M_{12}V_y + M_{13}V_z \\ M_{21}V_x + M_{22}V_y + M_{23}V_z \\ M_{31}V_x + M_{32}V_y + M_{33}V_z \end{bmatrix} \quad (4.1.38)$$

Uma matriz quadrada $n \times n$ com entradas de 1 ao longo da diagonal principal e entradas de 0 em qualquer outro lugar recebe um nome especial, a chamamos de matriz de *identidade*, e às vezes é denotada por $\mathbf{I}_n$. Quando a matriz $\mathbf{I}_n$ é multiplicada por outra matriz **M** à esquerda ou à direita, o resultado é **M** em si. Multiplicar pela matriz de identidade no contexto de multiplicação de matriz é análogo à multiplicação por *um* no contexto da multiplicação escalar ordinária.

A importância da matriz de identidade está na nossa capacidade de tomar uma matriz **M** quadrada $n \times n$ e encontrar outra matriz, que denotamos por $\mathbf{M}^{-1}$, cujo produto com **M** produz a matriz de identidade. A matriz $\mathbf{M}^{-1}$ é chamada de o *inverso* da matriz **M** e satisfaz tanto $\mathbf{MM}^{-1} = \mathbf{I}_n$ e $\mathbf{M}^{-1}\mathbf{M} = \mathbf{I}_n$. Usar a matriz inversa nos permite resolver equações como **MV** = **W** para as quais sabemos os valores de **M** e **W**, e temos de determinar o valor de **V**. Se multiplicarmos ambos os lados da equação por $\mathbf{M}^{-1}$ na esquerda, temos **V** = $\mathbf{M}^{-1}\mathbf{W}$.

4.1 CONCEITOS MATEMÁTICOS

Nem toda matriz possui um inverso. Aquelas que não possuem o seu inverso são chamadas de singulares. Se uma matriz **M** é singular, pode ser determinada examinando-se uma quantidade chamada de *determinante* de **M**, denotada por det**M** ou |**M**|[5]. O determinante de uma matriz 2 × 2 é definido como

$$\det\begin{bmatrix} a & b \\ c & d \end{bmatrix} = \begin{vmatrix} a & b \\ c & d \end{vmatrix} = ad - bc \qquad (4.1.39)$$

e o determinante de uma matriz 3 × 3 é dado por:

$$\begin{vmatrix} m_{11} & m_{12} & m_{13} \\ m_{21} & m_{22} & m_{23} \\ m_{31} & m_{32} & m_{33} \end{vmatrix} = m_{11}\begin{vmatrix} m_{22} & m_{23} \\ m_{32} & m_{33} \end{vmatrix} - m_{12}\begin{vmatrix} m_{21} & m_{23} \\ m_{31} & m_{33} \end{vmatrix} + m_{13}\begin{vmatrix} m_{21} & m_{22} \\ m_{31} & m_{32} \end{vmatrix}$$

$$= m_{11}(m_{22}m_{33} - m_{23}m_{32}) - m_{12}(m_{21}m_{33} - m_{23}m_{31})$$
$$+ m_{13}(m_{21}m_{32} - m_{22}m_{31}) \qquad (4.1.40)$$

Determinantes de matrizes maiores podem ser encontrados por meio de uma fórmula recursiva, como descrito em [Lengyel04].

Uma matriz é inversível se, e somente se, seu determinante não for zero. Existem vários métodos para calcular a matriz inversa, mas nos limitamos às fórmulas explícitas para os tipos de matrizes comumente usadas durante o desenvolvimento dos jogos. (As descrições dos algoritmos mais gerais podem ser encontradas em [Press92].) O inverso de uma matriz 2 × 2 **M** é dada por

$$\mathbf{M}^{-1} = \frac{1}{\det \mathbf{M}} \begin{bmatrix} M_{22} & -M_{12} \\ -M_{21} & M_{11} \end{bmatrix} \qquad (4.1.41)$$

e o inverso de uma matriz 3 × 3 **M** é dado por:

$$\mathbf{M}^{-1} = \frac{1}{\det \mathbf{M}} \begin{bmatrix} M_{22}M_{33} - M_{23}M_{32} & M_{13}M_{32} - M_{12}M_{33} & M_{12}M_{23} - M_{13}M_{22} \\ M_{23}M_{31} - M_{21}M_{33} & M_{11}M_{33} - M_{13}M_{31} & M_{13}M_{21} - M_{11}M_{23} \\ M_{21}M_{32} - M_{22}M_{31} & M_{12}M_{31} - M_{11}M_{32} & M_{11}M_{22} - M_{12}M_{21} \end{bmatrix} \qquad (4.1.42)$$

Em gráficos de computadores, um tipo especial de matriz 4 × 4 é comumente usado na conversão entre sistemas de coordenadas. Essas matrizes têm a forma

$$\mathbf{M} = \begin{bmatrix} R_{11} & R_{12} & R_{13} & T_x \\ R_{21} & R_{22} & R_{23} & T_y \\ R_{31} & R_{32} & R_{33} & T_z \\ \hline 0 & 0 & 0 & 1 \end{bmatrix} \qquad (4.1.43)$$

---

[5] N.R.T.: Em notação matemática, escrevemos *determinante* de M, por meio das notações *det(M)* ou ||M||.

em que as entradas R_{ij} correspondem a uma matriz de rotação 3×3 **R**, e o vetor **T** representa uma translação. A quarta linha da matriz é sempre <0, 0, 0, 1>. O inverso de uma matriz é dado por

$$\mathbf{M}^{-1} = \begin{bmatrix} \mathbf{R}^{-1} & -\mathbf{R}^{-1}\mathbf{T} \\ \mathbf{0} & 1 \end{bmatrix} = \begin{bmatrix} R_{11}^{-1} & R_{12}^{-1} & R_{13}^{-1} & -\left(\mathbf{R}^{-1}\mathbf{T}\right)_x \\ R_{21}^{-1} & R_{22}^{-1} & R_{23}^{-1} & -\left(\mathbf{R}^{-1}\mathbf{T}\right)_y \\ R_{31}^{-1} & R_{32}^{-1} & R_{33}^{-1} & -\left(\mathbf{R}^{-1}\mathbf{T}\right)_z \\ 0 & 0 & 0 & 1 \end{bmatrix} \quad (4.1.44)$$

Produto escalar

O *produto escalar* de dois vetores, também conhecido como *produto interno*[6], é indiscutivelmente uma das operações de vetor mais importantes utilizada no desenvolvimento de jogos de computador. O produto escalar recebe seu nome do símbolo utilizado para denotar a operação de um único ponto entre dois vetores. (Na próxima seção, vamos examinar o produto vetorial[7], que é indicado por um símbolo parecido com uma cruz.) O produto escalar combina duas grandezas vetoriais para produzir um resultado escalar.

O produto escalar **V** · **W** entre dois vetores **V** e **W** n-dimensionais produzem a quantidade escalar dada pela fórmula

$$\mathbf{V} \cdot \mathbf{W} = \sum_{i=1}^{n} V_i W_i \quad (4.1.45)$$

Ou seja, devemos calcular os n produtos de componentes correspondentes de dois vetores e adicioná-los todos juntos. Em três dimensões, o produto escalar se torna

$$\mathbf{V} \cdot \mathbf{W} = V_x W_x + V_y W_y + V_z W_z \quad (4.1.46)$$

O produto escalar **V** · **W** também pode ser expresso como o produto matriz

$$\mathbf{V} \cdot \mathbf{W} = \mathbf{V}^T \mathbf{W} = \begin{bmatrix} V_1 & V_2 & \cdots & V_n \end{bmatrix} \begin{bmatrix} W_1 \\ W_2 \\ \vdots \\ W_n \end{bmatrix} \quad (4.1.47)$$

---

[6] N.R.T.: *Produto escalar* ou *produto interno* são expressões para designar uma mesma operação. No inglês, *dot product*, ou ainda *scalar product* designam a mesma operação sobre vetores. Ao utilizarmos a expressão *inner product* em inglês estaremos nos referindo ao cálculo de ângulo entre dois vetores, operação esta que denota uma das aplicações de produto escalar.

[7] N.R.T.: Em inglês, *cross product* e também *vector product*. Ambos são traduzidos como *produto vetorial*. O produto vetorial é uma operação binária sobre vetores em um espaço vetorial. Pode ser denominado também como produto externo. Seu resultado difere do produto escalar por ser também um vetor, ao invés de um escalar. Seu principal uso baseia-se no fato de que o resultado de um produto vetorial é sempre perpendicular a ambos os vetores originais.

que resulta uma matriz 1×1 (que tratamos como escalar) em que a entrada única é igual à soma dada pela Equação 4.1.45.

O produto escalar merece seu lugar de importância por meio da seguinte equação:

$$\mathbf{V} \cdot \mathbf{W} = \|\mathbf{V}\|\|\mathbf{W}\|\cos\alpha \qquad (4.1.48)$$

Aqui, o ângulo α é o ângulo planar entre as duas direções para as quais os vetores **V** e **W** apontam. Se ambos, **V** e **W**, são normalizados, o ponto escalar resulta o cosseno do ângulo entre os dois vetores. Esse fato é particularmente útil para os cálculos de iluminação e sombreamento realizados por aplicativos de gráficos 3D.

A Equação 4.1.48 pode ser verificada aplicando a lei dos cossenos ao triângulo da Figura 4.1.8 para obter

$$\|\mathbf{V} - \mathbf{W}\|^2 = \|\mathbf{V}\|^2 + \|\mathbf{W}\|^2 - 2\|\mathbf{V}\|\|\mathbf{W}\|\cos\alpha \qquad (4.1.49)$$

Usando a definição de magnitude pela Equação 4.1.23, podemos reescrever isso como

$$\sum_{i=1}^{n}(V_i - W_i)^2 = \sum_{i=1}^{n}V_i^2 + \sum_{i=1}^{n}W_i^2 - 2\|\mathbf{V}\|\|\mathbf{W}\|\cos\alpha \qquad (4.1.50)$$

Após expandir o lado esquerdo da Equação, todos os termos V_i^2 e W_i^2 são cancelados, e nós temos

$$\sum_{i=1}^{n}-2V_iW_i = -2\|\mathbf{V}\|\|\mathbf{W}\|\cos\alpha \qquad (4.1.51)$$

Dividir ambos os lados por -2 nos leva para a Equação 4.1.48.

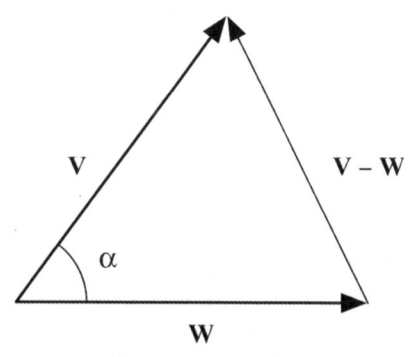

Figura 4.1.8 O produto escalar é relacionado ao ângulo entre dois vetores **V** e **W** pela equação **V · W** = ||**V**|| ||**W**||cos α. Isso pode ser verificado aplicando a lei dos cossenos ao ângulo α.

Alguns fatos importantes seguem imediatamente a partir da Equação 4.1.48. O primeiro é que dois vetores **V** e **W** são perpendiculares se, e somente se, **V·W**= 0. Isso decorre do fato de que a função cosseno é zero em um ângulo de 90°. Os vetores cujo ponto escalar resulta zero são chamados de *ortogonais*. Definimos o *vetor zero*, $\mathbf{0} \equiv \langle 0, 0, \ldots, 0\rangle$, como sendo ortogonal a cada vetor **V**, já que sempre é igual a zero.

O segundo fato é que o sinal do produto escalar nos notifica quão perto dois vetores estão para apontar na mesma direção. Para qualquer vetor **V**, podemos construir um plano que passa pela origem e é perpendicular à direção que **V** representa, como mostra a Figura 4.1.9. Qualquer vetor colocado no mesmo lado do plano que **V** resulta em um ponto escalar positivo com **V**, e qualquer vetor colocado sobre o lado oposto do plano de **V** resulta em um produto escalar negativo com **V**.

O produto escalar de um vetor com ele mesmo produz sempre um número positivo que é igual à magnitude elevada ao quadrado do vetor. Porque o ângulo entre um vetor e ele mesmo é zero, o termo cosseno na Equação 4.1.48 é 1, e temos

$$\mathbf{V} \cdot \mathbf{V} = \|\mathbf{V}\|\|\mathbf{V}\| = \|\mathbf{V}\|^2$$

(4.1.52)

A notação direta V^2 é frequentemente usada em substituição a $\mathbf{V} \cdot \mathbf{V}$ ou $\|\mathbf{V}\|^2$, e todas as três expressões têm significados idênticos. No caso direto, o vetor é escrito em itálico, pois seu quadrado é uma quantidade escalar.

A situação surge muitas vezes quando temos de decompor um vetor **V** em componentes paralelos e perpendiculares ao outro vetor **W**. Conforme mostra a Figura 4.1.10, se pensarmos no vetor **V**, a hipotenusa de um triângulo retângulo, a projeção perpendicular de **V** sobre o vetor **W** produz o lado adjacente ao ângulo α entre **V** e **W**.

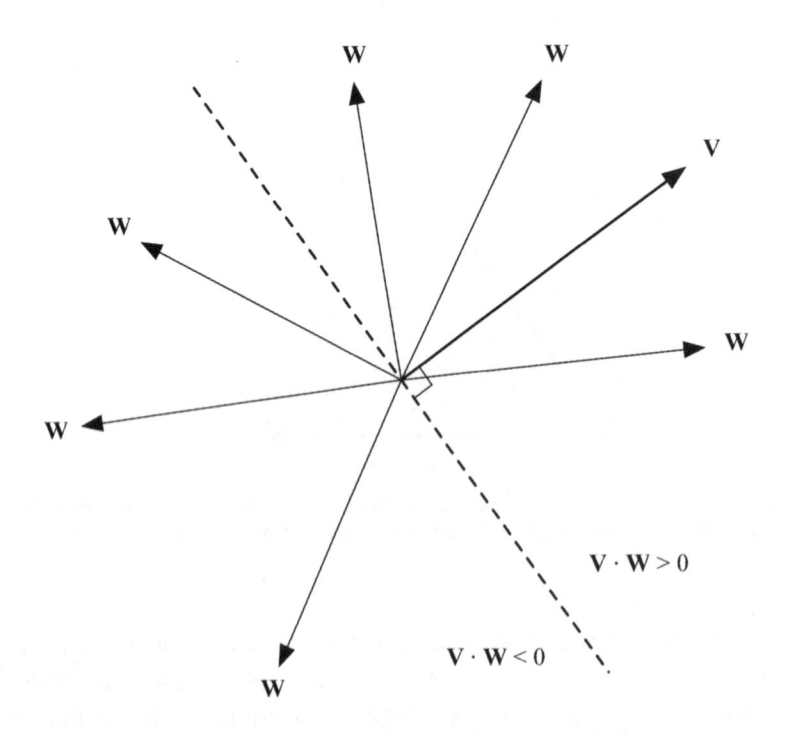

Figura 4.1.9 O sinal do produto escalar nos informa se dois vetores estão no mesmo lado ou em lados opostos de um plano.

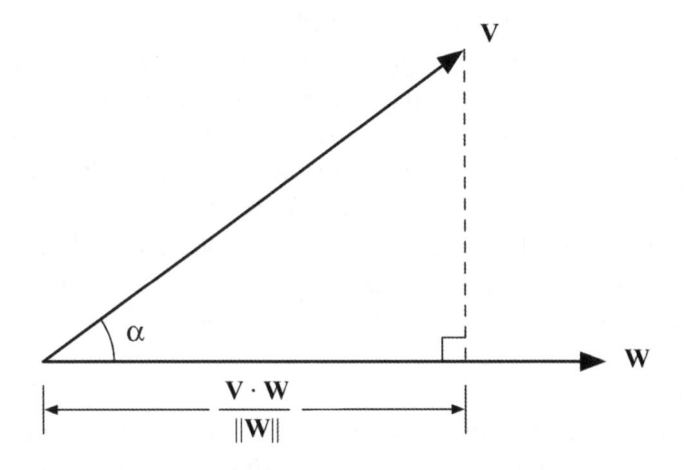

Figura 4.1.10 O comprimento de uma projeção do vetor **V** sobre o vetor **W** é dado por **V** · **W**/||**W**||, pois **V** · **W** = ||**V**|| ||**W**||cos α.

A trigonometria básica nos informa que o comprimento do lado adjacente α dado por $\|\mathbf{V}\|\cos\alpha$. A Equação 4.1.48, nos fornece um modo de calcular a mesma quantidade sem saber o ângulo α.

$$\|\mathbf{V}\|\cos\alpha = \frac{\mathbf{V}\cdot\mathbf{W}}{\|\mathbf{W}\|} \qquad (4.1.53)$$

Para obter um vetor que tenha esse comprimento e seja paralelo a **W**, simplesmente multiplicamos pelo vetor de unidade **W**/||**W**||. Temos agora a seguinte fórmula para a projeção de **V** em **W**, que denotaremos por proj$_w$ **V**.

$$\text{proj}_\mathbf{W}\mathbf{V} = \frac{\mathbf{V}\cdot\mathbf{W}}{\|\mathbf{W}\|^2}\mathbf{W} \qquad (4.1.54)$$

A projeção de **V** em **W** é uma transformação linear de **V** e pode assim ser expressa como o seguinte produto de matriz. Em três dimensões, proj$_w$ **V** pode ser calculado usando a fórmula alternativa

$$\text{proj}_\mathbf{W}\mathbf{V} = \frac{1}{\|\mathbf{W}\|^2}\begin{bmatrix} W_x^2 & W_xW_y & W_xW_z \\ W_xW_y & W_y^2 & W_yW_z \\ W_xW_z & W_yW_z & W_z^2 \end{bmatrix}\begin{bmatrix} V_x \\ V_y \\ V_z \end{bmatrix} \qquad (4.1.55)$$

O componente perpendicular de **V** com relação a **W**, denotado por perp$_w$ **V**, é apenas o vetor que sobrou quando subtraímos o componente paralelo dado pela Equação 4.1.54 do vetor original **V**.

$$\begin{aligned}\text{perp}_\mathbf{W}\mathbf{V} &= \mathbf{V} - \text{proj}_\mathbf{W}\mathbf{V} \\ &= \mathbf{V} - \frac{\mathbf{V}\cdot\mathbf{W}}{\|\mathbf{W}\|^2}\mathbf{W}\end{aligned} \qquad (4.1.56)$$

Essa operação é a base para um algoritmo chamado *ortogonalização de Gram-Schmidt*. Em vários pontos, no desenvolvimento do jogo, surgem situações em que um conjunto de vetores quase pares ortogonais precisam ser corrigidos para que cada vetor do conjunto seja ortogonal a todos os outros vetores do conjunto. A ortogonalização de Gram-Schmidt realiza essa correção, posicionando os vetores em determinada ordem e, em seguida, subtraindo de cada vetor a projeção do vetor em todos os vetores anteriores. Por exemplo, o conjunto de três vetores {**U**, **V**, **W**} é ortogonalizado deixando **U** sozinho, subtraindo $\text{proj}_U \mathbf{V}$ de **V**, e subtraindo as duas $\text{proj}_U \mathbf{W}$ e $\text{proj}_V \mathbf{W}$ de **W** (onde a projeção de **W** em **V** usa o já ortogonalizado vetor **V**). Para muitas aplicações, é ainda necessário renormalizarmos cada um dos vetores para comprimento de unidade.

O produto vetorial

O *produto vetorial* de dois vetores, conhecido em inglês como *vector product e cross product*, produz um vetor perpendicular a ambos os vetores que estão sendo multiplicados juntos. Esse produto tem muitos usos em computação gráfica e física e uma dessas aplicações é o cálculo de uma superfície normal em um ponto específico avaliando o produto vetorial de dois vetores de tangentes distintas. O produto vetorial entre dois vetores **V** e **W** é escrito **V** × **W**, e aí reside a origem de seu símbolo – o símbolo com aparência de cruz colocado entre os dois operandos.

O produto vetorial se aplica a vetores tridimensionais e é definido como:

$$\mathbf{V} \times \mathbf{W} = \langle V_y W_z - V_z W_y, V_z W_x - V_x W_z, V_x W_y - V_y W_x \rangle \tag{4.1.57}$$

Um recurso usado para lembrar essa fórmula é calcular o produto vetorial avaliando a seguinte expressão, que lembra uma determinante de matriz:

$$\mathbf{V} \times \mathbf{W} = \begin{vmatrix} \hat{\mathbf{i}} & \hat{\mathbf{j}} & \hat{\mathbf{k}} \\ V_x & V_y & V_z \\ W_x & W_y & W_z \end{vmatrix} \tag{4.1.58}$$

Os símbolos $\hat{\mathbf{i}}$, $\hat{\mathbf{j}}$ e $\hat{\mathbf{k}}$ representam os vetores unitários alinhados com os eixos de coordenadas, como definido pela Equação 4.1.27. Essa expressão é muitas vezes chamada de *pseudodeterminante*, uma vez que não é tecnicamente uma matriz real (porque as entradas na linha superior são vetores). No entanto, o método usual para avaliar o fator determinante produz o valor correto para o produto vetorial, conforme mostrado a seguir:

$$\begin{vmatrix} \hat{\mathbf{i}} & \hat{\mathbf{j}} & \hat{\mathbf{k}} \\ V_x & V_y & V_z \\ W_x & W_y & W_z \end{vmatrix} = \hat{\mathbf{i}}(V_y W_z - V_z W_y) + \hat{\mathbf{j}}(V_z W_x - V_x W_z) + \hat{\mathbf{k}}(V_x W_y - V_y W_x) \tag{4.1.59}$$

O produto vetorial **V** × **W** também pode ser expresso como o seguinte produto de matriz:

$$\mathbf{V} \times \mathbf{W} = \begin{bmatrix} 0 & -V_z & V_y \\ V_z & 0 & -V_x \\ -V_y & V_x & 0 \end{bmatrix} \begin{bmatrix} W_x \\ W_y \\ W_z \end{bmatrix} \quad (4.1.60)$$

Como mencionado, o produto vetorial $\mathbf{V} \times \mathbf{W}$ produz um vetor perpendicular a ambos $\mathbf{V}$ e $\mathbf{W}$. Para que isso seja verdade, deve ser o caso em que $(\mathbf{V} \times \mathbf{W}) \cdot \mathbf{V} = 0$ e $(\mathbf{V} \times \mathbf{W}) \cdot \mathbf{W} = 0$. Podemos verificar essas equações, simplesmente escrevendo os componentes individuais, como fazemos com o produto escalar com $\mathbf{V}$:

$$\begin{aligned}
(\mathbf{V} \times \mathbf{W}) \cdot \mathbf{V} &= \langle V_y W_z - V_z W_y, V_z W_x - V_x W_z, V_x W_y - V_y W_x \rangle \cdot \mathbf{V} \\
&= V_y W_z V_x - V_z W_y V_x + V_z W_x V_y - V_x W_z V_y + V_x W_y V_z - V_y W_x V_z \\
&= 0
\end{aligned} \quad (4.1.61)$$

Como o produto escalar, o produto vetorial tem significância trigonométrica. A magnitude do produto vetorial entre dois vetores satisfaz a seguinte equação:

$$\|\mathbf{V} \times \mathbf{W}\| = \|\mathbf{V}\| \|\mathbf{W}\| \sin \alpha \quad (4.1.62)$$

Assim como o produto escalar, o ângulo α corresponde ao ângulo planar entre duas direções nas quais os vetores $\mathbf{V}$ e $\mathbf{W}$ apontam. A Equação 4.1.62 pode ser provada primeiramente reconhecendo que o quadrado de $\|\mathbf{V} \times \mathbf{W}\|$ pode ser escrito como:

$$\begin{aligned}
\|\mathbf{V} \times \mathbf{W}\|^2 &= \left(V_x^2 + V_y^2 + V_z^2\right)\left(W_x^2 + W_y^2 + W_z^2\right) - \left(V_x W_x + V_y W_y + V_z W_z\right)^2 \\
&= V^2 W^2 - (\mathbf{V} \cdot \mathbf{W})^2
\end{aligned} \quad (4.1.63)$$

Substituindo o produto escalar pelo lado direito da Equação 4.1.48, temos

$$\begin{aligned}
\|\mathbf{V} \times \mathbf{W}\|^2 &= V^2 W^2 - V^2 W^2 \cos^2 \alpha \\
&= V^2 W^2 \left(1 - \cos^2 \alpha\right) \\
&= V^2 W^2 \,\text{sen}^2 \alpha
\end{aligned} \quad (4.1.64)$$

Calculando a raiz quadrada de ambos os lados nos traz a Equação 4.1.62.

Conforme mostra a Figura 4.1.11, a Equação 4.1.62 demonstra que a magnitude do produto vetorial $\mathbf{V} \times \mathbf{W}$ é igual à área do paralelogramo cujos lados são formados pelos vetores $\mathbf{V}$ e $\mathbf{W}$. Como consequência, a área A de um triângulo arbitrário cujos vértices são dados pelos pontos $\mathbf{P}_1$, $\mathbf{P}_2$ e $\mathbf{P}_3$ pode ser calculada por meio da fórmula

$$A = \frac{1}{2} \|(\mathbf{P}_2 - \mathbf{P}_1) \times (\mathbf{P}_3 - \mathbf{P}_1)\| \quad (4.1.65)$$

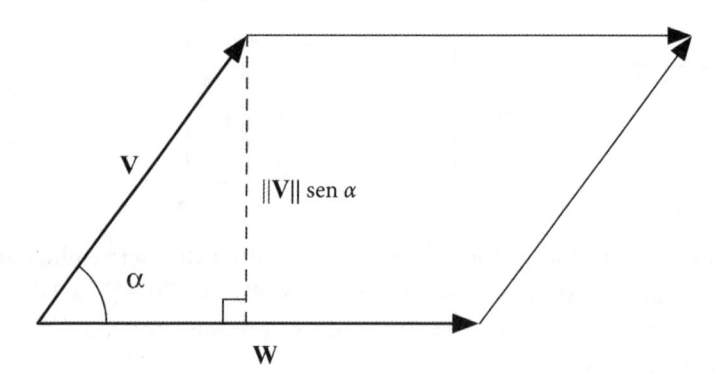

Figura 4.1.11 Este paralelogramo tem a largura da base $\|W\|$ e altura $\|V\|$ sen α. O produto desses dois comprimentos é igual a $\|V \times W\|$ e fornece a área do paralelogramo.

Sabemos que qualquer resultado diferente de zero (não-zero) do produto vetorial deve ser perpendicular aos dois vetores que estão sendo multiplicados juntamente, mas duas direções possíveis satisfazem esse requisito. Contudo, o produto vetorial segue um padrão chamado de *regra da mão direita*. Conforme mostra a Figura 4.1.12, se os dedos da mão direita estão alinhados com um vetor **V** e a palma está virada na direção de um vetor **W**, o polegar aponta na direção do produto vetorial **V** × **W**.

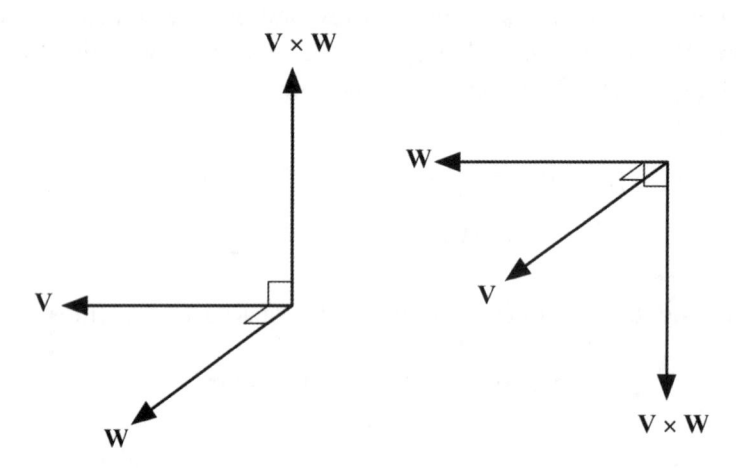

Figura 4.1.12 A regra da mão direita fornece uma maneira de determinar a direção em que o produto vetorial aponta. Quando os vetores **V** e **W** são trocados, seu produto vetorial é negado.

Os vetores unitários $\hat{i}$, $\hat{j}$ e $\hat{k}$, que apontam nas direções dos eixos positivos x, y e z, comportam-se como se segue. Se ordenarmos os eixos em uma forma circular para que $\hat{i}$ anteceda $\hat{j}$, $\hat{j}$ anteceda $\hat{k}$ e $\hat{k}$ anteceda $\hat{i}$, o produto vetorial de dois vetores *em ordem* produzirá o terceiro vetor como:

$$\hat{i} \times \hat{j} = \hat{k}$$
$$\hat{j} \times \hat{k} = \hat{i}$$
$$\hat{k} \times \hat{i} = \hat{j}$$

(4.1.66)

O produto vetorial de dois vetores em *ordem reversa* resulta na negação do terceiro vetor como:

$$\hat{j} \times \hat{i} = -\hat{k}$$
$$\hat{k} \times \hat{j} = -\hat{i}$$
$$\hat{i} \times \hat{k} = -\hat{j} \qquad (4.1.67)$$

Em geral, o produto vetorial não é uma operação comutativa, mas sempre é verdadeiro que a inversão da ordem dos operandos nega o resultado. Isto é,

$$\mathbf{W} \times \mathbf{V} = -\mathbf{V} \times \mathbf{W} \qquad (4.1.68)$$

Por essa razão, o produto vetorial é referido como uma operação *anticomutativa*. Além disso, devemos notar que o produto vetorial não é uma operação associativa. Para quaisquer três vetores U, V e W, pode ser o caso que $(\mathbf{U} \times \mathbf{V}) \times \mathbf{W} \neq \mathbf{U} \times (\mathbf{V} \times \mathbf{W})$.

> Transformações

Motores de jogo quase sempre precisam realizar cálculos envolvendo um conjunto de diferentes tipos de objetos, como modelos geométricos, fontes de luz e câmeras. Muitas vezes, é conveniente realizar esses cálculos em um sistema de coordenadas que esteja alinhado ao objeto de uma maneira natural. Por exemplo, uma câmera pode possuir um sistema de coordenadas locais em que a origem coincida com a posição da câmera, um eixo esteja alinhado ao longo da direção para qual a câmera esteja virada e os outros dois eixos estejam alinhados com as direções horizontal e vertical do observador. Uma vez que objetos diferentes podem usar sistemas de coordenadas diferentes, um motor de jogo precisa ser capaz de transformar vetores de um sistema de coordenadas em outro.

Transformações do sistema de coordenadas

Suponha que os eixos de coordenadas no sistema de coordenadas em três dimensões *A* corresponda às direções dadas pelos vetores R, S e T no sistema de coordenadas *B*. Ou seja, os eixos de coordenadas são diferentes no sistema de coordenadas *B*; por isso, mesmo que o vetor $\hat{i}$ no sistema *A* e o vetor R no sistema *B* apontem na mesma direção, eles têm coordenadas *x*, *y* e *z* diferentes. Um vetor V especificado nas coordenadas do sistema *A* é transformado em um vetor W que tem as coordenadas no sistema *B*, realizando a multiplicação de matrizes.

$$\mathbf{W} = \begin{bmatrix} \mathbf{R} & \mathbf{S} & \mathbf{T} \end{bmatrix} \mathbf{V} = \begin{bmatrix} R_x & S_x & T_x \\ R_y & S_y & T_y \\ R_z & S_z & T_z \end{bmatrix} \begin{bmatrix} V_x \\ V_y \\ V_z \end{bmatrix} \qquad (4.1.69)$$

Essa operação apenas substitui os vetores $\hat{i}, \hat{j}$ e $\hat{k}$, pelos vetores R, S e T. No sistema de coordenadas *A*, podemos escrever qualquer vetor V como

$$\mathbf{V} = a\hat{i} + b\hat{j} + c\hat{k} \qquad (4.1.70)$$

Após transformar em um sistema de coordenada B, o vetor **W** pode ser escrito como

$$\mathbf{W} = a\mathbf{R} + b\mathbf{S} + c\mathbf{T} \tag{4.1.71}$$

Transformamos na direção reversa do sistema B para o sistema A invertendo a Equação 4.1.69 para obter o seguinte:

$$\mathbf{V} = \begin{bmatrix} R_x & S_x & T_x \\ R_y & S_y & T_y \\ R_z & S_z & T_z \end{bmatrix}^{-1} \mathbf{W} \tag{4.1.72}$$

Um certo subconjunto de matrizes inversas satisfaz a propriedade que $\mathbf{M}^{-1} = \mathbf{M}^T$. Tais matrizes são chamadas de *ortogonais*. Se uma matriz é ortogonal (que é frequentemente o caso em computação gráfica), seu inverso é igual à sua transposição, e a matriz que transforma vetores do sistema B para o sistema A é a única cujas linhas são simplesmente os vetores **R**, **S** e **T**. Nesse caso, podemos expressar o vetor **V** como <**R** · **W**, **S** · **W**, **T** · **W**>.

A Equação 4.1.69 pode reorientar o eixo de coordenadas em qualquer forma que desejar, mas deixa a origem fixa. Para mover a origem, é preciso incorporar um vetor adicional **D** que representa a diferença entre a origem no sistema de coordenada A e o sistema de coordenada B. A transformação geral de um sistema tridimensional para outro torna-se agora

$$\mathbf{W} = \begin{bmatrix} R_x & S_x & T_x \\ R_y & S_y & T_y \\ R_z & S_z & T_z \end{bmatrix} \begin{bmatrix} V_x \\ V_y \\ V_z \end{bmatrix} + \begin{bmatrix} D_x \\ D_y \\ D_z \end{bmatrix} \tag{4.1.73}$$

Coordenadas homogêneas

Existem duas desvantagens significativas para a forma da Equação 4.1.73. A primeira é que a transformação completa é representada por duas partes distintas: a matriz 3×3 que reorienta os eixos de coordenadas, e o vetor **D** que compensa a origem. A segunda desvantagem é que a transformação completa não pode estabelecer uma distinção entre um vetor **V** que representa um ponto no espaço e um vetor **V** que representa uma direção. No caso em que **V** é uma direção, não queremos adicionar o deslocamento **D** porque mudaria a direção em que **V** aponta.

Felizmente, há uma solução elegante que permite representar as transformações na Equação 4.1.73 como uma única matriz e estabelecer uma distinção natural entre os vetores de posição e vetores de direção. A maioria dos sistemas gráficos 3D em uso atualmente empregam o que chamamos de *coordenadas homogêneas quadridimensionais*. Vetores tridimensionais são expressos em coordenadas homogêneas, adicionando um quarto componente marcado como w. Para vetores que representam uma direção, a coordenada w é zero. Uma coordenada w não zero indica que um vetor representa uma posição em vez de uma direção. Normalmente, a um vetor de posição é dada uma coordenada w de 1.

Em coordenadas homogêneas, a matriz 3×3 e o vetor de deslocamento na Equação 4.1.73 são combinados em uma matriz 4×4 única para que a transformação assuma a seguinte forma:

$$\mathbf{W} = \begin{bmatrix} R_x & S_x & T_x & D_x \\ R_y & S_y & T_y & D_y \\ R_z & S_z & T_z & D_z \\ 0 & 0 & 0 & 1 \end{bmatrix} \begin{bmatrix} V_x \\ V_y \\ V_z \\ V_w \end{bmatrix} \qquad (4.1.74)$$

A coordenada w de $\mathbf{V}$ determina se o vetor de deslocamento $\mathbf{D}$ participa da transformação, porque é a coordenada pela qual cada uma das entradas na quarta coluna da matriz é multiplicada. Se $V_w = 1$, o vetor $\mathbf{D}$ é adicionado ao vetor transformado, mas se $V_w = 0$, o vetor $\mathbf{D}$ é efetivamente ignorado.

É possível para um vetor $\mathbf{V}$ ter uma coordenada w que não é nem 0 nem 1. Tal vetor pode ser especificado explicitamente ou pode ser produzido por uma matriz de transformação 4 × 4, cuja quarta linha não é <0,0,0,1>. O vetor tridimensional correspondente sempre é determinado dividindo-se as coordenadas x, y e z pela coordenada w como se segue:

$$\mathbf{V}_{3D} = \left\langle \frac{V_x}{V_w}, \frac{V_y}{V_w}, \frac{V_z}{V_w} \right\rangle \qquad (4.1.75)$$

Assim, em coordenadas homogêneas, ambos os vetores (V_x, V_y, V_z, V_w) e (aV_x, aV_y, aV_z, aV_w) representam o mesmo ponto no espaço tridimensional.

Transformações comuns

Algumas transformações comuns, como translações, escalas e rotações, têm representações de matriz simples. Uma translação simplesmente move a origem do sistema de coordenadas sem reorientar ou alongar os eixos de forma alguma. Como uma matriz de transformação 4 × 4, a translação tem a forma

$$\mathbf{M}_{\text{translação}} = \begin{bmatrix} 1 & 0 & 0 & T_x \\ 0 & 1 & 0 & T_y \\ 0 & 0 & 1 & T_z \\ 0 & 0 & 0 & 1 \end{bmatrix} \qquad (4.1.76)$$

em que o vetor $\mathbf{T}$ é a diferença entre a antiga e a nova origem. Uma escala alonga ou diminui cada um dos eixos de coordenada e é representada por uma matriz com a seguinte forma

$$\mathbf{M}_{\text{escala}} = \begin{bmatrix} a & 0 & 0 & 0 \\ 0 & b & 0 & 0 \\ 0 & 0 & c & 0 \\ 0 & 0 & 0 & 1 \end{bmatrix} \qquad (4.1.77)$$

Os escalares *a*, *b* e *c* são os fatores pelos quais cada um dos eixos *x*, *y* e *z* são escalados, respectivamente. Se todos os três fatores de escala são os mesmos, a matriz $\mathbf{M}_{escala}$ é chamada de *escala uniforme*, caso contrário, é uma *escala não uniforme*.

Para rotações, primeiro examinamos um método geral para rotacionar um ponto sobre a origem em duas dimensões. Deixe $\mathbf{P} = \langle x, y \rangle$ ser um ponto colocado no plano *x-y*. Como mostra a Figura 4.1.13a, o ponto $\mathbf{P}$ é rotacionado no sentido anti-horário através de um ângulo de 90° trocando suas coordenadas *x* e *y* e negando a nova coordenada *x* para construir o ponto $\mathbf{Q} = \langle -x, y \rangle$. O resultado de rotacionar $\mathbf{P}$ através de qualquer ângulo pode ser expresso como uma combinação linear do $\mathbf{P}$ original e sua rotação $\mathbf{Q}$ de 90°. Como ilustra a Figura 4.1.13b, o resultado $\mathbf{P'}$ de rotacionar o ponto $\mathbf{P}$ através de um ângulo θ é dado por

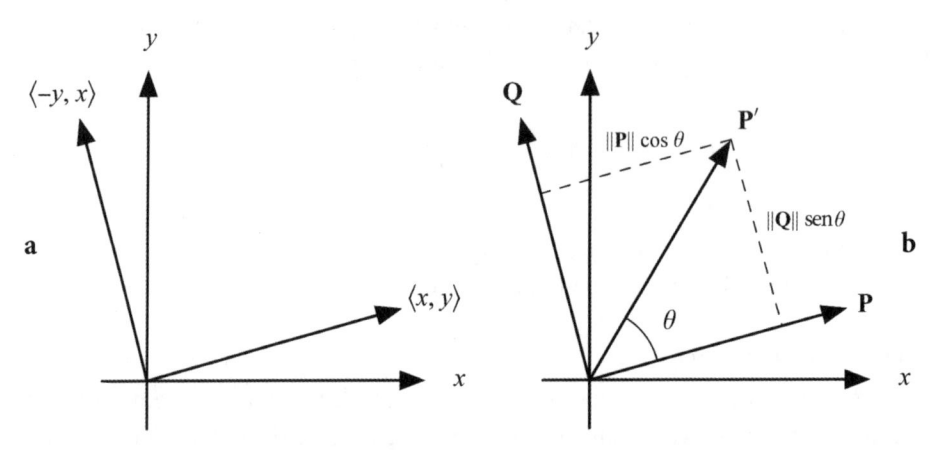

$$\mathbf{P'} = \mathbf{P}\cos\theta + \mathbf{Q}\operatorname{sen}\theta \qquad (4.1.78)$$

Figura 4.1.13 (a) Um ponto é rotacionado no sentido anti-horário por 90° no plano *x-y* trocando suas coordenadas e negando a nova coordenada *x*. (b) O resultado $\mathbf{P'}$ da rotação do ponto através de um ângulo arbitrário θ é expresso como uma combinação linear do ponto $\mathbf{P}$ original e a rotação $\mathbf{Q}$ de 90°.

Partindo do pressuposto que $\mathbf{Q} = \langle -P_y, P_x \rangle$, os dois componentes de $\mathbf{P'}$ podem ser escritos como

$$\begin{aligned} P'_x &= P_x \cos\theta - P_y \operatorname{sen}\theta \\ P'_y &= P_y \cos\theta + P_x \operatorname{sen}\theta \end{aligned} \qquad (4.1.79)$$

Isso pode ser escrito como o produto de matriz equivalente

$$\mathbf{P'} = \begin{bmatrix} \cos\theta & -\operatorname{sen}\theta \\ \operatorname{sen}\theta & \cos\theta \end{bmatrix} \mathbf{P} \qquad (4.1.80)$$

A rotação realizada pela matriz na Equação 4.1.80 ocorre no plano *x-y* e é, assim, equivalente a uma rotação em três dimensões sobre o eixo *z*. Podemos expressar essa rotação usando a seguinte matriz de transformação 4 × 4:

$$\mathbf{M}_{\text{rotação }z} = \begin{bmatrix} \cos\theta & -\text{sen}\theta & 0 & 0 \\ \text{sen}\theta & \cos\theta & 0 & 0 \\ 0 & 0 & 1 & 0 \\ 0 & 0 & 0 & 1 \end{bmatrix}$$

(4.1.81)

As rotações sobre os eixos x e y têm as seguintes formas similares:

$$\mathbf{M}_{\text{rotação }x} = \begin{bmatrix} 1 & 0 & 0 & 0 \\ 0 & \cos\theta & -\text{sen}\theta & 0 \\ 0 & \text{sen}\theta & \cos\theta & 0 \\ 0 & 0 & 0 & 1 \end{bmatrix}$$

(4.1.82)

$$\mathbf{M}_{\text{rotação }y} = \begin{bmatrix} \cos\theta & 0 & \text{sen}\theta & 0 \\ 0 & 1 & 0 & 0 \\ -\text{sen}\theta & 0 & \cos\theta & 0 \\ 0 & 0 & 0 & 1 \end{bmatrix}$$

(4.1.83)

Uma rotação através do ângulo θ em torno de um eixo arbitrário **A** é dada pela seguinte matriz de transformação, em que fizemos as abreviações $c = \cos\theta$ e $s = \text{sen}\theta$. (Para uma derivação dessa matriz, veja [Lengyel04]).

$$\mathbf{M}_{\text{rotação}} = \begin{bmatrix} c+(1-c)A_x^2 & (1-c)A_xA_y - sA_z & (1-c)A_xA_z + sA_y & 0 \\ (1-c)A_xA_y + sA_z & c+(1-c)A_y^2 & (1-c)A_yA_z - sA_x & 0 \\ (1-c)A_xA_z - sA_y & (1-c)A_yA_z + sA_x & c+(1-c)A_z^2 & 0 \\ 0 & 0 & 0 & 1 \end{bmatrix}$$

(4.1.84)

Acrescentar aos valores **A** (1,0,0), **A** (0,1,0) e **A** (0,0,1) nos traz de volta para as matrizes $M_{\text{rotação }x}$, $M_{\text{rotação }y}$ e $M_{\text{rotação }z}$, respectivamente.

Transformando vetores normais

Além de sua posição no espaço, um vértice pertencente a um modelo poligonal normalmente carrega informações adicionais sobre como ele se encaixa na superfície circundante. Em particular, um vértice pode ter um vetor tangente e um vetor normal associado a ele que representa uma direção paralela à superfície e uma direção perpendicular à superfície, respectivamente. Ao transformarmos um modelo, muitas vezes necessitamos transformar não só as posições dos vértices, mas também os vetores tangentes e normais.

Um vetor tangente em geral pode ser calculado considerando-se a diferença entre um vértice e outro, e, portanto, seria de esperar que um vetor tangente transformado pudesse ser expresso como a diferença entre dois pontos transformados. Se **M** é uma matriz com a qual podemos transformar uma posição de vértice, a mesma matriz **M** pode ser usada para transformar corretamente o vetor tangente para esse vértice. Entretanto, alguns cuidados devem ser tomados quando se transforma vetores normais. A Figura 4.1.14 mostra o que pode acontecer quando uma matriz não ortogonal **M**, como uma escala não uniforme, é usada para transformar um vetor normal. O normal transformado pode muitas vezes apontar em uma direção não perpendicular à superfície transformada.

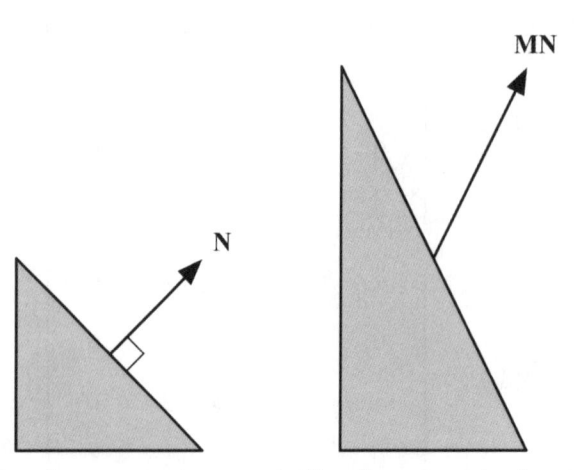

Figura 4.1.14 Transformar um vetor normal utilizando uma matriz não ortogonal pode fazer com que o vetor deixe de ser perpendicular à superfície transformada.

Já que tangentes e normais são perpendiculares, o vetor tangente **T** e o vetor normal N associados com um vértice devem satisfazer a equação **N · T** = 0. Devemos também exigir que essa equação seja satisfeita pelo vetor tangente **T'** transformado e o vetor normal **N'** transformado. Dada uma matriz de transformação **M**, sabemos que **T'= MT**. Gostaríamos de encontrar a matriz de transformação **G** com a qual o vetor **N** deve ser transformado de forma que

$$\mathbf{N'} \cdot \mathbf{T'} = (\mathbf{GN}) \cdot (\mathbf{MT}) = 0 \qquad (4.1.85)$$

Lembre-se de que o produto escalar **V · W** também pode ser escrito como o produto da matriz **V^T W**. Aplicando à Equação 4.1.85, podemos escrever

$$(\mathbf{GN}) \cdot (\mathbf{MT}) = (\mathbf{GN})^T (\mathbf{MT})$$
$$= \mathbf{N}^T \mathbf{G}^T \mathbf{MT} \qquad (4.1.86)$$

Já que **N^{T}T** = 0, a equação **N^{T}G^{T}MT** = 0 é satisfeita se **G^{T}M = I**. Nós, portanto, concluímos que **G**= (**M^{-1}**)^T. Isso nos diz que um vetor normal é corretamente transformado usando a *transposição inversa* da matriz usada para transformar pontos. Os vetores que devem ser transformados dessa forma são chamados de vetores *covariantes* e vetores que são transformados na forma normal usando a matriz **M** (tais como pontos e vetores tangentes) são chamados de vetores *contravariantes*.

Se a matriz **M** é ortogonal, $\mathbf{M}^{-1} = \mathbf{M}^T$, e, portanto, $(\mathbf{M}^{-1})^T = \mathbf{M}$. Desse modo, a operação de transposição inversa necessária para transformar vetores normais pode ser evitada quando **M** é conhecido por ser ortogonal, como é o caso quando **M** é igual a uma das matrizes de rotação discutidas anteriormente nesta seção.

› Geometria

Jogos quase sempre necessitam fornecer algum tipo de ambiente virtual no qual toda a ação ocorre. Esse ambiente e os objetos que interagem com ele são representados em um computador como estruturas geométricas. Motores de jogo, invariavelmente, precisam ser capazes de manipular matematicamente essas estruturas, bem como criar outros objetos geométricos durante o jogo. Nesta seção, examinaremos as propriedades matemáticas básicas de linhas e planos no espaço tridimensional, porque eles são entidades geométricas fundamentais sobre as quais muitos cálculos do motor do jogo são baseados.

Linhas

No espaço tridimensional, uma linha é normalmente descrita por duas grandezas: qualquer ponto **S** colocado na linha e a direção **V** ao longo da qual a linha corre. O conjunto de todos os pontos pertencentes à linha é então gerado pela função paramétrica

$$\mathbf{P}(t) = \mathbf{S} + t\mathbf{V} \tag{4.1.87}$$

Uma linha pode ser considerada o caminho traçado começando pelo ponto **S** e viajando ao longo da direção **V** ao longo do tempo t. (Se permitirmos a t ser negativo nos possibilita viajar nos dois sentidos.)

Duas linhas $\mathbf{S}_1 + t\mathbf{V}_1$ e $\mathbf{S}_2 + t\mathbf{V}_2$ estão em paralelo se suas direções $\mathbf{V}_1$ e $\mathbf{V}_2$ são paralelas (ou seja, $\mathbf{V}_1 = a\mathbf{V}_2$ para alguma escalar a). Em três dimensões, as linhas que não são paralelas, não necessariamente se cruzam como deveriam em duas dimensões. As linhas não paralelas que não se interceptam são chamadas de linhas de *inclinação*.

Planos

Dado um ponto **P** 3D e um vetor normal **N**, o plano que passa pelo ponto **P** e perpendicular à direção de **N** pode ser definido como o conjunto dos pontos **Q**, tais que $\mathbf{N} \cdot (\mathbf{Q} - \mathbf{P}) = 0$. Conforme mostra a Figura 4.1.15, esse é o conjunto dos pontos cuja diferença com **P** é perpendicular ao sentido normal **N**. A equação de um plano é comumente escrita como

$$Ax + By + Cz + D = 0, \tag{4.1.88}$$

em que A, B e C são componentes x, y e z do vetor normal **N**, e $D = -\mathbf{N} \cdot \mathbf{P}$. Como mostra a Figura 4.1.16, o valor $|D|/\|\mathbf{N}\|$ é a distância na qual o plano é compensado do plano paralelo que passa através da origem.

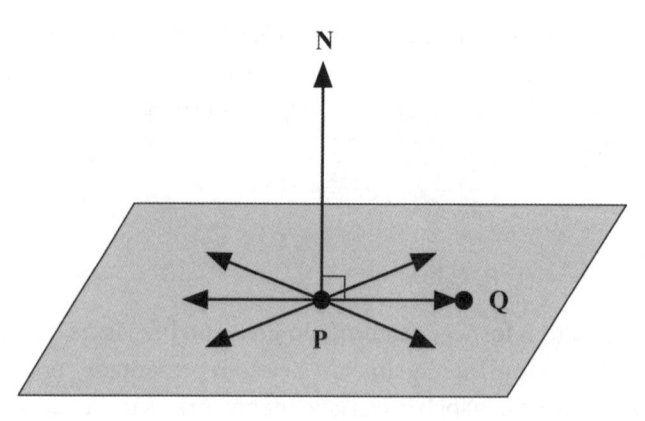

Figura 4.1.15 Um plano é definido pelo conjunto de pontos **Q** cuja diferença de um ponto **P**, conhecido por estar no plano, é perpendicular à direção normal **N**.

O vetor normal **N** é em geral normalizado para comprimento de unidade, pois nesse caso a equação

$$d = \mathbf{N} \cdot \mathbf{Q} + D \quad (4.1.89)$$

fornece a distância sinalizada do plano para um ponto arbitrário **Q**. Se $d = 0$, o ponto **Q** está no plano. Se $d > 0$, dizemos que o ponto **Q** está no lado positivo do plano, pois **Q** estaria do lado em que o vetor normal aponta. Caso contrário, se $d < 0$, dizemos que o ponto **Q** está no lado negativo do plano.

É conveniente representar um plano usando um vetor de quatro dimensões. A notação abreviada (**N**, D) é utilizada para designar o plano consistindo em pontos **Q** satisfazendo $\mathbf{N} \cdot \mathbf{Q} + D = 0$. Se tratarmos nossos pontos como tridimensionais em vez de pontos homogêneos de quatro dimensões tendo uma coordenada w de 1, a Equação 4.1.89 pode ser reescrita como $d = \mathbf{L} \cdot \mathbf{Q}$, onde $\mathbf{L} = (\mathbf{N}, D)$. Um ponto **Q** está no plano, se $\mathbf{L} \cdot \mathbf{Q} = 0$.

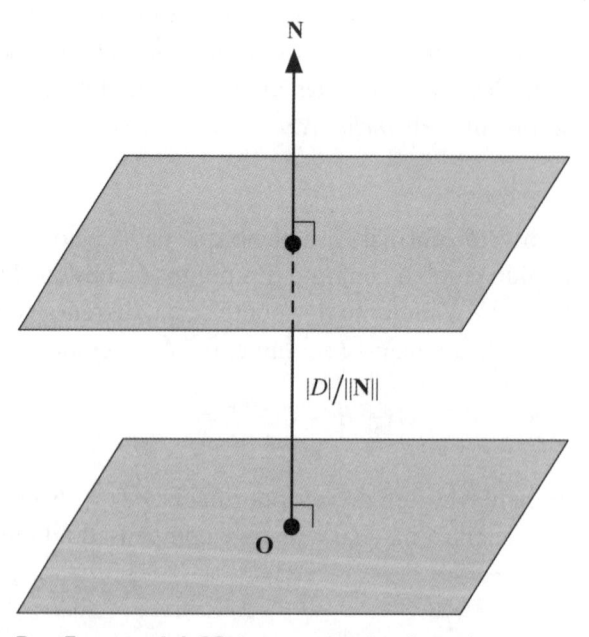

Figura 4.1.16 O valor de D na Equação 4.1.88 é proporcional à distância perpendicular da origem ao plano.

Como vetores normais, os planos são vetores covariantes que devem ser transformados de um sistema de coordenadas para outro usando a transposição inversa da matriz, normalmente empregada para transformar pontos. Se **M** é a matriz de transformação 4 × 4 usada para transformar pontos, um plano **L** é transformado por meio de **M** usando a fórmula

$$\mathbf{L}' = \left(\mathbf{M}^{-1}\right)^{T} \mathbf{L} \tag{4.1.90}$$

Distância de um ponto para a linha

A distância d do ponto **P** para uma linha definida pelo ponto final **S** e a direção **V** pode ser encontrada através do cálculo da magnitude do componente de **P** − **S**, que é perpendicular à linha, como mostra a Figura 4.1.17 (adiante).

Pelo teorema de Pitágoras, o quadrado da distância entre o ponto **P** e a linha pode ser obtido subtraindo-se o quadrado da projeção de **P** − **S** na direção **V** do quadrado de **P** − **S**. Isso nos dá

$$\begin{aligned} d^{2} &= (\mathbf{P}-\mathbf{S})^{2} - [\text{proj}_{\mathbf{V}}(\mathbf{P}-\mathbf{S})]^{2} \\ &= (\mathbf{P}-\mathbf{S})^{2} - \left[\frac{(\mathbf{P}-\mathbf{S})\cdot\mathbf{V}}{V^{2}}\mathbf{V}\right]^{2} \end{aligned} \tag{4.1.91}$$

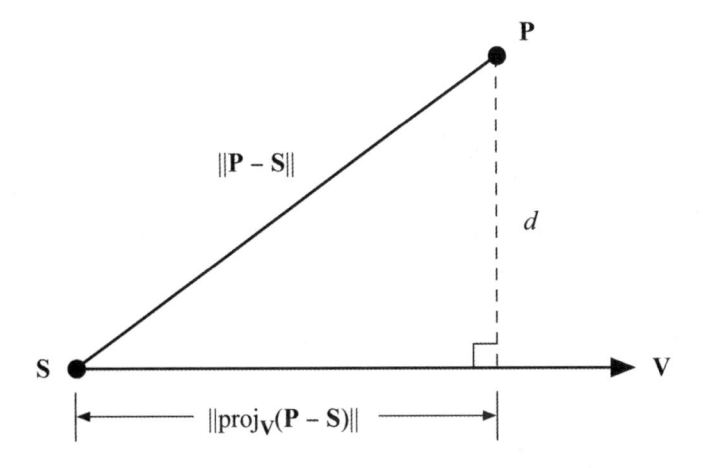

Figura 4.1.17 A distância d do ponto **P** à linha **S** + t**V** é encontrada através do cálculo do comprimento do componente perpendicular de **P** − **S** com relação à linha.

Simplificando um pouco e calculando a raiz quadrada, nos dá a distância d que desejamos:

$$d = \sqrt{(\mathbf{P}-\mathbf{S})^{2} - \frac{[(\mathbf{P}-\mathbf{S})\cdot\mathbf{V}]^{2}}{V^{2}}} \tag{4.1.92}$$

Se o vetor **V** é normalizado, a divisão por V^2 pode ser removida.

Interseção de uma linha e um plano

Consideremos que **P**(t) = **S** + t**V** represente uma linha que contém o ponto **S** indo na direção **V**, e que ĵ seja um plano com direção normal **N**. Para qualquer ponto **P** colocado no plano **L**, devemos ter $\mathbf{L} \cdot \mathbf{P} = 0$; para encontrarmos o ponto em que a linha $\mathbf{P}(t)$ se encontra com o plano, simplesmente precisamos resolver a equação $\mathbf{L} \cdot \mathbf{P}(t) = 0$ para t e ligá-lo de volta para a equação da reta. O valor de t é dado por

$$t = -\frac{\mathbf{L} \cdot \mathbf{S}}{\mathbf{L} \cdot \mathbf{V}} \qquad (4.1.93)$$

Devemos ter cuidado ao avaliarmos produtos escalares de quatro dimensões nessa expressão. Uma vez que $\mathbf{S}$ representa um ponto, sua coordenada w é 1, e já que $\mathbf{V}$ representa uma direção, a coordenada w é 0. Assim, a Equação 4.1.93 deve ser expandida na seguinte forma:

$$t = -\frac{L_x S_x + L_y S_y + L_z S_z + L_w}{L_x V_x + L_y V_y + L_z V_z} \qquad (4.1.94)$$

Se $\mathbf{L} \cdot \mathbf{V} = 0$, a linha é paralela ao plano, e nenhuma interseção ocorre. De outro modo, o ponto de interseção é dado por

$$\mathbf{P}(t) = \mathbf{S} - \frac{\mathbf{L} \cdot \mathbf{S}}{\mathbf{L} \cdot \mathbf{V}} \mathbf{V} \qquad (4.1.95)$$

⟫ Resumo

Este capítulo apresentou vários aspectos matemáticos do desenvolvimento de jogos de computador, incluindo trigonometria, aritmética de vetores e matriz, transformação de coordenadas e geometria tridimensional básica. Esses conceitos representam as bases de muitos outros aplicativos matemáticos avançados em programação de jogos. Por serem tão fortemente empregados no desenvolvimento de jogos modernos, uma familiaridade com tais conceitos pode beneficiar programadores e todos os membros de uma equipe de desenvolvimento de jogos.

⟫ Exercícios

1. Converta as seguintes medidas de ângulos radianos para graus: (a) $7\pi/8$, (b) $3\pi/2$, (c) $\pi/10$, (d) 4π (e) $7\pi/6$.
2. Converta as seguintes medidas de ângulos em graus para radianos: (a) 135°, (b) 18°, (c) 330°, (d) −315° (e) 3°.
3. Calcule as medidas dos ângulos agudos do triângulo retângulo que tem como medidas laterais 3, 4 e 5.
4. Considere $\mathbf{V} = \langle 2, 2, 1 \rangle$ e $\mathbf{W} = \langle 1, -2, 0 \rangle$. Calcule (a) $\mathbf{V} \cdot \mathbf{W}$, (b) $\mathbf{V} \times \mathbf{W}$ e (c) $\text{proj}_\mathbf{v} \mathbf{W}$.
5. Encontre o ângulo planar entre os vetores $\mathbf{V} = \langle 0, 1, 2 \rangle$ e $\mathbf{W} = \langle -1, 2, 0 \rangle$.
6. Mostre que $\|a\mathbf{V}\| = a\|\mathbf{V}\|$ para um vetor $\mathbf{V}$ n-dimensional e uma escalar a.
7. Calcule a área do triângulo cujos vértices estão nos pontos $(2, 3, 4)$, $(-1, 3, 5)$ e $(8, -7, 1)$.
8. Calcule os determinantes das seguintes matrizes

(a) $\begin{bmatrix} 2 & 7 \\ -3 & \frac{1}{2} \end{bmatrix}$ (b) $\begin{bmatrix} 0 & 0 & 1 \\ 0 & 1 & 0 \\ 1 & 0 & 0 \end{bmatrix}$ (c) $\begin{bmatrix} \frac{1}{2} & -\frac{\sqrt{3}}{2} & 0 \\ \frac{\sqrt{3}}{2} & \frac{1}{2} & 0 \\ 0 & 0 & 1 \end{bmatrix}$

9. Mostre que o conjunto de todas as matrizes 4 × 4 cuja quarta linha é ⟨0,0,0,1⟩ está fechada sob uma multiplicação de matriz. Isto é, mostre que o produto de quaisquer duas matrizes é também uma matriz cuja quarta linha é ⟨0,0,0,1⟩.
10. Construa matrizes 4 × 4 que representem uma rotação de $\pi/4$ radianos sobre (a) o eixo x, (b) o eixo y, (c) o eixo z e (d) o eixo $\mathbf{A} = \left\langle \frac{\sqrt{2}}{2}, \frac{\sqrt{2}}{2}, 0 \right\rangle$.
11. Determine um plano $\mathbf{L} = \langle \mathbf{N}, D \rangle$ que contenha os três pontos ⟨1,2,0⟩, ⟨2,0,-1⟩ e ⟨3,-2,1⟩.
12. Classifique os seguintes pontos em respeito ao plano $\mathbf{L} = \langle 1,1,0,5 \rangle$ e diga se estão no lado positivo do plano, no lado negativo do plano ou no plano: (a) ⟨1,2,3⟩, (b) ⟨-5,0,8⟩, (c) ⟨6,-12,6⟩.
13. Considere $\mathbf{S} = \langle 2,2,2 \rangle$ e $\mathbf{V} = \langle -1,2,3 \rangle$. Calcule a distância perpendicular entre a linha $\mathbf{P}(t) = \mathbf{S} + t\mathbf{V}$ e o ponto $\mathbf{Q} = \langle 3,4,5 \rangle$.
14. Considere $\mathbf{S} = \langle 1,0,3 \rangle$ e $\mathbf{V} = \langle 2,1,-1 \rangle$. Encontre o ponto no qual a linha $\mathbf{P}(t) = \mathbf{S} + t\mathbf{V}$ se intercepta ao plano $\mathbf{L} = \langle 1,1,0,5 \rangle$.

❯❯ Referências

[Lengyel04] Lengyel, Eric, *Mathematics for 3D Game Programming and Computer Graphics*, 2nd ed., Charles River Media, 2004.
[Press92] Press, William H., et al., *Numerical Recipes in C*, 2nd ed., Cambridge University Press, 1992.

4.2 Detecção de colisão e resolução

Neste capítulo

- Visão geral
- Detecção de colisão
- Teste de sobreposição
- Teste de interseção
- Lidando com complexidade
- Geometria simplificada
- Vinculando volumes
- Alcançando complexidade de tempo O(*n*)
- Detecção de colisão de terreno
- Resolução de colisão
- Resumo
- Exercícios
- Referências

❯ Visão geral

No mundo virtual de um jogo, a simulação física deve ser cuidadosamente adicionada por meio de programação. Inicialmente não há gravidade, não há inércia, não há fricção, e o mais desconcertante, não existe o conceito de solidez. Os objetos passarão por outros objetos sem qualquer hesitação, como fantasmas vagando por meio de paredes. A solidez é a propriedade que está faltando, e é feita por meio de *detecção de colisões* e *resolução de colisão*.

A detecção de colisão irá determinar se e quando dois objetos colidem. Como não é suficiente apenas detectar a colisão, a resolução de colisão irá descobrir onde cada objeto deve estar uma vez que a colisão foi detectada. Efetivamente, a detecção e a resolução de colisões juntas irão tornar os objetos sólidos, para que nunca passem por dentro de outro objeto. Calcular como os objetos se movem após a colisão é o trabalho da física, descrita no Capítulo 4.3, Física dos jogos em tempo real.

❯ Detecção de colisão

Determinar se e quando dois objetos colidem não é tão simples quanto possa parecer inicialmente. Alguns objetos podem se mover muito rápido (por exemplo, balas) e outros podem ter geometria muito complexa (por exemplo, personagens). Além disso, a detecção de colisão é muito dispendiosa, pois, fundamentalmente, todos os objetos devem ser testados em relação a todos os outros objetos para uma possível colisão, que é a complexidade de tempo $O(n^2)$ (em que, para n objetos, a quantidade de trabalho é $n*(n-1)$, que é n^2 proporcional). Devido a essas dificuldades, várias estratégias foram concebidas para realizar a tarefa da detecção de colisão em tempo real durante o jogo.

Para detectar uma colisão, existem basicamente duas técnicas que podem ser empregadas: o *teste de sobreposição* e o *teste de interseção*. A principal diferença é que o teste de sobreposição detecta se uma colisão já ocorreu, e o de interseção prediz se uma colisão irá ocorrer no futuro.

〉 Teste de sobreposição

O teste de sobreposição é a técnica mais comum, mas é a que exibe mais erros. A ideia é que a cada passo da simulação, cada par de objetos seja testado para determinar se eles se sobrepõem uns aos outros. Se dois objetos se sobrepõem, eles estão colidindo. Isso é conhecido como *teste discreto*, pois apenas um determinado momento está sendo testado.

O teste de sobreposição é realmente um problema de contenção. O objetivo é testar se qualquer parte de um objeto está dentro de qualquer parte de outro objeto. Isso pode ser simples com volumes como esferas e caixas, mas com polígonos é bem mais difícil. Uma técnica imperfeita de polígonos é testar se os vértices de um objeto estão na área de outro objeto e vice-versa. Em algum momento, o volume de objetos poligonais deve ser aproximado por formas geométricas mais simples para tornar o problema tratável em tempo real.

Resultados
Se uma colisão é detectada, dois resultados úteis podem ser calculados. O primeiro é o momento em que a colisão ocorreu. O segundo é o vetor normal de colisão. Esse vetor é necessário para que depois calculemos a resposta de colisão que evita uma maior interpenetração dos objetos. Dependendo da técnica utilizada, a precisão dos resultados pode não ser importante enquanto os objetos estão separados de modo que uma colisão não ocorrerá novamente na próxima etapa da simulação.

Para determinar exatamente quando a colisão ocorreu, dois objetos devem ser movidos de volta no tempo para a etapa anterior de simulação, quando não estavam em rota de colisão. Usando uma técnica chamada *bisecção*, a simulação deve ser movida para a frente ou para trás pela metade da última etapa de simulação, a fim de convergir no momento exato da colisão. Por exemplo, uma vez que a colisão seja detectada, a simulação é movida de volta para o momento anterior da simulação. Então, a simulação deve ser movida para a frente pela metade. Se estiver em colisão, a simulação deve ser apoiada e avançar um quarto. Se não, a simulação deve ser movida para a frente por um oitavo e assim por diante.

Isso é demonstrado na Figura 4.2.1. Na prática, uma solução razoável será encontrada dentro de cinco iterações. Ao calcularmos o tempo exato antes da colisão, sabemos as posições corretas que não se sobrepõem, nas quais os objetos devem ser colocados para a resolução de colisão.

Limitações do teste de sobreposição
Testes de sobreposição parecem razoáveis, mas falham terrivelmente quando os objetos se movem um pouco rápido demais. Por exemplo, imagine que um tiro seja disparado em uma janela de vi-

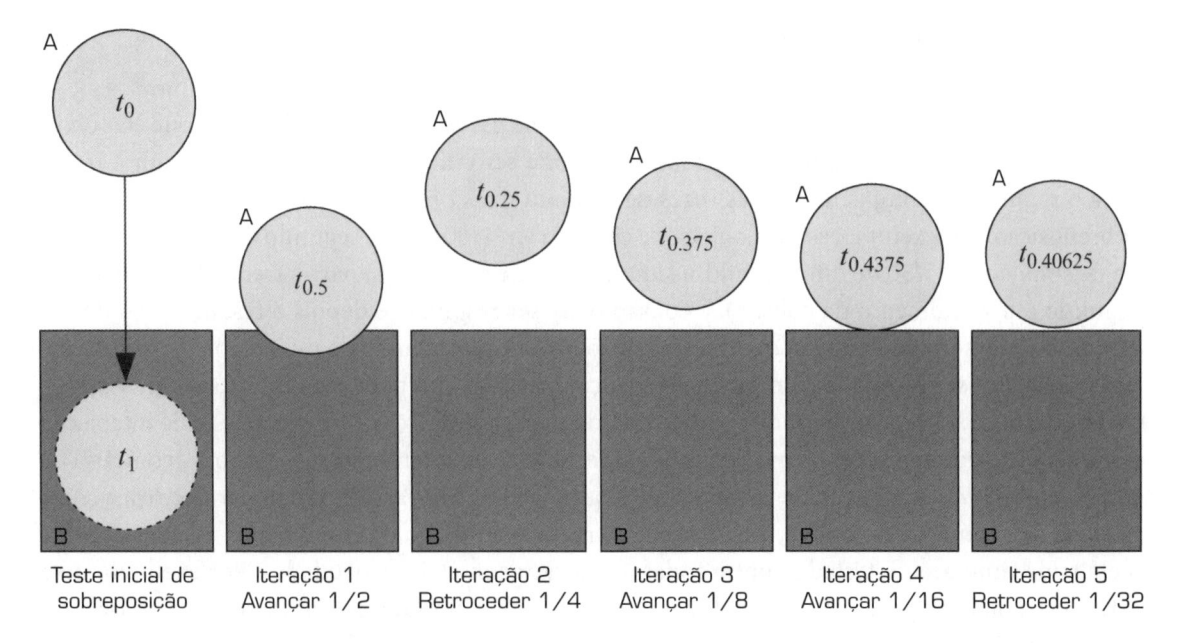

| Teste inicial de sobreposição | Iteração 1 Avançar 1/2 | Iteração 2 Retroceder 1/4 | Iteração 3 Avançar 1/8 | Iteração 4 Avançar 1/16 | Iteração 5 Retroceder 1/32 |

Figura 4.2.1 Usando o teste de sobreposição, foi detectado que o objeto A em movimento colide com um objeto fixo B no momento t_1. Para encontrar o momento exato antes da interseção, cinco iterações de bisecção são realizadas de maneira que convirjam no tempo imediatamente antes da colisão.

dro. Queremos detectar essa colisão, mas pelo fato de o projétil ser pequeno e viajar muito rápido, é improvável que a bala se sobreponha à janela fina durante uma das etapas de simulação. O resultado é que a bala irá voar através da janela, sem detectar uma colisão, como mostra a Figura 4.2.2.

Para o teste de sobreposição sempre funcionar, a velocidade do objeto mais rápido na cena, multiplicada pela etapa de tempo, deve ser menor que o tamanho do menor objeto que pode ser colidido na cena. Isso implica em uma restrição de design no jogo para não permitir que objetos se movam muito rápido em relação ao tamanho de outros objetos. Opcionalmente, o tamanho da etapa de simulação pode ser reduzido para satisfazer a restrição, mas isso pode resultar na intensificação da simulação de dezenas ou centenas de vezes em um mesmo frame. Uma vez que ambas as opções podem ser indesejáveis, há uma técnica alternativa de detecção de colisão chamada "teste de interseção".

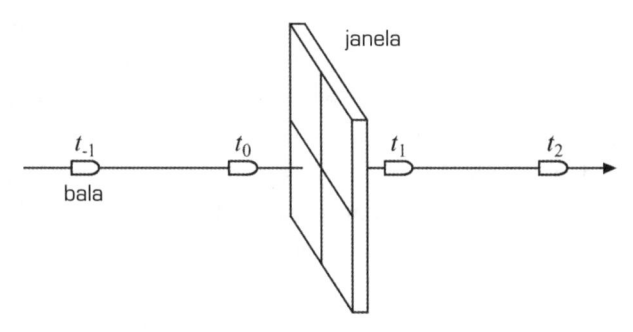

Figura 4.2.2 O teste de sobreposição é problemático para objetos pequenos que se movem rapidamente, como balas.

〉 Teste de interseção

A característica que define o teste de interseção é que ele prevê colisões futuras antes que elas ocorram. Elas são previstas e, portanto, a simulação pode ser cuidadosamente movida para a frente para o momento de impacto, muitas vezes de maneira mais precisa e eficiente do que no teste de sobreposição. Por exemplo, se dois objetos se colidem em 1/60 de um segundo e o tamanho da etapa de simulação é 1/30 de um segundo, a simulação pode ser movida para a frente por 1/60 de um segundo (até o momento da colisão), a colisão pode ser resolvida e depois o restante 1/60 de um segundo pode ser simulado. Se ocorrerem colisões múltiplas dentro de uma etapa da simulação, cada uma deve ser resolvida com o relógio avançando no tempo para cada um desses intervalos.

Se o teste de sobreposição pode ser visto como um problema de contenção, o teste de interseção pode ser visto como um problema de visibilidade. O teste de interseção deve testar a geometria de um objeto *varrido* na direção da viagem contra outra geometria varrida. Qualquer que seja a composição da geometria do objeto, ele deve ser extrudado ao longo da distância da viagem durante a etapa de simulação e testado contra todas as outras geometrias extrudadas. Por exemplo, uma esfera extrudada adquire uma forma de cápsula (uma esfera em cada extremidade de um cilindro), como mostra a Figura 4.2.3.

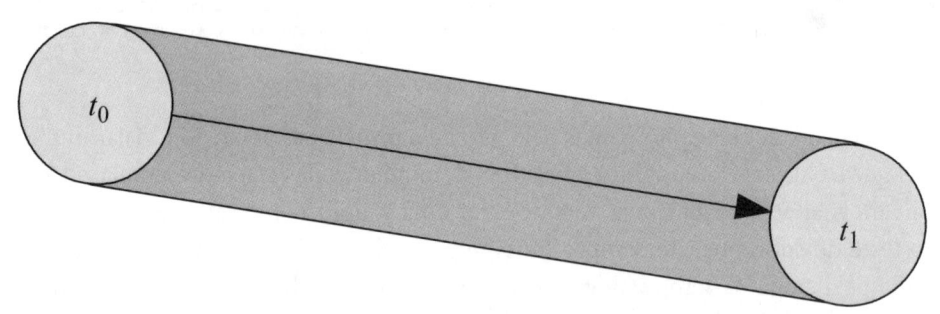

Figura 4.2.3 Uma esfera extrudada ao longo de uma dada distância adquire forma de uma cápsula, entre um tempo de simulação compreendido entre t_0 e t_1.

No caso particular de uma colisão esfera-esfera, existe uma fórmula direta para fornecer o tempo exato do impacto, conforme mostram as Equações 4.2.1 e 4.2.2 [Lengyel04]. A esfera de raio r_P se movendo do ponto $\mathbf{P}_1$ no instante $t = 0$ até o ponto $\mathbf{P}_2$ no instante $t = 1$ no momento t colide com outra esfera de raio r_Q se movimentando do ponto $\mathbf{Q}_1$ para o ponto $\mathbf{Q}_2$ (veja a Figura 4.2.4).

Uma colisão ocorre quando t posiciona-se no intervalo $(0,1)$. No entanto, dois casos particulares também indicam que não há colisão. Se o valor dentro do radical é negativo, não há colisão. Além disso, no caso em que $B^2 = 0$, ambas as esferas estão paradas ou ambas estão viajando na mesma direção na mesma velocidade e não podem colidir.

(Como um lembrete do Capítulo 4.1, "Conceitos matemáticos", as variáveis em negrito designam vetores e as variáveis em itálico designam escalares. Por exemplo, $\mathbf{A} \cdot \mathbf{B}$ é o produto escalar dos vetores $\mathbf{A}$ e $\mathbf{B}$, enquanto B^2 é a magnitude ao quadrado do vetor $\mathbf{B}$.)

$$t = \frac{-(\mathbf{A} \cdot \mathbf{B}) - \sqrt{(\mathbf{A} \cdot \mathbf{B})^2 - B^2\left(A^2 - (r_P + r_Q)^2\right)}}{B^2} \quad (4.2.1)$$

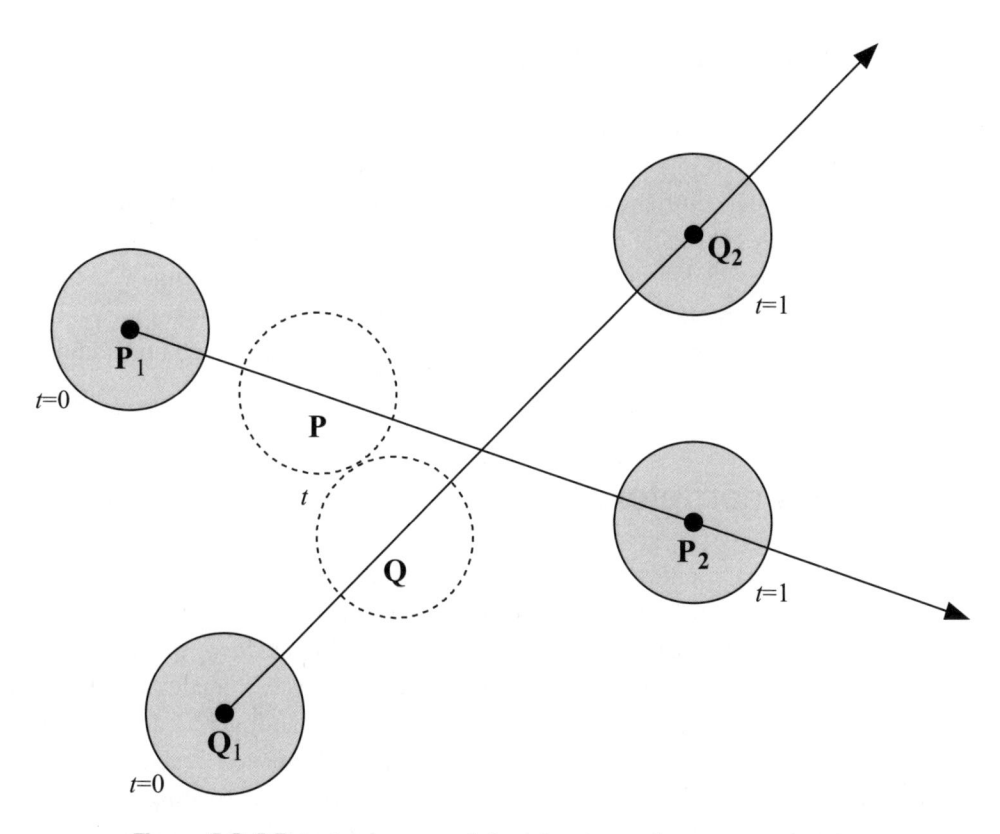

Figura 4.2.4 Detectando uma colisão entre duas esferas em movimento.

onde

$$A = P_1 - Q_1$$
$$B = (P_1 - P_2) - (Q_2 - Q_1) \quad (4.2.2)$$

Como um simples teste para saber se as esferas colidem, a Equação 4.2.3 pode ser usada para determinar a menor distância separando os centros das duas esferas.

$$d^2 = A^2 - \frac{(A \cdot B)^2}{B^2} \quad (4.2.3)$$

Se $d^2 > (r_P + r_Q)^2$, podemos saber rapidamente se houver uma colisão.

Por fim, observe que há um método numericamente estável para resolver a equação quadrática detalhada no livro *Numerical Recipes in C* (disponível gratuitamente na internet) [Press92].

Limitações do teste de interseção

Inicialmente, parece que o teste de interseção pode não ter nenhuma limitação de design a não ser tentar utilizar a geometria de detecção de colisão. Contudo, um problema importante aparece nos jogos em rede. A questão é que as predições futuras contam com o conhecimento do estado exato do mundo no tempo atual. Devido à latência do pacote de um jogo em rede, o estado atual não é sempre coerente, e colisões errôneas podem ser resultantes. Assim, os métodos de previsão não são muito compatíveis com os jogos em rede, porque não são eficientes para armazenar histórico suficiente para lidar com tais mudanças; na prática, fazer os relógios funcionarem em retrocesso para reparar problemas de coerência raramente funciona bem.

Mais um problema potencial para o teste de interseção é que ele assume uma velocidade constante e aceleração zero durante a etapa de simulação. Isso pode ter implicações para o modelo de física ou para a escolha do integrador, pois o estimador deve coincidir seu comportamento com a abordagem trabalhada.

〉 Lidando com complexidade

Independentemente de qual técnica seja utilizada, testes de sobreposição ou interseção, existem dois grandes desafios na realização dos cálculos em tempo real. O primeiro problema é que testar a geometria complexa para contenção ou visibilidade é complicado e custoso em termos de cálculos. A possível solução é substituir a geometria por outra mais simples e, inicialmente, testar aproximações de cada objeto. O segundo problema é que a implementação ingênua de detecção-colisão situa-se dentro da complexidade de tempo $O(n^2)$, pois todos os objetos devem ser testados em relação a todos os demais objetos. Felizmente, existem técnicas que podem atingir a complexidade de tempo linear no número de objetos. Vamos cuidar individualmente de cada um desses problemas.

〉 Geometria simplificada

A primeira maneira de lidar com a complexidade é simplificar a geometria. Se um objeto complexo pode ser mais ou menos aproximado com uma forma mais simples, o teste vai ser menos dispendioso. Por exemplo, a Figura 4.2.5 mostra como um objeto pontiagudo pode ser simplificado como um elipsoide. Observe que o elipsoide não abrange o objeto, só se aproxima de sua forma. Com essa aproximação grosseira, algumas partes do objeto podem entrar em colisão sem serem capazes de detectá-la, mas para um determinado jogo, isso pode ser aceitável.

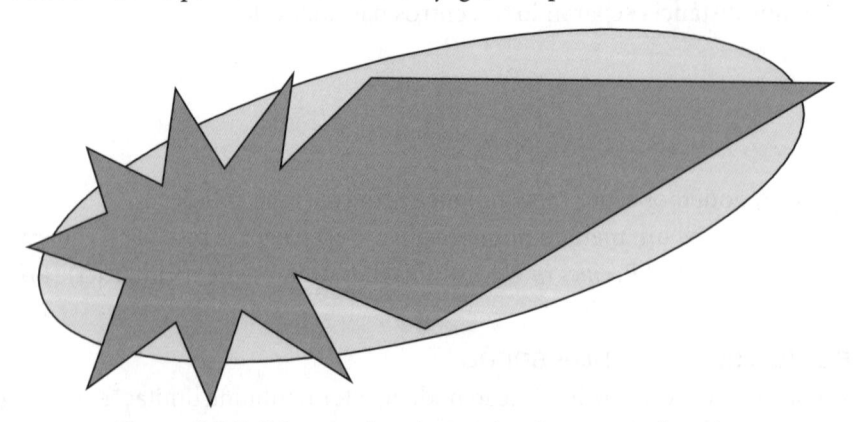

Figura 4.2.5 Objeto pontiagudo aproximado com um elipsoide.

Soma de Minkowski

Em um esforço para simplificar a geometria para testes de interseção e sobreposição mais acessíveis, existe uma poderosa operação geométrica chamada *soma de Minkowski* [VanDerBergen03]. Ao tomarmos a soma de Minkowski de dois volumes convexos e criarmos um novo volume, é possível determinar a sobreposição testando se um único ponto está dentro deste novo volume. A Equação 4.2.4 mostra a soma de Minkowski.

$$X \oplus Y = \{A + B : A \in X \text{ e } B \in Y\} \qquad (4.2.4)$$

A soma de Minkowski de X e Y pode ser criada varrendo a origem de X sobre todos os pontos dentro de Y. Isso pode ser mais bem visualizado na Figura 4.2.6. Se um volume convexo é um círculo e o outro é um quadrado, a soma de Minkowski parece ser um quadrado "inchado".

Uma vez que o volume é criado, podemos determinar a sobreposição tendo a origem da esfera e verificando se está dentro do novo volume. Se assim for, a esfera estará em rota de colisão com a caixa. Para realizar o teste de interseção, o ponto torna-se uma linha, que vai do centro da esfera no momento t_0 para o centro da esfera no momento t_1. Em seguida, testamos essa linha para ver se ela se cruza com o novo volume, como mostra o lado direito da Figura 4.2.7.

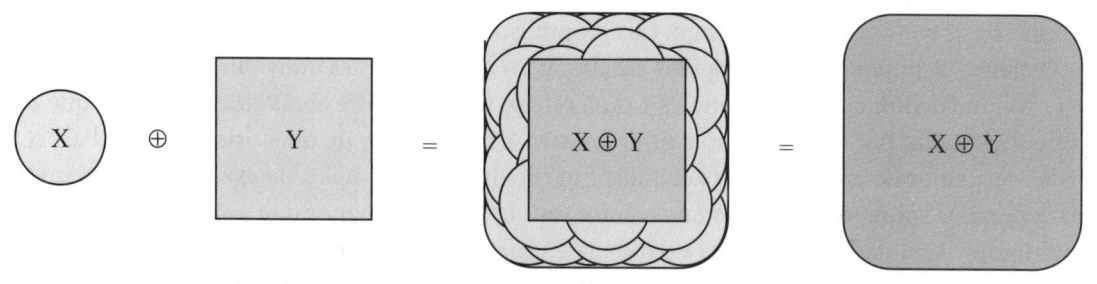

Figura 4.2.6 A soma de Minkowski de um círculo e de um quadrado.

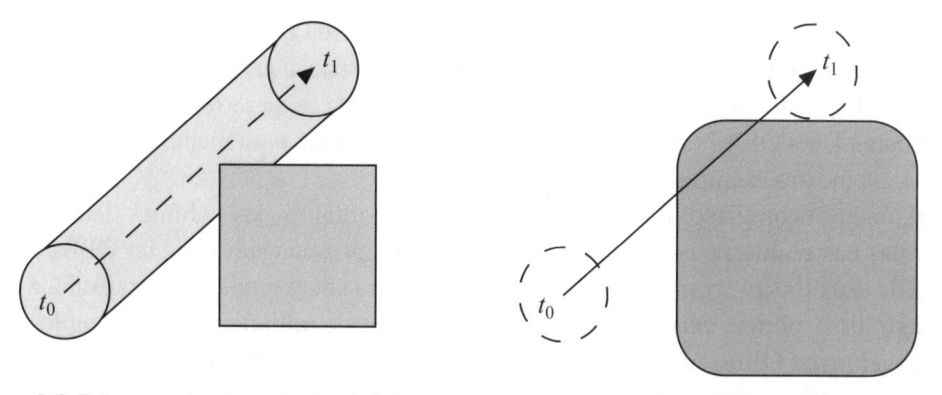

Figura 4.2.7 A execução de um teste de interseção enquanto uma esfera se move durante a etapa de simulação. À esquerda, a esfera varrida é testada contra uma caixa estacionária. À direita, a linha do centro da esfera em t_0 para o centro da esfera em t_1 é verificada contra a soma de Minkowski da esfera e da caixa.

No caso em que todos os objetos em movimento em um jogo podem ser aproximados por suas esferas delimitadoras, esse método pode servir de teste principal de colisão para objetos com um ambiente poligonal estático [Lengyel04]. Uma vez que esses volumes delimitadores são determinados para estar em colisão, um teste secundário pode ser ativado em uma geometria mais detalhada.

❯ Vinculando volumes

Testes de contenção e de visibilidade podem ser dispendiosos se a geometria for complexa. Nos jogos modernos em 3D, cada objeto é construído com centenas ou milhares de polígonos. Consequentemente, o volume de um objeto é definido por esses polígonos, mas os testes deste volume complexo são muito dispendiosos na maioria dos casos. A solução é usar volumes delimitadores quando a detecção de colisão aproximada for suficiente ou utilizar cada vez mais volumes delimitadores complexos quando a precisão for importante.

Um *volume delimitador* é uma forma geométrica simples, como uma esfera, que encapsula totalmente o objeto. Ou seja, é uma aproximação da forma do objeto. A vantagem é que se não houver colisão com o volume delimitador, saberemos que não há colisão com o objeto. Pelo fato de o teste com o volume delimitador ser mais barato e de a maioria dos objetos não estar em colisão, muitas colisões em potencial podem ser dispensadas com pouco trabalho de cálculo.

Se os volumes delimitadores de dois objetos colidirem, indicará que pode haver uma colisão. Se os volumes delimitadores forem aproximações muito boas dos objetos, pode ser suficiente para a determinação de que os objetos colidiram. Caso contrário, testes mais detalhados podem ser realizados com volumes delimitadores mais rígidos até chegar ao nível dos testes individuais de polígonos.

O volume delimitador mais simples é uma esfera. O que torna esferas convenientes é que elas são representadas por uma posição e um raio, sem a necessidade de uma orientação. Tal aspecto torna os cálculos de contenção e visibilidade particularmente simples de executar. Por exemplo, duas esferas se sobrepõem se a distância entre seus centros for menor que a soma dos seus raios. No caso de visibilidade, uma esfera extrudada é uma cápsula, como mencionado anteriormente. A cápsula é composta de duas esferas e um cilindro, e cada um desses objetos pode ser testado em relação aos outros objetos extrudados para determinar se eles se sobrepõem.

O próximo volume delimitador mais comum é uma caixa. Existem dois tipos: a caixa delimitadora alinhada ao eixo (AABB) e a caixa delimitadora orientada (OBB)[1]. Uma AABB é construída de forma que as faces se alinhem com os três eixos. Essa restrição em geral redunda em um ajuste com folga em torno de um objeto, mas os testes resultantes da caixa são simplificados e mais baratos de executar. Uma OBB é uma caixa mais compacta orientada para melhor encapsular o objeto. A Figura 4.2.8 mostra exemplos de cada uma.

Se um objeto é complexo, muitas vezes é possível montar vários volumes delimitadores em torno de suas partes únicas. Por exemplo, um modelo de personagem pode ter OBBs individuais em torno de seus braços, tronco e pernas, enquanto sua cabeça pode ser encapsulada por uma esfera. Além disso, podem existir vários níveis de volumes delimitadores. Por exemplo, o modelo do personagem com OBBs múltiplos e esferas em torno de suas partes podem ter um volume delimitador de alto nível de uma única esfera em torno do personagem inteiro. Portanto, o primeiro teste de colisão é com uma grande esfera, e se isso indicar uma colisão, os volumes delimitadores individuais podem ser testados em seguida.

---

[1] N.R.T.: AABB: *axis aligned bounding box* (caixa delimitadora alinhada ao eixo) e, OBB: *oriented bounding box* (caixa delimitadora orientada).

Caixa delimitadora alinhada ao eixo   Caixa delimitadora orientada

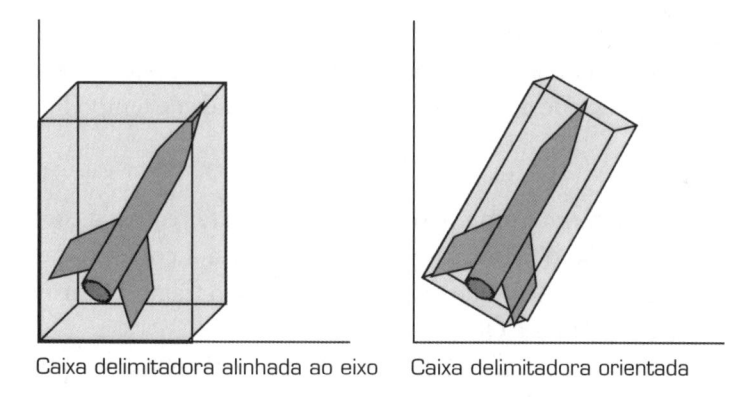

Figura 4.2.8 Uma caixa delimitadora alinhada ao eixo e uma caixa delimitadora orientada.

〉 Alcançando complexidade de tempo O(*n*)

A detecção de colisão pode ser bastante complexa, simplesmente porque cada objeto deve ser verificado em relação a todos os outros objetos. Uma solução para tal complexidade de tempo O(n^2) é dividir o espaço. A Figura 4.2.9 mostra um exemplo. Se existem 15 objetos e o mundo é dividido com uma simples grade, cada objeto deve ser testado em relação aos objetos da mesma grade ou das células de grade vizinhas.

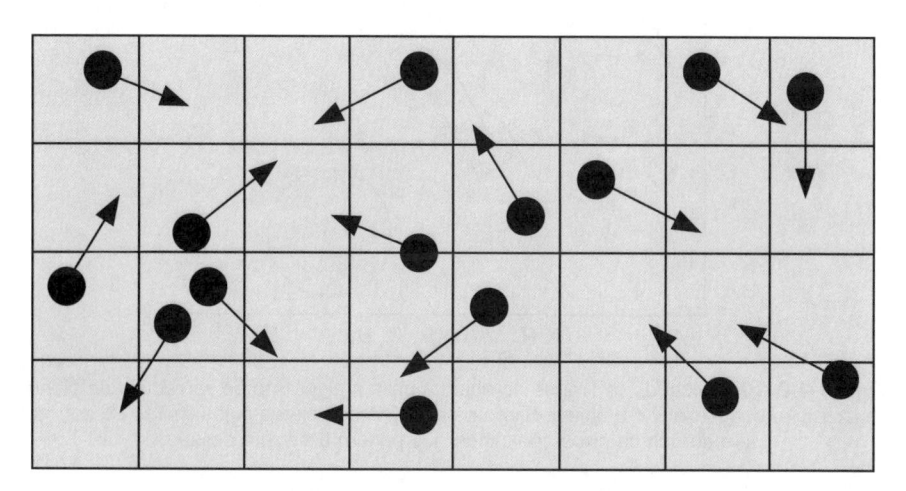

Figura 4.2.9 Dividindo o espaço com uma simples grade.

Enquanto isso parece ter reduzido em muito a complexidade, existem alguns problemas. Primeiro, e se os objetos variam em tamanho e não se encaixam dentro de uma simples célula de grade? Nesse caso, o tamanho da célula da grade pode precisar ser aumentado ou mais células de grade "mais longas" devem ser testadas. Um segundo problema é se todos os objetos se movem na mesma célula de grade, então a complexidade de tempo foi revertida para O(n^2), pois cada objeto deve ser testado em relação a todos os outros. Dependendo do jogo, essa condição de pior caso pode não ser provável, ou mesmo possível.

Se houver N objetos capazes de colidirem, uma grade 2D terá de ser pelo menos $\sqrt{N} \times \sqrt{N}$ em tamanho, e uma grade 3D terá de ser pelo menos $\sqrt[3]{N} \times \sqrt[3]{N} \times \sqrt[3]{N}$. Isso irá resultar em média em um objeto por célula de grade, que deve suportar a complexidade de tempo linear (em média).

Varredura de plano

O algoritmo de *varredura de plano* é um método alternativo para reduzir a complexidade de tempo de detecção de colisão entre objetos. Esse método alavanca a coerência temporal de objetos permanecem no mesmo local no tempo de um frame para outro frame, reduzindo assim o problema da complexidade de tempo linear $O(n)$.

A ideia é registrar os limites de cada objeto em cada um dos três eixos, conforme ilustrado em duas dimensões na Figura 4.2.10. Todos os objetos que têm limites de sobreposição em todos os eixos devem ser examinados mais de perto para uma colisão. No entanto, o aspecto consumidor de tempo desse algoritmo é a coleta e a triagem dos limites em cada eixo a cada frame. O melhor algoritmo de ordenação, *quicksort*, vai ordenar uma lista em tempo $O(n\log(n))$, porém podemos fazer muito melhor. Pelo fato de os objetos exibirem coerência de frame a frame, podemos ordenar cada lista de limite de eixo uma vez, e então usar *bubblesort* para reparar rapidamente qualquer um dos limites que se tornaram um pouco fora de ordem, durante o último frame. O resultado é quase um tempo de detecção linear de colisão.

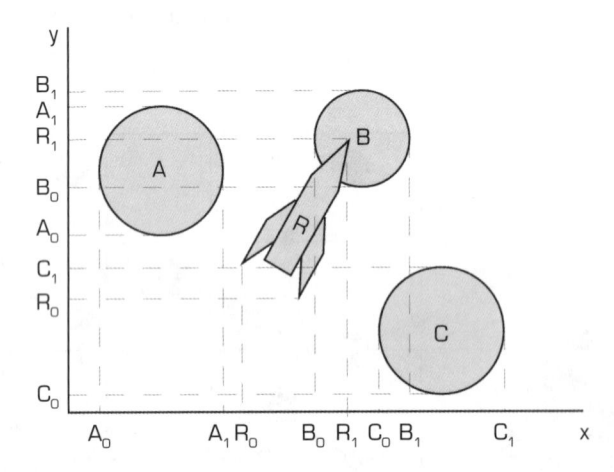

Figura 4.2.10 Marcando os limites de objetos para o algoritmo de varredura de plano. Neste exemplo, o foguete R e o objeto B são os dois únicos objetos cujos limites se sobrepõem em ambos os eixos, indicando que podem estar em colisão.

› Detecção de colisão de terreno

Detecção de colisão com terreno é normalmente um caso especial. Objetos particulares, como as personagens, em geral devem ficar em contato com o terreno; a detecção da colisão de cada um dos pés com o solo é muito importante. No entanto, existem muitas oportunidades para simplificar o problema.

Primeiro, vamos começar com uma superfície plana como o chão. Esse é o tipo mais simples de terreno, pois é definido por uma coordenada de altura y única. Se a personagem está em pé, a sola de cada pé deve descansar no terreno da coordenada *y*. Se a personagem pular no ar e cair no chão, baterá no chão quando seu pé tentar passar para baixo da altura do terreno, perfurando assim o terreno. Se ela passar, o pé estará em rota de colisão com o terreno e deve ser posicionada na altura do terreno.

Na maioria dos jogos, o terreno é definido como uma malha poligonal, às vezes representada como um *campo de altura*. Um campo de altura é uma malha de triângulos uniforme na qual as coordenadas *x* e *z* de cada vértice são fixas em uma grade, mas a coordenada *y* (altura) de cada vértice pode variar, criando um terreno em 3D de forma simples. A Figura 4.2.11 mostra o exemplo de um campo de altura.

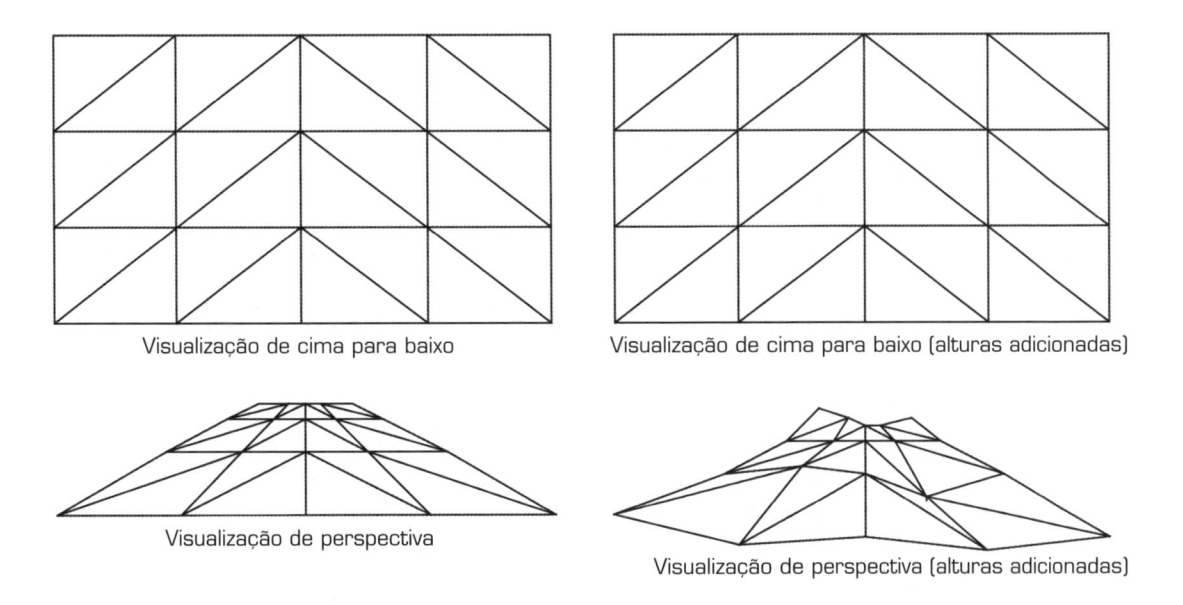

Figura 4.2.11 Um campo de altura antes e após as alturas serem adicionadas. Observe como a superfície é essencialmente em 2D. Além disso, observe como não é possível representar paredes verticais, bordas salientes ou cavernas com essa representação.

No caso de um campo de altura, é bastante trivial determinar que o triângulo da personagem esteja em pé, pois é essencialmente um problema em 2D. Primeiro, temos de representar o objeto em colisão com um único ponto **Q**, que representa o ponto do objeto que deve descansar sobre o terreno. Para o pé de uma personagem, este pode ser o calcanhar ou a ponta do pé. Em seguida, tratamos a malha do terreno como uma malha planar 2D e utilizamos a natureza da grade uniforme 2D (linhas e colunas uniformemente espaçadas) para localizar a célula exata retangular que contém o ponto **Q**.

Depois de identificarmos a célula retangular, precisamos determinar que triângulo contém o ponto **Q**. O ponto pode ser feito em um dos dois triângulos, dependendo da triangulação, mas uma simples comparação com a linha divisória pode nos dar o triângulo exato. Isso é mostrado na Figura 4.2.12.

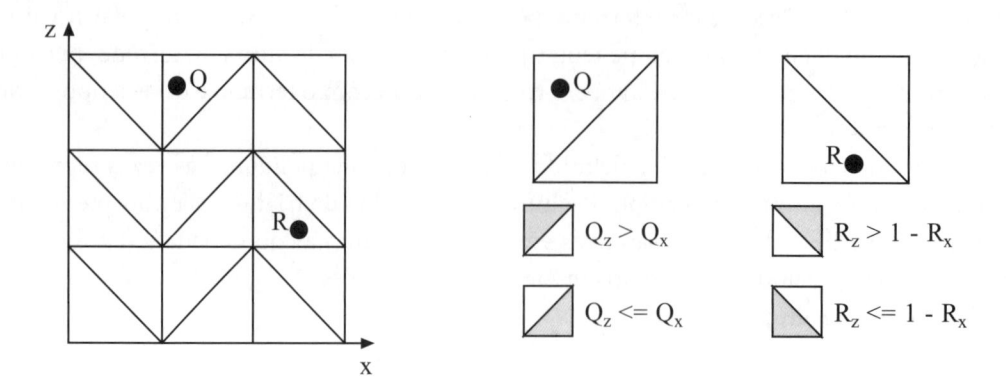

Figura 4.2.12 Encontrando o triângulo de colisão no campo de altura.

Com o triângulo conhecido, a altura no interior do triângulo no ponto **Q** deve ser encontrada. Isso pode ser feito por meio da criação da equação de plano para o triângulo, colocando os componentes x e z do ponto **Q** e resolvendo para y. Vamos começar com a equação do plano

$$Ax + By + Cz + D = 0 \qquad (4.2.5)$$

em que A, B e C são os componentes x, y e z do vetor normal do plano **N**, $D = -\mathbf{N} \cdot \mathbf{P}_0$, e $\mathbf{P}_0$ é um dos vértices do triângulo. Isso nos dá

$$\mathbf{N}_x(x) + \mathbf{N}_y(y) + \mathbf{N}_z(z) + (-\mathbf{N} \cdot \mathbf{P}_0) = 0 \qquad (4.2.6)$$

O **N** normal do triângulo pode ser construído utilizando o produto cruzado dos dois lados, como se segue:

$$\mathbf{N} = (\mathbf{P}_1 - \mathbf{P}_0) \times (\mathbf{P}_2 - \mathbf{P}_0) \qquad (4.2.7)$$

Dada a Equação 4.2.6, podemos resolver para y e inserir os componentes x e z do ponto **Q**, obtendo a equação final para a altura do ponto **Q** dentro do triângulo,

$$\mathbf{Q}_y = \frac{-\mathbf{N}_x \mathbf{Q}_x - \mathbf{N}_z \mathbf{Q}_z + (-\mathbf{N} \cdot \mathbf{P}_0)}{\mathbf{N}_y} \qquad (4.2.8)$$

Redes irregulares trianguladas (TINs)

Se o terreno é uma malha poligonal *não uniforme*, construída por meio do deslocamento vertical dos vértices de uma malha 2D, podemos simplificar ainda o problema de tratar o terreno como uma malha 2D projetada no plano xz. Dado um ponto **Q** com um componente x e z fixo, ele só pode estar em um único triângulo do terreno. O problema é identificar o triângulo correto. Uma vez que o triângulo correto seja encontrado, a Equação 4.2.8 pode ser usada para determinar a altura nesse ponto.

Usando técnicas de particionamento espacial, como *octrees*[2], é possível diminuir qual parte do terreno que estamos interessados, produzindo um subconjunto de polígonos candidatos. Dado esse saco de polígonos, que representam o terreno, não temos escolha a não ser testar cada polígono, até encontrar um que contenha o ponto **Q**. Um método eficiente de testar se o ponto **Q** encontra-se em um triângulo é calcular as *coordenadas baricêntricas* do ponto. As coordenadas baricêntricas representam o ponto **Q** em termos de uma soma ponderada de cada vértice do triângulo. A Figura 4.2.13 mostra um exemplo.

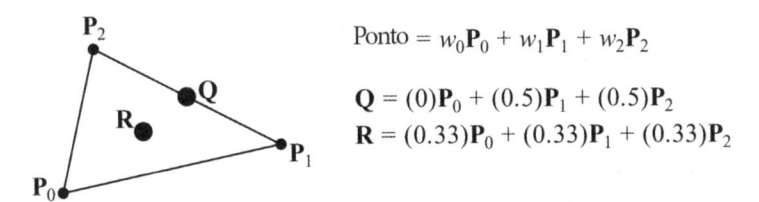

$$\text{Ponto} = w_0\mathbf{P}_0 + w_1\mathbf{P}_1 + w_2\mathbf{P}_2$$

$$\mathbf{Q} = (0)\mathbf{P}_0 + (0.5)\mathbf{P}_1 + (0.5)\mathbf{P}_2$$

$$\mathbf{R} = (0.33)\mathbf{P}_0 + (0.33)\mathbf{P}_1 + (0.33)\mathbf{P}_2$$

Figura 4.2.13 Um exemplo representando pontos em termos de coordenadas baricêntricas. Os valores w_0, w_1 e w_2 são os pesos de coordenadas baricêntricas. Observe que um peso negativo indicaria que o ponto não está dentro do triângulo.

As Equações 4.2.9 e 4.2.10 mostram como calcular as coordenadas baricêntricas para um ponto **Q** que está no plano do triângulo [Lengyel04]. No caso de terrenos que não se sobrepõem, podemos ignorar a coordenada *y* e fazer o ponto **Q** e todos os triângulos estarem no mesmo plano. Caso contrário, a Equação 4.2.8 pode ser usada para obter o ponto **Q** no plano do triângulo.

$$\begin{bmatrix} w_1 \\ w_2 \end{bmatrix} = \frac{1}{V_1^2 V_2^2 - (\mathbf{V}_1 \cdot \mathbf{V}_2)^2} \begin{bmatrix} V_2^2 & -\mathbf{V}_1 \cdot \mathbf{V}_2 \\ -\mathbf{V}_1 \cdot \mathbf{V}_2 & V_1^2 \end{bmatrix} \begin{bmatrix} \mathbf{S} \cdot \mathbf{V}_1 \\ \mathbf{S} \cdot \mathbf{V}_2 \end{bmatrix} \quad (4.2.9)$$

em que

$$\begin{aligned} \mathbf{S} &= \mathbf{Q} - \mathbf{P}_0 \\ \mathbf{V}_1 &= \mathbf{P}_1 - \mathbf{P}_0 \\ \mathbf{V}_2 &= \mathbf{P}_2 - \mathbf{P}_0 \end{aligned} \quad (4.2.10)$$

Já que os três pesos devem ser adicionados para 1,0, w_0 pode ser calculado com $w_0 = 1-w_1-w_2$. Se qualquer um dos pesos for negativo, o ponto **Q** não estará dentro do triângulo.

Pelo fato de os pesos serem calculados, eles podem ser usados para determinar a coordenada de textura do ponto **Q**. Isso pode ser valioso se os triângulos de terreno forem muito grandes e parte da textura implicar condições especiais, como a água. Por exemplo, uma verificação pode ser realizada para saber se o ponto **Q** se traduz para um pixel de água ou um pixel de terra. Se as coordenadas de textura (s_0, t_0), (s_1, t_1) e (s_2, t_2) são associadas aos vértices $\mathbf{P}_0$, $\mathbf{P}_1$ e $\mathbf{P}_2$, as coordenadas de textura (s, t) no ponto **Q** são dadas por

---

[2] N.R.T.: Uma *octree* é uma estrutura de dados em forma de árvore em que cada nó interno tem exatamente oito filhos. As *octrees* são mais frequentemente usadas para particionar um espaço tridimensional recursivamente subdividindo-o em oito octantes. As *octrees* são o analógico tridimensional de *quadtrees*. O termo é formado pela contração de *oct* (oito) + tree (árvore): *octree*.

$$s = w_0 s_0 + w_1 s_1 + w_2 s_2$$
$$t = w_0 t_0 + w_1 t_1 + w_2 t_2 \qquad (4.2.11)$$

〉 Resolução de colisão

Depois de detectada a colisão, alguma medida deve ser tomada para resolver a colisão. A resolução de colisão pode assumir muitas formas.

No caso simples de duas bolas de bilhar se encontrando, a posição das bolas no momento da colisão deve ser calculada para colocá-las no local correto no momento do impacto. Além disso, novas velocidades resultantes devem ser transmitidas para as bolas, e um efeito de som "tinindo" provavelmente seria reproduzido.

No entanto, considere um segundo cenário de colisão. Se um foguete bate em uma parede, o foguete deve desaparecer, uma explosão com efeitos sonoros deve ser gerada no ponto de impacto, a parede deve ser queimada e o dano de área deve ser infligido a todas as personagens do jogo que estão próximas. Em um terceiro cenário de colisão, talvez uma personagem possa atravessar um muro provocando um efeito de som mágico que, no caso, a detecção de certas colisões de paredes deve ser reconhecida, mas as posições e as trajetórias dos objetos não devem ser afetadas.

Para a resolução de colisão atender a essas diversas necessidades, deve haver um procedimento para a resolução. Esse procedimento possui três partes: um prólogo, uma colisão e um epílogo.

Prólogo

Quando a resolução de colisão se inicia, a colisão é conhecida por ter ocorrido, mas há uma possibilidade que deve ser ignorada. Isso é verificado em uma função *prologue callback*[3]. Se o prólogo determina que a colisão não deve afetar a posição ou as trajetórias dos objetos, a função retornará falso para que a resolução da colisão não continue. O prólogo também pode desencadear outros eventos, como os efeitos sonoros, enviando uma notificação de colisão para os próprios objetos. Em um estilo verdadeiro orientado ao objeto, os objetos lidariam com a notificação da colisão do prólogo da maneira que achassem melhor.

Colisão

Na etapa do processo de colisão, os objetos serão colocados no ponto de impacto, e novas velocidades serão atribuídas por meio da física ou de alguma outra decisão lógica. As etapas exatas vão depender de qual método de sobreposição ou teste de interseção foi empregado. Discutiremos o assunto em breve.

Epílogo

No epílogo, qualquer efeito pós-colisão deve ser propagado. Este pode incluir a destruição de um ou ambos os objetos, reprodução de efeitos sonoros, danos e assim por diante. Isso pode geralmente ser feito por meio do envio de uma notificação de evento do epílogo de colisão para cada objeto, com o objetivo de determinar quais efeitos desencadear. Se os efeitos ocorrem no prólogo ou no epílogo é o resultado de uma escolha arbitrária e irá depender do design do jogo e da circunstância.

---

[3] N.R.T.: Ambas, *prologue callback* e *epilogue* são tratadas aqui ao modo de funções de verificação.

Resolvendo testes de sobreposição

Voltando ao procedimento da fase de colisão, temos quatro etapas para resolver a colisão quando o teste de sobreposição é usado:

1. Extrair a normal da colisão.
2. Extrair a profundidade da penetração.
3. Mover os dois objetos para longe, para a profundidade de penetração de zero, se necessário.
4. Computar novas velocidades.

O primeiro passo é extrair a normal da colisão. Um método que funciona muito bem é primeiro encontrar a posição de cada objeto imediatamente antes da colisão (de preferência com a técnica da bissecção, como discutido anteriormente). Conhecendo a posição dos objetos antes do contato, a normal da colisão pode ser construída usando os dois pontos mais próximos em cada superfície. Essa técnica é mostrada na Figura 4.2.14. Enquanto os objetos podem estar localizados muito próximos antes do impacto e nenhum ter um impulso angular significativo, os resultados serão muito satisfatórios.

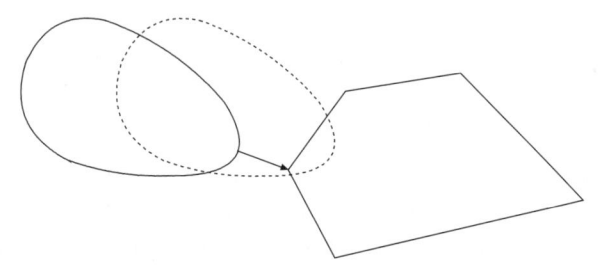

Figura 4.2.14 Uma normal de colisão construída usando dois pontos próximos imediatamente antes do impacto.

Calcular os dois pontos mais próximos na superfície de cada objeto pode ser complicado. Lin-Canny é um algoritmo incremental que pode encontrar as duas características mais adequadas para os volumes degraus de polígonos convexos [VanDerBergen03]. Com as esferas, a normal da colisão pode ser diretamente definida como a diferença entre os centros de cada esfera no ponto de impacto, como mostra a Figura 4.2.15.

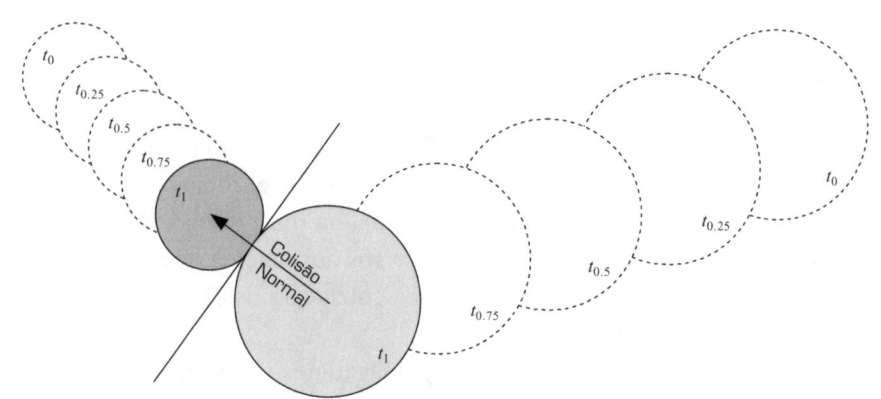

Figura 4.2.15 Em uma colisão de esfera-esfera, a diferença entre os centros de cada esfera, no ponto de colisão, pode ser empregada como a normal da colisão.

Na segunda etapa da resolução de uma colisão, a profundidade de penetração deve ser calculada para mover os objetos para longe. Para esse propósito, um algoritmo alternativo ao de bisecção é o Gilbert-Johnson-Keerthi (GJK), particularmente bom na extração da profundidade de penetração de objetos convexos [VanDerBergen03]. O GJK constrói planos divisórios entre os objetos utilizando o que são conhecidas como as linhas de apoio Minkowski. Um exemplo é mostrado na Figura 4.2.16.

Figura 4.2.16 GJK dividindo planos entre dois objetos, empregado para extrair profundidade de penetração.

Com os vetores da normal de colisão e profundidade de penetração na mão, o terceiro passo é mover os objetos para longe (ou seja, movê-los para os locais no momento da colisão, quando não há profundidade zero de interpenetração). Feito isso, o quarto passo é calcular a nova velocidade de cada objeto usando a física newtoniana, como discutido no Capítulo 4.3 ou utilizando alguma outra lógica de decisão.

Resolvendo teste de interseção

A resolução de colisão associada ao teste de interseção é muito mais simples, pois nunca os objetos realmente penetram. Sem sobreposição, não há necessidade de detectar a profundidade de penetração e mover os objetos para longe (as etapas 2 e 3). Tudo que é necessário é extrair o vetor normal da colisão no momento da colisão e, em seguida, calcular as velocidades de cada novo objeto.

≫ Resumo

A detecção de colisão e a resolução de colisão habilitam os objetos do jogo a se comportar como massas sólidas. Quer por meio de testes com sobreposição quer por meio de interseção, as colisões podem ser detectadas. Quando uma colisão é detectada, há um prólogo, uma colisão e um epílogo que ajudam a produzir os comportamentos diversos dos objetos que colidem. Uma vez que a colisão tenha sido detectada, a resolução de colisão corrige a posição de cada objeto e aplica a velocidade apropriada com base na simulação física.

A complexidade na detecção de colisão vem de duas fontes primárias. Em primeiro lugar, as colisões entre modelos poligonais complexos arbitrários são dispendiosas para a realização de testes. Em segundo lugar, cada objeto poderia colidir com qualquer outro objeto. Felizmente, utilizando a geometria simplificada, os volumes delimitadores e a divisão do espaço, essas complexidades podem ser atenuadas.

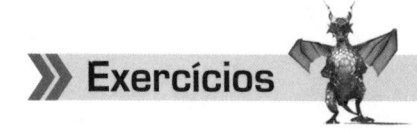

Exercícios

1. Calcule o tempo de colisão de duas esferas, cada uma com raio de 0,25, que iniciou em $t = 0$ nas posições (0,0) e (1,1), respectivamente, e ambas terminaram em (1,0) em $t=1$.
2. Para a colisão do exercício anterior, calcule a normal da colisão para cada esfera.
3. Desenhe a soma de Minkowski de um círculo e um triângulo.
4. Planeje três níveis de volumes delimitadores para um modelo de personagem.
5. Dado um triângulo com vértices em (1,0,0), (0,0,1) e (0,1,0), encontre o ponto onde o pé da personagem localizado em (0,2;0;0,2) deve ser colocado.
6. Dado um triângulo com vértices em (1,0,0), (0,0,1) e (0,1,0), calcule as coordenadas baricêntricas dos pontos (0,5;0;0) e (1,0,1). Mostre seu trabalho.
7. Nos jogos, as colisões entre personagens não são em geral precisas, pois normalmente o braço ou a perna de uma personagem irá penetrar em outra personagem. Se uma detecção de colisão precisa ser empregada, que problemas ou questões irão surgir? Que vantagem a modelagem de colisões entre personagens com esferas ou cilindros oferece?

Referências

[Lengyel04] Lengyel, Eric, *Mathematics for 3D Game Programming & Computer Graphics*, 2nd ed., Charles River Media, 2004.
[Press92] Press, William H.; Flannery, Brian P.; Teukolsky, Saul A.; and Vetterling, William T., *Numerical Recipes in C: The Art of Scientific Computing*, 2nd ed. Cambridge University Press, 1992, disponível on-line em www.nr.com/.
[VanDerBergen03] Van Der Bergen, Gino, *Collision Detection in Interactive 3D Environments*, Morgan Kaufmann, 2003.

4.3 Física dos jogos em tempo real

Neste capítulo

- Visão geral
- Rebobinando: um novo olhar sobre física básica
- Introdução à simulação de física numérica
- Além das partículas
- Motores de física de terceiros
- Resumo
- Material complementar disponível para download
- Exercícios
- Referências

› Visão geral

A física é parte da nossa experiência de vida. Nossos cérebros são condicionados ao longo da vida para reconhecer o movimento baseado em física como sendo o movimento correto. Faz sentido, então, que os usuários se tornem mais imersos em alguns tipos de jogos quando os objetos se movem de maneira realista. Quando adequado, há uma série de maneiras para criar um movimento realista para um jogo. Uma abordagem comum é que os artistas sejam autores de animações *keyframe* que dão a aparência de ser baseadas na física. Outra abordagem comum, que é popular para animação de personagens em particular, é a utilização de tecnologia de captura de movimento para gravar movimentos da vida real e, em seguida, aplicar esses movimentos gravados em modelos de jogo. Ambos os recursos são extremamente trabalhosos e dispendiosos.

A simulação da física representa uma terceira abordagem para a geração de movimento realista para jogos. A simulação física pode proporcionar, pelo menos, duas vantagens significativas para os editores, desenvolvedores e jogadores. O primeiro benefício é uma redução de custos para os desenvolvedores e editores. A simulação física tem o potencial de ser muito menos dispendiosa do que a animação keyframe ou de captura de movimento, já que (idealmente) o artista precisa apenas configurar as propriedades físicas de um modelo de jogo. A simulação, em vez do artista ou ator, determina o movimento real e o faz sem cobrar por hora!

Na simulação física do jogo, existe a possibilidade de simular o movimento de um objeto dentro do software de criação de conteúdo digital, criando assim uma solução pré-processada, a qual é fixada no momento da execução, assim como com animação keyframe ou de captura de movimento. Há também a possibilidade de simular movimentos durante a execução. O último caso fornece o segundo benefício da simulação física. Pela simulação no momento de execução, o motor de jogo pode criar um comportamento emergente, levando a uma experiência mais rica para o usuário.

Este capítulo apresenta uma introdução rápida de simulação física, com foco em técnicas que podem ser executadas em tempo real. Na sequência, há uma discussão técnica de alguns algoritmos fundamentais que você pode implementar para adicionar efeitos baseados em física para o seu jogo, como a física de sistemas de partículas. E o capítulo termina com uma visão geral dos motores de física de terceiros que permite que se aplique física sofisticada em um jogo sem ter de construir um motor completamente personalizado. Os conceitos aqui apresentados não são totalmente completos, mas destinados a fornecer informações suficientes para que você comece a desenvolver seu próprio motor de física e entenda a grande variedade de comportamentos realistas possíveis por meio de motores de terceiros. O capítulo inteiro pode ser útil na geração de simulação física dentro de um motor de jogo no momento de execução, bem como em ferramentas de criação de conteúdo digital.

〉 Rebobinando: um novo olhar sobre física básica

Vamos começar devagar. As chances são boas de que você já tenha participado de uma aula de ciências, talvez na escola ou durante o primeiro ano na universidade, que introduziu os fundamentos da física. Faz sentido refletir sobre o que já deve saber. Essas equações básicas são fáceis de codificar e podem ser realmente úteis em jogos reais. Além disso, são um alicerce sobre o qual iremos desenvolver efeitos mais sofisticados.

A importância de unidades consistentes

Ao longo deste capítulo, à medida que novas variáveis ou quantidades são introduzidas, identificaremos as unidades nas quais a quantidade pode ser medida, com base no *sistema internacional de unidades* (SI). Por exemplo, a posição pode ser medida em metros, e o tempo, em segundos. Você pode optar por utilizar um sistema de unidades diferentes, como o sistema inglês, se desejar. No entanto, não se engane: é necessário utilizar unidades coerentes em suas equações. *Equações irão produzir resultados errados se você usar valores incompatíveis com as unidades!* Um exemplo do uso inconsistente de unidades seria a utilização de uma força medida em libras (unidades inglesas) e uma massa de objeto medida em quilogramas (unidades SI) na mesma equação. Para corrigir a inconsistência, converta a força para Newtons, que é consistente com uma massa medida em quilogramas. Os fatores de conversão estão disponíveis na Internet e podem ser encontrados por meio de qualquer mecanismo de busca[1].

---

[1] N.R.T.: Documentos interessantes sobre o *Sistema Internacional de Unidades* podem ser encontrados no documento do INMetro: http://vsites.unb.br/ft/enm/graduacao/mecanica/SI.pdf, por exemplo. O autor utiliza aqui o SI, com o sistema inglês do separador decimal (por ponto).

Cinemática de partículas

Toda introdução à física começa definindo várias propriedades fundamentais do movimento. É provável que você já tenha compreendido essas propriedades implícitas e pense nelas como uma segunda natureza. No entanto, começamos a nossa análise formalmente definindo as propriedades do movimento de partículas ou a *cinemática da partícula*. Elas são a base para tudo o que se segue.

Do ponto de vista da física teórica, uma partícula é um objeto que não tem volume, por exemplo, uma partícula é uma massa concentrada em uma esfera infinitamente pequena. Para nossos propósitos, entretanto, definimos uma partícula como uma esfera sem fricção perfeitamente lisa, com um raio finito. Escolhemos essa definição apenas para evitar a necessidade de considerar o movimento de rotação, que é um tópico avançado e está além do escopo desta discussão. Esferas perfeitamente lisas, sem atrito, nunca começarão a girar devido às interações normais com outros objetos. A Figura 4.3.1 ilustra uma partícula em movimento ao longo de uma trajetória curva.

A qualquer momento no tempo, t, a partícula está localizada em uma posição, $\mathbf{p}$, medida em um *quadro referencial de inércia*. Para a nossa discussão neste capítulo, simplesmente escolhemos medir a posição e outras propriedades em relação ao sistema de coordenadas de um universo de jogo. A posição pode ser escrita na forma vetorial como $\mathbf{p} = <p_x, p_y, p_z>$. *A posição é medida em unidades de tipo, distância ou tamanho. As unidades SI para a posição estão em metros (m).*

Se a partícula está em movimento, sua posição é uma função de tempo, $\mathbf{p}(t)$. A Figura 4.3.2 ilustra a partícula no tempo t e em um momento posterior, $t + \Delta t$. O símbolo, Δ, é a letra grega delta, comumente usada para indicar uma alteração no valor. A quantidade, Δt, indica uma mudança gradual no tempo. *As unidades SI para tempo são segundos.*

A quantidade de vetor, velocidade, é definida como a mudança de posição ao longo do tempo. A magnitude da velocidade é a *velocidade* da partícula. *A velocidade é medida em unidades do tipo distância ao longo do tempo. As unidades SI para e de velocidade estão em metros por segundo (m/s).* Dada a posição de uma partícula em dois momentos distintos, a velocidade média entre o tempo de início e fim pode ser calculada como $\mathbf{V}_{avg} = (\mathbf{p}(t + \Delta t) - \mathbf{p}(t))/\Delta t$. É possível que a velocidade da partícula se altere significativamente entre tempo t e $t + \Delta t$. A velocidade média não é necessariamente a velocidade da partícula no tempo t. Do cálculo, a *velocidade instantânea* verdadeira no tempo t é a derivativa de tempo da posição, mostrada na Equação 4.3.1. Observe também que o inverso é verdadeiro: a posição é a integral da velocidade ao longo do tempo. (Se você não estiver familiarizado com o cálculo e o significado dos termos *derivativo* e *integral*, consulte qualquer texto introdutório de cálculo, como [Munem78].)

$$\mathbf{V}(t) = \lim_{\Delta t \to 0} \frac{\mathbf{p}(t + \Delta t) - \mathbf{p}(t)}{\Delta t} = \frac{d}{dt}\mathbf{p}(t) \qquad (4.3.1)$$

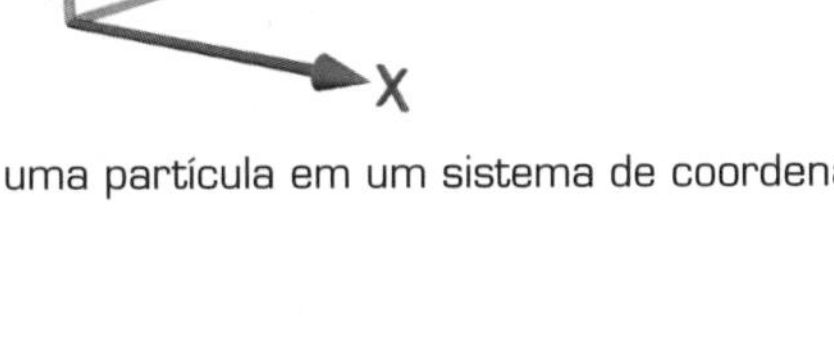

Figura 4.3.1 Posição de uma partícula em um sistema de coordenadas de universo de jogo.

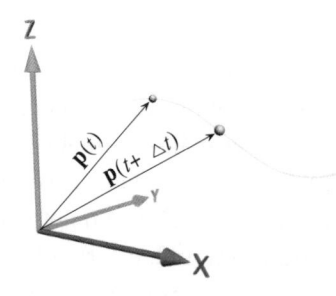

Figura 4.3.2 Posição dependente do tempo de uma partícula se movendo em um caminho.

Existe mais uma propriedade fundamental da cinemática de partícula da qual necessitamos. A quantidade de vetores, *aceleração*, definida na Equação 4.3.2, é a derivada temporal da velocidade. Observe que o inverso também é verdadeiro: a velocidade é a integral da aceleração ao longo do tempo. A aceleração também pode ser definida como a segunda derivada temporal da posição. *A aceleração é medida em unidades de distância do tipo sobre o quadrado do tempo. As unidades SI para aceleração estão em metros por segundo ao quadrado (m/s^2).*

$$\mathbf{a}(t) = \frac{d}{dt}\mathbf{V}(t) = \frac{d^2}{dt^2}\mathbf{p}(t) \qquad (4.3.2)$$

As famosas leis de Newton

Começamos a nossa análise de física básica considerando a primeira e a segunda lei do movimento de Sir Isaac Newton. A *primeira lei para o movimento*, parafraseada, afirma que um objeto se move a uma velocidade constante até ser obrigado a mudar sua velocidade pelas forças impostas sobre o objeto. Com base nisso, podemos fazer uma profunda observação da história dos videogames: Se ignorarmos a gravidade e atrito, o fliperama clássico e jogo de console *Breakout* da Atari teve realmente um modelo de física realista.

A segunda lei para o movimento é importante para nós, pois podemos usá-la para executar simulações de física na presença de forças que fazem com que a velocidade e a posição de um objeto se alterem de maneira interessante. Essa lei, parafraseada, afirma que a mudança na velocidade de um objeto é proporcional a uma força aplicada. Dito em forma de equação, a lei é a infame $\mathbf{F} = m\mathbf{a}$, mostrada em forma de vetor, por meio da Equação 4.3.3 (considerando-se que a massa seja constante).

$$\mathbf{F}(t) = m\mathbf{a}(t) \qquad (4.3.3)$$

Aqui, a força, $\mathbf{F}(t)$, pode mudar ao longo do tempo, resultando em uma aceleração que muda ao longo do tempo. A quantidade, m, é chamada de massa do objeto. *As unidades SI para massa são quilogramas (kg). A força é medida em unidades do tipo massa vezes distância sobre o tempo ao quadrado. As unidades SI para a força são chamadas de Newton (N).* Por definição, um Newton é igual a 1 kg-m/s^2 (observe a consistência). Observe que a massa não é a mesma que o peso do objeto (que é uma força)!

O ciclo de movimento

Você deve ser capaz de ver um ciclo de movimento nas Equações 4.3.1 até 4.3.3. Uma força provoca a aceleração. A aceleração provoca uma mudança na velocidade. A velocidade provoca uma mudança na posição de uma partícula. Ao integrarmos as equações em ordem inversa de 4.3.3 para 4.3.1, podemos determinar o movimento da partícula. É para isso que serve uma simulação de física.

O efeito de uma força constante em um movimento de partícula

Conforme descrita na *primeira lei de Newton*, o movimento mais simples possível é o de uma partícula que não passa por nenhuma força e, portanto, continua a se mover a uma velocidade constante (zero para uma partícula em repouso). Continuamos a nossa revisão, analisando um caso um pouco mais complexo: uma partícula passando por uma força constante. Considere a Equação 4.3.3, quando **F** é constante. Já que o lado direito é constante no tempo, a aceleração também é uma constante, **a**. As constantes são fáceis de integrar (até constantes de vetor), e, integrando a Equação 4.3.3, obtemos a Equação 4.3.4, uma equação de forma fechada para a velocidade de uma partícula passando por uma força constante. Observe que a integração foi realizada por meio de uma mudança de variáveis, $\tau = t - t_{init}$.[2] A equação é válida para uma força que é aplicada a partir de partículas no tempo t_{init}, porém não antes. A velocidade, $\mathbf{V}_{init}$, é a velocidade da partícula no tempo t_{init}.

$$\mathbf{V}(t) = \int \mathbf{a} d\tau = \int \frac{\mathbf{F}}{m} d\tau = \mathbf{V}_{init} + \frac{\mathbf{F}}{m}\tau = \mathbf{V}_{init} + \frac{\mathbf{F}}{m}(t - t_{init}) \qquad (4.3.4)$$

A partir daqui, podemos derivar a equação de forma fechada para posição, integrando a Equação 4.3.4. Isso é mostrado na Equação 4.3.5, na qual $\mathbf{p}_{init}$ é a posição inicial da partícula, no tempo t_{init}.

$$\mathbf{p}(t) = \int \mathbf{V}(\tau) d\tau = \int \left(\mathbf{V}_{init} + \frac{\mathbf{F}}{m}(\tau) \right) d\tau = \mathbf{p}_{init} + \mathbf{V}_{init}(t - t_{init}) + \frac{\mathbf{F}}{2m}(t - t_{init})^2 \qquad (4.3.5)$$

É importante que você reconheça que as Equações 4.3.4 e 4.3.5 são exatas e irão produzir um resultado realista correto para qualquer tempo $t > t_{init}$, enquanto a força aplicada permanece uma constante. Além disso, você pode usar essas equações em partes, aplicando-as, enquanto a força permanecer constante e, em seguida, reiniciando-as quando a força mudar para um valor diferente e constante, atualizando os valores t_{init}, $\mathbf{p}_{init}$ e $\mathbf{V}_{init}$ para os atuais de t, $\mathbf{p}(t)$ e $\mathbf{V}(t)$, respectivamente, no momento em que a força mudar. As equações são apenas exatas quando **F** permanece constante por algum tempo após cada mudança; no entanto, os jogos pressupõem que uma força aplicada a um objeto seja constante para a duração de um frame ou da etapa de simulação, e você pode achar que obtém bons resultados se aplicar essas equações uma vez por frame, usando a força aplicada no início do frame. Nesse cenário, os valores iniciais mudariam no final de cada frame.

---

[2] N.R.T.: A expressão t_{init} lê-se: "*t inicial*".

Consistência de unidades, ainda importante

Vamos rever, por um momento, a importante questão da consistência das unidades. É insuficiente apenas garantir que todos os valores usados na equação sejam medidos em um sistema consistente de unidades, como SI. Também é fundamental que todos os termos de uma equação meçam o mesmo tipo de unidade. Por exemplo, como apresentada anteriormente, a velocidade é medida em unidades do tipo de distância ao longo do tempo. Você pode verificar a consistência dos tipos de unidades no termo da direita da Equação 4.3.4, $(\mathbf{F}/m)(t - t_{init})$, substituindo os tipos de unidades para as variáveis e simplificando algebricamente, como se os tipos de unidade fossem variáveis. Essa verificação é mostrada na Equação 4.3.6, o que prova que as unidades do termo mais à direita são, justamente, o tipo de unidade para a velocidade. Observe que a diferença de dois valores de tempo, $(t - t_{init})$, não resulta no cancelamento das unidades de tempo. O valor representado por $(t - t_{init})$ é uma mudança no tempo, que também tem unidades do tipo tempo. *Se você tiver razões para derivar novas equações, estabeleça a prática de sempre analisar os tipos de unidade em sua equação derivada para ter certeza de que são consistentes. Se você descobrir que um ou mais dos termos de sua equação são inconsistentes, saberá que há um erro na sua equação.*

$$\text{Unidades de } \frac{\mathbf{F}}{m}(t - t_{init}) = \frac{(massa)(dist.)/(tempo^2)}{massa} tempo = \frac{(massa)(dist.)}{(massa)(tempo^2)} tempo = \frac{dist.}{tempo} \quad (4.3.6)$$

Movimento de projétil

É realmente possível usar a Equação 4.3.5 para conseguir simulações físicas significativas nos jogos. Continuamos a revisão, analisando o movimento do projétil simples em 3D. Existe uma força aproximadamente constante, que atua em todos os objetos reais próximos da superfície de um planeta. Essa força é, naturalmente, a força da gravidade. Essa força é o peso do objeto, igual à massa do objeto vezes uma aceleração constante devido à gravidade, agindo na direção de um vetor a partir da posição do objeto em direção ao centro do planeta. A aceleração devido à gravidade é comumente representada pela variável g. Em unidades SI, o valor de g na Terra é 9.81 m/s² em direção ao centro da Terra ou o vetor, $\mathbf{g} = (0.0, 0.0, -9.81)$. Aqui, escolhemos a direção para ser o eixo z positivo no espaço do universo do jogo. Podemos reescrever a Equação 4.3.5 para um projétil simples na Terra, como a Equação 4.3.7.

$$\mathbf{p}(t) = \mathbf{p}_{init} + \mathbf{V}_{init}(t - t_{init}) + \frac{1}{2}\mathbf{g}(t - t_{init})^2 \quad (4.3.7)$$

Se $\mathbf{V}_{init}$ não é paralela a $\mathbf{g}$, o caminho será parabólico, conforme ilustra a Figura 4.3.3. A Listagem 4.3.1 é um trecho de pseudocódigo que pode ser usado para simular uma partícula passando por simples movimento de projéteis na Terra, usando a Equação 4.3.7.

Listagem 4.3.1 Pseudocódigo para simular movimento do projétil de uma partícula na Terra.

```
void main()
{
        // Inicializa variáveis usadas na simulação.
        Vector3D V_init(10.0, 0.0, 10.0);
        Vector3D p_init(0.0, 0.0, 100.0), p = p_init;
```

```
Vector3D g (0.0, 0.0, -9.81);
float t_init = particle launch time;

// O loop de simulação/renderização
while (game simulation is running)
{
        float t = current game time;
        if (t > t_init)
        {
                float tmti = t - t_init;
                p = p_init + (V_init * tmti);
                p = p + 0.5 * g * (tmti * tmti);
        }
        render particle at location p;
}
```

Observação: *Complete o Exercício 1 para traduzir este pseudocódigo em um jogo simples de alvo.*

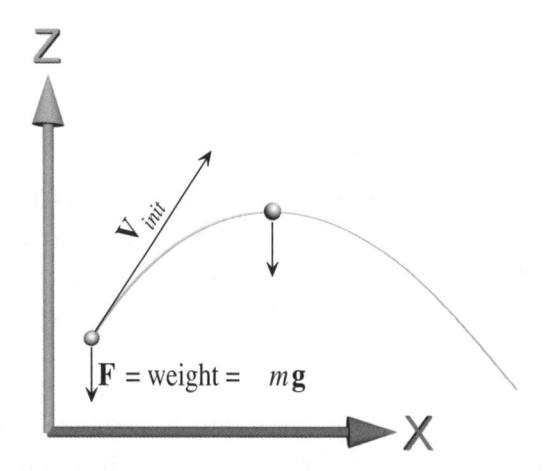

Figura 4.3.3 Partícula sofrendo movimento simples de projétil.

Resposta de colisão sem atrito

Concluímos nossa análise de física básica com um exame detalhado da resposta da colisão clássica de partículas. Se você já estudou física na escola, já deve ter visto essa mesma análise aplicada à colisão de duas bolas de bilhar (o clássico exemplo ilustrativo). Primeiro, uma definição. *Momento linear* é definido como a massa da quantidade do vetor vezes a velocidade, ou $m\mathbf{V}$. *O momento linear é medido em unidades do tipo de massa vezes a distância ao longo do tempo. As unidades SI de momento linear são quilograma-metros por segundo (kg-m/s).*

O momento linear está relacionado com a força aplicada a um objeto. Na verdade, a sua relação com a força é mais fundamental que a relação entre força e aceleração mostrada na Equação 4.3.3. A Equação 4.3.3 é realmente uma aproximação com a Equação 4.3.8, uma relação mais geral que define a primeira derivada temporal do momento linear como sendo igual à força resultante aplicada a um objeto.

$$\frac{d}{dt}(m\mathbf{V}(t)) = \mathbf{F}(t) \qquad (4.3.8)$$

Para a maioria dos objetos, a massa é constante e isso nos permite derivar a Equação 4.3.3 observando $(d/dt)(m\mathbf{V}(t)) = m\, d/dt\, \mathbf{V}(t)$ quando a massa é constante. A Equação 4.3.8 é chamada de *equação newtoniana do movimento*, uma vez que, quando integrada ao longo do tempo, determina o movimento de um objeto. Ao integrarmos a força aplicada a um objeto ao longo do tempo, obtemos a mudança no momento linear (e velocidade) ao longo do tempo.

Considere duas partículas em colisão, 1 e 2. Para a duração da colisão, cada partícula exerce uma força sobre a outra. A duração da maioria das colisões é um período muito curto de tempo, e ainda a mudança na velocidade dos objetos é muitas vezes dramática. (Por exemplo, pense na resposta de colisão dessas bolas de bilhar.) As mudanças grandes quase instantâneas de velocidade só podem ocorrer se as forças de colisão forem grandes. As forças de colisão são muitas vezes tão grandes que dominam as outras forças durante a colisão. Quando isso for verdade, é aceitável ignorar inteiramente outras forças, considerando que seu efeito seja insignificante para a *curta duração da colisão*. Ao integrarmos a Equação 4.3.8 na duração da colisão, *obtemos a equação dinâmica de impulso linear*, dada pela Equação 4.3.9.

$$m_1 \mathbf{V}_1^+ = m_1 \mathbf{V}_1^- + \Lambda \qquad (4.3.9)$$

Aqui, $m_1 \mathbf{V}_1^-$ é o momento linear da partícula 1 logo antes da colisão, e o $m_1 \mathbf{V}_1^+$ é o momento linear logo após a colisão. Os sobrescritos, – e +, indicam as quantidades antes e depois das colisões, respectivamente. O vetor Λ é chamado de impulso linear, definido para ser a integral da força de colisão na duração da colisão. O impulso corresponde à quantidade do momento linear que o objeto ganha ou perde durante a colisão.

A terceira lei de Newton, parafraseada, diz que para toda ação há uma reação igual, porém oposta. Essa lei nos diz que as forças de colisão e os impulsos sobre os dois objetos são iguais em magnitude, mas em sentidos opostos. Com base nesse resultado, podemos imediatamente escrever a equação dinâmica de impulso linear para a partícula 2, conforme a Equação 4.3.10. Note que o impulso é negado no segundo objeto – igual, porém oposto. É interessante notar que estamos adicionando movimento para um objeto e removendo exatamente a mesma quantidade de movimento de outro objeto. A mudança na dinâmica dos dois objetos é zero e, por isso, o movimento linear é chamado de *conservado*.

$$m_2 \mathbf{V}_2^+ = m_2 \mathbf{V}_2^- - \Lambda \qquad (4.3.10)$$

Nosso objetivo é encontrar as velocidades dos dois objetos após a resposta de colisão estar completa. Podemos resolver as Equações 4.3.9 e 4.3.10 para as velocidades após a colisão, se formos capazes de calcular o impulso. O fato de estarmos assumindo uma colisão sem atrito nos permite simplificar a situação. Sem atrito, o impulso sempre irá agir puramente ao longo do vetor normal da superfície da unidade no ponto de contato. Nesse caso, Λ pode ser definido pela Equação 4.3.11, em que Λ é o valor escalar (positivo ou negativo) do impulso e $\hat{n}$ é o vetor normal da superfície da unidade. Um algoritmo de detecção de colisão determina $\hat{n}$ e o ponto de contato, conforme detalhado no Capítulo 4.2, *Detecção de Colisão e Resolução*.

$$\mathbf{\Lambda} = \Lambda \hat{n} \tag{4.3.11}$$

Substituindo a Equação 4.3.11 nas Equações 4.3.9 e 4.3.10, obtemos duas equações de vetor que, juntas, contêm três incógnitas: os dois vetores V_1^+, V_2^+ e um Λ escalar. Precisamos de uma terceira equação, antes de podermos resolver os três valores desconhecidos. Podemos gerar a terceira equação, observando o comportamento físico dos objetos reais durante as colisões. Observe o comportamento quando dois objetos colidem na vida real, como mostra a Figura 4.3.4. Aqui, um pouco antes do impacto, os objetos naturais exibem suas formas geométricas. Durante o impacto inicial, os dois objetos passam por um *período de deformação* em que suas formas se comprimem e deformam-se em resposta à força de colisão.

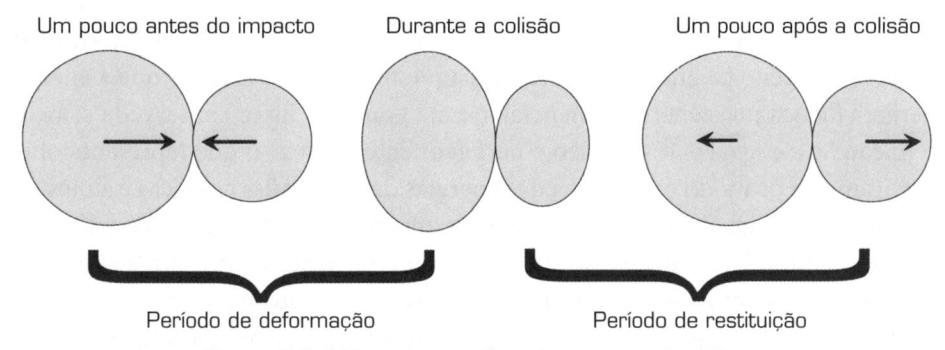

Figura 4.3.4 Uma visão realista da resposta de colisão.

Após o impacto inicial, os objetos passam por um *período de restituição*, no qual são restaurados para suas formas naturais e aceleram suas velocidades depois da colisão.

Vamos escolher nossa terceira equação como uma aproximação para a resposta material dos objetos reais durante uma colisão. Antes de apresentar a equação, observe que os objetos não colidem sempre ao viajarem de encontro um ao outro ao longo de caminhos colineares. A situação mais geral é ilustrada na Figura 4.3.5. Na vida real, como os objetos rebatem após uma colisão, eles também podem deslizar passando um pelo outro, permanecendo em contato por um tempo.

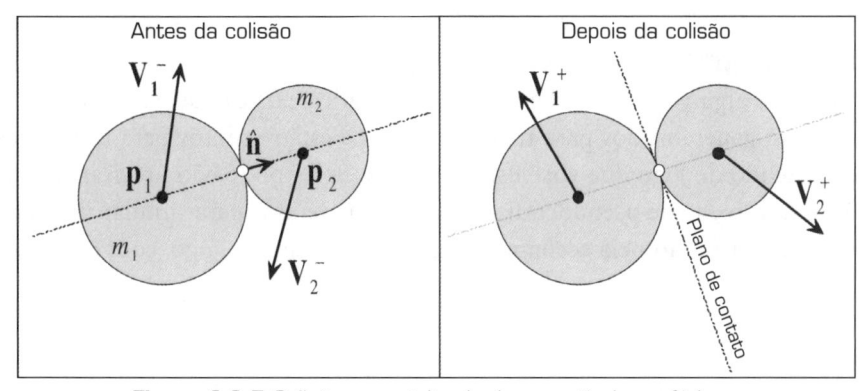

Figura 4.3.5 Colisão sem atrito de duas partículas esféricas.

As Equações 4.3.9 e 4.3.10, sendo equações de vetor, podem ser representadas em uma variedade de sistemas de coordenadas. Uma opção válida é o sistema de coordenadas do mundo do jogo; no entanto, na solução para a resposta de colisão, é mais conveniente considerá-las em um sistema de coordenadas que inclui $\hat{n}$ e o plano de contato que é tangente às superfícies de objeto no ponto de contato. No caso geral, com atrito, uma colisão irá afetar os componentes de velocidade do objeto paralelo ao plano de contato e o componente paralelo à direção normal de contato normal. Para uma colisão sem atrito, no entanto, os componentes de velocidade no plano de contato não mudam. Se os objetos continuam em contato após a colisão, eles irão apenas passar um pelo outro sem diminuir a velocidade. Nossa terceira equação, representada pela Equação 4.3.12, reflete esse fato e define o relacionamento entre os componentes normais de velocidades dos objetos, antes e depois da colisão.

$$(\mathbf{V}_1^+ - \mathbf{V}_2^+) \cdot \hat{n} = - \varepsilon (\mathbf{V}_1^- - \mathbf{V}_2^-) \cdot \hat{n} \qquad (4.3.12)$$

Aqui, a escalar ε é chamada de *coeficiente de restituição*. Esse coeficiente está relacionado à conservação ou a perda de energia cinética durante uma colisão. Devido a limitações de espaço, não vamos discutir o conceito de energia em detalhes aqui, mas você deve saber que a energia total é igual à energia cinética mais energia potencial, é uma grandeza física conservada semelhante ao momento linear. Se ε é igual a 1, a colisão é perfeitamente elástica, o que representa objetos que rebatem inteiramente de modo que a soma das energias das partículas cinéticas é a mesma antes e depois da colisão. Se ε é igual a 0, a colisão é perfeitamente plástica, o que representa objetos que não passam por nenhum período de restituição e uma perda máxima de energia cinética. Na vida real, ε é uma função das propriedades do material dos objetos envolvidos na colisão. Por exemplo, o coeficiente de restituição de uma colisão entre uma bola de tênis e as raquetes de tênis é de aproximadamente 0.85, e para uma bola de basquete vazia colidindo com a superfície da quadra é quase zero.

Usando as Equações 4.3.9 a 4.3.12, podemos resolver para o impulso linear, tomando a Equação 4.3.13. Para calcular as velocidades após a colisão, aplique o resultado da Equação 4.3.13 nas Equações 4.3.9 e 4.3.10, e divida por m_1 ou m_2, respectivamente, para encontrar as velocidades após a colisão.

$$\Lambda = - \left(\frac{m_1 m_2 (1 + \varepsilon)(\mathbf{V}_1^- - \mathbf{V}_2^-) \cdot \hat{n}}{m_1 + m_2} \right) \hat{n} \qquad (4.3.13)$$

A história até agora

Até aqui, abordamos alguns conceitos básicos da cinemática e física que você pode ter visto antes. Os conceitos foram generalizados para três dimensões e estão prontos para uso em certos tipos de jogos. Dependendo do jogo que você está desenvolvendo, pode não precisar de mais nada. A Listagem 4.3.2 é um trecho de pseudocódigo que você pode usar para simular um conjunto de N partículas esféricas, passando pela aceleração gravitacional em um jogo, com colisões ocasionais sem atrito.

Listagem 4.3.2 Pseudocódigo para simular uma coleção de N partículas esféricas sob gravidade com colisões sem atrito.

```
void main(
{
        // Inicializa variáveis necessárias pela simulação.
        Vector3D V_init[N] = initial velocities;
        Vector3D p_init[N] = initial center positions;
        Vector3D g(0.0, 0.0, -9.81);
        float mass[N] = particle masses;
        float time_init[N] = per particle start times;
        float eps = coefficient of restitution;

        // Loop principal do jogo/renderização.
        while (game simulation is running)
        {
                float t = current game time;
                detect collisions and collision times;

                // Resolve collisions.
                for (each colliding pair i, j)
                {
                        // Cálculo antes da posição de colisão e
                        // velocidade de obj i (Equações 4 e 5).
                        float tmti = time_collision - time_init[i];
                        pi = p_init[i] + (V_init[i] * tmti);
                        pi = p + 0.5 * g * (tmti * tmti);
                        vi = V_init[i] + g * tmti;

                        // Cálculo antes da posição de colisão e
                        // velocidade de obj j (Equações 4 e 5).
                        tmti = time_collision - time_init[j];
                        pj = p_init[j] + (V_init[j] * tmti);
                        pj = p + 0.5 * g * (tmti * tmti);
                        vj = V_init[j] + g * tmti;

                        // Para partículas esféricas, normal de
                        // superfície
                        // é apenas o vetor unindo-se a seus
                        // centros.
                        normal = Normalize(pj - pi);

                        // Calcule o impulso (Equação 13).
                        impulse = normal;
                        impulse *= -(1 + eps) * mass[i] * mass[j];
```

```
                    impulse *= normal.DotProduct(vi - vj);
                    impulse /= (mass[i] + mass[j]);

                    // Reinicie as partículas i e j
                    // imediatamente
                    // após a colisão. (Equações 9 e 10).
                    // Já que a colisão ocorre instantaneamente,
                    // as posições após a colisão são pi, pj,
                    // as mesmas que as posições antes da
                    //colisão.
                    V_init[i] += impulse / mass[i];
                    V_init[j] -= impulse / mass[j];
                    p_init[i] = pi;
                    p_init[j] = pj;

                    // Reinicie os tempos de início já que
                    // atualizamos as
                    // velocidades iniciais.
                    time_init[i] = time_collision;
                    time_init[j] = time_collision;
            }

            // Atualize as posições de partícula
            // (Equação 5) e
            // partículas de renderização
            for (k = 0; k < N; k++)
            {
                    float tmti = t - time_init[k];
                    p = p_init[k] + (V_init[k] * tmti);
                    p = p + 0.5 * g * (tmti * tmti);

                    render particle k at location p;
            }
      }
}
```

Observação: *Complete o Exercício 5 para determinar como lidar com colisões de partícula com um objeto imóvel (terreno ou parede).*

> Introdução à simulação de física numérica

A apresentação na seção anterior lhe fornece equações simples que você pode usar para aplicar a física de projéteis em jogos reais. Se o jogo precisa apenas simular objetos esféricos que não giram e que vivenciam a gravidade mais uma colisão ocasional sem atrito, você pode usar o pseudocódigo da Listagem 4.3.2 como base para seu sistema de física.

Em muitos jogos, como na vida real, o movimento mais interessante envolve outras forças, que não as forças constantes e impulsos de colisão. Por exemplo, você pode querer simular o efeito do vento sobre as suas partículas ou objetos do jogo. As forças do vento são funções da velocidade do objeto, não são constantes. Da mesma maneira, as forças de mola são funções do comprimento da mola e não constantes. Infelizmente, quando generalizadas, as forças não constantes são aplicadas aos objetos, soluções de forma fechada como as apresentadas na seção anterior, como as Equações 4.3.4 e 4.3.5 raramente existem. Atribuímos o termo *simulação numérica* a uma série de técnicas que permitem aproximar o movimento dos objetos para os quais não há uma solução de forma fechada. Esta seção fornece uma breve introdução à simulação numérica.

Observação: *Na página do livro em www.cengage.com.br, você encontrará um adendo técnico que contém uma descrição dos poucos tipos de mecanismos interessantes de força, incluindo molas, resistência dinâmica de fluído/aerodinâmica e simples atrito (conteúdo em inglês).*

Integração numérica da equação newtoniana do movimento

Vamos considerar uma família de técnicas de simulação numérica chamada de *métodos de diferenças finitas*. A maioria dos métodos de diferenças finitas é derivada utilizando-se a expansão em *série de Taylor* das propriedades em que estamos interessados. Começamos de maneira genérica. A Equação 4.3.14 mostra a expansão em uma série de Taylor de uma propriedade do vetor, $\mathbf{S}(t)$. A Equação 4.3.14 é válida *e exata*, quando $\mathbf{S}(t)$ é contínua e diferenciável no domínio fechado, $[t, t + \Delta t]$.

Nesse contexto, Δt é chamado de *etapa de tempo* e representa os intervalos incrementais nos quais iremos atualizar $\mathbf{S}(t)$ ao longo do tempo.

$$\mathbf{S}(t + \Delta t) = \mathbf{S}(t) + \Delta t \frac{d}{dt}\mathbf{S}(t) + \frac{(\Delta t)^2}{2!}\frac{d^2}{dt^2}\mathbf{S}(t) + \sum_{n=3}^{\infty} \frac{(\Delta t)^n}{n!} \frac{d^n}{dt^n} \mathbf{S}(t) \qquad (4.3.14)$$

Em geral, não saberemos os valores de qualquer uma das derivadas de ordem superior de tempo de uma propriedade. Podemos converter a Equação 4.3.14 em uma *série de Taylor truncada*, mostrada na Equação 4.3.15, simplesmente removendo os termos envolvidos $d^2\mathbf{S}/dt^2$ e derivadas de ordem superior. Em alguns casos, o truncamento pode ocorrer além da segunda derivada, mas é sempre os termos de ordem superior que são eliminados.

$$\mathbf{S}(t + \Delta t) = \mathbf{S}(t) + \Delta t \frac{d}{dt} \mathbf{S}(t) + O(\Delta t^2) \qquad (4.3.15)$$

Ao removermos os termos de ordem superior, introduzimos o erro numérico na equação que é igual em magnitude, oposto em sinal aos termos de ordem superior. Este é chamado de *erro de truncamento*. O maior componente do erro de truncamento é em geral o termo com o menor expoente na etapa de tempo. O último termo na Equação 4.3.15, $O(\Delta t^2)$ indica a ordem de grandeza do erro de truncamento, com base no expoente *etapa de tempo* do termo de maior erro, na notação "grande-O" (ou **notação assimptótica**). Você nunca vai avaliar o termo de erro de truncamento ou escrevê-lo no código. Nunca há qualquer necessidade de verificar as suas unidades. Ele só indica a precisão da equação. Uma vez que o erro de truncamento da Equação 4.3.15 é de segunda ordem no tempo, a série truncada deve ser precisa para algo inferior à de segunda ordem, por exemplo, esta série truncada tem precisão de primeira ordem.

Formalmente, isso é determinado resolvendo-se a série truncada para dS/dt e algebricamente mostra que o erro de truncamento da equação derivativa é $O(\Delta t)$. (Observe que $O(\Delta t^2)/\Delta t = O(\Delta t)$.)

A Equação 4.3.15 é o nosso primeiro exemplo de uma equação de diferenças finitas que pode ser usada para simulação numérica. O processo de atualização das propriedades usando essa série truncada particular de Taylor é chamado de *integração explícita de Euler* (também conhecida como *integração simples de Euler*). A integração explícita de Euler é chamada de método de um ponto, porque podemos resolvê-la utilizando as propriedades armazenadas em exatamente um ponto no tempo, t, que é anterior ao tempo de atualização, $t + \Delta t$. É chamado de método explícito já que a propriedade $S(t + \Delta t)$ é o único valor desconhecido, que podemos atualizar sem resolver um sistema de equações simultâneas. Uma característica importante de integração explícita de Euler é que cada termo do lado direito da equação é avaliado no tempo t, a etapa de tempo imediatamente anterior ao novo tempo $t + \Delta t$.

Vamos dar uma olhada na Equação 4.3.15. Somos da opinião de que a variável que estamos integrando numericamente, **S**, é o estado de um objeto, e dS/dt é o estado derivativo.

$$\underbrace{S(t + \Delta t)}_{\text{novo estado}} = \underbrace{S(t)}_{\text{estado anterior}} + \Delta t \underbrace{\frac{d}{dt} S(t)}_{\text{estado derivativo}} \qquad (4.3.16)$$

Essa visão nos permite convenientemente escrever um *integrador numérico* que pode integrar propriedades arbitrárias enquanto mudam ao longo do tempo. Podemos, de fato, escrever um integrador, que pode integrar uma coleção de propriedades para uma coleção de objetos em uma única chamada de função. A Listagem 4.3.3 é um trecho de pseudocódigo para um integrador explícito de Euler que integra um vetor de estado de comprimento arbitrário.

Listagem 4.3.3 Pseudocódigo para um integrador explícito de Euler que integra um vetor de estado de comprimento arbitrário. N é o número dos valores de propriedade do estado. A variável new_S é a saída, por exemplo, o estado em $t + \Delta t$. A variável prior_S é o estado antigo, por exemplo, o estado no tempo t. A variável S_derivs possui os derivados do estado no tempo t, e delta_t é a etapa do tempo.

```
void ExplicitEuler(N, new_S, prior_S, S_derivs, delta_t)
{
        for (i = 0; i < N; i++)
        {
                // Integra numericamente o valor da propriedade
                // de estado i.
                new_S[i] = prior_S[i] + delta_t * S_derivs[i];
        }
}
```

Para uma única partícula, uma escolha (mas não a única) para o vetor de estado é bastante simples: **S** = <*m***V**, **p**>. O vetor correspondente de derivativos de estado segue diretamente das Equações 4.3.1 e 4.3.8: $d\mathbf{S}/dt = \langle \mathbf{F}, \mathbf{V} \rangle$. Observe que para o movimento tridimensional, o estado e os vetores derivativos de estado contêm seis valores reais cada, já que o momento linear, posição, força e velocidade são todos vetores de três componentes.

Usando integração numérica para simular uma coleção de partículas

Para uma coleção de N partículas, podemos expandir o vetor de estado para incluir todas as partículas:

$$\mathbf{S}(t) = \langle m_1\mathbf{V}_1, \mathbf{p}_1, m_2\mathbf{V}_2, \mathbf{p}_2, \ldots, m_N\mathbf{V}_N, \mathbf{p}_N \rangle \qquad (4.3.17)$$

$$\frac{d}{dt}\mathbf{S}(t) = \langle \mathbf{F}_1, \mathbf{V}_1, \mathbf{F}_2, \mathbf{V}_2, \ldots, \mathbf{F}_N, \mathbf{V}_N \rangle \qquad (4.3.18)$$

A Listagem 4.3.4 é um pseudocódigo para implementar uma integração explícita de Euler para uma coleção de partículas. Esse código é uma implementação direta do vetor de estado da Equação 4.3.17 e o vetor derivativo de estado da Equação 4.3.18, e faz uso do integrador da Listagem 4.3.3. Observe que a função CalcForce chamada pelo pseudocódigo é um espaço reservado para uma função que pode determinar a força aplicada a uma dada partícula. Por exemplo, se a única força aplicada é decorrente à gravidade, CalcForce simplesmente retornará o peso da partícula, já que este é a força da gravidade.

Listagem 4.3.4 Pseudocódigo para uma integração explícita de Euler para uma coleção de N partículas que se movimentam sem colidir.

```
void main()
{
        // Inicializar variáveis necessárias para simulação.
        Vector3D cur_S[2*N];            // S(t+delta_t)
        Vector3D prior_S[2*N];          // S(t)
        Vector3D S_derivs[2*N];         // dS/dt at time t
        float mass[N];                  // Mass of particles
        float t;                        // Current simulation time
        float delta_t;                  // Physics time step

        // Definir estado atual para condições iniciais.
        for (i = 0; i < N; i++)
        {
                mass[i] = mass of particle i;
                cur_S[2*i] = particle i initial linear momentum;
                cur_S[2*i+1] = particle i initial position;
        }
        // Simulação de jogo/Loop de renderização
        while (game simulation is running)
```

```
            {
                    DoPhysicsSimulationStep(delta_t);
                    for (i = 0; i < N; i++)
                            Render particle i at position cur_S[2*i+1];
            }
    }

    // Atualizar a Física
    void DoPhysicsSimulationStep(delta_t)
    {
            copy cur_S to prior_S

            // Calcular o vetor derivativo de estado.
            for (i = 0; i < N; i++)
            {
                    S_derivs[2*i] = CalcForce(i);
                    S_derivs[2*i+1] = prior_S[2*i] / mass[i];
            }

            // Integrar as equações de movimento.
            ExplicitEuler(2*N, cur_S, prior_S, S_derivs, delta_t);

            // Integrando as equações de movimento, nós
            // efetivamente avançamos o tempo de simulação por
            // meio de delta_t.
            t = t + delta_t;
    }
```

Resposta de colisão no loop de simulação

Você pode adaptar o código da Listagem 4.3.4 a um jogo real sem modificação enquanto não existirem colisões; contudo, o código deve ser modificado para lidar com as colisões.

Se todas as colisões ocorrerem no início da etapa de tempo, por exemplo, no momento exato de t antes das equações de movimento serem integradas (ou se meramente escolhermos essa aproximação), a modificação será muito simples. As colisões devem ser resolvidas antes de copiar cur_S para prior_S no topo do DoPhysicsSimulationStep. Para cada par colidindo, use a Equação 4.3.13 para calcular o impulso e depois calcule os momentos lineares após a colisão utilizando as Equações 4.3.9 e 4.3.10. Os momentos lineares após a colisão devem substituir os valores correspondentes em cur_S. Quando o algoritmo continua, esses momentos lineares após a colisão são copiados para prior_S, e, depois de S_derivs estar configurado, a chamada para ExplicitEuler usará as velocidades após a colisão para atualizar as posições das partículas.

Observação: *Complete o Exercício 6 para criar um simples jogo de bolas de gude que implementa resposta de colisão de partículas sem atrito.*

Observação: *Complete o Exercício 7 para criar um sistema de partículas de projétil baseado na integração explícita de Euler.*

Complexidades sutis na resposta de colisão

Na realidade, as colisões raramente ocorrem no início de uma etapa de tempo. É muito mais provável que ocorram em algum momento, t_c, entre t e $t + \Delta t$. Além disso, o tempo de colisão t_c é provável que seja diferente para cada par de objetos que colidem. Observe o que deve acontecer na simulação, neste caso, se quisermos ser rigorosamente corretos em nossa manipulação da resposta de colisão com a abordagem do momento de impulso. Para um par de objetos colidindo, sabemos que a partir do tempo t até o tempo t_c os dois objetos obedecem às equações de movimento. Então, no tempo t_c, os objetos apresentam uma mudança instantânea na velocidade devido ao evento de colisão. Por fim, do tempo t_c até o tempo $t + \Delta t$, os objetos novamente obedecem às equações de movimento. Devemos, então, integrar as equações de movimento duas vezes em uma atualização de física dada por objetos em colisão: uma vez para obter os estados dos objetos em t_c e, novamente, para obter o estado no final da etapa de tempo após a colisão, $t + \Delta t$.

O gerenciamento da resposta de colisão é mais complicado, se for possível para um objeto colidir com mais de um objeto ao mesmo tempo. (E nos jogos isso é extremamente comum.) Por exemplo, pode ser possível para o objeto 1 colidir com os dois objetos, 2 e 3, entre os tempos t e $t + \Delta t$. Também é possível que o tempo de colisão, t_c, entre os objetos 1 e 2 seja diferente do tempo de colisão entre os objetos 1 e 3, o que tornaria o momento da integração mais difícil de gerenciar. Naturalmente, os objetos podem vir todos juntos, ao mesmo tempo, e neste caso, a nossa solução de forma fechada não pode resolver a colisão em uma única etapa, já que atualiza os objetos em pares. Resolver esses conflitos com múltiplos objetos por meio do processamento dos objetos em um par de cada vez requer um planejamento cuidadoso.

Devido às complexidades descritas aqui, e algumas outras, é quase sempre impraticável para jogos implementar física que captura com precisão os tempos exatos de colisão. A resposta de colisão é em geral aproximada. Os jogos normalmente supõem que todas as colisões ocorrem ao mesmo tempo em um intervalo de tempo (por exemplo, no início ou no fim) e aplicam algoritmos inteligentes para lidar com casos, quando grupos de mais de dois objetos podem entrar em contato durante uma única etapa.

Uma breve explicação sobre métodos alternativos de resposta de colisão

A abordagem do movimento de impulso para a resolução de resposta de colisão pode ser robusta, realista e confiável. Mas, como vimos, na prática, não é uma panaceia. Quando aplicada de maneira ingênua apresentada no pseudocódigo deste capítulo, ela não funciona bem em muitos cenários comuns em jogos modernos; fornece apenas uma solução parcial. Métodos híbridos e alternativos para a resposta de colisão existem como discutiremos brevemente.

Os chamados *métodos de força de penalidade* representam uma alternativa para a resposta de colisão baseada em impulso. Na clássica resposta de colisão baseada em força de penalidade, em vez de calcular-se mudanças instantâneas de velocidade e velocidade angular, em resposta a uma colisão, as molas duras são aplicadas entre pares de objetos que se tocam, com um deslocamento baseado na profundidade de interpenetração. Enquanto os objetos se interpenetram, a mola estica, criando uma força que tenta reduzir a profundidade de interpenetração para próximo de zero durante umas poucas etapas de integração, empurrando os objetos para longe.

Quando os objetos se separam, a mola é removida. Tal como acontece com o método do movimento de impulso, os métodos de força de penalidade têm uma base na realidade. A força da mola é um modelo das forças da vida real gerada enquanto dois objetos que colidem se deformam e rebatem. O efeito da força da mola aplicada sobre umas poucas etapas de integração de física é uma aproximação para o impulso da colisão. Em certo sentido, os métodos de força de penalidade são mais realistas do que o método de impulso de forma fechada. Considerando que a abordagem do movimento de impulso modela a deformação e a restituição como se ocorressem instantaneamente, os métodos de força de penalidade aproximadamente modelam a deformação e a restituição ao longo de um período de tempo finito, que é, naturalmente, o que acontece no mundo real.

O uso de métodos de força de penalidade geralmente é problemático, por inúmeras razões. Primeiro, para obter-se uma resposta de colisão razoável (por exemplo, visualmente os objetos não se interpenetram), as molas devem ter uma grande rigidez, e isso aumenta muito a probabilidade de instabilidade numérica. (Em particular, o integrador explícito de Euler, muitas vezes, falha de maneira dramática.) Segundo, se a rigidez da mola estiver relaxada para evitar a instabilidade, a interpenetração significativa será provável, o que é inconsistente física e visualmente (veja a Figura 4.3.6). Métodos implícitos são altamente recomendados se você optar por implementar a resposta de colisão baseada em penalidade, já que será estável, mesmo com as rígidas forças de penalidade. Mesmo usando métodos implícitos para trabalhar com as forças rígidas de penalidade, um terceiro problema com métodos de penalidade é que apresentam dificuldades adicionais se você implementar um modelo de atrito entre os objetos que estão em contato.

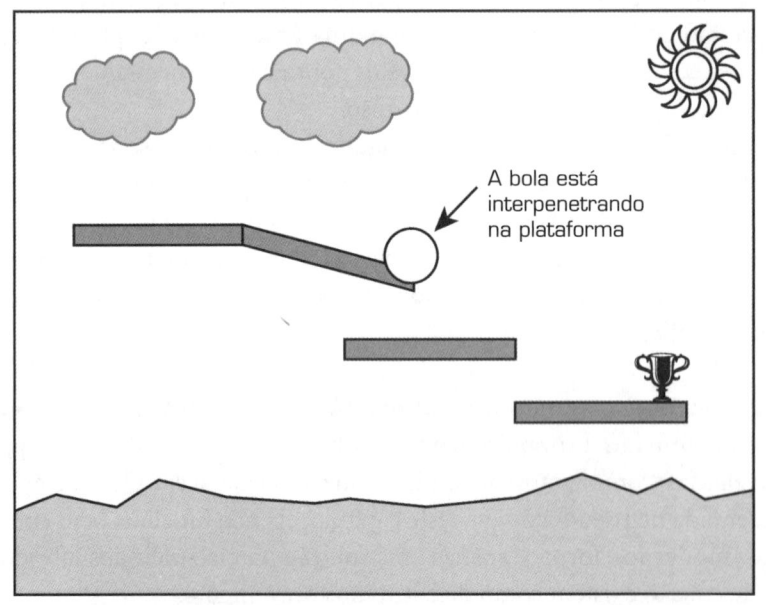

Figura 4.3.6 Um objeto em movimento exibe interpenetração significativa com uma plataforma durante uma colisão.

Apesar das dificuldades, o gerenciamento de estado é muito elegante com métodos de penalidade. Eles facilmente suportam grupos de contato com mais de dois objetos; todos os objetos podem ser atualizados com uma única etapa de integração e nenhuma descoberta iterativa do tempo exato e local da colisão é necessária, apesar de uma técnica de detecção de colisão que pode estimar a profundidade de interpenetração ser necessária. Alguns jogos baseados no mundo real utilizam métodos de força de penalidade, devido à sua elegância e simplicidade. David Wu tem demonstrado sucesso usando métodos de penalidade para resposta de colisão, utilizando a integração implícita de Euler (um integrador numérico implícito de uma etapa) e potenciais funções em vez de molas para modelar a força que mantém separados os objetos que colidem [Wu00].

Muitos motores modernos de física de jogo criam restrições especiais para a circulação de objetos, sempre que um contato de colisão é detectado entre um par de objetos. As restrições especiais não apenas impedem que os objetos se interpenetrem, mas também podem suportar o atrito da superfície no plano de contato, permitindo que dois objetos que colidem iniciem o movimento de rotação. As restrições de colisão são representadas de maneira genérica, permitindo que a resposta de colisão seja resolvida instantaneamente com outros tipos de restrições, como veremos mais tarde. Os motores de física finalmente resolvem as limitações calculando ambas as forças a ser aplicadas (por exemplo, as forças de penalidade) ou impulsos. Devido à sua estabilidade superior, em geral, os métodos baseados em impulsos tendem a ser mais populares nos motores atuais de física. A apresentação de Erin Catto, *"Modeling and Solving Constraints"*, disponível na Internet, fornece uma visão mais aprofundada de resolução de restrição generalizada para os jogos [Catto09].

Problemas de estabilidade numérica e alternativa para integração explícita de Euler

O erro de truncamento está sempre presente na integração numérica. Já que o resultado de um passo de integração numérica alimenta o próximo passo de integração numérica, o erro de truncamento em cada etapa se acumula em um erro total do vetor de estado que pode crescer ou encolher ao longo do tempo. Um dos principais objetivos da simulação numérica é garantir que o erro total seja limitado, ou seja, que o erro total não cresça sem limites. A simulação numérica em que o erro total é delimitado por todo o tempo é considerada *numericamente estável*. Infelizmente, em algumas circunstâncias, o erro de truncamento pode interagir com as propriedades que dirigem o movimento de tal forma que a simulação seja *numericamente instável*. Nesse caso, o erro total é ilimitado e crescerá tanto quanto possível, resultando em um excesso de ponto flutuante. Técnicas de integração numérica são consideradas condicionalmente estáveis se podem ser transformadas em estáveis, reduzindo a etapa de tempo, Δt, abaixo de um limite, uma *estabilidade vinculada*. As referências [Rhodes01], [Eberly04] e [Anderson95] apresentam uma introdução mais detalhada a esses conceitos.

Por outro lado, a integração explícita de Euler, embora simples, até mesmo intuitiva, é uma das piores escolhas possíveis para simulação numérica de física de corpos rígidos. É condicionalmente estável na melhor das hipóteses e incondicionalmente instável quando usada para simular sistemas físicos que incluem forças de mola, a menos que forças de amortecimento sejam adicionadas.

Uma alternativa para a integração explícita de Euler, que muitas vezes é a melhor opção para jogos, é a *integração de Verlet*. Existem diversas variações, e apresentamos a versão sem velocidade aqui, como na Equação 4.3.19, sem prova. Ela é chamada de sem velocidade, pois o primeiro tempo derivativo do estado, a velocidade do estado, não aparece.

$$\mathbf{S}(t + \Delta t) = 2\,\mathbf{S}(t) - \mathbf{S}(t - \Delta t) + (\Delta t)^2 \left(\frac{d^2}{dt^2}\,\mathbf{S}(t) \right) \qquad (4.3.19)$$

As referências [Porcino04], [Eberly04] e [Jakobsen03] fornecem um olhar mais aprofundado sobre a derivação do integrador de Verlet. Note que, nesse caso, você deve controlar o vetor de estado por duas etapas antes do tempo e que o derivativo do estado é realmente o derivativo do segundo tempo. A Listagem 4.3.5 apresenta o pseudocódigo para um integrador de Verlet sem velocidade.

Listagem 4.3.5 Pseudocódigo para integrador de Verlet sem velocidade.

```
void VelocityLessVerlet(N, new_S, prior_S1, prior_S2, S_2nd_derivs,
delta_t)
{
        for (i = 0; i < N; i++)
        {
                new_S[i] = (2.0 * prior_S1[i]) - prior_S2[i] +
                            (delta_t * delta_t * S_2nd_derivs[i]);
        }
}
```

No caso da integração de Verlet sem velocidade, a escolha natural para o vetor de estado de uma partícula é $\mathbf{S} = \langle \mathbf{p}_1, \mathbf{p}_2, ..., \mathbf{p}_N \rangle$, com o derivativo do segundo estado correspondente, sendo $d^2\mathbf{S}/dt^2 = \langle \mathbf{F}_1/m_1, \mathbf{F}_2/m_2, ..., \mathbf{F}_N/m_N \rangle$.

Em alguns casos, a força aplicada a um objeto depende da velocidade (por exemplo, amortecimento viscoso e resistência aerodinâmica). Nesse caso, será necessário integrar a velocidade, além da posição. Muitas vezes, é aceitável a utilização de uma mistura de diferentes técnicas, como, por exemplo, a integração explícita de Euler para atualizar a velocidade de estados necessários para calcular as forças que são dependentes da velocidade e integração de Verlet sem velocidade para atualizar os estados de posição.

Existem muitas alternativas para explicitar Euler e Verlet, o que pode ser feito por meio da manipulação de expansões da série truncada de Taylor em deslocamentos diferentes do tempo *t*. Cada método exibe sua precisão e suas características de estabilidade. Em termos de física de jogo, o integrador da *simplética de Euler* (também conhecida como *semi-implícito de Euler* e alguns outros nomes) é uma variante popular do explícito de Euler que melhora a estabilidade, com uma mudança trivial do código-fonte. A mudança de código-fonte é apenas a integração da posição do objeto que utiliza a velocidade atualizada recentemente, em vez da velocidade da etapa de tempo anterior, mostrada na Listagem 4.3.6. Observe que os simuladores mais atuais de física suportam a simplética de Euler.

Listagem 4.3.6 Pseudocódigo para o integrador da simplética de Euler para uma partícula.

```
void SymplecticEuler(new_S, prior_S, S_derivs, mass, delta_t)
{
        // Atualiza o momento linear da partícula, Observe que a
        // nova velocidade será embutida no momento.
        new_S[0] = prior_S[0] + delta_t * S_derivs[0];

        // Atualiza o derivativo do estado para posição ser a nova velocidade,
        // por exemplo, a velocidade no tempo t + delta_t. Podemos facilmente extrair isso
        // do momento linear, dividindo pela massa.
```

```
            S_derivs[1] = new_S[0] / mass;

            // Finalmente, integre a posição usando a velocidade atualizada.
            new_S[1] = prior_S[1] + delta_t * S_derivs[1];
}
```

Os métodos mais estáveis de integração numérica são chamados de *métodos implícitos*. Estes exigem a solução de um sistema de equações para cada etapa de tempo. Os métodos chamados de implícito *A-Stable* são estáveis para qualquer tamanho de etapa de tempo, Δ*t*, ou seja, você nunca terá de reduzir o tamanho da etapa de tempo de física para alcançar uma simulação estável, embora possa precisar ajustar Δ*t* para atingir uma boa precisão. Há uma exceção a isso. O A-Stable e outros métodos implícitos em geral são, na melhor das hipóteses, condicionalmente estáveis quando simulamos situações fisicamente instáveis(Veja [Rhodes01] ou [Eberly04] para mais detalhes sobre a instabilidade física *versus* instabilidade numérica.). Métodos implícitos podem ser aplicáveis aos jogos e são benéficos em alguns casos, como na implementação de resposta de colisão baseada em penalidade. No entanto, são mais difíceis de implementar e tendem a ficar mais lentos do que suas contrapartes explícitas.

Observação: *Complete o Exercício 8 para demonstrar a diferença entre integração Verlet sem velocidade e integração explícita de Euler.*

A importância da independência da taxa de frames

Devido à tendência de simulação numérica ser sensível à etapa de tempo, é muito importante que você se esforce para criar uma simulação de física independente da taxa de frames. Ao implementar um sistema independente da taxa de frames, você ganha dois benefícios significativos. Em primeiro lugar, os resultados serão repetíveis, cada vez que executar uma simulação com as mesmas entradas, independentemente da CPU do computador ou do desempenho da GPU. Segundo, você terá o controle máximo sobre a estabilidade de sua simulação. A Listagem 4.3.7 é um fragmento de pseudocódigo que ilustra uma forma simples para garantir que sua simulação de física seja atualizada usando uma etapa de tempo constante, independentemente da sua taxa real de frames. Se você achar que sua etapa de simulação exige uma parcela significativa do total de tempo, adicione limites no número de chamadas para DoPhysicsSimulationStep, que pode ocorrer em um único frame, a fim de evitar que a simulação reduza a taxa de frames.

Listagem 4.3.7 Pseudocódigo para atualizar a simulação de física em etapas fixas de tempo.

```
void main()
{
            float delta_t = 0.02;              // Etapa de tempo de Física, segundos
            float game_time;                   // Tempo atual de jogo, segundos
            float prev_game_time;              // Tempo de jogo em frame anterior
            float physics_lag_time=0.0;        // Tempo desde a última atualização

            // Loop de Simulação/renderização
            while (main game loop)
            {
```

```
                update game_time;
                physics_lag_time += (game_time - prev_game_time);

                // Faça etapas suficientes de simulação de física em cada etapa de tempo fixo,
                // até o sistema de física alcançar o tempo do jogo.
                while (physics_lag_time > delta_t)
                {
                        DoPhysicsSimulationStep(delta_t);
                        physics_lag_time = physics_lag_time - delta_t;
                }
                prev_game_time = game_time;

                render scene;
        }
}
```

> Além das partículas

Como você viu, é possível criar a física realista de partículas em jogos usando matemática básica e algoritmos simples. A discussão anterior fornece informações suficientes para implementar um sistema de física simples. No entanto, a física para jogos não termina com as partículas.

Os objetos nos jogos em geral possuem formas muito diferentes de esferas (embora as esferas sejam aproximações, por vezes, aceitáveis para as formas dos objetos do jogo a ser utilizados para colisão e física). Uma extensão óbvia para os algoritmos de física desenvolvidos anteriormente é apoiar as formas mais complexas. Na página do livro, em www.cengage.com.br, está disponível (em inglês) um adendo técnico para este capítulo, contendo um resumo das dinâmicas generalizadas de corpos rígidos, incluindo uma discussão sobre a integração das equações de movimento de objetos que podem rotacionar e uma derivação do impulso da resposta de colisão quando dois objetos que estão rotacionados colidem. Essa informação irá permitir que você comece a implementar o suporte para físicas mais complexas em seu próprio motor de física, se desejar fazê-lo. Consulte o site.

As formas complexas são apenas um dos muitos recursos avançados baseados em física, em jogos modernos. Uma discussão dos detalhes técnicos de todos os efeitos que podem ser simulados com a física está além do escopo deste livro. Se você deseja explorar a aplicação da física em detalhes, os *Essential Math tutorials*, apresentados por uma equipe de desenvolvedores experientes da indústria de jogos, na reunião anual Game Developers Conference, em San Francisco, a cada ano, proporciona uma excelente introdução a toda a gama de questões relacionadas com a simulação de física nos jogos. Os tutoriais estão disponíveis como um conjunto de apresentações PowerPoint no site da *Essential Math for Games Programmers* e são altamente recomendados [VanVerth08]. Outros recursos excelentes incluem a Dissertação de Mestrado de Helmut Garstenauer "A Unified Framework for Rigid Body Dynamics" [Garstenauer06] e o livro *Physics Based Animation*, de Kenny Erleben e outros [Erleben05].

Devido à complexidade da matemática e dos algoritmos, o desenvolvimento de um motor de física é demorado, dispendioso, e, finalmente, arriscado para o desenvolvedor e editor. Os desenvolvedores estão adotando mais frequentemente o uso de motores middleware de física, que suportam uma grande variedade de efeitos e estão usualmente disponíveis. A próxima seção fornece uma visão geral dos motores de física de terceiros, disponíveis para sua utilização.

> Motores de física de terceiros

Existem numerosos motores de física de terceiros, comerciais e de código aberto disponíveis, que fornecem uma ampla variedade de simulações de física. Os motores de física comerciais populares incluem o PhysX da NVIDIA (http://developer.nvidia.com/object/physx.html) e Havok Physics (http://www.havok.com/). Os motores de física populares de fonte aberta incluem Bullet de Erwin Coumans (http://www.bulletphysics.org) e Box2D de Erin Catto (http://www.box2d.org/), que é um motor estritamente 2D. Existem inúmeras outras fontes comerciais e motores de código aberto/freeware disponíveis.

A maioria dos motores relacionados aqui foi portada para uma variedade de plataformas de jogos. Os motores comerciais, por exemplo, em geral são executados em PCs e consoles de jogos, como o PlayStation 3 da Sony, Xbox 360 da Microsoft e o Wii da Nintendo. Versões do Bullet existem para essas plataformas, bem como para Macintosh OSX, Linux e iPhone da Apple. Existem portes do Box2D para diversas linguagens (por exemplo, Java, Flash, C #) e atualmente eles operam em PCs baseados em Microsoft Windows, bem como no Nintendo DS. Observe que todos os motores de física comerciais e os de fonte aberta mais utilizados possuem boa documentação e são fornecidos com aplicações de exemplos que orientam sobre o uso das bibliotecas. Além disso, a maioria das bibliotecas possui comunidades de usuários on-line e fóruns de mensagens, que você pode visitar para ver discussões históricas ou contribuir para novas discussões.

A seguir, uma lista de várias características comuns dos motores de física de terceiros.

Objetos estáticos e cinemáticos

Motores de física suportam o conceito de objetos estáticos e cinemáticos, para que possamos incluir objetos que afetam objetos simulados, mas não se comportam de acordo com as equações de movimento. Ao permitirmos que objetos simulados interajam com objetos não simulados (por meio do sistema de detecção de colisão), podemos adicionar uma jogabilidade interessante ao jogo. Ao pularmos a simulação de física para objetos não simulados, o custo de execução da simulação física é bastante reduzido.

Um exemplo de objeto estático é a geometria do terreno ou do nível de um jogo de plataforma. Objetos de jogo que se movem colidem com a geometria de nível, saltando e deslizando em resposta às colisões; entretanto, a geometria de nível em si é imóvel. Aqui temos um exemplo para o qual a solução para a colisão baseada no movimento de impulso devido ao contato com uma massa infinita virá a calhar.

Um objeto cinemático é chamado *cinemático, pois ele se move (e portanto tem propriedades cinemáticas que mudam ao longo do tempo), mas não é simulado usando a física. Um exemplo de objeto cinemático pode ser* uma plataforma móvel em um jogo de plataforma. Muitos jogos de plataforma têm plataformas móveis ou objetos que estão em trilhos, é claro. Eles apenas seguem animações por *keyframes* ou caminhos de animação procedurais, *estabelecidos no design*, para permitir que certos puzzles sejam solucionados. Um objeto cinemático é ligeiramente mais dispendioso do que um objeto estático, pois as suas rotinas de animação necessitam ser configuradas a cada frame.

Dinâmicas de corpo rígido

As dinâmicas de corpo rígido (*rigid body*) referem-se à simulação de objetos que se movem e se rotacionam com base nas equações de movimento que temos estudado, mas que nunca deformam ou mudam de forma. As dinâmicas de corpo rígido são provavelmente o tipo mais comum de simulação baseada em física vista em jogos atualmente. A maioria dos objetos com que trabalhamos no mundo real se comporta como corpos rígidos (embora na realidade eles se deformem em nível molecular) Devido a isso, é fundamental que a simulação de corpos rígidos em jogos pareça correta. Os jogadores vão imediatamente reconhecer os principais problemas, como a interpenetração de colisão, e muitas vezes julgarão a qualidade do jogo baseando-se na física mal implementada. Um grande desafio, assumido pelo motor middleware de física, é o de dar suporte aos corpos rígidos que fazem uma pilha. A dificuldade é dobrada. Em primeiro lugar, esse é um caso em que existem mais de dois objetos em um grupo de contato, e assim uma aplicação ingênua da resposta da colisão de dois corpos causará problemas. Em segundo lugar, é um caso em que a interpenetração é particularmente notável. As primeiras gerações dos motores middleware de física não foram capazes de simular de forma robusta o empilhamento de corpos rígidos, no entanto, os motores modernos são altamente capacitados nessa área.

A Figura 4.3.7 mostra um exemplo, sendo executado no motor de fonte aberta, o Bullet, com um grande número de caixas organizadas em uma matriz. Essas caixas são empilhadas inicialmente, mas flutuam no ar. Quando as pilhas colidem com o solo, o sistema de resposta de colisão do Bullet simula o colapso das pilhas.

Figura 4.3.7 Pilhas de caixas de corpo rígido, desmoronando com o impacto com a superfície plana do solo.

Dinâmicas de corpo flexível

Muitos motores de física de terceiros suportam a dinâmica de corpo flexível, além da dinâmica de corpo rígido. Corpos flexíveis têm geometria que se deforma com base em forças aplicadas e na interação com outros objetos. Por exemplo, uma bola de basquete vazia mudará de forma quando atingir a superfície da quadra. O centro da massa de um corpo flexível se move e gira de acordo com as equações de movimento, no entanto, além desse movimento global, a forma do corpo se deforma. Observe que, se você colocar corpos flexíveis em seu jogo, outra maneira de lidar com a interpenetração de colisão é permitir que o sistema de corpo flexível deforme os objetos, de modo que as formas deformadas não se interpenetrem. Isso produz um aspecto visual consistente, que é outro passo em direção à simulação realista de objetos reais e acrescenta detalhes à sua simulação de jogo, o que irá agradar aos jogadores.

Há vários tipos de corpos flexíveis, simulados pelos motores de física. Um exemplo simples é um corpo que tem o formato básico, mas é flexível e se deforma (um sólido flexível ou uma casca mole cheia de líquido ou ar pressurizado, um balão). A Figura 4.3.8 ilustra um exemplo em execução no motor Bullet, mostrando vários frames de uma bola parcialmente inflada, rolando as escadas.

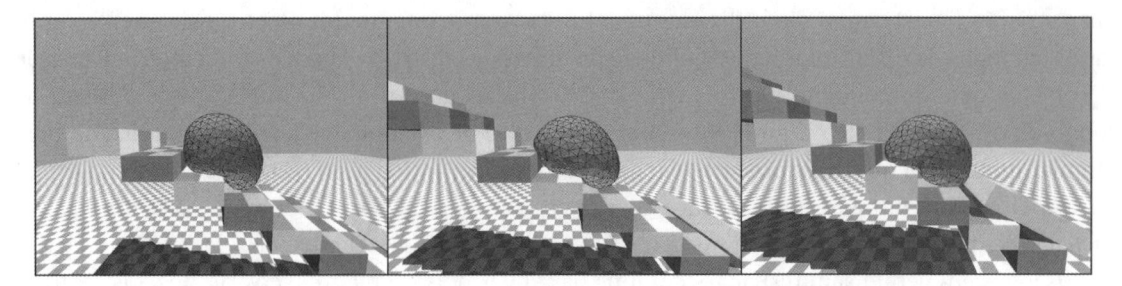

Figura 4.3.8 Uma bola parcialmente inflada, um corpo flexível, rola as escadas.

Outro tipo de corpo flexível que muitos motores de física suportam é o tecido. O tecido é adequado para modelar roupas realistas sobre as personagens, bandeiras e estandartes espalhados pelo mundo do jogo etc. A Figura 4.3.9 apresenta um exemplo de simulação de tecido, nesse caso, em execução no motor Bullet. A malha triangular ilustra que o tecido é representado por uma série de nodos (cada um com um valor de massa), ligados entre si por conexões que carregam as forças internas do tecido. Vários motores de física suportam o conceito de *tecido rasgável*, por exemplo, o tecido que pode ser rasgado quebrando as conexões. Alguns motores podem automaticamente rasgar tecidos quando a força em uma conexão é superior ao máximo. O quadro mais à direita na Figura 4.3.9 mostra o conceito de tecido rasgável, exibindo o mesmo painel de tecido depois de algumas partes terem sido cortadas de dentro para fora.

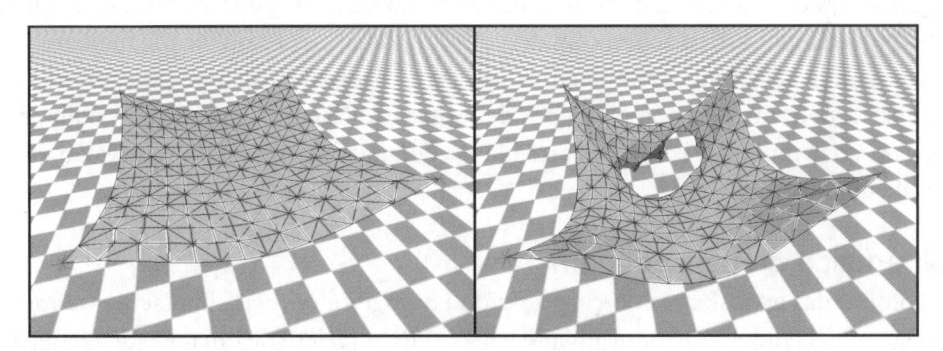

Figura 4.3.9 Um painel de tecido, preso nas pontas, posiciona-se sobre o mundo do jogo. No quadro da direita, permitiu-se que o tecido fosse rasgado devido a forças excessivas.

Os motores de física que suportam tecidos também têm, por vezes, suportes especializados para corpos flexíveis, como cordas, cabelos, folhas de grama, e assim por diante. Esses objetos podem ser simulados por meio de corpos rígidos com restrições articuladas, entretanto, os subsistemas especializados são mais eficientes.

Os motores de física que suportam corpos rígidos também simulam interações entre corpos flexíveis e outros objetos, por exemplo, corpos rígidos e objetos cinemáticos e estáticos. Isso permite adicionar interesse visual ao seu jogo. Por exemplo, quando uma bola simulada de basquete entra por meio de um aro com uma rede de corpo flexível, a rede vai se deformar com base na trajetória do movimento da bola de basquete.

Restrições

As restrições (constraints) são utilizadas para limitar o movimento dos objetos fisicamente simulados em jogos. Já discutimos a possibilidade de utilizar as restrições para evitar a interpenetração de objetos quando colidem. Outro exemplo é a criação de um objeto que só pode deslizar ao longo de uma superfície ou girar sobre um eixo fixo. Por exemplo, se a física for utilizada para simular uma porta que pode ser fechada, uma restrição da articulação (*hinge joint*) geraria forças ou impulsos para impedir que a porta gire, exceto ao longo do eixo da dobradiça. Os *limites das articulações* podem impedir que a porta abra além de, digamos, 90 graus.

Os jogos em geral usam restrições comuns para ligar dois ou mais corpos rígidos. Os motores de física suportam uma grande variedade de tipos de articulações. Além das mencionadas articulações limitadas, os motores suportam *articulações em formato de bola* (*ball joints*), o que permite que dois corpos rígidos girem livremente, mas limita a translação, *articulações deslizantes* (*sliding joints*), que permitem translações apenas ao longo de certo eixo e outras. Ao vincularmos corpos rígidos, é possível criarmos objetos articulados, como robôs e veículos.

Restrições podem ser usadas para vincularmos corpos flexíveis a outros objetos no jogo. Por exemplo, é possível restringir os nodos de um corpo de tecido para conectá-lo às partes da geometria estática do mundo do jogo (um estandarte restrito ao longo de suas margens esquerda e direita colocado no vão entre dois prédios). Outro exemplo é conectar a cintura de um corpo flexível de tecido representando a saia de uma mulher com os objetos cinemáticos ou corpos rígidos representando o esqueleto de uma personagem, de modo que a saia pareça presa com o cinto e não caia no chão.

Os reguladores de restrição em motores de física são generalizados, de tal forma que todas as restrições (por exemplo, articulações, contato/colisão) podem ser resolvidas de maneira unificada. A abordagem unificada permite também que várias restrições de cada tipo possam existir em um objeto dentro de determinado frame. Grupos de contato/colisão com mais de dois objetos são processados para criar múltiplas restrições articuladas de vínculos em objetos que estão em contato com mais de um objeto.

Ragdoll e física de personagem

Um uso comum das articulações do corpo rígido em jogos é criar as simulações de *ragdoll* para as personagens. Os ragdolls são basicamente versões do esqueleto de uma personagem na qual os ossos animados por keyframe foram substituídos por corpos rígidos organizados e unidos com articulações. As personagens ragdoll fazem basicamente uma coisa: caem no chão como se fossem uma pilha. Por vários anos, ragdolls foram utilizadas para simular personagens que experimentaram uma morte violenta em um jogo. O suporte para ragdolls é uma característica comum nos motores de física.

Enquanto a física de ragdoll em um dado momento era utilizada para adicionar realismo aos jogos, agora é vista como simplista. Os motores de física, pelo menos os comerciais, agora incluem suporte para simulação de física misturada com animação de keyframe ou com a tradicional captura de movimento, para criar personagens que se movem e expressam personalidades como pessoas e animais reais, mas reagem fisicamente quando interagem com outras personagens ou objetos do jogo. Por exemplo, um jogo pode animar uma personagem com uma sequência de animação para andar, mas pode misturar uma reação física quando um corpo rígido, por exemplo, uma bola de neve bater no esqueleto da personagem. Se a personagem for atingida no ombro direito, o motor de física calcula e mistura uma resposta física para que o ombro direito balance para trás, em resposta ao impacto, enquanto ao mesmo tempo provoca uma transição para uma outra sequência de animação que, em retaliação, mostra ao atacante o braço esquerdo forte da personagem que foi atingida! Essa abordagem é elegante, porque funciona, não importa onde o esqueleto seja atingido pela bola de neve. Se a bola de neve atingir o outro ombro, é o outro ombro que oscilará para trás. A personagem possui toda a personalidade que deveria ter, mas a física pode gradualmente adaptar a personagem para interagir com o mundo.

Dinâmicas de fluido

Alguns motores de física incluem a capacidade de simular a dinâmica de fluidos, que pode representar a água e outros líquidos, nuvens de fumaça que seguem o vento, nuvens etc. Um tipo de suporte para dinâmica de fluidos existe na forma de sistemas de partículas que implementam fluidos simplistas apenas para adicionar interesse visual (por exemplo, fumaça) no jogo, e não suportam a interação generalizada entre os objetos de fluido e outros objetos. Apesar de limitado, os sistemas de partículas são mais baratos do que os fluidos interativos plenos e podem funcionar em hardware de menor desempenho.

Alguns motores de física suportam simulações de fluidos mais sofisticadas e permitem que interajam com todos os corpos físicos, bem como com objetos estáticos e cinemáticos. Uma técnica popular de simulação de dinâmica de fluidos em tempo real é a chamada *hidrodinâmica de partículas suavizadas (SPH)*. Ela representa o fluido como uma coleção de partículas, mas inclui um método de extração de superfície implícita para visualizar o fluido como uma grande massa contínua, em vez de muitas partículas individuais. Essa técnica se integra muito bem aos sistemas gerais de física. Um aspecto particularmente agradável é que suporta, naturalmente, líquidos que se separam em gotas e respingos. É computacionalmente dispendiosa, em geral necessitando de um computador pessoal poderoso ou de um console de última geração. A Figura 4.3.10 mostra alguns frames de uma simulação de fluidos realizada por meio da técnica SPH. O fluido simulado, que foi derramado em uma caixa, forma um grande volume na parte inferior, com ondas de superfície visível e numerosas bolhas, que indicam respingos.

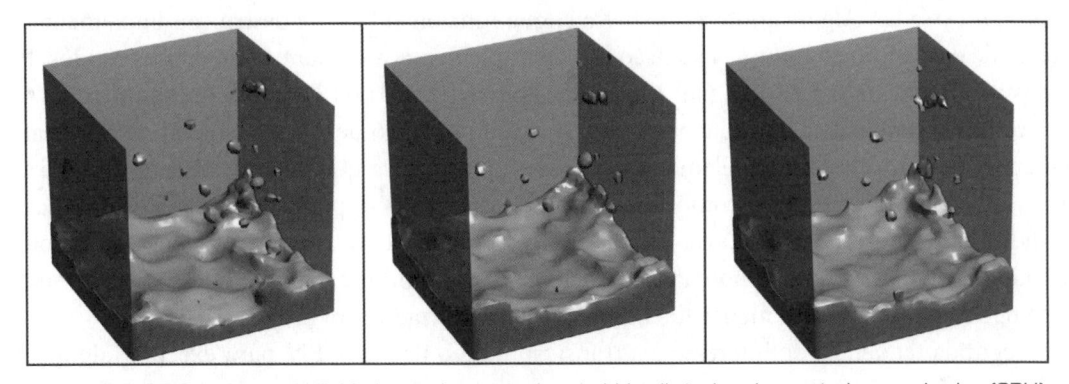

Figura 4.3.10 Simulação de fluido baseada na técnica de hidrodinâmica de partículas suavizadas (SPH).

Criação de conteúdo de física

Há uma série de excelentes ferramentas de criação de conteúdo digital que você pode usar para criar conteúdo de física para seus jogos. Existem plug-ins para 3ds Max e Maya da Autodesk (veja www.autodesk.com para ambos os produtos) para todos os motores comerciais de física e alguns de fonte aberta. O Bullet, por exemplo, fornece um plug-in Maya. O Bullet também suporta o pacote de fonte aberta de modelagem 3D, Blender, disponível em www.blender.org. O Blender é um excelente pacote de modelagem e animação 3D, que suporta a criação de objetos físicos para a maioria das funcionalidades atuais do Bullet. O Blender exporta modelos físicos para o formato COLLADA (https://collada.org//), que o Bullet pode ler diretamente, oferecendo uma opção de cadeia de ferramenta que não requer qualquer conversão de arquivos intermediários.

Tendências emergentes

Existe um número de tendências emergentes que estão começando a se manifestar nos motores de física, e aqui vamos brevemente discutir duas delas.

A primeira tendência é que os motores de física estão começando a suportar os objetos de jogo que podem ser danificados ou destruídos. Todos os motores comerciais de alto perfil possuem agora módulos de "destruição" que suportam paredes, vasos antigos, colunas gregas e castelos de pedra que se quebram em vários pedaços quando atacados. A capacidade de danificar os universos do jogo certamente acrescenta interesse visual aos jogos. E também pode permitir a jogabilidade emergente, sem exigir produção de trabalho artístico. Por exemplo, se há uma parede de pedra impedindo que o exército entre na cidade fortificada em um jogo de estratégia em tempo real, por que não quebrar a parede para criar uma entrada? Enquanto isso sempre foi possível, era necessário um artista para criar manualmente um modelo de parede que fosse destruído. Além disso, agora que os sistemas do corpo rígido em motores de física atingiram a maturidade, o jogo pode simular o movimento dos fragmentos da parede que se movem enquanto a parede está sendo destruída. Isso tudo pode adicionar até uma experiência de jogo mais convincente.

A maioria dos motores de física implementa a destruição por meio de uma técnica conhecida como *prefracture*, em que o artista, usando suas ferramentas de criação de conteúdo digital, faz uma malha de jogo com um pré-processador que irá dividir automaticamente a malha tridimensional em uma coleção de corpos rígidos. Os corpos rígidos são feitos com *articulações quebráveis*, por exemplo, as articulações serão então removidas, caso a força de impulso de restrição exceder um limite determinado pelo artista. Durante a execução, o objetivo do jogo será exibido como um todo, mas se qualquer articulação for quebrada, o objeto será dividido, com base nas linhas de fratura candidatas pré-processadas. Alguns motores de física com a funcionalidade de destruição implementam o sistema de destruição como uma extensão de sua implementação dinâmica de corpos rígidos. Pelo menos um motor de física, o Digital Molecular Matter (DMM) da Pixelux Entertainment (www.pixeluxentertainment.com/), implementa a destruição por meio de um sistema em tempo real de elementos finitos. A análise de elementos finitos é uma técnica que, historicamente, foi utilizada para a concepção de produtos, como veículos e aviões, e também para simular efeitos de física de alta-fidelidade para renderização off-line de filmes de Hollywood. Atualmente, nossos consoles e computadores domésticos são potentes o suficiente para suportar a execução desse tipo de análise em tempo real, embora com menor fidelidade do que é utilizado para projetar carros.

A segunda tendência de interesse é a transição para o uso da GPU, para executar alguns dos cálculos de física. As GPUs modernas possuem vários núcleos (muito mais neste momento que as CPUs) e suportam centenas de processos simultâneos. Isso as torna excelentes máquinas de cálculo para as operações naturalmente paralelas. A maioria das GPUs modernas é programável, e embora programas de *shaders* tenham sido concebidos para executar operações relacionadas com a renderização, muitos profissionais estão agora explorando-os para outros cálculos além da renderização. Por exemplo, o motor de física PhysX da NVIDIA pode usar as GPUs para executar partes da simulação de física, com resultados dramáticos.

A tendência de usar as GPUs para outros fins que não a renderização deve continuar. A versão do DirectX 11 da Microsoft inclui um novo estágio de shader chamado *shader de cálculo*, projetado para otimizar o uso de GPUs para algoritmos de propósito geral. Há uma série de outros efeitos para facilitar o uso de GPUs para cálculos de propósito geral, incluindo a física, com exceção do conceito de cálculo de shader da Microsoft. Estes incluem o *Compute-Unified Device Architecture* da NVIDIA (CUDA, www.nvidia.com/cuda), o *Open Computing Language* (OpenCL Khronos, www.khronos.org/opencl/), o *Compute Abstraction Layer* da AMD (CAL, http://ati.amd.com/technology/streamcomputing/faq.html) e outros. No entanto, muitos desses outros esforços não estão focados em jogos. Os núcleos do processador em GPUs atuais são processadores especializados, com conjuntos de instruções altamente otimizados para renderização e não para uso geral. A Intel afirma que seu processador Larrabee (http://en.wikipedia.org/wiki/Larrabee_ (GPU)), ainda não lançado até a data da composição deste livro, proporcionará uma GPU com um número (não especificado) de núcleos de propósito gerais, com um grande número de novas instruções que serão benéficas para a renderização e o cálculo de propósito geral. Se esse produto se concretizar, poderemos ver novas abordagens surgirem para a física acelerada por GPU[3].

》 Resumo

A física de partículas de forma fechada é extremamente prática para os jogos que exigem apenas física simples. Um benefício significativo dessas equações, se forem adequadas, é que elas são perfeitamente estáveis e nunca causarão excesso de pontos flutuantes. Na prática, essas equações são úteis apenas para partículas esféricas experimentando colisões ocasionais e, no máximo, uma aceleração constante, sendo causada pela gravidade (ou aceleração seccionalmente constante com reinicialização).

Técnicas de integração numérica removem a restrição de que um objeto experimenta apenas uma força constante, tornando-as úteis para implementação de um motor de física de propósito geral. Elas estão sujeitas a problemas de estabilidade que devemos cuidadosamente considerar. Independentemente das considerações de estabilidade, abrem um mundo de oportunidades para a simulação de física.

Os detalhes técnicos desenvolvidos na primeira parte deste capítulo, juntamente com as informações fornecidas no adendo técnico (disponíveis no site www.cengage.com.br), fornecem informações

---

[3] N.R.T.: De acordo com notícias divulgadas pela Intel, o projeto do *Larrabee* foi descontinuado em maio de 2009 devido a problemas e atraso e substituído por outro, denominado de *Knights Ferry*, previsto para lançamento em 2012 ou depois. O processo pode ser lido na Intel News Release, no post "Intel Unveils New Product Plans for High-Performance Computing": http://www.intel.com/pressroom/archive/releases/2010/20100531comp.htm. Uma discussão do tema pode ser lida também no Technical Report da Intel Labs: "Fast Sort on CPUs, GPUs and Intel MIC Architectures", disponível em: http://techresearch.intel.com/spaw2/uploads/files/FASTsort_CPUsGPUs_IntelMICarchitectures.pdf.

suficientes para você começar a desenvolver seu próprio motor de física, caso queira criar um. No entanto, para o desenvolvimento produtivo de jogos reais, os motores de física de terceiros abrem um mundo de possibilidades. Eles suportam múltiplos efeitos físicos, incluindo a dinâmica de corpo rígido e flexível, dinâmica de fluido para líquidos e fluidos gasosos, como nuvens, física de personagens e destruição incluindo fratura dos corpos rígidos e flexíveis e um tecido rasgável. A disponibilidade de plug-ins para ferramentas de criação de conteúdo digital comercial ou de código aberto simplifica muito o uso de motores de terceiros.

O material apresentado aqui é um excelente ponto de partida. Os exercícios a seguir irão solidificar a sua compreensão da teoria e da aplicação da física de partículas básicas e simulação numérica. As referências constantes, bem como muitas outras fontes não mencionadas, fornecem boas introduções para tópicos avançados, caso deseje explorá-los.

Material complementar disponível para download

No site da editora, em www.cengage.com.br, na página do livro, há vários itens que lhe podem ser úteis. Consulte o site da Cengage para ter acesso.

Primeiro, temos nele alguns materiais retirados da primeira edição deste livro, o adendo técnico, que expande o desenvolvimento teórico da matemática para a simulação de física para incluir a simulação generalizada de corpo rígido sem atrito. Tal como acontece com a física de partículas desenvolvida neste texto, o conteúdo extra não é totalmente abrangente, mas serve como boa referência para a implementação de um motor de física mais completo.

Há uma distribuição do código-fonte para o Bullet, o motor de física de fonte aberta de Erwin Coumans[4]. O Bullet está protegido por direitos autorais de software, lançado sob a licença ZLib, gratuito para uso comercial em qualquer plataforma. Você pode interagir com a comunidade de usuários on-line do Bullet e acessar novas versões assim que estiverem disponíveis, visitando o site http://www.bulletphysics.org ou o correspondente repositório de código-fonte em http://bullet.googlecode.com. Todo este material está disponível em inglês.

Exercícios

1. Use a Equação 4.3.7 para criar um jogo simples de alvo em que o jogador lança uma partícula de projétil em uma partícula de alvo. Você pode implementar um jogo totalmente em um sistema 3D ou 2D. Forneça ao jogador a habilidade de mudar a velocidade de lançamento da partícula e a direção do lançamento (definindo assim V_{init}). Forneça uma característica de "lançamento perfeito" que permite ao jogo escolher automaticamente a velocidade de lançamento adequada para atingir determinado alvo. Para tanto, use as Equações 4.3.4 e 4.3.7 em conjunto para resolver V_{init} e o momento do impacto, $t_{impact} - t_{start}$, dado que a posição da partícula no momento do impacto é $p_{particle}(t_{impact}) = p_{target}$.

---

[4] N.R.T.: No repositório e no site, o Bullet estava na versão 2.79 revisão 2440, apresentado na SIGGRAPH de 2011, isto em dezembro de 2011. É bom lembrar que a versão no site do Bullet é mais recente do que o material disponível no site da Editora Cengage e algumas coisas podem ter mudado.

2. Verifique se as unidades de impulso linear, definidas como $\int_{t-}^{t+} \mathbf{F}_{collision} \, dt$, são as mesmas que as unidades de momento linear. Determine quais unidades do coeficiente de restituição devem ser, para que a Equação 4.3.12 seja consistente.
3. Verifique se a velocidade no plano de contato para a colisão sem atrito de duas esferas é imutável durante a resposta de colisão, usando as Equações 4.3.9 até 4.3.13.
4. Determine se a direção da normal da superfície é importante ou não durante o cálculo da resposta de colisão, por exemplo, o resultado ainda é válido se você escolher $\hat{n} = -\hat{n}$?
5. A maioria dos universos de jogos, ou universos de simulação, inclui objetos impossíveis de movimentar, por exemplo, o terreno ou estruturas fixadas ao terreno. Nos termos de física, esses objetos imóveis podem ser considerados de massa infinita; contudo, a massa infinita não é fisicamente viável do ponto de vista da dinâmica clássica. Por causa da inviabilidade da massa infinita, a conservação do momento linear não é satisfeita e a Equação 4.3.13 é inválida. Contudo, a Equação 4.3.12 continua válida. Apesar de tudo, ainda existe uma ação e reação e ainda podem ser relacionadas por meio de um coeficiente de restituição. Observe que as velocidades anteriores à colisão e após a colisão do objeto imóvel são idênticas. Usando a Equação 4.3.12, encontre a velocidade de uma bola de 0,5 kg após a colisão com a Terra (a Terra sendo considerada um objeto imóvel). Seu objetivo é achar uma equação que possa ser usada para quaisquer valores válidos de $\mathbf{V}^-$ e ε. Verifique se as unidades de sua equação são consistentes.
6. Implemente um simples jogo de bolas de gude de visualização de cima para baixo. O objetivo desse jogo deve ser permitir ao usuário experimentar as colisões das esferas. Permita-lhe escolher duas bolas de uma vez, cada uma com massas diferentes. O jogador deve ser capaz de lançar as bolas na direção uma da outra para que se encontrem. Use a Equação 4.3.7 para simular o movimento das bolas de gude antes e depois da colisão, e as Equações 4.3.9, 4.3.10 e 4.3.13 para determinar a resposta de colisão.
7. Implemente o sistema de projétil dos Exercícios 1 e 6 usando a integração explícita de Euler. Assegure-se de que sua implementação seja independente da taxa de frames. Compare os resultados com as soluções exatas de outros exercícios.
8. Modifique sua implementação do Exercício 4.3.7 para usar a integração de Verlet e compare os resultados com a solução explícita de Euler. Modifique para usar a simplética de Euler e observe os resultados.
9. Use as Equações 4.3.9 a 4.3.12 para provar a Equação 4.3.13.
10. Implemente um simples jogo de plataforma usando o Blender e o Bullet. Inclua um nível de jogo estático e no mínimo uma plataforma cinemática. Inclua pelo menos um objetivo, como coletar uma série de objetos. Observe que você pode usar funções "nearcallback" de colisão customizadas para saber quando dois objetos colidem. Isso será benéfico quando precisar determinar se o objeto do jogador tocou um objeto colecionável.

Referências

[Anderson95] Anderson, John D., Jr., *Computational Fluid Dynamics: The Basics With Applications*, McGraw-Hill, 1995.

[Catto09] Catto, Erin, "Modeling and Solving Constraints", Game Developers Conference 2009, disponível on-line em http://www.gphysics.com/files/GDC2009_ErinCatto.zip, 2009.

[Eberly04] Eberly, David, *Game Physics*, Morgan Kaufmann, 2004.

[Erleben05] Erleben, Kenny, et al., *Physics Based Animation*, Charles River Media, 2005.

[Garstenauer06] Garstenauer, Helmut, "A Unified Framework for Rigid Body Dynamics", Master's Thesis, disponível online em http://www.digitalrune.com/?tabid=474, 2006.

[Munem78] Munem, Mustafa A., e David J. Foulis, *Calculus with Analytic Geometry*, Worth Publishers, Inc., 1978.

[Porcino04] Porcino, Nick, "Writing a Verlet-Based Physics Engine", Game Programming Gems 4, Charles River Media, 2004.

[Rhodes01] Rhodes, Graham, "Stable Rigid-Body Physics", Game Developers Conference 2001, março de 2001.

[VanVerth08] Van Verth, Jim, et al., "Essential Math for Games Programmers Tutorial"," Game Developers Conference, disponível online em http://www.essentialmath.com/tutorial.htm, 2008.

[Wu00] Wu, David, "Penalty Methods for Contact Resolution", Game Developers Conference 2000, disponível online em: http://www.pseudointeractive.com/files/PenaltyMethodsGDC2000.ppt, março de 2000.

PARTE 5

Programação de jogos: gráficos, animação, IA, áudio e rede

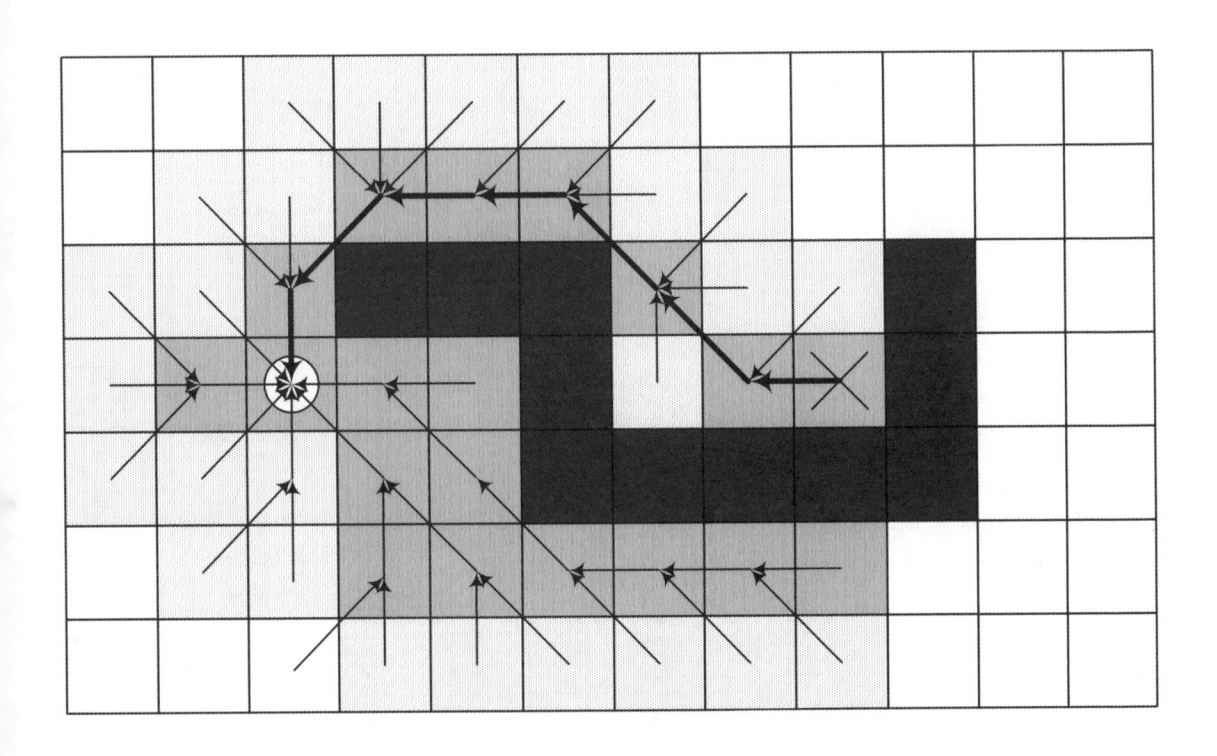

5.1 Gráficos

Neste capítulo

- Visão geral
- Fundamentos dos gráficos
- Organização de alto nível
- Tipos de renderização de primitivos
- Texturas
- Iluminação
- O pipeline de renderização do hardware
- Resumo
- Exercícios
- Referências

› Visão geral

Este capítulo enfoca a renderização de cenas tridimensionais em uma tela plana formada por pixels. Há muitas maneiras de fazer isso, mas, para os jogos, o mais comum é a utilização de hardware personalizado para renderizar cenas que contêm malhas baseadas em triângulos. Embora existam grandes diferenças na ampla gama de placas gráficas de computadores desktop e hardware com propósitos especiais em vários consoles, há também uma série de generalizações compartilhadas que funcionam bem entre a maioria das plataformas comuns. Apesar da interface de baixo nível ou API usada, essas características comuns tendem a continuar similares. Com cuidado, um desenvolvedor pode usá-las para escrever um motor gráfico que funcione bem em uma variedade de plataformas.

› Fundamentos dos gráficos

Antes de mergulharmos no código, é aconselhável introduzirmos os conceitos compartilhados da maioria dos sistemas de processamento e estabelecer uma estrutura comum de terminologia.

Como sempre em qualquer área técnica em constante evolução, algumas dessas terminologias podem variar de local para local, e essa é uma chance de definir precisamente o que significam termos em particular deste capítulo.

Frame buffer e back buffer

No coração dos gráficos está a área da memória onde a tela é armazenada, o *frame buffer*[1]. Em um sistema desktop padrão com uma GUI (interface gráfica do usuário), há apenas um frame buffer, o visível, e o computador extrai diretamente dele.

No entanto, isso significa que o usuário pode ver o quadro que está sendo construído. Para uma GUI baseada em janelas, isso geralmente não é ruim, mas na maioria dos jogos e aplicações 3D, acompanhar a construção do quadro é um tanto quanto perturbador; o ideal é que o jogo construa a estrutura em uma área não visível e então exiba somente o quadro acabado. Isso em geral é feito com dois frame buffers, um visível e outro oculto.

A renderização é então realizada em um quadro oculto, chamado de *back buffer*; quando o quadro é finalizado, tudo é exibido em uma operação. Em alguns casos, os dois quadros são simplesmente trocados, para que o frame buffer torne-se o back buffer e vice-versa. Isso é feito por meio de envio de informação à televisão ou ao monitor para que leia os dados de outro buffer, em vez de copiar a memória. Em outros casos, os dados do back buffer são copiados para o frame buffer para exibi-los, mas seus papéis não são trocados. Em sistemas modernos, a cópia acontece em uma quantidade de tempo relativamente trivial, e não está visível.

Apesar do último método parecer ineficiente, por envolver cópia de memória em vez de troca de alguns ponteiros, existem boas razões de ser atualmente o método mais comum. Os sistemas gráficos de hoje têm ótimas quantidades de largura de memória, e copiar o back buffer para o frame buffer consome uma pequena fração de largura disponível. Enquanto copia os dados, a placa gráfica também pode manipulá-los e mudar seu formato, em vez de meramente copiar sem modificação. Isso permite que o back buffer tenha um formato diferente de pixel, tal como um formato de *alta faixa dinâmica*, ou seja comprimido, ou seja de um tamanho diferente e tenha mais ou menos pixels do que o dispositivo de exibição. Se ele tem mais pixels, o back buffer pode ter antialiasing[2] ou ter sido filtrado para suavizar a imagem e reduzir alguns dos pixels visíveis.

O antialiasing é cada vez mais importante para a qualidade da imagem, pois o número de pixels nos dispositivos de exibição se estabiliza. O antialiasing de tela cheia é uma maneira de obter as melhorias da qualidade de pixels sem fisicamente ter mais informações no dispositivo de exibição.

Visibilidade e *depth buffer*

Ao renderizar uma cena 3D, o jogo precisa ter certeza de que apenas objetos não obscuros estejam visíveis na cena finalizada. Para simplicidade, vamos supor que tudo no mundo seja opaco no momento – e não haja transparência. A maneira mais óbvia de fazer isso é não renderizar objetos que estão escondidos, e este é um método útil, principalmente para aumentar a velocidade. No entanto, pode não resolver todo o problema, porque às vezes só parte de um objeto está visível.

---

[1] N.R.T. : A terminologia de referência utilizada pelo autor apresenta quatro tipos de *buffers: frame buffer, back buffer, depth buffer* e *stencil buffer*, que serão apresentados e discutidos.

[2] N.R.T.: *Antialiasing:* ou em português, *antisserrilhamento,* é um método utilizado para minimizar o efeito de aliasing (*serrilhamento*) produzido pela estrutura dos pixels dos monitores ao desenharem uma reta diagonal. O termo se tornou um padrão de uso na comunidade de designers e produtores de jogos em língua portuguesa, sendo que ambos são utilizados.

A solução seguinte é renderizar os objetos em uma sequência específica, ordenando-os de longe ("trás") para perto ("frente"). Dessa forma, quando objetos mais próximos são desenhados, eles serão renderizados por cima dos que estão mais afastados e os esconderão. Isso tem sido usado com muito sucesso no hardware até o PlayStation 1, e ainda funciona até certo ponto.

Contudo, o processo de ordenação de objetos consome tempo e apresenta muitos problemas. Às vezes, um objeto não está na frente de outro – pense em um pássaro em uma gaiola. O pássaro está na frente da parte de trás da gaiola, mas atrás da frente da gaiola. Além disso, se a gaiola é redonda, não há nenhuma maneira óbvia de dividi-la em duas metades, uma parte de trás e outra da frente – já que o espectador vira a gaiola por 90 graus, as duas partes estão agora lado a lado, e cada uma delas está novamente tanto na frente quanto atrás do pássaro, ao mesmo tempo.

A solução mais comumente usada é ter um segundo buffer que armazene os valores de profundidade. Para cada pixel no back buffer, há um pixel correspondente no depth buffer (*buffer de profundidade*). O depth buffer nunca é exibido diretamente na tela; ele apenas ajuda a decidir quais pixels são visíveis e quais não são. Já que as coordenadas *x* e *y* são comumente usadas para a referência dos pixels da tela, o depth buffer é também chamado de *Z-buffer*, uma vez que armazena a terceira dimensão.

O valor mantido no depth buffer é uma indicação de quão longe está o pixel correspondente. Na tentativa de renderizar outro pixel de um objeto diferente no alto, as profundidades do pixel existente e do novo pixel são comparadas. Se o valor da nova profundidade for menor, o objeto sendo desenhado estará mais próximo do que o objeto já desenhado, e o novo pixel e valores de profundidade substituirão o antigo. Se o novo valor de profundidade for maior, o objeto que está sendo desenhado estará mais longe, e tanto o pixel novo como os valores de profundidade serão descartados. Desse modo, a ordem em que os objetos são renderizados não importa para o resultado, e o processo difícil de classificação dos objetos pode ser evitado. Melhor ainda, já que cada pixel é considerado em separado, os objetos podem estar parcialmente na frente e atrás dos outros, como no exemplo do pássaro na gaiola. Dois objetos podem até se cruzar, por exemplo, uma colher em uma xícara de café com leite. A superfície do café pode ser desenhada como uma única superfície plana; pelo fato de o teste de profundidade ser feito separadamente em cada pixel, o cabo da colher irá cruzar com o café de forma correta.

Observe que não há nenhuma exigência de que os valores armazenados no depth buffer tenham qualquer significado real. Não precisam estar em centímetros ou em anos-luz ou *furlongs*[3] nem sequer precisam ser distribuídos de maneira linear. A única operação realizada com eles é a comparação um com outro. É necessário apenas que tenham uma ordenação consistente, de modo que se um valor de profundidade for maior que outro, a distância que ele representará será também maior.

Stencil buffer

Existe, geralmente, um terceiro buffer pareado com o back buffer e o depth buffer, que é chamado de *stencil buffer*. Na verdade, ele é tão comum que, geralmente, é intercalado com o depth buffer: este ocupando 24 bits e o stencil buffer, 8 bits de uma palavra de 32 bits. O buffer combinado é logicamente chamado de *depht/stencil buffer*. O stencil buffer não tem um papel claramente definido como os outros dois – mas é um buffer "muito útil". Possui um valor arbitrário e, como o

---

[3] N.R.T.: O *furlong* é uma medida de distância em unidades, sendo habitual em países de língua inglesa. Um furlong é igual a um oitavo de milha, ou 201,168 metros.

de profundidade, pode ser usado para rejeitar pixels com base em uma comparação entre o valor existente no stencil buffer e um valor associado ao pixel que o chip está tentando renderizar.

As aplicações para o stencil buffer requerem que pixels sejam rejeitados em uma base por pixel. Um exemplo é a renderização de uma cena 3D de uma janela de formato irregular na tela. Geometricamente, cortar a cena para essa forma irregular seria demorado, e em alguns casos, quase impossível. No entanto, o stencil buffer pode ser definido como o valor 0 para todo o back buffer e o valor 1 apenas para dentro da janela. E a cena é renderizada estabelecendo a comparação do stencil buffer para permitir que apenas os pixels a serem escritos para o back buffer tenham o valor stencil 1. Desse modo, a cena não sobrescreve qualquer um dos pixels fora da janela. Essa é uma técnica comum quando renderizamos espelhos dentro de cenas e pode ser usada para efeitos mais avançados, como renderizar sombras usando técnicas de stencil de volume.

Triângulos

Agora que o sistema de renderização possui buffers para manter os valores de cor e profundidade, é preciso renderizar objetos dentro deles. Surpreendentemente, esses objetos vão ser triângulos. Alguns *pipelines* e APIs têm suporte para outros primitivos como *quads* e *point sprites*, mas geralmente ambos são reduzidos para triângulos para a renderização; o uso de outros primitivos é simplesmente uma conveniência.

Triângulos são tão comuns porque têm um número de propriedades úteis. São os primitivos mais simples que descrevem uma superfície no espaço. Interpolar linearmente os valores entre eles é fácil, e, como observado, podem ser usados para construir um número de primitivos de ordem superior.

Os outros únicos primitivos verdadeiros utilizados com alguma frequência são linhas. Apesar de serem úteis para muitas necessidades diagramáticas, na renderização de cenas do mundo real, as linhas são menos úteis, porque muitas vezes têm uma largura fixa em pixels e não em qualquer unidade do mundo real. Algumas APIs têm primitivos de linha com larguras em unidades do mundo real, mas também são convertidos em triângulos para processamento real.

Além de definir uma superfície no espaço, os triângulos também têm propriedades associadas a eles que determinam quais algoritmos são utilizados para renderização na tela. Isso é frequentemente chamado de *material* e pode ter superfícies 2D e 3D associadas, como texturas.

Vértices

O triângulo é definido como uma conexão de três pontos no espaço. Esses pontos são chamados *vértices*. Além de uma posição, cada vértice tem também uma variedade de propriedades que podem ser alimentadas no material para determinar como aquele vértice em particular e os triângulos que o utilizam são renderizados. Essas propriedades incluem valores como o caminho dos seus pontos normais, onde em uma textura especial ele se encontra etc.

Em alguns casos, um único ponto no espaço pode ter várias propriedades. Por exemplo, considere um canto de um cubo. É um único ponto, mas tem pelo menos três triângulos que o utilizam, e cada triângulo se volta para uma direção diferente, um de cada lado adjacente do cubo (e note que cada lado do cubo é em geral representado com dois triângulos).

Uma vez que, para fins de renderização, a normal de uma superfície é armazenada nos vértices, e não em cada triângulo, há três normais diferentes neste momento no espaço. Uma solução é armazenar um único vértice com três normais nele, mas isso se torna complexo. A solução utilizada pela maioria das APIs de renderização é armazenar o vértice três vezes, cada uma com a mesma posição, mas um vetor normal diferente. O mesmo é feito sempre que tais atributos como normais, coordenadas de textura etc., precisarem ser diferentes em um único ponto no espaço. Embora pareça um pouco de desperdício renderizar a posição do ponto três vezes, na prática, qualquer outro método possui outras complicações que o tornam ainda menos eficiente. Enquanto o número de triângulos em uma malha aumenta, a proporção desses vértices *coincidentes* com o número de vértices que não são duplicados tendem a cair rapidamente, limitando seu impacto sobre a velocidade.

Espaços de coordenadas

Ao especificarmos a posição de um ponto no espaço, é padrão utilizarmos três números.

No entanto, o que significam esses números? Eles precisam ser definidos em relação a uma origem, à localização do ponto (0, 0, 0), bem como em relação à direção e escala dos três eixos.

A maioria dos espaços de coordenadas é definida em termos de um outro espaço de coordenada – seu espaço pai. A definição de espaços de coordenadas é feita geralmente especificando-se a posição de sua origem no espaço pai como um vetor tridimensional e as direções dos seus três eixos no espaço pai. Esses quatro vetores são apresentados como uma matriz de quatro colunas, com os eixos x, y e z listados em primeiro e, por fim, a posição de origem como o quarto vetor. Na maioria dos casos, cada coluna pode ser um vetor de três componentes, com uma matriz total de 4×3 para representar um espaço de coordenadas em relação ao seu espaço de coordenadas pai. Os matemáticos não gostam dessa representação, porque as três primeiras colunas indicam direções, enquanto a quarta representa uma posição. Assim, eles acrescentam uma quarta linha com um zero nas três primeiras posições (indicando que a coluna é a direção) e um na quarta posição (indicando que a coluna tem uma posição). Os programadores com frequência adotam essa convenção, visto que, embora resulte um pouco mais de espaço de armazenamento, permite que as colunas da matriz sejam processadas de forma limpa e elegante; os computadores são geralmente melhores no processamento de quatro tarefas de uma vez do que apenas três (ou, pelo menos, não piores). Essa é uma simplificação grosseira do que chamamos *coordenadas homogêneas*, mas é uma boa regra de ouro e um ponto de partida, sem que tenhamos de nos aprofundar na complexidade de manipulação da geometria quadridimensional. Uma discussão de coordenadas homogêneas é apresentada no Capítulo 4.1, Conceitos Matemáticos.

No entanto, os vetores e matrizes de três componentes ainda são usados nos casos em que a memória é escassa, apesar dos custos adicionais de processamento. Nesses casos, o 0 final ou 1 está implícito pelo contexto. Por essas e muitas outras razões, matrizes e vetores na maioria dos códigos de jogo são armazenados com três componentes e às vezes com quatro, de acordo com as necessidades daquela parte do código. O leitor deve ser fluente no uso dos sistemas 4×3 e 4×4.

É também uma questão quase religiosa se os vetores (seja por conta própria, seja como parte de uma matriz) são escritos como colunas ou linhas. O significado da representação não muda, tratando-se apenas de uma convenção escolhida. Este capítulo opta por utilizar a convenção do uso de vetores como colunas, como é o utilizado pela maioria dos livros de matemática. Esteja ciente de que diferentes APIs gráficas (especificamente, Direct3D e OpenGL) usam convenções diferentes e esteja preparado para lidar com a convenção de "outros".

O espaço mais fundamental é o *espaço do mundo*. É onde tudo acontece, onde o jogo é definido e o espaço em que a maioria das coordenadas é definida. O espaço do mundo não está definido em termos de qualquer espaço pai, e a posição e orientação do espaço do mundo não são particularmente especiais – elas são uma convenção estabelecida pelos fabricantes do jogo.

O espaço seguinte é o *espaço do objeto*. O espaço no qual os vértices de um modelo geralmente são definidos. Estes não mudam enquanto um objeto se move e gira em torno do mundo. O que muda é a relação entre espaço do mundo e espaço do objeto.

Observe que cada objeto separado no jogo tem seu próprio espaço com seus relacionamentos para com o espaço do mundo.

Na renderização de um objeto, o primeiro passo é transformar cada vértice do espaço do objeto em que é definido em espaço do mundo para que o renderizador saiba onde está naquele instante em relação a outros objetos. Isso é alcançado por meio de uma matriz que descreve o mapeamento do espaço do objeto em relação ao espaço do mundo.

Além de objetos no espaço, uma cena precisa de câmera. Uma câmera também tem uma posição e orientação no espaço do mundo do jogo. Para realmente renderizar uma cena, os objetos deve ser movidos para fora do espaço do mundo e movidos no espaço da câmera, para que quando a câmera vire para a direita, os objetos da tela se movam para a esquerda.

A câmera possui uma certa área em sua frente, visível na tela. Essa área é chamada de *frustum*[4] (o volume visual definido pela câmera) e é geralmente definida por seis planos no espaço. Imagine uma cena em um jogo. Agora imagine que a tela do monitor onde os planos serão renderizados seja na verdade um modelo do monitor posicionado na cena do jogo, na frente da câmera.

Agora forme quatro planos, cada um passando por uma borda da tela e pelo centro da câmera. Eles formam uma pirâmide com a ponta para a câmera, estendendo-se para o espaço; são quatro dos planos definindo o frustum da câmera. O frustum tem outros dois planos: o *plano proximal (near plane)* e o *plano distal (far plane)*. Ambos são paralelos ao plano da tela e, em geral, o objetivo é mover o *plano proximal do recorte (near clip plane)* o mais perto possível e o *plano distal do recorte (far clip plane)*, o mais longe possível. No entanto, existe apenas uma quantidade finita de precisão no Z-buffer, e o controlador principal de como essa precisão é distribuída é a posição do plano do recorte proximal. Mover o plano do recorte proximal para muito perto da câmera pode afetar drasticamente a precisão dos testes de profundidade, levando a graves defeitos de renderização. O resultado é que o plano do recorte proximal só deve ser movido o mais próximo do que absolutamente pode ser possível e nada mais. No entanto, devido à forma curiosa de como as transformações de projeção funcionam, o plano de recorte distal pode frequentemente ser movido para infinito sem perda significativa de precisão.

Antes de serem renderizados, os triângulos são cortados em duas partes – a parte dentro das bordas do frustum e as partes fora das bordas. A parte externa é descartada e apenas a parte interna é renderizada. Esse processo é denominado *recorte (clipping)*; é realizado transformando triângulos e seus vértices em um espaço especial chamado *espaço do recorte (clip space)*. Espaço de recorte é um conceito difícil de explicar – é mais ou menos semelhante ao espaço da câmera, mas reúne duas propriedades estranhas. Primeiro, tem quatro dimensões em vez das três habituais (ao quarto componente é normalmente dado o rótulo *w*) e, segundo, não preserva ângulos, é distorcido. O espaço de recorte é curvado de modo que, para qualquer tamanho ou formato que o frustum da tela esteja, as bordas ficam em certos planos especiais no espaço de recorte. Esses planos são definidos matematicamente por seis equações, Equações 5.1.1 a 5.1.3.

---

[4] N.R.T.: Veja, por exemplo, o tópico *Renderização*, no capítulo 3.4, *Arquitetura do jogo*, para informações sobre o *simples recorte do volume de visão* (*simple view frustum cull*) em relação ao volume (*frustum*) definido pela câmera.

$x = +w$ $x = -w$ (5.1.1)
$y = +w$ $y = -w$ (5.1.2)
$z = +w$ $z = -w$ ou 0 (de acordo com o API de renderização) (5.1.3)

A distorção simplifica substancialmente o recorte, pois é fácil para o hardware recortar nesses seis planos definidos elegantemente, mas muito difícil de recortar na representação mais complexa no espaço da câmera dos mesmos planos do frustum. Naturalmente, um mapeamento que distorce a pirâmide do frustum nos seis planos acima no espaço quadridimensional é provável que seja realmente muito estranho. Não se preocupe muito com o que espaço de recorte "significa". Na maioria dos casos, o cálculo é realizado pela biblioteca de código e hardware, e a tentativa de obter qualquer intuição sobre os valores no espaço de recorte é, no mínimo, complicada. Aqueles que desejam descobrir os detalhes de transformações de perspectiva no pipeline de renderização são aconselhados a ler [Blinn96].

Depois de cortados, os vértices de um triângulo são projetados para fora do espaço de recorte 4D e para o espaço da tela. Suas posições são em pixels da tela real e os seus valores de profundidade são usados diretamente para testar e atualizar o Z-buffer.

Um espaço final para mencionar é o *espaço tangente*, às vezes chamado de *espaço de superfície-local*. Este é um subespaço do espaço do objeto que segue a superfície de uma malha, e cada triângulo tem seu próprio espaço tangente. Um eixo de espaço tangente é a normal da face, e os outros dois eixos se encontram ao longo da superfície em direções definidas pelo usuário, normalmente chamados de vetores *tangentes* e *binormais*. Estritamente falando, cada triângulo tem sua própria versão do espaço tangente, e não é o mesmo que qualquer espaço tangente de triângulos adjacentes a menos que sejam coplanares e seus vetores tangentes e binormais apontem na mesma direção. No entanto, na prática, é conveniente definir um espaço tangente mais contínuo que se curva suavemente sobre uma malha de triângulos, definida em cada vértice (em vez de face), e suavemente interpolados em toda a malha. Há mais discussão sobre o espaço tangente, mais adiante neste capítulo.

Texturas

Uma textura é uma superfície que tem fragmentos de dados chamados *texels* (derivado das palavras *pixel de textura*). Cada texel convencionalmente tem um valor de vermelho, verde e azul, e às vezes um canal de transparência *alfa* (em geral abreviado para R, G, B, A), embora, com a chegada de shaders altamente programáveis, esses valores possam realmente significar qualquer coisa que o escritor de shader quer que eles signifiquem. Os nomes RGBA são preservados como uma convenção para fácil referência.

Texturas são matrizes tipicamente 2D de texels e representam uma imagem mapeada para o objeto e usada para sombreamento. No entanto, também existem muitos outros formatos e tipos de textura. As texturas serão discutidas com mais profundidade posteriormente.

Shaders

Um shader é um pequeno programa usado para determinar seja a forma, seja a cor de uma malha. Em hardwares mais antigos, o hardware de função fixa realizava esse trabalho, mas agora o programador gráfico pode escrever esses pequenos programas para decidir exatamente que algoritmos usar para as partes do pipeline de renderização. Normalmente, esses programas são pequenos e executados várias vezes em diferentes grupos de dados, como vértices e pixels – mais como uma função que é chamada do que um programa inteiro, como um jogo ou aplicativo.

Materiais

Um *material* é uma descrição de como renderizar um triângulo. Geralmente, isso consiste em um ou mais shaders, texturas associadas e dados tirados dos vértices dos triângulos como normal, tangente, binormais, coordenadas de textura, várias cores, refletividade e outros dados. Os materiais podem também incluir informações do mais alto nível, como passes de renderização múltipla, cada um com um shader diferente, e os materiais geralmente alteram o algoritmo de renderização usado para levar iluminação e sombreamento em conta. Assim, um material é apenas um agrupamento de todos esses itens em conjunto, possuindo um nome consistente e aplicado na superfície de uma malha.

› Organização de alto nível

Agora que os componentes de baixo nível de renderização foram apresentados, é útil dar uma ideia geral da estrutura da maioria dos motores. Os motores variam amplamente em sua própria estrutura, de acordo com as exigências dos jogos e as cenas que serão realmente renderizadas. Os requisitos de uma casa de bonecas virtual será muito diferente das necessidades de um simulador de voo. No entanto, sempre existem conceitos úteis que estabelecem um ponto de partida para qualquer especialização.

Observe que em qualquer discussão da estrutura em larga escala em motores de renderização frequentemente existem canais "side-band" para tunelamento e trabalho em torno das estruturas, para fins especiais. Isso é duplamente verdadeiro para os motores de jogo. Essas interfaces são muito usadas para diversas funções não críticas de tempo e, especialmente, para a renderização de objetos que não estão no universo do jogo "físico", como o desenho de texto e o *heads-up display* (HUD)[5].

Interações entre o jogo e o renderizador

Recomenda-se que a lógica do jogo e do motor de renderização seja estruturada de forma que possam operar em velocidades diferentes. Isso é especialmente importante se o jogo deve ser executado em diversas plataformas de console ou em hardware como PC ou Mac, onde diferentes usuários têm muitos hardwares gráficos diferentes disponíveis. Em uma máquina, os gráficos podem se tornar extremamente rápidos, em centenas de quadros por segundo.

Em outra máquina, os gráficos podem ser renderizados mais lentamente em apenas 20 quadros por segundo – ainda jogável, mas muito mais lentos.

Se o motor de renderização e a lógica do jogo estão chaveadas e pareadas, a lógica do jogo deve ser capaz de jogar o mesmo jogo, mas em duas taxas diferentes de atualização. Se, por exemplo, o herói é envenenado e está perdendo saúde a uma taxa de um ponto a cada "turno", ter dez vezes mais turnos em uma máquina significa que o herói morrerá em um décimo do tempo. Essa não é uma experiência aceitável.

Naturalmente, problemas simples como esse podem ser resolvidos através do dimensionamento dos danos sofridos, distâncias percorridas, e assim por diante, pelo número de segundos entre os frames renderizados. Contudo, a experiência comum mostra que, em jogos reais, executar a lógica

---

[5] N.R.T.: A HUD, acrônimo para *heads-up display* (que, em uma tradução literal seria: display de cabeças) é a sigla para representação de objetos e elementos, tais como: vida, magia, itens, etc. na interface do jogo. Já referida no tópico *Aplicação ao desenvolvimento do jogo*, no capítulo 3.3, *Fundamentos da programação*.

do jogo complexo em uma única taxa fixa, enquanto permite apenas que o motor gráfico seja executado em velocidades diferentes simplifica vastamente o processo de desenvolvimento de um jogo. Isso é duplamente verdadeiro para jogos em rede, nos quais máquinas múltiplas com diferentes capacidades e a renderização de cenas diferentes podem estar falando umas com as outras. Se elas não têm uma estrutura de tempo consistente, a lógica se torna maciçamente complicada.

Objetos de renderização

Um *objeto de renderização* ou algumas vezes apenas um *objeto* no contexto de renderização, representa uma descrição renderizável de uma entidade de jogo, como um tipo particular de pessoa ("escudeiro #3"). Um objeto de renderização é composto de um esqueleto com animação simples e uma ou mais malhas que compartilham o mesmo esqueleto ou posição no espaço. Contudo, isso possui várias exceções, e todo jogo trata suas exceções de forma diferente, então esse é apenas um conceito muito geral.

Há apenas um de cada tipo de objeto de renderização, então em um grupo de mil gaivotas, existe apenas um objeto de renderização de gaivotas.

Instâncias de objetos de renderização

Cada objeto de jogo precisa ter um equivalente no motor gráfico que armazena todas as informações dos gráficos com as quais a lógica do jogo não necessita se preocupar. Essa é a *instância de objeto de renderização* (frequentemente chamada de *instância*). Todos os pontos de instância para um objeto de renderização simples definem como o objeto é desenhado, a sua forma etc. No entanto, as instâncias armazenam onde o objeto será desenhado, o estado da animação, iluminação e assim por diante.

Em um grupo de mil gaivotas, existem mil instâncias, cada uma com sua própria posição e orientação, mas todas se referenciam a um objeto de renderização simples e um conjunto de malhas, texturas e shaders que definem a forma de uma gaivota.

As instâncias normalmente têm uma posição e orientação, um estado de animação que é "jogado" no esqueleto do objeto de renderização, e várias partes do estado do motor gráfico utilizadas na renderização (tal como se estivessem visíveis e o local onde estão posicionadas no gráfico de visibilidade em que estão inseridos). Observe que não são todas as instâncias do objeto de renderização que têm um objeto de jogo associado. Algumas instâncias são apenas efeitos visuais; por exemplo, um belo sistema de partículas com a qual a lógica do jogo não precisa se preocupar. Por outro lado, muitos objetos de jogo podem não ter uma instância, seja porque não têm um equivalente gráfico, seja porque no momento se encontram fora com campo visível do frustum e são incapazes de ser renderizados.

Malhas

A *malha* é definida de forma diferente por muitos, mas uma boa definição é a de que uma malha se constitui em um conjunto de triângulos, dos vértices que esses triângulos usam e de um material usado para renderizar todos os triângulos. Um objeto de renderização pode ter múltiplas malhas, o que lhe permite representar objetos com materiais diversos. No entanto, já que a maioria das operações atômicas das APIs gráficas está desenhando um conjunto de triângulos com um único material, é útil ter esse conceito distinto de uma malha, como a "unidade de renderização". Uma malha pode compartilhar seu esqueleto, e o contexto de iluminação com outras malhas no mesmo objeto de renderização, mas cada um terá em geral um material diferente. Quase sempre, o número de malhas em um objeto de renderização influencia fortemente na velocidade em que o objeto pode ser renderizado. Com malhas demais, o motor precisa fazer muitas chamadas de renderização, e o jogo torna-se limitado pela velocidade do processador. Já que a maioria dos jogos atuais é limitada pela velocidade do processador e não pelo hardware de renderização, é aconselhável minimizar o número de malhas em cada objeto de renderização. Isso normalmente significa minimizar o número de diferentes materiais e texturas utilizadas para cada objeto de renderização. No entanto, isso não precisa ser levado a extremos irracionais.

Para um exemplo concreto, uma única pessoa pode ter uma malha para o rosto (usando um shader otimizado para renderização de pele), uma malha para as mãos (o mesmo shader de pele, mas um conjunto diferente de texturas), uma malha para o cabelo (um shader especializado em cabelo e textura), uma malha para as roupas (shader de pano e texturas) e uma malha de seu chapéu. Embora o chapéu também seja feito de pano e provavelmente compartilhe do mesmo material que a malha de roupa, a malha é mantida separada para que o jogo possa mostrar ou ocultar a malha do chapéu à vontade. Quando a pessoa está movendo o chapéu como um objeto independente (levantando-o ou segurando-o), um objeto de renderização separado será utilizado para o chapéu, e a malha do chapéu colocado na cabeça da pessoa será desligada. Quando a pessoa está simplesmente usando o chapéu e andando, a malha do chapéu é ligada, e o objeto separado de renderização é descartado. Isso imprime mais velocidade aos dois casos mais comuns – em que o chapéu está na cabeça ou fora da tela em uma chapeleira em algum lugar.

Esqueletos

Cada objeto de renderização irá normalmente ter um único esqueleto, que descreve como os ossos daquele objeto são conectados entre si. Cada instância do objeto de renderização vai descrever o estado da animação, que descreve a posição atual desses ossos. Ambos são ortogonais para malhas – um esqueleto único e o estado de animação podem ser usados para renderização de várias malhas. Mais raramente, vários esqueletos podem ser usados para controlar uma única malha. Consulte o Capítulo 5.2, "Animação da personagem", para mais detalhes sobre esse conceito.

Particionamento do volume de renderização

Os conceitos anteriores são, em conjunto, suficientes para renderizar uma cena. No entanto, não são suficientes para renderizá-la de forma eficiente. O problema é o que chamamos de *culling*. A maioria das cenas não desenha tudo do universo do jogo, porque isso levaria muito tempo e a maioria do universo não é visível em determinado momento. O depth buffer (buffer de profundidade) vai ocultar malhas escondidas atrás de outras geometrias, e o recorte rejeitará os triângulos fora da tela, mas esses triângulos e pixels ainda terão de ser processados. Idealmente, o mecanismo de renderização deve apenas evitar renderizar a grande maioria das instâncias em um universo grande para obter um desempenho razoável. Não desenhar instâncias é conhecido como o processo de *culling*[6].

---

[6] N.R.T.: *Culling* pode ser traduzido como *recorte*. Entretanto, trata-se de um termo usualmente utilizado em inglês. De modo geral, o conceito também é referido em situações como *backface culling*, *occlusion culling* ou ainda *viewing frustum culling*. Os nomes dependerão da linguagem e dos métodos utilizados pelo motor de jogo. Em suma, todos eles seguem a famosa regra: dividir para conquistar.

O exemplo mais óbvio de *culling* é ignorar qualquer instância que esteja por trás da câmera ou fora do seu frustum ou do campo de visão da câmera. Isso é conhecido como *frustum culling*. Formas mais complexas de culling tentam descobrir quais instâncias poderiam estar dentro do frustum e ainda não são visíveis, por exemplo, porque há uma montanha no caminho ou porque estão do outro lado de uma porta fechada.

O segundo conceito relacionado é que instâncias simples de culling um a um não são suficientes para a velocidade. Em alguns casos, os universos são tão grandes e complexos que podem ter milhares de instâncias. Nesses casos, passar por cada instância de cada quadro e perguntar "Essa é visível?" é ineficiente. O que é necessário é uma maneira de fazer a pergunta ao contrário: "Que instâncias são visíveis?". Isso evita até pensar sobre a grande maioria dos casos que não é visível, e é muito mais eficiente.

Você pode organizar os dados da cena em diversas maneiras para tanto. Todas utilizam várias formas de um gráfico (ou árvore, que é um caso especial, mas comum de um gráfico) para representar a cena. Instâncias vivem em nodos do gráfico, e o gráfico é percorrido a partir do nodo que a câmera está e vai para fora até um limite de visibilidade ser atingido. Dessa forma, nodos do gráfico não visíveis são simplesmente nunca considerados, nem as instâncias dentro deles.

As seções seguintes descrevem alguns exemplos de gráficos que estão em uso hoje em dia, como portais, BSP, quadtrees, octrees e PVS, juntamente com suas vantagens e desvantagens. Diferentes jogos utilizam gráficos diferentes de acordo com suas necessidades, e muitos jogos usam mais de um tipo de gráfico para diferentes fins. Estes podem ser combinados de várias maneiras, por exemplo, um sistema de portal com cada portal com uma octree dentro dele (porque nodos podem ficar muito grandes para as cenas ao ar livre). Eles também podem ser usados em paralelo. Por exemplo, um sistema PVS é útil para teste de visibilidade, mas um octree pode ser mais útil para propagação de som.

Um aviso: os gráficos e árvores aqui apresentados não são o que alguns chamam de *gráfico de cena*. A teoria dos gráficos de cena propõe que tudo no cenário pode ser colocado em uma única árvore de unificação ou de estrutura de gráfico. Malhas, vértices, shaders e texturas são colocados dentro do gráfico de cena. Este é então percorrido e desenhado, e, especialmente por que ordena os nodos do gráfico, proporciona um desempenho de renderização adequado. Embora um conceito sedutor, na prática, tanto tempo é gasto mantendo essa estrutura maciça de dados atualizados e corretamente ordenados que todos os ganhos são completamente perdidos. Pior ainda, a estrutura do gráfico de frequência precisa ser subvertida para assuntos práticos, removendo muitos dos benefícios (em grande parte teóricos). O fato é que muitos jogos de sucesso e motores de renderização foram escritos sem o conceito de gráfico de cena. As árvores e os gráficos são extremamente úteis no processamento, mas, na prática, muitos gráficos diferentes e árvores são necessários para diferentes fins, e a tentativa de unificá-los não é um objetivo particularmente útil.

Portais

Em um sistema de *portal*, a cena é dividida em nodos, cada um ocupando um espaço determinado, normalmente definido pela geometria que contém. Cada nodo está associado a um ou mais nodos por um "portal", representado por um polígono convexo plano (embora às vezes seja representado por retângulos ou formas mais complexas).

Para saber quais nodos são visíveis, o processador inicia o gráfico no nodo em que a câmera está, e tudo naquele nodo que está dentro do frustum da câmera é desenhado. Para cada portal que sai desse nodo, a forma de portal na tela é encontrada. A forma é tanto encontrada exatamente quanto aproximadamente (tomando um espaço da tela na caixa delimitadora do portal). Se o portal não está dentro do frustum de visualização, ele é ignorado. Qualquer portal que está dentro do frustum, e, portanto, visível, marca o nodo do outro lado do portal como igualmente visível, e também lembra o formato de tela do portal, que é a única parte do nodo que será visível. Se vários portais se abrirem para determinado nodo (uma ocorrência comum), as duas formas são combinadas. Novamente, isso pode ser feito com precisão usando uma representação de polígonos múltiplos ou pode ser aproximado por meio da caixa delimitadora combinada dos portais. Por exemplo, uma casa pode ter uma sala com duas janelas na mesma parede, cada uma das quais é um portal a partir do nodo que representa esse espaço para o nodo que representa o mundo exterior.

Esse novo nodo é agora marcado como visível, e seu conteúdo é desenhado. Por sua vez, os portais a partir dele são verificados quanto à sua visibilidade. Observe que eles são confrontados com a forma do espaço da tela dos portais existentes que levaram ao nodo, e não contra o frustum inteiro. Se um portal não está visível através de um portal existente, é marcado como invisível, e o próximo nodo não é desenhado nem seus portais marcados para visibilidade. A passagem através do gráfico de nodos até todos os portais que estão visíveis foi renderizada.

Por exemplo, a casa com as duas janelas (cada uma um portal) que se abre para a sala de estar pode ter uma porta aberta (outro portal), levando para a cozinha. Do lado de fora da casa, a câmera pode ser capaz de ver a sala através das janelas, e a porta da cozinha pode ser vista no frustum. No entanto, se a câmera não pode ver a porta através das janelas, porque é onde ela está situada, a cozinha não é visível e não precisa ser desenhada. Da mesma maneira, qualquer coisa visível da cozinha não precisa ser desenhada, a menos que a câmera possa vê-la através de alguma outra sequência de portais que não passem pela cozinha.

Alguns portais podem mudar de forma ou ser ligados e desligados durante o jogo para alterar o conjunto de visibilidade. Por exemplo, se a porta da cozinha está fechada, aquele portal continuará a existir, porque regenerar a rede do portal é dispendioso, mas será marcado como "sempre oculto", e a cozinha nunca será visível a partir da sala de estar através desse portal, mesmo quando a porta em si for claramente visível.

Algumas instâncias de objeto de renderização podem participar de vários nodos. Por exemplo, a porta propriamente dita (e o batente) está na cozinha e na sala de estar. Se uma estiver visível, a instância da porta deve ser desenhada, mesmo que a própria porta esteja fechada e a câmera não consiga ver de um nodo para outro.

O bom sobre sistemas de portal é que eles são relativamente baratos em termos de tempo de processamento e memória, e são simples e flexíveis. Para ambientes internos, os portais são uma forma extremamente eficaz para reduzir rapidamente o número de instâncias que exigem desenho.

Um problema chato com um sistema de portal é que o processador deve primeiro saber em qual nodo deve iniciar (em outras palavras, onde a câmera está). Isso em geral é possível através do rastreamento do nodo de onde a câmera está, pois ela se movimenta de nodo para nodo durante o jogo, e do rastreamento de quais portais ela se movimenta. O problema é que as câmeras têm o hábito de mover-se através de áreas com ausência de portais (como viajar através de paredes sólidas) ou serem teletransportadas ao redor, e isso pode levar o sistema a perder o controle do portal atual. Tal situação pode ser resolvida por meio de uma variedade de modos, como a partir de um ponto de referência conhecido ou usando alguma outra estrutura, como uma octree para rastrear em qual nodo um dado ponto está.

O outro problema com os portais é que eles devem ser gerados da geometria da cena para que o jogo possa usá-los no momento da execução. Existem alguns algoritmos de geração automática de portal que podem gerar nodos e portais de "sopas de polígono" (coleções não ordenadas de triângulos), mas eles tendem a ser exigentes quanto ao tipo de geometria usada na cena e geram poucos ou muitos nodos e portais. Se houver muito poucos portais, não serão cortadas instâncias suficientes. Se houver muitos, o tempo do processador será desperdiçado para processá-los e não haverá culling extra como consequência. A maneira usual de gerar portais é reunir designers de nível ou artistas que coloquem os portais manualmente, mas isso não é um conceito particularmente natural para alguns, e o layout do portal eficaz às vezes pode pode se tornar contraintuitivo.

O outro problema com os portais é que em ambientes externos, mesmo em cenas, como as cidades construídas com grandes edifícios e arranha-céus, pode ser difícil escolher aqueles portais que não englobem quase tudo como sendo marcado como visível, sem ter um número maciço de portais e nodos. Um grande número de portais leva tempo para processar em cada frame e retira alguns dos benefícios do culling de objetos, que se situa em primeiro plano.

Particionamento de espaço binário (BSP)

O BSP (posicionamento de espaço binário) é uma forma generalizada de particionamento hierárquico do espaço, tais como outros tipos especializados como o kd-trees, quadtrees e octrees (embora esses possuam propriedades especiais e façam deles um tópico interessante e em separado). Um BSP é uma estrutura de árvore, e a árvore inteira representa todo o espaço do jogo. Cada nodo da árvore representa uma seção do espaço que não se intersecciona com qualquer um dos seus nodos irmãos e pode ser subdividido em nodos filhos.

Um nodo não pode ter filhos, nesse caso representa uma única área do espaço, assim como os nodos em um sistema de portal. Estes são frequentemente chamados nodos *folhas* (como parte da metáfora da "árvore"). Alternativamente, pode ter exatamente dois filhos e um único plano geométrico. O plano divide o espaço que o nodo representa em duas metades, cada uma em lados opostos do plano. Cada metade é representada por um dos dois nodos filhos. Cada um desses nodos pode, por sua vez, ter um plano que divide as duas metades em duas partes complementares, e assim por diante.

Ao marcar cada nodo folha (um sem filhos), como oco ou sólido, o código pode realizar travessias semelhantes através de um BSP para determinar quais nodos são visíveis a partir de outro nodo, embora seja um pouco mais complexo do que para um verdadeiro sistema de portal. Nodos ocos terão instâncias de objeto de renderização vivendo neles, e se o nodo estiver visível, essas instâncias serão renderizadas.

A vantagem de um sistema BSP é que todo o espaço está classificado. É simples de escolher qualquer ponto no espaço, começar no nodo superior, decidir de que lado do plano de divisão está, ir para o nodo filho, testar novamente o seu plano, ir para um de seus filhos etc. até que um nodo folha seja atingido e que seja o nodo no qual o ponto visado (por exemplo, a câmera) está dentro. Ele é rápido e confiável e sempre calcula a resposta certa, o que é muito melhor do que no caso com os portais. Outra vantagem das árvores BSP sobre os sistemas de portal é que são muito mais fáceis de ser gerados automaticamente, em vez de exigir a sua construção manual.

Devido aos sistemas de portais e BSP serem similares em estrutura, mas bons em coisas diferentes, muitos jogos usam um híbrido dos dois, utilizando cada um em situações diferentes.

Quadtrees e octrees

Quadtrees e *octrees* são a mesma estrutura de dados, exceto pelo fato de que as quadtrees são bidimensionais enquanto as octrees, tridimensionais. Para simplificar, quadtrees será discutido aqui já que a extensão para a terceira dimensão é relativamente simples.

Uma quadtree é, como o nome sugere, uma árvore. Cada nodo representa um quadrado no espaço alinhado com os eixos x e y, e não tem filhos (nodo folha) ou quatro filhos de mesmo tamanho, cortando o nodo em quartos. Normalmente, o nodo raiz da árvore está alinhado com a origem, e cada nodo é uma potência de dois em tamanho. Isso torna extremamente fácil encontrar os nodos que cruzam determinado ponto. Basta ter as coordenadas x e y do ponto, convertê-las em números inteiros e começar pelo nodo raiz. Em cada nodo, utilize um ponto superior de cada uma das coordenadas x e y, combine-as para criar um número de dois bits de 0 a 3, e esse é o índice do nodo filho a ser atravessado. Então mude as coordenadas x e y um pouco para a esquerda e repita até o nodo folha ser alcançado. Isso faz com que o percurso da árvore seja incrivelmente rápido.

No exemplo da Figura 5.1.1, o ponto de interesse tem coordenadas (3,6). Embora a quadtree seja muito grande, apenas as seções atravessadas por esse ponto são mostradas em linhas contínuas, o resto em linhas pontilhadas. Percorrendo o algoritmo de busca:

Posição (3,6) em binário é (0011,0110)

Passo 1: nodo (00) = 0, novas coordenadas agora (0110,1100)
Passo 2: nodo (01) = 1, novas coordenadas agora (1100,1000)
Passo 3: nodo (11) = 3, novas coordenadas agora (1000,0000)
Passo 4: nodo (10) = 2, que é um nodo folha, então esse é o nodo onde o ponto está.

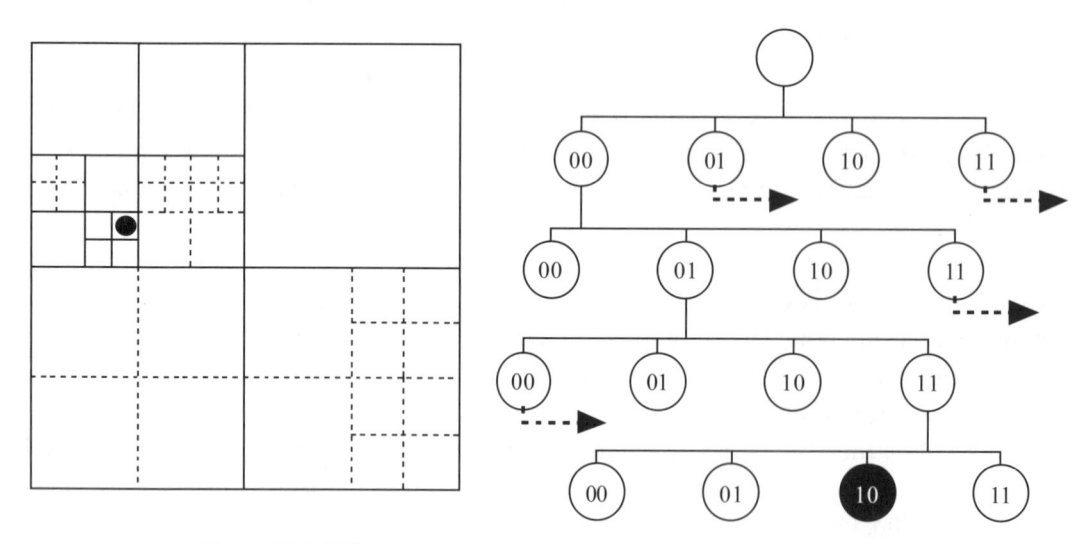

Figura 5.1.1 Um exemplo de quadtree mostrando como atravessar.

Quadtrees são normalmente utilizadas para verificar a colisão e o rápido culling do frustum em ambientes ao ar livre. Um determinado nodo pode ser verificado quanto a estar no frustum visível, e se não estiver, nenhum dos seus filhos precisa ser verificado – por definição, não serão visíveis, pois estão completamente englobados pelo nodo pai.

Embora pareça que quase todos os jogos sejam tridimensionais e usariam uma octree, muitos são apenas de "duas dimensões e meia", e seu universo é essencialmente plano. A maioria dos jogos de estratégia em tempo real mostra isso claramente. Embora o cenário possa ir para cima e para baixo e a elevação ser importante para a estratégia, o número de vezes que duas instâncias de objetos de renderização ocupam espaço acima dos outros é rara, e a complexidade extra de uma octree não oferece nenhuma vantagem significativa do culling sobre uma simples quadtree. Como resultado, tanto quadtrees e octrees são igualmente comuns em jogos, de acordo com o tipo de cena que um jogo particular irá renderizar.

O parente próximo da quadtree ou octree é a *quadtree frouxa* ou a *octree frouxa*. Estas são igualmente úteis para a renderização, mas muito mais práticas do que a quadtree padrão para detecção de colisão.

Conjunto potencialmente visível (PVS)

O PVS (conjunto potencialmente visível) é um sistema baseado em nodo como todos os outros; ele pode ser construído com base em qualquer um dos demais sistemas baseados em gráficos. Cada nodo tem um PVS, que é uma lista de links para outros nodos potencialmente visíveis a partir desse nodo. Ou seja, se a câmera está no mesmo nodo, o PVS lista todos os nodos que sempre precisam ser considerados para o desenho. Alguns deles não podem realmente ser visíveis a partir da posição atual da câmera, mas é garantido que quaisquer nodos que não estejam na lista nunca serão visíveis de qualquer lugar do dado nodo.

Embora conceitualmente simples, a geração de listas PVS é complicada. Para fazê-la, cada posição de câmera possível em cada nodo precisa ser verificada para ver se é possível visualizar qualquer outro nodo no mundo. Naturalmente, há muitas maneiras de acelerar esse processo, mas nenhuma delas é simples, e muitas fazem exigências bastante específicas da geometria utilizada no nível. Os sistemas PVS também não lidam bem com a mudança de geometria.

Por exemplo, se uma porta jamais poderá ser aberta durante o jogo, para efeitos de cálculo do PVS, deve sempre ser considerada aberta.

Pelo fato de um PVS ser uma lista estática e não mudar de acordo com a posição exata da câmera dentro de cada nodo, ou o estado atual da cena (como portas abertas ou fechadas), deve ser conservador, e pode ter muitos nodos que não são, de fato, visíveis para um determinado quadro. Por esse motivo, os sistemas PVS são muitas vezes combinados com outros sistemas de visibilidade dinâmica para propiciar um melhor culling da lista de nodos. A mais óbvia é, naturalmente, realizar o frustum culling padrão, mas qualquer um dos outros esquemas de particionamento também são comuns.

O PVS tem como objetivo fornecer uma maneira extremamente rápida de rejeitar nodos. Por exemplo, se o PVS informa que apenas dez nodos são visíveis, é garantido que esses dez sejam visíveis, e nenhum outro precisa de verificação. Essa informação não é encontrada atravessando-se árvores ou gráficos e realizando operações complexas (como nos outros métodos apresentados aqui); ela é dada imediatamente como uma lista.

Usos comuns

Os esquemas de particionamento espacial possuem muitos usos, ambos em renderização e no código de jogo geral. Com frequência, a renderização e o código de jogo podem compartilhar o mesmo esquema, mas muitas vezes não compartilham, ou cada parte do jogo pode usar algoritmos diferentes para propósitos diferentes. Por exemplo, sistemas de portais não são úteis para esquemas de detecção de colisão, pois são em geral imprecisos sobre exatamente que espaço os nodos ocupam.

O uso mais óbvio já foi mencionado – *culling* de visibilidade. Alguns esquemas de particionamento especial como quadtrees podem realmente acelerar a do *frustumculling* fornecendo testes prévios de *culling*. Outros, como portais, podem fornecer seleção de visibilidade muito agressiva.

Outro uso principal de particionamento espacial na renderização de gráficos é ordenar instâncias de acordo com a profundidade. Um problema conhecido nos gráficos é que instâncias que contêm partes translúcidas precisam ser renderizadas do fundo (longe da câmera) para a frente (próximo da câmera); de outro modo, a translucidez não funcionará de forma apropriada, com ou sem um depth buffer. De outra parte, para conseguir boa velocidade do hardware de renderização, é típico desenhar-se primeiro as instâncias, ordenadas *grosso modo*, da frente para o fundo. Nesse caso, a ordenação não precisa ser exata como com as instâncias translúcidas.

Particionamento espacial pode acelerar ambas as ordenações, fornecendo um jeito simples de atravessar a cena em dada ordem – por exemplo, na maioria das ordens do fundo para a frente ou da frente para o fundo –, visitando cada filho do nodo em ordem específica. Adicionar as instâncias selecionadas desse modo em uma lista na ordem encontrada resulta em uma lista quase ordenada; uma lista quase ordenada é mais fácil ordenar do que uma lista ordenada aleatoriamente. No caso de instâncias opacas, nenhuma seleção a mais é necessária de qualquer jeito, enquanto a imagem se torna correta independentemente da ordem; é simplesmente um problema de aumentar a velocidade. Despender mais tempo realizando uma ordenação perfeita, em geral, não propicia maior velocidade e é um desperdício.

Velocidade e eficiência

É claro que alguns algoritmos são mais rápidos do que outros. As estruturas anteriores estão listadas mais ou menos em ordem decrescente de custo para atravessar de um nodo para outro. Os portais envolvem uma etapa bastante longa de verificação de geometria arbitrária de portal, os BSPs implicam uma verificação de encontro a um único plano, os quadtrees apenas verificam dois bits e PVS não fazem o percurso da árvore. No entanto, esses aumentos de velocidade surgem devido ao aumento da simplicidade. Cada nodo de portal pode descrever formas muito complexas. Apenas alguns são necessários para representar de modo preciso determinada cena e obter culling eficiente. Os BSPs podem apenas descrever invólucros convexos e podem cortar áreas que são conceitualmente um espaço simples em muitas partes (em cada ponto, o plano escolhido deve dividir o espaço inteiro em duas metades), resultando em mais nodos gerados para dada cena. Uma quadtree ou octree pode apenas representar quadrados ou cubos alinhados com eixo de tamanho elevado a dois, então muitos requerem um número bastante grande de nodos para representar uma cena em particular.

Por essa razão, deve ser dada uma consideração cuidadosa para qual representação de dados deve ser usada para um tipo de jogo em particular. Às vezes, a resposta pode ser contraintuitiva, e é sábio tentar todas as opções, se possível. Em muitos casos, o propósito para qual o esquema de particionamento será usado é mais importante do que quão eficiente ele seja. É comum o uso de um sistema de portal para verificação de visibilidade, mas o mesmo jogo pode optar por utilizar uma octree para a detecção de colisão.

No entanto, em outros casos pode realmente não importar. Pode ser aconselhável escolher a representação mais simples e mais robusta (como uma octree) para ser implementada em primeiro lugar. Se o perfil em seguida mostrar o uso de um quarto de 1% do tempo de CPU e 100 KB de memória, não há sentido em gastar o tempo de programação investigando as outras opções. Na maioria dos casos, ter qualquer esquema de particionamento espacial é mais importante do que o esquema em si a ser utilizado.

〉 Tipos de renderização de primitivos

Vários tipos de primitivos são usados na renderização. O mais comum é o triângulo, com suas propriedades já conhecidas. Também são comuns as linhas e pontos, embora tendam a ser mais utilizadas para a geometria da representação, como HUDs e interfaces de usuário, por não terem o fator "3D", como os triângulos. Por exemplo, as linhas possuem em geral um pixel de largura, não importa quão longe estejam, as quais são diferentes de qualquer objeto físico real, mas ideal para uma exibição como uma retícula de segmentação. Todos os primitivos são construídos como um número de vértices unidos, a principal diferença é quantos vértices são usados – três para um triângulo, dois para uma linha e um para um ponto.

Quadriláteros, ou *quads*, são utilizados por algumas APIs gráficas como um primitivo, composto de um plano (não necessariamente chato) definido por quatro vértices. No entanto, na maioria dos casos, são processados pelo hardware subjacente como um par de triângulos. Em teoria, há vantagens de velocidade para os quads, já que são apenas compostos de quatro vértices, em vez de seis utilizados por dois triângulos. Além disso, eles são um pouco mais rápidos para o recorte e rasterização, porque têm apenas quatro bordas, e não seis. No entanto, o design moderno de hardware geralmente pensa que os circuitos extras necessários para lidar com quads sejam mais bem aproveitados para construírem os triângulos mais rapidamente. Os quads ainda são extremamente úteis como conceitos de nível superior em itens como a interface do usuário e renderização de fontes, porque elas são mais simples de lidar, mas geralmente são convertidos para triângulos pelas rotinas de processamento de baixo nível.

Observando o uso mais comum de qualquer um dos primitivos, vemos que, frequentemente, vários primitivos são utilizados em sequência, um seguido do outro. Submeter os primitivos, um de cada vez, é uma perda do poder de processamento. Como já mencionado, dois triângulos que formam um quad requerem apenas quatro vértices, mas sua apresentação como triângulos separados exige o tratamento de seis vértices. Exige também duas chamadas para API em vez de uma.

Uma solução para esses problemas é fazer a sequência de primitivos em conjunto, fornecendo uma topologia explícita. Vários desses primitivos estão na Figura 5.1.2. Uma das topologias comuns de triângulos é uma *fã de triângulos*. Esses triângulos são especificados por um único vértice que forma a "base" da ventoinha, seguido pelos vértices na "ponta" do fã. O número de triângulos desenhados é dois menos o número de vértices submetidos, que é muito mais eficiente do que a apresentação de cada triângulo separadamente, necessitando de três vezes o número de vértices de triângulos traçados. Fã de triângulos são úteis porque podem representar um polígono convexo arbitrário. Os vértices são alimentados, e a topologia do ventilador automaticamente divide o polígono em triângulos para renderização.

Outra topologia comum é a de uma *faixa de triângulo* onde os triângulos formam uma faixa contínua longa. Novamente, o número de vértices é apenas dois a mais do que o número de triângulos, em vez de precisar de três vezes mais. A última topologia comum é a *lista de triângulo*, em

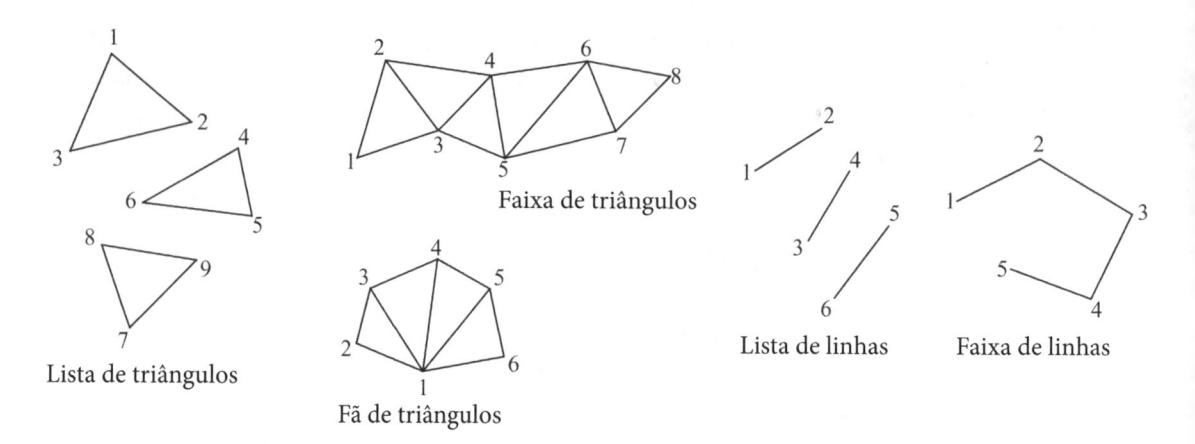

Figura 5.1.2 Tipos de primitivos como a lista de triângulos, faixa de triângulos, fã de triângulos, lista de linhas e faixa de linhas.

que cada triângulo é separado, o que requer três vértices distintos, mas, pelo menos, triângulos múltiplos independentes podem ser apresentados com uma chamada, em vez de chamar a API de renderização para cada triângulo. As linhas têm primitivos similares à "lista" e "faixa" e, embora possam ter uma "fã de triângulos" equivalente, isso não está presente na maioria das APIs.

Esses primitivos são uma maneira de reduzir o número de vértices processados, mas ainda não são ideais. A maioria das malhas consiste em uma superfície contínua de triângulos. Dividi-los em fã de triângulos é possível, mas não muito eficaz. Devido ao fato de que todos os triângulos em uma fã precisarem compartilhar um mesmo vértice, apenas um certo número de triângulos pode ser renderizado antes de precisar parar e iniciar uma nova fã. Faixas são muito mais promissoras, e um grande número de triângulos de uma malha pode ser desenhado usando faixas antes de precisar reiniciar uma nova faixa. O problema é que as malhas não são regulares. Ao formarem faixas, triângulos estranhos podem ser deixados para trás, o que então requer mais faixas (ou algumas vezes listas individuais de triângulo) para renderizá-los. Mais fundamentalmente, os vértices nos quais duas faixas se tocam serão processados duas vezes, uma para cada faixa. O melhor caso é uma malha que pode ser perfeitamente convertida para faixas, como uma grade regular. Para um exemplo concreto, a Figura 5.1.3 mostra uma grade regular 5 por 5 vértices, 25 no total. Essa malha tem 32 triângulos e pode ser dividida em 4 faixas de 8 triângulos cada. Cada faixa processa 10 vértices, então 40 vértices no total são processados. Contudo, existem apenas 25 vértices na malha, então 40 é um belo aumento.

Topologias de triângulos cada vez mais elaboradas podem ser adicionadas à API para reduzir esse número, mas só ajudaria no caso de grades regulares, não para malhas em geral. A verdadeira solução é separar os vértices da topologia da malha e fornecer cada um separadamente, com a topologia *referindo-se* aos vértices, e não sendo especificada por sua ordem.

Portanto, existe uma lista de vértices, numeradas de zero para cima. Ela é geralmente colocada em uma área da memória que pode ser lida pelo hardware de renderização, comumente chamado de *buffer de vértice*. Depois, há a topologia da malha dos triângulos, que é uma lista de números, cada um referindo-se ao vértice com aquele índice da matriz. Essa lista especifica quais vértices cada triângulo utiliza e pode ser especificada como uma tira, fã ou topologia de lista, como an-

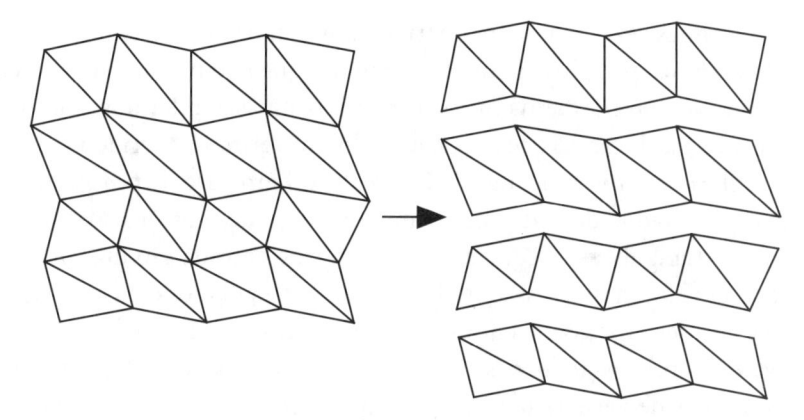

Figura 5.1.3 Exemplo de malha dividida em faixas de triângulos.

teriormente. Esses números são chamados de *índices* e são colocados em locais onde o hardware pode lê-los, muitas vezes chamado de um *buffer do índice*.

Os índices na Figura 5.1.4 ainda formam quatro faixas de triângulo separadas, e a maioria dos vértices é especificada mais de uma vez, em diferentes faixas. A primeira faixa é 5,0,6,1,7,2,8,3,9,4. A segunda faixa é 10,5,11,6,12,7,13,8,14,9, e assim por diante. No entanto, há duas principais vantagens com essa representação. A primeira é que o uso de memória total caiu. Os vértices são relativamente grandes – em torno de 32 bytes não é incomum, e com materiais complexos e sistemas de renderização, os vértices podem facilmente ser o dobro disso ou mais. No entanto, os índices são pequenos – cada um é um número único, geralmente de 16 bits (permitindo uma malha de 65.536 vértices) ou, ocasionalmente, 32 bits (4 bilhões de vértices).

Duplicar índices é extremamente barato comparado ao armazenamento de um vértice ao dobro de memória. Nesse caso específico, com 32 bytes por vértice e 16 bits por índice, o uso de memória diminuiu de (40)(32) = 1.280 bytes para (25)(32) + (40)(2) = 880 bytes. Uma malha típica de

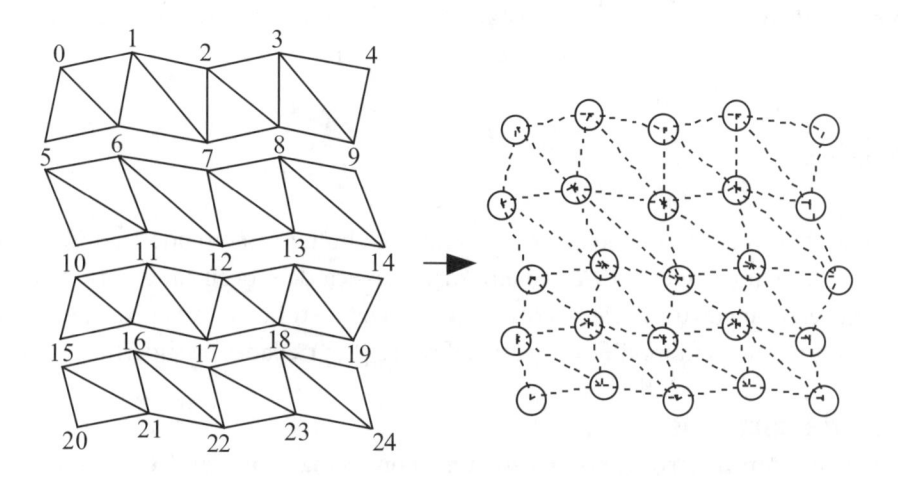

Figura 5.1.4 Faixas de triângulos convertidas para faixas indexadas.

um jogo tem cerca de duas vezes o número de triângulos como vértices, então a economia é quase metade da memória. (Esse exemplo economiza menos do que isso porque a tela é pequena, e muitos vértices se encontram nas bordas da malha e, por isso, não são referidos mais de uma vez.)

A outra vantagem de indexar vértices é que quando um vértice é referido mais de uma vez por faixas diferentes, utiliza-se o mesmo valor de índice. Se o hardware de processamento de vértice coloca no cache os resultados do seu processamento, ele pode marcar cada vértice processado com seu índice. Para triângulos subsequentes, os índices de entrada são utilizados para procurar no cache se os vértices já foram processados. Se positivo, os resultados em cache serão usados, e os vértices não precisarão ser processados novamente. No exemplo anterior, em vez de processar 40 vértices, o hardware iria processar apenas 25 – uma redução considerável no processamento.

A maioria dos caches de vértices tem tipicamente de 16 a 32 entradas de tamanho, grande o suficiente para evitar o reprocessamento de cerca de 95% dos vértices, enquanto os triângulos são especificados em uma ordem amigável para o cache do vértice do hardware. Exatamente essa ordem depende do tamanho exato e funcionamento do cache do vértice usado pelo hardware. Se esses dados são conhecidos com antecedência, existem algoritmos para otimizar a ordenação dos triângulos para essa finalidade, por exemplo, [Hoppe99]. No entanto, em muitos casos, o comportamento exato do hardware é desconhecido, e mais métodos heurísticos devem ser usados. Em geral, cada triângulo deve estar próximo aos triângulos anteriores e não espalhados por toda a malha. Encontrar a melhor ordenação ainda é um tema de investigação, especialmente quando o tamanho exato do cache e o comportamento do hardware não são conhecidos previamente – uma abordagem interessante é mostrada em [Bogomjakov01].

O último primitivo frequentemente utilizado nas APIs de renderização é o *sprite de ponto*. Estes são especificados da mesma forma que os primitivos de ponto, mas têm uma grande diferença, ambos têm uma posição e um tamanho. Eles são muito úteis para renderizar nuvens de partículas. Cada partícula é especificada apenas como um único vértice e um tamanho em unidades do espaço-do-mundo. O hardware executa a correção de perspectiva sobre o tamanho do mundo para produzir um tamanho em pixels e, em seguida, quase sempre expande o vértice para o quad alinhado à tela, que é então atribuído automaticamente a coordenadas de textura e renderizado. Renderizar um quad alinhado à tela é extremamente eficiente para o hardware, e é o único lugar onde quads ainda são comuns, como um primitivo fundamental. No entanto, sprites de ponto atualmente possuem muitas restrições irritantes em diferentes pontos do hardware, e às vezes podem ser problemáticos para um uso eficiente.

› Texturas

A renderização de primitivos define quais pixels no back buffer serão renderizados, mas não quais cores serão usadas para renderizar. A maneira mais clássica de especificar a cor dos pixels de um triângulo é mapear uma textura nele. As cores são lidas da textura em cada pixel e utilizadas em algoritmos de iluminação para modificar ou especificar as propriedades da superfície naquele pixel.

Formatos de texturas

A *textura* é apenas uma matriz de cores, cada uma conhecida como *texel*, e a forma mais comum da matriz é uma grade bidimensional retangular. Com frequência, são armazenadas no disco com formatos de imagem comuns como targa (.TGA), bitmap (.BMP), *portable network graphics* (.PNG), JPEG etc. Há uma semelhança entre o conceito de uma textura e o conceito de uma imagem armazenada. Na maioria dos casos, uma textura é simplesmente uma imagem mapeada para uma malha renderizada.

Os texels que compõem uma textura vêm em uma ampla variedade de formatos. Por convenção, cada um tem quatro valores – vermelho, verde, azul e alfa – normalmente representados por RGBA. A ordem das letras representa muitas vezes sua ordenação em memória, e por isso pode ser diferente para diversas plataformas e formatos (ARGB e BGRA também são comuns). Muitos formatos texel têm menos do que o total de quatro canais, e muitos armazenam ou comprimem os diferentes canais de formas distintas. Isso dá ao programador gráfico uma variedade de formatos texel para escolher, cada um com um certo aspecto compensador entre a precisão dos dados armazenados e o tamanho da memória da textura. Na maioria do hardwares, a velocidade de processamento está diretamente relacionada ao tamanho de cada texel na memória. Quanto maior o tamanho, maior a precisão que o texel terá, mas a renderização será mais lenta.

Os componentes RGB significam geralmente os componentes vermelho, verde e azul que compõem uma cor real, e o canal alfa em geral representa um valor de opacidade de alguma forma. No entanto, com o advento do shader de hardware totalmente programável, isso é agora apenas uma convenção, e os quatro canais podem na verdade significar quatro coisas completamente diferentes, com conceitos possivelmente não relacionados. Um exemplo comum disso é dado mais tarde no capítulo sobre "mapas normais", no qual os canais RGB agora representam os componentes XYZ de um vetor, e não uma cor. Quando uma textura armazena valores como uma cor ou vetor, é bastante comum embalar outro valor útil para o canal alfa, por exemplo, um valor que representa o brilho de uma parte da superfície. É importante pensar em texturas como matrizes de valores, mas os nomes RGBA, que frequentemente representam as cores, são rótulos convenientes. O significado real dos canais é determinado pelo código do shader que os utiliza.

Formatos de texel comuns que ilustram muitos desses pontos:

Inteiro de 8 bits por canal ARGB: Quatro canais, cada um representado por 8 bits de dados inteiros representando números de 0,0 (valor inteiro 0) a 1,0 (valor inteiro 255). Algumas vezes escrito como "A8R8G8B8". Tamanho total por texel = 32 bits.

RGB 565: Três canais de dados inteiros, os canais vermelho e azul usando 5 bits e o verde usando 6. Todos os três canais representam os números de 0,0 a 1,0, com o bit extra no canal verde dando-lhe um pouco mais de precisão, mas o mesmo intervalo. Às vezes escrito como "R5G6B5". Tamanho total por texel = 16 bits.

Ponto flutuante IEEE754 de 32 bits por canal ARGB: Quatro canais, cada um armazenado como um número padrão de ponto flutuante com um bit de sinal, oito bits de expoente e 23 bits de mantissa. O alcance é cerca de -3e38 a +3e38. Tamanho total por texel = 128 bits.

Ponto flutuante de 16 bits por canal ARGB: Quatro canais, cada um armazenado como um número de ponto flutuante. Uma variedade de formatos existe, mas o mais comum é 1 bit de sinal, 5 bits de expoente e 10 bits de mantissa. O alcance é cerca de –32768,0 a +32768,0. Tamanho total por texel = 64 bits.

Versões RG e R de formatos de 8-, 16- e 32-bits por canal: Usadas quando apenas dois ou um canal de dados é necessário. Os tamanhos são, respectivamente, metade e um quarto do anterior.

Textura paletizada de 8 bits por texel: Cada texel é um índice de 8 bits em uma paleta de 256 cores separadamente fornecida, geralmente composta de texels no formato A8R8G8B8. O tamanho total por texel = 8 bits, mais um adicional (32) (256) = 8912 bits adicionados ao tamanho total para armazenar a textura da paleta.

Formato de textura comprimida de 4 bits RGB por texel: Cada bloco 4 × 4 da textura possui duas cores R5G6B5. Cada texel nesse bloco é então representado por um código de dois bits. Isso dá a cada texel quatro valores possíveis, o que representa qualquer uma das duas cores ou uma das duas cores intermediárias formadas por interpolação entre elas. Isso dá uma dimensão total para o bloco de texel 4 × 4 de (2)(16) + (4)(4)(2) = 64 bits. Esse formato é conhecido por muitos nomes "DXT1" e "S3TC", sendo os mais comuns. Tamanho total por texel = 4 bits.

Como mencionado, a ordem dos nomes dos canais pode ser permutada em algumas arquiteturas de gráficos, e muitos dos formatos listados podem não estar presentes em algumas APIs e hardwares. Por exemplo, apesar de texturas paletizadas serem comuns em hardware de gráficos antigos, são menos eficientes para renderizar com os novos formatos compressos, e a maioria dos hardwares mais recentes não os suporta diretamente.

Assim como cada texel tem um formato, existem vários formatos diferentes que podem ser definidos. O mais comum, já mencionado, é a matriz bidimensional retangular de texels. Existem grandes vantagens de velocidade e flexibilidade para o uso de texturas com tamanhos que são uma potência de dois, e de manter texturas quadradas, ou quase isso (por exemplo, usando uma matriz texel 256 × 128 em vez de uma de 512 × 64, apesar de terem o mesmo número de texels). Não é incomum para motores de renderização rejeitar texturas que não são potências de dois, e muitos queixam-se de texturas que não são quadradas. Os detalhes do porquê isso ocorre, além do fato de os computadores, naturalmente, gostarem de potências de dois, estão relacionados com a eficiência de renderização e geração de *mipmaps* (discutido logo a seguir).

Embora a maioria das texturas sejam matrizes de 2D, existem também matrizes 1D (matriz linear) e 3D (volume) de uso comum. Observe que, embora a matriz de textura possa ser conceitualmente um volume de texels, o primitivo que está sendo renderizado na tela ainda é um triângulo plano de 2D. O fato de que ele está lendo suas cores a partir de uma matriz 3D não muda quais pixels são afetados na tela. O triângulo, de algum modo, não se tornou um volume; é simplesmente a leitura de um volume de texels para sua informação de sombreamento.

Um último formato comum de textura é o de seis texturas quadradas (e geralmente de potência de dois) montadas na forma de um cubo oco. Isso é chamado de *mapa de cubo*, e é útil quando representa uma casca esférica de dados. Seria difícil representar uma verdadeira esfera oca de texels para um computador, mas é relativamente simples distorcer uma esfera em um cubo, que então tem as propriedades retangulares e potência de dois desejados e se torna relativamente compreensível mapear o texel e suas propriedades de amostragem.

Além disso, as texturas podem ter uma cadeia *mipmap*. Uma cadeia mipmap é uma sequência de texturas (cada uma chamada de *nível mipmap*), cada uma com metade do tamanho em cada dimensão da anterior, até que o final do mipmap seja apenas um texel. Por exemplo, os mipmaps de uma textura de 256 × 256 são 128 × 128, 64 × 64, 32 × 32, 16 × 16, 8 × 8, 4 × 4, 2 × 2 e 1 × 1. Cada mipmap detém a mesma "imagem" que a anterior, mas foi encolhido e filtrado para um tamanho menor. Mipmapping é utilizado para reduzir os artefatos de distorção que ocorrem quando as texturas são renderizadas em um formato muito pequeno na tela.

Todos os tipos de texturas listados anteriormente (1D, 2D, 3D e mapas de cubo) podem ter mipmaps e, em cada caso, o mipmap de determinado tipo de textura é simplesmente a mesma textura, mas diminuída na metade em cada dimensão linear. Assim, uma textura 3D pode ter níveis mipmap de 32 × 32 × 32, 16 × 16 × 16, 8 × 8 × 8, 4 × 4 × 4, 2 × 2 × 2 e 1 × 1 × 1 texels e, para um mapa de cubo, cada nível mipmap é em si um mapa de cubo de tamanho progressivamente menor. As regras para a criação de níveis de mipmap para texturas não quadradas e não potências de dois são um pouco difíceis de implementar e tendem a não funcionar bem, especialmente as texturas que não são potências de dois em tamanho. Essa é uma das razões por que os motores de renderização geralmente requerem texturas potências de dois. O mipmapping agora é uma característica tão fundamental de renderização em 3D que ter de desligá-lo para algumas texturas é considerado inaceitável.

Mapeamento de texturas

No momento da renderização, o hardware deve saber quais texels ler para encontrar a cor de determinado pixel na tela. A textura deve ser mapeada sobre a superfície da malha por algum método. Isso é geralmente feito de duas formas ligeiramente diferentes.

A primeira é através do mapeamento explícito. Cada vértice da malha fornece uma coordenada de textura, composta por números de 1 a 3, convencionalmente rotulados u, v e w. Texturas 1D requerem apenas u, texturas 2D exigem u e v e texturas 3D exigem todos os três. Os valores fornecidos por cada um dos vértices são interpolados linearmente em todo o triângulo e, em cada pixel renderizado, os números são usados para procurar o texel exigido no mapa de textura. Por convenção, a maioria das APIs de renderização mapeia o intervalo 0,0 a 1,0 para toda a textura, não importando quão grande a textura seja em texels. Assim, valores u, v de (0,5; 0,5) sempre fazem amostra dos texels no meio da textura, independentemente do tamanho que tenham.

Isso também faz sentido no contexto do mipmapping – usando um nível mipmap com um número diferente de texels não muda o fato de que (0,5; 0,5) faz amostra a partir do meio da textura.

Mapas de cubo também exigem todos os três valores – estes representam um vetor (mas, dessa vez, cada componente tem o intervalo –1,0 a +1,0) a partir do meio do cubo, apontando para fora. Esse vetor é projetado para fora até atingir o lado do cubo em determinado ponto em uma das faces, e é onde os texels são mostrados, a partir desse pixel.

Além do mapeamento explícito, em que as coordenadas são fornecidas por cada vértice e interpoladas sobre o triângulo, as coordenadas também podem ser calculadas a cada pixel. Isso está quase sob controle total programático do pixel shader e é usado para ações como olhar para cima da superfície normal em um pixel, referir-se a um mapa de textura (um *mapa normal*), refletir o vetor do olho em torno daquela superfície normal e depois jogar aquele raio refletido para ser observado em um mapa de cubo que representa o ambiente em torno do objeto que está sendo renderizado. Como a superfície normal é representada por um valor retirado de um mapa de textura, esse cálculo de reflexão é que decide qual texel usar do mapa de cubo o que deve ser feito em cada pixel.

Na prática, o hardware executa um cálculo para cada pixel, mesmo que as coordenadas sejam fornecidas em cada vértice. Isso acontece porque a interpolação no espaço da tela não produz os mesmos resultados que a interpolação no espaço do universo do jogo, por causa dos efeitos de perspectiva. Os resultados devem ser corrigidos para a primeira prestação de interpolação linear, e os resultados dessa *correção de perspectiva* são então utilizados para texturas da amostra.

Quando os valores u, v e w saem da faixa de 0,0 a 1,0, e, portanto, fora da borda da textura, é determinado por algo referido como modo *wrap/clamp* da textura[7]. Uma variedade de coisas pode acontecer, como escolhido pelo renderizador, e coisas diferentes podem acontecer em cada sentido – por exemplo, a textura pode envolver na direção u, mas fixar na direção v. A seguir estão os modos comuns:

Wrap: A textura "envolve" ou "cobre" para que múltiplas cópias apareçam lado a lado. Sair de uma borda da textura traz o amostrador de volta para o outro lado. As coordenadas de textura (3,2; –5,7) irão amostrar a partir do texel na posição (0,2; 0,3).

Clamp: As coordenadas são fixas no intervalo 0,0 a 1,0. Sair da borda da textura repete cada vez mais o mesmo texel naquela direção. As coordenadas de textura (3,2; -5,7) irão amostrar o texel na posição (1,0; 0,0).

Mirror: Similar a envolver, exceto que a cada vez a textura é virada na respectiva direção. As coordenadas de textura (3,2; –5,7) irão amostrar a partir do texel na posição (0,8; 0,3) (pois a faixa 3,0 a 4,0 é uma versão "virada", e portanto o inverso do resultado do "encobrimento", mas a faixa –6,0 a –5,0 não é, portanto, a mesma).

Mirror once: Como mirror, mas apenas na região –1,0 a +1,0. Fora dessa faixa, se comporta como o clamp. Útil para texturas que têm simetria de reflexão, como manchas ou erupções redondas ou estrelas incandescentes ou algumas funções de iluminação – apenas um quarto da memória é necessária. As coordenadas de textura (3,2; -5,7) irão amostrar a partir do texel na posição (1,0; 1,0).

Cor da borda: Como o clamp, só que em vez de repetir cada vez mais os texels na borda da imagem, uma cor especificada é retornada. As coordenadas de textura (3,2; –5,7) não irão amostrar qualquer texel, mas, em vez disso, irão retornar a cor da borda.

Filtragem de textura

Em uma imagem bitmap padrão, o texel pode ser visto como um quadrado sólido de cor, inteiramente preenchendo sua caixa. No entanto, quando essa imagem bitmap é usada como uma textura e o shader escolhe a cor do texel mais próximo, essa representação parece extremamente desagradável se a textura for girada ou ampliada – a natureza quadrada do texel é imediatamente evidente. Esse tipo de amostragem de textura é chamado de *ponto de amostragem*, e só é usado ao renderizar texturas, tais como fontes que serão exibidas sempre alinhadas com os pixels da tela, sem aumento ou diminuição.

---

[7] N.R.T.: Os termos *wrap* e *clamp* significam, correspondentemente, *envolver* e *fixar*. Como se tratam de termos usados nos motores, eles serão usados em inglês. Eles designam, como explicado no texto, modos diferentes de aplicação da textura.

Para suavizar as arestas dos texels, o hardware escolhe os texels mais próximos do ponto de amostragem e mistura-os sem problemas com a quantidade de mistura em função de exatamente quão perto de cada centro de texel a amostra é colhida. Nessa representação, os texels devem ser vistos não como blocos quadrados de cor, mas como os únicos pontos de cor, mesmo no centro das praças, que influenciam as partes em torno da textura. Quanto mais perto a amostra está desse ponto central, mais a amostra se parece com a cor do texel. O tipo mais comum de filtragem é *filtragem bilinear*, e cada amostra usa os quatro texels mais próximos para construir essa cor. O termo "bilinear" é dado porque existem duas interpolações lineares acontecendo – uma na direção u, seguida por uma na direção v. Há tamanhos maiores que usam mais texels em cada sentido, mas estes não são suportados pelo hardware atual, exceto em casos especiais, como redimensionamento de vídeo. Se necessário, é possível construí-las manualmente usando programação shader inteligente.

A filtragem bilinear melhora a aparência de uma textura quando é ampliada, suavizando suas bordas. No entanto, quando a textura é reduzida ou *minimizada*, a filtragem bilinear pode não ajudar muito. Mesmo que ainda esteja escolhendo as quatro amostras texels mais próximas, cada pixel adjacente renderizado usa conjuntos muito diferentes de quatro texels, e a imagem "cintila" enquanto se move – um sinal de *aliasing*. A solução é criar mipmaps de textura, que são essencialmente versões pré-filtradas da textura em diferentes tamanhos. Enquanto a textura é renderizada cada vez menor na tela, os níveis mipmap cada vez menores são escolhidos e tomados das amostras.

Além de reduzir o aliasing, usar mipmaps também tem o efeito colateral de aumentar consideravelmente a velocidade de renderização. Em geral, o nível mipmap correto é escolhido de modo que o tamanho de um texel seja aproximadamente o mesmo de um pixel da tela. Isso significa que, ao renderizarem pixels próximos na tela, os texels próximos do nível mipmap são lidos, e isso é bastante fácil para os caches diferentes no sistema de renderização para ajudar a otimizar. A maioria dos motores de renderização devem sempre gerar mipmaps para todas as texturas e ligar o mipmapping para quase todas as texturas. Não fazer isso gera problemas visíveis de qualidade, e pode afetar gravemente a velocidade – é uma daquelas decisões raras na renderização em que existem poucas compensações a considerar.

No entanto, se o processador simplesmente transforma em mipmapping, uma mudança visível acontece quando o nível de mipmap se altera. Isso acontece não só ao longo do tempo, conforme triângulos avançam para mais longe e mais perto da câmera, mas pode acontecer sobre a área de um triângulo simples em um único frame. A correção de perspectiva pode significar que uma parte da textura em um triângulo usa um nível mipmap diferente da outra parte, bem como o local onde a seleção muda mipmap é extremamente visível como uma linha reta de mudança. A solução aqui é parar com a "amostragem por ponto", que nível de mipmap é utilizado, e interpolar linearmente entre os níveis mipmap, suavemente misturando de um para o outro. Quando combinado com a filtragem bilinear que acontece dentro de cada nível mipmap, este tem três interpolações lineares ocorrendo ao mesmo tempo, e por isso é chamado de *filtragem trilinear* ou *amostragem trilinear*. Embora a amostragem trilinear seja ligeiramente mais cara do que a amostragem bilinear com mipmapping, os resultados são bem menos desagradáveis, e geralmente vale a pena o custo pequeno.

O mipmapping tem um artefato principal. A versão com mipmapping de uma textura é pré-filtrada, mas é pré-filtrada em ambas as direções u e v igualmente. Às vezes, não é isso que o hardware de vídeo precisa; às vezes ele quer filtrar a textura mais em um sentido do que em outro. Pense em uma estrada com uma textura de 512×512 mapeada em intervalos regulares, renderizada em uma tela de 640 × 480, estendendo-se a distância. Examinando apenas a seção de estrada a meia distância, na direção horizontal, a textura da estrada não deve ser muito filtrada. A textura é de 512 texels de largura e ocupa quase toda a largura de tela de 640 pixels. Assim, a proporção é quase a mesma, e muito pouca filtragem ou mipmapping precisa ser feita. No entanto, na direção vertical, a textura da estrada pode se repetir muitas vezes no espaço de apenas algumas dezenas de pixels, devido ao efeito da correção de perspectiva. Se é utilizado o mipmapping padrão em ambos os sentidos, a filtragem deve ser feita da mesma forma, para que o hardware de processamento possa optar por utilizar o nível mipmap 64 × 64. Verticalmente, isso é bom, mas na horizontal, a textura é agora muito difusa, aqueles 64 texels foram ampliados para ocupar cerca de 500 pixels de espaço na tela e se transformaram em um problema nada nítido.

A solução é usar um algoritmo de filtragem e textura ainda mais dispendioso chamado de *filtragem anisotrópica*. Isotrópico significa "a mesma em todas as direções", que é o mipmapping padrão. Portanto, anisotrópica significa "não é a mesma em todas as direções". Em vez de tomar uma única amostra filtrada, a filtragem anisotrópica (em sua forma mais comum) leva uma sequência de amostras filtradas da textura, levando mais na direção de maior filtragem e, em seguida, as mistura. O mipmapping ainda é usado, mas agora é utilizado para a direção menos filtrada, não para a mais filtrada. Os detalhes de filtragem anisotrópica variam de hardware para hardware e, em geral, o motor de renderização pode simplesmente ligá-lo, e ele funciona. A filtragem anisotrópica tem um custo significativamente superior ao mipmapping trilinear padrão, mas produz uma saída de melhor qualidade e, em geral, só precisa ser aplicada a certas texturas, particularmente aquelas que muitas vezes são mapeadas para grandes superfícies planas.

Renderização para textura

As texturas são normalmente fornecidas ao jogo carregando-as através de um disco e, originalmente, por artistas que as criam usando pacotes de arte. Como as texturas são apenas matrizes de números que mapeiam de um conjunto de números (as coordenadas u, v e w) para algum outro conjunto de números (os R, G, B, A do texel), também podem ser usadas para armazenar funções arbitrárias, por exemplo, uma tabela de cossenos ou a quantidade de reflexão que uma superfície particular tem em uma determinada direção. Nesse caso, a CPU pode gerar a textura.

Desse modo, em alguns casos, o jogo pode querer que o hardware gráfico gere a textura, renderizando triângulos para ele. Uma forma indireta de fazer isso é renderizar para o back buffer e, em seguida, copiar os pixels para texels da textura com a CPU. Outra maneira é fazer a cópia com o hardware de gráficos. No entanto, a maneira mais prática é fazer com que o hardware de gráficos renderize diretamente para a memória da textura. Esse processo redireciona os primitivos renderizados, afetando diretamente o back buffer para que atinjam a textura, e é comumente referido como *mudar o alvo da renderização*. Após a textura ser renderizada, o jogo volta para o back buffer e renderiza a cena, como de costume.

Se a textura for 2D sem mipmaps, esse é um processo bastante simples – existe uma forma óbvia de passar para uma superfície 2D – e o fato de que é uma textura e não o back buffer é fácil de lidar. Se a textura for mais complexa, o hardware de processamento normalmente só pode renderizar uma parte 2D dele de uma vez. Por exemplo, o hardware só pode renderizar uma "fatia" de uma textura 3D em um momento, mas pode ser direcionado para fatias diferentes em momentos diferentes. Para um mapa de cubo, o hardware pode renderizar apenas um único lado de uma só vez, mas pode ser direcionado pelo jogo para renderizar lados diferentes.

Renderizar em todos os seis lados de um mapa de cubo está se tornando comum e permite atualizar dinamicamente mapas de ambiente.

Para texturas mipmapeadas, os mipmaps podem ser gerados automaticamente a partir do maior nível de mipmap (por um processo interno de renderizar para textura), ou menos frequentemente, selecionando os próprios níveis mipmap como alvos de renderização e nova renderização da cena.

Ao renderizar uma textura, um depth buffer pode ser atribuído, sendo do mesmo tamanho da textura, e a remoção da superfície oculta pode ser realizada da mesma maneira.

Renderizar para texturas é um recurso poderoso e permite que o hardware de gráficos componha muitos renderizadores parciais, de maneiras interessantes normalmente impossíveis se renderizando para o back buffer. Um dos exemplos mais simples é renderizar uma tela de televisão. A cena na televisão é renderizada para uma textura sem distorções, como se a televisão estivesse sendo exibida de forma direta. Essa textura pode ser utilizada ao renderizar a cena com o aparelho de televisão dentro dela. Se a câmera for para um lado, a perspectiva correta será aplicada à imagem de TVs planas e artefatos como a luz saltando para fora da tela da televisão, e (se a TV é antiga, ou se vista de perto) a imagem pode ser dividida em elementos visíveis de vermelho, verde e azul, com distorção, borrões e estática acrescentados. Sem a funcionalidade *renderizar para textura*, isso seria difícil de recriar.

› Iluminação

A *iluminação* é um termo genérico para os processos de determinar a quantidade e a direção da luz incidente sobre uma superfície, como a luz é absorvida, reemitida e refletida da superfície, e quais desses raios de saída de luz, eventualmente, atingem o olho. Basicamente, um renderizador só está preocupado com os raios que atingem o olho. Apesar de existirem alguns efeitos interessantes como a fluorescência que depende dos movimentos dos raios de luz que eventualmente não acertam o olho, eles são raros e difíceis de simular.

Existem três abordagens principais para solucionar esse problema. A primeira é chamada de *rastreamento posterior* (*forward tracing*) – pegue todos os fótons emitidos por uma fonte de luz, rastreie-os através do ambiente, veja o que atingem e decida se são reemitidos e em quais direções. Então ignore todos os fótons que eventualmente não acertaram o olho. Essa técnica é utilizada pela natureza e por nossos olhos reais e é, obviamente, muito precisa. No entanto, é extremamente cara para calcular, pois apenas uma fração minúscula dos fótons em uma cena realmente atinge o globo ocular. Entretanto, técnicas como o *mapeamento de fótons* realizam uma aproximação desse processo para atingir alta qualidade, mas fornecem resultados extremamente lentos.

O segundo é o *retro rastreamento* (*backward tracing*) – rastreia um fóton hipotético que atinge o olho, fazendo o caminho contrário a partir do olho em determinada direção, verifica de qual objeto ele veio, verifica a gama de lugares da qual poderia ter vindo e, então, quais os valores de cores ele teria. Isso é o que o *raytracing* (*rastreamento de raio*) tradicional faz, e também está por trás do conceito de técnicas como a *radiosidade*.

Em geral, ambas as técnicas são muito lentas para renderização em tempo real. As duas envolvem uma fase de propagação de um grande número de fótons para fora, com o intuito de verificar o que acertam ou de onde poderiam ter vindo. Renderização em tempo real deve comprometer a realidade em favor da velocidade; para tanto, é necessário prestar atenção apenas aos raios importantes. Estes são geralmente aqueles que batem no olho e os que se originam de fontes de luz. Além disso, como o hardware está renderizando triângulos, a qualquer momento, o processador sabe em quais superfícies os raios devem rebater – o que atualmente está sendo desenhado. Assim, a pergunta que a renderização em tempo real faz na maioria das vezes é: "Dado este pedaço de superfície, qual a quantidade de luz que veio dessas fontes de luz e acabou acertando o olho?". Esse tipo de *avaliação de meio (um rastreamento de meio)* é muito eficiente, mas usa modelos matemáticos diferentes dos que nos dois casos anteriores.

Note que, na prática, todas as três principais técnicas de renderização usam uma grande variedade de modelos de iluminação, pois a velocidade é sempre importante em todas elas. No entanto, as classificações gerais de *rastreamento posterior*, *retrorrastreamento* e *rastreamento de meio* são sempre úteis para ter em mente quando se pensa em algoritmos de iluminação.

Componentes

Dos comentários anteriores, deveria ser óbvio que existem alguns pedaços grandes de dados que qualquer algoritmo de iluminação em tempo real precisa para gerar a cor correta para determinado pixel.

Que luzes estão brilhando na superfície? Essa informação é realizada pela cena na forma de diversas representações de luzes e ambientes de iluminação. É também determinado pelas posições dessas luzes em relação a outros objetos, já que em muitos casos podem ser total ou parcialmente obscurecidos por outra geometria – causando sombras. Em algoritmos mais avançados, a luz pode ricochetear em algumas superfícies e causar iluminação indireta.

Como a superfície interage com a luz de entrada (ou *incidente*)? Esses dados são mantidos na estrutura material da malha, o código do shader é composto de e juntamente com os dados, como texturas e vários valores de materiais numéricos, eles respondem perguntas como: "Quanto de determinada cor a superfície reflete? Quão brilhante é? Quão irregular é?" etc.

Que parte do resultado dessas interações é visível ao olho? Os dados necessários para resolver essa questão são os mais fáceis de expressar, e normalmente são simplesmente representados pelo vetor que aponta a partir do ponto da superfície em direção à câmera. No entanto, podem muitas vezes ser a parte mais complicada do algoritmo para ser implementado de forma eficiente.

Juntas, essas três partes, a posição do olho ou da câmera, a posição das luzes na cena e a descrição do material, combinam para determinar o algoritmo de iluminação total nos shaders usados para renderizar a instância.

A outra questão é em que ponto do pipeline a iluminação ocorre. O hardware atual tem dois locais principais, o shader do vértice e o shader do pixel, e ambos são capazes de executar a maioria dos cálculos de iluminação. Naturalmente, o shader do vértice opera em uma granularidade mais densa do que o shader do pixel, sobre mais pixels, mas a vantagem é que opera com menos frequência e, portanto, o custo de realizar operações dispendiosas é menor.

Nos textos clássicos de iluminação, a distinção entre realizar iluminação nos vértices ou pixels era frequentemente denominada de *sombreamento Gouraud* (iluminação realizada em cada vértice, e interpolando o resultado ao longo de um triângulo) e *sombreamento Phong* (interpolando a entrada, para as equações de iluminação, em seguida, avaliarem as equações em cada pixel). Com as duas unidades de vértice e pixel crescendo em poder, essa distinção é agora muito difusa na verdade, uma vez que um algoritmo de iluminação pode ser aplicado em qualquer vértice ou pixel ou partes dele podem ser movidas entre os dois quase ao capricho. Isso é especialmente verdadeiro quando as linguagens de alto nível são usadas para programar os shaders. Nas discussões a seguir, lembre-se de que muitas das técnicas podem ser aplicadas em qualquer nível, ou partes em um e partes em um outro. O hardware futuro pode introduzir ainda mais níveis de granularidade, dando ao programador mais opções para a compensação entre custo e fidelidade.

Representação do ambiente de iluminação

A primeira parte da pergunta de iluminação é: "Que luzes estão brilhando na superfície?". O jogo precisa de uma representação do ambiente de luz para ser capaz de responder a essa questão para cada malha que renderizar.

A solução padrão baseada fisicamente consiste em considerar todas as luzes em uma cena como um ponto infinitamente pequeno (*point lights*) fornecendo um certo número de fótons por segundo, de vários comprimentos de onda. Em termos práticos, a luz possui uma *intensidade*, uma *posição* e uma *cor*. A intensidade é em geral medida pelo "brilho" de uma superfície difusa branca iluminada por ele em uma distância estabelecida em unidades, e, em seguida, assumindo que a luminosidade diminui de acordo com a lei do inverso do quadrado. Apesar de "intensidade" e "brilho" serem duas quantidades muito diferentes, em renderização de tempo real as duas são frequentemente intercambiadas.

A quantidade na maioria das vezes que está sendo armazenada e calculada para as luzes normalmente é o brilho de um objeto "padrão" 100% branco.

Embora isso possa ofender os físicos, o recurso é especialmente útil em hardwares mais antigos com precisão e alcance limitados, em que armazenar brilho, em vez da intensidade de luz ou fluxo de luz, mantém a maioria dos números no pipeline na faixa de 0 a 1, e é extremamente comum na prática de programação de jogos. No entanto, deve sempre ser observado que esta enjambração está sendo utilizada e observado quando já não é mais adequada para o modelo de iluminação. Conforme o tempo passa, os motores de renderização podem situar-se em uma utilização correta de unidades físicas, tais como as lumens, mas a escala "branco total" ainda é muito popular e fácil de entender. Fundamentalmente, toda a renderização é um truque, e isso se aplica em dobro para a renderização de jogos em tempo real – a artimanha está em escolher quais enjambrações são úteis.

Qualquer superfície iluminada por essa luz considera o valor de brilho, divide pelo quadrado da distância da superfície até a luz e multiplica pelo valor de cor RGB da luz. Essa é então a quantidade de luz incidente na superfície, como mostra a Equação 5.1.4[8].

$$incidentColor = \frac{(lightColor)(lightBrightness)}{distanceToLight^2} \quad (5.1.4)$$

---

[8] N.R.T.: A fórmula 5.1.4 tem as seguintes legendas: *incidentColor:* é a luz incidente na superfície; *lightColor:* é a cor da luz em RGB; *lightBrightness:* é o brilho da luz em ponto flutuante. Finalmente, *distanceToLight2:* é o quadrado da distância da superfície até a luz.

A separação de cor da luz e do brilho em componentes distintos (*lightColor* e *lightBrightness*) é puramente por conveniência de modelagem. A cor (*lightColor*) é frequentemente escolhida através de um "seletor de cores", que exibe apenas as cores com os valores RGB na faixa de 0,0 a 1,0, enquanto o brilho (*lightBrightness*) é um número de ponto flutuante com uma enorme variedade que normalmente é ajustada por uma barra deslizante ou digitada manualmente. Mantê-los separados apenas facilita a modelagem, e uma renderização pode desejar combinar os dois, em qualquer fase desejada.

Embora essa seja uma representação limpa e eficiente do brilho da luz, na verdade parece bastante pobre na prática. Luzes reais não são pontos infinitos; elas têm um volume, sua luz não só vai direto da luz para a superfície, elas em geral têm um refletor interno ou ricocheteiam para fora dos objetos próximos. Outro problema é que os monitores de computador têm uma limitada *gama de cores* – eles podem representar apenas uma estreita gama de intensidades. Em contraste, as luzes no mundo real têm uma escala maciça. Nossos olhos podem ajustar-se à maior parte dessa gama e "normalizar" as imagens que vemos, mas o monitor não pode exibir essa enorme gama. Na verdade, renderizar uma cena usando uma redução de quadrados inversos resulta em muitos pixels pretos, muitos pixels brancos com brilho excessivo e muito poucos com quaisquer cores intermediárias. Útil para um efeito de "filme noir", mas dificulta ao jogador ver o que está acontecendo.

A magnitude das intensidades da luz em um ambiente de jogo precisa ser diminuída para uma faixa gerenciável. Uma rápida inspeção da curva de redução de quadrados inversos mostra que ela gera uma enorme gama de intensidades; um objeto colocado 10 centímetros a partir de uma fonte de luz é 100 vezes mais brilhante que um colocado a 1 metro de distância e quase 1.000 vezes mais brilhante que um colocado a 3 metros de distância. Os monitores não podem lidar com essa faixa e, como já observado, não são realmente muito fiéis à realidade.

Um ajuste empírico da equação de iluminação resulta em uma versão quase tão simples, mas visualmente muito mais agradável e controlável. Em vez de uma redução na distância de quadrados inversos, utiliza-se uma retração da distância inversa, e um *clamp* (fixação) é colocado sobre o valor máximo da curva para prevenir que o brilho ultrapasse determinado valor, quando um objeto fica muito perto da luz. Essa fixação (*clamp*) é normalmente medida como uma "distância mínima" em vez de um brilho (*brightness*), mas o efeito é o mesmo. As Equações 5.1.5 e 5.1.6 descrevem essas novas questões[9].

$$clampedDistance = \max\left(distanceToLight, lightMinimumDistance\right) \qquad (5.1.5)$$

$$incidentColor = \frac{\left(lightColor\right)\left(lightBrightness\right)}{clampedDistance} \qquad (5.1.6)$$

Como uma otimização de maior velocidade, as luzes recebem uma "distância máxima" para além da qual o seu efeito é tão fraco que pode ser ignorado. Essa distância máxima é geralmente onde a luz tem efeito pouco visível. Mas se a luz for desligada enquanto o objeto chega a essa dis-

---

[9] N.R.T.: Na fórmula 5.1.5 temos as seguintes novas legendas: *clampedDistance:* é a distância fixada resultante; *distanceToLight:* é a distância da luz; *lightMinimumDistance:* é distância mínima da luz. A função "**max**" retorna o valor máximo de uma expressão, assim, neste caso, resultará no máximo entre a distância até a luz e sua distância mínima.

tância, ainda haverá um "pop" visível. O brilho (quase sempre pequeno) a essa distância pode ser subtraído do total, e o resultado ser fixado para que nunca vire negativo. As Equações 5.1.7 até 5.1.10 descrevem a otimização[10].

$$brightnessAtMaxDistance = \frac{lightBrightness}{lightMaximumDistance} \quad (5.1.7)$$

$$clampedDistance = \max\left(distanceToLight, lightMinimumDistance\right) \quad (5.1.8)$$

$$clampedBrightness = \max\left(0.0, \left(\frac{lightBrightness}{clampedDistance}\right) - brightnessAtMaxDistance\right) \quad (5.1.9)$$

$$incidentColor = \left(lightColor\right)\left(clampedBrightness\right) \quad (5.1.10)$$

Na prática, os valores exatos dos vários dados de entrada acabam não sendo significativos, pois os artistas tendem a ignorar os valores numéricos reais e brincam com os números até que tudo chegue a uma aparência ideal. Se eles possuem um pacote de arte com iluminação de modelos satisfatória, também é uma boa ideia tentar reproduzir algo próximo a esses comportamentos dentro do shader.

Essa é apenas uma breve introdução aos modelos de iluminação de luz simples. Existem muitos modelos diferentes de iluminação, e muitos são representações interessantes e eficientes de fontes de luz em determinadas situações.

Representando múltiplas luzes

O próximo passo além da representação de uma luz simples é representar um ambiente inteiro de luzes ao mesmo tempo. Um jeito de fazer isso é armazenar luzes múltiplas em uma lista e processá-las individualmente, adicionando suas contribuições. Contudo, o custo aumenta com o número de luzes, e um ambiente com centenas de luzes pode se tornar proibitivo. Uma coisa importante a perceber é que, na maioria das cenas, o ambiente de luz para uma instância particular de objeto pode ser classificado em duas partes – algumas fontes de luz importantes e "todo o resto", armazenado como algum tipo de representação unificada, mas possivelmente não particularmente precisa. As grandes luzes que contribuem para a maioria da iluminação são individualmente processadas em alta qualidade, e o resto é armazenado em outros modos menos precisos e processados como um todo. Contudo, como representamos o resto?

A versão mais simples e que tem sido utilizada desde o início dos gráficos de computador é a noção de uma *luz ambiente*. Esse é um termo constante adicionado a todos os cálculos de iluminação incidente e que modela a suposição bastante tênue que em qualquer ambiente há um número

---

[10] N.R.T.: Na fórmula 5.1.7 temos as seguintes novas legendas: *brightnessAtMaxDistance:* brilho à máxima distância; *lightMaximumDistance:* é a distância máxima da Luz. E na fórmula 5.1.8: *clampedBrightness:* é o brilho fixo resultante.

constante de fótons saltando aleatoriamente em todas as direções e iluminando toda a superfície por meio de alguma quantia escolhida. Esse é realmente o modelo aceitável para um ambiente interno pequeno com múltiplas fontes de luz e paredes, teto e chão pintados de branco fosco e nenhuma luz solar externa. A combinação de múltiplas fontes de luz artificial e as superfícies foscas claras fazem um bom trabalho de distribuir luz igualmente na cena. Adicione esse tipo de ambiente para efeito direto de iluminação das poucas luzes próximas, e resultados convincentes (apesar de não necessariamente precisos) podem ser obtidos.

Um modelo melhor para uma cena externa durante o dia é a *iluminação externa*. Existem três fontes principais de iluminação nesse ambiente. Luz solar direta é a principal e é modelada como fonte padrão de luz distinta. O céu azul-claro (o resultado de luz solar refratada) é a segunda, e é modelada como um hemisfério de azul constante. O chão também reflete luz solar para iluminar o objeto inferiormente, apesar de que se o chão não é particularmente brilhante, esse efeito é menor. Esse efeito é usualmente modelado como um hemisfério amarronzado oposto ao azul do céu, apesar de que em alguns ambientes é possível ter cores diferentes – por exemplo, um azul-escuro para uma cena em oceano aberto, ou uma cor verde em vez de marrom para uma cena definida em grandes planícies durante o verão.

O resultado de ser iluminado por dois hemisférios, um azul-claro e outro marrom-escuro, é quase o mesmo que pegar o produto escalar (*dotProduct*) da normal da superfície (*surfaceNormal*) com o vetor apontando verticalmente para cima (*hemisphereUpVector*), mudando e escalonando em uma faixa de 0,0 a 1,0, e então usando o valor para interpolar entre as duas cores, como mostram as Equações 5.1.11 a 5.1.13[11].

$$howUpwards = \text{dotProduct}\left(hemisphereUpVector, surfaceNormal\right) \quad (5.1.11)$$

$$lerpFactor = \left(howUpwards\right)\left(0.5\right) + 0.5 \quad (5.1.12)$$

$$IncidentColor = \left(lerpFactor\right)\left(hemiColor1\right) + \left(1.0 - lerpFactor\right)\left(hemiColor2\right) \quad (5.1.13)$$

Isso, junto com a iluminação padrão direta do sol, pode produzir um modelo eficaz e barato de iluminação exterior.

Outra solução muito flexível é renderizar, quer no momento de execução, quer como uma etapa de pré-processamento, um mapa de cubo que é uma imagem do ambiente de iluminação. Quando usado diretamente, isso é chamado de *mapa de reflexão* ou *mapa de ambiente* para superfícies brilhantes, ou pode ser muito borrado e utilizado para oferecer ao ambiente a iluminação difusa.

A mais recente tecnologia, que obeteve algum uso antecipado na indústria dos jogos, consiste na codificação do mapa de cubo anterior no domínio da frequência em vez do domínio espacial,

---

[11] N.R.T.: Na fórmula 5.1.11 temos as seguintes novas legendas: *howUpwards*: o vetor vertical ascendente; *hemisphereUpVector*: é o vetor apontando verticalmente para cima; *surfaceNormal*: é a normal da superfície. Lembre-se que *dotProduct* é o produto escalar que resulta sempre em um valor escalar. Na fórmula 5.1.12: lerpFactor: é o Fator Lerp; *hemiColor1*: a cor do hemisfério 1; *hemiColor2*: cor do hemisfério 2.

como um conjunto de frequências esféricas – tanto quanto o movimento de uma membrana de alto-falante pode ser codificada como uma série de ondas senoidais. Existem algumas maneiras de fazer isso, mas uma das mais comuns é usar *harmônicas esféricas* [Ramamoorthi01]. Apesar de matematicamente complicado, a implementação real e o uso dessas representações em um shader são surpreendentemente simples e poderosas [Forsyth03].

Todas as técnicas anteriores presumem que o objeto seja essencialmente "pequeno" – seu tamanho relativo ao ajuste da iluminação é trivial e o único aspecto que importa é a direção para onde a luz cai, e não como a luz incidente varia na superfície do objeto. Para objetos quase do tamanho de humanos, essas aproximações são frequentemente razoáveis para os jogos, mas os objetos como paredes ou casas, não. Isso é verdade se as luzes estão realmente dentro dos objetos; por exemplo, uma luz montada em uma parede em uma casa. Até mesmo o conceito de "em qual direção está a luz da casa" não faz sentido. Contudo, uma propriedade útil de objetos grandes é que em muitos jogos eles não se movem, e isso também é verdadeiro sobre a maioria das luzes. Se a luz e o objeto não se movem, é possível pré-calcular as direções e o brilho da luz incidente e armazená-los em um mapa de textura. Se a equação de iluminação difusa também é pré-calculada, o resultado é uma textura com cores – conhecido como *lightmap*, e usado por muitos jogos durante anos. Contudo, não há necessidade de resolver plenamente a equação de iluminação no tempo do pré--processamento, e os mapas podem simplesmente armazenar os valores de direção e brilho para o seu uso em cálculos posteriores do momento de execução do jogo.

Algumas variantes mais recentes vão além e armazenam não apenas uma direção única de luz e brilho mas toda a iluminação do ambiente – por exemplo, armazenam uma série esférica harmônica em cada amostra. Observe que a frequência de amostras e, portanto, o tamanho da textura na memória muitas vezes podem ser surpreendentemente baixos e ainda assim obter resultados de iluminação de boa qualidade. A direção e o brilho da luz incidente não muda de forma rápida na maioria das áreas de uma cena.

Uma vez que a quantidade e a direção da luz incidente tenham sido estabelecidas para a superfície na cena atual, a interação da luz com o tipo específico de superfície pode ser modelada, e a cor e o número de raios de luz que entram no olho dessa interação, encontrados. Existem dois tipos principais de interação de iluminação, normalmente referidos como iluminação *difusa* e *especular*.

Iluminação difusa

A característica distinta da iluminação difusa é que ela modela como a luz é absorvida pelo material e depois a reemite como novos fótons alterados. A principal característica desses novos fótons é que são emitidos igualmente para todas as direções da superfície. O que isso significa para os efeitos de iluminação é que o resultado parece o mesmo de todos os ângulos. Como os fótons são emitidos igualmente para todas as direções, não importa onde está o olho. A única coisa que afeta a aparência da superfície é a luz recebida e as propriedades, como a normal da superfície.

A equação mais básica de iluminação difusa e a mais comum é conhecida como a *iluminação Lambert*. Ela estabelece que o número de fótons que atinge determinada área de uma superfície e que está sendo reemitido a todas as direções é proporcional ao produto escalar da superfície normal e o vetor de luz incidente. Se a luz estiver voltada diretamente para a superfície, determinada área da superfície receberá muitos fótons. No entanto, se a mesma luz brilha com um ângulo de inclinação, os mesmos fótons serão espalhados em um local maior da superfície e a mesma área vai receber menos fótons.

Uma vez que essa seja uma fórmula de iluminação difusa, a luminosidade aparente da superfície será diretamente proporcional ao número total de fótons que a atinge, sendo absorvidos e, em seguida, reemitidos em direção aleatória. A proporcionalidade é armazenada como a "cor " da superfície, que na verdade armazena quais comprimentos de onda de fótons são absorvidos completamente e quais são absorvidos e reemitidos; só é realmente uma cor real quando iluminada por luz branca. Assim, as Equações 5.1.14 e 5.1.15[12]:

$$clampedNdotL = \max(0.0, dotProduct(surfaceNormal, incidentLightVector)) \qquad (5.1.14)$$

$$reflectedColor = (surfaceColor)(incidentColor)(clampedNdotL) \qquad (5.1.15)$$

Observe que, por convenção, o vetor de luz incidente aponta para longe da superfície em direção à luz, em vez da luz para a superfície. Quando as normais das faces da superfície estão na direção oposta à da luz incidente, a luz está brilhando do outro lado do objeto e (a menos que o objeto seja feito de papel fino ou outro material transmissivo, que não é adequadamente modelado pela iluminação difusa Lambert), a superfície será escura.

É por isso que o produto escalar é fixo para que seja sempre positivo ou zero.

Mapas normais

A operação de iluminação anterior pode ser realizada em qualquer vértice ou nível de pixel. Se realizada em cada pixel, a normal da superfície pode ser calculada em cada vértice e interpolado sobre o triângulo ou pode ser lida a partir de uma textura aplicada ao objeto. Se lido de uma textura, aquela textura será comumente conhecida como um *mapa normal (normal map)*, uma vez que é um mapa de textura que contém vetores de superfície normal. Esse é um dos lugares mais comuns onde os canais R, G, B de textura são reinterpretados como dados arbitrários em vez de uma cor, nesse caso, como valores *x*, *y*, *z* do vetor normal da superfície.

Isso levanta uma importante questão: "Em que espaço o cálculo está sendo executado?". Uma resposta possível é a realização de toda a operação no espaço do universo do jogo. A posição da luz é usualmente armazenada no espaço do mundo do jogo, o sombreamento de vértice terá de transformar os vértices no espaço do mundo em algum ponto para renderizar o triângulo na tela, e assim o shader do vértice também pode calcular o vetor de luz incidente no espaço do mundo. No entanto, a textura não pode armazenar normais de espaço do mundo – eles devem estar no espaço do objeto, ou todos terão de ser recalculados quando a instância girar. Uma solução é ler as normais de espaço do objeto a partir do mapa normal e, em seguida, transformá-las dentro do espaço do mundo do jogo. Depois que tudo estiver no espaço, o cálculo de iluminação anterior pode ser realizado e os pixels sombreados. No total (veja as Equações 5.1.16 a 5.1.21)[13]:

---

[12] N.R.T.: Na fórmula 5.1.14 temos as seguintes novas legendas: *clampedNdotL*: é a luz pontual e que está sendo reemitida em "n" direções; *incidentLightVector*: é o vetor da luz incidente. Na fórmula 5.1.15: *reflectColor*: é a cor refletida; *surfaceColor*: é a cor da superfície refletida.

[13] N.R T.: Da fórmula 5.1.16 até 5.1.21 temos as seguintes novas legendas: *worldVertexPosition*: é a posição resultante do vértice no espaço do mundo; *transformSpaceObjectToWorld*: é o coeficiente para a transformação do vértice, de espaço do objeto para o espaço do mundo; *objectVertexPosition*: é a posição do vértice no espaço do objeto; *worldIncidentVector*: é o vetor de incidência no mundo; worldLightPosition: é a posição da luz no mundo; *worldVertexPosition*: é a posição do vértice no mundo; *objectNormal*: é a normal do espaço do objeto; *sampleTexture*: é a textura; *normalMap*: é o mapa da normal; *worldNormal*: é a normal do espaço do mundo.

$$worldVertexPosition = \text{transformSpaceObjectToWorld}(objectVertexPosition) \quad (5.1.16)$$

$$worldIncidentVector = \text{normalize}(worldLightPosition - worldVertexPosition) \quad (5.1.17)$$

$$objectNormal = \text{sampleTexture}(normalMap) \quad (5.1.18)$$

$$worldNormal = \text{transformSpaceObjectToWorld}(objectNormal) \quad (5.1.19)$$

$$clamped = \max(0.0, \text{dotProduct}(worldNormal, worldIncidentVector)) \quad (5.1.20)$$

$$brightness = (surfaceColor)(incidentColor)(clamped) \quad (5.1.21)$$

A parte desagradável é que a transformação da normal do espaço do objeto da superfície para o espaço do mundo do jogo deve ser executada em cada pixel, já que é onde a textura do mapa da normal está amostrado.

Uma propriedade interessante da operação do produto escalar é que se você transformar os vetores de um espaço ortonormal para outro, o resultado do produto escalar mantém-se inalterado. Nos jogos, tanto o espaço do objeto e o espaço do universo são quase sempre ortonormais, o que significa que o algoritmo anterior pode ser convertido para trabalhar no espaço do objeto, como se segue nas Equações 5.1.22 a 5.1.27[14]:

$$worldVertexPosition = \text{transformSpaceObjectToWorld}(objectVertexPosition) \quad (5.1.22)$$

$$objectLightPosition = \text{transformSpaceObjectToWorld}(worldLightPosition) \quad (5.1.23)$$

$$objectIncidentVector = \text{normalize}(objectLightPosition - objectVertexPosition) \quad (5.1.24)$$

$$objectNormal = \text{sampleTexture}(normalMap) \quad (5.1.25)$$

$$clamped = \max(0.0, \text{dotProduct}(objectNormal, objectIncidentVector)) \quad (5.1.26)$$

$$brightness = (surfaceColor)(incidentColor)(clamped) \quad (5.1.27)$$

Observe que o sombreamento de vértice ainda precisa calcular a *worldVertexPosition* do vértice, pois é isso que ele usa para renderizar o triângulo. À primeira vista, a quantidade de trabalho não foi reduzida. Há ainda duas transformações de um espaço para outro que estão em execução. No entanto, a transformação da superfície normal, lida a partir de uma textura, foi removida e substituída pela transformação da posição da luz do espaço do mundo do jogo para o espaço do objeto. Isso pode ser feito no shader do vértice em vez do shader de pixel. Já que o shader de vértice é executado com menos frequência do que o shader de pixel, isso pode economizar uma velocidade significativa. De fato, em muitos casos, em que corpos rígidos são renderizados como

---

[14] N.R.T.: Da fórmula 5.1.23 até a 5.1.27, temos as seguintes novas legendas: *objectLightPosition*: é a posição da luz no objeto; *objectIncidentVector*: é o vetor de incidência no objeto.

máquinas, a renderização pode ser feita uma vez por instância na inicialização do jogo na CPU, e jamais executada novamente em qualquer um dos shaders de vértice ou pixel. Esse conceito de embaralhar as partes de um algoritmo em torno dos estágios de shader é importante e muito útil em termos de otimização de velocidade.

Mais sobre espaço tangente

Um refinamento da técnica de *bump-map* é perceber que a maioria dos bump maps não armazena normais no espaço do objeto, mas armazena normais em espaço tangente. Espaço tangente é definido em qualquer lugar na superfície de uma malha por três vetores. O primeiro é a normal para a superfície e os outros dois são os vetores tangente e binormal que se encontram ao longo da superfície e em geral em ângulos mais ou menos definidos. Observe que a "normal da superfície" que define o espaço tangente é a especificada em cada vértice da malha, enquanto a normal da superfície que está sendo pesquisada na textura é um valor por pixel representando pequenas irregularidades e finas granulações da superfície.

Os vetores normal, tangente e binormal que definem o espaço tangente são especificados em cada vértice do triângulo como uma média dos vetores do espaço tangente de cada triângulo que atenda a esse vértice. Uma vez que cada vértice de um triângulo pode apontar os três vetores em direções diferentes, com as direções interpoladas através do triângulo, esse espaço é vagamente definido. Estritamente falando, os três vetores devem estar em ângulos e unidades de comprimento certas. Em outras palavras, eles devem formar uma base ortonormal que define o espaço tangente. No entanto, isso frequentemente não é bem verdade, na prática, os vetores só podem apontar para algum lugar perto de ângulos retos. Isso é especialmente verdadeiro, pois o espaço tangente é interpolado em um triângulo – o espaço interpolado pode ser ainda menos ortonormal do que em qualquer dos vértices. Na prática, esse efeito pode ser reduzido, conforme necessário, adicionando-se vértices onde o espaço tangente também é acentuadamente distorcido sobre as áreas mais curvas de uma malha.

O resultado é que os cálculos no espaço tangente devem ser tratados com cautela – as linhas são "na maioria linhas retas" e os ângulos são aproximadamente corretos em curtas distâncias. Para longas distâncias, pois o espaço tangente se curva para seguir a superfície da malha, toda a geometria convencional se decompõe completamente. Essa falta de rigor significa que a maioria dos cálculos no espaço tangente são apenas aproximados, mas já que são quase que exclusivamente utilizados para a iluminação, algum grau de erro geralmente é aceitável, em especial para a renderização do jogo em tempo real.

Há uma variedade de razões para armazenar mapas normais no espaço tangente, mas a principal é reduzir o tamanho da textura do mapa normal. Mapas normais podem consumir uma quantidade considerável de memória disponível; reduzir o seu tamanho é de grande importância, mesmo à custa de alguma velocidade de renderização.

Observe que no espaço tangente quase todas as normais de um mapa normal apontaram para longe da superfície. A menos que a superfície seja extremamente irregular, não há nenhuma maneira de uma normal apontar em direção à superfície, e para todos os efeitos práticos, essa situação pode ser ignorada (lembre-se: o mapa normal serve para codificar os detalhes da superfície simples – grandes detalhes ainda devem ser representados como geometria real). O outro ponto principal é que normais de superfície são vetores de unidade de comprimento, o que significa que a soma dos quadrados dos componentes x, y, z é 1. Como todas os normais apontam para longe da superfície, esse componente perpendicular (por convenção, o componente z) deve ser positivo. Esses dois fatos significam que o componente z pode ser descartado, porque o shader sempre pode calcular combinando os dois aspectos, como mostra a Equação 5.1.28:

$$z = +\text{sqrt}(1 - x^2 - y^2) \tag{5.1.28}$$

Reduzir a textura de uma textura de três componentes x, y, z para uma textura de dois componentes x, y (ou, na terminologia mais convencional, de RGB para RG) reduz significativamente a memória que a textura ocupa. Outra otimização é que para superfícies relativamente suaves, a normal raramente diverge muito longe de ser perpendicular à superfície, o que significa que os componentes x e y serão pequenos. Saber que o intervalo de valores possíveis é geralmente pequeno permite várias manobras de compressão, ou seja, cada texel do mapa normal pode usar menos bits para armazenar os requisitos de armazenamento dos componentes x e y, reduzindo ainda mais as exigências de armazenamento.

Transferência de brilho pré-computada

Em vez de representar uma superfície como uma construção geométrica, como armazenar seu vetor normal, é possível representar a iluminação difusa de uma superfície em termos de sua resposta à iluminação externa de uma variedade de direções. Isso efetivamente ignora a questão do que a superfície é feita, a forma que tem e como projeta sombras sobre si mesma. Em vez disso, a simples representação armazena o brilho final da superfície, nas suas condições de iluminação a partir de qualquer direção determinada.

Assim, cada texel da imagem é apenas uma tabela. Para cada luz, a direção de incidência é procurada na tabela, e o resultado é uma cor – a resposta de cor da superfície. Isso inclui todas as informações sobre a cor da superfície, em que direção a parte da superfície está virada e como responde à luz. Pode até incluir um pouco mais de informação "global", como quão bem a superfície circundante projeta sombras sobre si própria a partir da direção estabelecida (conhecido como *autossombreamento local*), e se a luz pode defletir em outra superfície próxima e iluminar a superfície de forma indireta.

Essa é uma técnica muito poderosa, mas como armazenar a tabela? A tabela armazena uma cor em resposta a uma unidade de comprimento do vetor: o vetor de luz incidente. Esse tipo de pesquisa em geral requer um mapa de cubo, mas isso exigiria um mapa de cubo por texel, que é um conceito improvável e devorador de memória.

No entanto, os mapas esféricos também podem ser armazenados como harmônicos esféricos. Se apenas as bandas de baixa frequência são usadas, os requisitos de memória são razoáveis. Há também uma variedade de esquemas de compressão possíveis para armazenar os harmônicos esféricos de maior frequência de forma eficiente na memória. Essa técnica é chamada de *transferência de brilho pré-computada*, pois armazena a transferência do brilho incidente para enviá-lo em direção aos olhos.

Ainda mais inteligente é se a iluminação ambiente for representada com uma harmônica esférica, como no exemplo anterior. Portanto, uma harmônica esférica representa a luz incidente total de todas as direções, e uma harmônica esférica representa como a luz incidente de cada direção é refletida no olho. Um dos truques matemáticos interessantes é que a combinação desses dois (o termo correto é *convolução*) é tão simples quanto realizar um grande produto escalar.

Isso é extremamente simples para os hardwares de renderização realizarem, e o resultado é a cor vista pelo olho.

A transferência de brilho pré-computada (PRT) é uma técnica relativamente nova, mas bastante poderosa [Sloan02]. Ainda possui algumas limitações para funcionamento, como o fraco suporte para malhas de animação e requisitos de armazenamento relativamente grandes, porém ela e as técnicas anteriormente relacionadas estão sendo usadas por alguns jogos para melhorar a qualidade de sua iluminação difusa. Com algum trabalho, a PRT pode ser estendida para incluir a iluminação especular, embora neste momento os custos de memória e velocidade ainda sejam proibitivos para o hardware atual.

Iluminação especular

Há muitas técnicas de *iluminação especular*, mas todas compartilham uma característica principal. Considerando que os fótons de luz difusa são absorvidos e reemitidos a partir da superfície, os fótons de luz especular defletem na superfície. Como o fóton está defletindo, sua saída encontra-se estreitamente relacionada à sua direção incidente. Isso significa que, para uma luz de determinada direção, mais fótons saltaram para fora da superfície em algumas direções do que outros o farão. No entanto, o motor de renderização está interessado em apenas uma direção – aquela onde está o olho.

Compare isso com iluminação difusa, para a qual supõe-se que de qualquer direção que o fóton chegue, ele sai em uma direção aleatória. A única razão pela qual a iluminação difusa usa a direção da luz incidente é para calcular quantos fótons acertam determinada área da superfície, onde a direção real não é em si importante.

Como os fótons partem em ângulos aleatórios, a direção do olho não é importante – onde quer que esteja no espaço, o mesmo número de fótons irá alcançá-lo. No entanto, para a iluminação especular, os fótons não saem em todas em direções aleatórias e, assim, a direção do olho, considerada a partir da superfície, se constitui em um componente-chave para o resultado da iluminação.

Existem muitos modelos de iluminação especular, mostrando efeitos um pouco diferentes ou de materiais de modelagem diferente, mas em muitos casos, até mesmo modelos simples podem produzir um bom efeito. Um dos mais simples é a *iluminação especular Blinn*, que tira proveito de uma vantagem – trata a superfície como uma coleção de *microfacetas* conceituais, todas posicionadas para uma direção aleatória em relação à superfície visível. Essas microfacetas são individualmente muito pequenas para ser vistas, é o efeito líquido de um grande número delas que a equação de iluminação especular está tentando modelar.

Se cada microfaceta é um espelho especular perfeito, então um fóton deflete nelas com reflexão perfeita, com o ângulo de saída igual ao ângulo de incidência. Naturalmente, a maioria desses fótons erra o olho, e a equação de iluminação deve ignorá-los. No entanto, quantos atingem o olho? Para acertar o olho, a microfaceta deve ser perfeitamente orientada para refletir a luz que entra diretamente no olho. Portanto, a normal da microfaceta deve apontar ao longo da média do vetor de olho e o vetor da luz incidente – exatamente meio caminho. Esse vetor é chamado de *meio vetor (half vector)*. Só então a luz que está chegando entra no olho e causa uma mancha brilhante.

Para determinar quão brilhante é essa parte da superfície, a única pergunta é: "qual a proporção das microfacetas que apontam para essa direção especial em particular – o meio vetor?". O modelo Blinn assume que microfacetas são orientadas aleatoriamente, mas não de maneira uniforme. Sua orientação média é a mesma que a normal da superfície total. Em um extremo, se a superfície é um espelho perfeito, todas as microfacetas são orientadas na mesma direção. Como a superfície torna-se mais áspera, a orientação da microfaceta gradualmente se afasta a partir da normal da superfície, e existe uma chance de que uma certa proporção delas seja orientada para o meio vetor e deflita a luz para dentro do olho. Quanto mais próximo o meio vetor está da normal real da superfície, maior o número de microfacetas que podem ser orientadas corretamente e tornarem o pixel mais brilhante.

Se a superfície é bem lisa, há um número significativo com essa orientação, se o meio vetor e a normal da superfície estão bastante próximos. Em contrapartida, quanto mais áspera a superfície, mais ampla a distribuição aleatória de microfacetas, o que indica que, mesmo quando o meio vetor é significativamente diferente da normal da superfície, um número representativo de microfacetas ainda está refletindo a luz no olho. Essa distribuição de orientações de microfaceta pode ser modelada de diversas formas. O método padrão Blinn é levar o produto escalar entre os vetores normal e meio e aumentá-los para um certo nível.

Para um fóton chegar da luz para o olho, deve defletir uma microfaceta orientada para o meio vetor (Figura 5.1.5, à esquerda). A superfície rugosa (Figura 5.1.5, no meio) tem microfacetas orientadas mais na direção do meio vetor do que uma superfície lisa (Figura 5.1.5, à direita).

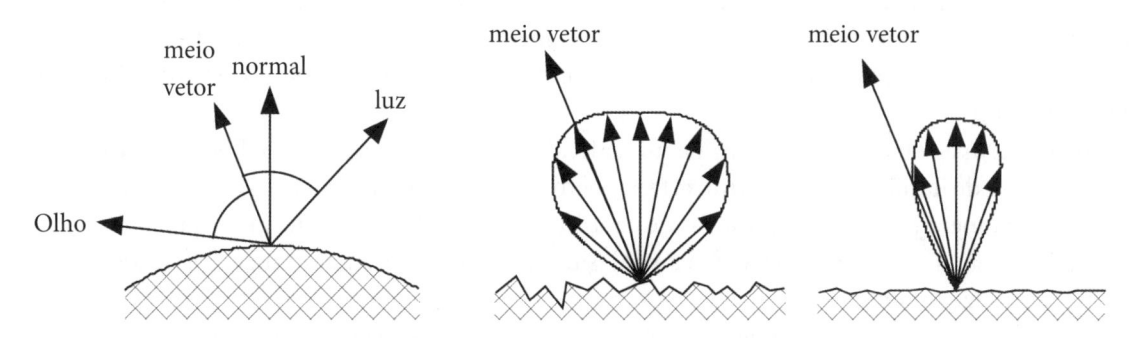

Figura 5.1.5 Esquerda: A relação entre os quatro vetores na iluminação Blinn. Meio e direita: A distribuição de microfacetas em superfícies rugosas e lisas.

Quando montado, o modelo Blinn de iluminação especular é mostrado nas Equações 5.1.29 a 5.1.31:

$$halfVector = \frac{(incidentLightVector + eyeVector)}{2} \quad (5.1.29)$$

$$alignment = \max(0.0, dotProduct(halfVector, surfaceNormal)) \quad (5.1.30)$$

$$brightness = (surfaceColor)(incidentColor)(alignment^{materialSmoothness}) \quad (5.1.31)$$

O valor *materialSmoothness* é usado aqui porque um baixo valor indica uma superfície muito áspera que produz reflexos especulares em muitas direções diferentes, enquanto um valor muito alto representa uma superfície muito lisa que só reflete qualquer luz especular significativa quando a superfície normal é quase exatamente alinhada com o meio vetor.

Existem muitos modelos de iluminação especular, cada um representando uma aproximação diferente a determinado conjunto de materiais, e o leitor é encorajado a tentar o máximo possível. O hardware de shader programável também incentiva a experimentação com algoritmos existentes, aprimorando-os para aumentar a velocidade ou diminuir artefatos indesejáveis.

Mapas de ambiente

O modelo especular Blinn é útil para modelos de superfície moderadamente lisas, como madeira envernizada e plástico, onde a granulação mínima na superfície significa que as únicas luzes que refletem o suficiente nos olhos do espectador (algo muito significativo) são luzes grandes de pontos fortes, como o sol ou uma lâmpada.

No entanto, um dos modelos mais comuns de iluminação especular é de um refletor quase perfeito, como metal bem polido ou vidro. Essas superfícies são tão suaves que quase tudo pode refletir uma imagem boa o suficiente para ser vista. Se um dos modelos *one-light-at-a-time* (*uma-luz-em-um-tempo*) fosse usado para renderizar, tudo o que seria visto seriam alguns pontos minúsculos de luz – os reflexos perfeitos dessas fontes de luz maior. Na realidade, essas superfícies refletem quase tudo, não apenas emissores fortes de luz.

Para ambientes ao ar livre e objetos levemente reflexivos, como os carros em um jogo de corrida, pode ser suficiente criar um mapa contendo algum material escuro (por exemplo, a estrada) na parte inferior, algumas árvores e montanhas no meio, e céu azul e nuvens na parte superior. O shader toma então o vetor do olho, reflete ao redor da superfície normal e observa o resultado no mapa de cubo.

Isso informa o shader sobre a cor da luz refletida na superfície e no olho. Esse é um exemplo de algoritmo de iluminação de "retrorrastreamento" sendo usado na renderização em tempo real. O shader também pode modificar a cor de acordo com a cor da superfície. Por exemplo, o metal dourado reflete mais fótons vermelhos e verdes do que azuis, enquanto o metal prateado reflete todos os três igualmente bem.

Enquanto os carros não são tão altamente polidos, e a ação está se movendo razoavelmente rápido, é raro as pessoas perceberem (ou se importarem) que o ambiente refletido na verdade não combina com o ambiente renderizado (por exemplo, determinada parte da pista pode não ter muitas árvores em torno dela, e os mapas de ambiente sempre contêm árvores). Um truque simples, mas comum, neste caso em particular, é ter vários mapas de ambiente para as diferentes partes da pista, mas mesmo isso passa despercebido pela maioria das pessoas. O mesmo é verdadeiro se o objeto que está sendo renderizado é altamente reflexivo, mas também tem uma forma complexa, de modo que nenhuma parte do ambiente pode ser vista sem distorção severa. O exemplo comum desse aspecto em muitos jogos são as partes de metal das armas ou equipamentos. Se a superfície normal é lida do mapa normal em cada pixel, o mapa do ambiente refletido dá ao equipamento uma aparência de "metal brilhante" sem ser muito importante o que está no mapa do ambiente.

É claro que, em alguns casos, seria bom se o mapa do ambiente refletisse corretamente os arredores, e nesse caso, o mesmo truque pode ser usado. No entanto, desta vez, o jogo pode renderizar o ambiente real para os lados do mapa de cubo uma vez a cada quadro (ou, em alguns casos, a cada par de quadros), com seis operações de renderização para textura, uma para cada lado do mapa de cubo. É importante que cada instância no jogo tenha o seu próprio mapa de cubo. Se existem um carro vermelho e um carro azul lado a lado, o mapa de cubo utilizado para o carro vermelho deve ser renderizado a partir do centro do carro vermelho, e, portanto, terá uma imagem do carro azul.

E, assim, o mapa de cubo utilizado para o carro azul deve ser renderizado a partir do centro do carro azul, mostrando, assim, o carro vermelho. Tentar usar o mesmo mapa de cubo para ambos os carros vai criar alguns resultados estranhos. Ou um carro não terá o reflexo do outro carro, ou ambos os carros terão reflexos não só do outro, mas também de si próprios!

〉 O pipeline de renderização do hardware

O pipeline de renderização do hardware aqui apresentado pretende ser uma referência para o que esperar dos hardwares de gráficos mais recentes. Como o hardware torna-se cada vez mais programável, determinadas partes do pipeline podem ser mais complexas, mais simples, mudar ou desaparecer completamente. No entanto, a maioria dos princípios são bastante fundamentais, e mesmo quando passam a ter unidades programáveis, essas unidades vão desempenhar funções semelhantes, embora presumivelmente com um grau muito elevado de personalização do motor de renderização.

A parte do pipeline que mais provavelmente mudará nos próximos anos é a unidade de geometria simples hoje incorporada por um único programa de shader de vértice, provavelmente se tornando muito mais complexa. Com frequência, os jogos querem gerar vários triângulos a partir de um primitivo único de entrada e, atualmente, este deve ser executado na CPU host, com apenas uma parte do trabalho possível no shader de vértice. Um exemplo comum é o de fazer mosaico em uma representação de superfície de ordem mais elevada (como uma *superfície de Bézier* ou *Catmull-Clark*) e deslocar os novos vértices por valores a partir de um mapa de textura ou função de ruído. Outro exemplo é a geração de volumes de sombra. Atualmente, isso é realizado tanto na CPU ou pré-gerando todos os triângulos possíveis, e, em seguida, fazendo o shader de vértice tirar os que não são necessários através de vários métodos. Nenhum é particularmente eficiente. Um exemplo final é a geração de *"aletas e conchas"* (*fins and shells*)" da geometria comumente usada para renderização de pelos ou gramas – outra tarefa hoje realizada pela CPU host.

Já que essas operações são altamente paralelas e, em muitos casos, bastante simples, é provável que o hardware irá se expandir para aproveitar a funcionalidade extra existente. No entanto, a forma exata como isso será realizado ainda é uma questão de conjectura.

Tenha em mente que durante a leitura lidamos essencialmente com um modelo conceitual, e não um modelo físico do que o hardware realmente faz. Na prática, o hardware pode executar essas operações em uma ordem completamente diferente e realizar algumas operações em diferentes lugares na fila, ou até mesmo em vários locais, onde apropriado. Por exemplo, não é incomum para o hardware ter, pelo menos, dois buffers de profundidade, um "real" no final do pipeline e um muito antes do pipeline para jogar pixels para frente o mais breve possível, sem utilizar o tempo para sombreá-los. Embora o comportamento funcional seja o mesmo apresentado aqui, a aplicação eficaz da maior parte do hardware é bem mais complexa, e espera-se que essa tendência continue no futuro. Devido a isso, as características de desempenho do hardware real já são muito diferentes do modelo conceitual que a maioria dos programadores de software têm do processo. Por isso, é importante ao considerarmos as implicações do desempenho do uso de hardware de renderização de várias maneiras sempre lembrar este princípio orientador – hardware é absolutamente diferente de software. Mesmo os shaders programáveis que parecem um pouco com modelos de software podem ter implicações de desempenho estranhas e contraditórias.

Com isso em mente, aqui está o maior modelo conceitual quase inteiramente fictício.

Montagem de entrada

O renderizador alimenta muitos fluxos de dados para o hardware – buffers de vértices, índices, valores a ser fornecidos para os shaders de outras formas, texturas e vários outros dados de controle. Os dados são lidos, desindexados, se necessário, e montados em primitivos. Para simplificar, supõe-se, para o resto desta seção, que os primitivos são triângulos. Esses triângulos, então, decidem quais bits de dados necessitam ser processados antes que possam ser renderizados para a tela. Normalmente, esses são os vértices da malha.

Sombreamento do vértice

Se os vértices exigidos pelo triângulo já foram processados e estão esperando no cache *postshading* do vértice, eles são usados diretamente. Caso contrário, os dados de entrada do shader do vértice são lidos a partir dos buffers diferentes que vivem e alimentam uma instância do programa de shader do vértice.

O shader do vértice normalmente transforma a posição de espaço e local do vértice para o espaço de clipe usando uma transformação de matriz. Se a malha está animada, essa matriz pode ser composta de muitas matrizes animadas separadamente (discutido no Capítulo 5.2, "Animação da personagem").

Além disso, o shader do vértice pode modificar ainda mais a posição do vértice de várias maneiras, como a procura de um mapa de deslocamento ou projetando-o em várias direções para efeitos, como as *shells* de renderização de pelo. Como alternativa, o shader do vértice não pode usar uma posição de origem – pode apenas gerar a posição direta de fórmulas matemáticas. Isso é comum na renderização de sistemas de partículas. O shader de vértices é tomado como do tipo de sistema de partículas, alguns detalhes sobre quando e onde essa partícula foi criada, e calcula a posição atual, assumindo que a partícula seguiu um padrão de algumas equações de movimento (como o movimento parabólico sob gravidade) desde que foi criada. A vantagem disso é que os dados que descrevem a partícula nunca mudam, sempre descrevem o seu nascimento. Tudo o que muda de quadro a quadro é o tempo desde o nascimento da partícula.

O shader de vértices, então, calcula todos os dados exigidos pelo shader de pixel para a sua sombra. Muitos valores podem ser calculados em qualquer shader de pixel ou vértice, e que é realizado sempre que depende inteiramente do desempenho e compensações de qualidade. Algumas quantidades, como o cálculo de vetores para as luzes e os olhos, podem ser realizadas no shader de vértices e interpoladas sobre o triângulo com razoável fidelidade. No entanto, o sombreamento (*shading*) exato do pixel é normalmente realizado no shader de pixel porque isso permite que cada pixel tenha uma normal e cor diferentes, fornecidas por um mapa de textura.

Observe que os modelos mais recentes de shader de vértice podem amostrar texturas, assim como shaders de pixel e, de fato, os modelos de programação do shader de pixel e vértice estão gradualmente convergindo com capacidades semelhantes em ambos. Alguns hardwares já utilizam as mesmas unidades de processamento para executar as duas tarefas, e espera-se que essa convergência continue. Isso permite a migração de outros algoritmos de um para o outro, de acordo com os requisitos de qualidade e velocidade.

Montagem de primitivo, seleção e corte

Uma vez que todos os vértices do triângulo são sombreados, o triângulo tem as posições de espaço de corte para todos os seus vértices, e agora pode decidir se é visível e, se sim, quanto está visível.

A primeira coisa a acontecer é a *backface culling*[15]. Os triângulos convencionalmente têm dois lados: um lado no sentido horário (o verso) e outro anti-horário (o reverso). A ordem na qual os vértices são especificados pelo jogo é preservada e lembrada, e se esses vértices aparecem em uma ordem quando renderizados na tela e o triângulo é solicitado para renderizar seu lado frontal, o triângulo estará visível.

Ao renderizar, o renderizador pode decidir se os dois lados são visíveis, ou apenas um, e, em caso afirmativo, se é o lado no sentido horário ou anti-horário que está visível. Observe que se o triângulo primitivo utilizado é uma "faixa", a ordem dos vértices é revertida para cada triângulo par. Isso é levado em conta de modo que a faixa inteira possui um lado consistente que é visível – o renderizador só tem de considerar a ordenação do primeiro triângulo e o resto se seguirá.

Se o jogo tiver especificado que apenas um lado deverá ser visível, e esse lado não estiver de frente para a câmera, o triângulo será descartado e não renderizado (ou seja, será *backface culled – recortado em suas faces posteriores*). Há duas razões principais para tanto. A primeira é que o jogo pretende deixar cada um dos lados de um triângulo com um sombreador diferente ou propriedades diferentes. Por exemplo, ao processar uma página de jornal ou de livro, em um lado da página temos uma determinada visualização de textos, e no seu verso temos um conjunto totalmente diferente. A maneira mais simples de fazer isso é processar a página duas vezes. A primeira vez apenas triângulos no sentido horário são renderizados, e a textura naquele lado (o verso da página) é definida. A segunda vez, apenas triângulos em sentido anti-horário são renderizados, e a textura do outro lado (o reverso) é definida. Como a mesma geometria é usada a cada vez, e um triângulo em particular não pode existir nos dois sentidos em um único quadro, cada triângulo é renderizado somente uma vez, e a textura correta é utilizada.

A outra razão para o *backface cull* de triângulos é a eficácia. A maioria dos objetos que está sendo renderizada é sólida e tem um "interior" definido que nunca é visto. Se os triângulos da malha forem sempre ordenados de forma que o lado horário esteja sempre "para fora", então serão os únicos que realmente precisam de renderização. Essa é uma maneira extremamente rápida de descartar cerca de metade dos triângulos em uma cena típica sem realizar testes de profundidade em tudo, e deve ser usada sempre que possível.

Após isso, o frustum culling é realizado. Os três vértices do triângulo são testados contra seis planos do espaço de junção (*clip space*). Se todos os três estiverem fora de um dos planos, o triângulo será rapidamente rejeitado. Após isso, o triângulo é unido a esses seis planos para remover as partes invisíveis. Se o jogo escolheu adicionar alguns planos de junção adicionais definidos pelo usuário, o triângulo deve ser unido a eles também.

Observe que a junção é uma operação dispendiosa e envolve operações geométricas, podendo também envolver a geração de mais de um triângulo de saída de um triângulo simples de entrada. Um triângulo pode potencialmente ser unido por todos os seis lados do espaço de junção para a produção de um polígono de nove lados, em geral renderizado como sete triângulos internamente. Adicione planos de junção do usuário e isso pode ser ainda mais. Alguns hardwares podem utilizar regiões de *guard-band*[16] e outros recursos para diminuir o processamento a um teste por

---

[15] N.R.T.: A *backface cullig* é o *recorte da face oculta* do polígono, conforme visto em nota anterior.
[16] N.R.T.: *Guard-band clipping* é uma técnica utilizada por hardware e software de renderização dedicada à redução do tempo e da largura de banda necessárias em tarefas de processamento de imagem, nas quais se rejeitam partes da geometria que estão fora do *frustum*.

pixel para remover um pouco desse custo de processamento da geometria, mas, novamente, esse é um detalhe de implementação.

Projeção, rasterização e antialiasing

Uma vez que o triângulo tenha sido formado, ele pode ser projetado do espaço de junção para o espaço da tela (onde os pixels residem) dividindo o espaço de junção de valores x, y e z pelo valor de w, uma simples escala e polarização para ajustar o resultado para a janela de renderização da tela (chamada de *viewport*) e rasterizada. A *rasterização* é o processo de encontrar quais pixels e amostras o triângulo alcança. Esse é um processo relativamente simples, mas por causa da velocidade em que deve ser realizado, há muitos truques e sutilezas nesse processo. Felizmente, a maioria deles é invisível para o renderizador.

A distinção entre os pixels e amostras é sutil, mas importante ao usar antisserilhamento em tela cheia. Nesse esquema, cada pixel exibido no frame buffer tem muitas "amostras" no back buffer. Cada amostra tem uma cor diferente e valor de Z e, na verdade, o back buffer se comporta como um frame buffer com uma resolução muito maior. Quando o back buffer terminou a renderização e é exibido, as amostras múltiplas são combinadas (muitas vezes por meio de um complexo processo de filtragem) para criar um único pixel. Isso permite que as bordas do triângulo sejam suavizadas e apareçam menos serrilhadas – os "dentes" são causados pelo "aliasing" e, portanto, o processo para suavizá-los é chamado de *antialiasing*.

Até agora, esse processo acontece da mesma forma para ambos os métodos atuais de antiserrilhamento – chamado de *antialiasing de multiamostragem* (MSAA) e *antialiasing de superamostragem* (SSAA)[17]. A diferença está no pipeline de processamento do pixel. Para superamostragem AA, é exatamente como renderizar para um back buffer grande e ir filtrando – cada amostra é sombreada individualmente pelo shader de pixel, a profundidade é testada e armazenada.

Para a multiamostragem AA, apenas um pixel da tela é enviado para o shader de pixel. O resultado é então enviado para todas as amostras para aquele pixel, e cada amostra é testada individualmente para sua profundidade e registrada. Isso, obviamente, reduz a quantidade de trabalho necessário – somente um pixel é sombreado, em vez de cada amostra ser sombreada individualmente. Além disso, se todos os testes de profundidade para todas as amostras de um único pixel passarem, então os valores de cor para todas as amostras naquele pixel serão os mesmos, e algum hardware pode usar esse fato para reduzir a quantidade de largura de banda de memória que ela usa, em vez de sempre guardar todos esses valores idênticos. A redução na largura de banda da memória e o número de vezes que o shader de pixel está sendo executado proporcionam ao MSAA uma vantagem considerável de velocidade sobre o SSAA na maioria dos casos.

No entanto, a multiamostragem AA possui alguns artefatos que podem ser desagradáveis, e como os shaders se tornam mais complexos, esses artefatos podem se tornar mais um problema. Os detalhes são longos e complexos e variam entre diferentes hardwares, por isso é suficiente estar ciente dos dois tipos de *antialiasing* e de que, embora a multiamostragem seja consideravelmente mais rápida, há (como sempre nos gráficos) um preço a ser pago para a velocidade extra.

Para amenizar a confusão entre o fato de um shader de pixel estar sendo executado em um pixel (MSAA) ou de uma amostra (SSAA), o termo *fragmento* é usado para designar qualquer

---

[17] N.R.T.: MSAA: *mutisampling antialiasing* e SSAA: *supersampling antialiasing*.

unidade em que o shader de pixel trabalha. Portanto, o termo shader de pixel é um tanto impreciso e deveria ser chamado de *shader de fragmento*. No entanto, o nome original foi fixado.

Sombreamento de pixel

O shader de pixel é chamado uma vez por fragmento (um pixel para MSAA, uma amostra para SSAA). Os vários atributos calculados pelo shader de vértices em cada vértice são interpolados através do triângulo, e um único valor é dado a cada invocação do shader de pixel. Em algumas arquiteturas de shader, a esses atributos são designados significados específicos, tais como um conjunto de coordenadas de textura, um conjunto de cores, uma normal interpolada, um valor de profundidade, e assim por diante. Outros modelos de programação shader simplesmente veem uma matriz de atributos gerados pelos shaders de vértices, os interpolam e alimentam os resultados para o shader de pixel ser interpretado como deseja o escritor de shader.

O shader de pixel pode usar os atributos como coordenadas para amostragem de texels de texturas, e em geral pode realizar uma vasta gama de operações padrão nos resultados. Dado que essa parte do pipeline é programável, os limites são definidos pelo hardware, pelos custos de velocidade de cada instrução de shader e pela ingenuidade do programador.

Cada shader de pixel emite um ou mais valores de cor como seu resultado e pode, opcionalmente, também produzir um novo valor de profundidade para o pixel (embora isso seja atualmente uma opção dispendiosa e deva ser usada com moderação). Mais uma vez, embora as saídas sejam chamadas de "cores", elas são apenas um conjunto de números e podem representar qualquer valor que o programador desejar. O shader de pixel também pode abortar o pixel atual e decidir que não deve ser renderizado afinal. Isso é útil durante a renderização de objetos translúcidos. Se o fragmento atual vem de uma parte do objeto totalmente transparente, não há nenhum motivo na emissão de cores, porque o back buffer não será afetado pelo fragmento. Muitas vezes, é mais rápido abortar o processamento do fragmento, logo que o fato é conhecido, em vez de passar a sombra no fragmento, e depois não ter qualquer efeito.

Operações de Z, stencil e alpha-blend

Uma vez que o shader de pixel gerou a cor do fragmento e, possivelmente, um novo valor de profundidade, o fragmento se torna uma ou mais amostras (novamente, isso só se aplica a MSAA). A menos que a amostra tenha sido eliminada pelo shader de pixels, o valor da profundidade da nova amostra é comparado ao valor atual no depth buffer (buffer de profundidade). A nova amostra também pode ter um valor de referência stencil, que é comparado ao valor atual no stencil buffer, se houver. Ambos os testes (depth e stencil) têm uma variedade de opções configuráveis, mas o resultado de um par de operações lógicas programáveis é que a nova amostra é aceita ou rejeitada. Provavelmente, a definição mais comum para esses testes é que a nova amostra seja aceita se o valor de uma nova profundidade for menor que o valor de profundidade existente, e rejeitado se for o contrário. Se a amostra for rejeitada, não ocorrerá mais processamento e a profundidade da amostra existente, stencil e valores de cores serão preservados.

Se a nova amostra passar, algumas coisas podem acontecer. Todas elas estão sob o controle direto do renderizador e podem ser ativadas ou desativadas entre lotes de primitivos. Primeiro, o valor de profundidade da nova amostra pode ou não substituir o valor da amostra existente no depth buffer (a definição usual é que ele o faz). Em segundo lugar, o valor de stencil da amostra existente pode ser incrementado, diminuído, invertido, fixado em zero ou substituído pelo novo valor de referência. A maioria da renderização simples não envolve o stencil buffer – ele só é usado para as opções de renderização avançada. Por fim, a cor da nova amostra pode substituir a cor existente no back buffer ou pode ser misturada com ele em uma variedade de maneiras. Isso também pode ser ativado ou desativado em uma base por canal.

Por exemplo, o jogo poderá optar por preservar o canal alfa existente para uma operação de renderização em particular e apenas mudar os canais vermelho, verde e azul. Atualmente, as operações de mesclagens disponíveis são bastante limitadas, com toda a mistura sendo da forma (A. B) op (C. D), em que A, B, C e D são vários valores a partir da amostra atual no back buffer e a nova saída da amostra do shader de pixel, e "op" é uma operação mínima ou máxima de soma e subtração. Diferentes operações de mistura podem ser feitas nos canais de cor (RGB) e canais alfa.

No passado, essa parte do hardware era ainda mais limitada e somente era capaz de realizar apenas uma simples operação de "alpha blending". Esse tópico possui muitos nomes, a maioria deles imprecisos, mas históricos, como *alpha blender* (agora se faz muito mais do que simplesmente mesclar com o canal alfa) ou ainda, *frame buffer blender* (tecnicamente, mesclagem com o back buffer ou destino atual de processamento, não somente para o frame buffer).

A função de correção "back-end" será uma fonte de inovação considerável ao longo dos próximos anos. Provavelmente irá se tornar muito mais programável, embora existam atualmente boas razões de desempenho crítico do porquê ainda não é totalmente programável e apenas parte do shader de pixel. A razão mais óbvia é que a maior parte do hardware irá realizar os testes de profundidade e stencil antes do shader de pixel sempre que possível e rejeitar os fragmentos antes que exijam sombreamento, dando um enorme impulso para a velocidade de processamento, já que em uma cena típica de jogo cerca de 80% dos pixels são rejeitados pelo depth buffer. Claro, se o shader de pixel opta por modificar o valor da profundidade do fragmento, isso já não é mais possível e, no hardware atual, há penalidades de desempenho considerável para fazê-lo. Por essa razão, o diagrama mostra a profundidade funcional e testes de stencil como ocorre conceitualmente após o shader de pixel.

Múltiplos alvos de renderização

Uma modificação ao pipeline anterior é bastante recente – a capacidade de o shader de pixel gravar mais do que quatro canais de dados (os canais RGBA de um único back buffer). Isso é alcançado fornecendo ao pipeline múltiplos alvos para renderização, cada um dos quais pode ter um formato diferente de texel e até quatro canais cada (ainda chamados de "RGBA"). O shader de pixel pode, então, emitir uma saída de cor por alvo de renderização. No entanto, esses múltiplos alvos devem ser do mesmo tamanho, e, atualmente, devem ter a mesma função alpha-blend aplicada a todos eles. Ainda há apenas um depth buffer e stencil buffer únicos, em vez de um alvo por renderização, e o fragmento ou modifica todos os alvos de renderização ou nenhum.

No total, esse recurso efetivamente permite que o shader de pixel produza mais de quatro saídas, que muitas vezes podem ser úteis quando se combinam vários shaders em conjunto para um efeito particularmente complexo – os alvos múltiplos podem ser lidos como texturas separadas por shader de pixels mais tarde nas renderizações e recombinados de maneira interessante. Novamente, essa área deverá evoluir rapidamente nos próximos anos.

Características de shader

Os modelos de shader atuais impõem restrições consideráveis sobre o que um shader pode fazer e a quais dados pode ter acesso A maioria dessas restrições é projetada para permitir que o hardware execute muitas centenas ou mesmo milhares desses shaders em paralelo. O paralelismo é principalmente o processo pelo qual os hardwares de gráficos conseguem sua velocidade imensa, pois a renderização gráfica é uma operação inerentemente paralela. Apesar das restrições parecerem inoportunas e não razoáveis em alguns casos, removê-las, muitas vezes, pode também resultar na remoção de um considerável monte de paralelismo, reduzindo drasticamente a velocidade.

Parte da arte do programador gráfico é trabalhar de acordo com as restrições do presente quadro em paralelo para produzir efeitos interessantes em tempo real. Em muitos casos, isso exige atacar um problema de forma diferente para manter a execução paralela, tanto quanto possível, mesmo à custa de alguma eficiência teórica. Por exemplo, pode ser mais rápido recalcular um valor muitas vezes, em vez de tentar calculá-lo uma vez, escrevê-lo e, em seguida, lê-lo várias vezes. Embora esta última opção pareça mais rápida em teoria, quebra a operação de paralelismo – a primeira deve ser realizada, o hardware deve esperar até que a operação seja concluída e só então poderá ser iniciada a segunda. Isso pode resultar em menor velocidade, porque partes do hardware estão ociosas e à espera de outras partes do chip.

As restrições mais notáveis colocadas aos shaders atuais são discutidas aqui. Algumas dessas restrições podem ser removidas com futuros modelos de shader e hardware, mas, em muitos casos, espera-se que haverá uma penalidade de velocidade associada e, assim, essas orientações ainda são úteis.

A restrição mais importante é que os shaders não podem escrever a partir de qualquer lugar, mas a partir de seus slots de saída atribuídos, e não podem alterar o local onde escrevem de acordo com a execução do programa. Para um sombreamento de vértice, essa saída é a posição por vértice e dados de atributos. Para um shader de pixel, é o fragmento totalmente sombreado (pixel ou amostra, conforme o caso). Além disso, os shaders não podem ler os resultados de quaisquer outros shader no grupo atual de primitivos, exceto para o caso específico de um shader de pixel ler a saída de um shader de vértice. Isso pode ser conseguido de outras maneiras a um certo grau de renderização para uma textura e, em seguida, lendo essa textura em passagens subsequentes, mas a renderização e leitura da mesma textura dentro de uma única passagem não são permitidas.

Shaders podem não ter dados persistentes. Cada invocação de um shader começa com o mesmo contexto como todos os outros. Todos os dados que um shader tenha modificado são esquecidos quando aquele shader finaliza, e registradores são redefinidos para os valores padrão. A única diferença está nos valores específicos de entrada. Para o shader de vértice, esses são os atributos do respectivo vértice, obtido a partir de vários buffers de vértice e, para o shader de pixels, são os atributos interpolados dos vértices e algumas outras informações contextuais, como a coordenada de tela e que lado (sentido horário ou anti-horário) do triângulo está sendo renderizado.

Shaders podem não acessar a memória arbitrária. Devem declarar com antecedência as áreas de memória que irão acessar – normalmente restrita a determinado número de "buffers", em vez de serem áreas arbitrárias de memória – e por causa das considerações anteriores, só podem ler a partir desses buffers, nunca escrever para eles. Isso não é apenas porque a maioria dos shaders não tem funcionalidade aritmética suficiente para lidar com endereços arbitrários de 32 bits, mas também porque a tentativa de acessar a memória a partir da CPU e um shader, ao mesmo tempo, é extremamente difícil. Normalmente, apenas um dos dois pode acessar qualquer parte da memória uma única vez, e a entrega deve ser cuidadosamente sincronizada.

Linguagens de programação de shader

A grande variedade de recursos de shader, especialmente shader de pixels e o ritmo acelerado de mudança levaram a uma profusão de linguagens de shader, cada uma direcionada a uma faixa específica de hardware.

A maioria deles parece ser muito semelhante à linguagem assembly do processador, exceto com as restrições anteriores e o fato de que a maioria dos registros é de quatro componentes (normalmente denominado de R, G, B, A ou X, Y, Z, W) e a maioria das instruções pode operar em até quatro desses componentes de uma vez. A experiência de programar essas unidades será moderadamente familiar a qualquer pessoa que tenha feito programação SIMD em uma CPU, embora deva ser lembrado que, na maioria dos casos, o inteiro da CPU, busca de memória arbitrária e instruções de loop e ramificação não estão disponíveis para a maioria dos hardwares de shader, exceto nos exemplos mais recentes.

Felizmente, há também algum apoio à linguagem de alto nível para ajudar a ocultar essa complexidade por trás de uma camada de legibilidade semelhante a C. Em muitos casos, as linguagens se parecem muito com C, mas sem ponteiros ou matrizes arbitrárias, pouco ou nenhum dado global, alguns loops e condicionais e instruções especializadas para executar tarefas como a amostragem de textura. Além disso, é extremamente comum para shaders não conseguir compilar devido a limitações de complexidade ou comprimento, para que o programador seja obrigado a entender e adaptar-se às capacidades de hardware subjacentes para o qual seu código está sendo compilado. Conforme o tempo passa e o hardware melhora, elas serão cada vez menos um problema, e a diferença entre as linguagens de alto nível de sombreamento e o C "real" será menos distante. No entanto, é importante ter em mente que para muitos algoritmos, as características de desempenho de hardware gráfico serão radicalmente diferentes de uma CPU. Uma mudança que pode dobrar a velocidade de um algoritmo em uma CPU pode reduzir pela metade a velocidade do mesmo algoritmo quando realizada no hardware de renderização e vice-versa.

Pipelines de função fixa

O pipeline apresentado até agora descreve o estado atual da arte para o hardware de renderização do consumidor. No entanto, há uma abundância de hardwares mais antigos ainda por aí e sendo usados para jogos, tanto em sistemas de console como para PC, e vale a pena mencionar alguns dos lugares em que o modelo anterior deve ser modificado quando se lida com hardware mais antigo.

Em primeiro lugar, a precisão de sombreamento interno pode ser reduzida drasticamente. O modelo anterior assume que todos os shaders são executados em uma precisão total de 32 bits de ponto flutuante. Hoje, apenas o hardware mais recente faz isso. A maioria dos hardwares só executa sombreamento de vértice a essa precisão, enquanto o sombreamento de pixel é realizado em uma variedade de precisão, dependendo da idade, como ponto flutuante de 24 bits, ponto flutuante de 16 bits, ponto fixo de 12 bits e ponto fixo de 9 bits (8 bits mais um bit de sinal). O mais antigo hardware tem apenas 8 bits de precisão internamente, sem bit de sinal.

Em segundo lugar, o leque de programação cai rapidamente. Mesmo um hardware novo tem limites sobre a funcionalidade exposta. Shader de pixels apresenta instrução limitada e contagem de textura e pode não executar nenhuma execução condicional ou circuitos dinâmicos. O hardware ligeiramente mais antigo permite somente certas combinações de amostragem de textura e restrições sobre a quantidade de computação que pode ser aplicada às coordenadas de textura antes de serem usadas para procurar texels, e o número máximo de instruções total cai para cerca de 20. Hardwares bem mais antigos eliminam qualquer resquício de um "programa de shader" e, em vez disso, têm apenas um número definido (entre dois e seis) de unidades de mesclagem, cada um com uma gama limitada de funcionalidades equivalentes, cada um equivalente talvez a duas ou três instruções de shader na melhor das hipóteses, com menos flexibilidade. O hardware mais simples permite apenas que uma textura única seja amostrada, quatro operações possíveis realizadas no valor texel, uma unidade de teste de profundidade e uma unidade restrita de alpha-blend.

Shader de vértices só foram capazes de ler texturas e realizar execuções condicionais recentemente. À medida que topamos com hardware cada vez mais antigo, a quantidade de espaço disponível para armazenar os dados constantes do shader (como matrizes de animação óssea ou informações de iluminação de cena) cai rapidamente, assim como o número de instruções permitido em um único programa. O hardware mais antigo não tem shader de vértices e, em vez disso, possui uma unidade de função fixa, que transforma os vértices de uma matriz, acendendo-os de acordo com uma variedade de fórmulas padrão de iluminação por vértice e os projeta no espaço da tela. Mais antigo ainda, não há hardware de processamento de vértice – a CPU host deve executar todos os cálculos de vértice e fornecer ao hardware de renderização vértices já mapeados para o espaço da tela com iluminação e cálculos de coordenadas de textura já realizados.

Resumo

Escrever um motor gráfico completo para qualquer hardware de ponta é extremamente desafiador. A grande quantidade de velocidade, memória e compensação de qualidade necessária é assustadora e muda a cada geração de hardware. Em grande parte dos jogos, o motor de renderização é um módulo grande, que pega a maioria da memória e poder de processamento do sistema, e, como tal, terá apenas um pequeno grupo de programadores especializados que realmente saibam como funciona e quais são as características de desempenho.

No entanto, esse capítulo deve ter dado ao leitor uma orientação sobre as diversas capacidades e características de desempenho da maioria dos motores e eliminado algumas incógnitas. Deve também ter determinado o suficiente de uma estrutura para permitir aos leitores começar a usar a maioria das APIs gráficas comuns para criar seu próprio motor de renderização.

Exercícios

Estes exercícios devem ser realizados em um ambiente de edição de sombreamento, como o "Effect Edit" do DirectX ou qualquer um dos ambientes similares disponíveis em vários fabricantes de placas gráficas e na maioria dos pacotes de arte 3D.

1. Execute o cálculo difuso de Lambert em ambos os shaders de vértice e pixel. Compare as diferenças entre os dois (a diferença entre o sombreamento Gouraud e Phong). Qual possui menos artefatos? Qual tem menor custo? Para que tipo de malhas é aceitável? Quais vetores devem ser normalizados antes de serem utilizados no shader de pixel? Tente amortizar o custo de sombreamento por pixel, movendo apenas partes da equação de iluminação para o shader de pixel, deixando outros no shader de vértice. Faça o mesmo com superfícies mapeadas por normal, em vez de superfícies onde a normal é fornecida apenas em cada vértice.

2. A iluminação especular Blinn foi discutida no texto. A outra versão comum de iluminação especular é a iluminação Phong (observe que esta não é a mesma que o sombreamento Phong). Escreva as duas versões em um shader e compare as duas na aparência visual, tentando usar valores de rugosidade parecidos. Verifique a aparência em ângulos de inclinação dos olhos e da luz. Onde cada método possui problemas ou artefatos? Quais os artistas iriam preferir? Será que gostam de perfis diferentes para diferentes materiais? Qual é mais flexível? Qual é a diferença de velocidade aproximada entre os dois?
3. A iluminação especular Blinn e Phong usa classicamente um expoente para modelar a distribuição de microfacetas. Isso não tem base na realidade, foi escolhido simplesmente porque (na época) era fácil de calcular. No entanto, o hardware de shader pode encontrar expoentes moderadamente dispendiosos para executar, mas é muito bom em multiplicações e somas. Tente substituir o expoente com várias aproximações polinomiais, como alguns quadráticos ou cúbicos. Como isso altera a aparência? Você pode chegar suficientemente próximo do modelo exponencial? Pode produzir padrões de reflexão especular que não são como um expoente? Poderia essa flexibilidade extra ser útil para um artista?
4. Tente os mesmos recursos de sombreamento em Gouraud *versus* Phong com as várias formas de iluminação especular, movendo partes de código entre shaders de pixels e vértices. Quanto pode ser movido para o shader de vértices e ainda parecer aceitável? Poderia o sombreamento difuso ser feito em um lugar enquanto o especular é feito em outro?
5. Adicione um mapa de ambiente ao seu modelo de sombreamento, refletindo o vetor do olho na normal da superfície e observando o resultado em um mapa de cubo. Objetos muito brilhantes não refletem de modo uniforme, o valor muda dependendo do ângulo de incidência. Isso é comumente chamado de *termo de Fresnel* e há muitas maneiras de se aproximar dele. Adicione esse termo à sua reflexão do mapa de ambiente. Experimente com aproximações diferentes, como as exponenciais e polinomiais.

Referências

[Blinn96] Blinn, Jim, *Jim Blinn's Corner*, Morgan Kaufmann, 1996.
[Bogomjakov01] Bogomjakov, Alexander, and Gotsman, Craig, "Universal Rendering Sequences for Transparent Vertex Caching of Progressive Meshes", Proceedings of Graphics Interface, 2001.
[Forsyth03] Forsyth, Tom, "Spherical Harmonics in Actual Games", Proceedings, Game Developers Conference, 2003.
[Haines02] Haines, Eric, and Akenine-Möller, Tomas, *Real-Time Rendering*, AK Peters, 2002.
[Hoppe99] Hoppe, Hugues, "Optimization of Mesh Locality for Transparent Vertex Caching", ACM SIGGRAPH 1999, disponível em http://research.microsoft.com/~hoppe/tvc.pdf.
[Ramamoorthi01] Ramamoorthi, Ravi, and Hanrahan, Pat, "An Efficient Representation for Irradiance Environment Maps", ACM SIGGRAPH 2001, disponível em http://graphics.stanford.edu/papers/envmap/.
[Sloan02] Sloan, Peter-Pike; Kautz, Jan; and Snyder, John, "Precomputed Radiance Transfer for Real-Time Rendering in Dynamic, Low-Frequency Lighting Environments", ACM SIGGRAPH 2002, disponível em http://research.microsoft.com/~ppsloan/.

5.2 Animação da personagem

Neste capítulo

- Visão geral
- Conceitos fundamentais
- Armazenamento da animação
- Reproduzindo animações
- Combinando animações
- Extração de movimentos
- Deformação da malha
- Cinemática inversa
- Attachments
- Detecção de colisão
- Resumo
- Exercícios
- Referências

› Visão geral

Este capítulo se aprofunda nos detalhes de animação de malhas para o propósito da animação da personagem. Isso inclui como fazê-los se mover e se deformarem de acordo com as instruções do animador, como armazenar as animações e reproduzi-las de maneira eficiente e como misturar animações múltiplas. O foco principal estará nos sistemas de animação de esqueleto baseado em ossos, já que são de longe os sistemas mais utilizados hoje pela maioria das ferramentas e sistemas de execução.

Supõe-se que o leitor tenha uma base em geometria 3D e esteja familiarizado com os conceitos básicos de matemática vetorial e matricial e da transformação das posições e vértices e normais por matrizes, como descrito no Capítulo 4.1, "Conceitos Matemáticos". Os *quatérnios* são apresentados como um componente essencial da maioria dos sistemas de animação, embora esta seja apenas uma breve introdução e os leitores são convidados a ler alguns textos mais abrangentes sobre o assunto antes de usá-los.

❯ Conceitos fundamentais

Muitos conceitos fundamentais são importantes para compreender como programar um sistema de animação. Eles incluem a compreensão da hierarquia do esqueleto, os conceitos de transformação e rotação e os modelos e instâncias. Começaremos com a hierarquia do esqueleto.

A hierarquia do esqueleto

No coração da maioria dos sistemas de animação baseados em osso estão, é claro, os ossos[1]. Os ossos são (mas não sempre) organizados em uma hierarquia de árvore, em que cada um está preso a um osso pai único[2], que por sua vez tem o seu próprio osso pai e assim por diante. Cada osso pode ter vários ossos filhos. Isso corresponde à maioria das hierarquias de esqueleto. Como diz a canção, "o osso da coxa é conectado ao osso do quadril, o osso do quadril é conectado à espinha" etc.

Associada a cada osso está uma *transformação*, que determina como o movimento daquele osso se difere de seu pai. Se a transformação é a transformação de identidade, o osso vai estar exatamente na mesma translação e orientação que seu pai. Se o osso não tem pai, a transformação determina como ele se move em relação a algum outro espaço definido. Isso é tanto o espaço do objeto como o esqueleto que estamos olhando, ou apenas o espaço do universo do jogo em geral. O osso no topo de uma árvore óssea não tem pai e é chamado de osso raiz. A maioria dos esqueletos terá um único osso raiz (*root bone*), e, portanto, apenas um osso não terá pai. O osso raiz é muitas vezes a pelve ou os ombros ou às vezes o meio das costas[3]. O conceito de um *osso raiz sintético* que modifica um pouco esse arranjo será introduzido mais tarde.

Animações mudam as transformações de cada osso ao longo do tempo e, assim, criam movimento. Embora você possa ter animações armazenando a transformação do osso no espaço do universo, codificar a transformação de um osso como relativo a seu pai é um mecanismo eficaz de muitas maneiras. Também coincide com a forma como as pessoas realmente se movem. Mover o cotovelo, mas não a ponta de um dedo, requer a coordenação de muitos músculos para movimentar o cotovelo e, em seguida, o pulso, as mãos e os dedos para compensar e manter a ponta do dedo parada. Já mover o dedo sem mover o cotovelo é trivial.

Esse tipo de animação é chamada de *cinemática posterior*, em que o movimento é transmitido para "a frente" na hierarquia dos ossos. O oposto, em que a posição de um osso de extremidade é fixado em determinado lugar e os ossos superiores da hierarquia são movidos para mantê-lo lá, é chamado de *cinemática inversa* ou *IK*[4]. Como os movimentos devidos à IK são mais raros do que os decorrentes da cinemática posterior, armazenar a maioria das animações utilizando essa hierarquia implícita é um modo muito eficiente.

---

[1] N.R.T.: No inglês, *bones*.
[2] N.R.T.: No inglês, a *single parent bone*, terminologia também usada nos softwares de modelagem de personagens e animação, como Blender, Max, Maya, Cinema 4D, Poser e DAZ Studio, por exemplo.
[3] N.R.T.: Em alguns sistemas de animação, como os que seguem a organização do Poser, estabelecida pelo artista e programador Larry Weinberg, e seguida pelo projeto *Open Source Make human* (www.makehuman.org), este *root bone*, ao qual se ligam todos os demais, é o hip (quadril).
[4] N.R.T.: Cinemática posterior (*forward kinematics:* FK) e cinemática inversa (*inverse kinematics:* IK).

A organização dos ossos e como são unidos uns aos outros em um modelo é chamado de armação (*rig*)[5]. Essa armação (rig) não determina a animação por si mesma (pois ela não se altera ao longo do tempo), mas influencia fortemente quais movimentos são possíveis, e a facilidade com que alguns movimentos podem ser alcançados. Apesar de muitos jogos usarem única armação (rig) para todos os movimentos de uma personagem em particular, é possível ter múltiplas armações (rigs), cada uma para uma finalidade diferente. Algumas armações (rigs) podem ser projetadas para caminhar, outras para acrobacias e algumas outras para "atuação", como fazer diálogos em close-up. Embora você possa escrever um sistema de animação sem a possibilidade de mudar os esqueletos e armações (rigs), exigindo o uso de um único esqueleto para todas as finalidades, isso pode limitar o que os seus animadores podem fazer com os objetos.

Nem todos os ossos possuem pais. Um exemplo disso no corpo humano físico (embora não nas armações (rigs) utilizadas para a animação humana) é a omoplata (escápula), que não está associada à caixa torácica do mesmo modo que o osso da coxa (fêmur) se articula com osso do quadril (bacia) com uma junção da rótula. Em vez disso, a omoplata está ancorada na caixa torácica através de muitos músculos grandes e pequenos que lhe permitem mover-se de inúmeras maneiras diferentes que nenhum outro conjunto físico permitiria. Pela mesma razão, algumas armações (rigs) têm ossos com nenhum osso pai – às vezes são limitadas no espaço por uma série de regras, mas o movimento de um outro osso não produz diretamente seu movimento. Estes são os denominados *sistemas ósseos multirraiz*[6] e, embora não muito comuns, são novamente muito úteis em certos casos.

A transformação

Frequentemente falamos sobre a orientação de um osso em particular, a translação, escala, cisalhamento e que é útil ter um termo genérico para esta coleção: *transformação*. Uma transformação expressa uma transformação geométrica e, em quase toda a animação do sistema, elas são lineares. Ou seja, uma linha reta antes da transformação também é reta após a transformação. Essa é obviamente uma propriedade útil em um sistema de processamento composto por triângulos com bordas retas e superfícies planas.

Uma transformação pode ser representada como uma matriz 4 × 3, e é normalmente escrita "no sentido da largura", com mais colunas do que linhas. (Isso varia, mas a notação não altera a matemática realizada.) A seção 3 × 3 esquerda representa a rotação, escala e cisalhamento, e a coluna direita de três elementos representa uma translação.

Puristas matemáticos também irão adicionar uma quarta linha da matriz sempre composta de <0,0,0,1>, mas para efeitos de animação, é geralmente deixada implícita, uma vez que nunca muda (e certamente não gostaríamos de armazená-la em qualquer lugar e ter de ocupar espaço). Como veremos, o uso de memória é um grande problema com os sistemas de animação.

Qualquer matriz 4 × 3 pode ser representada como uma combinação dos quatro elementos: translação, rotação, escala e de cisalhamento. É conveniente realizarmos a decomposição da matriz em quatro elementos ao manipularmos animações, desde que cada um tenha diferentes propriedades e

---

[5] N.R.T.: A técnica da construção e organização dos ossos em uma hierarquia interconectada e estruturada é também chamada pelos termos, em inglês, de *skeleton* ou *rigging*. Nos falares da comunidade de língua portuguesa usa-se o anglicismo *rigar* para designar o processo de estabelecer um *rig* em uma personagem. Na presente tradução usamos o termo *armação* como seu correspondente, mantendo o original entre parênteses.

[6] N.R.T.: No inglês, *multiroot bone systems*.

significados e possam levar a um melhor desempenho e compressão do tempo de execução. Por exemplo, em um esqueleto hierárquico "convencional" que imita o corpo humano, todos os ossos giram na articulação que têm com os seus ossos pai. Assim, eles têm uma translação fixa (representando a posição da articulação no espaço do osso pai) e apenas podem mudar sua orientação. Sendo feitos de carbonato de cálcio e rígidos, não podem, normalmente, escalar ou cisalhar. Assim, a posição pode ser realizada na armação (rig) como um valor constante, a escala/cisalhamento pode ser descartada como sendo de identidade (zero de cisalhamento, escala de um) e somente a orientação deve ser armazenada e reproduzida para a animação.

Como veremos, na prática as coisas são mais complexas, e alguns ossos usam todos os quatro componentes. No entanto, os casos de orientação apenas e orientação de translação são tão comuns que vale a pena otimizar a velocidade de memória e de execução para isso.

Ângulos de Euler

Os ângulos de Euler (o nome de um matemático suíço, que se pronuncia "Ói-ler") são um conjunto de três ângulos que podem descrever qualquer orientação de um objeto no espaço 3D. Cada um desses três ângulos descreve uma rotação em torno de um eixo específico. Cada rotação é aplicada ao resultado da anterior. Como existem três eixos para escolher para aplicar a cada rotação e como a ordem de rotação é importante (uma rotação de 90 graus em torno do X seguido de 90 graus em torno do Y não é o mesmo que 90 graus em torno de Y e 90 graus em torno de X), é necessário que haja um ordenamento e convenção do eixo que vai junto com os três números para escolher a partir de uma das doze combinações de eixos/ordem (e de cada uma dessas, oito convenções de direção de sinal/rotação). Infelizmente, pelo menos sete dessas combinações são usadas em vários lugares e provavelmente muitos mais. Isso significa que, ao usar ângulos de Euler, você precisa saber que convenção está sendo empregada e estar ciente de que qualquer convenção que escolha pode não coincidir com a de outra pessoa.

Para facilitar a referência, usaremos uma convenção comum para a ordenação de rotação, *xyz*, o que significa que, primeiro, giramos em torno do eixo *x*, então ao redor do eixo *y* e depois ao redor do eixo *z*. Embora essa "pareça" a ordenação mais óbvia, está longe disso. No mundo da matemática, uma medida mais comum de ordenação é *zxz*. Embora gire em torno do eixo *z* duas vezes, porque há outra rotação no meio, não é o mesmo eixo *z*. Todas as 12 ordenações possíveis de ângulos de Euler são igualmente poderosas (e têm problemas iguais), matematicamente falando.

Além da confusão da convenção de ordenação do ângulo, os ângulos de Euler sofrem de um problema mais grave, chamado *gimbal lock*[7]. Como mencionado, os ângulos de Euler são rotações de cerca de três ângulos. No entanto, há lugares onde os valores desses três ângulos não especificam uma orientação única. Usando a convenção de ângulo *xyz*, considere a rotação (90,90, -90), realizada em um objeto. Agora considere a orientação (0,90,0).

A orientação resultante do objeto a partir desses dois grupos muito diferentes de ângulos é idêntica (veja a Figura 5.2.1). Pior ainda, há muitas combinações arbitrárias de três ângulos que descrevem a mesma orientação resultante. O problema é que os ângulos de Euler possuem *polos*

---

[7] N.R.T.: O termo *gimbal lock* deriva do alinhamento dos eixos em um giroscópio, pois em inglês esses eixos são chamados de *gimbals*. O termo é usado em animação para designar o alinhamento de um eixo com outro e o consequente travamento resultante.

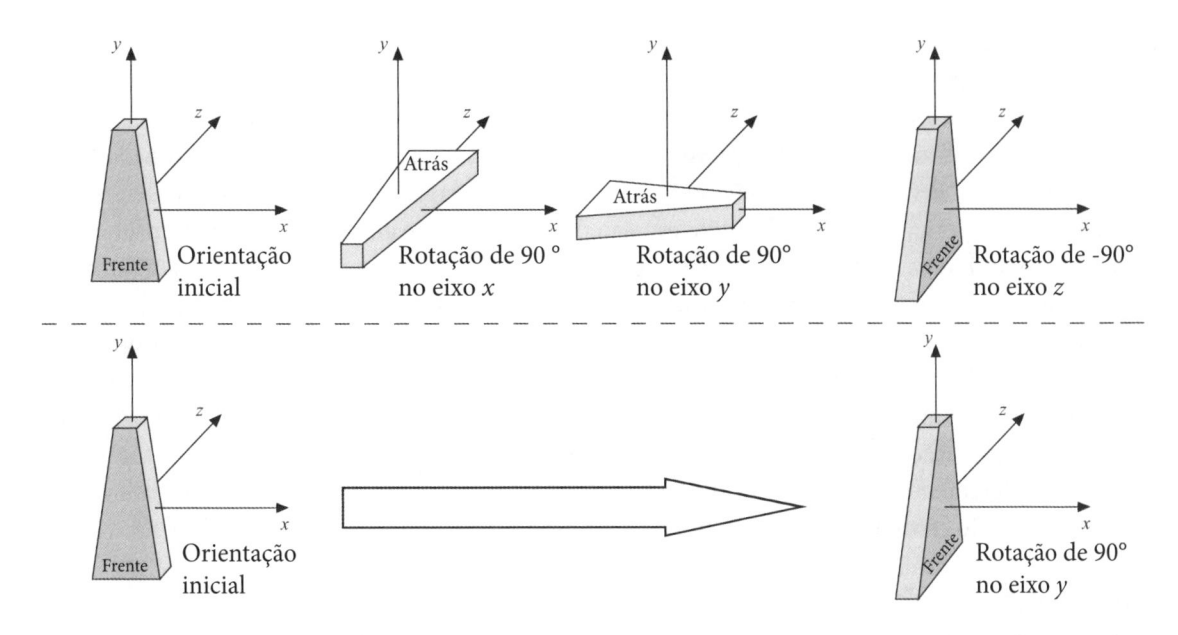

Figura 5.2.1 Duas séries de rotações do ângulo de Euler podem resultar na mesma orientação.

em suas formulações, em que diferentes rotações produzem o mesmo resultado. Convenções diferentes têm polos em locais diferentes, mas todas têm polos.

Para representar orientações estáticas, este não é realmente um grande problema. Se você der uma dessas duas orientações para um astrônomo (embora os astrônomos usem outra convenção, assim você pode precisar para converter os valores para aquele primeiro sistema), ele vai olhar para o mesmo lugar no céu. O problema surge quando se deseja armazenar animações dessa forma. Os sistemas de animação dependem fortemente de interpolação. Não se pode armazenar todas as orientações possíveis entre duas poses, porque, como programadores de animação, estamos quase sempre com pouca memória disponível, assim devemos ser capazes de interpolar suavemente entre as orientações adjacentes. No entanto, se dadas as orientações (0,88,0) e (2,90,0) para interpolar, é bastante óbvio que essas duas sejam muito próximas e que (1,89,0) pode ser um ponto bastante razoável no meio do caminho. Se lhe for dada (0,88,0) e (88,90, −90) para interpolar entre eles, uma verificação numérica sugere que essas são orientações muito diferentes, e que o ponto mediano seria algo em torno de (44,1, −45). Sabemos que (0,90,0) e (90, 90, −90) são a mesma orientação, por isso, de fato, as duas estão muito mais próximas que parecem, e (44,1, −45) é na verdade um ponto médio terrível.

Existem maneiras de resolver esse problema em vez de fazer uma média ingênua dos três valores. Todos esses métodos de interpolação implicam computação complexa (e dispendiosa), ou acabam transformando os ângulos de Euler em outra representação, realizando a interpolação dentro dela e transformando de volta para os ângulos de Euler. Se você vai fazer isso, seria melhor usar uma das outras representações o tempo todo, em vez de constantemente realizar conversões.

A matriz de rotação 3x3

Uma alternativa óbvia para os ângulos de Euler é descrever a orientação como uma matriz 3×3. Isso tem o benefício da simplicidade. Podemos usar a matriz diretamente para nossas transformações de vértices já que não precisamos fazer qualquer conversão. Além disso, duas orientações com a mesma aparência terão números muito semelhantes em suas matrizes, o que significa que uma simples combinação linear entre as duas vai produzir um resultado de aparência sensível.

O problema principal com o armazenamento de uma matriz 3×3 é, claro, a necessidade de armazená-la. É três vezes mais larga que os três valores requeridos pelos ângulos de Euler. Já que espaço de armazenamento é tipicamente escasso para sistemas de animação, isso é um problema.

O outro problema é que uma matriz 3×3 pode representar uma rotação, mas também pode representar qualquer combinação de rotação, escala e cisalhamentos. Isso é de esperar, pois existem três vezes mais valores armazenados em uma matriz 3×3 do que em um trio de ângulos de Euler. Na prática, também significa que se duas matrizes 3×3 são interpoladas, o resultado não é uma rotação pura – alguns tipos de escala e cisalhamento e as matrizes precisam ser *ortonormalizadas*. Essa é uma operação bastante dispendiosa. Além disso, a mistura entre duas rotações-fonte não estará completamente correta – realizar uma mistura 30:70 entre uma rotação de zero grau e uma de 100 graus não resulta em uma rotação de 70 graus, mesmo após a ortonormalização.

Quatérnios

Os quatérnios são o melhor método de representar rotações sem os problemas polares de ângulos de Euler ou o tamanho grande e os problemas de interpolação das matrizes 3×3. Quatérnios são compostos, como o nome sugere, de quatro componentes, referidos como (x, y, z, w), embora às vezes a ordem seja dada como (w, x, y, z). O "significado" desses componentes é que (x, y, z) define um eixo de rotação, e o comprimento do vetor (x, y, z) define o seno da metade do ângulo de rotação. O valor de w define o cosseno da metade do ângulo de rotação (observe que sem w, não se consegue notar a diferença entre uma rotação de 20° e uma rotação de 340°, porque ambas têm o mesmo seno de meio ângulo, mas cossenos de meio ângulo diferentes).

Em geral, os tipos de quatérnios usados para representar orientações ou rotações são de unidade de comprimento. Como o nome sugere, e por extensão a partir de vetores tridimensionais, estes são quatérnios cujos comprimentos são 1, para $x^2 + y^2 + z^2 + w^2 = 1$. Um quatérnio sem unidade de comprimento pode ser normalizado, dividindo-se por sua norma, semelhante à maneira como um vetor no padrão 2D ou 3D é normalizado.

Como um quatérnio define um eixo e um ângulo de rotação, não mostra nenhuma preferência em relação a qualquer orientação em particular. Todos os eixos são o mesmo, não há nenhum "polo" ao redor do qual as orientações giram de forma bizarra, como acontece com os ângulos de Euler, e a "distância" entre duas orientações definidas pelos quatérnios é simplesmente intuitiva. Se os números parecem similares, são realmente muito similares. Isso nos conduz a boas propriedades de interpolação. Na maioria dos casos, a interpolação entre duas orientações sempre ocorre ao longo do caminho de menor rotação, fato desejável ao realizarmos a interpolação.

A exceção é que uma única rotação pode ser representada por dois quatérnios diferentes. Se um é o quatérnio (a, b, c, d), o outro é o quatérnio $(-a, -b, -c, -d)$. Estes representam a mesma rotação, e para muitos (mas não todos) efeitos são intercambiáveis. Na interpolação entre dois quatérnios, é comum o primeiro usar seu produto escalar. Se for negativo, um dos quatérnios, não importa qual, é negado antes de realizar a interpolação. Se essa negação não é feita, a interpolação ainda é sensível, mas percorre o "longo caminho" não desejado.

Por essas razões diversas, os quatérnios são quase sempre a representação do programador de animação para escolhas de orientações, mesmo que não possa ser muito intuitivo de trabalhar. Na prática, os artistas criaram animações usando uma grande variedade de controles, muitas vezes especializados para um tipo específico comum. A conversão para uma única representação de rotação é necessária para evitar complicar maciçamente o código da animação no momento de execução. Observe que esta é uma introdução muito breve aos quatérnios, isto por que são importantes. Para mais informações sobre quatérnios para aplicações de jogos, consulte [Lengyel04, Svarovsky00].

Animação *versus* deformação

Os dois termos, *animação* e *deformação*, são geralmente confundidos. As transformações coletivas de um esqueleto em um certo momento no tempo são denominadas de *pose*. A animação é o processo de mudança de pose ao longo do tempo. No entanto, uma pose não pode ser renderizada diretamente na tela – ela é apenas uma lista de transformações. A *deformação* é o processo de selecionar uma única pose gerada pela animação e aplicá-la aos vértices de uma malha, movendo-os para a posição correta para que estejam prontos para a renderização. Em geral, as animações não sabem sobre os vértices, só especificam as poses; enquanto a deformação não sabe sobre o conceito de tempo, só transfere poses para os vértices.

Normalmente, a parte de animação de um jogo apenas se preocupa com as animações: jogá-las, amostrá-las e mesclá-las. Raramente, ou nunca, se preocupa com os vértices da malha e quase exclusivamente lida com esqueletos e poses.

O lado da renderização do triângulo de baixo nível do lado de um jogo raramente se preocupa com nada mais do que uma pose do esqueleto. Sejam quais forem as animações que estejam sendo executadas, ele simplesmente seleciona a pose em cada frame, deformando a malha e produzindo uma dada pose e a renderiza.

Isso estabelece uma clara separação entre renderização e animação. É útil, pois permite que o renderizador funcione em um ritmo diferente do resto do jogo, que é uma parte vital de muitos motores de renderização. Esse é também um lugar comum para fazer a separação entre a CPU e o hardware gráfico. A maioria dos motores atuais executa todas as animações na CPU, mas depois entrega as poses ao hardware gráfico para realizar a efetiva deformação (e posterior renderização) de uma malha.

Modelos e instâncias

Um único modelo é uma descrição de um objeto. Isso usualmente consiste em uma malha com vértices, triângulos, texturas etc. O mais importante para um sistema de animação inclui um esqueleto que mantém as propriedades de cada osso e como elas são ligadas. Um único modelo pode ser usado várias vezes em determinada cena e não há necessidade de repeti-lo para cada objeto na cena. Por exemplo, cada ave em um bando de gaivotas usará os mesmos vértices, a mesma textura, e o mesmo esqueleto e, portanto, todos eles vão usar o mesmo modelo de gaivota.

No entanto, cada gaivota vai precisar de alguns dados originais: a sua posição e orientação, o estado de qualquer animação sobre ela e as posições atuais dos seus ossos.

Além disso, haverá dados de jogos específicos, como a fome da gaivota, quem são seus amigos e se ela pegou o lança-foguetes.

Todos esses dados são específicos para essa gaivota e vivem em uma *instância*. Uma instância armazena toda a informação original sobre determinado item em uma cena e contém referências a dados compartilhados que descrevem o item.

Controles de animação

Quando você joga uma animação em uma instância em particular na cena, certas coisas precisam ser armazenadas: a animação, quando começou, a qual velocidade está sendo reproduzida, com que peso de mesclagem está sendo reproduzida etc. Você também precisa ser capaz de parar a animação mais tarde ou alterar sua velocidade. Pensando no bando de gaivotas novamente, muitos dos pássaros estarão usando a mesma animação de "bater asas", mas eles usarão em velocidades diferentes e as iniciarão em momentos diferentes. Assim, esses dados não podem ser armazenados na própria animação, uma vez que existe apenas um deles compartilhado entre todas as gaivotas. Além disso, você certamente não quer fazer uma cópia da animação para cada gaivota, pois as animações são objetos muito grandes e você rapidamente irá ficar sem memória.

No entanto, os dados não podem ser armazenados diretamente na instância. Uma instância particular, muitas vezes, terá muitas animações, todas se misturando ou funcionando em diferentes conjuntos de ossos. Cada um dos conjuntos de dados é independente, e você precisa encontrar uma maneira de parar ou mudar a velocidade de uma animação especial, sem afetar o resto. É também relativamente comum ter a mesma animação funcionando em determinada instância mais de uma vez, mas com valores diferentes. Por exemplo, quando um soldado dispara sua arma automática uma vez, ele pode reproduzir a animação de "recuo", que pode durar um segundo. Se o soldado atira com uma arma em modo automático, ele terá uma animação para cada bala atirada e pode atirar dezenas de balas por segundo. A qualquer momento, ele poderá ter dez ou mais da mesma animação de recuo, mas compensado no momento certo. Se sua mira é boa, seu alvo pode também estar utilizando muito a animação "acertado pela bala".

Isso leva ao conceito de *controle de animação*, uma estrutura de dados que liga uma instância específica na cena a uma animação especial, armazena informações como a velocidade da animação e hora de início, e pode ser solicitada a parar, pausar ou alterar velocidade. Uma vez que cada instância pode ter muitos controles dependendo dela (uma para cada animação funcionando naquela instância), e cada animação pode ter muitos controles apontando para ela (uma para cada instância usando essa animação), os controles usualmente são colocados em duas listas relacionadas: uma para instâncias e uma para animações.

> Armazenamento de animação

É sempre útil na fase de planejamento de um sistema gerar estimativas, apenas para verificar quão viáveis serão certas ideias. Este é um teste de sanidade, antes que você comece toda a programação para ver se o esquema vai funcionar facilmente, ou se está "passando dos limites". Mesmo com cálculos aproximados, você provavelmente vai perceber que terá de trabalhar duro para que sua animação caiba dentro das limitações do processador e memória.

Portanto, façamos alguns cálculos rápidos no sistema mais simples de animação que podemos pensar: um esquema onde armazenamos uma matriz 4×3 para cada osso, um para cada frame de cada animação. Isso nos permite muito pouco trabalho quando repetimos a animação. Basta escolher o frame e usar a matriz 4×3 diretamente.

Vamos supor alguns números bastante típicos para um jogo, tal como 30 frames por segundo, cinco personagens principais, com 100 animações cada, 15 personagens menores com 20 animações cada, cada animação com duração média de quatro segundos. Todas as personagens possuem 50 ossos. Estes são números aproximados, é claro, e provavelmente subestimam muitos valores, mas estamos interessados principalmente em resultados de ordem de magnitude.

$$\text{TotalSpace} = 30 \cdot 4 \cdot 50 \cdot (4 \cdot 3) \cdot \text{sizeof}(\text{float}) \cdot ((5 \cdot 100) + (15 \cdot 20)) = 220 \, \text{Mb}$$

Bem, isso não vai soar bem para o líder do projeto. É excessivamente grande para a geração atual de consoles como o PS3 e o Xbox 360 e excede a capacidade de alguns dos menos poderosos consoles e sistemas portáteis.

Para dar uma ideia dos números que deveriam ser destinados para essas discussões, um console Xbox 360 tem 512 MB de memória e um console Wii tem 88MB de memória. O sistema de animação, se tiver sorte, terá talvez um quarto disso, assim você poderá ter 128 MB para o Xbox 360 e cerca de 20 MB no Wii. Mesmo que os consoles da próxima geração tenham mais memória, você também vai querer maior contagem de ossos e mais animações, então os números anteriores são bastante conservadores.

Então, o que podemos eliminar? Não podemos reduzir o número de caracteres, o número de animações ou o número de ossos, uma vez que essas decisões são feitas pelo Departamento de Design e Arte. Claro, se eles estão pedindo o impossível, precisamos dizer isso a eles, mas esses tipos de números foram realizados por outros jogos, por isso podem ser feitos. Com esses números em mente, vamos examinar as várias formas de resolver o problema de espaço.

Decomposição e eliminação de constante

O primeiro passo é examinar o que está sendo armazenado para cada osso. A matriz 4 × 3 é uma descrição bem completa, mas como mencionado anteriormente, codifica quatro conceitos muito distintos: a translação, orientação, escala e cisalhamento. Muitos ossos em muitas animações não executam alguns desses movimentos. Apenas uma pequena minoria dos ossos tem algum cisalhamento, e alguns sistemas de animação nem apoiam o conceito. A maioria dos ossos não realizará escalamento, com a principal exceção sendo "ossos" que representam os músculos (por exemplo, os grandes músculos no peito, braço, coxa e panturrilha e os sistemas complexos de músculos faciais). Os ossos representando ossos reais do esqueleto, como juntas fixas, como o joelho, quadril e cotovelo, não terão qualquer alteração durante sua translação. Muitos sistemas mecânicos (como armas) têm partes que só deslizam em relação aos seus pais; eles não mudam de orientação, apenas posição.

Além disso, algumas animações não movem todos os ossos. Uma animação de uma personagem sentada em um bar vai principalmente mover as partes do corpo acima da cintura. A personagem pode bater um pé ou mudar razoavelmente de posição, mas a maioria das animações não vai utilizar grande parte dos ossos das pernas. Estes podem ser armazenados como valores constantes, em vez de armazenar o mesmo valor em cada frame.

Portanto, para cada osso, podemos decompor a matriz 4×3 em seus quatro componentes e verificar quais componentes são constantes ou a identidade ao longo da duração da animação. Para cada animação, podemos armazenar valores constantes apenas uma vez e eliminar completamente os valores de identidade. Translações exigem três valores, escalas exigem três valores, cisalhamento exige três valores, mas orientações, como vimos, são um pouco chatas, e provavelmente é melhor usar um quatérnio, que tem quatro valores.

Isso vai economizar um pouco de memória. Assumindo que os valores constantes são um montante trivial de armazenamento e eficazmente insignificante, vamos analisar novamente os nossos números brutos.

Suponha que apenas 10% dos ossos tenham cisalhamento, 20% dos ossos possuam escalas, 50% dos ossos apresentem alterações na translação, e 90% dos ossos tenham mudanças de orientação. Naturalmente, o tipo de jogo e as personagens utilizadas vão alterar esses valores um pouco, e eles são um pouco pessimistas, mas, novamente, esse é um cálculo aproximado. Portanto, o espaço médio necessário para um osso de um frame é:

$$bytesPerBonePerFrame = \text{sizeof}(\text{float}) \cdot ((0.1 \cdot 3) + (0.2 \cdot 3) + (0.5 \cdot 3) + (0.9 \cdot 4)) = 24 \text{ bytes}$$

Esse valor é consideravelmente melhor que o original de 48 bytes, já que foi reduzido pela metade do espaço necessário, embora 110 MB ainda seja mais de cinco vezes o nosso orçamento em um Wii. Além disso, foram introduzidos alguns custos de execução. Por exemplo, em vez de lermos uma matriz 4×3, agora temos de examinar a animação, ler os dados que estão lá, preencher o resto das constantes da animação ou de identidades, e então reconstruir o resultado da matriz 4×3 a partir de quatro pedaços de informação: translação, orientação, escala e de cisalhamento. No entanto, esse trabalho extra vale o esforço. Isso irá formar a base para todas as outras otimizações que vamos discutir.

Keyframes e interpolação linear

O passo seguinte mais óbvio é a utilização de menos de 30 frames por segundo. As animações são, em geral, boas, e podemos utilizar uma técnica dos dias da animação desenhada à mão conhecida como keyframes. Filmes de cinema tem 24 frames por segundo, mas quando a animação era toda desenhada à mão, muitas empresas de animação desenhavam apenas 12 frames por segundo e mostravam cada frame duas vezes. No entanto, 12 frames por segundo ainda é um número grande para um filme de uma hora e meia (quase 65 mil frames). Se a sua personagem principal aparece em, talvez, metade dos frames, é necessário 32 mil frames desenhados. Mesmo que sejam desenhados como esboço a lápis e a tinta e coloridos por outros artistas mais tarde, é um número assustador para uma pessoa criar. Normalmente, poucos artistas podem desenhar uma personagem importante em uma elevada qualidade, então dividir essa personagem entre centenas de artistas não é sensato, já que você terá 100 personagens apenas parecidas, mas que se movem de forma muito diferente.

A solução é fazer com que o artista principal das personagens só faça certos *keyframes* importantes da personagem, como poses estáticas, o início, meio e fim de qualquer movimento, e mais detalhes em qualquer dificuldade e movimentos incomuns. Esses keyframes podem estar em qualquer lugar de um em cada quarto de segundo, para muitos segundos distantes, dependendo da complexidade do movimento. Como você pode ver, isso reduz consideravelmente o volume de trabalho do artista principal.

Esses keyframes são então passados para outros artistas, que desenham os frames entre eles. A ideia é que todas as características essenciais do movimento estejam nesses keyframes, e é uma tarefa muito mais simples desenhar os frames que compõem o movimento, uma vez que essas diretrizes foram elaboradas. Esses dois papéis têm dado origem a dois termos importantes: *keyframe* e *tweening* (o processo de elaboração dos frames *entre*[8] os keyframes). Como o artista principal já estabeleceu as facetas mais importantes do movimento, há um limite para o quanto esses frames "intermediários" podem divergir da visão original.

Podemos usar esses conceitos em nosso código de animação. Não precisamos armazenar animações em 30 frames por segundo; podemos armazená-las em uma velocidade menor e interpolar os keyframes para produzir os frames intermediários. Essa é uma razão pela qual quatérnios são muito mais fáceis de trabalhar do que ângulos de Euler. Como discutido anteriormente, os quatérnios interpolam muito melhor sem polos especiais, em que a interpolação se torna difícil.

Portanto, vamos usar a interpolação mais simples que existe: a interpolação linear. Dados quaisquer dois keyframes adjacentes, para localizarmos o frame de 25% do caminho (no tempo) do primeiro para o segundo, multiplicamos os valores do primeiro frame por 0.75[9], os valores do segundo frame por 0.25 e adicionamos os resultados.

Para a translação, escala e cisalhamento, tal método produz bons resultados, mas, como de costume, a orientação se constitui em um caso especial. O problema é que quando armazenamos orientações como uma matriz 3×3, ou como um quatérnio, há uma restrição sobre os valores. Uma matriz 3×3 deve ser *ortonormal*, o que significa que os três vetores de coluna devem ter um comprimento de unidade (ou seja, a matriz é normalizada) e em ângulos corretos uns para os outros (ou seja, a matriz é ortogonal).

Portanto, ortonormais = ortogonal + normal. Um quatérnio também precisa ser normalizado, o que significa que é da unidade de comprimento. Sempre que realizar uma interpolação linear em uma dessas representações de uma orientação, você vai descobrir que o resultado muitas vezes não é normal ou ortonormal, o que leva a cisalhamento e efeitos de escalas não desejados.

Felizmente, há boas maneiras de renormalizar as orientações e evitar essa situação. Para quatérnios, basta dividir todos os quatro números pelo comprimento do quatérnio; em matrizes de 3×3, basta realizar uma combinação de normalização e deslocamento dos vetores da coluna de modo que fiquem perpendiculares entre si. No entanto, como discutido anteriormente, a interpolação de matrizes 3×3 ou 4×3 não é uma boa ideia, pois é dispendiosa e não produz resultados muito bons. Notavelmente, intercalar duas matrizes 3×3 que representam rotações podem apresentar escalas e cisalhamentos, que não estavam nas matrizes originais.

É interessante notar que os ângulos de Euler não sofrem desse problema; cada terceto possível de valores é uma orientação válida e nunca irá produzir efeitos de escala e cisalhamento. No entanto, os problemas com interpolação e polos os tornam tão difíceis de usar de outras formas, que quatérnios são em geral a melhor solução, e interpolar e renormalizar os quatérnios não é um processo difícil. Há uma discussão mais à frente neste capítulo sobre a melhor maneira de interpolar quatérnios; na verdade, há mais de uma. Antes de mergulharmos nos livros didáticos de matemática ou bibliotecas, vale a pena lermos esta breve discussão sobre o problema. A solução pode ser mais simples do que você espera.

Então, quantos keyframing podemos construir? Quantos frames podemos jogar fora e produzir, por interpolação, em vez de armazená-los? Para tanto, devemos primeiramente falar dos problemas associados aos keyframes.

---

[8] N.R.T.: O autor realiza um jogo de palavras entre *between* e *tweening*, isto a partir da ideia de que *tweening* e *inbetweening*, significa o que está *"entre"*, o "intermediário". O termo tweening é traduzido para o português como *interpolação*.

[9] N.R.T.: Lembre-se que o autor está utilizando o *sistema inglês do separador decimal*. Como os motores de games geralmente utilizam esse sistema para os decimais, eles são mantidos aqui no texto, por uma questão de coerência didática. Para mais informações, vide a primeira nota do Capítulo 4.3 *Física dos jogos em tempo real*.

O primeiro e mais óbvio ponto, estamos perdendo dados. Se a animação é complexa, com componentes de alta frequência, esse detalhe será perdido. Pense na animação de um helicóptero com rotor de lâmina dupla. Se estiver girando a dez rotações por segundo e armazenarmos a animação em 30 frames por segundo, cada lâmina será amostrada em três orientações diferentes em cada volta completa. Para simplificarmos, vamos medir a orientação em graus e supor que as três amostras sejam 0°, 120° e 240°. Isso é bom, pois podemos reconstruir a ideia de que o rotor está girando; reproduzir a animação lentamente usando interpolação irá mostrar o movimento suave em um círculo. No entanto, se usarmos os keyframes e armazenarmos apenas essa animação em dez frames por segundo, assumindo cegamente que podemos intercalar o resto, veremos que todos os frames que armazenamos têm o mesmo valor em si. A partir daí, todas as interpolações do mundo irão mostrar que o rotor não está se movendo. Obviamente precisamos de mais de 10 keyframes por segundo neste caso.

No outro extremo da escala, se a pessoa está dormindo, sua animação é composta quase inteiramente do movimento de inspiração e expiração de seu peito enquanto respira. Esse movimento tem um comprimento de repetição de cerca de 5 segundos, para armazenar apenas dois keyframes: um com o peito expandido e outro com o peito contraído; durante esse período parece possível e ainda produz uma animação agradável. Na prática, é um pouco mais difícil. E se os dois frames escolhidos estivessem no meio do ciclo de respiração, um porque o peito está no meio do movimento para cima e o outro porque está no meio do movimento para baixo? Ambos são os mesmos e, novamente, o peito não se moveria. É claro que assim como a escolha cuidadosa da frequência, é importante escolher com cuidado exatamente quais frames armazenar.

Outro problema é que estamos usando a interpolação linear, que assume que dados os dois keyframes, o movimento entre eles seja uma linha reta. Essa é uma aproximação razoável em muitos casos. No entanto, considere uma bola quicando. Em nenhum ponto o seu movimento é uma linha reta. Na verdade, é (quase) uma parábola entre os dois pontos. Contanto que tenhamos keyframes suficientes, aproximar o movimento como uma série de linhas retas entre cada keyframe é razoável. No entanto, como utilizamos menos keyframes, a aproximação parece muito pior, e não precisaremos manter um nível tão baixo quanto nos exemplos anteriores de ter apenas dois ou três keyframes por ciclo antes de o movimento parecer muito ruim com uma interpolação linear. Muitas vezes, ter até seis keyframes por segundo, ainda parece bastante ruim.

Há ainda mais um problema: escolher qual dos frames originais manter e quais eliminar. Por exemplo, se não temos um keyframe que mostre o instante em que a bola bate no chão, a interpolação linear irá garantir que a bola não bata no chão, o que irá parecer muito estranho.

Portanto, há um limite quanto à forma como os keyframes podem ser usados para reduzir a quantidade de dados armazenados. Podemos facilmente mudar o número de keyframes utilizados para cada animação. Algumas requerem muitos keyframes e irão tolerar pouca interpolação; outras requerem muito menos keyframes e podem usar uma grande quantidade de interpolação. Para escolhermos uma figura extremamente esboçada, a maioria dos movimentos vai começar a parecer pobre, se menos de cinco keyframes por segundo forem usados. Contudo, ter apenas uma animação com o dobro dessa razão usa o mesmo espaço como quatro animações na metade dessa razão! Portanto, isso não pode ser tomado como um número *médio* por causa do cálculo do espaço ocupado pelas animações. Um valor médio em torno de 10 keyframes por segundo é mais realista. Essa é ainda uma boa melhora de 30, que é uma redução tripla. Nosso uso de memória está agora com 37 MB, o que caberia confortavelmente em um Xbox 360, mas ainda seria um pouco grande demais para o Wii.

Interpolação de ordem mais alta

Muitos dos problemas com interpolação estão relacionados com a nossa forma de reconstruir as poses intermediárias por meio de linhas retas. A maioria dos movimentos não é uma linha reta; é uma espécie de curva. Por isso, provavelmente faz sentido usar uma curva em vez de uma linha reta para a reconstrução. No entanto, qual curva? Este livro não é grande o suficiente para tratar de todas as curvas possíveis, e nem mesmo para apresentar a base matemática por trás das *curvas* e *_splines*, por isso vamos nos ater a alguns estudos de caso simples.

O lugar mais simples para começar é substituir cada segmento linear por uma curva Bézier cúbica. Esta é uma curva muito flexível e controlável, que também é muito simples para avaliar.

Por interpolação linear entre dois frames armazenados F_1 e F_2, definimos um tempo t puramente conceitual, que é de 0.0 na F_1 e 1.0 na F_2. Por interpolação linear para obter um resultado de **R**, o cálculo é simples, como mostrado na Equação 5.2.1.

$$R = \left((1-t) \cdot F_1\right) + \left(t \cdot F_2\right) \tag{5.2.1}$$

Podemos ver que, quando t é 0.0, no início do segmento, R é inteiramente F_1, e quando t é 1.0 no final, R_2 é inteiramente F_2. Para tempos acima de 1.0, iríamos, em vez disso, mudar para o próximo segmento entre F_2 e próxima amostra, F_3, e um novo tempo conceitual t que novamente vai de 0.0 a 1.0.

Para uma curva, bem como definir os pontos iniciais e finais, temos também de ser capazes de controlar as tangentes da curva nos pontos finais (quando t é 0,0 e quando t é 1,0). Nós definimos dois frames extra de dados T_1 e T_2. Estes não são frames reais, já que a animação não passa por eles à medida que progride. Eles simplesmente definem a forma da curva. Como você pode ver na Figura 5.2.2, quando a curva deixa F_1, está caminhando para T_1, e quando chega a F_2, estava vindo de T_2. A tangente da curva nos pontos finais F_1 e F_2 é definida pelos valores de T_1 e T_2, respectivamente.

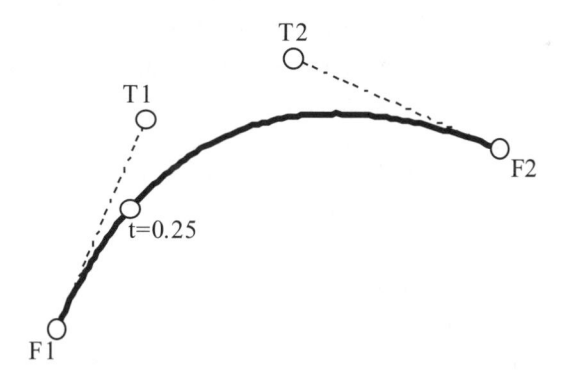

Figura 5.2.2 Uma curva de Bézier cúbica com pontos de controle associados.

A curva é avaliada usando a Equação 5.2.2.

$$R = \left((1-t) \cdot F_1\right) + \left(t \cdot F_2\right) \tag{5.2.2}$$

A curva de Bézier cúbica é muito boa, pois dá controle explícito sobre dois locais que a curva atravessa, e também dá controle explícito sobre o gradiente da curva nesses dois pontos. Com esse controle, podemos usar as curvas de Bézier para obter algumas aproximações muito boas para o caso da bola que quica, mencionado anteriormente.

O principal problema com as curvas de Bézier é que para cada ponto da curva, você precisa de três pontos de controle. Apesar de cada seção usar quatro, podemos supor que o ponto de controle final, F_2, é compartilhado com a próxima curva e utilizado como sua F_1, assim, efetivamente, cada segmento requer apenas a memória para armazenar três pontos de controle. No entanto, isso ainda é três vezes mais números armazenados como uma interpolação linear. Uma variante interessante da curva de Bézier é encontrada substituindo T_2 com $F_2 - (T_2 - F_2)$ ou $2F_2 - T_2$. Em outras palavras, apontar o vetor F_2 para T_2 "para o outro lado", para que aponte para além do final da curva, não de volta para ela. Observe que você realmente não mudou a natureza da curva, apenas armazenou os seus pontos de controle de uma maneira diferente. Então, se isso não mudou a curva, por que é interessante? Porque permite que se compartilhe a nova T_2 com a próxima curva T_1, se quiser. Na maioria dos casos, esse é exatamente o comportamento desejado e reduz as seções mais curvas necessitando apenas de dois pontos de controle em vez de três.

Existem algumas variantes similares. Por exemplo, se você trocar T_1 com o vetor $(F_1 - T_1)$ e T_2 com o vetor $(T_2 - F_2)$ na formulação, conseguirá outra curva padrão chamada de curva de *Hermite*. O mesmo truque de compartilhar vetores de tangentes adjacentes pode ser feito com essa representação.

Observe que com essa versão, precisamos adicionar mais um refinamento. Cada seção da curva usa quatro pontos de controle – F_1, T_1, F_2 e T_2. Normalmente, F_2 e T_2 de uma seção podem ser usados como F_1 e T_1 da próxima seção, mas isso nem sempre é possível. O exemplo da bola quicando mostra bem isso. Quando a bola quica, o ponto T_2 de uma seção não é compartilhado com ponto T_1 da próxima, porque a bola muda repentinamente de direção.

Isso é chamado de *descontinuidade*. Em termos matemáticos, esse tipo é uma descontinuidade "C1", porque a inclinação ou a velocidade da curva muda bruscamente. A descontinuidade "C0" é aquela em que o valor real muda de repente, como se o objeto fosse teletransportado para algum lugar, que é muito raro em animações, mas acontece. Há também uma descontinuidade "C2" (e, claro, a sequência continua em C3, C4 etc.), que é mais difícil de ver; acontece quando as mudanças de aceleração mudam de repente. Isso ocorre frequentemente em animações, como a cada vez que um músculo é retraído, há uma mudança na aceleração e, portanto, uma descontinuidade C2. Em geral, preservar a continuidade C2 não é uma característica extremamente importante dos sistemas de animação, e é interrompida com frequência.

Ao conectarmos as curvas por meio do compartilhamento de pontos de controle e finais desse modo, podemos facilmente alcançar as continuidades C0 e C1. (Também alcançamos a continuidade C2 neste caso). Contudo, se você não quiser essa continuidade, precisa especificar os pontos finais de várias curvas adjacentes, como o lugar onde a bola quica. Você pode fazer isso por meio de uma lista de índices que indicam, para cada ponto da curva, que ponto de controle usar. Assim, cada seção terá quatro índices: cada um para F_1, T_1, T_2 e F_2. No entanto, curvas adjacentes, muitas vezes, terão índices referentes aos mesmos controles, permitindo a interpolação suave na maioria dos casos ou descontinuidades, onde não desejadas.

Quanta memória podemos economizar usando as curvas de Bézier em vez de interpolação linear? A avaliação da animação tornou-se um pouco mais dispendiosa, pois cada ponto da curva aumentou realmente por ter dois pontos exibidos em vez de um (e talvez um terceiro para descontinuidade C1 ocasional), e a lista do índice, apesar de pequena, foi adicionada. No entanto, o tamanho adicionado para cada seção é mais do que compensado pela redução no número de pontos que precisam ser armazenados. A ideia é que a interpolação de curva cúbica possa usar cerca de um décimo do número de seções que a interpolação linear utiliza, e parece tão bom quanto.

Portanto, o espaço necessário para cada seção tem aumentado. Precisamos agora de pouco mais de duas vezes de muitas amostras (vamos supor 2.1 vezes como um modificador do razoável, se 10% das seções de curva exigem uma descontinuidade C1), além da lista do índice, que representa quatro inteiros por seção. Isso coloca o total por seção em $(24 \times 2.1) + (4 \times \text{sizeof}(\text{int}))$, ou seja, 66.4 bytes ou 2.77 vezes maior por seção curva. No entanto, estamos usando um décimo como muitas seções, de modo que o multiplicador real é um 0.277, o que é muito encorajador (o que é cerca de um quarto), reduzindo o total de espaço de 37 MB para apenas cerca de 10 MB. Isso agora está ficando muito perto do nosso objetivo de 8 MB, mas não completamente.

Existem muitos outros tipos de curva; um tipo interessante são as curvas Catmull-Rom. Embora mais complexas, podem reduzir o número de amostras necessárias, tornando as amostras de T_1 e T_2 tangentes implícitas, em vez de explícitas. Em vez de armazená-las como entidades separadas, podem ser armazenadas como combinações das amostras F circundantes. Isso só funciona quando não se precisa de controle explícito sobre o valor exato da tangente nos pontos de controle e se necessita apenas que tangentes sejam razoáveis e que curvas sejam C1 contínuas. Como esse é o caso comum, a economia no espaço é muito útil. Essa parte extra de economia nos leva ao nosso slot de memória de destino.

Todos os tipos de curva até agora apresentados são *uniformes*, o que significa que todas as seções da curva representam a mesma quantidade de tempo. Na prática, animações tendem a ter períodos curtos de tempo, com muitas mudanças e longos períodos em que a animação é suave. Seria bom armazenar seções menos curvas para as partes suaves. Isso pode ser feito pelo armazenamento de um tempo com cada seção da curva indicando quando começa a seção. Dessa forma, alguns trechos podem se referir a um longo período de tempo e outros podem se referir a apenas um curto período. Os tempos são chamados de *valores de nó*, e esses tipos de curvas são chamadas *não uniformes*. Algumas das curvas uniformes já mencionadas também têm versões não uniformes.

Uma coisa interessante sobre curvas não uniformes é que os valores de índice já não são estritamente necessários. A amostra da curva pode sempre assumir que o T_2 de uma seção seja compartilhado com o T_1 da seção seguinte, o que significa que a curva é sempre contínua. Para introduzir uma descontinuidade de qualquer espécie, uma ou mais seções da curva podem ser reduzidas, para que tenham tempo zero, definindo o horário de início da próxima seção a ser o mesmo que o tempo que esta seção começar.

Isso permite que tipos de curvas sempre contínuas sejam utilizados, o que abre novos tipos possíveis. Uma curva muito poderosa é a *B-spline*, uma generalização da maioria das curvas mencionadas. A parte mais complicada sobre o uso de B-splines é que, embora a curva seja influenciada e moldada pelos pontos de controle, isso não significa necessariamente que viaje através dos pontos de controle, porque as B-splines são um tipo de curva *não interpolada*. Apesar disso, as B-splines são muito rápidas para avaliar, têm muitas propriedades matemáticas elegantes e são as que muitos pacotes comerciais de animação usam.

Looping

Muitas animações fazem loop. O loop deve ser contínuo, sem estouros, seja em valor (deve ser C0 contínuo), seja em velocidade (deve ser C1 contínuo). Você deve ser capaz de confiar em seus animadores para criar animações como esta, em que o primeiro e o último frame correspondem e são suaves. No entanto, é importante, quando se consideram questões como a compressão, o tempo e a velocidade de mudança, que você se lembre de considerar o caso do looping e assegurar que qualquer transformação que você faz com os dados preserva qualquer continuidade C0 e C1.

O caso mais generalizado de animação de um loop repetidamente é a execução de uma animação diretamente após a outra. Um exemplo muito comum que você tem é o ciclo de caminhada (*walk cicle*) e o ciclo de corrida (*run cicle*), cada um dos quais realizando seus loops corretamente. E você também precisa ter uma animação que mostra a transição da caminhada para a corrida. O início dessa animação junta-se perfeitamente com o fim do ciclo de caminhada e o final junta-se perfeitamente ao início do ciclo de corrida. Novamente, os artistas estão acostumados a criar animações que fazem isso, e é importante que o código de animação não quebre a continuidade ou imponha condições especiais nessa continuidade. Uma restrição aceitável é a de exigir que ambas as animações estejam sendo executadas com a mesma velocidade, uma vez que, de outro modo, é extremamente difícil manter a continuidade de C1.

Na prática, isso significa apenas tomar cuidado ao usar as curvas para comprimir suas animações e garantir que as curvas de tangente em cada extremidade sejam mantidas sempre que possível.

⟩ Reproduzindo animações

Quando você quiser experimentar uma animação, precisa selecionar o tempo na animação na qual está interessado. Esse período é chamado *tempo local* da animação. O tempo local normalmente começa em zero no início da animação e termina no comprimento original da animação (quando executada em velocidade normal). Assim, em uma animação de cinco segundos, o tempo local vai de 0.0 a 5.0.

O outro tempo que os jogos utilizam é o *tempo global*, o tempo que se passa realmente no jogo. Um tempo local da animação pode se passar em uma taxa diferente do horário global, porque a animação está sendo reproduzida mais lentamente ou mais rapidamente do que originalmente ou pode até mesmo ser reproduzida de trás para a frente, caso em que o tempo local vai diminuir e não aumentar. No entanto, forças como a gravidade são executadas no tempo global – não se pode (normalmente) acelerá-las ou atrasá-las. Há um terceiro tempo, conhecido como o *tempo do mundo real*, que é aquele que o usuário percebe. Essa opção mantém sincronia com o tempo global enquanto estiver jogando, embora o usuário pode pausar o jogo ou ver um replay em câmera lenta, caso em que vai sair de sincronia. Sistemas de animação geralmente não se preocupam com o tempo do mundo real. É mencionado apenas para esclarecer qual tempo global é e não é.

A velocidade de uma animação é a relação entre a passagem do tempo global e o incremento do tempo local. Se a velocidade for configurada em um deles, ambos irão passar com mesma taxa de velocidade cada frame, e a animação será reproduzida na mesma velocidade em que foi criada. Se a velocidade for definida como uma média dos dois, o tempo local vai progredir até a metade da velocidade do tempo global, e a animação será reproduzida mais devagar (ela vai durar o dobro do tempo).

Alguns sistemas de animação, especialmente os baseados em ferramentas de produção para cinema e televisão, armazenam tempo local não como um número de segundos, mas como um número de frames, utilizando 24 frames por segundo para cinema e 50 ou 60 frames por segundo para a televisão. Isso é conveniente para sistemas completamente compostos por keyframes, em que cada frame é armazenado na memória. Para encontrar o frame, basta ter o tempo local, cortar a parte fracionária deixando o inteiro e observar o frame numerado. Contudo, assim como você tem animações que são executadas em frequências menores (que, como já vimos, é uma grande economia de espaço), esse sistema simplesmente tornará a vida mais complexa, já que os 24 intervalos por segundo agora correspondem a nenhum conceito de dados reais em qualquer sentido, e simplesmente tornam o desenvolvimento mais confuso. Por essa razão, é recomendado que o tempo seja mantido em segundos em vez de frames .

Alguns sistemas "normalizam" o tempo local e indicam que sempre se inicia em zero (no início da animação) e termina em um (no final da animação), e mudam a velocidade com que a animação é reproduzida para esticar ou encolher em sua duração necessária. Uma animação que tinha originalmente quatro segundos de duração, reproduzida na velocidade "original", é realmente reproduzida na velocidade de um quarto para que uma unidade de tempo local dure quatro segundos de tempo global. Na prática, qualquer acordo é igualmente válido. A ligeira vantagem de não se normalizar é que a maioria das animações é reproduzida na mesma velocidade em que foram criadas. Isso pode facilitar a depuração, exibindo imediatamente a animação em quatro segundos de duração, apesar de ela estar sendo mostrada no momento em três segundos em sua execução.

Scrubbing

Não importa como você lida com a questão do "quando é agora", uma coisa importante para um sistema de animação é que ele pode lidar com vários tempos globais simultaneamente. Isso soa como uma estranha exigência de que certamente deveria existir apenas um tempo global em um jogo de cada vez! Bem, sim, e você geralmente exibirá animações em tempo "atual" global – normalmente o tempo atualmente renderizado. No entanto, há casos em que se vai querer exibir animações no futuro ou no passado, sem alterar o conceito do "agora". Um exemplo óbvio é quando se olha para os passos de personagens e se decide para onde estão indo. Como seres humanos, quando caminhamos, olhamos para a frente e prevemos onde os nossos pés serão colocados, e um bom sistema de animação deve ser capaz de fazer o mesmo, até certo ponto. Da mesma maneira, a previsão é útil quando se faz as animações alcançarem objetos, jogar objetos, saltar (normalmente, o salto no jogo acontece no instante em que *inicia* a animação, e não quando ela *termina*, para evitar o "lag" nos controles), e também é usado para extração de movimento e de compensação.

A capacidade de exibir animações a qualquer momento (dentro de certos limites razoáveis em torno do tempo global) é chamado de *scrubbing*, um termo tomado emprestado do cinema e da edição de som. Obviamente, é simples exibir uma animação a qualquer momento que desejar. Afinal, você precisa ser capaz de fazer isso porque várias instâncias podem estar reproduzindo determinada animação em momentos diferentes. O importante é garantir que todo o código ao redor não se baseie em algoritmos que não lidam bem com vários acessos. Por exemplo, qualquer técnica que requeira que você vá do frame A para o frame B tendo de executar alguma operação em todos os frames intermediários não vai ser útil em um jogo real – a lacuna entre o frame A e o frame B pode ser grande, exigindo muitas dessas operações. Pior, o frame B pode vir depois do frame A, o que é problemático se as operações forem difíceis de reverter.

Um exemplo é a prática de codificar as animações como deltas do frame anterior. À primeira vista, isso parece ótimo, já que muitas animações possuem apenas mudanças pequenas de frame para frame, que lhe permite comprimi-los para um tamanho de memória muito pequeno. Infelizmente, se você deseja exibir o frame 200, é necessário começar do início e aplicar todos os 200 deltas para obter o resultado. Em alguns casos, podemos lembrar do último frame, e podemos desejar exibir o frame 198 e, assim, começaremos com o velho resultado (lembrado) e aplicaremos apenas dois deltas. Na prática, armazenar essas informações rapidamente nos deixa fora de controle e torna-se muito complicado. Também não ajuda no pior dos casos, que ainda é o de aplicar 200 deltas. Existem várias modificações a esse esquema que o tornam um problema menor, mas, em geral, é desaconselhável a utilização de técnicas que dependem de persistência de dados de um frame anterior, exceto em circunstâncias muito específicas.

❯ Combinando animações

Um dos componentes fundamentais de um bom sistema de animação não é apenas a capacidade de reproduzir uma animação, mas também a capacidade de reproduzir múltiplas animações e combiná-las[10] conjuntamente.

A lerp

A unidade fundamental de operação é a combinação ponderada entre duas transformações. Isso é chamado de *interpolação linear* ou *lerp*. Uma vez que se possa fazer tal operação, todo o resto se constrói sobre ela. Embora, na prática, consigamos combinações de múltiplos caminhos mais eficientes do que simplesmente como uma sequência de lerps de dois sentidos.

Combinar dois deslocamentos é fácil, exige cálculos vetoriais simples. Combinar duas escalas e cisalhamento é igualmente fácil.

Combinar duas rotações é apenas um pouco mais trabalhoso. Se você estiver armazenando uma rotação como um quatérnio ou como uma matriz 3×3, o princípio é o mesmo: fazer uma combinação padrão para cada componente (quatro para um quatérnio, nove para uma matriz) e normalizar o resultado. Como mencionado, normalizar um quatérnio é consideravelmente mais simples do que a normalização de uma matriz. No entanto, em alguns casos, um sistema de animação terá de combinar matrizes, como quando se combinam os resultados de um sistema externo (como *ragdolls* simulados fisicamente) que não usa quatérnios, por isso, é útil ter caminhos de código que combinam matrizes, bem como quatérnios.

Em ambos os casos de quatérnio e matriz, é importante que ambas as rotações de origem também sejam normalizadas antes de realizar a combinação. Apenas normalizar o resultado não vai garantir que a lerp realmente pareça ser boa, já que combina de um para o outro, mas não de forma linear. No entanto, é suficiente apenas exigir que as fontes sejam "moderadamente normalizadas". Elas não precisam estar perfeitamente normalizadas/ortonormais para a combinação fazer a coisa correta. Embora esta pareça ser uma distinção curiosamente boa, na prática, é útil. As rotações de origem são em geral obtidas por exibição de animações, que como vimos também envolve interpolações de rotações.

---

[10] N.R.T.: Aqui se usou o termo *combinando animações* para o inglês *blending animations* e, correspondentemente, *combinação* para *blend*. Ainda que o termo também possa ser traduzido como *mesclagem*, aqui a opção por combinação é mais adequada, devido ao fato de que se refere à interpolação entre animações, nas quais a partir de um dado frame, em uma personagem que executa um movimento, por exemplo, deve-se passar para uma nova animação que muda o mesmo movimento.

Ao interpolarmos os pontos de controle em uma curva de animação, realizamos cálculos em quatérnios, e essas operações necessitam de normalização. Uma opção é normalizar totalmente os resultados, em seguida, realizar a combinação entre as duas animações e renormalizar totalmente. No entanto, mesmo para os quatérnios, a normalização não é barata, já que envolve uma raiz quadrada e uma divisão (ou, equivalentemente, uma raiz quadrada de reciprocidade, que alguns hardwares encontram tão facilmente). No entanto, podemos substituir as operações de normalização de pós-amostragem com uma rotina "muito normalizada" que usa uma aproximação para a raiz quadrada em vez do resultado totalmente correto. A forma que essa aproximação recebe varia de acordo com a plataforma. Algumas plataformas têm uma rápida raiz quadrada embutida, em outras você vai usar uma pequena tabela de pesquisa, e em algumas pode fazer poucas iterações de Newton-Rapheson em uma suposição inicial.

Para a combinação bidirecional, esta elimina duas das três operações de normalização, deixando apenas a última, que geralmente não precisa ser com uma alta precisão. Isso pode resultar em uma boa economia de velocidade, com pouca ou nenhuma perda na qualidade visual.

Métodos de combinação de quatérnios

Na seção anterior, combinamos dois quatérnios adicionando seus componentes e os normalizando. No entanto, isso é mesmo válido para quatérnios, já que certamente não são vetores normais? A maioria dos textos diz que isso não é válido e indica *interpolação esférica* ou *slerp* como a única forma sensata para misturar dois quatérnios juntos. Há, de fato, pelo menos, três maneiras plausíveis de combinar dois quatérnios e, possivelmente, outras ainda a ser descobertas. Os três métodos aqui considerados são:

Lerp normalizadora ou nlerp: a mais simples das três. Os quatro componentes dos dois quatérnios são simplesmente combinados linearmente e o resultado renormalizado.

Lerp esférica ou slerp: complexidade mediana, e a mais frequentemente encontrada em livros didáticos sobre quatérnios.

Lerp de quatérnio de log (também conhecida como *interpolação de mapa exponencial*): bastante complexa. Trata-se de "desdobrar" os quatérnios em um espaço localmente plano e, em seguida, realizar a interpolação.

Observe que nos três casos os dois quatérnios devem estar estritamente no mesmo hemisfério, o hiper-hemisfério, já que é um hemisfério em quatro dimensões), o que significa que devemos pegar seu produto escalar e, se for negativo, negar um deles antes de aplicar qualquer um dos três métodos.

Para a interpolação de quatérnios, uma propriedade desejável é que a interpolação esteja no caminho mais curto. Isso é conhecido como o caminho do "menor torque," porque a rotação resultante envolve o mínimo de torção de uma orientação para a outra.

Uma segunda propriedade desejável é que a interpolação ocorre em velocidade constante. Em outras palavras, como você suavemente interpola do quatérnio *A* para o quatérnio *B*, o resultado se move suavemente de uma orientação para outra, em vez de acelerar ou desacelerar ao longo do caminho.

A terceira propriedade desejável é se três ou mais quatérnios podem ser combinados conjuntamente, com os resultados independentes da ordem da combinação. Isso é semelhante à propriedade de associatividade, embora não seja idêntico. Idealmente, a ordem em que as animações são especificadas não deve ser importante.

Para ignorar uma análise longa e bastante chata, cada um dos três métodos satisfaz duas das propriedades desejadas, mas não uma terceira. É de fato possível provar que nenhum método pode alguma vez fornecer todos os três. *Nlerp* não tem a velocidade constante, *slerp* não associa e a interpolação do mapa exponencial não percorre o caminho mais curto. Portanto, precisamos nos comprometer de alguma maneira, independentemente do método que escolhermos. A questão é: qual deles envolve o compromisso minimamente visível?

A primeira coisa a mencionarmos é que em animação normalmente interpolaremos os dois (ou mais) quatérnios que estão muito próximos uns dos outros. Mais de 45 graus é extremamente incomum, porque só precisamos interpolar quando exibimos uma animação comprimida (interpolação entre os frames subsequentes ou pontos de controle em uma curva ou de qualquer outro método que usemos), ou estamos tentando combinar várias animações que esperamos que pareçam moderadamente semelhantes entre si. De qualquer maneira, interpolações grandes não são susceptíveis ao sucesso, mesmo com um esquema de interpolação mítico "perfeito", simplesmente porque vamos criar dados que não estão realmente lá. Da mesma forma, não importa quais recursos espertos você use para ampliar uma imagem pequena, ainda vai parecer uma confusão indistinta, pois os dados simplesmente não existem. Felizmente, tais interpolações grandes não serão muito comuns.

Inversamente, quando interpolamos quatérnios que estão muito próximos uns dos outros (por exemplo, menos de um grau de distância), todos os três métodos produzem resultados quase idênticos. Nesse caso, devemos naturalmente optar pelo mais simples de executar.

Então a questão é, para interpolações de cerca de 45 graus, qual parece melhor? A resposta é surpreendente. A interpolação de mapa exponencial não parece muito boa, porque não segue o caminho de menor distância entre os dois. Esse efeito é apenas ligeiramente visível em pequenos ângulos, mas à medida que o ângulo de interpolação cresce, ele se torna muito visível.

A interpolação esférica parece a melhor, pois segue o caminho de menor torque e tem velocidade constante ao longo da duração da lerp. No entanto, tem uma grande desvantagem em não ser associativa, por isso podemos ter algum problema em usá-la. Também é moderadamente dispendiosa em sua execução.

Interpolação linear normalizante é obviamente "paliativa", tanto que até não é mencionada em muitos livros sobre quatérnios. Ela segue o caminho de menos torque, mas a velocidade aparente de interpolação muda durante o curso daquela interpolação. Então quão notável é a velocidade mutável de interpolação? A resposta é, para os ângulos práticos: de modo algum. Para um ângulo de interpolação de 45 graus, a diferença entre slerp e nlerp é pequena, apenas cerca de 5%. Na prática, isso é quase impossível detectar e longe de ser censurável. A melhor maneira de provar é escrever um código de interpolação real que funciona tanto em slerp ou nlerp, misturar algumas animações em conjunto e alternar entre os dois métodos com uma tecla. Não só existe apenas uma diferença visível minúscula, mas o teste real (como acontece com todas as questões de aproximação) é alternar entre os dois um número de vezes e em seguida desafiar dez pessoas (separadamente) para dizer-lhe qual é a versão "correta".

As vantagens da nlerp são que é extremamente óbvio como se associa (basta adicionar os quatérnios juntos, como você desejar e normalizar o resultado) e é muito rápida de executar. Você pode até mesmo adiar a normalização real, se for combiná-la com mais quatérnios no futuro. Assim, dado que o erro é pequeno e difícil de notar, a opção padrão parece que deve ser nlerp, salvo se slerp for realmente necessária para alguns casos especiais. O autor nunca encontrou um caso em que lerps de mapa exponencial pareciam melhor, mas o seu custo de processamento é considerável.

Para uma discussão mais completa e matematicamente fundamentada da combinação de quatérnios, consulte [Blow04, Lengyel04].

Combinando múltiplos caminhos

A lerp bidirecional padrão descreve uma interpolação linear entre dois ossos, com um peso único que determina os montantes de ambos os ossos.

Se combinamos várias animações em conjunto, haverá uma variedade de maneiras de representar qual fração do total cada fonte contribui. O mais simples é realizar uma sequência de combinações bidirecionais, começando com a primeira animação, e sequencialmente combinando em cada animação posterior pela quantidade fornecida. No entanto, os resultados variam de acordo com a ordem das animações. Por exemplo, se as animações A, B e C são combinadas, cada vez com uma combinação de peso de 0.5, você tem:

$$\text{result} = 0.5A + 0.5B$$

$$\text{result} = 0.5\text{result} + 0.5C = 0.25A + 0.25B + 0.5C$$

Obviamente, esse não é um resultado simétrico, já que há o dobro de influência da animação C como as outras duas. Se executarmos a combinação em outra direção, temos uma resposta diferente, com A tendo o dobro da influência. Isso parece um resultado estranho, mas possivelmente controlável. Por exemplo, poderíamos mudar os pesos para compensar. Entretanto, e se as animações A, B e C tiverem durações diferentes e a animação B terminar antes das outras duas? Ao terminar, a influência de C (independentemente de qual seja) será a mesma, mas a influência de A vai aumentar, tomando qualquer influência que B originalmente possuía. Isso é terrivelmente contraintuitivo, uma vez que depende de certos conceitos que realmente deveriam ser ortogonais para influência, tais como animações de partida e parada.

O melhor método é fornecer um peso para cada animação. Além de multiplicarmos cada animação de seu peso quando somamos, também controlamos o peso total.

Uma vez que todas as animações são somadas, dividimos o resultado pelo peso total. Por exemplo, se foram fornecidos pesos de 0.5 para animações A, B, C teríamos:

totalWeight = 0.5	result = 0.5A
totalWeight = 0.5 + 0.5 = 1.0	result = result + 0.5B = 0.5A + 0.5B
totalWeight = 1.0 + 0.5 = 1.5	result = result + 0.5C = 0.5A + 0.5B + 0.5C
totalWeight 3 3 3	$\text{result} = \dfrac{\text{result}}{} = \dfrac{1}{-}A + \dfrac{1}{-}B + \dfrac{1}{-}C$

Isso oferece uma combinação homogênea entre os três, que é o que você esperaria se todos fossem definidos para o mesmo peso. Uma vantagem desse método é que a ordem não importa.

Se uma animação termina, as contribuições relativas dos outros dois dependem apenas de seus próprios pesos, não de sua posição na lista de combinação. Remova a animação B da sequência anterior e obterá metade de cada um de A e C, o que é lógico, se ambos têm o mesmo peso.

Um ponto a notar é que se todos os três têm o mesmo peso não importa o valor numérico, obtém-se sempre o mesmo resultado. Se você alterar o valor 0.5 no exemplo anterior para qualquer outro, o resultado será o mesmo. De fato, em qualquer combinação de múltiplos caminhos usando esse método, todos os pesos são apenas relativos a cada outro e não há sentido absoluto a um peso de 0.5, 1.0 ou 1000.0.

Felizmente, se a animação X possuir o dobro do peso da animação Y, terá o dobro da influência. No entanto, um problema notável nesse processo: não existe um valor de peso que vai permitir uma única animação mascarar completamente as outras e fazer com que não tenham nenhuma influência. Você pode conferir à animação um peso muito grande, como um milhão, que na maioria das vezes irá funcionar, mas mesmo assim se o peso de outra animação for definido como 1 milhão menos 1, terá praticamente a mesma influência. Há outras maneiras de resolver isso, porém, como a lerp mascarada, que discutiremos mais tarde.

A operação de combinação de múltiplos caminhos pode usar operações de normalização aproximadas sobre as suas fontes, da mesma forma que a lerp bidirecional faz, para melhorias de velocidade ainda maiores. Devemos notar que, ao realizarmos a combinação de múltiplos caminhos por meio do operador slerp de quatérnio, torna-se realmente muito difícil obter uma combinação que não dependa da ordem da combinação. Usar nlerp é trivial.

Máscaras de ossos

Com frequência, desejaremos aplicar uma animação em apenas alguns ossos selecionados, em vez de todo o esqueleto. Por exemplo, há uma personagem caminhando que quer acenar para alguém. Essa animação envolve apenas um braço; consequentemente, não envolve a cabeça, pernas ou o outro braço. Assim, a personagem poderia estar sentada, andando ou correndo e talvez carregando alguma coisa com o outro braço ou mesmo apontando uma arma para alguém (um passatempo bastante comum para personagens de jogos de computador). Portanto, a animação de "onda" não tem nada de particularmente útil a dizer sobre o que os ossos da perna devem fazer. Entretanto, se a reproduzirmos, todos os dados dos ossos da perna ainda vão influenciá-los de alguma forma, que não é o que desejamos. Precisamos de alguma maneira para indicar que a animação não tem nenhuma influência sobre alguns dos ossos do esqueleto.

Isso é chamado de *máscara de osso (bone mask)*. É apenas uma lista de números, geralmente com um valor de 0.0 a 1.0, uma para cada osso no esqueleto e aplicada a uma animação. Quando a animação é combinada com as outras, a máscara é multiplicada pelo peso total da animação no ato da mistura. O resultado da multiplicação da máscara de osso e o peso total é chamado de *peso eficaz*; é o que realmente é usado quando se combinam várias animações. Note que isso significa que o peso de cada animação muda de osso para osso, incluindo o peso total para cada osso.

No caso da animação "acenando", a máscara de ossos deve conter zeros para a maioria dos ossos, exceto para os do braço e da mão, que conterão alguns. Para produzir uma mistura harmoniosa entre o corpo e o braço, os ossos do ombro podem ter uma combinação fracionária, como 0.5. Combinações fracionárias são especialmente comuns em animações envolvendo combinações da parte inferior do corpo, como corridas e caminhadas, com animações da parte superior do corpo, como atirar com um rifle em um alvo. Os pesos fracionários ao longo da espinha, aumentando ou diminuindo à medida que progridem para cima ou para baixo da coluna, fazem com que as costelas do tronco (e as roupas) se combinem de maneira incremental, como ocorre na vida real.

As máscaras de osso podem ser criadas por convenção de nomenclatura ou através da detecção de quais ossos não se movem durante uma animação. No entanto, são métodos complexos e insatisfatórios em casos especiais (por exemplo, a animação para mirar e disparar um rifle exige que os ossos do braço estejam parados, mas eles certamente são parte da animação). A solução ideal é permitir que o animador coloque os pesos diretamente. Infelizmente, a maioria dos pacotes de animação não permite a fácil visualização dos efeitos desses pesos, de modo que este também pode ser um processo de tentativa e erro.

Naturalmente, é uma boa ideia evitar o armazenamento de dados de ossos que serão inteiramente mascarados pela máscara de osso. Não há nenhum motivo em armazenar dados que nunca serão usados.

Lerp mascarada

Este estilo de combinação é quase idêntico à lerp bidirecional, exceto que, em vez de um único valor de combinação que se aplica à totalidade das duas animações, uma máscara de osso é usada para dar o valor da lerp individualmente para cada osso. Caso contrário, o cálculo para realizar a combinação é idêntico ao da lerp bidirecional apresentada anteriormente. A máscara será definida com valor *um* para ser utilizada inteiramente em uma animação, com valor *zero* para ser utilizada inteiramente em outra ou com um valor fracionário para produzir uma combinação.

A diferença importante é que a máscara de osso pode permitir que uma animação controle inteiramente um determinado conjunto de ossos, enquanto permite à outra animação controlar inteiramente um outro conjunto diferente de ossos e combiná-las nos locais do esqueleto onde eles se unem. Esse tipo de combinação pode ser realizado por meio da aplicação de máscaras de osso de uma combinação de multíplos caminhos, mas a única maneira de fazê-lo corretamente é aplicar a máscara para uma animação e depois a máscara inversa para outra. Por ser um processo complicado, é mais fácil (e rápido de executar) ter uma lerp binária específica que execute isso diretamente.

Combinação hierárquica

As técnicas apresentadas anteriormente selecionam uma série de animações e as combinam. No entanto, é útil adotar um conjunto de animações, combiná-lo e então selecionar outro conjunto, combiná-lo e depois combinar os resultados das duas operações. Um exemplo é a animação de figuras humanas. Frequentemente, desejamos reproduzir uma animação na metade superior do corpo e uma animação diferente na metade inferior. Por exemplo, a "animação" reproduzida na metade de baixo pode realmente ser composta de muitas animações: podemos estar reproduzindo o ciclo de corrida e desejamos fazer a transição sem problemas para um ciclo de caminhada. Durante a transição, tanto os ciclos de corrida quanto os de caminhada estarão sendo reproduzidos e combinados. Essa combinação deve acontecer antes que a combinação com as animações da parte superior do corpo ocorra. Assim, temos uma hierarquia de combinação, que é quase sempre representada com uma árvore. Em cada frame, a árvore da combinação é percorrida, cada animação é exibida e as combinações necessárias são executadas.

Normalmente, as folhas da árvore serão combinações de múltiplos caminhos utilizadas para a realização da combinação com *base no tempo*, como a transição de caminhada para corrida. Além disso, os nodos da árvore, onde os resultados dessas combinações baseadas no tempo são combinadas, tendem a ser combinadas *baseadas em área*, com cada fonte correspondendo a uma seção do corpo, por meio de máscaras de osso. No entanto, essa não é de maneira nenhuma o único jeito de a árvore de combinação ser usada, é apenas um exemplo comum.

› Extração de movimentos

Quando o jogo executa a animação de uma personagem estacionária, tudo é fácil. A personagem está em um local fixo e é animada. A vida se torna problemática quando a animação quer que a personagem se mova. Lembre-se de que dois conceitos separados são combinados para compor o que vemos na tela: a ideia do jogo de onde a instância está (geralmente uma simples posição e orientação) e o efeito de qualquer animação que está sendo reproduzida na instância. Com uma animação em pé, os dois não são assim tão diferentes, e não há confusão.

Se a instância reproduzir uma animação de caminhada, a situação pode se complicar. A animação pode fazer a personagem se afastar de onde o jogo pensa que ele está, significando que a personagem não está observando a física correta – ele pode andar através de paredes, flutuar no ar etc.

A solução óbvia é o jogo mover a origem da personagem na direção da caminhada, e a animação de caminhada ser autorada para que a personagem não se mova na realidade na cena, mas, em vez disso, ande sobre o local. Isso indica que o jogo e a animação concordam com o local onde a personagem está. No entanto, há dois problemas. Primeiro, a velocidade do movimento aplicado na personagem deve corresponder exatamente à velocidade com que os pés se movem para trás na animação. Se os dois não coincidirem, o movimento resultante dos pés no espaço do mundo não será zero, e os pés deslizarão pelo chão, o que parecerá particularmente ruim.

O segundo problema ocorre se a animação for mais complexa do que uma caminhada em linha reta. E se a animação for a de uma personagem subindo em um parapeito? Primeiro, a personagem salta para agarrar a borda, puxa-se para cima, em seguida, sobre o parapeito fica agachado e depois se levanta. Esse é um movimento extremamente complexo, mas o jogo deve de alguma forma fazê-lo combinar de algum modo para que a personagem realmente se mova durante o processo. O movimento que o jogo transmite deve ser removido do movimento que o animador coloca dentro da personagem, ou várias partes como as mãos e os pés irão deslizar sobre a superfície, algo ainda mais perceptível do que o deslizamento dos pés.

O processo de selecionar uma animação e derivar o movimento geral de uma personagem é denominado *extração de movimento*, e existe uma variedade de técnicas.

Extração de movimento linear
Vamos começar com a forma mais simples de extração de movimento, a *extração de movimento linear* (LME). Apesar de sua simplicidade, é comum e muito útil para muitas situações.

Primeiro, observe a posição do osso raiz no primeiro frame da animação. Então observe sua posição no último frame. Subtrair um do outro mostra como a personagem se moveu durante a animação; dividir aquele movimento pela duração da animação resulta na velocidade média da personagem durante a animação.

Em uma etapa de pré-processamento, utilize essa velocidade, armazene-a com a animação e, para cada frame da animação, subtraia o efeito cumulativo da velocidade a partir da posição do osso raiz. Somente após a realização da subtração em cada frame exibido codificamos o movimento do osso raiz como curvas comprimidas ou qualquer outro formato que o esquema de animação escolher. Agora todos os componentes de movimento linear do osso raiz da animação foram removidos. Naturalmente, a primeira e última posição dos ossos raiz agora irão coincidir, já que foi desse jeito que se definiu a velocidade, mas os movimentos intermediários ainda podem se mover (o que é denominado movimento *residual* do osso raiz). Por exemplo, na animação de subida de parapeito utilizada anteriormente, o movimento não é linear. Primeiro, há um movimento brusco vertical enquanto a personagem salta, então, um mais suave enquanto se ergue, um movimento irregular mais lento enquanto se mantém agachado, mas se move sobre o parapeito (e se move em direção horizontal pela primeira vez) e, em seguida, um mais rápido enquanto se levanta. Contudo, o movimento geral que se extrai é uma linha reta, e a animação codifica a diferença entre o movimento real e o movimento médio.

Em tempo de execução, executa-se o processo inverso. Como a animação está sendo executada, o jogo move a posição da instância da personagem em dada velocidade. A combinação da velocidade linear aplicada pelo jogo e o movimento residual deixado na animação executa a animação inversa de forma perfeita, só que, dessa vez, a personagem acaba em um lugar diferente, de pé em cima da laje em vez de permanecer onde começou. A extração automática de movimento é muito melhor do que usar algum valor codificado à mão no qual o animador e o código do jogo precisam concordar. Se a animação for modificada mais tarde, por exemplo, porque a altura do parapeito mudou, não há necessidade de atualizar o código para corresponder. A animação ainda estará em perfeita sincronia com a velocidade dada a instância, e ainda não haverá deslizamento de mão ou pé.

Extração de movimento composto

O maior problema com a técnica anterior é que não captura o movimento de rotação. Se você tem uma animação para uma personagem ativada no local, a LME irá apenas dizer que nada aconteceu, já que a posição do osso raiz não se alterou. No entanto, você ainda precisa rotacionar a instância; o ângulo e a velocidade dessa rotação é importante para se ter a garantia de que os pés não giram enquanto estão no chão.

O mesmo recurso usado na LME pode ser aplicado ao componente de rotação. Utilize a orientação do primeiro frame e a orientação do último, encontre o eixo de rotação, divida pela duração da animação, e você terá a velocidade de rotação. Subtraia essa rotação do movimento do osso raiz antes de codificar sua animação. Durante a execução, à medida que a animação é reproduzida, aplique a velocidade com a orientação da instância, e você terá duas versões de translação e rotação da LME.

Você pode, naturalmente, fazer o mesmo com escala e cisalhamento, mas poucas animações envolvem escala e cisalhamento do osso raiz e também poucos jogos compreendem o conceito de escala e de cisalhamento para uma entidade de jogo, que é pouco provável que seja importante. A maioria da extração de movimento ignora esses componentes.

Então, isso funciona bem, e a instância não acaba rotacionada e translacionada corretamente no final da animação e a animação é executada com perfeição. O problema agora é um pouco mais sutil. A pergunta é: "Onde está a instância, no meio da animação?". Imagine uma animação em que a personagem esteja correndo e virando à esquerda (você precisa ter animações como esta, já que o movimento de correr ao redor de uma curva é muito diferente do utilizado quando se está correndo em uma linha reta), e que durante essa animação, a personagem vire até 90 graus. O movimento real deve ser ao longo de um quarto de um círculo. Infelizmente, a LME planeja uma linha reta entre as posições de início e fim, e move e gira a instância ao longo dessa linha. Ela se baseia no movimento residual dentro da animação para corrigir o movimento linear e renderizar a personagem movendo-se em um círculo. No entanto, a lógica do jogo desconhece o movimento residual na animação – só sabe sobre a posição e rotação da instância.

Não há nenhum problema com a rotação, mas a posição no meio da animação está longe da realidade. E se a personagem estivesse correndo em torno da borda de uma curva na estrada? Na realidade, a personagem deve sempre ficar a poucos centímetros da borda da estrada e nunca na estrada em si. No entanto, a LME aproxima o caminho durante a animação como uma linha reta, que corta todo o canto. Assim, por parte da animação, a lógica do jogo entenderá que a personagem realmente foi pela estrada e foi atropelada por um carro. Pior ainda, o que aconteceria se o jogador parasse de correr no meio da animação e ficasse parado? A personagem realmente apareceria nessa posição e não correria mais na beira da estrada, mas de repente poderia estar no meio dela.

O segredo é codificar o movimento de translação, como sendo sempre relativo à orientação atual da instância. É claro que isso tinha de ser feito de qualquer maneira, uma vez que o componente de translação de um mesmo ciclo de caminhada em linha reta precisa saber se a personagem está virada para norte, sul, leste ou oeste, quando começa a andar. No entanto, isso se refere apenas ao frame inicial. O segredo aqui é fazê-lo em relação a todos os frames intermediários, depois de os efeitos da rotação terem sido levados em conta.

O resultado é a *extração de movimento composto* (CME). A principal diferença neste exemplo é que, enquanto com LME padrão, o vetor de translação se move a 45 graus para a orientação inicial da personagem, agora descobrimos que a translação é sempre exatamente na direção da orientação atual da personagem; a rotação da personagem em cada frame indica que o movimento final resultante é um círculo. No exemplo, podemos ver que isso dá um resultado no qual a instância do jogo espelha o movimento da animação de forma precisa. Isso significa que a detecção de colisão sempre funciona corretamente, o movimento pode ser interrompido a qualquer momento e a personagem está onde o jogo espera que esteja.

Não é que a LME seja "errada" e a CME "correta". Ambas corretamente extraem um componente do movimento da animação e aplicam à instância do jogo. É simplesmente que a CME aproxima muitos movimentos comuns com movimento circular de maneira bem mais consistente do que a LME.

Extração de delta variável

A LME e a CME ainda não são o fim da história. Ambas são agradavelmente simples e se aplicam bem a muitos movimentos e animações comuns. No entanto, ainda não representam alguns movimentos de forma adequada. Movimentos irregulares, como o exemplo de escalada do parapeito dado anteriormente, são mal representados por movimentos lineares ou circulares; movimentos suaves, como uma bola quicando, não são bem representados, pois são uma parábola, não um círculo ou uma linha reta.

A resposta não é encontrar algumas aproximações cada vez melhores, cada vez mais complexas para o movimento do osso raiz e aplicá-las ao movimento da instância, mas para usar o movimento do osso raiz diretamente. Para tanto, o osso raiz é completamente ignorado para efeitos de animação. Em vez disso, para cada frame, o sistema de animação exibe a transformação do osso raiz no atual momento, exibe (ou lembra) a transformação do osso raiz no frame anterior e encontra a diferença entre eles, que é o *delta*. Este é aplicado à posição e orientação da instância.

Por meio desse método, a instância sempre segue o movimento do osso raiz, e nunca há um descompasso entre a posição renderizada do objeto e a ideia do jogo de onde ele está. Isso permite animações complexas com várias partes, como os exemplos anteriores. No entanto, exige complicação extra, uma vez que, a cada frame, o movimento do osso raiz deve ser exibido duas vezes, e o delta de um para o outro, encontrado. Ao reproduzirmos a animação, podemos ignorar completamente o movimento do osso raiz (sabemos que está tudo na instância), de modo que é menos uma amostra de osso. Globalmente, o custo extra é imperceptível (apesar de existirem outras considerações, discutidas mais tarde) e a fidelidade extra em movimento é extremamente útil.

Encontrando suas raízes

Em toda essa discussão de extração de movimento, um fato importante até agora foi tratado superficialmente. Consideramos que a instância deve seguir (em algum grau de precisão variável) a posição do osso raiz da animação. Contudo, isso ignora uma questão fundamental: "O que realmente é o osso raiz e o que sua posição e orientação querem dizer?".

A resposta simples, mas ingênua: é o que o animador usa como osso raiz, que para uma personagem humanoide é em geral a pélvis (apesar de existirem outras convenções). No entanto, isso pode causar complicações quando misturamos animações e quando realizamos transições. Por exemplo, imagine um caubói do velho Oeste caminhando pela estrada, dolorido de uma longa viagem. Por causa das articulações doloridas de seu quadril e seu modo amplo de andar, sua pélvis gira para mover as pernas para a frente, de modo que as orientações balançam por talvez 30 graus para cada lado para a frente. Uma vez que a bacia é o osso raiz, esse movimento será refletido na orientação da instância no jogo, e isso também irá passar de um lado para outro à medida que se movimenta. Isso é contraintuitivo, já que ele está (conceitualmente) andando em uma linha reta, mas não é um problema na verdade. Bem, ainda não, ao menos.

De repente, um bandido salta na frente dele, e sendo o gatilho mais rápido do Oeste, em um instante passa para sua postura de combate com armas, saca sua arma de seis tiros e dispara. Infelizmente, para ele, estava justo no seu movimento de balanceio com a perna direita, o que significa que sua orientação da instância de jogo estava virada para 30 graus. A transição instantânea para sua pose de combate não mudou a orientação (já que é uma pose, não um movimento e portanto não afeta o osso raiz). Ele está agora virado diretamente para o bar, e a única coisa que ele acerta é a garrafa de seu uísque favorito. O bandido com quadril fino mas com amplo bigode, que estava tomando cuidado para andar com a pélvis sempre diretamente para a frente, atira novamente e fere mortalmente nosso herói. Moral da história: escolha seu osso raiz com cuidado!

No entanto, é difícil pensar em um osso melhor do esqueleto para usar do que a pélvis. Às vezes, os ombros são usados, mas rodam até mais do que a pélvis. O que fará nosso herói? A verdadeira resposta é criar um novo osso raiz, um cujo único propósito é permitir que o animador defina exatamente o que ele quer que aconteça com a orientação de jogo do objeto. Isso é chamado de *osso raiz sintético* (SRB), já que na verdade não corresponde a um lugar real no esqueleto, e não influencia qualquer vértice na malha. A versão mais comum do SRB, padrão em muitos pacotes de animação, é a *sombra do solo*. Esse osso situa-se no nível do solo, em geral diretamente sob o centro de gravidade da personagem e virado para a frente.

A posição exata do SRB é algo que pode ser acordado entre o programador do jogo e os animadores, já que o SRB pode de fato estar em qualquer lugar que desejar. Algumas pessoas gostam de ter o SRB abaixo do nível da pélvis. (Isso ajuda a animar personagens quando estão se sentando, já que o SRB é, então, o osso onde sentam, e a altura pode ser combinada diretamente com a altura da cadeira ou borda em que se está sentado.) Outros gostam de tê-lo no nível do ombro. O sistema de animação não liga para onde exatamente o SRB está, o importante é que faça sentido sob o ponto de vista do jogo. Com um SRB, o animador pode fazer duas coisas facilmente. Primeiro, pode controlar diretamente como a personagem se move pelo mundo do jogo em uma animação, especialmente se for utilizado VDA em vez de CME. Segundo, ele pode controlar o relacionamento exato entre a aparência gráfica da malha devido à animação de seu esqueleto físico e onde o jogo pensa que está.

Quando transicionar ou combinar as animações, a posição do SRB em ambos será mantida constante e todos os outros ossos no esqueleto estarão combinados. Isso permitirá ao caubói com o chapéu branco sempre manter seu SRB virado para a frente, e quando mudar para sua postura de combate, ainda estará encarando diretamente o bandido – o outro irá bater as botas.

Se uma árvore se anima em uma floresta...

A extração de movimento traz um problema interessante que não é muitas vezes discutido. Às vezes aqueles que escrevem um motor podem não perceber que seja uma preocupação. Esse problema é a separação do jogo e dos gráficos. Em um mundo ideal, o jogo funciona como um sistema totalmente autocontido. São necessários entrada de controlador em uma extremidade, processo do mundo do jogo e saídas do estado de seu mundo para o engine gráfico (e de som) para serem exibidos nos dispositivos de saída. O jogo não depende do sistema de gráficos para nada e, na verdade, não se importa se o sistema de gráficos está lá ou não.

Esse sistema tem muitas vantagens, como ser capaz de exibir os gráficos em qualquer taxa de frames desejada (especialmente importante para o mercado de PCs), capaz de transmitir os gráficos para outro lugar (por exemplo, para um jogo multiplayer, em que uma máquina é o host e a outra é o cliente) ou mesmo sem nenhum display (os servidores "descentralizados" usados para jogos multijogadores). A outra vantagem é que o jogo pode processar um imenso mundo, e o sistema gráfico pode aumentar o seu desempenho apenas por renderizar a pequena fração que o jogador pode ver.

No entanto, quando falamos de animação direcionando o movimento de objetos do jogo, rompemos com esse modelo, e agora temos dados gráficos alimentando o jogo. Idealmente, devemos corrigir isso. Em um mundo gigantesco, isso pode significar animar tudo para apenas descobrir o como tudo se move ao redor. Então, considerando o caso da grande maioria dos objetos do mundo, simplesmente eliminamos os dados de animação de grande parte deles, isso porque tais objetos não estão visíveis para o jogador no momento ou mesmo não serão jamais animados.

É, portanto, uma boa ideia separar o cálculo do movimento de extração do osso raiz do cálculo do resto dos ossos. Além disso, a maioria das animações não (ou não deve) contribui para o movimento do osso da raiz. Qualquer ação que só é reproduzida em uma parte do corpo deve ser marcada como tal e ignorada durante a reprodução de extração de movimento. Pela mesma razão, também pode ser importante que o código de sequenciamento de animação (que determina quais animações reproduzir e quando reproduzi-las) deva ter uma versão "light" que ignore todas as animações puramente gráficas em natureza e se concentre nas animações que alteram o movimento da instância do jogo. Dessa forma, o custo de instâncias que não são atualmente visíveis é minimizado o máximo possível.

〉 Deformação da malha

Uma vez que temos a nossa animação em loop, exibida, interpolada e combinada, o que fazemos com ela? Bem, temos uma *pose local*, que é uma sequência de transformações, cada uma relativa a uma transformação pai, com sua forma descrita pelas conexões no esqueleto. No entanto, não podemos renderizar diretamente na tela. Precisamos usar a pose local para deformar os vértices de uma malha que podemos desenhar. Esse processo é composto de várias etapas, como discutido a seguir.

1. Transformar cada osso em espaço do mundo

As transformações estão atualmente em um espaço relativo ao (ou "local a") respectivo osso pai, chamado de *pose local*[11]. A primeira etapa é converter tal pose para uma *pose global* ou para uma *pose no mundo*, na qual cada transformação descreve a posição do osso no mundo do jogo, sem necessidade de qualquer outro frame de referência, exceto para a origem comum do mundo e de sua orientação (e, fundamentalmente, tudo que tem relação com isso).

O procedimento é simples. Comece com o nodo raiz do esqueleto. Multiplique sua transformação atual pela instância da transformação global, que é a única que descreve onde a instância está no mundo e para qual sentido está virada. Você agora tem a transformação do espaço do mundo do osso raiz. Agora, pegue cada um dos filhos do osso raiz e multiplique cada uma de suas transformações pelo osso raiz da transformação do mundo (a que você acabou de calcular). Você tem agora as transformações no mundo de cada osso filho. Depois, basta recursar o esqueleto. Para cada osso, multiplique suas transformações locais pela transformação no mundo de seu osso pai, e agora você tem a transformação no mundo do osso.

Para cada osso, você deve calcular a transformação no mundo de seu osso pai antes que possa fazer isso. Pode ser bastante demorado o processo de verificação, então um bom truque é assegurar que você mantenha suas transformações de osso (local e no mundo) em uma matriz, ordenadas de forma que os ossos pai sejam sempre armazenados antes de ossos filho. Isso implica, naturalmente, que o osso raiz seja sempre o primeiro item na matriz, pois é o único sem um pai. Dessa forma, você pode processar os ossos de maneira linear e sempre ter certeza de que um osso pai foi processado antes de qualquer um de seus filhos.

A pose no mundo é também o espaço no qual a maioria das simulações de física ou de detecção de colisão acontece e onde a cinemática inversa (IK) tende a ocorrer, por isso quase sempre é encontrada logo que a combinação correta da pose local tenha sido realizada.

2. Encontrar o delta da pose de descanso

Agora temos os ossos no espaço do mundo. No entanto, não podemos simplesmente aplicar essas transformações para a malha. Isso porque a malha já está em uma pose, que é a pose em que foi exportada. Isso possui várias denominações: *pose de ligação, de descanso, ou padrão*[12]. O que precisa ser feito primeiro é transformar a malha pela sua pose de descanso (o que significa que agora está em "nenhuma pose") antes de transformá-la na pose que desejamos.

---

[11] N.R.T.: Os termos correspondentes aqui são: *pose local (local pose), pose global (global pose)* e *pose no mundo (world pose)*.
[12] N.R.T.: Os termos correspondentes aqui são: *pose de ligação (binding pose), pose de descanso (rest pose), pose padrão (default pose)*. Em algumas metodologias de animação, a *rest pose* é chamada de *idle pose* e a *rest pose* de *pose T* ou ainda *pose Y*.

Devemos primeiro "destransformar"[13] pela pose de descanso, que é mesmo que transformar pelo inverso da pose de descanso e depois transformar pela pose desejada. Naturalmente, não precisamos fazer duas transformações por vértice, podemos encontrar o composto dessas duas transformações para cada osso. Melhor ainda, já que a pose de descanso é sempre a mesma para uma dada malha, não temos de encontrar o inverso de sua transformação a cada frame; podemos calcular apenas uma vez, quer quando o modelo é exportado, quer quando é carregado na memória. Em seguida, cada frame toma as transformações do espaço do mundo, multiplica-as pelas transformações inversas pré-computadas do espaço do mundo da pose de descanso e usa a transformação resultante para deformar a malha.

3. Deformar as posições de vértice

Cada vértice da malha terá um certo número de ossos que o afetam. Dependendo do tipo de malha, o número de ossos que afeta um único vértice pode ser ilimitado. No entanto, a maioria dos sistemas de animação escolhe um número máximo de ossos por vértice que eles vão suportar. De longe, o valor mais popular é quatro. O raciocínio é que a maioria das malhas humanoides exige pelo menos três para terem uma boa aparência – áreas onde três ossos influenciam um único vértice, incluindo a virilha (a pélvis e as duas coxas), os ombros (parte superior do braço, clavícula e costelas) e muitas partes do rosto. No entanto, três não é uma potência de dois, e isso faz com que se produza nos programadores uma severa ansiedade filosófica. O arredondamento para quatro é muito mais agradável. Não há nenhuma razão rigorosa para o quatro ser escolhido, e muitos motores já foram otimizados para três, dois e um, se a malha permitir. Por exemplo, a maioria dos objetos mecânicos só precisa de influência de um único osso para cada vértice, uma vez que todas as peças são rígidas. No entanto, se há apenas um caminho de código de animação, o quatro parece funcionar bem como um equilíbrio entre a qualidade da animação e o desempenho.

Além de saber quais ossos deformam um vértice, também precisamos saber quanto cada osso influencia na deformação em relação a cada outra deformação. Essa é uma combinação de múltiplos caminhos, mas desta vez os pesos são fixos, e podemos pré-normalizá-los para que estritamente adicionem até 1.0.

A maneira usual de armazenar essas informações é armazenar, em cada vértice, quatro índices para a matriz de ossos e quatro pesos correspondentes (por vezes apenas três pesos são armazenados e o último é computado como um menos os outros). Isso permite ao código de deformação do vértice fazer o seguinte para cada vértice:

```
vec3 FinalPosition = {0,0,0};
        for ( i = 0; i < 4; i++ )
        {
                int BoneIndex = Vertex.Index[i];
                float BoneWeight = Vertex.Weight[i];
                FinalPosition += BoneWeight *
                        (Vertex.Position * PoseDelta[BoneIndex]);
}
```

---

[13] N.R.T.: *Untranform* é traduzido aqui pelo neologismo *destransformar* que significa desfazer a transformação, ou seja, no caso, colocar na pose (em suas coordenadas originais de descanso) a personagem.

Outra vantagem de usar quatro ossos é que os dados por vértice ficam bem organizados na memória. Os índices dos ossos podem facilmente caber em um byte cada (256 ossos são suficientes para a maioria dos sistemas de animação atualmente). Os pesos de combinação são estritamente entre zero e um, e oito bits de precisão são suficientes, o que significa que também se encaixam em bytes. Assim, as informações totais da animação se encaixam em oito bytes.

4. Deformar as normais do vértice

Isso demonstra a deformação das posições dos vértices, mas vértices em geral incluem vetores usados para sombreamento também: os vetores normais, tangentes e binormais. Todos os três podem ser lidados de maneira semelhante, então examinemos só as normais para simplificar.

Animando ou não, sempre que você aplicar uma transformação em uma posição de vértice, para garantir que a normal seja sombreada de forma adequada, é preciso transformá-la pela *transposição inversa* da transformação. Ou seja, pegue a matriz 3×3 que representa a transformação (a quarta coluna, a qual é o deslocamento posicional, é ignorada, uma vez que as normais são *vetores* e não *posições*), inverta-a, transponha-a e depois multiplique a normal por ela. Por fim, para o sombreamento correto, a normal deve ser renormalizada.

Existe um par de operações dispendiosas nessa sequência: encontrar o inverso de uma matriz 3×3 e renormalizar a normal após a transformação. Sua execução em cada vértice é obviamente indesejável. Portanto, muitos motores podem tomar alguns atalhos. Naturalmente, esses são fatores que reduzem a fidelidade a um certo valor, mas já que são vetores usados para sombreamento e não para posições, uma certa quantidade de erro é aceitável.

A primeira otimização é mais uma observação. Se todas as deformações ósseas são estritamente rotações sem escalas ou cisalhamento (translações são ignoradas), a transformação é *ortonormal*. Ou seja, seus vetores de base são de comprimento de unidade e perpendiculares entre si. Uma característica das matrizes ortonormais é que o seu inverso é a sua transposição. Assim, a transposição inversa é apenas a própria matriz, removendo esse pedaço de trabalho. Começar com matrizes ortonormais também apresenta uma segunda vantagem. Enquanto as normais são o comprimento de unidade antes da transformação, elas também acabam por ser unidades de comprimento e, portanto, não precisam de renormalização. Isso faz com que o uso de transformações, apenas com rotações e translações, tenha um efetivo baixo custo de memória e, felizmente, esse é o caso que temos com a maioria dos ossos utilizados em jogos atualmente. Mesmo nas malhas em que algumas das transformações podem implicar escalas ou cisalhamentos, ainda pode valer a pena ter dois caminhos de código opcionais e somente utilizamos o processo dispendioso para as normais que necessitarem dele.

A inversão da matriz pode ser acelerada de várias maneiras. Alguns ossos somente possuem uma escala uniforme que é a mesma ao longo dos três eixos. Não são apenas simples para inverter (basta multiplicar a matriz por uma constante inteira), mas a escala pode ser empurrada até depois que a normal for transformada, necessitando apenas de três multiplicadores em vez de nove.

Claro, mesmo quando as transposições inversas são necessárias, elas não precisam ser encontradas em cada vértice, pois podem ser localizadas uma vez por osso, e uma segunda matriz de delta de transposição inversa de matrizes ser introduzida para o código de deformação do vértice. Isso não reduz a fidelidade, mas significa que a deformação do vértice precisa ter acesso a duas matrizes ósseas em vez de uma. Em muitas arquiteturas, essa deformação é realizada por hardware personalizado (como um shader de vértice), que obriga as matrizes a serem enviadas para determinada área de memória com capacidade limitada. Dobrar o tamanho da matriz reduz pela metade o número de ossos que podem ser carregados em um momento, indicando que a malha deve ser processada em pedaços menores, diminuindo a eficiência.

Por fim, um recurso inteligente para aumentar a velocidade é sempre ordenar os dados ósseos nos vértices em ordem decrescente, com o osso com o maior peso a ser especificado em primeiro lugar. Então, somente deforme as normais pelos primeiros poucos ossos listados. Usar apenas o primeiro é bastante comum e surpreendentemente eficaz. O efeito ao remover os ossos para as normais é muito menos visível do que para as posições.

> Cinemática inversa

Até agora, a animação que temos abordado é conhecida como *cinemática posterior* ou FK, na qual cada osso determina onde os ossos filho estão, e esses determinam onde estão seus filhos e assim por diante. Em nenhum momento a transformação de um osso filho influencia seu pai.

No entanto, a animação no mundo real é uma interação complexa de influências tanto para baixo quanto para cima no frame esquelético (na verdade, não existe o conceito do mundo real dos ossos "filho" ou "pai", apenas ele é utilizado em função de sua grande utilidade). Quando em pé sobre uma perna, o movimento (ou falta dele) do seu pé está sendo definitivamente transferido para cima de sua pélvis e coluna; esse tipo de animação é chamado de *cinemática inversa* ou IK.

Na verdade, IK é mais precisamente definida como a parte da animação que não é FK. Como você pode imaginar, esse é um tópico enorme e objeto de muita investigação, de modo que este capítulo só pode introduzir os conceitos básicos. Vamos nos concentrar em mover uma junta filho único, para determinada posição ou orientação, e, em seguida, permitir que um número pequeno de seus pais se movam para compensar o movimento. Um bom exemplo é alguém segurar uma xícara de chá pela sua alça. Idealmente, esse movimento seria animado por um ser humano – o movimento do braço e pulso durante a ação é extremamente complexo. No entanto, o jogo pode não ser capaz de controlar o local sobre a mesa em que o copo está, ou onde a pessoa está quando segura o copo, e assim é necessário fazer algumas adaptações no momento da execução para garantir que os dois se encontrem adequadamente.

Há uma grande variedade de algoritmos IK e eles são frequentemente usados em combinação para se complementarem. Quatro algoritmos serão apresentados aqui, três deles estão intimamente relacionados, operações de ossos baseadas matematicamente, e um sendo um método de nível superior usando os dados de entrada da animação para orientar seu processo.

IK de um único osso

A solução IK mais simples é quase trivial. É o processo de orientação de um osso específico em uma direção desejada. Isso é comumente usado para girar os globos oculares nas órbitas para apontar para aquilo que a personagem está olhando ou para garantir que a câmera esteja apontando para o que o designer de jogos quer que esteja apontando. Um uso secundário é como uma correção para a variedade de outras soluções IK, como garantir que os pés apontem na direção correta e permaneçam no chão durante um ciclo de caminhada ou que uma mão segurando uma xícara de café mantenha o nível da xícara e fique voltada para cima enquanto se move.

Primeiro, encontre o vetor para o qual o osso está sendo rotacionado deve apontar. Para as câmeras e os olhos, esse é o vetor normalizado a partir do centro do osso para o ponto de interesse. Para os pés e as mãos, o vetor é definido por outros métodos (a normal do chão para os pés ou o vetor oposto à gravidade para uma mão segurando uma xícara de café).

Em seguida, encontre o vetor para o qual o osso atualmente aponta. Isso é muitas vezes tão simples como pegar um vetor a partir da matriz de transformação do osso. Com os dois vetores, encontre a rotação que mapeia um para o outro usando métodos de matriz padrão quatérnios e aplique essa rotação aos ossos.

Uma pequena variação do método IK está em começar de alguma orientação de referência do osso, em vez da orientação atual. Usar a orientação atual pode levar a uma rotação progressiva do osso em alguns casos. Isso é comumente usado para câmeras, na qual a câmera deve permanecer sempre alinhada verticalmente, em vez de inclinar para um lado ou para outro. Se estiver usando a orientação atual, a rotação ao longo do eixo da câmera poderá resultar em muita coisa. Por exemplo, incline a câmera para baixo a 90 graus e, em seguida, gire para o lado em 90 graus até que a câmera esteja na horizontal novamente. A câmera será apontada 90 graus à direita de onde começou, o desejado, mas também vai ser inclinada para a esquerda em 90 graus. Embora esse seja um exemplo extremo, o efeito é bastante evidente, mesmo com pequenas rotações. Começar de uma orientação conhecida toda vez impedirá isso.

IK de múltiplos ossos

IK de múltiplos ossos é o termo para a forma mais geral da IK analítica. É utilizado quando a aplicação deseja que determinado osso acabe em determinado lugar e deseja permitir a circulação de um certo número de ossos mais acima na árvore do esqueleto para permitir o movimento. O número de ossos autorizados a circular normalmente é limitado de alguma maneira, e o solucionador da IK é informado sobre quais ossos podem se mover e quais não podem. Embora os ossos autorizados a circular normalmente formem uma cadeia ininterrupta na hierarquia esquelética (ou seja, cada um é um pai do anterior), existem variações que permitem que qualquer padrão de ossos seja movido, e a natureza fundamental do solucionador não precisa mudar significativamente.

Para fornecermos um exemplo mais concreto, vamos utilizar um esgrimista tentando acertar um alvo com a ponta de seu florete. A animação de "estocada" foi reproduzida ao ponto onde o esgrimista deveria ter atingido o alvo, mas, por diversas razões, a animação não coloca a ponta da espada exatamente no alvo. (Talvez o alvo tenha se movido ou esteja um pouco menor do que aquele para o qual a animação foi autorada.) Nesse exemplo, o algoritmo da IK somente pode mover os ossos do braço e da mão e, além disso, pode mover a posição dos ombros com a flexão da coluna vertebral. (Assumimos que esse seja um osso único para simplificar, embora em muitas armações (rigs) de personagem, ele seja composto de múltiplas articulações.) O algoritmo da IK não poderá mover a posição dos quadris e pernas. A ponta da espada é chamada de *atuador da extremidade* (um remanescente do fato de que IK é derivada da pesquisa sobre os braços do robô na sua utilização com algum tipo de ferramenta, ou atuador, na extremidade), e o alvo que deve atingir, naturalmente, é chamado de *alvo*.

Há uma série de algoritmos para resolver esse tipo de IK geral, mas um dos métodos mais simples é chamado de *descendente de coordenada cíclica (CCD)*, apresentado aqui.

Ele não é de forma alguma o melhor, mas é simples, fácil de compreender e moderadamente útil.

O algoritmo é iterativo e é frequentemente possível que não tenha solução. Nesse exemplo, pode ser que o esgrimista esteja apenas muito longe do alvo para alcançar, mesmo com a coluna, o braço e a espada totalmente estendidos. Nesse caso, as iterações vão durar para sempre, então um limite para o número de iterações possíveis é fornecido pela rotina de chamada.

Além disso, as iterações às vezes podem oscilar em torno do resultado desejado, lentamente, cada vez mais perto, mas nunca realmente acertando, assim uma tolerância é fornecida. Uma vez que o algoritmo na sua aproximação ultrapasse essa tolerância, é declarado "suficientemente bom", e as iterações param. Para esse exemplo, declaramos que 1 centímetro de precisão deve ser mais do que suficiente.

O princípio é bastante simples. Em cada fase, escolha uma das juntas a ser movida, deixando as outras juntas fixas em seu estado atual. Meça o erro entre a posição atual do atuador da extremidade (a ponta da espada) e o alvo, tal como a distância física entre eles. Em seguida, mova a junta escolhida para tentar minimizar o erro. Geralmente, começamos com o último osso da cadeia. Nesse caso, o pulso, que é a articulação mais próxima da ponta do florete da esgrima, deve ser movido para minimizar o erro. Então, mova um link para a articulação do cotovelo, mova essa junta, em seguida, o ombro e depois a coluna vertebral. Se a espada ainda não atingir o alvo, repita a sequência a partir do pulso novamente.

Na prática, todas as articulações que consideramos aqui são juntas de rotação (*rotational joints*) e a maioria tem completa liberdade rotacional. (Embora a articulação do cotovelo só possa virar em um sentido, a combinação da rotação do braço e flexão do cotovelo nos permite considerá-la uma articulação com plena liberdade.) Para esse tipo de articulação, os detalhes do cálculo são simples. Encontre o vetor do ponto de rotação da articulação (a ponta do cotovelo, punho etc.) para o atuador da extremidade. Em seguida, encontre o vetor do ponto de rotação para o alvo. Encontre a rotação que move um vetor para o outro, assim como com IK de único osso e aplique-o para a articulação. Repita a operação para os ossos diferentes até que a solução seja atingida ou o número de iterações torne-se muito elevado.

Um dos problemas notáveis com a descendente de coordenada cíclica (CCD) é que ela lida muito mal se a cadeia de articulações já estiver em linha reta ou próximo disso, mas precisa ser dobrada para fazer o atuador da extremidade acertar o alvo. O exemplo mais comum é uma perna que esteja quase em linha reta, mas na qual o joelho necessita dobrar de forma significativa para fazer o pé atingir uma parte do chão que é maior do que a animação pensa, como mostra a Figura 5.2.3. Aqui, o pé está quase no lugar certo, na horizontal, mas simplesmente se encontra muito abaixo da superfície do solo. Flexionar o joelho para minimizar esse erro resulta em apenas um movimento muito pequeno de flexão. Flexionando o quadril e, mais uma vez minimizando o erro, também moverá o pé apenas em uma distância pequena.

Na Figura 5.2.3, o primeiro frame, à esquerda, mostra como a junta do meio rotaciona para mover a linha entre a junta e o atuador para que atravesse o alvo. O segundo frame mostra quanto o conjunto moveu o osso. O terceiro frame mostra a junção de cima rotacionando para mover a linha para o atuador para que atravesse o alvo. O quarto frame mostra quanto esse movimento moveu os ossos. O frame final compara as posturas de início e fim, indicando que o sistema total mudou apenas ligeiramente.

Devido à perna mal ter se movido, esse ciclo pode se repetir por muitas iterações antes de convergir na solução correta. Observe que, para maior clareza, a Figura 5.2.3 mostra a perna já levemente dobrada. Na prática, as animações reais podem começar com a perna quase exatamente em linha reta, resultando em um movimento muito menor por iteração do que é mostrado. Nos

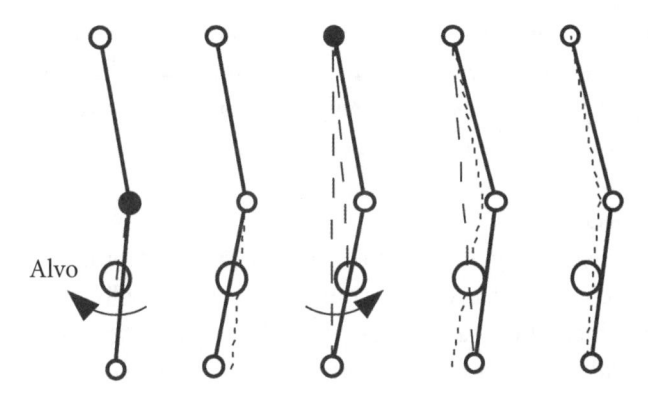

Figura 5.2.3 Descendente de coordenada cíclica convergindo lentamente.

testes, 50 iterações não eram incomuns e às vezes nem isso foi o suficiente. Reduzir a tolerância de erro não ajuda muito, porque uma vez que o joelho comece a dobrar de forma significativa, o algoritmo convergirá muito rapidamente. O problema é que pode ter muitas iterações para obter uma flexão de joelho significativa, em primeiro lugar.

O outro problema é que, se o joelho está quase em linha reta, é difícil prever o caminho no qual ele dobrará. Se a rotina da IK é necessária para mover o pé ligeiramente atrás da pessoa em vez de um pouco à frente, e a perna está quase reta, a solução mais comum que a descendente de coordenada cíclica (CCD) encontra é que o joelho se dobre para trás. O algoritmo pode ser modificado para respeitar os limites das articulações e impedir que o joelho se dobre no caminho errado, porém, isso pode aumentar ainda mais o número de iterações necessárias e evitar que o algoritmo encontre uma solução, mesmo que exista. Nesse caso, o joelho pode continuar a tentar dobrar para trás e ser reposto em linha reta, vezes após vezes, nunca se aproximando de uma boa solução, apesar de uma solução perfeitamente boa existir quando o joelho se dobra para a frente.

Para esse caso específico de uma perna, em que o quadril pode não se mover, mas o joelho e o tornozelo podem, há uma resolução rápida e muito mais elegante.

IK de dois ossos

IK de dois ossos é um caso especial de IK de múltiplos ossos, que se aplica a um conjunto muito específico e, por outro lado, é também uma situação muito comum – os braços e pernas. Este é o caso especial em que exatamente dois ossos podem girar em relação aos seus pais (coxa e tíbias, se for uma perna), e a articulação do meio (o joelho) pode dobrar em apenas uma direção. Na prática, é simples limitar o conjunto a um único plano, aquele definido pelas duas articulações ao redor (quadril e tornozelo) e outro valor, como uma terceira posição fornecida. No caso de uma IK de um joelho com dois ossos, o terceiro lugar pode ser derivado da posição do joelho em uma postura de exemplo fornecida pelo artista, aquela em que a perna está dobrada de forma razoável com o joelho apontando para a frente. Se o joelho estiver dobrado na postura atual, um jogo pode querer usar tal posição como a terceira referência. Ela permite movimentos complexos, como chutes de artes marciais a serem executados corretamente, mesmo quando as pernas estão muito rodadas e o joelho esteja em um plano que não é reto.

Os três pontos definem um plano ao qual o joelho se limita, o que impõe uma restrição sobre a posição do joelho. A coxa e as tíbias devem permanecer em comprimento constante, e o ângulo e as juntas do quadril não devem se mover. Cada um deles define uma esfera com um raio fixo em torno da articulação respectiva de onde o joelho deve estar, impondo mais duas restrições. Satisfazer essas três restrições geométricas resulta em duas posições possíveis para o joelho; uma delas envolve dobrar o joelho para trás, e pode ser descartada.

IK por interpolação

Executar a IK movendo-se matematicamente um osso em um momento é bom, mas às vezes o movimento que se pretende realizar é mais complexo. Um exemplo comum é uma personagem ainda em pé, mas movimentando sua cabeça para olhar para os vários objetos em cena. Gostaríamos de ser capazes de encontrar o vetor entre o centro da cabeça e o objeto de interesse e de alguma forma apontar a cabeça ao longo desse vetor. O problema é que o movimento da cabeça e pescoço é um processo complexo biomecânico que envolve muitos músculos e pode envolver o movimento leve do ombro para os extremos do movimento, como o movimento da observação de 90 graus para os lados ou para cima. Usar simples matemática de IK baseada em osso não irá produzir um resultado natural. Em vez disso, a personagem pareceria robótica, com articulações que podem se mover de forma pouco natural e não influencia suas articulações vizinhas de modo que pareça confortável para um ser humano real.

A solução é uma versão primitiva de "Animation by Example" [Cohen00]. O artista fornece uma série de exemplos de poses, e o sistema de animação as combina para criar uma pose composta. Essas poses podem capturar todos os detalhes do complexo movimento de cabeça, pescoço e ombros, que naturalmente acontecem quando a personagem olha ao seu redor.

A versão mais comum utiliza nove diferentes poses. Uma pose faz a personagem olhar diretamente à frente. Outra faz a personagem olhar diretamente para cima, 60 graus para baixo, 90 graus para a esquerda, 90 graus para a direita e mais quatro para os cantos (à esquerda, acima à direita, abaixo à esquerda, para baixo à direita). Note que é extremamente desconfortável mover a cabeça para olhar diretamente para baixo, de modo geral, a cabeça se moverá apenas cerca de 60 graus para baixo e os olhos vão olhar o resto do caminho.

Em cada frame, a direção relativa e a elevação da direção de visualização pretendida são encontradas por trigonometria simples e os ângulos utilizados para obter valores de interpolação para o próximo quatro poses. Digamos que a nossa direção de visualização pretendida seja de 54 graus à direita e 15 graus para baixo da pose neutra. Isso é 60% do caminho ao longo da escala horizontal (54/90) e 25% do caminho ao longo da escala vertical (15/60), portanto, os pesos das várias poses são:

- **Olhar para a frente:** $(1 - 0.25)(1 - 0.6) = 0.3$
- **Olhar para baixo:** $(0.25)(1 - 0.6) = 0.1$
- **Olhar para a direita:** $(1 - 0.25)(0.6) = 0.45$
- **Olhar para baixo e à direita:** $(0.25)(0.6) = 0.15$

As outras cinco poses (para a esquerda, para cima, para a esquerda e para cima, para a direita e para cima, para a esquerda e para baixo) não são usadas para olhar nessa direção.

Como pode ser visto, naturalmente esses pesos somam para 1.0, por isso, embora possam ser usados em uma combinação tradicional de múltiplos caminhos, não há necessidade de dividir pela soma, que pode ser uma otimização leve em alguns casos.

Essa combinação ocorre com todos os ossos da cabeça, pescoço e ombros. Por meio desse método, uma personagem pode observar qualquer lugar dentro do espaço de combinação fornecido (chamado de *gamut*[14]) e ainda reflete as interações complexas dos músculos e ossos nos ombros e pescoço.

No entanto, ainda existem dois grandes problemas com esse método de usar nove poses exemplo e combiná-las. O problema se torna imediatamente evidente, logo que mudamos o nosso exemplo, de uma pessoa que move a cabeça para o exemplo, comum nos jogos, de um soldado segurando um rifle e movendo sua mira ao redor do ambiente.

O primeiro problema é que o ponto da mira é inexato. Em ambos os casos (uma cabeça olhando e um rifle mirando no alvo), o resultado final, a direção da mira, é determinada por uma complexa cadeia de rotações em uma hierarquia. Embora cada rotação individual esteja sendo corretamente interpolada, a maneira com que as rotações e translações acumulam significa que a direção final do objetivo não vai ser exatamente correta. Para uma pessoa que olha na direção certa, essa imprecisão de pequeno porte é perfeitamente aceitável, desde que os globos oculares estejam apontados na direção correta usando uma simples IK de um único osso. É, de fato, extremamente raro as pessoas virarem a cabeça para olhar de forma precisa para alguma coisa, já que normalmente movem a cabeça na direção certa e movem seus olhos a zero grau sobre o alvo.

No caso do atirador, tal ação corretiva é mais complicada. O rifle não vai apontar na direção correta simplesmente a partir da combinação, e esse desvio pode ser bastante visível. Se o atirador estiver disparando diretamente no jogador, o erro no direcionamento do cano do rifle vai ser bastante óbvio, e o jogador pode se sentir muito ofendido ao ser ferido por uma bala aparentemente disparada para o chão à sua esquerda.

O segundo problema é que no caso do atirador envolve um "loop" de dependências ósseas, em que cada osso deve juntar-se precisamente ao próximo. O loop nesse caso segue dos ombros para baixo. Ele desce do braço até a mão, atravessa a mão que segura o rifle, passa por este último e segue pela outra mão que também está segurando o rifle, retornando então pelo outro braço e ombro opostos consecutivamente.

Esse loop deve permanecer intacto enquanto o rifle é movido para os lados. (As mãos não devem deslizar ao longo da arma ou oscilar no espaço). No entanto, sistemas de animação apenas lidam com os esquemas sem loop, como a árvore hierárquica de ossos no arranjo esquelético padrão. A maneira de corrigir isso é interromper o loop em algum lugar (em geral entre uma das mãos e o rifle, normalmente, a mão que repousa sobre o tambor em vez da que segura o gatilho), combine as animações conforme necessário e depois junte novamente ao loop usando uma IK para mover a mão para a posição correta. Felizmente, os erros são quase sempre pequenos. Usar IK de dois ossos para colocar o punho na posição correta e então uma IK de um único osso para manter a mão na direção correta é geralmente extremamente eficaz.

Para solucionarmos o primeiro problema da mira incorreta, poderíamos utilizar o mesmo truque do rifle com os olhos – rotacionar o rifle para a direção correta. No entanto, isso vai certamente significar que nenhuma mão seguirá automaticamente de forma apropriada. Precisamos também empregar uma IK nas mãos para o rifle como uma etapa secundária. Como anteriormente, os dois

---

[14] N.R.T.: O termo inglês *gamut* designa no português *gama*, espectro, e podendo ter também o sentido de *intervalo*. No presente caso do espaço de combinação possível, ele significa o conceito inclusivo do próprio espaço de combinação possível.

braços executam uma IK de dois ossos para posicionar os pulsos e depois uma IK de um osso para orientar as mãos corretamente.

O problema com esse processo é que é muito dispendioso. Estamos substituindo a forma criada por um artista por uma forma criada por máquina usando as correções IK individuais. Infelizmente, isso só pode ser feito de modo limitado antes que o resultado comece a parecer ruim. Uma pequena mudança na orientação do rifle pode causar uma mudança grande o suficiente na posição da mão (porque o rifle é bastante longo), de modo que a IK deve trabalhar mais. Mesmo que a IK funcione perfeitamente, o resultado pode parecer demasiadamente não natural, com os braços em posições de cãibra ou muito estendidos que um atirador nunca usaria.

Uma solução melhor seria encontrar os pesos corretos da combinação que resultará no fuzil apontando na direção exata e fazer uma possível reparação muito pequena da IK. Um método é iterar gradualmente o mais próximo. Primeiro, suponha alguns pesos de combinação, realize a combinação, veja onde o fuzil se posiciona, meça o erro, ajuste os pesos da combinação, e assim por diante, até que o resultado correto seja atingido. Isso é bastante eficaz, mas a iteração é muito dispendiosa. Sendo assim, execute apenas uma iteração por frame, de modo que o rifle se aproxime do ideal ao longo do tempo (isso é, na verdade, como o nosso cérebro faz), mas em alguns casos o atraso é indesejável.

Outro procedimento inteligente é executar algum pré-cálculo para descobrir onde determinados valores de combinação irão colocar o rifle e usar a informação no momento da execução para ajustar a primeira suposição dos pesos da combinação. O processo está bem documentado em um artigo de Kovar e Gleicher [Kovar04], e é eficaz enquanto a etapa de pré-cálculo é viável. Se for difícil saber antecipadamente quais agrupamentos de combinações utilizar (por exemplo, se o soldado também deve passar de uma posição em pé para agachado, se ele terá uma variedade de rifles de diferentes formatos, ou se a operação deve ser realizada com uma grande variedade de soldados, todos de diferentes formas e tamanhos), o número de agrupamentos necessários na fase de pré-cálculo será difícil de calcular e armazenar.

Uma técnica semelhante de combinação pode ser usada para animações em vez de poses estáticas, e pode-se utilizar variáveis mais abstratas do que simplesmente direção. Um exemplo comum são *ciclos de caminhada* (*walk cycles*) que devem lidar com terrenos irregulares. O animador cria três ciclos de caminhada: caminhada em terreno plano, subindo uma ladeira e descendo uma ladeira. Ao reproduzir os ciclos de caminhada, meça a inclinação que a pessoa está andando e use-a para interpolar da mesma forma entre os três ciclos de caminhada. Os três ciclos de caminhada devem ter a mesma duração, e os seus horários locais mantidos em sincronia, ou então os passos não estarão em fase[15].

---

[15] N.R.T.: Os usuários brasileiros que utilizam o motor Unity 3D e estão interessados nos elementos complexos aqui delineados da animação de personagens, com ou sem armas, poderão encontrar uma excelente discussão no trabalho de pesquisa de Rune Skovbo Johansen, seu sistema de locomoção e sua dissertação de mestrado que trabalha o tema. Johansen aplica vários dos conceitos do presente capítulo, combinando-os com animação prefabs, resultando em um híbrido interessante, denominado de *Automated Semi Procedural Animation for Character Locomotion*. Mais detalhes em: http://runevision.com/multimedia/unity/locomotion/

› Attachments[16]

Com frequência, as personagens animadas carregam objetos. O exemplo mais comum nos jogos é, naturalmente, uma arma. Em alguns casos, a arma é um objeto renderizado separadamente da personagem e movido a cada frame para que esteja nas mãos da personagem. Em outros casos, a malha da arma faz parte da malha da personagem, ou melhor, há duas malhas de personagem (uma com arma e outra sem a arma), e a adequada é escolhida. No entanto, se a personagem derruba sua arma (por exemplo, porque ela está trocando de arma ou porque outra personagem atirou nela), o jogo irá mudar instantaneamente para a malha da personagem desarmada e colocar a arma no lugar correto. A arma é então um objeto autônomo que provavelmente irá cair ao chão sob o efeito da gravidade.

Em qualquer um dos casos, o jogo precisa saber, levando em conta uma determinada pose, onde a arma deve ser posicionada. A solução óbvia é fazer um osso no esqueleto da personagem que represente o osso raiz da arma. No caso da malha que é ao mesmo tempo personagem e arma em um único conjunto, o osso é usado para deformar a malha conjugada. No caso da malha separada da personagem e arma, o osso não será usado pelas rotinas de deformação da malha, mas a transformação de espaço do mundo será utilizada para definir a transformação raiz da malha da arma. Quanto à animação, esta acontece como com qualquer outro osso, e a malha para a arma segue corretamente.

O caso um pouco mais complexo ocorre quando um objeto animado está sendo realizado ou mesmo a personagem está se pendurando em algo (como em uma asa de avião, ou em uma escada de corda debaixo de um helicóptero, ou segurando-se no topo de um carro em aceleração – coisas que um número surpreendente de personagens do jogo parecem fazer regularmente). A transformação do espaço do mundo de uma das mãos da personagem é definida pelo objeto ao qual ele está se segurando. Com base nesse detalhe e na pose da animação em que a personagem está no momento, precisamos da transformação do espaço do mundo do osso raiz da personagem. Devemos passar pela hierarquia da mão até a raiz, começando pela transformação de identidade e cada vez transformando pelo inverso da transformação de pai para filho habitual, extraída ao se tirar amostra das animações de amostragem (ou seja, a transformação de filho para pai). A transformação composta resultante mapeia do "espaço do osso da mão" para o "espaço do osso raiz". Introduza a transformação do objeto que está sendo segurado e você encontra a transformação do "espaço do osso raiz" – em outras palavras, a posição do mundo do osso raiz da personagem. Em seguida, proceda normalmente, atravessando o esqueleto de volta para baixo da árvore e renderize.

› Detecção de colisão

Em muitos jogos, a detecção de colisão não estabelece interface com animação, exceto na medida em que o jogo solicita animação à medida que o osso raiz se movimenta. Nesses casos, aproximar objetos

---

[16] N.R.T.: Não existe uma tradução direta para o termo inglês *attachments*. O termo inglês *attach* deriva do francês antigo, *ataché*, *attachier*, os quais têm origem no antigo alemão, no termo *stick* (*Stück*), que quer dizer *pedaço*. Os *attachments* são aqueles objetos (*props*) que em geral estão juntos com, podem ser pegos e carregados pelas personagens e/ou jogador. O termo é utilizado em larga escala pela comunidade de jogos, e por esse motivo nós o preservamos no título da seção.

por uma caixa, esfera, elipsoide ou outro objeto simples delimitadores, orientado da mesma forma como transformação do espaço do mundo da instância do jogo, é perfeitamente adequado.

No entanto, alguns jogos requerem detecção de colisão mais precisa. Alguns precisam de um objeto delimitador para cada osso e requerem saber qual osso foi atingido.

Outros precisam de *colisão perfeita de pixel* e requerem saber exatamente onde no triângulo da malha animada a colisão ocorreu.

A maneira mais simples e infalível é realizar todas as deformações de malha na CPU para cada frame e usar os mesmos dados, tanto para a renderização como para a detecção de colisão. No entanto, isso implica grande desempenho e problemas práticos. O primeiro é que, quando disponíveis, geralmente é melhor deixar o hardware de processamento de vértices deformar as malhas, já que foi projetado para tanto. O segundo é que está intimamente ligado à taxa de renderização com a taxa de jogo. Os dois devem ser sincronizados, caso contrário, os dados de um não podem ser reutilizados pelo outro. Conforme já discutido, essa é geralmente uma má ideia, por muitas razões. Finalmente, o formato de dados para renderização é normalmente muito diferente daquele utilizado para a detecção de colisão. As colisões não se importam com qual textura da superfície usar, e a renderização não se importa se o objeto é feito de papel ou de aço.

Então vamos supor que a renderização esteja fazendo o que executa em outros lugares e só pense na detecção de colisão da forma mais eficiente. Observe que, para simplificar, vamos considerar apenas cruzar um único raio contra a malha deformada. As colisões polígono/polígono e colisões de varredura corporal usam princípios semelhantes, mas tornam-se complexas de forma rápida e estão fora do escopo deste capítulo.

O primeiro passo é armazenar um volume delimitador (caixa, esfera elipsoide etc.), um para cada osso que circunda os vértices influenciados pelo osso durante a deformação. O raio que realiza o teste, em seguida, verifica a interseção referente a cada um desses volumes delimitadores, transformando-os pela transformação do espaço do mundo do osso ou transformando o raio pelo inverso da mesma transformação e, em seguida, executando o cruzamento. Qual dos dois a ser executado dependerá de qual é mais rápido para o tipo específico de volume delimitador usado.

Para cada osso, agora sabemos que se o raio atingiu o volume delimitador, há uma chance de que tenha atingido a malha em si, mas também que só terá acertado a parte da malha deformada pelo osso. Na verdade, isso não é estritamente verdadeiro, mas, dada a topologia da grande maioria das malhas utilizadas nos jogos, está próximo o suficiente da verdade para que seja útil. Podemos agora realizar a deformação de software de apenas aquela parte da malha que é influenciada pelos ossos, cujos volumes delimitadores cruzaram e os polígonos resultantes da colisão foram testados contra o raio. A otimização usual consiste em que apenas alguns volumes de ossos serão atingidos por qualquer raio particular, significando que a parte da malha que deve ser deformada e testada é relativamente pequena.

Resumo

Este capítulo apresenta os componentes básicos da maioria dos sistemas de animação. As animações são codificadas utilizando-se uma variedade de métodos de compressão, principalmente para reduzir o consumo de memória, mas também para apoiar a reprodução e exibição em tempo real, enquanto são combinadas por meio de vários métodos. O movimento geral da animação é transferido do sistema de animação para a instância do jogo, de modo que a lógica do jogo pode acompanhar a figura animada. A IK corrige a animação para assegurar que o contato com outros objetos do universo do jogo seja mantido mesmo quando ocorrem combinação e distorção das animações originais. A pose sofre então a transformação para o espaço do universo e, finalmente, a malha é deformada usando-se posições do osso animado e renderizado na tela.

Esses princípios são compartilhados por quase todos os sistemas de animação. No entanto, o sistema de animação de um jogo real terá muitos sistemas de nível superior em camadas superpostos a esses princípios que são específicos para determinado jogo. Essa situação demanda um equilíbrio entre as necessidades dos animadores e as necessidades do projeto do jogo. Isso exige flexibilidade e pode resultar em muitos métodos diferentes para executar a mesma operação. Enquanto os princípios apresentados aqui são construídos utilizando-se componentes de um único sistema compartilhado de animação, de baixo nível, a complexidade do código pode ser mantida gerenciável, mesmo quando combina múltiplas técnicas em conjunto.

Exercícios

1. A diferença entre *slerp* e *nlerp* foi discutida neste capítulo. Construa uma biblioteca que possa usar ambas as interpolações para misturar dois quatérnios e compare a velocidade e precisão das duas por várias rotações.
2. O algoritmo geral para um solucionador de cinemática inversa de dois ossos foi apresentado. Trabalhe o código real a partir da descrição dada. As duas soluções, correspondentes à flexão do joelho para a frente ou para trás, são as duas raízes de uma equação quadrática.
3. Experimente com os vários métodos de keyframes e curvas detalhados neste capítulo. É mais fácil visualizar se o exercício for feito em um ambiente bidimensional e a extensão de três ou mais dimensões for simples. Lembre-se de incluir propostas com descontinuidades nelas e verificar quão bem o método escolhido lida com eles.
4. Avalie uma variedade de tipos de curvas não uniformes e tente colocar nodos simples e múltiplos para ver os efeitos. Tente recriar as mesmas formas-alvo com diferentes graus de curva. Pode ser mais simples avaliar uma curva quadrática do que uma cúbica, mas pode também exigir mais pontos de controle para representar uma forma forma-alvo dada. Descubra as compensações rígidas entre as velocidades e requisitos de espaço de armazenamento.
5. Como discutido, as animações podem ser comprimidas ao codificá-las como curvas, em vez de keyframes. Além disso, os pontos de controle das curvas podem ser quantificados. Por exemplo, os quatérnios de animação são sempre de um comprimento, significando que não precisam ser armazenados usando quatro números de ponto flutuante de 32 bits. Tente calcular para uma variedade de representações de ponto fixo e veja como alguns bits podem ser usados ao mesmo tempo enquanto ainda obtém resultados aceitáveis.

Referências

[Blow04] Blow, Jon, "Understanding Slerp, Then Not Using It"" Game Developer Magazine, April 2004, available at http://number-none.com/product/.

[Cohen00] Cohen, Michael F.; Rose III, Charles F.; and Sloan, Peter-Pike, "Shape and Animation by Example", Technical Report, Microsoft Research, July 2000, disponível em ftp://ftp.research.microsoft.com/pub/tr/tr-2000-79.pdf.

[Kovar04] Kovar, Lucas, and Gleicher, Michael, "Automated Extraction and Parameterization of Motions in Large Data Sets", Transactions on Graphics, 23, 3, SIGGRAPH 2004, available at www.cs.wisc.edu/graphics/Gallery/Kovar/ParamMotion/.

[Lengyel04] Lengyel, Eric, *Mathematics for 3D Game Programming & Computer Graphics*, 2nd ed., Charles River Media, 2004.

[Svarovsky00] Svarovsky, Jan, "Quatérnions for Game Programming", Game Programming Gems, Charles River Media, 2000.

5.3 Inteligência artificial: agentes, arquitetura e técnicas

Neste capítulo

- Visão geral
- IA para jogos
- Agentes de jogo
- Máquina de estados finitos
- Técnicas comuns de IA
- Técnicas promissoras de IA
- Resumo
- Exercícios
- Referências

❯ Visão geral

Em muitos jogos, a qualidade da experiência depende se o jogo apresenta um bom desafio para o usuário. Uma forma de apresentar um bom desafio é oferecer adversários controlados pelo computador, ou até mesmo aliados, ambos capazes de jogar com inteligência. Na maioria dos casos, esse não é um problema trivial de ser resolvido, mas, felizmente, existe todo um campo de estudos que pode nos ajudar – a *inteligência artificial* (IA).

A IA descreve a inteligência incorporada em qualquer dispositivo fabricado. Se criarmos uma personagem ou um oponente em um videogame que atua por conta própria, geralmente eles são reconhecidos como possuindo IA.

Aplicado ao plano humano, a inteligência artificial é tema dos sonhos e da ficção científica. Como tomar o senso comum e a experiência acumulados por um ser humano e os destilar em um computador? Infelizmente, esse problema não está resolvido e provavelmente levará décadas antes de se chegar perto de compreender o que realmente tudo isso implica. Já que atualmente é impossível recriar a inteligência humana em geral, os pesquisadores analisam dezenas de ângulos diferentes, resolvendo problemas mais simples. Estreitar suficientemente o domínio de um problema de IA torna possível a criação de um comportamento razoável e crível, especialmente no campo dos videogames.

Este capítulo aborda inicialmente as propriedades únicas da IA dentro do jogo e como ele se difere de outros campos de IA. Com personagens verossímeis sendo a peça central da maioria das IAs dos jogos, a próxima seção apresenta o conceito de um agente de jogo. Agentes de jogo percebem o mundo, reagem de forma inteligente e, potencialmente, adaptam-se ao jogador. Como sendo a arquitetura mais utilizada para a IA do jogo, vários tipos de máquina de estados finitos são então analisadas e comparadas. O Capítulo finaliza com um levantamento das técnicas mais comuns e promissoras de IA. O movimento inteligente dos agentes de jogo é abordado com detalhes no Capítulo 5.4, "Inteligência artificial: visão geral de *pathfinding*".

> IA para jogos

A IA dos videogames é muito diferente da maioria das outras aplicações, como a defesa militar, robótica ou mineração de dados. A distinção fundamental é em termos de metas. O objetivo de um programador de IA para jogos é criar oponentes divertidos e desafiadores ao mesmo tempo que lança o produto dentro do prazo. Esses objetivos possuem as seguintes cinco implicações:

1. **A IA deve ser inteligente, porém com falhas intencionais.**
   - Oponentes devem apresentar um desafio.
   - Oponentes devem manter o jogo divertido.
   - Oponentes devem perder para o jogador de maneira desafiadora e divertida.

2. **A IA não deve ter falhas não pretendidas.**
   - Não devem existir "caminhos dourados" para derrotar a IA sempre do mesmo jeito.
   - A IA não deve falhar vergonhosamente ou parecer burra.

3. **O desempenho da IA deve estar de acordo com as limitações da CPU e da memória do jogo.**
   - A maioria dos jogos é em tempo real e deve ter IAs que reagem em tempo real.
   - A IA do jogo às vezes recebe mais de 10% a 20% do tempo de frame.

4. **A IA deve ser configurável pelos designers/jogadores do jogo.**
   - Designers devem ser capazes de ajustar o nível de dificuldade, configurar a IA e ocasionalmente as interações específicas de script.
   - Se o jogo é extensível, jogadores podem modificar ou customizar a IA.

5. **A IA não deve impedir o lançamento do jogo.**
   - As técnicas de IA empregadas não devem pôr o jogo em risco.
   - Técnicas experimentais devem ser testadas com antecedência no ciclo de desenvolvimento durante a pré-produção.
   - Se o alcance da IA evoluir ou mudar nas atualizações, ela deve ser testada antes a fim de se garantir que não se deteriore e produza erros quando lançada para milhões de consumidores.

Esses requisitos matizam a percepção de um desenvolvedor de jogo do campo da inteligência artificial. Uma distinção importante é que a IA do jogo não precisa resolver perfeitamente um problema só para a satisfação do jogador. Por exemplo, em exploração, a IA pode precisar calcular um caminho através de uma sala lotada. Algoritmos de busca existem para encontrar o caminho mais curto ou o menos dispendioso, mas a perfeição não é em geral uma exigência para os jogos. Ao relaxar os padrões, os atalhos podem ser tomados tornando o problema tratável em tempo real ou resultar em grande economia computacional.

Outra consequência da IA específica para jogos é que ela tem acesso ao conhecimento perfeito. Por exemplo, determinado adversário não precisa sentir o universo do jogo como um robô físico precisaria. O mundo do jogo está totalmente dentro do computador, e a IA se dá ao luxo de realizar sua análise com base nessas representações totalmente precisas. Grande parte da pesquisa em robótica se concentra nos problemas de reconhecimento de visão e movimento mecânico, ambos os quais são justamente ignorados nos jogos.

Ao projetar a IA do jogo, um quantidade considerável de energia mental deve ser dirigida no sentido de permitir que a inteligência artificial seja configurável pelos designers do jogo. Em vez de fazer uma personagem perfeitamente autônoma ou um oponente antagônico, o objetivo é fazer uma IA altamente personalizável que pode ser ajustada para a dificuldade e atributos individuais, tais como agressividade e precisão. Ao criar uma IA um pouco mais geral que pode ser ajustada, o jogo pode ser equilibrado e ajustado por especialistas em design para garantir que seja agradável e divertido.

Finalmente, uma consideração importante é que o produto deve ser lançado dentro do prazo estabelecido. Técnicas de IA experimentais são emocionantes e intrigantes, mas têm o potencial de colocar o projeto em risco desnecessariamente. As novas técnicas de IA devem ser testadas no início do ciclo de desenvolvimento. A promessa de que tudo irá dar certo três meses antes do lançamento simplesmente não é aceitável.

Especialização

A última década viveu uma especialização dramática das disciplinas no desenvolvimento de jogos. Uma das posições mais notáveis é o papel do desenvolvedor no campo da inteligência artificial. Uma vez considerado um dever secundário dos programadores de jogos em geral, a IA tornou-se complicada o suficiente para garantir uma compreensão mais profunda das dezenas de técnicas atuais e potenciais. Ainda mais interessante, as habilidades de um programador de IA devem variar radicalmente entre gêneros de jogo. Enquanto os jogos de estratégia requerem uma análise cuidadosa do campo de batalha e planejamento estratégico, jogos de atirador em primeira pessoa exigem uma análise tática e movimentação inteligente quanto aos passos individuais. Não há um modelo único de solução para todas as IA de jogos, o que reforça a enorme especialização que ocorre nessa disciplina.

A *estratégia em tempo real* (RTS) é talvez a mais exigente para um programador de IA, com os títulos AAA atuais que normalmente exigem até três desenvolvedores de IA em tempo integral. No entanto, outros títulos como jogos de corrida, luta ou puzzle podem necessitar apenas de um programador de IA em tempo parcial. Além disso, muitas empresas estão trabalhando cada vez mais em scripts e componentes de inteligência artificial, estabelecendo assim uma tendência de que alguns dos trabalhos de IA sejam realizados por designers de nível.

› Agentes de jogos

Com um foco muito atento nos objetivos e finalidades da IA no jogo, vamos agora voltar a nossa atenção para o *agente de jogo*. Na maioria dos jogos, o objetivo da IA é criar um agente inteligente, por vezes referido como uma *personagem não jogador* (NPC). Esse agente atua como um adversário, um aliado ou como uma entidade neutra no mundo do jogo. Como a maioria das IAs de jogo se concentra em torno do agente, é muito útil partir dessa perspectiva para estudarmos a inteligência artificial nos jogos.

Um agente tem três etapas fundamentais através das quais realiza um círculo contínuo. As etapas são comumente conhecidas como o ciclo de *perceber-pensar-agir*. Além das três etapas, existe uma opção de aprendizado ou recordação que pode também ter lugar durante o ciclo. Na prática, a maioria dos agentes do jogo não dá esse passo extra, mas isso está mudando lentamente por causa do créscimo do desafio e da possibilidade de jogar-se o jogo novamente, que é aproveitada como um resultado.

Percepção

O agente de jogo deve ter informações sobre o estado atual do mundo para tomar boas decisões e agir sobre essas decisões. Já que o universo do jogo é representado inteiramente dentro do programa, informações perfeitas sobre o seu estado estão sempre disponíveis. Isso significa que não há incertezas sobre o mundo. O mundo oferece informações precisas para o agente de jogo sobre a existência, localização e estado de cada adversário, barreira ou objeto. Infelizmente, apesar de todas essas informações, pode ser dispendioso ou difícil trazer à tona informações úteis e pertinentes.

A qualquer momento, o agente pode consultar a representação do mundo do jogo para localizar o jogador ou outros inimigos, mas a maioria dos jogadores considera tal procedimento trapacear. Portanto, é necessário dotar o agente do jogo com algumas limitações em termos daquilo que ele pode perceber. Por exemplo, pode parecer óbvio, mas os agentes do jogo não devem normalmente ser capazes de ver através das paredes.

Aos agentes de jogo normalmente são dadas limitações humanas. Eles são restritos a apenas saber sobre eventos ou entidades que tenham visto, ouvido ou que talvez tenham sido avisados por outros agentes. Portanto, é necessário criar modelos de como um agente deve ser capaz de ver o mundo, ouvir o mundo e se comunicar com outros agentes.

Visão

Ao modelarmos a visão do agente, é importante que o motor de jogo ofereça métodos rápidos para determinar a visibilidade dos objetos. Enquanto a IA do jogo normalmente não é muito intensiva para a CPU, o teste de visibilidade pode ser extremamente dispendioso. Portanto, ele é limitado a determinados agentes e realizada somente de maneira periódica.

A visão inicia com a obtenção de uma lista de objetos pertinentes ao jogo. Por exemplo, o agente pode solicitar uma lista de todos os inimigos. Já que agentes não estão preocupados com a maioria dos objetos do jogo que povoa um universo, seria um desperdício considerar todos os objetos no banco de dados do jogo. Uma vez que essa lista é construída, um vetor do agente para cada objeto do jogo é calculado. Esse vetor toObject é então processado da seguinte forma para determinar se o agente pode ver o objeto do jogo. A ordem das etapas é importante para minimizar o processamento.

1. **O objeto está dentro da distância de visualização do agente?** Verifique se a magnitude do vetor é menor ou igual à distância máxima de visualização. Observe que é computacionalmente mais rápido comparar o quadrado da distância, uma vez que elimina a necessidade de realizar uma operação de raiz quadrada.
2. **O objeto está dentro do ângulo de visão do agente?** Use um produto escalar entre o vetor toObject e o vetor posterior do agente para determinar se o objeto do jogo está dentro do ângulo de visão do agente. Por exemplo, se o produto escalar de dois vetores normalizados é maior ou igual a 0,5, o objeto estará localizado dentro do ângulo de visão de 120 graus do agente.
3. **O objeto está desobstruído pelo ambiente?** O raio definido pela posição do agente e do vetor toObject deve ser testado em relação ao meio ambiente, à procura de colisões com a geometria do nível. Esse teste é dispendioso, por isso é propositalmente realizado após todos os demais.

As três etapas anteriores se constituem em uma aproximação razoável da visão humana. No entanto, o teste de desobstrução é bastante grosseiro e não vai detectar se apenas uma parte de um objeto é visível. Isso pode ser melhorado verificando se as extensões do volume delimitador do agente podem ser vistas. Porém, essa precisão adicionada vem a um custo elevado já que os testes de seleção de *ray casting*[1] deverão ser executados.

Dependendo do jogo, pode ser vantajoso para a visão do modelo ser mais sensível ao movimento. Como a maioria das pessoas vivenciou, é mais fácil ver um objeto em movimento do que um perfeitamente imóvel. É claro que esse efeito está relacionado à distância dos objetos, uma vez que objetos estacionários próximos são mais fáceis de serem visualizados do que os distantes. A visão sensível ao movimento pode ser modelada ignorando objetos estáticos que estão além de uma distância-limite especial ou variando o tempo de reação de reconhecimento de objetos estacionários com base na sua distância.

Além de perceber visualmente a simples existência de objetos, muito mais aspectos do ambiente podem ser do seu interesse. Por exemplo, pode ser importante reconhecer pontos de esconderijo ou áreas de risco que devem ser evitadas. Esse reconhecimento avançado sobre a topologia do universo é fundamental para determinados jogos, como os de atirador em primeira pessoa (FPS). A existência desses pontos interessantes pode ser marcada à mão ou algoritmos podem ser concebidos para descobri-los da representação do mundo [Lidén02, Tozour03b]. Uma vez que essas áreas de interesse são marcadas, um agente deve ser capaz de percebê-las como qualquer outro objeto.

Audição

Uma característica interessante sobre a percepção do agente é permitir que perceba através da audição. Por exemplo, se o jogador passa devagar por um inimigo adormecido, o inimigo não pode perceber. No entanto, se o jogador passar correndo pelo mesmo inimigo, este poderá ouvir o barulho e acordar. Da mesma forma, se o jogador começar a disparar sua arma descontroladamente, os agentes que não podem vê-lo correrão para o local porque ouviram os tiros.

---

[1] N.R.T.: *Ray casting* se constitui em um procedimento de detecção de volumes a partir da emissão de um raio do ponto central do observador. Mais detalhes podem ser vistos no pdf intitulado: *Visualização Volumétrica com Otimizações de Ray Casting e Detecção de Borda*, disponível em: http://www.tecgraf.puc-rio.br/publications/artigo_1995_visualizacao_volumetrica_otimizacoes.pdf

A audição é mais comumente modelada através de notificações por eventos. Por exemplo, se o jogador executar uma ação que emite barulhos, o jogo irá calcular se o ruído pode viajar no espaço e informará os agentes colocados dentro do intervalo espacial. Em vez de executar os cálculos elaborados de reflexão sonora contra o meio ambiente, isso normalmente é feito através de um simples cálculo de distância por meio de áreas delimitadoras. Se o som emana dentro da área B e pode ser ouvido a até 10 metros de distância, todos os agentes dentro da área B e no espaço de 10 metros são notificados. Tal procedimento elimina qualquer modelagem sonora computacional dispendiosa. Consulte o Capítulo 5.5, "Programação de áudio", para mais detalhes sobre propagação do som.

Comunicação
Muitos tipos de agentes devem se comunicar uns com os outros, por isso pode ser importante modelar a transferência de conhecimento percebido entre os agentes. Tomemos, por exemplo, os guardas. Se um guarda vir o jogador em uma área sensível, ele poderá fugir e alertar outros guardas. Os outros guardas poderiam usar essas informações para tomar melhores decisões, como a de caçar o jogador, começando com a última posição conhecida do jogador.

Similar ao mecanismo de audição, as informações de comunicação serão orientadas a eventos na forma de notificações. Quando um agente tem informação útil e está dentro de certa distância de outros agentes, as informações serão enviadas diretamente para os outros agentes.

Tempos de reação
Ao perceber o ambiente, é importante construir uma reação temporal artificial. Os agentes não devem ser capazes de ver, ouvir ou se comunicar instantaneamente. Por exemplo, não seria correto presenciar um guarda sair correndo no mesmo instante que o alarme soa.

Uma vez que os agentes percebem o universo instantaneamente, temporizadores simples podem ser usados para simular o tempo de reação. Tempos de reação típicos para ver e ouvir podem ser da ordem de um quarto a meio segundo. Tempos de reação de comunicação seriam mais demorados com modelos de fala e gestos entre os agentes.

Pensamento
Uma vez que um agente tenha obtido a informação sobre o mundo através de seus sentidos, a informação pode ser avaliada e uma decisão pode ser feita. A etapa de pensamento é o cerne do que a maioria das pessoas consideram IA, e pode ser tão simples ou elaborada conforme a necessidade.

Geralmente, há duas formas principais de como o agente toma uma decisão nos jogos. A primeira é para o agente confiar em conhecimentos especializados pré-codificados, tipicamente artesanais através de regras *if-then*[2], com a introdução da aleatoriedade para tornar os agentes menos previsíveis. A segunda é para o agente usar um *algoritmo de busca* para encontrar uma solução próxima da ideal.

---

[2] N.R.T.: A regra *if-then* implica uma estrutura condicional: Se (*if*) a condição X for verdadeira, então (*then*) teremos o resultado ou comportamento Y.

Conhecimento especializado

Muitas técnicas existem para a codificação de conhecimento especializado, incluindo máquina de estados finitos, sistemas de produção, árvores de decisão e mesmo inferência lógica. De longe, a mais popular é a máquina de estados finitos, para qual a próxima seção é dedicada.

Codificação de conhecimento especializado é algo extremamente atraente, isto porque é simples e acontece naturalmente para a maioria das pessoas. É rápido e fácil de escrever (formalizar) em uma série de instruções *if-then* que fazem "apenas as perguntas certas", a fim de tomar uma boa decisão. Por exemplo, considere a regra, "Se você vê um inimigo mais fraco, ataque o inimigo; do contrário, fuja e obtenha apoio"[3]. Essa regra simples incorpora uma grande quantidade de bom-senso na hora de escolher uma briga. Acumulando conhecimento na forma de regras *if-then*, sofisticados processos de tomada de decisão podem ser modelados.

Embora o conhecimento especializado possa criar uma IA formidável, não é uma solução escalável. À medida que o número de regras aumenta, o sistema torna-se frágil e erros devem ser corrigidos com mais regras, o que só agrava a fragilidade do sistema. O conhecimento especializado não é uma solução completa, ele conta com testadores de jogos (*game testers*) para descobrir erros a serem reparados antes do lançamento. Como a maioria dos agentes apenas resolve domínios de problemas muito estreitos, o conhecimento especializado limitado é geralmente suficiente e os problemas de escalabilidade não são suficientes para paralisar a técnica.

Busca

Busca é uma outra técnica utilizada com frequência para produzir decisões inteligentes. A busca emprega um algoritmo de busca para descobrir uma sequência de passos (um plano), que irá conduzir a uma solução ou a um estado ideal. De acordo com movimentos e regras que regem movimentos, é possível que um algoritmo explore o espaço de busca e encontre uma solução adequada ou quase adequada, se houver.

Nos jogos, o uso mais comum de busca está no planejamento que determina a direção que o agente deve seguir. A navegação dos agentes no ambiente do jogo é um problema difícil que requer grande esforço de programação em muitos jogos. Como resultado, uma discussão aprofundada das questões de *pathfinding* usando a busca está detalhada no Capítulo 5.4.

Aprendizagem da máquina

Caso não seja possível informar um agente com conhecimento especializado e a busca não pode resolver o problema de forma eficiente, é possível usar a aprendizagem da máquina para descobrir os sistemas para a tomada de boas decisões. Algoritmos de potencial de aprendizagem incluem o reforço de aprendizagem, redes neurais, algoritmos genéticos e árvores de decisão. Essas técnicas, muitas vezes, parecem promissoras, mas na prática são quase não utilizadas no desenvolvimento de jogos. As técnicas de aprendizagem complexas de máquina exigem um profundo conhecimento e anos de experiência, a fim de fazê-las funcionar bem. Além disso, a aprendizagem de máquina é muitas vezes inadequada para a maioria dos jogos ou não se sobressaem diante das outras técnicas em termos de desempenho, robustez, testabilidade, facilidade de programação e de ajuste.

---

[3] N.R.T.: A sentença poderia ser estrutura na regra *if-then* da seguinte forma: (1: *if*) *Se você vê um inimigo mais fraco*, (2: *then*) *ataque o inimigo*; (3: *else*) *do contrário*, fuja e obtenha apoio.

Flip-flopping

Quando as decisões são tomadas, deve haver um mecanismo para mantê-las ativas durante algum período de tempo razoável. Se uma decisão é reavaliada a cada frame, pode ocorrer um *flip-flop*[4] entre dois estados e, consequentemente, o agente será paralisado em um momento de indecisão perpétua. Uma vez que os agentes devem ter tempos de reação construída em sua percepção e pensamento, isso nunca deveria acontecer na escala de frames individuais. No entanto, o *flip-flopping* pode ainda ocorrer a cada meio segundo e deve ser evitado.

Ação

Até agora, o agente de jogo e as etapas de detecção e pensamento têm sido invisíveis para o leitor. Apenas na etapa de ação é que o jogador é capaz de testemunhar a inteligência do agente. Portanto, esse é um passo muito importante em que o agente realiza suas decisões e as comunica para o jogador (se isso aumenta a percepção do jogo e do jogador sobre o agente). Em outras palavras, se o agente é brilhante, e o jogador não perceber, o esforço de tornar o agente inteligente foi claramente desperdiçado.

Dependendo do jogo, existem inúmeras ações do agente. Algumas das mais comuns são a mudança de localização, a reprodução de uma animação, a reprodução de um efeito de som, o pegar um item, conversar com o jogador e atirar com uma arma de fogo. A adaptabilidade e a sutileza com que o agente executa essas ações terão impacto na opinião do jogador sobre a inteligência do agente. Isso coloca uma enorme pressão sobre a variedade e a qualidade estética das animações, efeitos sonoros e o diálogo criado para o agente. Em um sentido muito real, o agente só pode expressar sua inteligência segundo o vocabulário oferecido por esses recursos de arte.

Nos primeiros dias dos jogos, agentes tinham muito poucas animações com as quais lidar. Com o surgimento dos jogos 3D, o repertório do agente aumentou de animações de várias dúzias a centenas e milhares. Essa complexidade resultou na necessidade de lidar de uma forma escalável com a seleção de animação. Boas práticas nessa área removeram a animação do problema da seleção do código e o colocaram diretamente nas mãos de artistas e designers de jogos através de *data-driven design*[5] [Hargrove03a, Hargrove03b, Orkin02b].

Como mencionado, o jogador está alheio a qualquer obra que o agente faça durante as etapas de detecção de pensamento a não ser que seja revelado durante a etapa de atuação. É importante transmitir o trabalho oculto ao jogador se ele melhorar a qualidade da jogabilidade. Por exemplo, se o agente concluiu que ele vai inevitavelmente morrer num futuro próximo, pode não haver nada que o agente possa fazer para evitar tal desfecho. No entanto, se o agente apenas se senta lá e morre, ele irá parecer um pouco estúpido. Um resultado mais interessante seria o agente usar essa informação para se acovardar ou gritar "Oh, não!", pois está prestes a morrer. Dessa forma, os jogadores não veem um agente bobo ser morto, em vez disso, veem um agente inteligente que compreende a situação. Mesmo que o resultado seja igual, o agente e o jogo são altamente aprimorados através da exposição da inteligência.

---

[4] N.R.T.: O termo inglês *flip-flop* possui uma miríade de significados. No caso da abordagem da inteligência artificial para jogos, ele indica uma comutação bivalorada entre dois estados, por exemplo, ligado e desligado, podendo indicar um operador booleano (V/F). No caso da discussão do autor, trata-se do fenômeno da recorrência dos estados entre um frame e outro, o que pode causar sérios problemas. Casos desse tipo ocorrem quando a função *update* se encontra mal dimensionada.

[5] N.R.T.: O método *data-driven design*, traduzido aqui por *design* orientado por dados (ou parâmetros), permite que em tempo de execução os dados possam ser ajustados pelos designers, sem que tenhamos de alterá-los no código do motor e compilarmos novamente o jogo para testarmos suas modificações novamente. Esse método permite um ajuste mais preciso de determinados parâmetros do jogo, como as referentes às animações, como salientado no texto.

Aprender e lembrar

Aprender e lembrar, juntos, formam uma etapa opcional para o ciclo de perceber-pensar-agir. Sem isso, o agente nunca vai se aperfeiçoar, nunca vai se adaptar a um jogador em particular e nunca vai se beneficiar de eventos passados ou informações que testemunhou ou foram ditas.

Curiosamente, aprender e lembrar não necessariamente são importantes em muitos jogos, porque os agentes não podem viver o suficiente para se beneficiar de qualquer coisa que poderiam ter aprendido. Nos jogos em que o agente é persistente por mais de 30 segundos, uma vantagem significativa pode existir quando aprender e lembrar são incorporados.

Para os agentes do jogo, a aprendizagem é o processo de lembrar resultados específicos e utilizá-los para generalizar e prever resultados futuros. Mais comumente, isso pode ser modelado com uma abordagem estatística. Ao reunirem estatísticas sobre eventos passados ou resultados, as decisões futuras podem alavancar essas probabilidades. Por exemplo, se 80% do tempo o jogador ataca da esquerda, a IA seria inteligente em esperar e se preparar para esse provável evento. Assim, a IA se adaptou ao comportamento do jogador.

Lembrar pode ser tão simples como observar o último lugar onde o jogador foi visto e usar essa informação durante o ciclo do pensar. Ao manter algumas informações sobre a contabilidade de estados, objetos ou jogadores observados, o agente pode alavancar observâncias em uma data posterior. Para não acumular muito conhecimento, essas memórias podem desaparecer com o tempo, dependendo de quanto são importantes. O desaparecimento gradual da memória pode ser uma forma de modelar a memória seletiva e o esquecimento.

É importante salientar que o conhecimento do passado nem sempre precisa ser armazenado no agente. Alguns tipos de conhecimento podem ser armazenados diretamente nas estruturas de dados do mundo. (Isso está relacionado ao *terreno inteligente*, discutido posteriormente.) Por exemplo, se os agentes são consistentemente abatidos em um determinado lugar, essa área pode ser marcada como mais perigosa. Você quase pode conceituar isso como o cheiro da morte em um ponto específico. Durante o ciclo do pensar, o planejamento do caminho e as decisões táticas podem considerar essa informação e preferir evitar a área.

Tornando os agentes estúpidos

Em muitos casos, é realmente muito fácil criar agentes que irão dominar e destruir o jogador. Basta torná-los rápidos, fortes, com mais recursos ou serem mais precisos com seus disparos. É claro que isso não é realmente o foco da IA do jogo. O foco é perder para o jogador de uma maneira divertida e desafiadora.

O emburrecimento de um agente pode ser realizado, tornando-o menos preciso quando dispara, tendo maior tempo de reação, envolvendo o jogador apenas um de cada vez e desnecessariamente tornando-se mais vulnerável, alterando as posições frequentemente. Esses passos simples farão os agentes posicionarem-se um nível abaixo e darão um tempo amplo e oportunidade para o jogador derrotá-los.

Trapaça do agente

Enquanto os agentes podem ser feitos superiores, tornando-os mais rápidos, mais fortes, ou oniscientes, em muitas situações os jogadores consideram isso trapaça. Idealmente, os agentes não precisam trapacear para tomar decisões inteligentes ou representar um desafio, mas há situações em que pode ser o melhor caminho a percorrer. Por exemplo, em um jogo de estratégia em tempo real, muitas vezes é necessário fazer os adversários trapacearem nos níveis mais altos de dificuldade para fornecer um desafio supremo ao jogador. É aconselhável deixar o jogador saber disso para que não fique ressentido com a IA. Dessa forma, o jogador está tomando uma decisão informada de jogar contra uma IA que tem uma vantagem injusta.

A principal lição em relação à trapaça deve ser a honestidade com os jogadores e nunca deixá-los pegar você trapaceando. Se os jogadores suspeitarem que a IA está trapaceando, eles se sentirão menos compelidos a continuar jogando e isso pode prejudicar, em última análise, o sucesso do jogo.

Resumo dos agentes do jogo

O ciclo de perceber-pensar-agir dos agentes de jogo é um simples esquema conceitual para a organização de um comportamento inteligente. Não é inteligente em si, mas fornece uma boa base para criar o comportamento do agente inteligente e verossímil. É um guia que ajuda o programador a conceituar o que um agente precisa saber e considerar antes de o agente agir no universo do jogo. Como veremos nas próximas seções, muito mais técnicas devem ser empregadas para alcançar Inteligência Artificial.

> Máquina de estados finitos

Dentro da IA do jogo, é reconhecido que as *máquinas de estados finitos* (FSMs) são o padrão de software mais comum. Esse tipo de popularidade não acontece por acaso. Pelo contrário, FSMs são amplamente utilizadas por possuírem algumas qualidades incríveis. Elas são simples de programar, fáceis de compreender, fáceis de depurar e são completamente gerais para qualquer problema. Elas não podem sempre oferecer a melhor solução, mas sempre fazem o trabalho com um risco mínimo para o projeto.

No entanto, as FSMs têm também um lado negro. Muitos programadores olham para elas com desconfiança já que tendem a ser construídas *ad hoc*, sem uma estrutura consistente. Elas também tendem a crescer descontroladamente com o avanço do ciclo de desenvolvimento. Essa estrutura pobre, juntamente com o crescimento ilimitado, torna o desenvolvimento de FSM muito difícil de manter e problemático.

No entanto, com todos os seus problemas, as FSMs ainda são a maneira mais convincente para estruturar a maioria dos desenvolvimentos de IA para jogos.

A máquina de estados finitos básica

Formalmente, uma máquina de estados finitos (FSM) é um modelo abstrato de computação que consiste em um conjunto de estados: um estado inicial, um vocabulário de entrada e uma função de transição entre os mapas de entrada e o estado atual para o próximo estado. A computação começa com estado inicial e as transições para novos estados como entradas recebidas. A FSM pode executar o trabalho dentro de determinado estado, conhecido como *máquina de Moore*, ou sobre as transições entre estados, conhecido como *máquina de Mealy*.

Os desenvolvedores de jogos desviam-se da definição estrita de FSM em muitas maneiras diferentes. Primeiro, os próprios estados são usados para definir comportamentos que contêm código específico para aquele estado. Por exemplo, os estados podem ser constituídos de comportamentos, como andar, atacar ou fugir. Em segundo lugar, a função de transição única é geralmente dividida entre os estados para que cada um saiba exatamente o que fará com que se mova para outro estado, o que ajuda a manter a relação entre estados e transições de fácil compreensão. Terceiro, a linha entre máquinas de Moore e Mealy é turva, como o trabalho é frequentemente realizado dentro de um estado e durante as transições. Quarto, a alavancagem e a aleatoriedade são extremamente comuns durante a transição para um novo estado. Por exemplo, depois de ser atacado, um agente pode ter uma chance de 10% de transição para um estado de fuga. Em quinto lugar, informações extras ao estado não são diretamente representadas na FSM, tais como o nível de vida do agente, são usadas frequentemente como um fator decisivo para algumas transições de estado.

Uma vez que as FSMs podem elegantemente captar os estados mentais ou comportamentos de um agente, são uma escolha natural para a definição da personagem IA. A Figura 5.3.1 demonstra como uma FSM de comportamento de um agente pode ser diagramada usando UML (Unified Modeling Language).

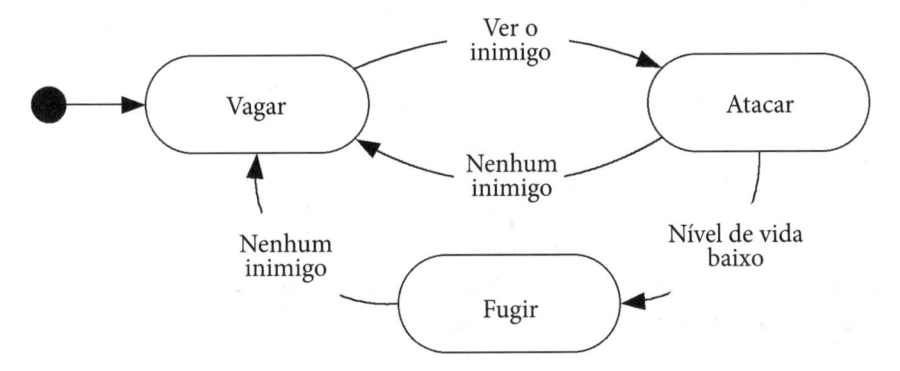

Figura 5.3.1 Um exemplo de diagrama de uma FSM comportamental do agente em UML. O ponto preto indica o estado inicial.

Definindo uma FSM

Tendo abrangido o básico, a questão seguinte é como definir uma FSM no jogo. Existem vários métodos diferentes. A abordagem mais simples e mais direta é a FMS ser construída no código da linguagem do jogo de origem. A Listagem 5.3.1 mostra uma FSM definida em C/C++ utilizando a instrução switch. Essa é talvez a mais simples aplicação de uma máquina de estados finitos.

Listagem 5.3.1 Uma FSM codificada diretamente no C/C++.

```
void RunLogic( int * state )
{
    switch( *state )
    {
        case 0: //Wander
            Wander();
            if( SeeEnemy() )        { *state = 1; }
            break;
        case 1: //Attack
            Attack();
```

```
                if( LowOnHealth() )    { *state = 2; }
                if( NoEnemy() )        { *state = 0; }
                break;
            case 2: //Flee
                Flee();
                if( NoEnemy() )        { *state = 0; }
                break;
        }
    }
```

A FSM na Listagem 5.3.1 consiste em três estados e quatro transições, idêntica ao esquema da Figura 5.3.1. Presumivelmente, RunLogic é chamado a cada frame durante o jogo, enquanto o agente está vivo. Dependendo do estado atual do agente, uma única ação será realizada nesse frame. Após cada ação executada, transições potenciais de novos estados são verificadas e, eventualmente, executadas. A lógica é simples e fácil de entender. A depuração é também bastante trivial com o desenvolvimento.

Infelizmente, existem vários problemas com essa estrutura simples de instrução switch:

- O código é *ad hoc*, em que a linguagem não impõe a estrutura. Não há nada que impeça ou previna que outro programador venha adicionar qualquer outro código fora da instrução switch que venha a modificar os estados ou execute ações.
- Todas as transições resultam de escolhas, o que pode ser ineficiente. Na prática, é melhor poder fazer a transição para um estado diferente quando ocorre um evento, como ser atacado por um inimigo, em vez de verificar em todos os frames se um inimigo atacou.
- Não há maneira fácil de saber que um estado ocorreu pela primeira vez. Por exemplo, ao entrar no estado de ataque, o agente pode precisar desembainhar sua espada. Uma solução é criar um estado de pré-ataque que prepara a espada e logo em seguida as transições para o estado de ataque propriamente ditas, mas isso pode levar a uma explosão de estados que complicam a estrutura.
- A FSM é definida diretamente no código e não pode ser especificada por designers do jogo. Se ela é orientada por dados fora do código do jogo, isso significará a possibilidade de mais trabalho paralelo, o que pode ser importante para jogos maiores.

Uma alternativa para codificação direta de uma FSM na linguagem do jogo de origem é a criação de uma linguagem de script que encapsula as melhores características de uma FSM e ao mesmo tempo impõe uma estrutura consistente. Essa linguagem de script pode ser semelhante à Listagem 5.3.2.

Listagem 5.3.2 Uma linguagem de script FSM fictícia que abstrai e impõe uma estrutura consitente.

```
AgentFSM
{
    DeclareState( STATE_Wander )
        OnUpdate
            Execute( Wander )
```

```
            if( SeeEnemy )
                ChangeState( STATE_Attack )
        OnEvent( AttackedByEnemy )
            ChangeState( Attack )
    DeclareState( STATE_Attack )
        OnEnter
            Execute( PrepareWeapon )
        OnUpdate
            Execute( Attack )
            if( LowOnHealth )
                ChangeState( STATE_Flee )
            if( NoEnemy )
                ChangeState( STATE_Wander )
        OnExit
            Execute( StoreWeapon )
    DeclareState( STATE_Flee )
        OnUpdate
            Execute( Flee )
            if( NoEnemy )
                ChangeState( STATE_Wander )
}
```

A linguagem de script FSM fictícia na Listagem 5.3.2 demonstra algumas melhorias sobre a versão codificada:

- A estrutura da FSM é imposta pelo que será aceito pelo compilador de script.
- Os eventos podem ser manipulados (através da convenção OnEvent), bem como a escolha.
- Quando um estado ocorre pela primeira vez, o construto OnEnter pode ser usado para executar qualquer inicialização especial. Por outro lado, há um construto OnExit para executar qualquer código de limpeza, independentemente do que provocou a transição. O construto OnExit torna o script mais explícito e reduz o código redundante.
- Uma FSM na forma script e orientada por dados pode ser desenvolvida para o uso de designers e artistas que não estão familiarizados com linguagens de programação tradicionais.

Os construtos Execute e if indicam que determinada função deve ser chamada pelo nome especificado. Isso exige um nome entre parênteses para ser ligado a um nome de função real no código do jogo. No caso da declaração if, a função irá retornar um valor booleano para que o script saiba se deve executar a próxima instrução. Observe que essa linguagem de script particular carece de colchetes e vírgulas, que é simplesmente uma escolha no projeto do desenvolvimento da linguagem.

Infelizmente, não é algo trivial criar uma linguagem script para uma FSM e a decisão de desenvolver uma deve ser muito bem considerada. Normalmente, ela pode exigir vários meses de trabalho de engenharia para projetar e desenvolver a linguagem. Um compilador personalizado deve ser escrito, que converta a FSM script em bytecode, que pode ser interpretada "em tempo real" pelo motor de jogo durante a execução. Isso apresenta diversos problemas em termos de usabilidade e depuração, já que erros no momento da compilação devem ser reportados pelo compilador personalizado, e depurar scripts durante a execução exigirá amplos conhecimentos e apoio. Não é uma surpresa incomum que uma linguagem script personalizada, dentro uma empresa de jogos, seja desprezada e odiada pelas pessoas que devem trabalhar com ela diariamente. Afinal, é extremamente difícil e demorado criar ferramentas que abordem a robustez e tenham o polimento apresentado pelos compiladores comerciais e depuradores.

Desde que a dificuldade está nas ferramentas, ao menos uma empresa de middleware agora oferece soluções FSM que ajudam na criação (usando diagramação visual) e depuração. No entanto, pelo fato de as FSMs serem triviais para aplicar diretamente no código e muitas empresas já possuírem linguagens proprietárias de script, pode ser difícil convencer os desenvolvedores de jogos de que podem se beneficiar dessas soluções.

Uma possível solução para o dilema é desenvolver uma abordagem híbrida. Na página do livro em www.cengage.com.br, você encontrará uma "linguagem de máquina de estados", a qual é inteiramente implementanda em C++. Consulte o link dele para saber quais materiais estão disponíveis. Através da utilização de várias macros estilo C e uma classe FSM, é possível alcançar a abstração e a estrutura de muitas linguagens de script FSM. Ao existirem inteiramente na linguagem do jogo de origem, ou seja, C++, todos os problemas de compilação e depuração de linguagens de script desaparecem. A Listagem 5.3.3 mostra um exemplo da linguagem C++ de máquina de estado.

Listagem 5.3.3 Uma abordagem híbrida da codificação de uma FSM diretamente em C++ usando uma classe de suporte FSM e macros no estilo C.

```
bool AgentFSM::States( StateMachineEvent event,
            MSG_Object * msg,
            int state, int substate )
{
    DeclareState( STATE_Wander )
        OnUpdate
            Wander();
            if( SeeEnemy() )
                ChangeState( STATE_Attack );
        OnMsg( MSG_Attacked )
            ChangeState( Attack )

    DeclareState( STATE_Attack )
        OnEnter
            PrepareWeapon();
        OnUpdate
            Attack();
            if( LowOnHealth() )
                ChangeState( STATE_Flee );
            if( NoEnemy() )
                ChangeState( STATE_Wander );
        OnExit
            StoreWeapon();
```

```
DeclareState( STATE_Flee )
    OnUpdate
        Flee();
        if( NoEnemy )
            ChangeState( STATE_Wander );
}
```

O exemplo de linguagem C++ de máquina de estados na Listagem 5.3.3 oculta uma grande funcionalidade. O principal ponto é que a estrutura promove um formato consistente, uma boa legibilidade, depuração e é simples. Suporta os conceitos OnEnter e OnExit e acionadores de eventos na forma de mensagens despejadas na máquina de estados (capturado pelo construto OnMsg). O que não é suportado é a definição da FSM de uma maneira que os designers e artistas podem criá-la exteriormente ao código-fonte. No entanto, essa é a compensação para evitar a criação de ferramentas e, em vez disso, reforçar o potencial do compilador e do depurador existentes.

Um método mais comum para desenvolver uma FSM completamente no código é a utilização de classes C++, em que uma máquina de estado é uma coleção de classes de estados contendo funções membros para executar a entrada, a saída, bem como a funcionalidade de atualização (update). Infelizmente, isso pode ser mais difícil de compreender e ler do que uma solução na forma de uma linguagem script, uma vez que os estados são em geral espalhados por muitos arquivos.

Estendendo a FSM básica

Até agora, vimos várias maneiras de estender a FSM básica. Isso inclui ampliar os estados para oferecer blocos OnEnter/OnExit e permitir que notificações de eventos ativem transições. Como mencionado, é comum permitir que a aleatoriedade e probabilidade influenciem as transições e também é comum se referir às informações de estado adicionais, como nível de vida, na tomada de decisões de transição de estados.

Além dessas, existem várias outras maneiras importantes pelas quais as FSMs podem ser ampliadas. Primeiro, FSMs podem ter uma histórico baseado em pilha que acompanha os estados passados. Como as transições são seguidas, os estados são empurrados para fora e retirados do histórico da pilha. Isso é extremamente útil se o agente for interrompido e, posteriormente, precisar retornar a um estado anterior. Por exemplo, se um agente estava reparando uma construção (estado de reparo), mas posteriormente foi pego em um tiroteio (estado de ataque), uma vez que a luta acabou, o estado de ataque sairia da pilha e a FSM retornaria para o estado de reparo. Uma vez que um estado esteja concluído, ele pode escolher retomar para o último comportamento sem ter de reexaminar a situação.

Uma extensão relacionada baseada em pilha é permitir que um estado transite para uma FSM completamente nova, empurrando-a para uma pilha FSM. Isso resulta em uma FSM hierárquica que pode proporcionar um melhor encapsulamento dos comportamentos e das tarefas, impedindo que qualquer FSM se torne demasiado grande e pesada [Houlette01]. FSMs hierárquicas também podem reduzir a duplicação de código, pois os subcomportamentos comuns podem ser referenciados por muitas outras FSMs.

Semelhante às FSMs hierárquicas, uma única FSM pode potencialmente ter subestados que existem dentro de determinado estado. Dependendo da situação, isso pode ser uma maneira eficaz de quebrar o comportamento sem recorrer a uma FSM completamente nova para apenas um par de estados relacionados.

FSMs múltiplas

Até agora, consideramos um único agente como possuidor de uma única FSM. Entretanto, não há nenhuma razão para que um agente não possa ter várias FSM funcionando em paralelo. Um modelo é ter um agente executando tanto uma FSM de "cérebro" e uma FSM de "movimento". Outro modelo é conhecido como arquitetura de *subsunção*, na qual existem vários níveis de execução de FSMs simultâneas [Brooks89]. A FSM de menor nível cuida das decisões rudimentares, como desvio de obstáculos, enquanto as FSMs de nível superior concentram-se na busca de metas e determinação de objetivo. Uma arquitetura de subsunção permanece robusta, porque os níveis mais baixos devem ser satisfeitos antes de permitir que os níveis mais elevados influenciem no comportamento.

Depurando FSMs

Um dos principais benefícios de trabalhar com FSMs é a facilidade com que podem ser depuradas. No entanto, quando há dezenas ou centenas de agentes andando, interações complexas podem ainda ser muito difíceis de depurar. Portanto, é prudente construir instalações de depuração diretamente em sua arquitetura FSM. No mínimo, você deve ser capaz de registrar os estados de cada FSM ao longo do tempo. Na captura dos dados, os registros podem ser examinados particular e detalhadamente em seus *logs* após um erro ocorrer e boas pistas estarão disponíveis para ajudar a rastrear a causa.

Outra forma de facilitar a depuração é ter agentes exibindo seu atual estado acima de suas cabeças. Ao ser capaz de ver o estado atual, você pode rapidamente identificar o que cada agente está "pensando", facilitando a identificação de erros. Pode também ajudar a mostrar o último estado também, portanto está mais claro como o agente se transferiu para o estado atual

Resumo das FSMs

Máquinas de estados finitos são gerais, simples, fáceis de entender e fáceis de depurar. Elas são muito mais úteis do que a definição formal pode sugerir e podem servir como base para quase qualquer aplicação do agente de IA. No entanto, FSMs não são capazes de descobrir caminhos (pathfinding), raciocínio ou aprendizagem; outras técnicas certamente têm de ser empregadas. Ainda assim, seria um erro não investigar inicialmente se FSMs poderiam resolver grande parte de suas necessidades com IA.

> Técnicas comuns de IA

A seguinte pesquisa de técnicas comuns de IA é projetada para fornecer um resumo das muitas ferramentas que um programador de IA pode usar. Já que a IA de jogo é abordada a partir de tantas direções diferentes, um rápido *tour* de técnicas é uma boa maneira de familiarizar-se com a paisagem diversificada de soluções disponíveis. A próxima seção prevê igualmente um estudo de técnicas promissoras de IA.

A* *pathfinding*

O A* *pathfinding* (pronunciado A-star) é um algoritmo para encontrar o caminho menos dispendioso através do ambiente. Especificamente, é um algoritmo de busca direcionada, que explora o conhecimento sobre o destino para orientar a busca inteligente. Ao fazer isso, o processamento necessário para encontrar uma solução é minimizado. Em comparação com outros algoritmos de busca, A* é o mais rápido em encontrar o caminho absoluto menos dispendioso. Observe que, se todo o movimento tem o mesmo custo de passagem, o caminho menos dispendioso também é o caminho mais curto.

Exemplo de jogo

O ambiente deve primeiro ser representado por uma estrutura de dados que define onde o movimento é permitido [Tozour03a]. Um caminho é solicitado por meio da definição de uma posição inicial e a posição-alvo dentro desse espaço de busca. Quando A* for executado, ele retorna uma lista de pontos, como uma trilha de migalhas de pão, que define o caminho. Uma personagem ou veículo pode usar os pontos de orientação para encontrar o seu caminho para o objetivo.

A* pode ser otimizado para velocidade [Cain02, Higgins02b, Rabin00a], para estética [Rabin00b] e para aplicação geral a outras tarefas [Higgins02a]. O *A* pathfinding* é descrito em detalhes no Capítulo 5.4.

Árvore de comportamento

Uma *árvore de comportamento* é muito semelhante a uma máquina de estados finitos hierárquica, no entanto, tem uma estrutura mais rigorosa, é mais escalável e contém as transições baseadas em regras. Ela pode ser visualizada como uma estrutura de árvore de comportamentos, a partir de uma raiz e se expandindo para fora.

Os *comportamentos não folha* (sendo ele *raiz* ou *ramo*) decidem quando os seus filhos devem executar um dado comportamento; então os *comportamentos folha* (os *nódulos terminais*) fazem o trabalho efetivo. Salvo os vários métodos para decidir quais filhos devem executar seus comportamentos, o mais comum é a lista de prioridades, em que o filho de mais alta prioridade que possa ser acionado é autorizado a executar o comportamento. Outros métodos incluem execução sequencial (execução de cada filho em ordem), escolhas probabilísticas (escolha aleatória de um filho) e escolha randômica exclusiva, ou também chamada de *um-fora* (escolher aleatoriamente ou priorizando, mas nunca repetir a mesma escolha).

Exemplo de jogo

As árvores de comportamento tornaram-se uma alternativa muito popular para as FSMs como resultado da sua utilização tanto em *Halo 2* e *Halo 3*, e nas explicações posteriores por Damian Isla [Isla05]. *Halo 2* teve 50 diferentes comportamentos construídos usando a arquitetura das árvores de comportamento e mostrou que ficaram mais robustos e podiam escalar melhor do que as FSMs.

Hierarquia de comando

Uma *hierarquia de comando* é uma estratégia para lidar com as decisões de IA em diferentes níveis, desde o general até o soldado. Modelado com base nas hierarquias militares, o general dirige a estratégia de alto nível no campo de batalha, enquanto o soldado se concentra no combate individual. Os níveis lidam com a cooperação entre vários pelotões e esquadrões. O benefício de uma hierarquia de comando é que as decisões sejam separadas em cada nível, tornando cada decisão mais direta e abstrata de outros níveis [Kent03, Reynolds02].

Exemplo de jogo
A hierarquia de comando é frequentemente usada em estratégia em tempo real ou jogos de estratégia por turnos, em que normalmente há três níveis facilmente identificáveis de decisões: uma estratégia global, táticas de esquadrão e combate individual. A hierarquia de comando também é útil quando um grande número de agentes deve ter uma coerência global.

Navegação estimada
Navegação estimada (Dead reckoning ou DR) consiste em um método para predizer a posição futura de um jogador baseando-se na sua posição atual, velocidade e aceleração. Essa simples forma de predição funciona bem, já que o movimento da maioria dos objetos parece uma linha reta em pequenos períodos de tempo. Mais formas avançadas de navegação estimada podem também fornecer orientação para quão longe um objeto poderia ter se movido desde a última vez que foi visto.

Exemplo de jogo
Em um jogo de atirador em primeira pessoa (FPS), um método eficaz de controlar o nível de dificuldade é o de variar o grau de precisão do computador na "mira" ao disparar projéteis. Como a maioria das armas não viaja instantaneamente, o computador deve prever a posição futura de alvos e mirar a arma para as posições previstas. Da mesma maneira, em um jogo de esportes, o jogador do computador deve antecipar as futuras posições de outros jogadores para passar a bola de forma eficaz ou interceptar um jogador [Laramée03, Stein02].

Comportamento emergente
Comportamento emergente é algo que não estava explicitamente programado, mas em vez disso emerge da interação de vários comportamentos simples. Muitas formas de vida usam um comportamento básico que, quando visualizado como um todo, pode ser percebido como muito mais sofisticado. Nos jogos, o comportamento emergente se manifesta como regras simples de baixo nível que interagem para criar comportamentos interessantes e complexos. Alguns exemplos de regras são procurar comida, procurar criaturas semelhantes, evitar muros e avançar em direção da luz. Embora qualquer regra não seja interessante por si só, o comportamento não antecipado individual ou coletivo pode surgir a partir da interação dessas regras.

Exemplo de jogo
Flocagem (flocking) é um exemplo clássico do comportamento emergente, o que resulta em movimentos reais dos bandos de pássaros ou cardumes de peixes [Reynolds87, Reynolds01]. No entanto, o comportamento emergente em jogos é mais comumente visto em simulações de cidades, como a vida no ambiente da série *Grand Theft Auto*. Os habitantes da cidade, compostos de pedestres, carros, táxis, ambulâncias e a polícia, criam um comportamento complexo das interações dos agentes através de regras simples. Assim como uma colônia de formigas exibe comportamento em larga escala das ações de formigas individuais, uma cidade é um sistema complexo que emerge a partir do comportamento dos agentes individuais.

Flocagem
A *flocagem (flocking)* é uma técnica para mover grupos de criaturas de um modo natural e orgânico. Ela funciona bem na simulação de bandos de pássaros e cardumes de peixes. Cada criatura

obedece a três regras simples de movimento, que resultam em comportamentos complexos de grupo. Diz-se que esse comportamento de grupo emerge das regras individuais (comportamento emergente). Flocagem é uma forma de vida artificial que foi popularizada pelo trabalho de Craig Reynolds [Reynolds87, Reynolds01].

As três regras clássicas idealizadas por Reynolds são:

- **Separação:** Virar para evitar tumulto com outros companheiros locais de flocagem
- **Alinhamento:** Virar na direção média dos companheiros locais de flocagem
- **Coesão:** Virar para a posição média dos companheiros locais de flocagem

Exemplo de jogo
Os jogos usam flocagem para controlar as criaturas de fundo, como aves ou peixes. Como o caminho de qualquer criatura é muito arbitrário, a flocagem é usada para criaturas simples que tendem a vagar sem destino específico. O resultado é que as técnicas de flocagem, consagradas pelas três regras essenciais, raramente são utilizadas para os inimigos-chave ou criaturas. No entanto, as regras de flocagem inspiraram vários algoritmos de movimento, como as formações e cardumes [Scutt02].

Formações

As *formações* são uma técnica de movimento de grupo usada para imitar formações militares. Apesar de semelhanças com flocagem, é bastante diferente no sentido de que cada unidade é guiada em direção a um objetivo específico de localização e posição única, com base na sua posição na formação [Dawson02].

Exemplo de jogo
Formações podem ser usadas para organizar o movimento de tropas terrestres, veículos e aeronaves. Muitas vezes, as formações devem dividir ou distorcer a si mesmas para facilitar a circulação em áreas apertadas. O jogo *Age of Empires 2: Age of Kings* foi pioneiro em diversas técnicas fundamentais para formações em jogos [Pottinger99a, Pottinger99b].

Mapeamento de influência

Um *mapa de influência* é um método para visualizar a distribuição de poder dentro de um universo de jogo. Normalmente, é uma grade bidimensional (2D) que se sobrepõe à paisagem. Dentro de cada célula da grade, as unidades que se encontram na célula são somadas em um único número que representa a influência combinada das unidades. Supõe-se que cada unidade tenha também uma influência em células vizinhas que cai linear ou exponencialmente com a distância. O resultado é uma grade 2D de números que proporciona um *insight* sobre a localização e a influência de diferentes forças [Woodcock02].

Exemplo de jogo
Mapas de influência podem ser usados ofensivamente para planejar ataques, por exemplo, encontrando vias neutras para flanquear o inimigo. Eles também podem ser usados defensivamente para identificar as áreas ou posições que precisam ser reforçadas. Se uma facção é representada por valores positivos e outra facção é representada por valores negativos dentro do mapa de mesma

influência, qualquer célula próxima de zero ou são territórios sem dono ou são o próprio "front" da batalha (onde a influência de cada lado cancela o outro) [Tozour01].

Há também usos não violentos para os mapas de influência. Por exemplo, a série *Sim City* oferece mapas em tempo real que mostram a influência dos policiais e bombeiros colocados ao redor da cidade. O jogador pode então usar essas informações para situar as futuras construções que irão preencher as lacunas no ambiente do jogo. O jogo também utiliza a mesma informação para ajudar a simular o mundo do jogo.

IA de nível de detalhe

Nível de detalhe (LOD) é uma técnica de otimização comum em gráficos 3D em que o detalhe poligonal (*high-poly*) é usado apenas quando pode ser observado e apreciado pelo observador humano. Modelos de *close-up* usam um maior número de polígonos, enquanto os modelos distantes usam menos polígonos (*low-poly*). Isso resulta em gráficos de processamento mais rápido já que menos polígonos são renderizados; ainda não há nenhuma degradação perceptível na qualidade visual. O mesmo conceito pode ser aplicado a IA, em que os cálculos são realizados somente se o jogador notar ou apreciar o resultado [Brockington02a].

Exemplo de jogo

Uma abordagem é variar a frequência de atualização de um agente com base na sua proximidade com o jogador. Outra técnica consiste em calcular apenas caminhos para os agentes que o jogador pode ver, caso contrário, deve-se usar aproximações do caminho em linha reta e estimar os movimentos fora da tela. Essa técnica se torna importante quando há mais de várias dezenas de agentes em um jogo e, coletivamente, eles usam muito poder de processamento. Isso em geral ocorre com o RPG, RTS, estratégia e jogos de simulação.

Distribuição de tarefas do gerenciador

Quando um grupo de agentes tenta escolher tarefas para realizar de forma independente, como selecionar um alvo na batalha, o desempenho do grupo pode ser um pouco sombrio. Curiosamente, o problema pode ser abordado de modo que, em vez de os indivíduos escolherem tarefas, um gerenciador tem uma lista de tarefas necessárias e atribui a agentes com base em quem é mais adequado para o trabalho [Rabin98]. Note que isso é muito diferente do gerenciador ter passado por uma lista de indivíduos e atribuir-lhes tarefas. Atribuição de tarefas considera as próprias tarefas primeiro e as utiliza como base para a priorização. Isso evita a duplicação de tarefas, e tarefas de alta prioridade sempre obtêm os melhores candidatos. Esse tipo de planejamento tático é mais voluntário do que a coordenação emergente que pode ser conseguida com uma arquitetura de quadro-negro. No entanto, o plano resultante pode não ser tão ideal como a execução de um planejamento de pesquisa exaustiva [Orkin03a].

Exemplo de jogo

Em um jogo de beisebol sem corredores na base, pode ser determinado que a primeira prioridade seja defender a bola, a segunda prioridade seja cobrir a primeira base, a terceira prioridade seja fazer a proteção da pessoa protegendo a bola, e a quarta prioridade seja cobrir a segunda base. O técnico pode organizar quem cobre cada prioridade, examinando a melhor pessoa para o trabalho para determinada situação. Em uma batida suave entre a primeira e a segunda base, o técnico pode atribuir ao primeiro homem de base a proteção da base, ao arremessador a cobertura da primeira base, ao homem da segunda base a proteção do primeiro homem protegendo a bola, e às interbases a cobertura da segunda base, que é a jogada correta. Sem técnico para organizar a distribuição de tarefas, pode ser significativamente difícil conseguir cooperação coerente dos jogadores usando outros métodos.

Evitar obstáculos

Algoritmos A^* pathfinding são bons em levar uma personagem de ponto a ponto através de um terreno estático. No entanto, muitas vezes, a personagem deve evitar outros jogadores, outros personagens e os veículos que estão se movendo rapidamente pelo meio ambiente. Os personagens não devem ficar presos um ao outro em pontos de estrangulamento e devem manter distância suficiente para manobrar quando viajam em grupos. *Evitar obstáculos* tenta evitar esses problemas com a previsão de trajetória e comportamentos de direção em camadas [Reynolds99].

Exemplo de jogo

Em um jogo FPS, um grupo de quatro esqueletos quer atacar o jogador, mas tem de atravessar uma ponte estreita sobre um rio. Cada esqueleto recebeu uma rota para o jogador através do sistema de navegação. O esqueleto mais próximo da ponte tem um caminho claro. O segundo esqueleto prevê uma colisão com o primeiro, mas vê espaço para a direita, que ainda está dentro dos limites do caminho para o outro lado da ponte. Os últimos dois esqueletos preveem colisões com os dois primeiros, então eles diminuem seu ritmo de viagem corretamente da fila atrás dos dois primeiros.

Scripting

Scripting é uma técnica de especificar os dados de um jogo ou a sua lógica fora da linguagem de origem do jogo. Muitas vezes, a linguagem é concebida a partir do zero, mas há um movimento crescente da utilização de Python e Lua como alternativas. Há um espectro completo de quão longe você pode levar o conceito de scripts.

Espectro da influência do scripting:

- **Nível 0:** codificar tudo na linguagem de origem (C/C++)
- **Nível 1:** dados em arquivos que especificam estatísticas e locais dos personagens/objetos
- **Nível 2:** sequências de cenas cinematográficas organizadas na forma de script (não interativa)
- **Nível 3:** lógica leve especificada por ferramentas, como um sistema de acionamento
- **Nível 4:** lógica pesada desenvolvida por meio de scripts que confiam em funções principais escritas em C/C++
- **Nível 5:** tudo codificado nos scripts – linguagem plena alternativa para C/C++

Jogos comerciais têm sido desenvolvidos em todos os níveis desse espectro, com os videogames mais antigos no nível 0 e os jogos como a série *Jak and Daxter* no nível 5 (com sua linguagem GOAL baseada em LISP). No entanto, os níveis médios são onde estão a maioria dos jogos, já que os dois extremos representam maior risco, empenho de tempo e custo.

Exemplo de jogo
Os programadores devem primeiro integrar uma linguagem script para o jogo e determinar a extensão da sua influência. Os usuários da linguagem script serão tipicamente artistas e designers de nível. O script escrito normalmente será compilado no *byte code* antes de ser disponibilizado para a jogabilidade real e interpretado "em tempo real" durante o jogo. A seguir estão as vantagens e desvantagens de scripting [Tozour02a].

Vantagem de scripting:
- A lógica do jogo pode ser alterada nos scripts e testada sem recompilar o código.
- Os designers podem ser fortalecidos, sem consumir recursos do programador.
- Os scripts podem ser expostos aos jogadores para serem alterarados e expandidos (IA extensível).

Desvantagens de scripting:
- Mais difícil de depurar.
- Pessoas que não são programadores podem ter de programar.
- O empenho de tempo e custo para criar e suportar a linguagem de script e ferramentas de depuração complementares.

Máquina de estados

Uma *máquina de estados* ou *máquina de estados finitos* (FSM) é um padrão de projeto de software amplamente utilizado que se tornou uma pedra angular da IA do jogo. A FSM é definida por um conjunto de estados e transições, com apenas um estado ativo a qualquer momento.

Exemplo de jogo
Na prática comum, cada estado representa um comportamento, como PatrolRoute, dentro do qual um agente irá executar uma tarefa específica. O estado escolhe ou escuta procurando eventos que causarão a transição para outros estados. Por exemplo, um estado PatrolRoute pode verificar periodicamente se vê um inimigo. Quando esse evento acontece, ele realiza a transição para o estado AttackEnemy.

Máquina de estados baseada em pilha

Uma *máquina de estados baseada em pilha* é um padrão de técnica e de design que muitas vezes aparece em arquiteturas de jogo. Às vezes referido como *autômatos para baixo*, a máquina de estados baseada em pilha é capaz de lembrar de ações passadas, armazenando-as em uma pilha. Em uma máquina de estado tradicional, os estados passados não são lembrados, pois o controle flui de estado para estado sem histórico registrado. Contudo, pode ser útil em uma IA de jogo ser capaz de transitar de volta para um estado anterior, independentemente de qual estado era. Esse conceito de pilha pode ser usado para capturar estados passados ou mesmo máquinas inteiras de estados. [Tozour03c, Yiskis03a].

Exemplo de jogo
Em um jogo, essa técnica é importante quando a personagem que está realizando uma ação é interrompida por um momento, e então deseja continuar a ação original. Por exemplo, em um jogo de estratégia de tempo real, uma unidade pode estar reparando um edifício quando é atacada. A

unidade irá realizar a transição para um comportamento de ataque e pode destruir o inimigo. Nesse caso, o conflito acaba e a unidade continua sua atividade anterior. Se comportamentos passados são armazenados em uma pilha, os comportamentos atuais de ataque apenas sairão da pilha e a unidade continuará o seu anterior comportamento de reparo.

Arquitetura de subsunção

Uma *arquitetura de subsunção* separa claramente o comportamento de uma personagem único em uma execução simultânea de camadas de FSMs. As camadas mais baixas cuidam dos comportamentos básicos, como desvio de obstáculos, e as camadas superiores cuidam de comportamentos mais elaborados, como a determinação e busca de objetivos. Como as camadas mais baixas têm prioridade, o sistema permanece robusto e garante que os requisitos das camadas inferiores sejam cumpridos antes de permitir que comportamentos de alto nível os influenciem. A arquitetura de subsunção foi popularizada pelo trabalho de Rodney Brooks [Brooks89].

Exemplo de jogo

Arquiteturas de subsunção têm sido usadas em muitos jogos, incluindo a série *Oddworld*, *Jedi Knight: Dark Forces 2* e a série *Halo*. A arquitetura é idealmente compatível para jogos baseados em personagens em que movimento e percepção devem coexistir com decisões e objetivos de alto nível [Yiskis03b].

Análise de terreno

Análise de terreno é um termo amplo dado à análise do terreno de um mundo de jogo para identificar locais estratégicos.

Exemplo de jogo

Há muitos locais estratégicos em um jogo que podem ser identificados através da análise do terreno, tais como recursos, pontos de estrangulamento, ou pontos de emboscada [Higgins02c]. Esses locais podem ser usados pela IA de nível estratégico para ajudar a planejar manobras e ataques. Outros usos para a análise do terreno em um jogo de estrátegia em tempo real incluem saber onde construir muros [Grimani03] ou onde colocar as facções iniciais. Em um jogo FPS, a análise do terreno pode ajudar a IA na descoberta de pontos de posicionamento de francoatiradores, pontos de cobertura, ou para onde jogar granadas [Lidén02, Reed03, Tozour03b, van der Sterren00]. A análise de terreno pode ser vista como uma abordagem alternativa à "automatização do código" das regiões de interesse em um nível.

Sistema de acionamento

Um *sistema de acionamento*[6] é um sistema altamente especializado de script que permite que regras simples de *if / then* sejam encapsuladas dentro de objetos do jogo ou do próprio universo. É uma ferramenta útil para designers de nível já que seu conceito é extremamente simples e robusto. Muitas vezes, é exposto por meio de uma ferramenta de design de nível ou uma linguagem script [Orkin02a, Rabin02].

---

[6] N.R.T.: O termo *trigger* é traduzido por acionamento e, em alguns casos, *gatilho*. Optamos nesta edição pelas variantes *acionamento*, *acionador* etc.

Exemplo de jogo
Um designer pode colocar um acionador de chão, no meio da sala. Quando o jogador pisa no acionador de chão (condição – *if*), o designer pode especificar que um efeito de som assustador seja reproduzido e uma dúzia de cobras caiam do teto (a resposta – *then*). Dessa forma, um sistema de acionadores é uma maneira simples para especificar eventos baseados em scripts sem projetar uma linguagem complexa de script. Como exemplo, o editor de níveis para o *StarCraft* permitiu que os usuários definissem suas próprias missões usando uma ferramenta de sistema de acionadores baseada em Windows.

❯ Técnicas promissoras de IA

A seção anterior descreveu muitas técnicas comuns utilizadas em jogos atuais. A próxima seção examinará as técnicas que indicam o potencial para o futuro. Por alguma razão, cada técnica tem encontrado uso ou aceitação limitada na indústria de jogos. Algumas são bastante complicadas ou difíceis de entender, outras não são bem conhecidas e ainda algumas que resolvem problemas de nicho e nunca poderiam ganhar um uso generalizado. Independentemente disso, é importante estar ciente dessas técnicas promissoras para os jogos.

Redes bayesianas
Redes bayesianas permitem a uma IA executar raciocínio humanoide complexo quando confrontadas com a incerteza. Em uma rede bayesiana, variáveis relacionadas a estados particulares, recursos ou eventos no universo do jogo são representados como nodos em um gráfico, e as relações causais entre eles como arcos. A inferência probabilística pode então ser realizada no gráfico para inferir os valores das variáveis desconhecidas ou realizar outras formas de raciocínio [IDIS99].

Exemplo de jogo
Uma aplicação particularmente importante para as redes bayesianas em jogos está na modelagem do que uma IA deve acreditar sobre o jogador humano com base nas informações de que dispõe. Por exemplo, em um jogo de estratégia em tempo real, a IA pode tentar inferir a existência ou não de determinadas unidades construídas para o jogador, como aviões de caça ou de guerra, baseada no que viu produzido pelo jogador até o momento. Isso não deixa a IA trapacear e realmente permite que o ser humano engane a IA pela apresentação de informação falsa, oferecendo possibilidades de jogo e estratégias para o jogador [Tozour02b].

Arquitetura de quadro-negro
Uma *arquitetura de quadro-negro* é projetada para resolver um único problema complexo, colocando-o em um espaço de comunicação comum, chamado de *quadro-negro*. Objetos especialistas olham então para o quadro-negro e propõem soluções. São dadas às soluções uma pontuação de relevância, e a maior solução de pontuação (ou solução parcial) é aplicada. Isso continua até que o problema esteja "resolvido".

Exemplo de jogo
Nos jogos, a arquitetura de quadro-negro pode ser expandida para facilitar a cooperação entre múltiplos agentes. Um problema, como atacar um castelo, pode ser publicado (no *quadro-negro*), e

as unidades individuais podem propor o seu papel no ataque. Os voluntários são, então, marcados, e os mais adequados, selecionados [Isla02].

Como alternativa, o conceito de quadro-negro pode ser relaxado, usando-o apenas como um espaço de comunicação compartilhada, deixando os agentes individuais regularem qualquer cooperação. Nesse esquema, os agentes postam suas atividades atuais e outros agentes podem consultar o quadro-negro para evitar trabalho redundante. Por exemplo, se um alarme soar em um prédio e os inimigos começarem a encontrar o jogador, poderia ser desejável que eles se aproximassem de portas diferentes. Cada inimigo pode postar a porta pela qual acabará por entrar, incentivando os outros inimigos a escolher rotas diferentes [Orkin03b].

Aprendizado da árvore de decisão

Uma *árvore de decisão* é uma maneira de se relacionar com uma série de fatores de produção (geralmente medidas a partir do mundo do jogo) para uma saída (geralmente representa algo que você deseja prever), utilizando uma série de regras dispostas em uma estrutura em árvore. Por exemplo, os dados de entrada que representam a saúde e munição de um robô poderiam ser usados para prever a probabilidade de o robô sobreviver a um encontro com o jogador. No nodo raiz, a árvore de decisão pode testar para ver se a saúde do robô é baixa, indicando se o robô não irá sobreviver se for esse o caso. Se a saúde do robô não estiver baixa, a árvore de decisão pode, em seguida, testar para ver quanta munição tem o robô, talvez indicando que não irá sobreviver se sua munição estiver baixa, e vai sobreviver de outra maneira. As árvores de decisão são particularmente importantes para aplicações na aprendizagem dentro do jogo, porque (em contraste com tecnologias concorrentes como redes neurais) existem algoritmos extremamente eficientes para a criação de árvores de decisão em tempo quase real [Fu03].

Exemplo de jogo

O mais conhecido uso específico de árvores de decisão está no jogo *Black & White* em que elas foram utilizadas para permitir que a criatura aprenda e forme "opiniões" [Evans02]. Em *Black & White*, uma criatura vai aprender quais objetos do mundo são susceptíveis a satisfazer seu desejo de comer, com base no feedback que ela recebe do jogador ou do mundo. Por exemplo, o jogador pode fazer comentários positivos ou negativos afagando ou golpeando a criatura. Uma árvore de decisão é então criada, que reflete o que a criatura aprendeu com suas experiências. A criatura pode usar a árvore de decisão para decidir se certos objetos podem ser usados para satisfazer sua fome. Enquanto *Black & White* tem demonstrado o poder de árvores de decisão para aprender dentro dos jogos, elas ainda permanecem em grande parte inexploradas pelo restante da indústria de jogos.

Aleatoriedade filtrada

A *aleatoriedade filtrada* tenta garantir que as decisões ou eventos aleatórios em um jogo pareçam aleatórios para os jogadores. Isso pode ser conseguido através da filtragem dos resultados de um gerador de números aleatórios, em que as sequências que não parecem aleatórias são eliminadas, mas a aleatoriedade estatística é mantida. Por exemplo, se uma moeda é jogada oito vezes e cara aparece toda vez, alguém pode se perguntar se há algo errado com a moeda. As probabilidades de tal evento ocorrer são de apenas 0,4%, mas em uma sequência de 100 jogadas, é extremamente provável que oito caras ou oito coroas de uma vez possam ser observadas. Ao projetar um jogo para fins de entretenimento, é necessário que os elementos aleatórios sempre pareçam aleatórios para os jogadores.

A técnica envolve manter um breve histórico de resultados passados para cada decisão aleatória que deve ser filtrada. Quando uma nova decisão é solicitada, um resultado aleatório é gerado e comparado com o histórico. Se um padrão indesejável ou sequência é detectada, o resultado é descartado e um novo resultado aleatório é gerado. O processo é repetido até que um resultado satisfatório seja aceito. Surpreendentemente, a aleatoriedade estatística razoável é mantida, apesar da filtragem [Rabin03].

Exemplo de jogo

Filtragem simples de aleatoriedade é na verdade muito comum nos jogos. Por exemplo, se uma personagem executa uma animação aleatória estática, muitas vezes, o jogo irá garantir que a mesma animação estática não seja reproduzida duas vezes em sequência. No entanto, a filtragem pode ser concebida para remover todas as sequências peculiares. Por exemplo, se um inimigo pode aparecer aleatoriamente de cinco pontos diferentes, seria extremamente indesejável para ele aparecer no mesmo ponto cinco vezes em sequência. Além disso, seria indesejável para o inimigo aparecer aleatoriamente em uma sequência de contagem 12345 ou favorecer um ou dois pontos do surgimento em um curto prazo, como 12112121. Embora essas sequências possam surgir por acaso, não são concebidas ou antecipadas quando o programador escreve o código para escolher um ponto de surgimento de forma aleatória. Detectando e filtrando os padrões ou sequências indesejáveis com regras simples, uma decisão aleatória particular pode ser garantida para parecer sempre justa e equilibrada no curto prazo, mantendo boa aleatoriedade estatística.

Lógica fuzzy

A *lógica fuzzy* é uma extensão da lógica clássica que se baseia na ideia de um conjunto fuzzy. Na teoria clássica dos conjuntos, um objeto ou faz ou não faz parte de um conjunto. Por exemplo, uma criatura é um membro do grupo de criaturas com fome ou não é um membro desse conjunto. (Ou está com fome ou não está.) Com a teoria dos conjuntos fuzzy, um objeto pode ter graus continuamente variados de adesão em conjuntos fuzzy. Por exemplo, uma criatura poderia estar com fome, com grau de pertinência 0,1, o que representa pouca fome, ou seja, 0,9, representa muita fome ou qualquer valor entre isso [McCuskey00].

Algoritmos genéticos

Um *algoritmo genético* (GA) é uma técnica de busca e otimização baseada em princípios evolutivos. Os GAs representam um ponto dentro de um espaço de busca utilizando um cromossomo baseado em um código genético artesanal. Cada cromossomo é composto de uma sequência de genes que codificam a sua localização no espaço de busca. Por exemplo, os parâmetros de um agente de IA podem ser os genes e uma combinação específica de parâmetros de um cromossomo. Todas as combinações de parâmetros devem representar o espaço de busca.

Ao manter uma população de cromossomos, que são constantemente acasalados e mutantes, um GA é capaz de explorar espaços de busca, testando diferentes combinações de genes que parecem funcionar bem. Um GA é geralmente deixado para evoluir até que descubra um cromossomo que representa um ponto no espaço de busca bom o suficiente. Os GAs superam muitas outras técnicas em espaços de busca que contêm inúmeras condições favoráveis, e são controlados por apenas um pequeno número de parâmetros, que devem ser definidos por tentativa e erro.

Exemplo de jogo
Os *algoritmos genéticos* são ótimos em encontrar uma solução em espaços de busca complexos ou mal compreendidos. Por exemplo, o jogo poderia ter uma série de definições para a inteligência artificial, mas, devido às interações entre as configurações, não está claro qual seria a melhor combinação. Nesse caso, um GA pode ser usado para explorar o espaço de busca que consiste em todas as combinações de configurações para chegar a uma combinação quase ideal [Sweetser03a]. Isso em geral é feito off-line já que o processo de otimização pode ser lento e porque uma solução quase ideal não é garantida, significando que os resultados poderiam não melhorar a jogabilidade.

Predição estatística n-grama

Um *n-grama* é uma técnica de estatística que pode prever o próximo valor em uma sequência. Por exemplo, na sequência 18181810181, o valor seguinte será provavelmente 8. Quando a previsão é necessária, a sequência é procurada em retrocesso para todas as sequências correspondentes ao valor *n-1* mais recente, em que *n* é geralmente 2 ou 3 (um *bigrama* ou *trigrama*). Como a sequência pode conter muitas repetições do n-grama, o valor que mais comumente se segue é o que está previsto. Se a sequência é construída ao longo do tempo, representando o histórico de uma variável (como o movimento do último jogador), é possível fazer uma previsão de um evento futuro. A precisão de uma previsão feita por um n-grama tende a melhorar à medida que aumenta a quantidade de dados históricos.

Exemplo de jogo
Por exemplo, em um jogo de luta de rua, as ações do jogador (vários socos e chutes) podem ser acumuladas em um histórico de movimentação. Usando-se o modelo trigrama, os dois últimos movimentos do jogador são observados, por exemplo, um chute fraco, seguido de um soco fraco. O histórico de movimentação é, então, procurado para todos os exemplos onde o jogador executou essas duas jogadas na sequência. Para cada exemplo encontrado, o movimento após o soco fraco e o chute fraco é registrado. As estatísticas recolhidas poderiam se assemelhar à Tabela 5.3.1.

Tabela 5.3.1 Estatísticas reunidas dos últimos movimentos do jogador.

Sequência do jogador	Ocorrências	Frequência
Chute fraco, soco fraco, gancho	10 vezes	50%
Chute fraco, soco fraco, soco fraco	7 vezes	35%
Chute fraco, soco fraco, rasteira lateral	3 vezes	15%

As informações da Tabela 5.3.1 podem ser usadas de duas maneiras. A primeira é prever que o próximo movimento do jogador será aquele com a maior probabilidade (o gancho com 50% com base em movimentos passados). A outra é usar as probabilidades como a possibilidade de que cada um deles será previsto. Usando essa segunda técnica, ainda é possível prever um soco fraco ou rasteira lateral como o próximo movimento, mas é menos provável fazer essa previsão.

As estatísticas da Tabela 5.3.1 podem ser rapidamente calculadas quando a previsão é solicitada. Uma janela que se desloca para o passado pode ser usada para não considerar os movimentos que ocorreram há muito tempo [Laramée02b].

Redes neurais

As *redes neurais* são funções não lineares complexas que relacionam uma ou mais variáveis de entrada para uma variável de saída. Elas são chamadas de redes neurais, porque, internamente, consistem em uma série de elementos idênticos não lineares de processamento (análogos aos neurônios) interligados em uma rede pelos pesos (análoga às sinapses). A forma da função que determinada rede neural representa é controlada por valores associados com pesos da rede. As redes neurais podem ser treinadas para produzir uma função, mostrando-lhes exemplos dos tipos de entradas e as saídas que devem produzir em resposta. Esse processo consiste em otimizar os valores de peso da rede, e vários algoritmos de treinamento padrão estão disponíveis para esse fim. Treinar a maioria dos tipos de redes neurais é computacionalmente intensivo, no entanto, tornando as redes neurais geralmente inadequadas para a aprendizagem do jogo. Apesar disso, são extremamente poderosas e encontraram algumas aplicações na indústria de jogos.

Exemplo de jogo
Nos jogos, as redes neurais têm sido utilizadas para controlar carros de corridas no *Colin McRae Rally 2.0* e na série *Forza*, e para o controle e aprendizagem na série *Creatures*. Infelizmente, ainda existem poucas aplicações de redes neurais em jogos, pois poucos desenvolvedores estão ativamente experimentando com elas.

Perceptrons

Uma *rede perceptron* é uma rede neural de camada única, mais simples e mais fácil de trabalhar do que uma rede neural multicamadas. Uma rede perceptron é composta de vários *perceptrons*, cada um dos quais pode ter um "sim" ou um "não" de saída. Em outras palavras, cada perceptron ou fica estimulado o suficiente para acionar ou não. Uma vez que um perceptron pode classificar as coisas como "sim" ou "não", ele pode ser usado para aprender simples decisões booleanas como atacar ou não atacar. Eles ocupam muito pouca memória e são mais fáceis de treinar do que uma rede neural multicamadas ou uma árvore de decisão. É importante observar, no entanto, que as redes perceptrons possuem algumas limitações e só podem aprender simples (linearmente separáveis) funções.

Exemplo de jogo
No jogo *Black & White*, todos os desejos de uma criatura foram representados por um perceptron diferente [Evans02]. Por exemplo, um único perceptron foi usado para representar o desejo de comer (ou fome). Usando três entradas (baixa energia, comida saborosa e infelicidade), um perceptron poderia determinar se uma criatura estaria com fome. Se a criatura comeu e recebeu reforço positivo ou negativo, o peso associado com o perceptron poderia ser ajustado, facilitando a aprendizagem [Evans02].

Planejamento

O objetivo do *planejamento* é encontrar uma série de ações para a IA que pode mudar a configuração atual do mundo do jogo em uma configuração-alvo. Ao especificarmos condições em que determinadas ações podem ser tomadas pela IA e quais os efeitos dessas ações são suscetíveis de ser, o planejamento se torna um problema de busca para uma sequência de ações que produzam as mudanças necessárias no mundo do jogo. O planejamento eficaz depende da escolha de um bom algoritmo de planejamento para procurar a melhor sequência de ações, a escolha de uma representação adequada para o mundo do jogo e a escolha de um conjunto adequado de medidas que a IA vai ser autorizada a realizar e especificar seus efeitos.

Exemplo de jogo
Quando o domínio de um problema de planejamento é bastante simples, a formulação de planos pequenos é um problema razoável e tratável que pode ser executado em tempo real. Por exemplo, em um jogo, um guarda poderia ficar sem munição durante um tiroteio com o jogador. A IA pode, então, tentar formular um plano que irá resultar na morte do jogador dada a situação atual do guarda. Um módulo de planejamento pode voltar com a solução de correr para o interruptor de luz, desligando-o e proporcionando segurança, correr para a próxima sala para coletar munição e esperar em uma posição de emboscada [Orkin03a]. Como os ambientes de jogo se tornam mais interativos e ricos de possibilidades, o planejamento de sistemas pode ajudar os agentes a lidar com a complexidade de formulação de planos razoáveis e exequíveis.

Modelagem do jogador

A *modelagem do jogador* é a técnica de construir um perfil de comportamento do jogador com o intuito de adaptar o jogo. Durante o jogo, o perfil do jogador é constantemente refinado por acumular estatísticas relacionadas ao comportamento do jogador. Enquanto o perfil emerge, o jogo pode adaptar a IA em relação às idiossincrasias particulares do jogador, explorando as informações armazenadas em seu perfil.

Exemplo de jogo
Em um FPS, a IA pode observar que o jogador é ruim no manejo de determinada arma ou não é bom em pular de plataforma em plataforma. Informações como essas podem ser utilizadas para regular a dificuldade do jogo, por meio da exploração de quaisquer deficiências ou se afastando das mesmas fraquezas [Beal02, Houlette03]

Sistemas de produção

Um *sistema de produção* (também conhecido como um *sistema baseado em regras* ou *sistema especialista*) é uma arquitetura para a captura de conhecimento especializado, sob a forma de regras. O sistema é composto de uma base de regras, fatos e um motor de inferência que determina quais regras devem ser acionadas, resolvendo qualquer conflito entre as regras desencadeadas simultaneamente. A inteligência do sistema de produção é incorporada pelas regras e resolução de conflitos [AIISC03].

Exemplo de jogo
Muitos jogos empregam uma versão simples de sistema de produção sob a forma de uma série de regras construídas como declarações *if/else*. No entanto, os sistemas de produção de verdade são geralmente considerados mais estruturados e elaborados.

A comunidade acadêmica tem tido algum sucesso na criação do *bot IA* para *Quake II* usando o sistema de produção *Soar* [vanLent99], embora o sistema requeira mais de 800 regras para jogar como um oponente competente [Laird00]. Outra área aplicável são jogos de esporte, em que cada IA jogadora deve ter uma grande quantidade de conhecimento especializado para jogar o esporte corretamente. O Sports Group da Microsoft experimentou com algum sucesso usar um sistema de produção para impulsionar os seus jogos de esportes em equipe, mas o grupo já foi dissolvido por motivos alheios.

Aprendizado por reforço

Aprendizado por reforço (RL) é uma técnica poderosa de aprendizado de máquina que permite a um computador descobrir suas próprias soluções para problemas complexos através de tentativa e erro. O RL é particularmente útil quando os efeitos das ações da IA no mundo do jogo são incertos ou atrasados. Por exemplo, quando controlamos modelos físicos, como um avião ou um carro de corrida, como os controles devem ser ajustados para que o avião ou o carro siga um caminho particular? Que sequência de ações a IA de um jogo de estratégia em tempo real deve executar para maximizar suas chances de ganhar? Ao oferecer recompensas e punições no momento oportuno, uma IA baseada em RL pode aprender a resolver uma série de problemas difíceis e complexos [Manslow03].

Sistema de reputação

Um *sistema de reputação* é uma forma de modelagem de como a reputação do jogador no mundo do jogo se desenvolve e muda com base em suas ações. Em vez de um modelo de reputação único, cada personagem no jogo conhece os fatos particulares sobre o jogador [Alt02, Russell06]. As personagens aprendem novos fatos, testemunhando as ações do jogador ou ouvindo informações de outras personagens. Com base no que os personagens sabem sobre o jogador, eles podem agir de forma amigável ou hostil com ele [Brockington03].

Exemplo de jogo

Em um jogo de caubói pistoleiro, a reputação do jogador pode ser muito importante. Se o jogador anda por aí matando pessoas indiscriminadamente, outras podem testemunhar as mortes e relatar as informações com quem eles se encontram. Isso daria ao jogador a motivação para jogar de forma agradável ou para se certificar de que não há testemunhas. A reputação do jogador foi utilizada extensivamente em *Fable* e *Fable 2* para saber como o povo reagiria ao jogador [Russell06]. A reputação foi registrada, tanto em nível macro quanto unicamente para cada agente individual e, assim, estabeleceu-se quando um cidadão precisa reagir ao jogador.

Terreno inteligente

Terreno inteligente (também conhecido como *objetos inteligentes*) é a técnica de atribuir inteligência a objetos inanimados. O resultado é que um agente pode perguntar ao objeto o que ele faz e como utilizá-lo. Por exemplo, um forno de micro-ondas inteligente sabe o que pode fazer (cozinhar) e como deve ser utilizado (abra a porta, coloque os alimentos no interior, feche a porta, defina o tempo de cozimento, espere pelo sinal, abra a porta, retire a comida, feche a porta). A vantagem desse sistema é que os agentes podem usar os objetos com os quais nunca foram explicitamente programados para interagir.

A utilização de terreno inteligente é iluminada pela *teoria de custeamento*, que afirma que os objetos de seu próprio projeto permitem (ou custeiam) um tipo muito específico de interação [Gibson87]. Por exemplo, uma porta nas dobradiças que não tem alças só permite a abertura pressionando-se o lado sem batente. Isso é semelhante a deixar que os próprios objetos ditem como devem ser usados.

Exemplo de jogo
O termo *terreno inteligente* foi popularizado pelo jogo de muito sucesso *The Sims*. Em *The Sims*, os objetos no mundo do jogo contêm a maior parte da inteligência do jogo. Cada objeto transmite aos agentes o que ele tem para oferecer e como pode ser usado. Por exemplo, um agente pode estar com fome, e a comida na mesa irá transmitir "Eu sacio a fome". Se o agente decide usar a comida, a comida instrui o agente a como interagir com ela e quais as consequências. Ao utilizarem esse modelo de terreno inteligente, os agentes são capazes de usar qualquer novo objeto adicionado ao jogo por meio de pacotes de expansão ou de sites de Internet.

Reconhecimento de fala e texto para fala
A tecnologia de *reconhecimento de fala* permite que um jogador fale em um microfone e tenha um jogo reagindo em conformidade. Na indústria de jogos, tem havido algumas tentativas de adicionar reconhecimento de fala aos jogos. As mais notáveis são *Seaman* da Sega para o Sega Dreamcast e *Nintendogs* da Nintendo para o Nintendo DS. Embora essas primeiras tentativas foram um tanto enigmáticas, desempenharam um papel importante na sensação de estar fora do território viável para reconhecimento de fala em jogos, tanto em termos do estado atual da tecnologia quanto às possibilidades para melhorar a jogabilidade. As plataformas como o Nintendo DS têm um microfone embutido, que incentiva os jogos a darem suporte ao reconhecimento de fala.

O *texto para fala* (TTS) é a técnica de transformar texto normal em fala sintetizada. Isso permite quantidades infinitas de expressão sem ter de gravar a voz de um ator/dublador humano. Infelizmente, hoje, praticamente nenhum jogo usa a tecnologia texto para fala, talvez porque ela soe bastante robótica. Na prática, é mais eficaz gravar uma voz humana, especialmente porque a maioria dos jogos tem acesso ao espaço em disco suficiente para armazenar amostras de alta qualidade de áudio. A qualidade da dublagem em jogos também tem aumentado nos últimos anos, o que torna a tecnologia texto para fala menos atraente. Para alguns jogos, ela pode ser muito divertida para o jogador colocar seu nome e o jogo reproduzi-lo. Para o jogo certo, texto para fala pode ser uma nova tecnologia que pode definir o jogo.

Aprendizado da modificação de fraqueza
Aprendizado da modificação de fraqueza ajuda a prevenir uma IA de perder várias vezes para um jogador humano da mesma forma a cada vez. A ideia é gravar um estado principal de jogo que antecede uma falha de IA. Quando esse mesmo estado é reconhecido no futuro, o comportamento da IA é levemente modificado para que "a história não se repita". Subitamente interrompendo a sequência de eventos, a IA não pode ganhar mais vezes ou agir de forma mais inteligente, mas pelo menos a mesma falha não vai acontecer repetidamente. Uma vantagem importante do aprendizado da modificação de fraqueza é que potencialmente apenas um exemplo é necessário para aprender [van Rijswijck03].

Exemplo de jogo
Dentro de um jogo de futebol, se o humano marca um gol contra o computador, a posição da bola pode ser gravada em algum momento-chave, quando estava no chão antes que o gol fosse mar-

cado. Dada a posição da bola, o jogo pode criar um campo de vetor gravitacional que sutilmente chama os jogadores mais próximos do computador para essa posição. Esse campo de vetor em particular começa a diminuir gradualmente quando a bola aparece perto da posição registrada em uma situação semelhante (e aumenta gradualmente quando a bola se afasta). Esse exemplo serve bem para muitos jogos de esportes coletivos como futebol, basquetebol, hóquei e talvez futebol americano. No entanto, o conceito geral é muito simples e pode ser aplicado a quase qualquer gênero.

Resumo

A IA de jogo é distintamente diferente de muitos outros campos relacionados à IA. O objetivo é criar adversários inteligentes, aliados e personagens neutros que resultam em uma experiência envolvente e agradável para o jogador. Finalmente, o objetivo não é vencer o jogador, mas sim perder de maneira divertida e desafiadora.

A maioria dos jogos é povoada por agentes que percebem, pensam e agem por conta própria, no entanto, mesmo um único adversário pode ser pensado como um agente. Os agentes avançados podem também aprender e lembrar a fim de apresentar um desafio mais profundo. É importante perceber que tudo o que um agente sente, pensa ou se lembra é completamente invisível e irrelevante para o jogador, a menos que o agente possa expressar o resultado através de ações. A aparência externa de um agente por meio do movimento, manipulação, animação e diálogo é fundamental para fazer com que pareça inteligente. Em geral, isso requer uma forte integração e colaboração com os profissionais que geram os recursos de arte.

Uma das técnicas mais duradouras para dotar os agentes de inteligência é a máquina de estados finitos onipresente. Esse modelo computacional simples permite que uma perícia complexa seja expressa de forma simples, fácil de compreender, de maneira que seja também conveniente para depurar. As ações e as mentalidades de um agente eloquentemente mapeiam os estados de uma FSM, que permitirão a modelagem simples, mas eficaz de comportamento. Com as muitas melhorias desenvolvidas para FSMs, é fácil entender por que se tornaram tão universais no desenvolvimento de IA de jogos.

Por fim, existem dezenas de técnicas comuns e promissoras para o acréscimo de inteligência aos jogos. Cada jogo é único e pode exigir a mistura e combinação de diversas técnicas diferentes. Não há uma solução única, e o projeto resultante é altamente dependente das condições exatas do jogo. Portanto, é essencial que um programador se familiarize com uma ampla gama de técnicas, a fim de experimentar e tomar decisões inteligentes de desenvolvimento.

Exercícios

1. Nomeie vários modos simples de derrotar um oponente IA.
2. Como poderia um agente aparentemente se tornar melhor no jogo sem na verdade aprender ou se lembrar de nada?
3. Projete uma FSM para comportamento de patrulha. Por exemplo, um comportamento de patrulha pode visitar três locais diferentes em um loop eterno. Forneça sua resposta em um formato de diagrama UML.

4. Projete uma FSM para um guarda de patrulha inteligente. Considere como o guarda pode detectar intrusos e qual poderia ser sua reação em seu tempo de vida. Dê sua resposta em um formato de diagrama UML.
5. Pegue as FSMs que você projetou nos dois exercícios anteriores e converta-as para a linguagem script FSM fictícia como descrito na Listagem 5.3.2.
6. Usando uma Linguagem de Máquina de Estados (disponível na página do livro em www.cengage.com.br) , investigue o esquema de mensagens que permite aos agentes se comunicarem uns com os outros. Escreva uma pequena explicação de cada função de mensagem (iniciando com `SendMsg`). Dê exemplos de como cada uma pode ser útil.
7. Pesquise um jogo recente que recebeu boas críticas por sua IA. O que o jogo faz particularmente bem com relação à sua IA? Que técnicas de IA aparentemente estão sendo usadas?
8. O jogo *Black & White* foi aplaudido por seu uso interessante e inovador de IA. Pesquise o jogo e comente sobre como seu design permitiu que a IA fosse exibida.
9. Escreva uma redação de uma página sobre o futuro da IA nos jogos. Como será em 10 ou 20 anos? E em 100 anos?

Referências

[AIISC03] "Working Group on Rule-Based Systems Report", *The 2003 AIISC Report*, AIISC, 2003, available online at www.igda.org/ai/report-2003/aiisc_rule_based_systems_report_2003.html.
[Alt02] Alt, Greg, and King, Kristin, "A Dynamic Reputation System Based on Event Knowledge", *AI Game Programming Wisdom*, Charles River Media, 2002.
[Beal02] Beal, C.; Beck, J.; Westbrook, D.; Atkin, M.; and Cohen, P., "Intelligent Modeling of the User in Interactive Entertainment", *AAAI Stanford Spring Symposium*, 2002, available online at www-unix.oit.umass.edu/~cbeal/papers/ AAAISS02Slides.pdf and www-unix.oit.umass.edu/~cbeal/papers/AAAISS02.pdf.
[Brockington02a] Brockington, Mark, "Level-Of-Detail AI for a Large Role-Playing Game", *AI Game Programming Wisdom*, Charles River Media, 2002.
[Brockington03] Brockington, Mark, "Building A Reputation System: Hatred, Forgiveness, and Surrender in Neverwinter Nights", *Massively Multiplayer Game Development*, Charles River Media, 2003.
[Brooks89] Brooks, Rodney, "How to Build Complete Creatures Rather than Isolated Cognitive Simulators", *Architectures for Intelligence*, Lawrence Erlbaum Associates, Fall 1989, available online at www.ai.mit.edu/people/brooks/papers/ how-to-build.pdf.
[Cain02] Cain, Timothy, "Practical Optimizations for A* Path Generation", *AI Game Programming Wisdom*, Charles River Media, 2002.
[Dawson02] Dawson, Chad, "Formations", *AI Game Programming Wisdom*, Charles River Media, 2002.
[Evans02] Evans, Richard, "Varieties of Learning", *AI Game Programming Wisdom*, Charles River Media, 2002.
[Fu03] Fu, Dan, and Houlette, Ryan, "Constructing a Decision Tree Based on Past Experience", *AI Game Programming Wisdom 2*, Charles River Media, 2003.
[Gibson87] Gibson, James, *The Ecological Approach to Visual Perception*, Lawrence Erlbaum Assoc., 1987.

[Grimani03] Grimani, Mario, "Wall Building for RTS Games", *AI Game Programming Wisdom 2*, Charles River Media, 2003.

[Hargrove03a] Hargrove, Chris, "Simplified Animation Selection", *AI Game Programming Wisdom 2*, Charles River Media, 2003.

[Hargrove03b] Hargrove, Chris, "Pluggable Animations", *AI Game Programming Wisdom 2*, Charles River Media, 2003.

[Higgins02a] Higgins, Dan, "Generic A* Pathfinding", *AI Game Programming Wisdom*, Charles River Media, 2002.

[Higgins02b] Higgins, Dan, "How to Achieve Lightning-Fast A*", *AI Game Programming Wisdom*, Charles River Media, 2002.

[Higgins02c] Higgins, Dan, "Terrain Analysis in an RTS—The Hidden Giant", *Game Programming Gems 3*, Charles River Media, 2002.

[Houlette01] Houlette, Ryan; Fu, Daniel; and Ross, David, "Towards an AI Behavior Toolkit for Games", *AAAI Spring Symposium on AI and Interactive Entertainment*, 2001, www.qrg.northwestern.edu/aigames.org/2001papers.html.

[Houlette03] Houlette, Ryan, "Player Modeling for Adaptive Games", *AI Game Programming Wisdom 2*, Charles River Media, 2003.

[IDIS99] "Bayesian Networks", IDIS Lab, 1999, available online at http://excalibur.brc.uconn.edu/~baynet/.

[Isla02] Isla, Damian, and Blumberg, Bruce, "Blackboard Architectures", *AI Game Programming Wisdom*, Charles River Media, 2002.

[Isla05] Isla, Damian, "Handling Complexity in the Halo 2 AI", Game Developer Conference 2005, disponível em http://www.gamasutra.com/view/feature/2250/gdc_2005_proceeding_handling_.php, 2005.

[Kent03] Kent, Tom, "Multi-Tiered AI Layers and Terrain Analysis for RTS Games", *AI Game Programming Wisdom 2*, Charles River Media, 2003.

[Laird00] Laird, John, and van Lent, Michael, "Human-level AI's Killer Application: Interactive Computer Games", *AAAI, 2000*, available online at ai.eecs.umich.edu/people/laird/papers/AAAI-00.pdf.

[Laramée02b] Laramée, François Dominic, "Using N-Gram Statistical Models to Predict Player Behavior", *AI Game Programming Wisdom*, Charles River Media, 2002.

[Laramée03] Laramée, François Dominic, "Dead Reckoning in Sports and Strategy Games", *AI Game Programming Wisdom 2*, Charles River Media, 2003.

[Lidén02] Lidén, Lars, "Strategic and Tactical Reasoning with Waypoints", *AI Game Programming Wisdom*, Charles River Media, 2002.

[Manslow03] Manslow, John, "Using Reinforcement Learning to Solve AI Control Problems", *AI Game Programming Wisdom 2*, Charles River Media, 2003.

[McCuskey00] McCuskey, Mason, "Fuzzy Logic for Videogames", *Game Programming Gems*, Charles River Media, 2000.

[Orkin02a] Orkin, Jeff, "A General-Purpose Trigger System", *AI Game Programming Wisdom*, Charles River Media, 2002.

[Orkin02b] Orkin, Jeff, "A Data-Driven Architecture for Animation Selection", *AI Game Programming Wisdom*, Charles River Media, 2002.

[Orkin03a] Orkin, Jeff, "Applying Goal-Oriented Action Planning to Games", *AI Game Programming Wisdom 2*, Charles River Media, 2003.

[Orkin03b] Orkin, Jeff, "Simple Techniques for Coordinated Behavior", *AI Game Programming Wisdom 2*, Charles River Media, 2003.

[Pottinger99a] Pottinger, Dave, "Coordinated Unit Movement", *Game Developer Magazine*, January 1999, available online at www.gamasutra.com/features/19990122/movement_01.htm.

[Pottinger99b] Pottinger, Dave, "Implementing Coordinated Movement", *Game Developer Magazine*, February 1999, available online at www.gamasutra.com/features/19990129/implementing_01.htm.

[Rabin98] Rabin, Steve, "Making the Play: Team Cooperation in Microsoft Baseball 3D", *Computer Game Developers Conference Proceedings*, 1998, available on the *AI Game Programming Wisdom 2* CD-ROM, Charles River Media, 2002.

[Rabin00a] Rabin, Steve, "A* Speed Optimizations", *Game Programming Gems*, Charles River Media, 2000.

[Rabin00b] Rabin, Steve, "A* Aesthetic Optimizations", *Game Programming Gems*, Charles River Media, 2000.

[Rabin02] Rabin, Steve, "An Extensible Trigger System for AI Agents, Objects, and Quests", *Game Programming Gems 3*, Charles River Media, 2002.

[Rabin03] Rabin, Steve, "Filtered Randomness for AI Decisions and Game Logic", *AI Game Programming Wisdom 2*, Charles River Media, 2003.

[Reed03] Reed, Christopher, and Geisler, Benjamin, "Jumping, Climbing, and Tactical Reasoning: How to Get More out of a Navigation System", *AI Game Programming Wisdom 2*, Charles River Media, 2003.

[Reynolds87] Reynolds, Craig, "Flocks, Herds, and Schools: A Distributed Behavioral Model", *Computer Graphics, 21(4)* (SIGGRAPH '87 Conference Proceedings), p. 25–34, 1987, available online at www.red3d.com/cwr/papers/ 1987/boids.html.

[Reynolds99] Reynolds, Craig, "Steering Behaviors For Autonomous Characters", Game Developers Conference Proceedings, 1999, available online at www.red3d.com/cwr/papers/1999/gdc99steer.pdf.

[Reynolds01] Reynolds, Craig, "Boids", available online at www.red3d.com/cwr/ boids/.

[Reynolds02] Reynolds, John, "Tactical Team AI Using a Command Hierarchy", *AI Game Programming Wisdom*, Charles River Media, 2002.

[Russell06] Russell, Adam, "Opinion Systems", *AI Game Programming Wisdom 3*, Charles River Media, 2006.

[Scutt02] Scutt, Tom, "Simple Swarms as an Alternative to Flocking", *AI Game Programming Wisdom*, Charles River Media, 2002.

[Stein02] Stein, Noah, "Intercepting a Ball", *AI Game Programming Wisdom*, Charles River Media, 2002.

[Sweetser03a] Sweetser, Penny, "How to Build Evolutionary Algorithms for Games", *AI Game Programming Wisdom 2*, Charles River Media, 2003.

[Tozour01] Tozour, Paul, "Influence Mapping", *Game Programming Gems 2*, Charles River Media, 2001.

[Tozour02a] Tozour, Paul, "The Perils of AI Scripting", *AI Game Programming Wisdom*, Charles River Media, 2002.

[Tozour02b] Tozour, Paul, "Introduction to Bayesian Networks and Reasoning Under Uncertainty", *AI Game Programming Wisdom*, Charles River Media, 2002.

[Tozour03a] Tozour, Paul, "Search Space Representations", *AI Game Programming Wisdom 2*, Charles River Media, 2003.

[Tozour03b] Tozour, Paul, "Using a Spatial Database for Runtime Spatial Analysis", *AI Game Programming Wisdom 2*, Charles River Media, 2003.

[Tozour03c] Tozour, Paul, "Stack-Based Finite-State Machines", *AI Game Programming Wisdom 2*, Charles River Media, 2003.

[van der Sterren00] van der Sterren, William, "AI for Tactical Grenade Handling", *CGF-AI,* 2000, available online at www.cgf-ai.com/docs/grenadehandling.pdf.

[van Lent99] van Lent, M.; Laird, J.; Buckman, J.; Harford, J.; Houchard, S.; Steinkraus, K.; and Tedrake, R., "Intelligent Agents in Computer Games", *AAAI,* 1999, available online at hebb.mit.edu/people/russt/publications/ Intelligent_Agents_in_Computer_Games(AAAI99).pdf.

[van Rijswijck03] van Rijswijck, Jack, "Learning Goals in Sports Games", *Game Developers Conference Proceedings*, 2003, available at www.gdconf.com/archives/2003/Van_Ryswyck_Jack.doc or www.cs.ualberta.ca/~javhar/research.html.

[Woodcock02] Woodcock, Steven, "Recognizing Strategic Dispositions: Engaging the Enemy", *AI Game Programming Wisdom*, Charles River Media, 2002.

[Yiskis03a] Yiskis, Eric, "Finite-State Machine Scripting Language for Designers", *AI Game Programming Wisdom 2*, Charles River Media, 2003.

[Yiskis03b] Yiskis, Eric, "A Subsumption Architecture for Character-Based Games", *AI Game Programming Wisdom 2*, Charles River Media, 2003.

5.4 Inteligência artificial: visão geral da Pathfinding

Neste capítulo

- Visão geral
- Representando o espaço de busca
- Pathfinding
- Resumo
- Exercícios
- Referências

❯ Visão geral

A *Pathfinding*[1] é um problema que tem de ser tratado em quase todos os jogos. Se um agente não pode encontrar seu caminho no nível de jogo, ele vai parecer completamente incompetente. A *pathfinding* não é uma tarefa trivial. Isso ocorre em parte porque os recursos que um sistema de *pathfinding* consome podem rapidamente sair do controle. Embora existam muitos algoritmos de busca para escolher para a pathfinding, o algoritmo A* (pronunciado A-estrela) é de longe o mais popular. Neste capítulo, vamos examinar alguns algoritmos diferentes e trabalhar o nosso caminho até A* para lhe dar um entendimento completo de como funciona e por que é tão popular.

---

[1] N.R.T.: *Pathfinding*: é um sistema de algoritmos que permite que uma entidade de jogo busque, encontre e realize o caminho de um *ponto A* a um *ponto B* no mesmo ambiente, contornando obstáculos e, ao mesmo tempo, calculando o menor trajeto possível. Ele envolve uma estrutura complexa de tarefas, tais como análise do nível de jogo e seus obstáculos, cálculo das trajetórias, busca e identificação de outras entidades e do jogador, segmento de um alvo, sistemas de detecção de colisão etc. Ainda que tenhamos propostas de tradução para o conceito, como, por exemplo, "busca de caminhos", "sistema de navegação" etc., nenhuma delas consegue abranger a complexidade do conceito e tendem a confundir-se com outras temáticas. Além do mais, como o termo é referido nas linguagens de programação para jogos, será mantido aqui no seu original em inglês.

Há também duas aplicações (disponíveis no site da editora em www.cengage.com.br, na página do livro) que correspondem a este capítulo. A primeira, *PathPlannerApp*, é projetada para ajudar a desenvolver os algoritmos abordados neste capítulo. A segunda aplicação executa os algoritmos desenvolvidos no PathPlannerApp em uma representação comum alternativa conhecida como gráficos de *waypoint*.

⟩ Representando o espaço de busca

Para realizar a pathfinding, um agente ou o sistema de pathfinding precisa entender o nível. O agente não precisa de um modelo completo e detalhado do nível. Na verdade, mesmo os seres humanos não mantêm um registro de todos os detalhes de um nível ao tentarem encontrar um caminho em uma construção. Por exemplo, normalmente não prestamos atenção a detalhes como a forma exata de cada quarto, a cor das paredes e todos os objetos em cada quarto. Da mesma maneira, o agente só precisa de uma representação do nível que leva em conta as informações mais importantes e relevantes.

Existem inúmeras maneiras de representar a informação relevante de um nível para um agente. A técnica de representação do conhecimento e a quantidade de informações sobre o nível afetam diretamente a eficiência e a qualidade dos caminhos que um agente pode encontrar. Quanto mais informações, melhores caminhos o agente pode encontrar. No entanto, mais conhecimento não é sempre melhor. Se você der ao agente um modelo do nível excessivamente detalhado, será um desperdício enorme de espaço de memória e ciclos de CPU para armazenar e processar dados desnecessários.

Grades, gráficos de waypoint e *malhas de navegação* estão entre os esquemas de representação mais comuns, cada qual tem suas próprias vantagens e desvantagens. O gênero do jogo, o tipo de nível, o número de agentes e muitos outros constrangimentos podem tornar um esquema mais adequado do que os outros. Na seção seguinte, abordaremos as vantagens e desvantagens desses sistemas de representação.

Grades

As *grades bidimensionais* são um modo intuitivo de representar o nível para muitos jogos. Na verdade, jogos RTS como *Age of Empires e Warcraft III* usam grades. Cada célula é marcada como transitável ou intransitável. Cada objeto no mundo pode ocupar uma ou mais células. Uma construção pode ocupar várias células, considerando que uma árvore pode ocupar uma única célula. Só porque uma grade é 2D, não significa que não pode ser usada para um jogo RTS em 3D, como *Warcraft III*. Mesmo que os níveis de *Warcraft III* sejam 3D, para qualquer ponto do terreno, a unidade pode estar em apenas uma elevação. Por exemplo, os níveis de *Warcraft III* não têm pontes, onde a unidade é autorizada a passar por cima da ponte e debaixo da ponte. Em essência, a elevação pode ser ignorada, o que reduz o nível de 3D a um nível em 2D.

A grade tem diversas vantagens. Dada uma posição arbitrária do mundo, você pode encontrar imediatamente a célula que corresponde exatamente a essa posição. Além disso, de qualquer célula, você pode acessar facilmente as células vizinhas. As grades podem funcionar muito bem para níveis que podem ser razoavelmente alinhados com células. A Figura 5.4.1 mostra um nível que foi calculado utilizando-se uma grade, apesar do fato de que nem tudo está perfeitamente alinhado a uma grade.

Gráficos de waypoint

Em vez de especificar as partes transitáveis e intransitáveis do nível, um gráfico de waypoint especifica as linhas no nível que são seguras para a travessia. Um agente pode escolher caminhar ao longo dessas linhas sem ter de se preocupar em encontrar grandes obstáculos ou cair em valas ou de uma rampa. Os nodos de waypoint estão ligados através de links. Um link conecta exatamente dois nodos entre si, indicando que um agente pode se movimentar com segurança entre os dois nodos, seguindo ao longo da conexão. A Figura 5.4.2 mostra um gráfico de waypoint para um nível que seria difícil de ser calculado, caso utilizemos uma grade. Além disso, as classes na Listagem 5.4.1 podem ser usadas para representar um gráfico de waypoint.

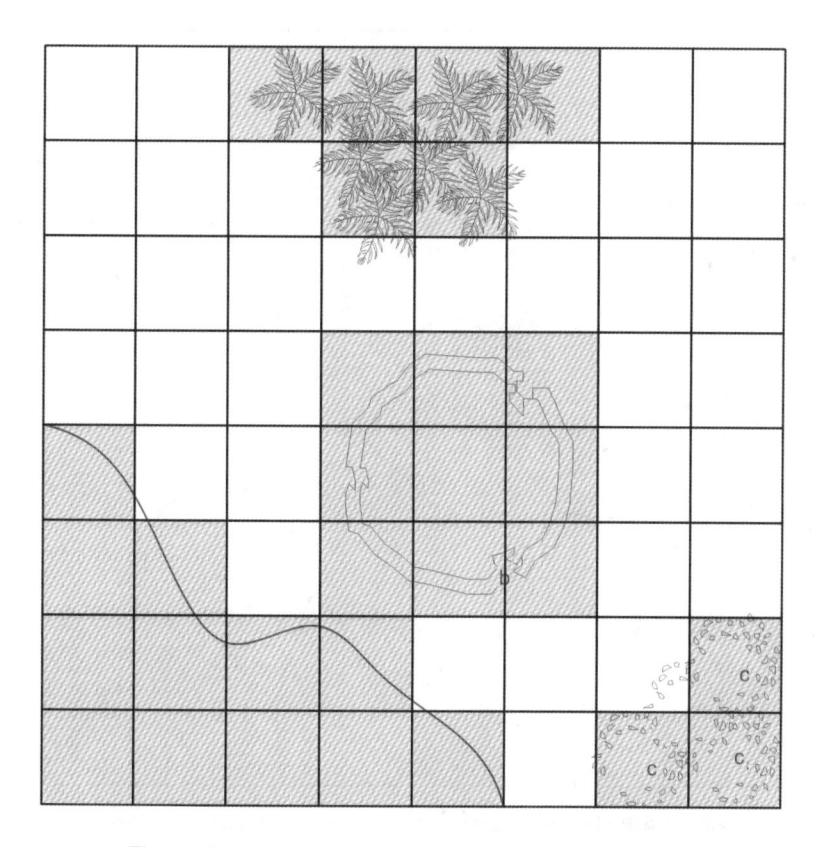

Figura 5.4.1 Um nível representado usando uma grade.

Listagem 5.4.1 Nodo do gráfico de waypoint e link do gráfico de *waypoint*.

```
class GraphNode
{
public:
    int                 m_id;
    Vector3             m_position;
    std::vector<int>    m_linkIds;
    ...
};
```

```
class GraphLink
{
public:
    int     m_id;
    int     m_beginId;
    int     m_endId;
    float   m_weight;
    ...
};
```

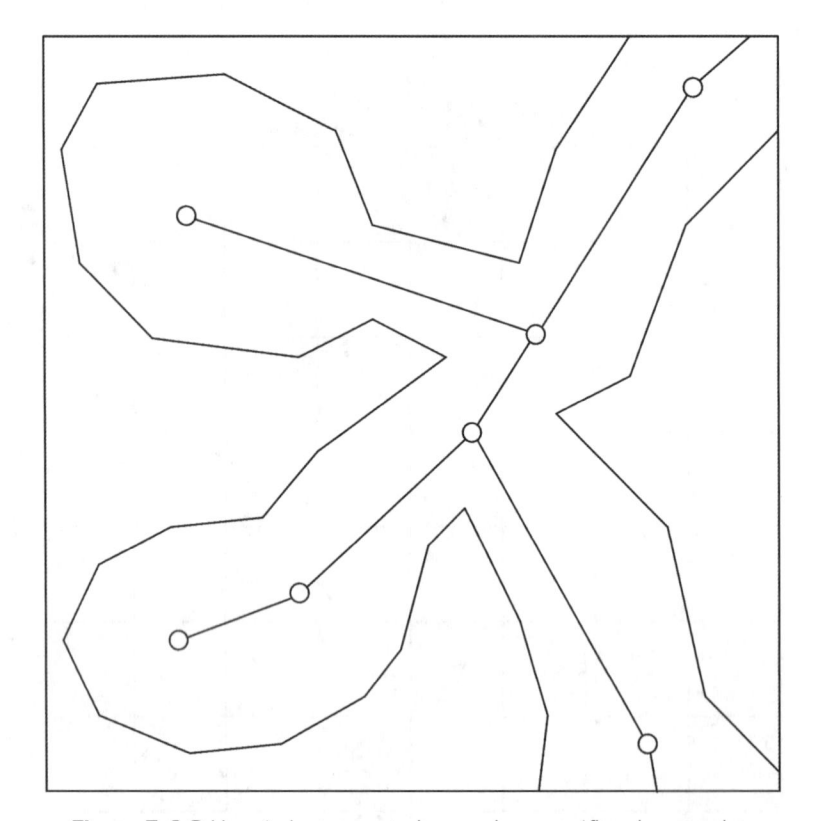

Figura 5.4.2 Um nível representado usando um gráfico de waypoint.

Uma célula de grade típica é ligada as suas oito células vizinhas, enquanto que um nodo de gráfico pode ser conectado a qualquer número de nodos. Isso torna os gráficos de waypoint muito mais flexíveis do que as grades. Na verdade, para cada grade, um equivalente gráfico de waypoint pode ser criado, ser colocado no centro das células transitáveis e conectado a seus oito vizinhos imediatos. No entanto, isso não significa que o uso de gráficos (de waypoints) seja necessariamente melhor. Quando um nível é representado como uma grade, não há necessidade de dados adicionais para manter o controle das células vizinhas. Em vez disso, os índices de uma célula podem ser usados para calcular os índices das células vizinhas. Representar determinados níveis como uma grade pode lhe economizar várias ordens de grandeza de espaço de memória, enquanto usar um gráfico de waypoint pode ser uma abordagem muito melhor para os níveis, como mostra a Figura 5.4.2.

Os nodos de um gráfico de waypoint podem armazenar informações adicionais, como um raio. O raio pode ser utilizado para associar uma largura com as conexões para que os agentes não tenham de seguir as conexões à risca. Ao fazerem isso, os agentes podem ter espaço de sobra para desviar das conexões sem ter de se preocuparem com obstáculos ou com quedas em um buraco. No entanto, muitos jogos não associam uma largura com conexões. Em vez disso, permitem que os agentes vagamente sigam as conexões e dependam da detecção de colisão do tempo de execução adicional para livrar os agentes de encontrar obstáculos ou cair em um buraco. Para contar com detecção de colisão do tempo de execução para ajudar um agente a evitar os buracos, o designer de nível terá de fornecer informações adicionais de colisão, como planos invisíveis ou volumes delimitadores.

Uma das maiores vantagens dos gráficos de waypoint é que podem facilmente representar níveis tridimensionais arbitrários. Muitos jogos de FPS, como *Unreal Tournament* e *Half-Life*, usam gráficos de waypoint.

Malhas de navegação

As malhas de navegação vêm ganhando mais e mais popularidade ao longo dos últimos anos. Isso porque trazem o melhor das grades e gráficos de waypoint. A Figura 5.4.3 mostra a representação equivalente de malha de navegação para o nível apresentado na Figura 5.4.2.

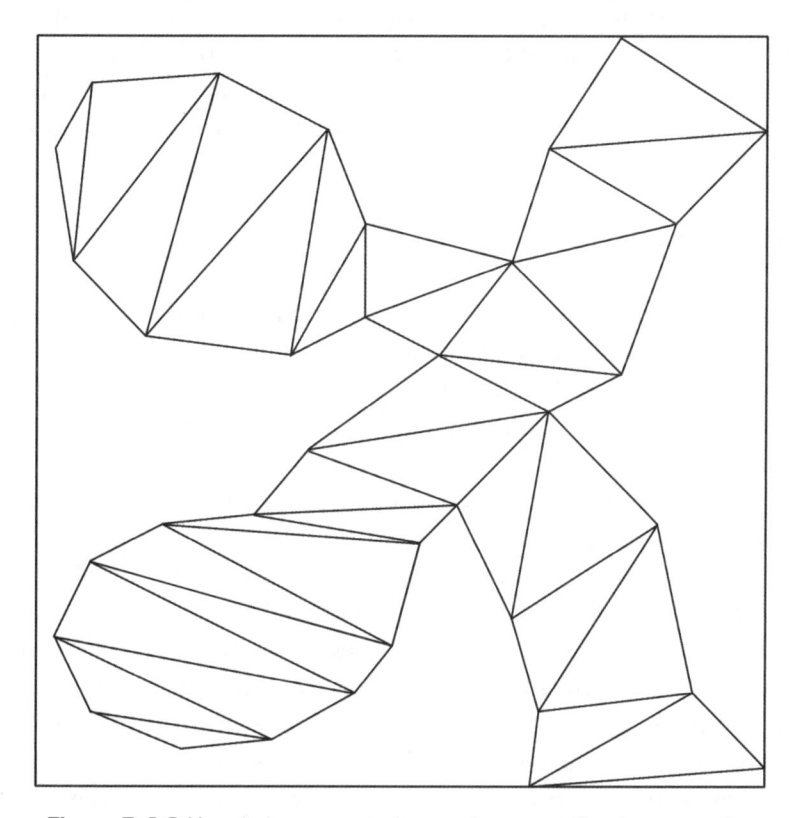

Figura 5.4.3 Um nível representado usando uma malha de navegação.

As malhas de navegação são em muitos aspectos semelhantes aos gráficos de waypoint. A principal diferença é que cada nodo de uma malha de navegação representa um polígono convexo ou área, em oposição a um único ponto. A vantagem de um polígono convexo é que quaisquer dois pontos dentro dele podem ser conectados sem cruzar uma aresta do polígono. Isso significa que se um agente está dentro de um polígono convexo, pode mover-se com segurança a qualquer outro ponto dentro do polígono sem sair do polígono. Uma aresta do polígono é compartilhada com outro polígono, indicando que os dois nodos estão conectados; ou não é compartilhada com qualquer outro polígono, indicando que a margem não deve ser cruzada. As arestas que não são compartilhadas com outros nodos podem ser usadas para impedir que os agentes encontrem obstáculos ou caiam de um penhasco.

Há diversas variações de malhas de navegação. Uma das grandes diferenças é saber se os nodos armazenam um triângulo ou um polígono convexo de n lados. A Figura 5.4.3 é uma malha feita de triângulos.

Como mencionado, os gráficos de waypoint tendem a enfatizar os pontos e linhas no nível que são seguros para serem atravessados. Ao contrário de grades e malhas de navegação, um gráfico de waypoint não especifica as regiões transitáveis e intransitáveis. Um gráfico de waypoint é considerado uma representação incompleta do nível, enquanto uma malha de navegação é inerentemente uma representação completa.

Outra vantagem das malhas de navegação é que elas unem a pathfinding e a detecção de colisão. Ao utilizar um gráfico de waypoint, um agente tem de depender fortemente, em tempo real, da detecção de colisão para ajudá-lo a navegar no nível. O custo da detecção de colisão pode facilmente aumentar, até porque aumenta o número de agentes. Com malhas de navegação, testes simples de interseção de linha 2D contra as arestas dos polígonos podem determinar se um agente está indo de encontro a uma parede ou se está atravessando de forma segura outro polígono.

〉 Pathfinding

Agora que vimos as diferentes formas de se construir um modelo em escala reduzida de um nível que o agente pode utilizar para sua pathfinding, vejamos como podemos permitir que o agente encontre seus caminhos no nível. Os algoritmos de pathfinding que discutimos aqui podem ser usados em qualquer uma das representações que vimos no último capítulo. Por razões de simplicidade, vamos supor que o nível seja representado como uma grade.

Vamos começar com a definição de um *caminho* (*path*). Um caminho é uma lista de células, pontos ou nodos que um agente tem de percorrer para ir de uma posição inicial para uma posição-alvo. Na maioria das situações, um grande número de caminhos diferentes pode ser tomado para alcançar a meta. Alguns são melhores do que outros. Um dos critérios importantes de um algoritmo de pathfinding é a qualidade do caminho que ele encontra. Alguns algoritmos garantem encontrar um caminho mais adequado, enquanto outros não garantem até mesmo encontrar um caminho. Muitos podem se enganar em certas situações e, finalmente, falham em encontrar um caminho. Os algoritmos que garantem encontrar um caminho são chamados de algoritmos *completos*, e algoritmos que garantem sempre encontrar o caminho mais adequado são conhecidos como algoritmos *ótimos*[2]. A quantidade de ciclos da CPU e memória necessária para encontrar um caminho é outro critério importante de um algoritmo.

---

[2] N.R.T.: *Optimal algoritm: algoritmo ótimo*, também chamado às vezes de algoritmo *adequado* ou *ideal*.

Nas próximas seções, analisaremos cinco algoritmos diferentes. O primeiro, referido de algoritmo de Random-Trace, é muito simples e será usado como base para explicar por que A* é um algoritmo tão popular. Para entender A*, você tem de compreender plenamente os algoritmos Breadth-First, Best-First e Dijkstra.

Random-trace

Dado um mapa como o da Figura 5.4.4a, como você levaria um agente da célula inicial para a meta? Suponha que o mapa contenha somente obstáculos convexos relativamente pequenos. Ao contrário de obstáculos côncavos, obstáculos convexos não têm cavidades. Por exemplo, um quadrado, uma linha ou um triângulo são convexos, enquanto um obstáculo em U ou em forma de L é côncavo.

Considere a seguinte solução: permitir que o agente se mova em direção à meta até atingi-la ou encontrar um obstáculo. Se ele encontrar um obstáculo, poderá escolher aleatoriamente contornar o objeto no sentido horário ou anti-horário. Poderá então contornar o objeto até que possa ir em direção à meta sem esbarrar imediatamente em um obstáculo. O agente pode repetir esse procedimento até que a meta seja alcançada. Esse algoritmo simples pode funcionar muito bem, desde que o mapa só tenha obstáculos convexos relativamente pequenos. Qual é o ponto fraco desse algoritmo se o mapa tem obstáculos côncavos ou mesmo obstáculos grandes convexos? Como você pode ver na Figura 5.4.4b, objetos maiores podem ter um efeito substancial sobre a qualidade do caminho. Seria muito melhor para o agente contornar no sentido horário, quando se deparasse com os obstáculos da Figura 5.4.4b, em vez de contornar no sentido anti-horário. Observe que um caminho de alta qualidade não iria entrar na concavidade.

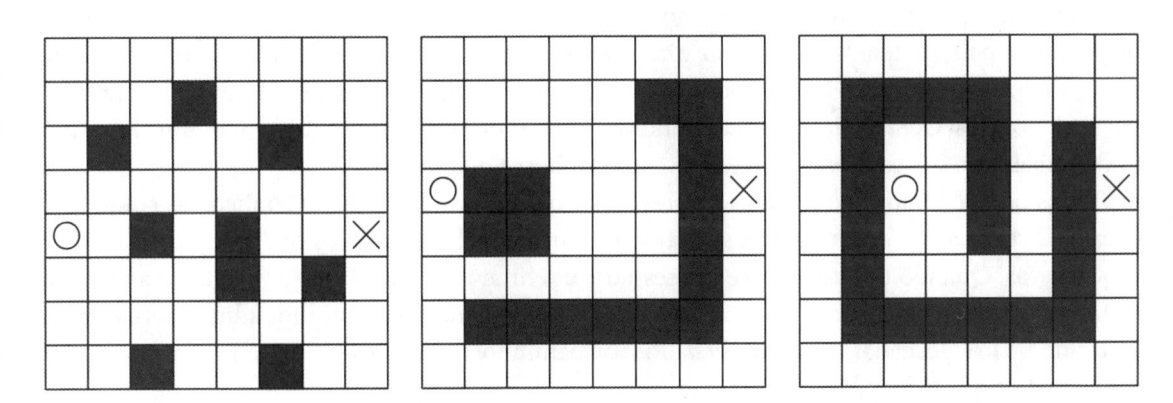

Figura 5.4.4 Três níveis diferentes: a) trivial, b) não trivial e c) difícil.

Um dos grandes problemas com esse algoritmo é que é incapaz de considerar uma ampla variedade de caminhos. Para ter uma boa ideia de quão limitado ele é, pense sobre quantos caminhos potenciais esse algoritmo pode usar para o mapa da Figura 5.4.4b. Pode escolher apenas entre quatro caminhos, mesmo que haja um número infinito de caminhos entre o início e o fim. Essa deficiência faz com que não seja um algoritmo completo. O algoritmo Random-Trace nem sequer garante que se encontre um caminho do início ao fim em uma quantidade finita de tempo para o mapa da Figura 5.4.4c.

Entendendo o algoritmo A*

Nesta seção, veremos por que A* é um algoritmo tão popular para a realização da pathfinding. A* é uma combinação de dois outros algoritmos – Best-First e Dijkstra. Best-First e Dijkstra são ambos derivados do algoritmo Breadth-First. Para uma compreensão completa de A*, vamos estudar esses outros algoritmos e construir o nosso caminho até A*. Como você vai ver em breve, esses algoritmos têm muito em comum.

Uma das características mais importantes é que eles consideram uma grande variedade de caminhos. Na verdade, mantêm o controle de vários caminhos simultaneamente, e se tiverem de fazê-lo, vão considerar cada parte possível do mapa para encontrar um caminho para a meta. Para tanto, eles precisam de uma maneira de acompanhar os caminhos. Um caminho pode ser descrito como uma lista ordenada de subdestinos. Instâncias da classe PlannerNode apresentada na Listagem 5.4.2 podem ser usadas para representar um caminho.

Listagem 5.4.2 Classe PlannerNode para representação de um nodo.

```
class PlannerNode
{
public:
    PlannerNode    *m_pParent;
    int            m_cellX, m_cellY;
    ...
};
```

A classe PlannerNode armazena a posição de uma célula e um ponteiro para outro PlannerNode que especifica qual das células vizinhas nos levou para a célula. Conectando esses nodos, usando os ponteiros pais, podemos representar um caminho entre uma célula de partida e uma célula de meta. Dado um caminho, PlannerNodes adicionais podem ser concatenados ao final do caminho para criar outros. Com a criação de caminhos adicionais que ampliam os existentes, um algoritmo pode trabalhar o seu caminho através do mapa em busca do objetivo.

Todos os algoritmos que estamos prestes a abordar utilizam duas listas conhecidas como lista *aberta* e lista *fechada*. A lista aberta se mantém informada dos caminhos que ainda precisam ser processados. Quando um caminho é processado, é retirado da lista aberta e verificado a respeito de ter atingido seu objetivo. Se não tiver atingido, é usado para criar caminhos adicionais e é então colocado na lista fechada. Os nodos fechados (ou caminhos) são aqueles que não correspondem à célula meta e que já foi processada.

A Figura 5.4.5 mostra o estado de um algoritmo que tenha concluído o processo de pesquisa. No caso desse algoritmo específico, a pesquisa começou no centro e trabalhou seu caminho para fora até que encontrou o objetivo representado pelo X. Após a conclusão da pesquisa, os nodos cinza-claros estão na lista aberta e os cinza-escuros estão na lista fechada. Novamente, cada nodo na lista aberta representa um caminho entre aquela célula e a célula inicial, e a lista fechada contém caminhos que estavam na lista aberta.

As setas na Figura 5.4.5 representam o ponteiro pai de PlannerNodes. Os ponteiros pais que fazem parte do caminho entre o início e a meta aparecem em negrito e representam o caminho da solução apontando da meta de volta ao início. Os algoritmos Breadth-First, Best-First, Dijkstra e A* seguem o pseudocódigo na Listagem 5.4.3.

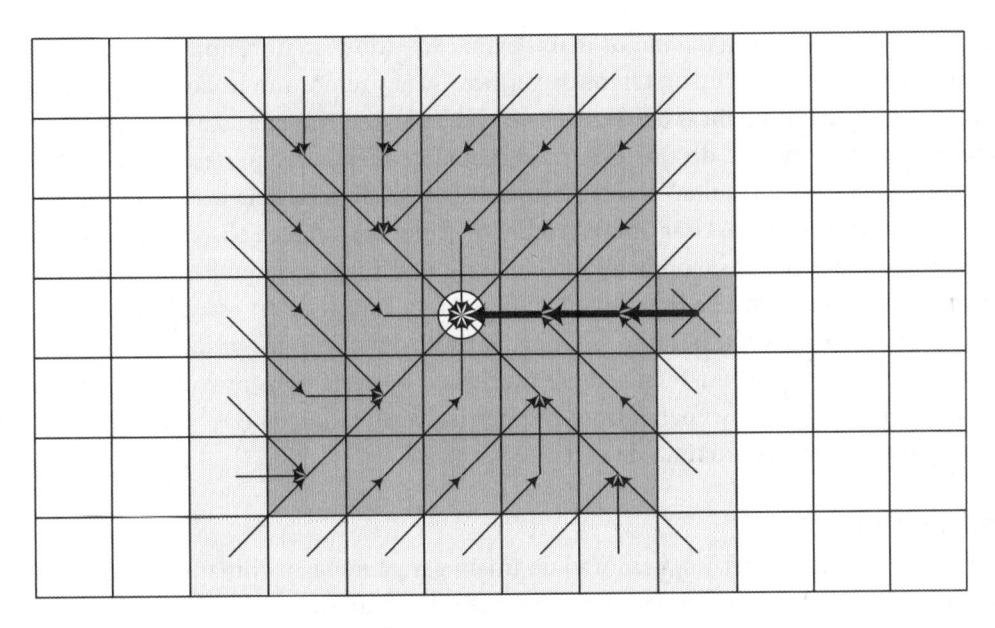

Figura 5.4.5 Nodos abertos e fechados.

Listagem 5.4.3 A estrutura geral dos algoritmos.
1) crie um nodo para o ponto de início e coloque na lista aberta
2) enquanto a lista aberta não está vazia
    A) retire um nodo da lista aberta e nomeie de currentNode
    B) se o currentNode corresponde à meta, saia do passo 2
    C) crie os sucessores do currentNode e empurre-os para a lista aberta
    D) coloque o currentNode na lista fechada

O pseudocódigo primeiro cria um nodo e coloca na lista aberta. Em seguida, entra em loop até ter examinado cada nodo da lista aberta. Na primeira iteração do loop, o único nodo na lista aberta é o nodo raiz. Uma vez que seja removido da lista aberta, é usado para criar os nodos adicionais para as células vizinhas. Esses nodos sucessores são empurrados para a lista aberta, e o nodo atual é empurrado para a lista fechada. Esse processo é repetido até que a meta seja alcançada ou a lista aberta esteja vazia. O nodo que atinge a meta é parte do caminho entre o início e a meta. Uma vez que o objetivo foi alcançado, o caminho entre o início e a meta pode ser obtido atravessando-se o ponteiro pai de PlannerNodes a partir do nodo que alcançou a meta e terminando com o nodo raiz. Se a lista aberta se tornar vazia, sem encontrar a meta, isso significará que a meta não pôde ser alcançada. Ao contrário do algoritmo Random-Trace, todos os quatro algoritmos são considerados algoritmos completos porque garantem encontrar uma solução, se existir, independentemente de quão complicado seja o mapa.

Antes de criarem um nodo sucessor, os algoritmos se certificam de que não há mais do que um nodo para alguma célula da grade. Isso é para evitar reexploração desnecessária do mapa. A ideia é que não haja necessidade de armazenar mais de um caminho entre o início e outra única célula da grade. Se nos deparamos com um outro caminho para uma célula à qual já temos um caminho, podemos ignorar o novo caminho ou escolher o melhor dos dois e ignorar os outros.

Para ter certeza de que nunca tenhamos mais de um caminho para uma única célula da grade, antes de criarmos um nodo sucessor, temos de verificar se já fizemos um nodo para essa célula. Isso significa que precisamos verificar a lista aberta e a fechada. Mesmo que essa etapa possa ser muito dispendiosa, ainda é melhor do que desnecessariamente reexplorar partes do mapa. Não pegar nodos redundantes pode resultar no consumo substancial de memória e substancialmente mais tempo para encontrar a meta. Usar uma estrutura de dados que oferece observações rápidas, como uma *tabela hash* ou *mapa hash*, pode ter um efeito significativo no desempenho do algoritmo.

A principal diferença entre a Breadth-First, Best-First, Dijkstra e A* está em qual nodo na lista aberta decide processar cada iteração do loop. Breadth-First sempre processa o nodo que está esperando há mais tempo, Best-First sempre processa o que está mais próximo da meta, Dijkstra processa o menos dispendioso para alcançar a partir da célula inicial e A* escolhe o nodo que é menos dispendioso e mais próximo da meta.

Breadth-First

Breadth-First tenta encontrar um caminho do início para a meta examinando o espaço de busca trilha a trilha. Ou seja, verifica todas as células que estão a um passo (ou célula) do início e, em seguida, verifica as células que estão a dois segmentos desde o início e assim por diante. Esse comportamento ocorre porque o algoritmo sempre processa o nodo que tem estado à espera há mais tempo. O Breadth-First utiliza uma fila como a lista aberta. Cada vez que um nodo é criado, ele é empurrado para trás da fila. Ao fazer isso, o nodo na frente da fila é sempre aquele que teve a espera mais longa. O algoritmo usado para procurar a meta na Figura 5.4.5 era na verdade o algoritmo Breadth-First. O pseudocódigo na Listagem 5.4.4 mostra os detalhes do algoritmo.

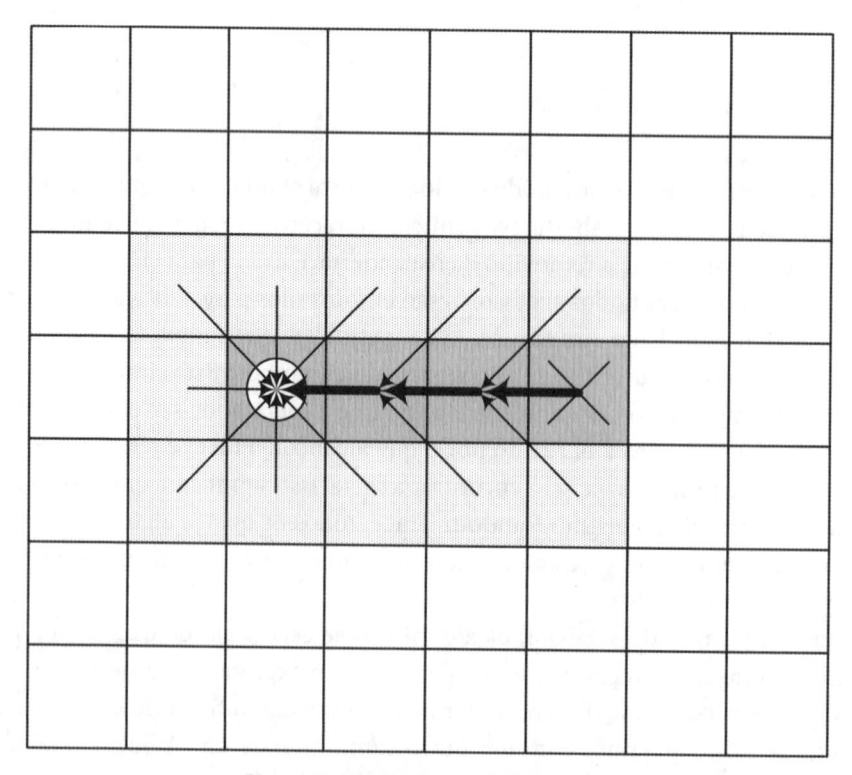

Figura 5.4.6 O algoritmo Best-First.

Listagem 5.4.4 O pseudocódigo de Breadth-First.

1) crie o rootNode
   - defina seu x e y de acordo com o startPoint
   - defina seu pai como NULL
2) coloque o rootNode na lista aberta
3) enquanto a lista aberta não está vazia
   A) retire um nodo que está esperando há mais tempo da lista aberta e defina-o para o currentNode
   B) se o x e y do currentNode correspondem ao goalPoint, então
      - saia do passo 3
   C) para cada nearbyPoint ao redor do currentNode
      a) se esse nearbyPoint está no ponto que é intransponível então
         - pule para o próximo nearbyPoint
      b) se um nodo para esse nearbyPoint foi criado antes então
         - pule para o próximo nearbyPoint
      c) crie o successorNode
         - defina seu x e y de acordo com o nearbyPoint
         - defina seu pai como currentNode
      d) coloque o sucessorNode na lista aberta
   D) coloque o currentNode na lista fechada
4) se o while loop terminar sem encontrar a meta, o goalPoint deve ser considerado como inalcançável

Esse não é o melhor algoritmo de pathfinding por várias razões. Um dos grandes problemas é que consome muita memória e ciclos da CPU para encontrar a meta. Se você colocar a meta a cinco células de distância da célula inicial, o Breadth-First criará 100 nodos para cobrir a região 10 por 10. Mais nodos significam maior consumo de memória e mais ciclos da CPU necessários para alocá-los e então procurar as listas abertas e fechadas. O Breadth-First não se aproveita da localização da meta para focalizar os esforços de busca. Na verdade, procura fortemente na direção que está longe da meta como faz na direção próxima da meta. É importante notar que o Breadth-First encontra a solução ideal em termos de trilhas. Já que procura em uma forma trilha a trilha, quando atinge o objetivo, encontra um caminho que tem o menor número de nodos. No entanto, o Breadth-First não tem noção de distância. Se você executá-lo para diferentes coordenadas, pode encontrar passos desnecessários diagonais no caminho. O caminho que o Breadth-First encontra depende da ordem em que os nodos sucessores são criados. Voltaremos a esse ponto quando falarmos sobre o algoritmo Dijkstra.

Best-First

Ao contrário do Breadth-First, que é uma busca exaustiva, o Best-First é uma busca *heurística*. O Best-First usa o conhecimento de problemas específicos para acelerar o processo de busca. Ele tenta ir direto à meta. A única diferença em relação ao código Best-First seria o calcular a distância de cada nodo para a meta e usar uma fila de prioridade que é classificada pelo custo heurístico. Através de cada iteração do loop, o nodo que está mais próximo da meta é processado. A Figura 5.4.6 mostra como Best-First se compara a Breadth-First.

Em média, Best-First é muito mais rápido do que Breadth-First e usa muito menos memória. Normalmente cria muito poucos nodos e tende a encontrar caminhos de "boa qualidade". No entanto, Best-First tem uma lacuna bastante perceptível. Pelo fato de só se preocupar em chegar perto da meta, pode acabar caminhando em uma direção que não implica, necessariamente, encontrar um caminho ideal. Uma medida de distância para com a meta é uma heurística ou regra importante que pode valer apenas com bastante frequência. No entanto, nem sempre é a coisa certa a fazer. A Figura 5.4.7 mostra um mapa construído para explorar a fraqueza do Best-First e faz com que siga em uma direção condenada e encontre um caminho terrível.

É importante observar que a melhor escolha ainda seja um algoritmo completo. Ou seja, na pior das hipóteses, irá esgotar todos os nodos na lista aberta e encontrar um caminho para a meta. No entanto, pode não encontrar um caminho de alta qualidade.

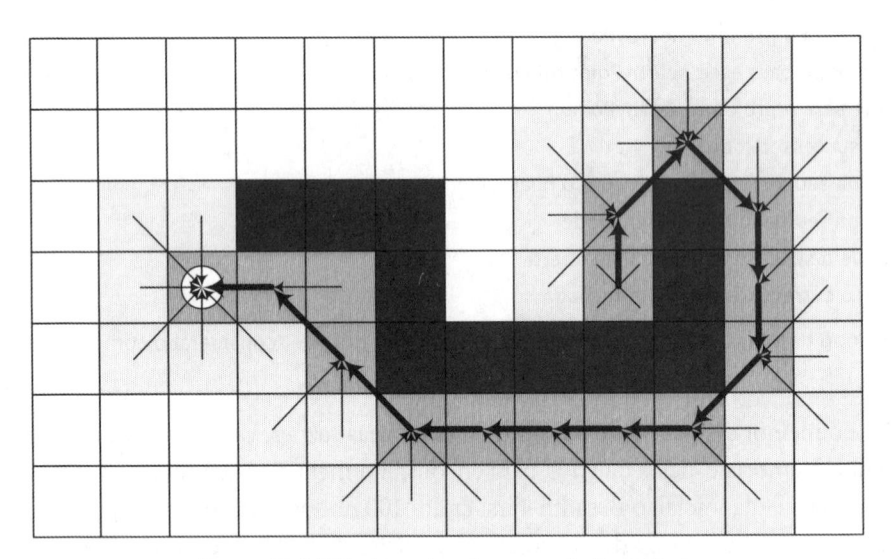

Figura 5.4.7 Explorando a fraqueza de Best-First.

Dijkstra

O algoritmo Dijkstra é similar a Breadth-First, porém sempre encontra a solução ideal. O problema com Breadth-First foi que, como ele se deslocou conjuntamente com o processo de exame direcional da trilha, ele unicamente se preocupou com as trilhas possíveis. Dijkstra vai um passo além e mantém o controle do custo do caminho desde o início para toda e qualquer célula. Ao fazê-lo, sempre processa o caminho mais econômico em lista aberta. Isso significa que cada PlannerNode precisa armazenar o custo acumulado pago para chegar a ela a partir do nodo de início. Quando Dijkstra gera um nodo sucessor, adiciona o custo do nodo atual com o custo para qual está indo, do nodo atual ao nodo sucessor. Se o movimento do nodo atual ao nodo sucessor é um movimento diagonal, alguns custos adicionais devem existir já que uma distância mais longa é percorrida. Essa é uma distinção importante do Breadth-First, uma vez que ele unicamente pensa em termos de trilhas.

Uma vantagem do Dijkstra é que pode compreender as regiões ponderadas de forma diferente. O Breadth-First e o Best-First só compreendem regiões transitáveis e intransitáveis e, basicamente, assumem que as regiões têm um peso aceitável uniforme ou custo para passar por elas. Diferentes pesos de terreno podem ser usados para ajudar um agente a evitar certas partes do mapa. A região ponderada pode representar custos, como consumo de recursos adicionais ou riscos como o de ser visto pelo inimigo em certas partes do mapa.

Uma complicação ocorre em Dijkstra, que necessita de atenção especial. Ao contrário do Best-First e Breadth-First, ele não pode simplesmente dizer: "Se um nodo já foi criado para uma célula do mapa, não é necessário considerar a célula novamente". Em vez disso, tem de descobrir se o novo caminho para a célula é melhor do que o caminho criado anteriormente. Como o custo de um dado nodo representa o custo acumulado pago para chegar a esse nodo a partir do nodo inicial, o custo dado pode ser usado para decidir qual nodo é melhor. Se o novo caminho é melhor, o algoritmo pode se livrar do antigo. Se o caminho antigo é melhor, o algoritmo pode desconsiderar o novo. Observe que, se Dijkstra não realizar essa verificação, não pode garantir sempre encontrar a melhor solução. A Listagem 5.4.5 é um exemplo de pseudocódigo Dijkstra.

Listagem 5.4.5 Pseudocódigo Dijkstra.

1) crie o rootNode
   - defina seu x e y de acordo com o startPoint
   - defina seu pai como NULL
   - defina seu givenCost como 0
2) coloque o rootNode na lista aberta
3) enquanto (While loop) a lista aberta não está vazia
   A) retire um nodo com o givenCost mais baixo da lista aberta e defina-o como o currentNode
   B) se o x e y do currentNode correspondem ao goalPoint, então
      - saia do passo 3
   C) para cada nearbyPoint ao redor do currentNode
      a) se esse nearbyPoint está no ponto que é intransponível então
         - pule para o próximo nearbyPoint
      b) crie o successorNode
         - defina seu x e y de acordo com o nearbyPoint
         - defina seu pai como currentNode
         - defina seu givenCost como currentNode
           givenCost + custo de ir de
           currentNode para successorNode
      c) se um nodo para esse nearbyPoint foi criado antes então
         - se successorNode é melhor que oldNode
           então
            - tire o oldNode e exclua-o
         - caso contrário
            - pule para o próximo nearbyPoint
      d) coloque o sucessorNode na lista aberta
   D) coloque o currentNode na lista fechada
4) se o while loop (3) terminar sem encontrar a meta, o goalPoint deve ser considerado como inalcançável

É importante enfatizar que nenhum outro algoritmo pode encontrar caminhos mais adequados do que os localizados pelo Dijkstra. Como o Breadth-First, o Dijkstra é uma busca exaustiva e, portanto, consome muita memória e ciclos da CPU para encontrar o caminho. As buscas exaustivas não se aproveitam da localização da meta a ser atingida, resultando em não direcionar a busca para regiões que são propensas a custos mais altos.

A*

O A* resolve a maioria dos problemas existentes no Breadth-First, no Best-First e no Dijkstra. Tende a usar muito menos memória e ciclos da CPU do que o Breadth-First e o Dijkstra. Além disso, pode garantir encontrar uma solução adequada, desde que use uma função heurística *admissível* (uma função que nunca superestima o custo real). O A* combina o Best-First e o Dijkstra tendo em conta o custo dado (o custo real pago para chegar a um nodo a partir do início) e os custos heurísticos (o custo estimado para atingir a meta). O A* mantém a lista aberta ordenada pelo custo final, calculado pelo seguinte:

$$\text{Custo Final} = \text{Custo Dado} + (\text{Custo Heurístico} * \text{Peso Heurístico})$$

A Figura 5.4.8 mostra como A* manipula o mapa usado para explorar a fraqueza de Best-First. O custo dado, incorporado no custo final, impede que A* caia na armadilha dirigida a Best-First.

O peso heurístico pode ser usado para controlar a quantidade de ênfase no custo heurístico contra o custo determinado. Em outras palavras, o peso pode ser usado para controlar se A* deve se comportar mais como Best-First ou como Dijkstra. Por exemplo, se o peso heurístico é definido como 0, o custo final será exatamente o custo determinado, significando que o algoritmo irá se comportar exatamente como Dijkstra. Por outro lado, se o peso heurístico é definido como um valor extremamente grande, o algoritmo irá se comportar exatamente como Best-First. Em geral, um número maior que um irá colocar mais ênfase no custo heurístico e um número menor que um irá colocar mais ênfase no custo dado.

Para garantir que A* encontre a solução adequada, a função heurística usada para calcular o custo heurístico nunca deve superestimar o custo real de alcançar a meta. Felizmente, por natu-

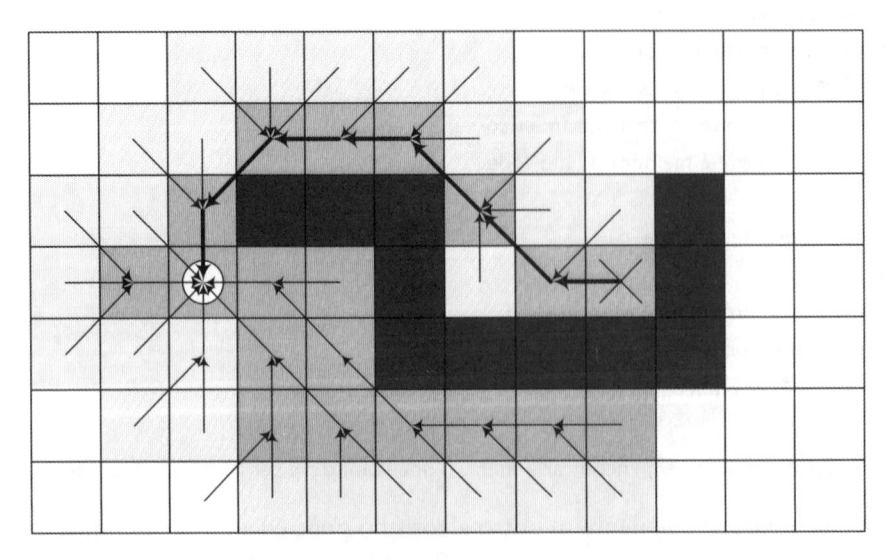

Figura 5.4.8 O algoritmo A*.

reza, a fórmula de distância é uma função heurística não superestimativa para a pathfinding. Por exemplo, se o objetivo está a duas células de distância do nodo atual, a fórmula de distância retornará 2, que é o mínimo de custo que terá de ser pago para alcançar a meta. No entanto, se houver um obstáculo entre o nodo atual e o objetivo ou se as células entre elas têm um peso maior, o custo real de alcançar a meta será mais do que 2. A Listagem 5.4.6 é um exemplo de pseudocódigo A*.

Listagem 5.4.6 Pseudocódigo A*.

1) crie o rootNode
   - defina seu x e y de acordo com o startPoint
   - defina seu pai como NULL
   - defina seu finalCost como sendo givenCost + heuristicCost
2) coloque o rootNode na lista aberta
3) enquanto (While Loop) a lista aberta não está vazia
   A) retire um nodo com o finalCost mais baixo da lista aberta e defina-o como o currentNode
   B) se o x e y do currentNode corresponde ao goalPoint, então
      - saia do passo 3
   C) para cada nearbyPoint ao redor do currentNode
      a) se esse nearbyPoint está no ponto que é intransponível, então
         - pule para o próximo nearbyPoint
      b) crie o successorNode
         - defina seu x e y de acordo com o nearbyPoint
         - defina seu pai como currentNode
         - defina seu finalCost como sendo givenCost + heuristicCost
      c) se um nodo para esse nearbyPoint foi criado antes, então
         - se successorNode é melhor que oldNode, então
            - tire o oldNode e exclua-o
         - caso contrário
            - pule para o próximo nearbyPoint
      d) coloque o sucessorNode na lista aberta
   D) coloque o currentNode na lista fechada
4) se o while loop (3) terminar sem encontrar a meta, o goalPoint deve ser considerado como inalcançável

Resumo

Para executar a pathfinding, um agente precisa entender o nível do jogo. Isso pode ser obtido fornecendo-lhe um modelo em escala reduzida do nível que abrange suas características mais importantes. Discutimos os pontos fortes e fracos das grades, gráficos de waypoint e malhas de navegação, que são as técnicas de representação mais populares. Um algoritmo de busca é executado no modelo do nível em escala reduzida para encontrar caminhos entre um ponto de início e chegada. O A* é de longe o mais popular algoritmo de pathfinding. Neste capítulo, mostramos a superioridade de A*, comparando-o com outros algoritmos. Observe que existem várias otimizações que podem melhorar o desempenho de A* e outros algoritmos aqui apresentados. No entanto, tais otimizações podem reduzir significativamente a legibilidade dos algoritmos e torná-los mais difíceis de entender. Consulte [Cain02] e [Higgins02] para exemplos de tais otimizações.

Mesmo que gastemos muito tempo em A*, é importante notar que os algoritmos mais simples, como o Random-Trace, podem ser muito eficazes para os níveis simples. Apesar do fato de que o Random-Trace não seja um algoritmo completo e não possa garantir encontrar caminhos de alta qualidade, não consome nenhuma memória. Além disso, se o mapa é simples, ele irá ser executado muito mais rápido do que A* e Best-First.

Você também deve saber que há mais aspectos na pathfinding do que uma técnica de representação e um algoritmo de busca. Por exemplo, quando um algoritmo retorna um caminho, o caminho pode ter de ser modificado um pouco para fazê-lo parecer mais humano. Além disso, evitar obstáculos móveis no nível é um problema que também precisa ser tratado. Para seguir caminhos e algoritmos de direção interessantes, consulte [Reynolds97].

Realizar buscas dentro de níveis massivos ou múltiplas buscas simultaneamente pode ser muito dispendioso. O planejamento e pré-planejamento do caminho hierárquico são duas abordagens para lidar com essas situações. O planejamento de caminho hierárquico usa múltiplas representações, cada uma com um nível diferente de detalhe. Os caminhos são resolvidos primeiramente na camada de menor resolução, e os detalhes são, então, elaborados sobre as camadas de maior resolução. Para obter informações adicionais sobre planejamento de caminho hierárquico, consulte [Botea04]. O pré-planejamento é uma técnica em que o melhor caminho entre cada duas células do nível é calculado com antecedência e armazenado. Durante a execução, os caminhos pré-calculados são apenas observados, sem a necessidade de uma busca de pathfinding. Para mais informações sobre o pré-planejamento, consulte [Surasmith02].

Exercícios

1. Para cada algoritmo abordado neste capítulo (Random-Trace, Breadth-First, Best-First, Dijkstra e A*), responda às seguintes perguntas: (a) o algoritmo é um algoritmo de busca exaustiva ou heurística? (b) O recurso de algoritmo (CPU e memória) é intensivo? (c) O algoritmo sempre encontra o melhor caminho? (d) O algoritmo é um algoritmo *completo*?
2. Explique a diferença entre o custo de heurística usado pelo Best-First e o custo determinado usado pelo Dijkstra.
3. Por que A* tipicamente resolve a maioria dos problemas existentes nos algoritmos Breadth-First, Best-First e Dijkstra?
4. Use o aplicativo *PathPlannerApp* para desenvolver Breadth-First, Best-First, Dijkstra e A* (está diponível no site da editora em www.cengage.com.br, na página do livro, conforme explicado no início deste capítulo).
5. O aplicativo *WaypointGraph* tem duas funções que executam A* e Dijkstra em um gráfico. Adicione uma função que execute Best-First (o aplicativo *WaypointGraph* está diponível no site da editora em www.cengage.com.br , na página do livro, conforme explicado no início deste capítulo).
6. Existem muitos outros algoritmos de busca como Depth-First, Iterative-Deepening-Depth-First, Iterative-Deepening-A* e Hill-Climbing. Pesquise um algoritmo que não foi abordado neste capítulo e discuta suas características.

Referências

[Botea04] Botea, Adi; Müller, Martin; and Schaeffer, Jonathan, "Near Optimal Hierarchical Path-Finding", *Journal of Game Development*, Charles River Media, March 2004.

[Cain02] Cain, Timothy, "Practical Optimizations for A* Path Generation", *AI Game Programming Wisdom*, Charles River Media, 2002.

[Hancock02] Hancock, John, "Navigating Doors, Elevators, Ledges, and Other Obstacles", *AI Game Programming Wisdom*, Charles River Media, 2002.

[Higgins02] Higgins, Daniel, "How to Achieve Lightning Fast A*", *AI Game Programming Wisdom*, Charles River Media, 2002.

[Reynolds97] Reynolds, Craig, "Steering Behaviors for Autonomous Characters", September 5, 1997, available online at www.red3d.com/cwr/steer/.

[Surasmith02] Surasmith, Smith, "Preprocessed Solution for Open Terrain Environments", *AI Game Programming Wisdom*, Charles River Media, 2002.

[Tozour02] Tozour, Paul, "Building a Near-Optimal Navigation Mesh", *AI Game Programming Wisdom*, Charles River Media, 2002.

[Tozour03] Tozour, Paul, "Search Space Representations", *AI Game Programming Wisdom 2*, Charles River Media, 2002.

5.5 Programação de áudio

Neste capítulo

- Visão geral
- Programando áudio básico
- Programando sistemas musicais
- Programando áudio avançado
- Resumo
- Exercícios
- Referências

› Visão geral

O papel do programador de áudio tornou-se cada vez mais importante à medida que os jogos evoluíram, proporcionando um som mais complexo e mais componentes musicais. Em vez de apenas dar suporte para a reprodução em tempo real do conteúdo de áudio, o programador de áudio também deve trabalhar na criação e integração de som dentro do jogo. Em certo sentido, o sucesso da programação pode ser medido pelo grau com que um designer de áudio pode integrá-lo sem a necessidade direta de suporte do programador. Na maioria das situações, os eventos de áudio são acionados por eventos do jogo: um personagem executa uma animação específica, dispara uma arma, uma explosão ocorre e assim por diante. Outros são acionados localizadamente, como os efeitos de ambiente. Ainda outros podem ser lançados através de scripts, como o diálogo em uma cena cinematográfica.

Assim como a tecnologia de renderização visual, a programação de áudio ultrapassou os princípios simples da mixagem e reprodução de som. Entretanto, todo sistema de áudio deve ser construído com base em uma compreensão fundamental desses princípios e sistemas básicos. Na maioria das plataformas de jogos modernos, os recursos de mixagem e processamento de dados de áudio em hardware são conhecidos. Além disso, essas plataformas têm tipicamente uma API razoavelmente robusta para programar os recursos. É raro um programador de áudio ter de escrever um mixer de baixo nível ou um filtro no software. Em vez disso, este capítulo vai incidir sobre a programação de nível médio, isto é, como se deve fazer uso de APIs existentes e hardware para criar um motor de áudio.

Como com qualquer outra especialidade, a programação de áudio tem suas próprias normas e vocabulário. Pelo fato de cada plataforma ter hardware exclusivo e APIs, renunciaremos ao uso de qualquer API específica e forneceremos os conceitos essenciais e vocabulário necessários para compreender a programação de áudio. Uma vez que o terreno foi estabelecido, vamos explorar algumas das questões mais avançadas que estão sendo enfrentadas pelos programadores de áudio modernos [Boer02]. Quando você estiver pronto para desenvolver o áudio do jogo, há muitos sites na Internet para obter facilmente APIs para Windows, Mac, Linux e plataformas PC e instruções sobre como usá-las [MSDN, OpenAL].

❯ Programando áudio básico

Para efetivamente programar áudio em jogos modernos de computador, é importante ter uma compreensão básica da física envolvida no processamento e reprodução de áudio no hardware do computador moderno. Vamos examinar os fundamentos do som no mundo real e como é armazenado digitalmente em um computador. O hardware de processamento de áudio funciona de maneira semelhante, oferecendo operações padronizadas, como pan[1], volume e controle de pitch[2] nos canais individuais de som. Além disso, examinaremos alguns aspectos fundamentais da manipulação de som, como envelopes ADSR.

> ### Escolhas de API para Windows, Mac e Linux
> Existem atualmente várias APIs de mixagem e processamento de áudio que você pode escolher para experimentar. A primeira, XAudio, é um componente grátis de mixagem de áudio para plataformas da Microsoft, como Windows e Xbox 360. É o substituto do DirectSound, e oferece um sistema flexível e poderoso para mixagem e processamento digital de áudio. →

---

[1] N.R.T.: O termo *pan* e seu correspondente *panning* derivam diretamente da palavra panorama e se constituem em modos abreviados de expressar a ideia de um som panorâmico, capaz de realizar um caminho de audibilidade de um ponto no espaço acústico para outro. Em sistemas de som bidimensionais ou estéreos (de apenas dois canais, esquerda e direita), ele significa a relação de intensidades de um evento sonoro entre os canais, pelo processo da mixagem, o que fornece a sensação de localização espacial ou, ainda, de movimento do som. Em sistemas de som cinematográficos e, inclusive, em alguns motores de jogos tridimensionais, há a possibilidade de mixagem surround em 5 canais (sistemas 5.1), ou até 7 canais (sistemas 7.1).

[2] N.R.T.: O termo *pitch* é utilizado para designar a altura musical, que pode ser quantificada na forma de frequência sonora (alta/baixa), ou percebida como qualidade melódica (agudo/grave), incidindo em um evento sonoro. De modo geral, *pitch* é um termo que tem a sua tradução por *tom* ou *altura* do som. Ele foi incorporado no vocabulário técnico da programação de áudio para jogos como dispositivo de configuração nos painéis dos controles dos componentes de sons nos motores de jogos e no código de programação para alterações do *pitch* (como altura do som) em tempo real como um efeito FX. Por outro lado, quando lemos em inglês "*this sound is high-pitched*", em português se traduz: "esse som é agudo". Assim *high-pitched* corresponderia a agudo, enquanto *low-pitched*, a grave. Em alguns casos, *pitch* aparece substituindo o conceito de nota musical como tom: "*The pitch is C#*", "o tom (ou a nota) é Dó sustenido". Dada a sua utilização na codificação em programação, mantemos o termo em inglês.

Outra API é o OpenAL. O OpenAL foi projetado para ser o equivalente de som do OpenGL. Como era de esperar, o OpenAL é uma solução multiplataforma, e uma opção atraente para os programadores que buscam portar seus jogos para outras plataformas. Outras APIs de áudio podem ser fornecidas juntamente com o SDK geral de plataformas específicas, como o PS3 ou Wii.

Além das APIs de áudio gratuitas, inúmeras APIs comerciais em quase todas as plataformas podem ser licenciadas mediante uma taxa. Essas são mais fáceis de usar ou oferecem a comodidade de uma API que irá trabalhar em todas as plataformas. Provavelmente não é uma má ideia analisar o máximo de APIs possíveis para se familiarizar com suas semelhanças e diferenças. Um empregador em potencial buscando um programador de áudio ficará mais impressionado com alguém que tenha familiaridade com diversos sistemas, independentemente de qual API será usada.

Mixando tendências: do hardware para o software

Uma tendência interessante nos últimos anos é a transição do hardware dedicado para áudio para a mixagem e efeitos de puro software baseado em sistemas de áudio. Processadores modernos dotados de múltiplos núcleos são poderosos o suficiente para executar todas as funcionalidades necessárias, muitas vezes usando apenas parte de um único núcleo. Existem várias vantagens de usar o software de mixagem, em vez do hardware dedicado. O principal benefício, pelo menos para o desenvolvimento do PC, é a consistência do som. Designers de áudio não têm de se preocupar sobre como os diferentes fornecedores podem ter desenvolvido o I3DL2 ou EAX. Um benefício secundário é um sistema de mixagem muito mais flexível. Com uma estrutura de produção baseada em software, você também ganha bastante flexibilidade. É fácil criar submixagens e aplicar filtros personalizados de pós-processamento, procedimentos impossíveis na maioria dos hardwares de função fixa. As versões do Windows Vista e Seven abandonaram a mixagem baseada em hardware, e modernos consoles como o Xbox 360 e Playstation 3 executam a maioria de seu processamento de áudio totalmente em software.

Terminologia básica de áudio e física

Em termos simples, um som não é nada mais do que as ondas de compressão transmitidas através de um meio, como ar ou água. Um objeto físico vibratório, como uma corda de piano ou um cone do alto-falante, provoca as vibrações iniciais. Essas vibrações são então transmitidas através de um meio até chegar aos ouvidos de um ouvinte, momento em que são convertidas de volta em vibrações físicas por meio do tímpano. O tímpano transforma as vibrações em impulsos nervosos que nosso cérebro, em seguida, traduz no que percebemos como "som".

A informação importante para ser lembrada é que os sons podem ser representados como uma escala de pressão de ondas ao longo do tempo. A Figura 5.5.1 mostra a representação comum de uma onda sonora.

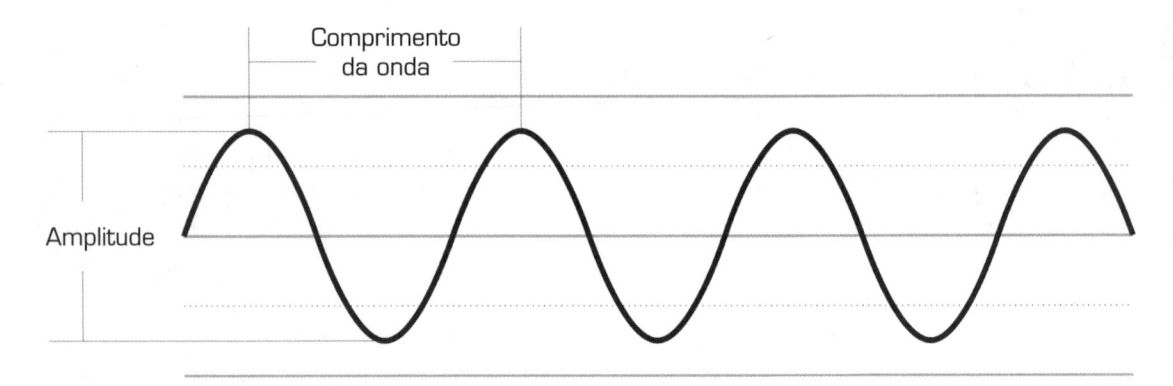

Figura 5.5.1 Características de uma onda simples senoidal.

A plotagem de uma onda sonora é tomada usualmente como uma medida da amplitude do som ao longo do tempo. A amplitude é a medida da pressão de uma onda de som, quer em um sentido positivo, quer em sentido negativo negativo. Os sons percebidos que ouvimos não são gerados pela amplitude, mas, sim, por mudanças nela. A maioria dos sons tende a ter uma oscilação natural de padrões de pressão de repetição. Você vai notar que a Figura 5.5.1 é muito parecida com uma onda senoidal. Isso demonstra a propriedade da *frequência*. A frequência pode ser definida como o intervalo entre os ciclos de onda, e é normalmente medida em hertz – o número de ciclos que ocorrem em um segundo. A audição humana varia aproximadamente de 20 Hz a 20 mil Hz.

A frequência é relacionada ao seu pitch, mas não sendo necessariamente sinônimos. O pitch pode ser descrito como a percepção da frequência. Os seres humanos tendem a perceber notas altas em uma frequência um pouco menor e notas inferiores a uma frequência um pouco maior. No entanto, para efeitos de programação de áudio, essa distinção é muitas vezes erroneamente ignorada, e os dois termos são usados de maneira alternada.

Afinação pode ser definida como uma distribuição musical de frequência sobre as claves. Na música ocidental moderna, cada oitava é dividida em 12 claves. Uma oitava corresponde ao dobro ou metade da frequência, dependendo se estamos subindo ou descendo o tom. Um sistema de afinação chamado de *têmpera igual* divide as 12 notas entre cada oitava igualmente, de modo que nenhuma clave seja favorecida. Essa é a afinação que quase toda música contemporânea usa. A Tabela 5.5.1 mostra as frequências em hertz para 12 claves em 9 oitavas.

A amplitude do som é a medida de sua potência. Essa energia corresponde à sua intensidade percebida. Na Figura 5.5.1, isso corresponde diretamente às mudanças máximas em altura desde a base até o topo da onda. A amplitude é frequentemente medida em *decibéis*. Um decibel é um décimo de *bel*, que é menos utilizado nas medições. Decibéis (e bels) medem na verdade a diferença percebida na sonoridade entre dois sons, e não uma intensidade absoluta. Pelo fato de a intensidade percebida aumentar linearmente com o aumento da potência logarítmica, isso é refletido na escala. Em outras palavras, se um som é duas vezes mais alto que um outro som, é de $10 \log_{10}(2)$ ou aproximadamente 3,01 dB mais alto. É importante compreender a natureza logarítmica da escala de decibéis, pois o hardware de som, muitas vezes, implementa o controle de volume como *atenuação* (redução) em decibéis. De modo geral, os controles de volume de hardware não podem realmente *amplificar* (aumentar) o volume.

5.5 PROGRAMAÇÃO DE ÁUDIO

Tabela 5.5.1 Frequências em hertz para afinação de têmpera igual[3].

	0	1	2	3	4	5	6	7	8
C	16.352	32.703	65.406	130.81	261.63	523.25	1046.5	2093.0	4186.0
C#	17.324	34.648	69.296	138.59	277.18	554.37	1108.7	2217.5	4434.9
D	18.354	36.708	73.416	146.83	293.66	587.33	1174.7	2349.3	4698.6
D#	19.445	38.891	77.782	155.56	311.13	622.25	1244.5	2489.0	4978.0
E	20.602	41.203	82.407	164.81	329.63	659.26	1318.5	2637.0	5274.0
F	21.827	43.654	87.307	174.61	349.23	698.46	1396.9	2793.8	5587.7
F#	23.125	46.249	92.499	185.00	369.99	739.99	1480.0	2960.0	5919.9
G	24.500	48.999	97.999	196.00	392.00	783.99	1568.0	3136.0	6271.9
G#	25.957	51.913	103.83	207.65	415.30	830.61	1661.2	3322.4	6644.9
A	27.500	55.000	110.00	220.0	440.00	880.00	1760.0	3520.0	7040.0
A#	29.135	58.270	116.54	233.08	466.16	932.33	1864.7	3729.3	7458.6
B	30.868	61.735	123.47	246.94	493.88	987.77	1975.5	3951.1	7902.1

Para medir o volume do som absoluto, uma pressão normal (20 micropascal) foi definida como o som médio mais silencioso aproximado que um ser humano pode ouvir transmitido através do ar. Todos os outros sons audíveis humanos são comparados com essa medida, resultando em uma escala absoluta. Quando decibéis são usados para descrever um som em termos de intensidade percebida, é provável que essa seja a escala contra a qual ele está sendo medido. No entanto, na programação de áudio, normalmente nos interessamos mais por volumes relativos de som. Afinal, o jogador acaba por ter o controle final sobre o volume do áudio que está sendo processado.

Dentro de sua própria camada de sistema de som, muitas vezes é bem mais prático armazenar o volume da amostra como uma proporção (0,0 a 1,0) em vez do modo de atenuação em decibéis (–100 a 0). Combinar volumes e interpolação é muito mais prático em uma escala linear. Você pode usar as funções da Listagem 5.5.1 para converter entre uma escala de decibéis e uma razão linear.

Listagem 5.5.1 Código para converter entre uma escala de decibéis e uma razão linear.

```
float linearToLog(float fLevel)
{
    // Clamp the value
    if(fLevel <= 0.0f)
        return -100.0f;
    else if(fLevel >= 1.0f)
        return 0.0f;
    return (-2000.0f * log10f(1.0f / fLevel)) / 100.0f;
}
```

---

[3] N.R.T.: Observação para os leitores: a tabela está organizada de acordo com o separador decimal inglês por ponto (ao contrário do utilizado no Brasil, por vírgula).

```
float logToLinear(float fLevel)
{
    // Clamp the value
    if(fLevel <= -100.0f)
        return 0.0f;
    else if(fLevel >= 0.0f)
        return 1.0f;
    return powf(10, ((fLevel * 100.0f) + 2000.0f)
        / 2000.0f) / 10.0f;
}
```

Representação digital do som

Para um som ser reproduzido por um computador, é preciso primeiro analisar como o áudio digital é armazenado. A técnica mais comum (e simples) é conhecida como *amostragem (sampling)*, o que significa medir e armazenar a amplitude de uma onda sonora em intervalos de tempo distintos. A taxa na qual as amostras são coletadas é conhecida como *taxa de amostragem*, e é medida em amostras por segundo. As taxas de amostragem típicas variam de 4 mil a 96 mil amostras por segundo. A amplitude do arquivo de onda é armazenada em um valor discreto, geralmente representado por um valor de 4 para 24 bits. Isso é conhecido como *profundidade de bit* da amostra. Em geral, fica acordado que a maioria das pessoas não consegue perceber melhorias de qualidade superior à qualidade das amostras de CD, que utiliza amostras de 16 bits em uma frequência de 44.100 amostras por segundo. A Figura 5.5.2 demonstra como a onda senoidal da Figura 5.5.1 pode ser representada digitalmente.

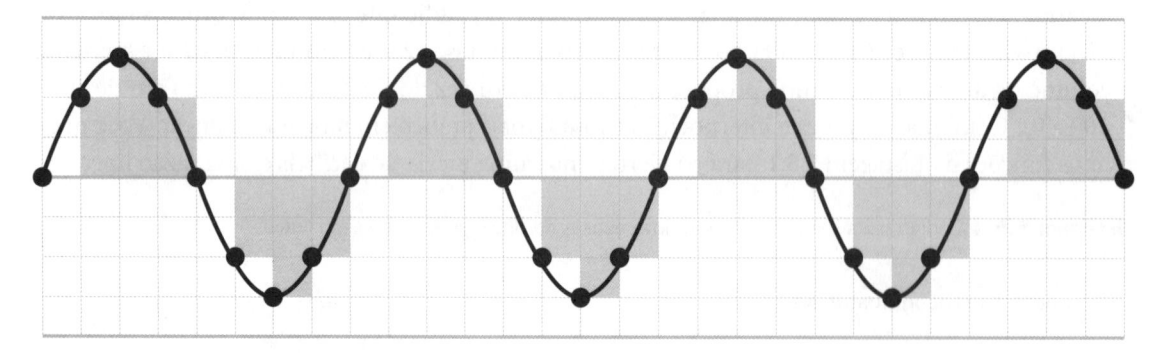

Figura 5.5.2 Representação amostrada da onda básica senoidal.

Como é intuitivamente óbvio, quanto maior for a combinação de profundidade de bits e a taxa de amostragem, com mais precisão uma forma de onda pode ser representada. A Figura 5.5.3 demonstra um fenômeno conhecido como *erro de quantização*. Você pode ver como a amplitude da onda não pode ser perfeitamente representada pelos dados da amostra, devido à baixa profundidade de bits. Quanto menor a profundidade de bits, mais ruído será introduzido no sinal. A quantidade de ruído indesejável está diretamente relacionada ao tamanho da amostra. Uma amostra de 8 bits permite 128 valores discretos, e o erro da amostra é limitado à metade do tamanho do passo da amostra. Portanto, com amostras de 8 bits, temos uma *relação sinal-ruído* 256:1 (SNR), que traduz a 48 dB. Tendo em mente que um decibel é realmente uma medida da diferença de volume do som, a medida em decibéis representa a diferença de volume entre o nível médio de ruído e o volume máximo do sinal. Uma amostra de 16 bits, por outro lado, oferece uma relação sinal/ruído muito mais impressionante de 65.536:1 ou 96 dB. Uma vez que a escala da audição humana é de cerca de 100 dB, uma ótima gravação de 16 bits mista terá muito pouco ruído perceptível introduzido por artefatos de quantização.

Assim como a baixa profundidade de bits cria erro de quantização, resultando em uma relação pior de sinal-ruído, a taxa de amostragem também tem um efeito radical sobre a qualidade do som, mas de maneiras diferentes e por razões diferentes. A frequência da taxa de amostragem, como se poderia esperar, tem um efeito mais dramático sobre como a precisão de ondas de alta frequência pode ser representada. A Figura 5.5.4a demonstra como uma representação digital de uma onda sonora de alta frequência, usando uma taxa de amostragem de baixa frequência, não tem chance de representar com precisão o som original. Por causa dessa manifestação, tenha em mente que estamos usando um algoritmo sofisticado (de ponto mais próximo) para a colocação da amostra e uma profundidade de bits baixa, os quais tendem a exagerar o resultado final.

Erro de quantização

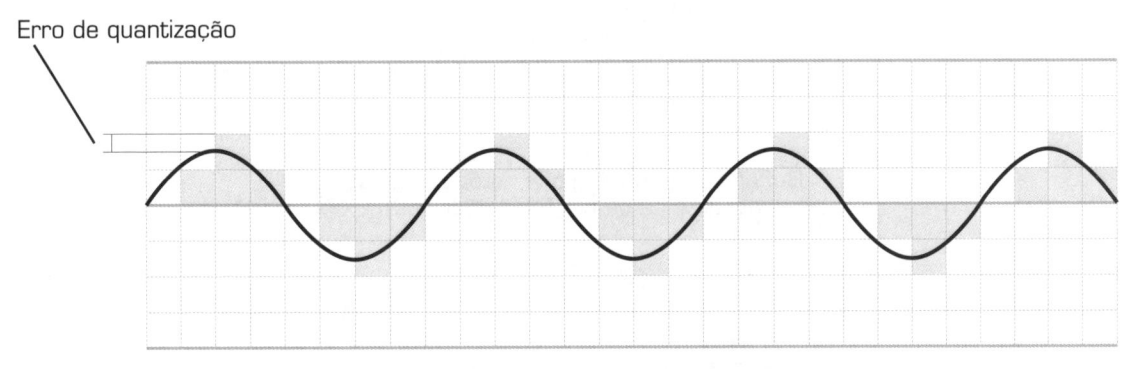

Figura 5.5.3 Forma de onda mostrando quantização máxima de erro.

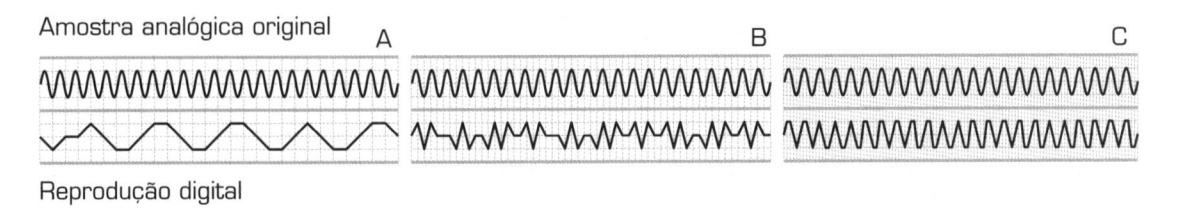

Amostra analógica original   A   B   C

Reprodução digital

Figura 5.5.4 Demonstração de erro de amostragem baseado na frequência da amostragem.

Observe como a duplicação da taxa de amostragem na Figura 5.5.4b possui uma versão digital muito melhorada da forma de onda original. No entanto, essa versão ainda apresenta falhas óbvias.

A duplicação da frequência de amostragem novamente na Figura 5.5.4c, por fim, produz uma onda digital que corresponde razoavelmente ao original.

Esse exercício demonstra um fenômeno conhecido como *limite de Nyquist*, que estabelece, em parte, que uma taxa de amostragem específica só pode representar frequências de um e meio daquela taxa de amostragem. Contudo, as diferenças entre a Figura 5.5.4b e a Figura 5.5.4c demonstra outra propriedade do limite de Nyquist, que estabelece que, quanto mais essa frequência se aproxima da máxima teórica, pior a representação tenderá a ser. É por essa razão que 44,1 kHz foi escolhido como taxa de amostragem para áudio de CD, mesmo que os humanos possuam uma taxa de audição nominal de 20 Hz a 20 kHz.

Pipeline de áudio e recursos de mixagem

Os sistemas modernos de áudio em geral têm capacidades muito semelhantes. Vamos examinar como isso funciona em princípio e o que você precisa saber como programador para utilizar esses recursos.

A Figura 5.5.5 mostra o pipeline em que todos os dados devem fluir em um típico sistema de processamento de áudio.

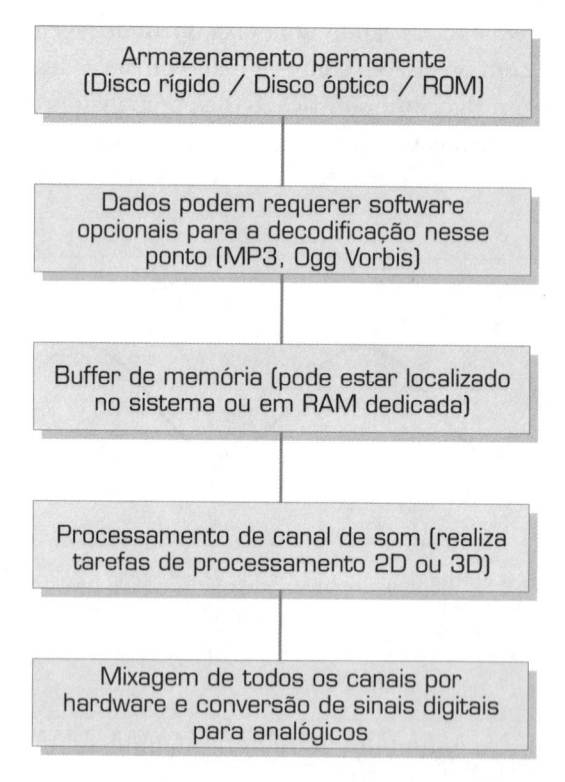

```
Armazenamento permanente
(Disco rígido / Disco óptico / ROM)
            |
Dados podem requerer software
opcionais para a decodificação nesse
ponto (MP3, Ogg Vorbis)
            |
Buffer de memória (pode estar localizado
no sistema ou em RAM dedicada)
            |
Processamento de canal de som (realiza
tarefas de processamento 2D ou 3D)
            |
Mixagem de todos os canais por
hardware e conversão de sinais digitais
para analógicos
```

Figura 5.5.5 Diagrama mostrando o fluxo dos dados de áudio através de um processamento típico de áudio e sistema de renderização.

Os dados devem primeiro ser recuperados de um meio de armazenamento permanente, como um drive óptico ou disco rígido magnético, e armazenados na memória. A partir daí, os dados de áudio são transferidos ou atribuídos a um *canal de som*, conceito que representa um caminho para a mixagem de dados de áudio. Uma vez que os dados de áudio são atribuídos a um canal de som, é então manipulado digitalmente, ajustado o volume, tom, pan e aplicados efeitos e filtros digitais. Após todos os canais serem tratados individualmente, eles então são misturados em um *submix* ou *master mix*, após o qual os efeitos ou filtros adicionais podem ser aplicados. Finalmente, os dados mixados são convertidos por meio de um fluxo digital de dados em um formato apropriado de saída. Isso poderia ser um sinal analógico ou um formato digital multicanal, como o Dolby Digital (também conhecido como AC-3).

Há também diferentes formas de transferência de dados de áudio, dependendo do volume de dados a serem transferidos. Para as amostras de menor porte, é comum armazenar toda a amostra na memória de uma vez. No entanto, para reproduzir amostras extremamente longas (como trilhas musicais ou trilhas longas de diálogos gravados), não há memória suficiente para carregar toda a amostra. Isso significa que será necessário *streaming*, onde uma pequena porção da amostra é carregada em qualquer momento. Como mais dados são necessários, eles são obtidos do sistema de armazenamento permanente, enquanto os dados anteriormente reproduzidos são descartados.

O núcleo de um sistema de áudio, como tantos outros aspectos da programação de jogos, retrata realmente a gestão de recursos. Os dados para gerenciar vêm sob a forma de onda amostrada. Esses arquivos de áudio, uma vez carregados na memória, são chamados de *amostras*. A dupla utilização do termo *amostra* é um pouco infeliz aqui, mas é quase sempre claro qual significado da palavra é apropriado com base no contexto. Normalmente, várias dezenas a milhares de amostras podem ser carregadas de uma só vez em qualquer lugar, dependendo de quanta memória está disponível. Muitas vezes, a memória alocada para carregar a amostra é chamada de *buffer*.

Outro aspecto do gerenciamento consiste nos recursos utilizados para processar e mixar os dados de som. Um canal pode mixar uma única amostra de uma vez. Assim, o número de canais é igual ao número de amostras individuais que podem ser mixados e reproduzidos de uma vez. Anteriormente, isso era limitado ao número de canais de hardware disponíveis, mas, com uma mixagem baseada em software, trata-se de uma função que está relacionada ao uso da CPU e da largura de banda.

Mixagem e reprodução se constitui geralmente em uma simples atribuição do buffer da amostra a um canal e a instrução do sistema de áudio para mixar (tocar) o som.

Reprodução de amostra e manipulação

Depois de uma amostra de áudio digital ter sido atribuída a um canal, o sistema de áudio assume a tarefa de processar os dados de áudio em tempo real. Trata-se de primeiro manipular os dados individuais de áudio e, em seguida, enviá-los para um buffer de mixagem final, em que são combinados em um único fluxo de áudio. Em seguida, o hardware de áudio deve converter o sinal digital de áudio único para trás em uma *forma de onda analógica*[4] para a reprodução em alto-falantes ou em um fluxo digital para decodificação por hardware de áudio externo.

Antes de cada canal ser misturado, há certas operações comuns que você pode realizar no canal. Três dessas operações comuns são *pan*, *pitch* e controles de *volume*.

Panning é uma operação simples que direciona a posição relativa de um som em um campo estéreo atenuando a mixagem para a esquerda ou para a direita. É uma operação que muitas vezes só pode ser realizada em dados não estéreos. Para o hardware que não suporta mixagem real de som 3D posicional, um pan simples (combinado com o controle de volume) pode ser usado como um método alternativo simples para colocar sons no espaço 3D.

Controle de pitch (tonalidade) normalmente pode ser realizado através de um simples processamento de amostras por segundo. Este tem o resultado da manipulação da tonalidade, mas, como você pode perceber, há um efeito colateral dessa operação, que se expressa pela alteração do tempo da reprodução da amostra.

---

[4] N.R.T.: *Forma de onda analógica,* em inglês, *analog waveform.*

O controle de volume, como descrito anteriormente, é tipicamente implementado via controle de atenuação medido em decibéis. Por exemplo, uma configuração de volume de –3 dB soará aproximadamente na metade do volume como quando configurado para volume pleno (ou total) (0dB).

Fazendo streaming de áudio

Como mencionado anteriormente, uma variação importante de reprodução de áudio é conhecida como *streaming de áudio*. Esse é um termo geral utilizado para descrever o conceito de leitura de dados em tempo real para uma reprodução direta do meio de armazenamento em massa (como um disco) em vez de armazenar toda a amostra na memória. Isso é feito para grandes faixas de áudio, como músicas ou diálogos gravados, em que o tamanho da amostra impede que ela seja eficazmente armazenada na memória de uma só vez.

Para evitar que o fluxo de áudio seja suscetível a saltos intermitentes que ocorreriam se, literalmente, tentasse ler dados de áudio em tempo real, é necessário realizar continuadamente um pré-buffer de uma pequena quantidade de dados de áudio. Normalmente, esses buffers variam em tamanho de meio segundo a talvez dois segundos de duração. Existem essencialmente dois tipos de métodos de buffer: *buffers circulares* e *duplo buffer (ou cadeia de buffer)*. A Figura 5.5.6 demonstra os dois métodos.

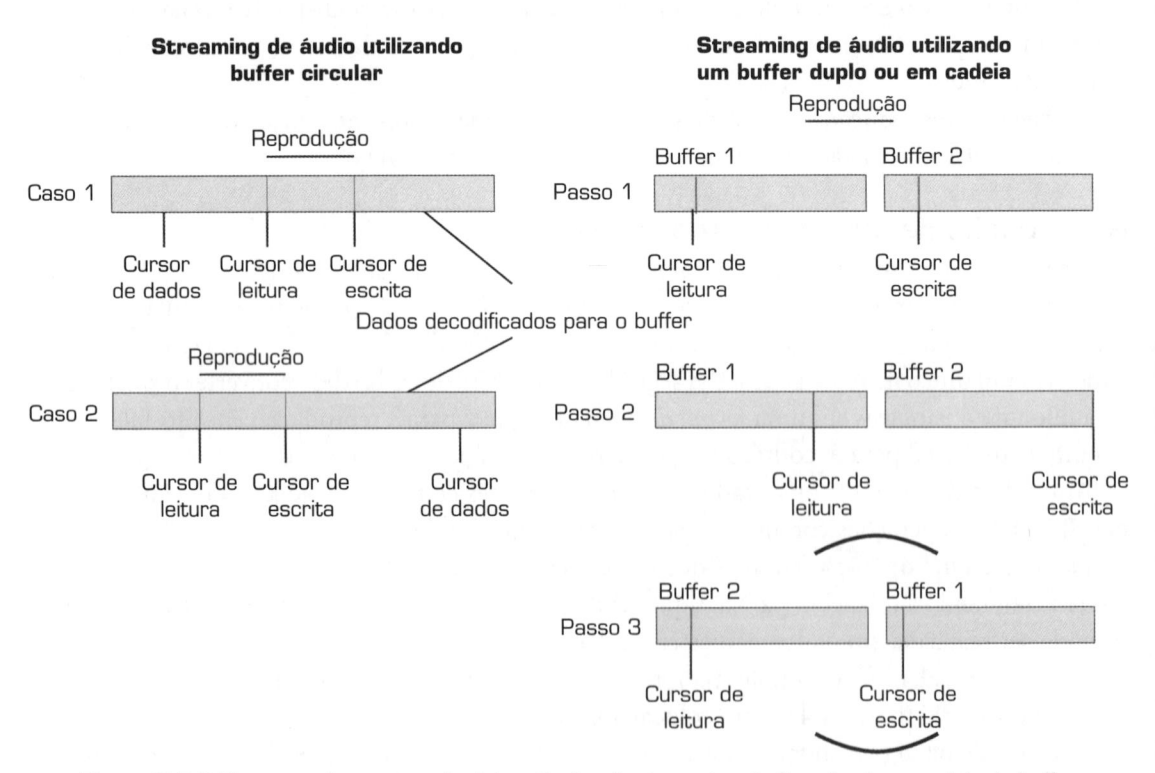

Figura 5.5.6 Diagrama demonstrando dois métodos de streaming: buffer circular e cadeia de buffer.

Buffers circulares usam um buffer simples para suas operações. O buffer contém um ponteiro de leitura e escrita. O ponteiro de leitura vai envolver em torno do fim do buffer de volta para o início do buffer quando ultrapassa o tamanho do buffer total (daí o seu nome). O aplicativo deve controlar a quantidade de dados levados para o buffer, e deve se certificar de que envia dados para o buffer bem à frente do buffer de leitura, mas não tão longe que envolva e interfira com o buffer de leitura de trás.

O double buffering é um método um pouco menos complexo que faz uso de dois (ou mais) buffers. Enquanto um buffer está sendo reproduzido, o outro é preenchido com outros dados. O aplicativo é notificado de que o próximo buffer na cadeia está sendo usado. O usuário agora pode iniciar a transmissão de dados para o buffer que reproduzia antes, e o ciclo começa novamente. Esse é o método que o OpenAL usa para streaming de áudio.

Formatos comprimidos de áudio

Como os dados digitais de áudio requerem uma grande quantidade de memória, esforços intensos têm sido feitos para encontrar maneiras de comprimir dados de áudio para reduzir essa carga de memória. De modo geral, quase todos os formatos de compressão de áudio são formatos de compressão com perdas (ao contrário de formatos *sem perda* que preservam todos os bits, como ".zip"). Devido ao fato de que os dados digitais de áudio já são uma aproximação de um sinal analógico, não há necessidade de preservar cada bit de dados. Pelo contrário, o único fator importante é o resultado acústico final.

Há, em geral, dois tipos de esquemas de compressão susceptíveis à utilização no mundo da programação de jogos: os esquemas de *redução de bits* e esquemas de *compressão psicoacústica*. Esses algoritmos de codificação/decodificação também são conhecidos como *codecs*, que são derivados das palavras *c*omprimir e *des*comprimir.

Esquemas de redução de bits são, de longe, os mais simples dos dois métodos. Esses esquemas empregam técnicas para reduzir o número de bits que cada amostra precisa para armazenar. Um dos esquemas mais populares desse tipo é conhecido como compressão ADPCM. ADPCM é projetado para reduzir o número de bits armazenados por amostra de 16 para 4. Devido a isso, normalmente tem uma taxa de compressão fixa de 4:1 (embora existam algumas variantes que utilizam diferentes proporções). Emprega um método mais sofisticado do movimento de codificação numérica de amostra para amostra, para que menos bits sejam necessários para codificar um razoável som de alta fidelidade. Embora esse método de codificação tenha sido superado nos últimos anos por outros formatos, ainda existem razões pelas quais você deve entender a compressão mais simplista. Primeiro, esquemas de compressão ADPCM são menos dispendiosos computacionalmente do que as técnicas psicoacústicas de alta compressão, como compressão de MP3. A simplicidade do algoritmo significa que é muito mais fácil desenvolver essa compressão no hardware ou usar processadores em geral menos poderosos. O PSP da Sony, Wii da Nintendo e o Nintendo DS, por exemplo, fazem uso da compressão ADPCM. Esse esquema de compressão simples imediatamente quadruplica a memória efetiva de áudio com pouco custo adicional da CPU.

O esquema de compressão mais conhecido de áudio, MP3, está na classe de compressão psicoacústica. Três outros formatos úteis para os desenvolvedores de jogos são o Ogg Vorbis, um formato de código-fonte aberto, o Windows Media Audio, um formato desenvolvido pela Microsoft, e o ATRAC3, desenvolvido pela Sony. Esses tipos de esquemas de compressão utilizam algoritmos sofisticados para codificar o som e economizar espaço, descartando dados de áudio que nossos ouvidos não seriam capazes de ouvir normalmente. Eles podem comprimir dados de áudio de forma variável, dependendo da qualidade final desejada da reprodução. Como tal, você pode esperar uma compressão entre 5:1 e 25:1, dependendo da fonte original e qualidade desejada da reprodução. A maioria da geração atual de codecs psicoacústicos pode emular áudio com qualidade de CD com pelo menos uma taxa de compressão de 10:1. O aumento no poder de processamento tornou prático para alguns sistemas utilizar formatos de alta compressão, exclusivamente, poupando uma grande quantidade de memória e espaço em disco. O Playstation 3, Xbox 360 e a plataforma PC têm potência de processamento suficiente para decodificar dezenas de amostras de áudio com relativa facilidade.

> ### O formato MP3 e taxas de licenciamento
> Por que os desenvolvedores de jogo iriam querer olhar para outros formatos de compressão além do MP3? Simples: colocar suporte a MP3 em um jogo legalmente exige que se paguem taxas de licenciamento para Franhofer-Thompson, os proprietários de patentes do MP3. Ogg Vorbis e Windows Media são formatos de alta qualidade e ambos têm APIs documentadas para uso em jogos. Mais importante, nenhum desses formatos requer o pagamento de taxa de licenciamento pela inclusão de sua tecnologia no jogo. Ogg Vorbis, como o único codec de alta compressão com fonte aberta no mercado, está realizando consideráveis avanços na indústria de jogos.

Envelopes ADSR

Uma técnica de controle de volume que você deve estar familiarizado é o *envelope ADSR* básico. ADSR é um acrônimo para Ataque, Declínio, Sustentação e Liberação (do inglês, *release*). Como indicado, os quatro parâmetros podem ser usados para definir um envelope de volume padronizado. Examinemos um envelope ADSR padrão na Figura 5.5.7.

O parâmetro de ataque (A) é uma medida de tempo entre o volume inicial zero e o volume final pleno (ou máximo). O parâmetro de declínio (D) é uma medida do tempo a partir do volume

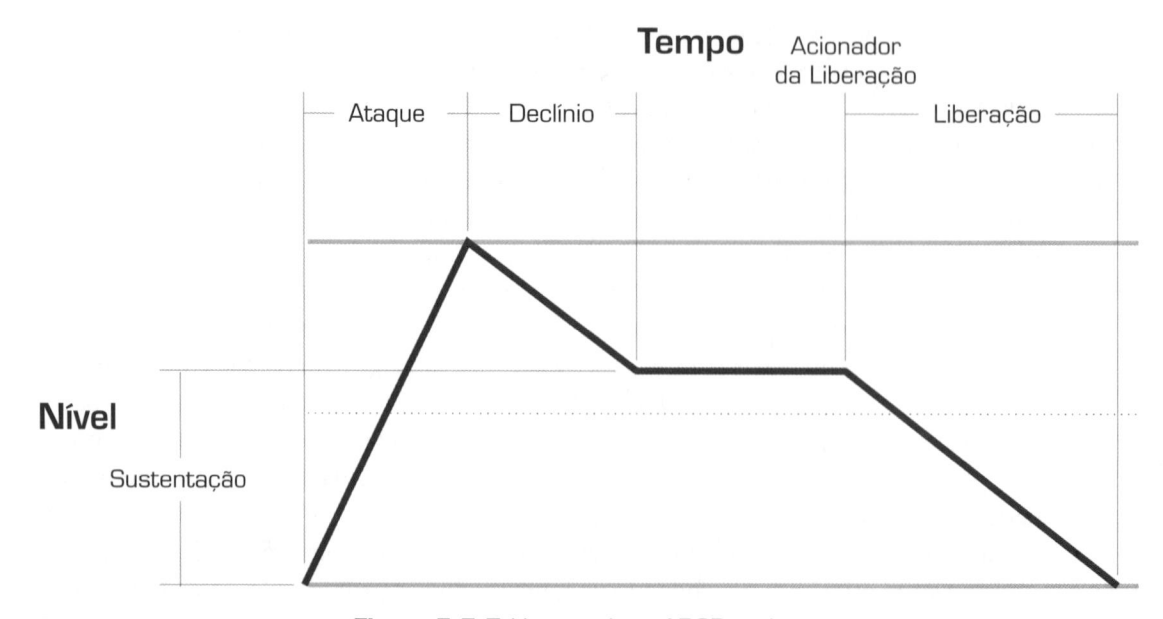

Figura 5.5.7 Um envelope ADSR padrão.

de ataque pleno para o volume de sustentação. O parâmetro de sustentação (S) é uma medida do volume do envelope realizada entre as fases de declínio e liberação. Por fim, o parâmetro de Liberação (R) é uma medida de tempo a partir do ponto de liberação até o ponto de volume zero.

Você deve ter notado que uma medida importante foi omitida, o comprimento da sustentação. Isso é simples de explicar. O envelope ADSR foi originalmente projetado para aplicações como os sintetizadores eletrônicos. O envelope foi acionado (desencadeado) quando uma tecla foi pressionada, e a sustentação foi definida pelo tempo que a tecla foi pressionada. Em outras palavras, esse envelope deve ser usado em um ambiente em tempo real.

Ao desenvolver-se um sintetizador musical, um envelope ADSR em tempo real é uma necessidade absoluta para criar instrumentos que soam mais realistas com amostras de tamanho menor. No entanto, os benefícios desse tipo de envelope podem ser vistos também com efeitos sonoros. Considere o desenvolvimento de envelopes ADSR em seu projeto de sistema básico de som se você tem a oportunidade de fazê-lo.

Áudio 3D

No mundo de entretenimento interativo de computador, tudo mudou para a terceira dimensão, incluindo o áudio. A maioria dos sistemas de áudio modernos tem hoje a capacidade de processar áudio 3D. Grande parte do trabalho de um programador de áudio implica compreender como os sons funcionam no mundo real e como reproduzir esses sons em um mundo digital. Para começar, vamos examinar como funciona o áudio 3D em um nível fundamental.

No mundo real, os nossos dois ouvidos permitem localizar espacialmente os sons no espaço 3D, uma forma um pouco análoga à como os nossos dois olhos ajudam a visualizar um ambiente 3D. Nosso cérebro percebe as diferenças acústicas e de tempo entre nossos ouvidos para localizar sons. A Figura 5.5.8 demonstra como a diferença espacial entre nossos ouvidos cria um atraso discreto de tempo que ajuda a determinar a posição relativa de um som.

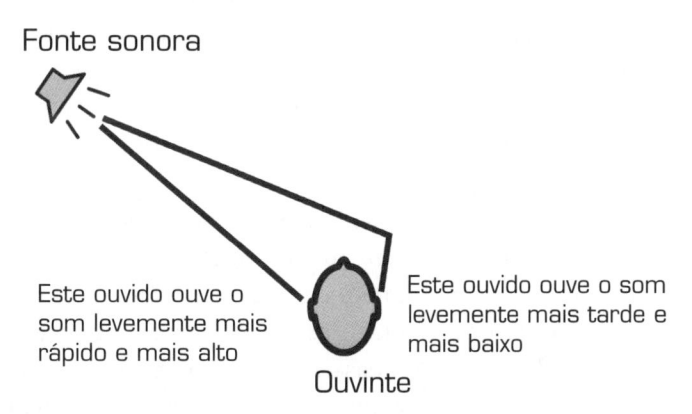

Figura 5.5.8 Como um ouvinte determina a posição do som no mundo.

O processo de reprodução de áudio 3D em jogos gira em torno do fornecimento dos tipos de estímulos auditivos para os jogadores a fim de torná-los profundamente imersos dentro de nosso mundo simulado. Um dos maiores problemas, porém, é a grande variedade de configurações dos alto-falantes disponíveis para as atuais configurações de hardware. Enquanto alguns computadores e sistemas de home theater possuem capacidades surround, a maioria dos sistemas existentes contam com apenas um par de alto-falantes estéreo. Como, então, podemos representar os sons em um mundo 3D com apenas um par de alto-falantes na frente do ouvinte?

A solução mais simples envolve realizar o panning dos sons entre os alto-falantes esquerdo e direito para a posição da fonte de som ao redor do ouvinte e atenuando o volume (dos canais independentemente) para simular a distância do ouvinte. Isso produz resultados decentes para os sons originados na frente do ouvinte, mas obviamente é deficiente pelo fato de não haver nenhuma boa maneira de criar um som proveniente de trás do ouvinte. De fato, é problemático representar qualquer som externo de um arco bastante limitado em frente do ouvinte.

Enquanto os esquemas simples de volume pan trabalham suficientemente bem, existem soluções melhores por aí. Uma técnica chamada de codificação *HRTF* (Head Relative Transfer Function) permite um áudio 3D mais realista em relação ao som utilizando apenas dois alto-falantes. Isso é conseguido através da codificação, para o canal esquerdo e direito, dos tipos de pistas fonéticas, que ocorrem com os sons com base na forma natural de seus ouvidos. Por exemplo, os sons que emanam de trás do ouvinte têm altas frequências ligeiramente atenuadas, como acontece na vida real.

Embora, em teoria, isso não funcione muito bem (principalmente com fones de ouvido), a questão prática é que HRTF no mundo real é apenas parcialmente bem-sucedido em enganar os ouvidos do ouvinte. Tal fato ocorre devido aos problemas inevitáveis de sistemas de colunas diferentes, as configurações do espaço ambiental, e até mesmo considerando as diferenças nas dimensões físicas das orelhas do ouvinte.

A melhor solução talvez seja a mais simples: colocar alto-falantes ao redor do ouvinte. A solução de alto-falante de som *surround* mais comum hoje é um arranjo de alto-falantes 5.1. Esse é um sistema de seis canais: esquerdo, direito, centro, posterior esquerdo, posterior direito e subwoofer (baixa frequência). Outros arranjos adicionam ou subtraem alto-falantes de alta frequência para produzir o 4.1, o 6.1 e até mesmo os sistemas 7.1.

Felizmente, a complexidade da conversão de uma posição no espaço 3D para um mapeamento de *panning* multicanal não é aquela que nós, como desenvolvedores de jogos, temos de resolver. Esse tipo de funcionalidade é normalmente fornecida no hardware. Nossa tarefa é fornecer dois conjuntos diferentes de dados para o hardware de áudio, para que ele saiba como mixar as faixas de áudio desejadas em uma mixagem multicanal final. O primeiro conjunto de dados não é, curiosamente, qualquer tipo de dados de áudio.

O *ouvinte* é simplesmente uma posição e uma orientação (por vezes definida como dois vetores ortogonais) no espaço 3D. O ouvinte representa a cabeça física de uma pessoa virtual no mundo virtual. O ouvinte age da mesma maneira como a câmera age para gráficos 3D. É importante que o ouvinte seja orientado para o mundo de forma semelhante aos gráficos do seu motor, pois estarão provavelmente usando o mesmo conjunto de coordenadas de posicionamento e propriedades para renderização.

Cada som no mundo é definido como uma fonte, e está posicionado e orientado no *espaço do mundo*. Assim como os polígonos são transformados do espaço do mundo para o espaço da câmara pela matriz de transformação da câmera, assim são os sons que são transformados do espaço do mundo para o *espaço do ouvinte*.

Enquanto o ouvinte representa um conjunto bastante simples de dados, a fonte é um pouco mais complexa, e muitas vezes têm mais dados a ela associados. Alguns desses dados incluem velocidade (usado para aplicar efeito Doppler), ângulos de cone mín. e máx. para sons direcionais, e distâncias mín. e máx. (para definir o ganho de uma fonte).

Efeitos de ambiente

Com o avanço tecnológico no campo da mixagem e dos filtros, temos agora a capacidade de criar *efeitos de ambiente* gerados de forma programada. Simplificando, os efeitos de ambiente são uma tentativa de imitar a coloração natural do som que ocorre no mundo real, em função da geometria e materiais. Por exemplo, todos sabemos da ambientação diferente que ocorre em uma grande igreja contra um pequeno corredor. Ao recriarmos esses efeitos sutis no nosso mundo virtual, damos ao usuário uma experiência mais imersiva.

Em essência, os *efeitos ambientais* descrevem a natureza da propagação do som. Muito parecido com uma onda em uma piscina de águas calmas, as ondas sonoras irão refletir nas superfícies no mundo. A quantidade de reflexão irá depender do material com que é feito. Superfícies rígidas ou lisas tendem a refletir a maior parte do sinal, enquanto materiais macios ou porosos tendem a absorver grande parte do som.

A transmissão do som, ao lidar com os efeitos de ambiente, é categorizada de três formas: transmissão direta, reflexões antecipadas (ou eco) e reflexões retardadas (ou reverberação). A Figura 5.5.9 mostra como esses sons são transmitidos de uma fonte para um ouvinte.

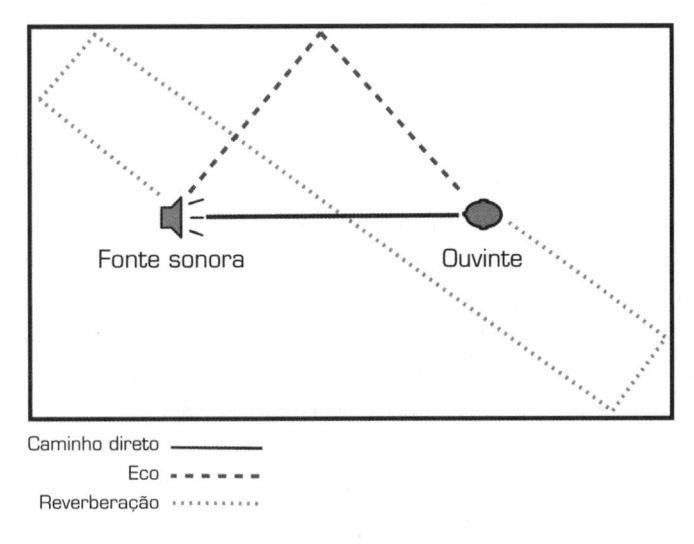

Figura 5.5.9 Demonstração de caminho direto, eco e reverberação.

Embora a propagação do som através de estruturas complexas na vida real seja bastante complexa, há duas importantes contribuições em que podemos nos concentrar e que auxiliam na maior parte do efeito de reverberação: a *geometria do ambiente* e a *composição do material*.

Para demonstrarmos como a geometria do ambiente pode afetar a propagação do som, podemos ver na Figura 5.5.10 como uma parede bloqueia a transmissão direta do som da fonte ao ouvinte. Isso vai deixar apenas a transmissão indireta do som da fonte ao ouvinte, e assim o som será afetado pela absorção de frequência dos materiais nos quais o som deve rebater. Esse fenômeno é conhecido como *obstrução*.

A composição do material é outro fator que afeta a propagação do som. Certos materiais farão com que frequências específicas (alta e baixa) sejam absorvidas. Além de absorver o som, materiais específicos também farão com que os sons se dispersem. Isso é conhecido como *difusão*.

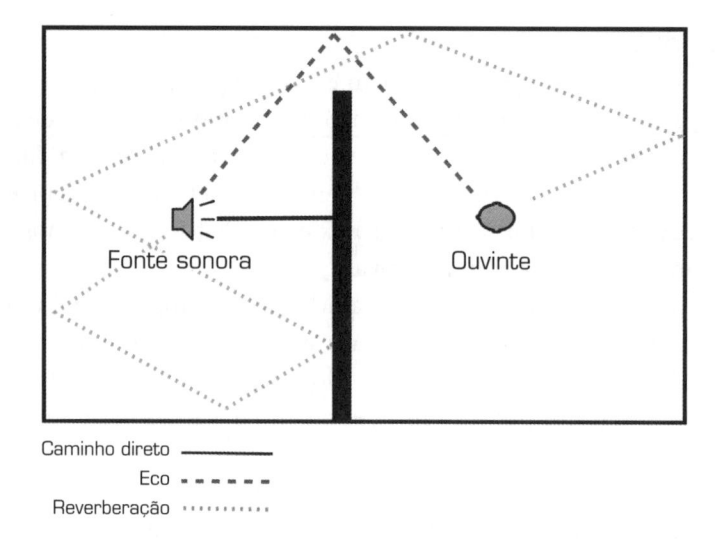

Figura 5.5.10 Obstrução resulta em nenhum caminho direto para o som.

Você deve estar familiarizado com o modo com que o material também pode agir para bloquear as frequências específicas enquanto permite que outros passem com redução de seu volume. Falando de modo geral, baixas frequências podem ser transmitidas através de muitos tipos de materiais, enquanto as frequências altas tendem a ser refletidas e absorvidas pelas paredes. Esse fenômeno pode ser observado ouvindo-se as diferenças na transmissão do som através de um sistema de som em outra sala. Se você fechar a porta, só ouvirá a parte grave abafada da música. Se a porta estiver aberta, as altas frequências, agora desbloqueadas, fluem livremente para fora da sala e para os ouvidos do ouvinte. Esse fenômeno é conhecido como *oclusão*.

Padrões de efeitos de ambiente: I3DL2 e EAX

Existem atualmente dois padrões concorrentes que definem as extensões de ambiente para desenvolvimento em hardware moderno. I3DL2 (Interactive 3D Audio Rendering Level 2) é um padrão estabelecido pela Audio Interactive Special Interest Group (IA-SIG) o qual define um modelo de reverberação e uma API para utilização em jogos e outras aplicações interativas. EAX é um modelo de reverberação inventado pela Creative Labs, que começou bastante simples, com 1.0, permitindo modelos de reverberação pré-selecionados com vários parâmetros. Em seguida, evoluiu para 2.0, desenvolvendo um sistema de modelagem de reverberação muito mais flexível e robusto. EAX 2.0 é, de fato, quase idêntico à especificação I3DL2 em sua forma e função. As especificações para I3DL2 podem ser facilmente encontradas na Internet [IA-SIG].

Anteriormente, EAX foi o padrão dominante de reverberação do ambiente em grande parte porque foi desenvolvido tanto para Creative Labs como para outras placas de áudio de outros fabricantes. Recentemente, I3DL2 vem obtendo ganhos devido à proliferação da mixagem de áudio baseada em software, o que tem favorecido o padrão mais aberto IA-SIG. Atualmente é muito prático o desenvolvimento total ou parcial de uma especificação completa I3DL2 em software.

Na verdade, I3DL2 é adequado para a modelagem de reverberação bastante avançada. Outros avanços no modelo de reverberação, como EAX HD, fornecem bons pontos de emissão na parte posterior de uma caixa acústica de jogo, mas, na prática, a maioria dos ouvintes provavelmente não será capaz de indicar a diferença entre os dois modelos de reverberação, a menos que isso especificamente seja apontado para eles.

Todos esses modelos de reverberação trabalham de maneira semelhante. Um conjunto de parâmetros de reverberação global é definido no ouvinte. Estes são destinados a descrever o ambiente do ouvinte em um sentido geral. Alguns deles incluem configurações que descrevem o tamanho do espaço global, a taxa de declínio, o volume de reverberação, as configurações de absorção do ar e assim por diante.

Isso proporciona uma base razoável para o motor de reverberação ambiental para aplicar as configurações de reverberação em qualquer som. No entanto, cada fonte também tem seu próprio conjunto de parâmetros únicos, permitindo, assim, que cada som tenha uma assinatura de reverberação original. Por que cada fonte de som precisaria de propriedades únicas se o ouvinte estivesse em um único local? A resposta é simples: as propriedades originais são, na verdade, mais um reflexo da diferença de posição entre a fonte e o ouvinte. Propriedades como obstrução e oclusão não são inerentes a qualquer local em particular. Ao contrário, são, em certo sentido, um cálculo que descreve as propriedades de como o mundo afeta a propagação do som da fonte na direção do ouvinte, dadas essas duas posições únicas no mundo.

〉 Programando sistemas musicais

Dependendo do tipo de jogo e a plataforma em que você trabalha, poderá precisar criar um sistema de reprodução de música. Em geral, os sistemas de música em hardware moderno são de dois tipos básicos: o *reprodutor MIDI baseado em amostras* ou um *leitor de áudio digital*[5]. Os dois tipos de sistemas têm pontos fortes e fracos, e ambos continuam a ser utilizados nas plataformas de hoje.

Um reprodutor de música baseado em MIDI

Um reprodutor de MIDI é baseado no conceito simples de armazenar informações como notas musicais discretas e utilizar um motor de som para reproduzir instrumentos específicos. MIDI é uma sigla para Musical Instrument Digital Interface e representa um método existente há muito tempo, destinado à comunicação de dados musicais comuns em tempo real entre instrumentos eletrônicos [MIDI]. O padrão codifica música na forma de notação musical, e não como som codificado digitalmente. Isso proporciona uma grande economia de espaço, mas limita a qualidade acústica da música para o dispositivo que a está processando em tempo real. O hardware moderno de áudio agora tem a capacidade de sintetizadores de propósito geral, com apenas uma pequena quantidade de trabalho de programação. A maior parte do trabalho envolve decodificação de MIDI e amostras de dados, bem como alguns trabalhos básicos em controle de envelope em tempo real (como um envelope ADSR descrito anteriormente). Outra desvantagem significativa é o repertório limitado de instrumentos, os quais devem ser amostrados e armazenados na memória.

---

[5] N.R.T.: Corresponde a: *sampled-based MIDI player* e *digital audio stream player*.

A música MIDI tem duas principais vantagens sobre fluxo de áudio digital. A primeira vantagem é o maior controle. Como cada nota da música é um evento discreto e reproduzido de forma eletrônica, o programa tem grande controle sobre todos os aspectos da música. Por exemplo, um reprodutor pode possuir um modificador de notas *Riff*[6], controlar pontos de loop ou até mesmo mudar dinamicamente os instrumentos em uma ou mais trilhas para criar diferentes modos musicais. Outras capacidades inerentes a esse formato incluem a capacidade de sincronizar músicas com um padrão de ritmo específico, acelerando ou desacelerando o ritmo musical em uma taxa desejada. Jogos temáticos ou puzzles com músicas podem se beneficiar muito com esse tipo de controle.

Outra vantagem de reprodutores MIDI é que eles necessitam somente de um pequeno espaço de armazenamento. Uma música MIDI requer o uso de um conjunto de instrumentos de amostragem (ou até mesmo instrumentos algorítmicos, em alguns casos), mas os dados reais de música são quase insignificantes em tamanho. Literalmente horas de música podem ser armazenadas em apenas kilobytes de memória RAM. Assim, a música MIDI é muito comum em plataformas em que o espaço de armazenamento é um prêmio, uma urgente necessidade, como jogos baixados ou plataformas baseadas em cartuchos/cartões flash, como o Game Boy da Nintendo e DS.

DLS

O formato MIDI não é apenas padronizado para reprodutores baseados em MIDI. Talvez o formato mais importante para compreender é o formato DLS (DownLoadable Sound). O formato DLS é essencialmente uma coleção de instrumentos MIDI em um pacote de formato de arquivo único. Ao extraírem e utilizar esse conjunto de dados de amostras, instrumentos MIDI podem essencialmente ser programados à vontade para combinar com qualquer conjunto de sons necessários para determinada parte da música. O DSL fornece essencialmente um pacote padronizado e conveniente de amostras de instrumentos, instruções de reprodução e os dados de envelope.

iXMF

Um dos desenvolvimentos mais interessantes no mundo do áudio de jogo foi a criação da especificação iXMF (Interactive eXtensible Music Format). O XMF é essencialmente um sistema de recipiente para encapsular os arquivos MIDI, arquivos DSL, formas de onda e metadados personalizados. Isso fornece um método prático e robusto para um jogo empacotar esses tipos de arquivos em um pacote único e unificado. O iXMF é uma extensão desse formato concebido para atender às necessidades de conteúdo interativo. Embora iXMF não tenha contado com o apoio generalizado, se você quiser desenvolver um sistema interativo de música, seria inteligente pelo menos ler as especificações iXMF para conhecer que ideias pode colher de suas páginas.

Um reprodutor de fluxo (stream) de áudio digital

Fluxos (streams) de áudio digital são o oposto de MIDI em quase todas as formas. Esses tipos de fluxos de áudio são fáceis de produzir e criar. Como um fluxo de áudio digital é apenas uma gravação digital, não há limitações quanto à qualidade final do material original a ser gravado. Isso deu origem a trilhas sonoras licenciadas e até mesmo à gravação ao vivo de partituras sinfônicas, ao estilo de Hollywood, tudo para os jogos. Devido à facilidade de uso de som de alta qualidade de

---

[6] N.R.T.: *Riff*: padrão musical, caracterizado rítmica e harmonicamente, que, sendo repetido, serve de base ou acompanhamento no contexto de uma música.

fluxos de áudio digital, essa é a escolha mais popular dos sistemas atuais de jogos finais e provavelmente continuará a ser no futuro.

No entanto, esse tipo de fidelidade vem com o custo do tamanho e flexibilidade. A menos que um jogo esteja usando um esquema de alta compressão, a música por si só constitui uma grande porcentagem do tamanho total de um jogo no espaço em disco. Em termos de flexibilidade, é muito mais difícil manipular o fluxo (stream) de dados de alguma maneira significativa, menos filas ou fazer loop de segmentos distintos da música. Tenha em mente, porém, que ainda é possível criar um sistema de música adaptativa utilizando apenas segmentos de loop e de filas de segmentos de música com pré-autoria.

Um sistema de música interativa conceitual

Embora haja quase um número infinito de maneiras para criar um sistema interativo de música, vamos demonstrar um sistema conceitual simples que pode ser criado, dado quase qualquer tipo de conteúdo de áudio e/ou capacidades da plataforma.

Para começarmos, temos de assumir vários fatores – nosso conteúdo de áudio deve ter a capacidade de enfileirar pedaços individuais de música. Vamos chamar esses pedaços discretos de *segmentos*. Nosso reprodutor também deve ter a capacidade de reconhecer e enviar uma notificação quando um segmento está prestes a acabar – com tempo suficiente para escolher e enfileirar outro segmento. Essa é a espinha dorsal da construção de um sistema interativo de música e pode ser construído de forma eficaz com os reprodutores baseados em MIDI ou streaming de áudio.

Então, agora temos essencialmente um mapa de pequenos segmentos musicais (cada um com tamanho de barras) projetados para formar um pedaço coeso de música. Se permitirmos ramificação aleatória, podemos introduzir variações interessantes no pedaço com o mínimo de esforço. Chamaremos essa estrutura de mapa de *tema* musical. Para proporcionarmos interatividade de verdade, podemos criar vários temas da música e definir transições de um tema para outro.

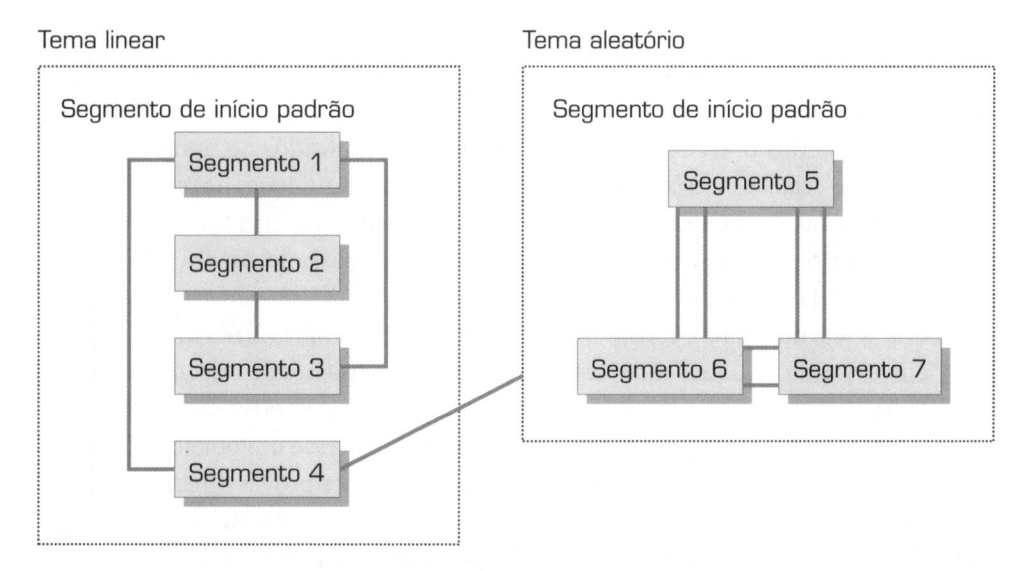

Figura 5.5.11 O conceito de temas musicais, cada um contendo um mapa de conectividade dos segmentos musicais, constitui a base para esse sistema de música interativa. Aqui demonstramos dois temas de amostra e os seus mapas internos de segmento.

Contudo, não funcionará mapear apenas qualquer segmento sendo reproduzido em um tema para o segmento de início de outro tema. Em vez disso, precisamos garantir que podemos mapear explicitamente as transições de segmento, dependendo do segmento originalmente reproduzido quando se muda de um tema para outro. Dessa forma, temos controle total sobre cada opção do segmento. Obviamente, o número de segmentos especializados de transição cresce exponencialmente a cada tema e o número de segmentos em cada um desses temas, por isso é importante impor limites realistas sobre esses números. A Figura 5.5.11 demonstra como o caminho da música pode fluir de tema para tema através de segmentos de transição personalizados.

O resultado desse sistema, embora um investimento significativo tanto na programação quanto na composição do esforço, pode ser realmente impressionante: uma trilha sonora contínua contendo variação interna e automática dentro de um simples tema musical, e até pode alternar entre diferentes temas musicais conforme necessário pelo ambiente de jogo.

⟩ Programando áudio avançado

A programação de áudio nos jogos de computadores de hoje e no futuro é e será muito mais do que criar uma API de áudio simples, de baixo nível. Nas páginas seguintes, discutiremos algumas das questões mais avançadas relacionadas ao áudio que a indústria enfrenta. Algumas delas somente agora estão sendo tratadas de maneira eficaz em jogos modernos, e outras estão ainda à espera de soluções práticas que virão com a próxima geração de desenvolvedores de jogos.

Integração de efeitos de ambiente de áudio 3D

Com o advento dos efeitos de ambiente e filtros digitais, a próxima questão lógica é: como integramos esse recurso em um motor de jogo? Infelizmente, essa questão, em muitos aspectos, ainda não foi definitivamente respondida. Vamos definir o problema.

Primeiro temos de criar os efeitos do ambiente com base nas localizações específicas de nosso mundo do jogo. Na realidade, os efeitos ambientais mudam continuamente com base em sua posição no mundo. Na prática, vamos definir as áreas em que o efeito global deve ser relativamente semelhante, como o interior de um sala individual. O efeito pode ser ajustado manualmente ou gerado pela varredura dos tipos de geometria e materiais encontrados no mundo e as configurações de reverberação criadas com base nessa entrada. Essas configurações de reverberação geradas devem ser armazenadas juntamente com a geometria que define seus limites, para que as configurações de reverberação possam ser recuperadas em tempo real baseado em um valor posicional do mundo. A Figura 5.5.12 ilustra esse processo.

Embora essa já seja uma tarefa considerável, há ainda mais complexidade a ser considerada. Infelizmente, a natureza de qualquer som particular envolve as posições de origem e do ouvinte, pois normalmente há configurações a serem aplicadas a cada um desses elementos programáticos. A detecção de obstrução de som significa determinar em tempo real se um objeto está bloqueando a linha de visão entre uma fonte sonora e o ouvinte. Para tanto, você provavelmente vai ter de contar com um componente de física do seu motor para realizar esse tipo de teste de ray-casting.

Ainda mais complicada é a detecção correta e aplicação do parâmetro de obstrução. De certa forma, isso é um problema de pathfinding para o som. Se o som é completamente bloqueado a partir do ouvinte por objetos sólidos (como paredes), a classificação de obstrução deve ser o me-

5.5 PROGRAMAÇÃO DE ÁUDIO

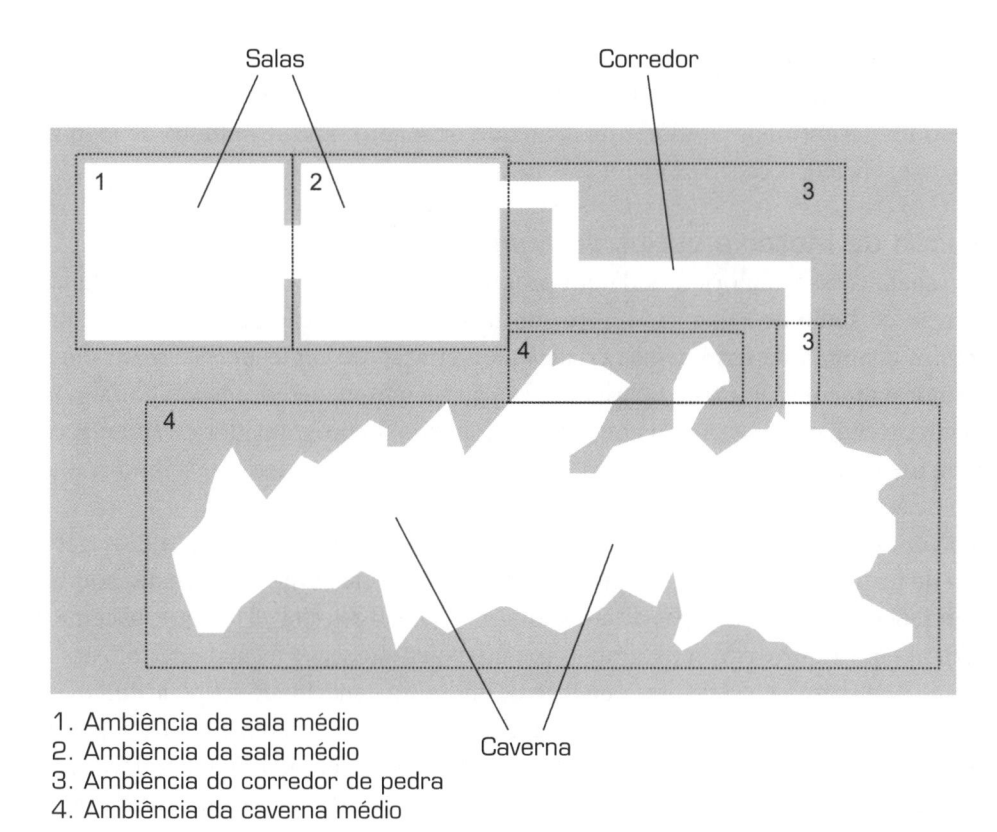

Figura 5.5.12 Efeitos de ambiente por área baseados na acústica das salas.

1. Ambiência da sala médio
2. Ambiência da sala médio
3. Ambiência do corredor de pedra
4. Ambiência da caverna médio

nor componente entre os obstáculos (como uma porta). No entanto, se a porta está aberta, ela já não pode obstruir o som, e isso deve deixar de ser um fator. Esse tipo de problema de pathfinding de áudio dinâmico é muito mais difícil de resolver. De fato, muitos jogos ainda não tentaram resolvê-lo. A Figura 5.5.13 ilustra como um som deve essencialmente explorar a posição do ouvinte para determinar as configurações de oclusão adequadas.

Obviamente, a solução ideal é aquela em que a fase de áudio seja totalmente automatizada, e o designer não tenha de fazer nada para obter configurações de reverberação realistas em qualquer

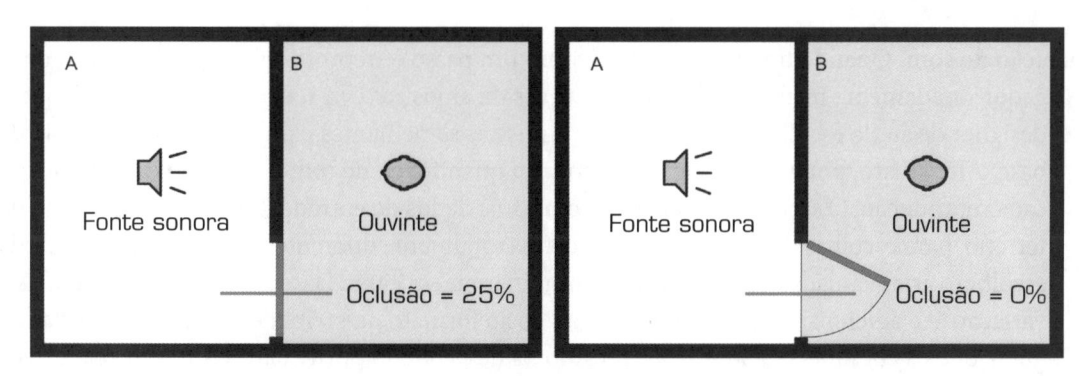

Figura 5.5.13 Dados de oclusão dinamicamente afetados pela porta.

parte do ambiente do jogo. Como os universos de jogo tornam-se maiores e mais complexos, será importante para os programadores descobrir maneiras de simplificar o processo de desenvolvimento. Isso irá permitir aos criadores de conteúdo de jogo construir mundos de jogo maiores e melhores, com eficiência cada vez maior.

Integração de motor e script de áudio

Um dos trabalhos mais importantes de um programador de áudio não envolve qualquer tipo de programação de áudio de baixo nível. Pelo contrário, é a integração de uma API de áudio existente em um conjunto de ferramentas criadas para criação de conteúdo racionalizado. O áudio em jogos normalmente não existe no vácuo. Ele é quase sempre desencadeado por algum evento, local, roteiro, efeito, personagem ou animação. É trabalho do programador de áudio garantir que exista uma metodologia uniforme quanto ao posicionamento e controle de tempo real de todo o conteúdo de áudio em um jogo.

Assim como o processamento visual vai além do simples uso de uma única passagem de renderização de textura básica (por exemplo, utilizando mapas de bump ou normais, sombras dinâmicas, refrações especulares, mapas de ambiente etc.), já não é aceitável para um sistema de áudio reproduzir apenas arquivos de onda simples (ou qualquer que seja o formato de amostra nativa da plataforma). O próximo nível de programação de áudio é o conceito de *script de áudio*.

A premissa básica por trás do script de áudio é esta: os programadores do jogo raramente terão de pensar em áudio. No nível do jogo, a programação de áudio mundano deve ser mínima. Todos os eventos são acionados via mecânica no nível do motor. Além disso, no caso raro que eles tenham de ativar algum tipo de reprodução de áudio do código do jogo, os programadores não devem nunca fazer uma referência ou lidar com arquivos de onda. Em vez disso, devem acionar um script de áudio ou um evento de áudio.

Agora, em vez de apenas reproduzir uma faixa linear de áudio pequena (representada por um único arquivo de áudio), os designers de áudio têm a liberdade de definir qualquer tipo de comportamento que pode ser representado pelo nosso formato de script de dados. Quão extenso esse script de áudio deve ser é responsabilidade do programador de áudio. Scripts de áudio envolvem comandos de reprodução além de elementos de programação. Deve ser construído em cima de uma API existente de baixo nível e encapsular os elementos programáticos comuns em um formato de dados definido pelo utilizador. No entanto, esse formato deve ser eficiente o suficiente para ser usado para cada evento de som no jogo, sem tempo excessivo de execução ou sobrecarga de memória. Vamos examinar uma série de problemas comuns relacionados ao áudio que devem ser resolvidos em um jogo típico.

Variação de som. Quando um som comum (como um passo) é reproduzido repetidamente, o jogador rapidamente memoriza todas as nuances da amostra. Um script de som permite que o designer de áudio escolha um conjunto de amostras semelhantes para adicionar a variação de base. Além disso, pode adicionar uma pequena quantidade de tom e variação de volume em cada reprodução. O script pode até mesmo usar os dados de entrada, como valores de tipo de terreno, para escolhas de conjuntos de amostras totalmente diferentes. O script também pode escolher várias camadas de sons para se combinarem em camadas, aumentando ainda mais a variação. Ao adicionarmos essa funcionalidade ao formato do script do áudio, podemos assegurar que os conjuntos de amostras, mesmo os de pequeno porte, não se tornem repetitivos muito rapidamente.

Repetição de som. Em geral, um som único é usado em muitos locais diferentes simultaneamente. Por exemplo, uma espada batendo pode ser usada em uma de suas criaturas em jogo. Se você tem 30 criaturas na tela ao mesmo tempo, pode ser vantajoso limitar o número de batidas simultâneas de espada que ocorrem a um momento. Afinal, os sons tendem a atingir um ponto de saturação após um certo número de repetições. Além disso, isso ajudará a conservar os canais para outros tipos de sons do jogo.

Loop de som complexo. Um som simples em loop nem sempre é suficiente. Máquinas geralmente têm sons de início e de parada únicos, e é complicado programar esse tipo de mecanismo usando recursos básicos de reprodução. Um script de som, no entanto, pode definir uma amostra de início discreta, uma amostra de loop e uma amosta final que são acionadas em intervalos de scripts. Imagine um elevador que viaje para vários andares diferentes. Um exemplo simples é acionado quando o elevador começa, e a amostra de loop desaparece rapidamente enquanto a amostra de início desaparece. Quando o elevador finalmente para, o ciclo é interrompido e a amostra de parada é reproduzida. No entanto, do ponto de vista da execução, isso foi tão simples como reproduzir e, depois, parar um evento único de som.

Ambientação de plano de fundo. Para produzir convincentes ambientes de fundo, um designer de áudio pode combinar uma série de elementos que se fundem para formar uma *paisagem sonora* perfeita. Isso pode envolver reproduzir vários elementos que mudam o tom e o volume aleatoriamente ao longo do tempo (ótimo para os efeitos do vento). Além disso, os elementos únicos podem ser reproduzidos periodicamente em intervalos cronometrados de forma aleatória em torno do ouvinte no espaço 3D, o que acrescenta um interesse adicional. Esse tipo de ambientação de plano de fundo seria tedioso de programar para cada localidade, mas um sistema dedicado de script poderia facilmente fornecer as capacidades para realizar tais tarefas.

Como você pode ver, o conceito de criação de scripts de áudio permite que um sistema de áudio se torne muito mais do que um motor rudimentar de reprodução de amostras de sons. A moderna programação de som deve permitir a reprodução bem mais intrincada de elementos componentes e o controle de seus parâmetros, combinados através de um mecanismo de criação de scripts de dados unificados. Um aspecto importante do desenvolvimento do jogo está na otimização da pipeline para a criação eficiente de recursos de jogo. Ao permitir aos criadores de conteúdo de áudio mais controle sobre aspectos do desempenho do áudio, você facilitará a criação de conteúdo de áudio mais interessante e envolvente e liberará os programadores para se concentrarem mais na programação da lógica do jogo e menos no acionamento e reprodução de amostras de som aqui e ali.

Tecnologia de sincronização de lábios (*lip-sync*)

Muitos dos avanços em tecnologia de renderização permitiram renderizar de forma hiper-realista a forma humana, incluindo rostos. Um dos aspectos mais desafiadores da renderização facial é como animar a boca em perfeita sincronia com a fala de um personagem. Essa tecnologia é conhecida como *lip-sync*.

Em um nível básico, mover a boca aberta e fechada com base na amplitude de um arquivo de onda fornece uma aproximação surpreendentemente boa. Se o seu orçamento é limitado ou seus personagens só serão vistos de longe, essa é uma solução razoável. No entanto, os jogos modernos estão avançando muito na representação e animação fonética completa. Há pelo menos duas abordagens hoje sendo utilizadas. Um método escaneia uma transcrição do texto do desempenho de voz, e os fonemas esperados e sílabas são então combinados com o desempenho real. A segunda abordagem é baseada na análise do som puro. Enquanto é um problema mais complicado de resolver, essa abordagem tem a vantagem de ser independente da linguagem, uma vantagem considerável para os jogos que devem possuir um suporte multilingual.

A renderização lateral de dados de sincronia labial do jogo possui seus próprios desafios. Com base no conjunto de dados da fonética, os artistas devem manipular os ossos ou texturas (ou uma combinação dos dois) para criar animações faciais e da boca realistas para coincidir com os fonemas esperados.

Uma série de artigos excelentes, tanto em versão impressa quanto na Internet, descreve os conceitos básicos de renderização de fonemas humanos.

Reprodução avançada de voz

Muitos jogos, especialmente títulos de esporte, envolvem uma grande quantidade de diálogo humano comentando sobre a ação em tempo real que está sendo executada no jogo. Porque é simplesmente impossível pré-gravar cada jogo concebível, muitas vezes recai sobre o programador de áudio encontrar formas inteligentes de ativar frases lógicas. Inicialmente, técnicas muito rudimentares eram usadas, mas os jogos do futuro usarão técnicas bem mais sofisticadas para misturar frases e palavras.

Como um exemplo simples, um problema comum é como inserir o nome de um jogador em uma frase. Sem tempo adequado e pontos de inflexão, irá soar como um trabalho óbvio de cortar e colar. No entanto, ao misturar-se corretamente uma frase em outra (da maneira em que um discurso real ocorre), o efeito de corte pode ser minimizado.

À medida que o gênero de jogos de esporte avança, os jogadores vão exigir comentários mais realistas e divertidos. Há ainda muitos avanços a serem feitos nessa categoria de programação de áudio.

Reconhecimento de voz

A programação de áudio não é exclusivamente dedicada à renderização em tempo real de eventos de áudio. Uma especialização emergente da programação de áudio é o *reconhecimento de voz*. Simplificando, reconhecimento de voz é a capacidade de um computador identificar e reconhecer comandos de voz realizados pelo jogador humano. Isso oferece um nível de interatividade além do mecanismo desajeitado de escolher comandos em tempo real de um menu por meio de um controle. Vários jogos táticos de atirador já estão usando essa tecnologia com um bom resultado, e é provável que continuaremos a ver desenvolvimentos nessa área.

Resumo

Como você pode ver, a programação de áudio a partir da perspectiva de um desenvolvedor de jogos já não trata somente com ajustes nas rotinas de áudio de nível baixo. O hardware moderno e as bibliotecas de renderização agora cuidam do básico. Em vez disso, o trabalho de nível mais baixo será tipicamente integrar um sistema de script de áudio completo em um motor de jogo.

Como um programador de áudio, seu trabalho é fornecer tanto poder e controle quanto possível para os criadores de conteúdo de áudio, minimizando o tempo que qualquer programador deve passar pensando sobre tarefas de programação de baixo nível. Tal procedimento proporciona um mundo muito mais avançado e emocionante de tópicos relacionados ao áudio para investigar e desenvolver nos jogos do futuro.

Exercícios

1. Como o som é tipicamente representado na memória de um computador?
2. Como a profundidade de um bit da amostra afeta sua proporção final de sinal para ruído?
3. O que são as duas propriedades básicas do limite Nyquist?
4. Como um som de streaming se difere da reprodução normal de um som?
5. Quais são as duas interfaces essenciais (conjunto de dados) necessárias para renderizar um som em um espaço tridimensional?
6. Quais são as duas características mais proeminentes de um som que a oclusão afeta?
7. Estruture uma função de pseudocódigo que calcule a atenuação e pan para uma fonte sonora dada em uma configuração de dois alto-falantes. A função aceita uma posição de som em um espaço 3D e nos vetores em frente e acima do ouvinte. A função retorna a atenuação (no intervalo de [0.0, 1.0][7], com 1,0 sendo pleno volume) e o pan (no intervalo de [-1.0, 1.0], com -1.0 sendo alto-falante esquerdo e 1.0 sendo alto-falante direito). Essa função irá exigir a utilização de um produto vetorial, um produto de escalar e uma função trigonométrica. Documente quaisquer suposições de projeto, como o limiar para decidir quando um som está muito longe para ser ouvido.
8. Descreva todos os eventos em um jogo que exigem som e quais eventos os acionam. Dada essa informação, projete um sistema conceitual permitindo aos criadores de conteúdo de áudio e artistas incorporar todo o conteúdo de som para o jogo sem qualquer apoio do programador. Como os sons podem ser conectados a todos os eventos ou ativados por todos eles?
9. Escolha um dos seguintes temas: jogos de esportes, jogo de atirador baseado em esquadrões com acesso à rede ou RPG. Descreva todas as tarefas possíveis de áudio que um programador terá de resolver para o tipo de jogo que você escolheu. Em seguida, descreva sucintamente como tentaria investigar e resolver essas tarefas.

Referências

[Boer02] Boer, James, *Game Audio Programming*, Charles River Media, Inc., 2002.
[IA-SIG] Para informações sobre I3DL2 ou iXMF, visite www.iasig.org.
[MIDI] Para mais informações sobre os formatos MIDI, DLS e XMF, visite www.midi.org.
[MSDN] Documentação XAudio 2/DirectX, msdn.microsoft.com/directx.
[OpenAL] O OpenAL é um padrão de renderização de áudio em plataforma transversal 3D: www.openal.org.

---

[7] N.R.T.: Nas referências decimais que podem ser objeto de código ou pseudocódigo, os autores utilizam aqui o SI, com o sistema inglês do separador decimal (por ponto).

5.6 Rede e multijogador

Neste capítulo

- Visão geral
- Modos multijogador
- Protocolos
- Pilha de protocolos
- Camada física
- Camada de conexão de dados
- Camada de rede
- Camada de transporte
- Camada de sessão
- Camada de apresentação
- Camada do aplicativo
- Comunicação em tempo real
- Segurança
- Resumo
- Exercícios
- Referências

⟩ Visão geral

Este capítulo apresenta os conceitos e a terminologia envolvida com a programação de rede e multijogador. Ela começa com uma avaliação dos modos de jogo multijogador, seguido por uma exploração dos fundamentos de programação de rede, incluindo protocolos de rede, transferência de dados em tempo real, orientações de ambientes assíncronos e segurança do jogo.

⟩ Modos multijogador

Os jogos com multijogadores[1] compartilham um conjunto de conceitos genéricos, além de detalhes de modo específico. Esta seção examina o terreno comum, descrevendo três principais fatores de diferenciação do design/desenvolvimento de multijogador: *temporização de evento*, *I/O compartilhada* e *conectividade*.

---

[1] N.R.T.: *Multiplayer games: jogos multijogadores.*

Temporização de evento

Os jogos seguem um modelo baseado em turnos ou em *sincronização de eventos em tempo real*. Alguns jogos contêm uma mescla de ambos. Nesses casos, os eventos baseados em turnos prevalecem devido à sua natureza de *ciclo de bloqueio*. Consequentemente, os modelos de temporização e sincronização influenciam no design e desenvolvimento de caminhos de diversos componentes.

Baseado em turnos

Jogos baseados em turnos restringem o movimento a um único jogador, fazendo com que todos os outros esperem pelo seu turno, também conhecido como *rodízio*. A maioria dos jogos de tabuleiro e jogos de cartas exibe uma jogabilidade baseada em turnos. Esses jogos toleram condições de latência ou pouca largura de banda alta e/ou variável.

Tempo real

Jogos em tempo real suportam a interação simultânea de jogadores, muitas vezes necessitando de arbitragem para lidar com as *condições de corrida*. Exemplos de tais condições incluem determinar o primeiro a cruzar a linha de chegada, pegar um objeto no mundo do jogo ou perder todo o seu nível de vida. Uma categoria especial de jogos em tempo real, conhecida como jogos de "reação", depende de um fluxo constante de condições de corrida. Todos os jogos em tempo real são projetados em torno de um conjunto de requisitos rígidos de latência e largura de banda, mas jogos de reação tendem a se degradar com latências superiores a 150 ms e tornam-se impraticáveis acima de 500 ms (0,5 segundo).

I/O compartilhada

Jogos executados em um único computador, muitas vezes facilitam a entrada de vários jogadores compartilhando os sistemas de visualização e entrada de dados. Os jogadores podem compartilhar um único dispositivo de entrada de dados, como atribuir diferentes teclas para cada jogador, ou simplesmente passar todo o teclado entre os turnos em um jogo baseado em turnos ou ligar dispositivos de entrada adicionais para uso exclusivo de cada jogador. Pode-se considerar esta uma forma de multijogador conectado. Na verdade, múltiplos dispositivos de entrada fornecem um bom meio para simular os jogadores em uma rede de baixa latência. As próximas seções descrevem os modelos de compartilhamento dos displays[2].

Tela cheia

Um jogo com multijogador de tela cheia normalmente requer uma das seguintes condições:

Completa visibilidade do campo do jogo. Os jogos de cartas mostram toda a mesa de cartas. Um jogo de damas ou xadrez mostra todo o tabuleiro. Um jogo com um mundo virtual, como um campo de jogo de futebol ou um jogo de guerra, deve ser capaz de exibir o campo inteiro. Sem essa delimitação, um ou mais jogadores não podem ver as respectivas entidades de jogo e, consequentemente, podem vir a falhar nos seus esforços para controlá-los.

Afunilamento de jogador. Para facilitar vários jogadores em um mesmo instante de um mundo maior do jogo, o *afunilamento de jogadores* limita-os a permanecer dentro de uma gaiola vir-

---

[2] N.R.T.: *Displays:* no Brasil também se usa o termo *tela,* enquanto em Portugal, o termo preferido é *ecrã.*

tual do tamanho da tela. É como se quatro pessoas estivessem segurando cada uma um canto de um cobertor. Se todos puxarem em sentidos opostos, o cobertor fica parado. Se alguém decide se mover para a mesma direção da pessoa à sua frente, o cobertor se move nessa direção. *Gauntlet*, um popular jogo de RPG, usa essa técnica para arbitrar o movimento do jogador através do universo do jogo.

Controle de tela baseado em turnos. Já que os jogos baseados em turnos permitem que uma pessoa se mova em um dado momento, o display só precisa mostrar o ponto de vista do atual jogador. Nesse cenário, o display simplesmente muda para a câmera do jogador ativo.

Tela dividida

Com vários jogadores em tela dividida, cada jogador é atribuído a porções separadas da tela para mostrar visões personalizadas do universo do jogo. Os seguintes itens são separações comuns de componentes requisitadas para cada jogador:

- **Câmera** (o ponto de vista de cada jogador)
- **Dados visuais** (um conjunto de dados para cada tela, já que o ponto de vista se difere para cada jogador)
- **Interface do jogo ou HUD**[3] (estados do jogo relevantes para cada jogador)
- **Dados do mapa** (centrados no jogador atual)
- **Efeitos de áudio** (mescla necessária, já que existe apenas um sistema de áudio)

Dividir a tela produz uma queda de desempenho devido aos múltiplos ciclos de renderização concomitantes. Atualizar cada visão durante a fase de renderização do loop do jogo mantém o estado de exibição consistente a importância da atualização se torna relevante quando dois ou mais jogadores estão nas proximidades. Uma otimização possível, que quebra essa consistência, envolve a renderização de rodízios. Apenas uma visão é atualizada por fase de renderização e a visão atualizada muda para o próximo jogador na fase de renderização seguinte. Em um jogo de quatro jogadores, um híbrido disso pode atualizar duas visões em cada fase de renderização. Isso contribui para manter a visão coerente em caso de proximidade, caso contrário, cada jogador estará três atualizações fora de sincronia com um dos outros pontos de vista.

Existem dois métodos padrão para divisão do estado real da tela: *janelas de exibição*[4] e os *destinos de renderização*[5]. Janelas de exibição renderizam diretamente para o back buffer, e os destinos de renderização são renderizados na textura aplicada na geometria, a qual é então renderizada para o back buffer. Devido a seus benefícios de desempenho em relação aos *destinos de renderização*, as *janelas de exibição* apresentam uma maior aceitação. No entanto, o método dos destinos de renderização oferecem capacidades únicas sobre janelas de exibição. As texturas criadas mapeiam geometrias de qualquer formato. Essa geometria pode circular livremente no campo virtual da tela, permitindo assim tamanho variado, rotação, translação e sobreposição com transparência.

---

[3] N.R.T.: O termo HUD (*Heads-Ups Display*), traduzido ao pé da letra, soa como algo bizarro: *display de cabeças* e não faz sentido no português. Para esse conceito, temos em português a expressão: *interface do jogo*.
[4] N.R.T.: Em inglês: *viewports*.
[5] N.R.T.: Em inglês: *render destinations*.

A opção híbrida conhecida como *modo de janela*[6] pode usar janelas de exibição ou renderizar destinos para exibir o conteúdo dentro da janela. Isso adiciona alguma degradação posterior do desempenho aos modos de base, mas, em um PC, permite aos jogadores arrastarem suas janelas para monitores secundários ou mesmo personalizar o layout de suas janelas. Os estudos de usabilidade indicam que é melhor oferecer ao jogador alguns layouts predefinidos e testados para escolha, caso contrário, a personalização tende a debilitar a jogabilidade porque um jogador novo não necessariamente irá saber como formar um bom layout para lidar com as características particulares do jogo.

Conectividade

O tipo de conexão determina a latência e a largura de banda. Essas duas restrições, em seguida, ditam o tempo de jogo, o número de entidades de jogo controláveis (incluindo jogadores) e outros elementos de design do jogo. No entanto, jogos com multijogadores conectados reutilizam muitas ideias de jogos com multijogadores não conectados. Alguns jogos conectados usam tela dividida ou afunilamento de jogadores. Outros passam dados de entrada, como se os dispositivos de entrada adicionais fossem conectados ao mesmo computador.

Devido à falta de requisitos de latência, jogos baseados em turnos trabalham sobre uma maior variedade de meios de conexão. Nesse caso, a transferência de dados não precisa ser rápida; os dados só precisam chegar intactos no final. Por exemplo, o jogo se desenvolve salvando em um arquivo e, então, transfere esse arquivo por e-mail, FTP ou até mesmo salvando-o em um disco removível e encaminhando-o para outro computador; essas são formas aceitáveis de conectividade de jogos baseados em turnos. As seguintes categorias oferecem conectividade em tempo real:

Conexão direta: Conectar computadores em uma pequena conexão normalmente garante baixa latência, enquanto a largura de banda depende do meio. Conexões de cabo populares incluem um cabo serial modificado (um cabo de modem do tipo NULL) e um cabo USB. Conexões sem fio populares incluem infravermelho e Bluetooth. Cada uma tem protocolos especializados para facilitar as comunicações que tendem a restringir o *peering*[7].

Rede de circuito comutado: As redes públicas de telefone fornecem uma conexão ou circuito direto sem compartilhamento. Isso mantém um meio de baixa latência consistente, mas é curto em largura de banda e distribuição de jogadores (apenas dois jogadores; jogos por chamada de conferência de modem nunca tiveram sucesso). Um provedor de serviços de Internet (ISP) permite que o circuito se anexe a uma conexão de Internet (o modem do ISP), que coloca os pacotes de tráfego de dados na Internet. Isso resolve o problema da distribuição de jogador, mas tira os benefícios de baixa latência do circuito direto.

Rede comutada por pacotes: Redes de dados compartilham circuitos virtuais criados e colocados em cada pacote de dados. As configurações de rede variam de hardware, meio de transmissão e protocolos, e a Internet combina essas redes de menor porte físico em uma grande rede lógica, permitindo que as pessoas joguem umas com as outras a partir de qualquer lugar, e em

---

[6] N.R.T.: Em inglês: *windowed mode*.
[7] N.R.T.: Em redes de computadores, *peering* consiste em uma voluntária interconexão de redes autônomas e administrativamente separadas com a finalidade de troca de tráfego entre os clientes de cada rede. A definição pura de *peering* significa livre de pagamento ou "o remetente mantém todos", significando que nenhuma das partes paga o outro pelo tráfego trocado; em vez disso, cada um é renovado a partir de seus próprios clientes. Em uma política e ética da Web 2.0, o *peering* evoluiu e foi definido como *colaboracionismo*.

qualquer momento. No entanto, a Internet sofre de uma grande variação na largura de banda e na latência. Também é menos confiável que o sistema de telefone público.

› Protocolos

Protocolo é um formato acordado para transferência de dados entre dispositivos. Esse formato especifica alguns ou todos os seguintes métodos:

- Conveniência de largura de pacote
- Metodologia de reconhecimento
- Verificação de erro
- Correção de erro
- Compressão
- Encriptação
- Descrição do pacote de controle

Pacotes

As unidades de transmissão lógica de um protocolo, também conhecidas como pacotes, consistem em duas partes: uma *seção de cabeçalho* (*header section*) e uma *seção de carga* (*payload section*). O cabeçalho contém os elementos de formato do protocolo. Um protocolo considera a carga como um objeto grande binário (BLOB), que não modifica, mas simplesmente o entrega de acordo com os termos do protocolo. A seguir, demonstramos uma *simples estrutura de pacote*:

```
struct packet
{
    // Header Section
    short   PacketLength;   // Largura do pacote
    short   PacketType;     // Informação de controle
    int     Checksum;       // Checagem de erro

    // Payload section
    char [256] Blob;        // Parte alta da camada de protocolo
};
```

Na criação de estruturas de pacotes, a estrutura pode ser formada de tal maneira que não requer *serialização* especial (reformatando os dados em uma forma serial). Os seguintes fatores determinam se uma estrutura de pacote requer serialização:

Apontadores: Já que apontadores se referem à memória local, os dados apontados precisam ser serializados em um fluxo de bytes.

Tipos abstratos de dados: ADTs comumente contêm referências, que requerem sua extração e posição em um array.

Conectores de alinhamento de byte: Deve ser usado o alinhamento padrão de palavra no editor (geralmente alinhado à esquerda) para um melhor desempenho do processador.

Para evitar esse enchimento de byte, use as seguintes diretivas de pré-processador:

```
#pragma pack (1) // Byte alinhado, sem recuos
     // Adicione estruturas de pacote aqui
#pragma pack () // Defina para alinhamento padrão
```

Ordem *endian*: Quando se constrói um jogo que se conecta entre plataformas, tipos intrínsecos multibyte requerem sincronização *endian*[8]. Os soquetes API fornecem as seguintes macros para colocar o multibyte na ordem de rede padronizada (já que roteadores precisam inspecionar variáveis de endereço): ntohs, ntohl, htons e htonl. Seguir sempre o mesmo padrão em uma ordem *endianness* reduz a confusão.

Tipos específicos intrínsecos: Usam tipos intrínsecos que têm uma largura especificada. Por exemplo, use "_int32" em vez de "int", já que o tamanho de "int" difere em CPUs de 32 bits e 64 bits.

Strings unicode: Comece usando strings de caracteres Unicode no início de um projeto de desenvolvimento do jogo para tornar a localização mais fácil no final do projeto. Caso contrário, uma etapa de conversão adicional / serialização precisa ocorrer para a troca de pacotes de linguagem cruzada onde uma linguagem usa strings de 1 byte ASCII e outra usa strings de 2 bytes Unicode.

Request for comments [Solicitação de comentários]

As especificações dos protocolos exigem distribuição para se acostumar. Também precisam ser criticadas de maneira construtiva ou comentadas para identificação de imperfeições. Dessa necessidade surgiu o Request for Comments [RFC][9], um repositório para especificações de protocolos novos e existentes. A maioria dos protocolos de acesso à Internet tem um número associado à especificação RFC associado com uma descrição detalhada no site FTP/RFC Web.

❯ Pilha de protocolos

A especificação Open System Interconnect (OSI) formaliza a interoperabilidade entre dispositivos e entidades de software em camadas lógicas. A Figura 5.6.1 ilustra o fluxo de dados entre as camadas, apontando protocolos comuns que residem em cada camada.

O modelo da Internet oferece uma variação do modelo OSI, que combina as camadas de Aplicação, Apresentação e Sessão em uma camada, chamando-a de camada do Aplicativo. Isso simplifica o modelo para os trabalhadores nas camadas inferiores, mas o trabalho do núcleo de desenvolvimento de jogos com multijogador ocorre nas camadas superiores.

---

[8] N.R.T.: O termo *Endian* deriva dos relatos das *Viagens de Gulliver*: as *big-endians*. Em computação, o termo designa *extremidade*, como uma tradução literal de *endianness*, que também pode significar fim, término ou ainda último termo da série e se refere à ordem utilizada para representar um determinado tipo de dado.

[9] N.R.T. : O RFC é um memorando publicado pelo IETF (*Internet Engineering Task Force*) e descreve métodos, comportamentos, pesquisas e inovações aplicáveis ao trabalho na rede e acerca dos sistemas de conexão da Internet.

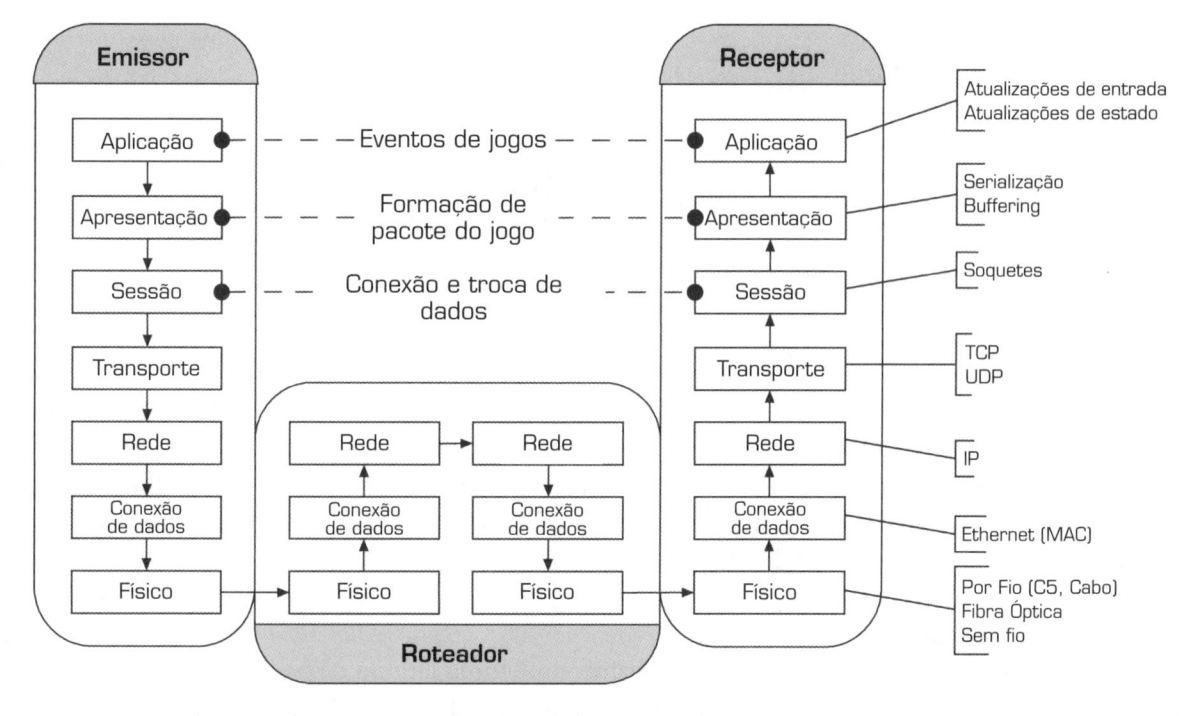

Figura 5.6.1 O modelo OSI.

〉 Camada física

A *camada física* faz o stream (como transferência) de bits de dados através de um meio de comunicação. Meios populares incluem fios de categoria 5 de par trançado, cabo coaxial e várias frequências sem fio. A principal preocupação do desenvolvedor de jogos nessa camada diz respeito à latência, à largura de banda e à confiabilidade dos meios de comunicação.

Largura de banda e latência

Largura de banda (*bandwidth*) representa a taxa de transferência de dados da origem para o destino, geralmente medida em bits por segundo e, muitas vezes confundida com a medida mais útil de bytes por segundo, devido a sua abreviatura "bps". A *latência* (*latency*) representa o atraso que um único bit de dados experiencia percorrendo de um computador de origem para um computador de destino, normalmente medido em unidades de tempo de milissegundos. Cálculos de banda devem levar em conta o custo inicial de latência, caso contrário, a latência inicial torna-se amortizada no cálculo da largura de banda. A largura de banda amortizada aproxima-se da largura de banda real quando a latência da linha e o tempo de transferência total desviam, tornando assim a latência da linha insignificante. A seguir demonstramos um caso não tão desviante:

Dados (δ) = 240 bits
Tempo de transferência (θ) = 4 s
Latência (λ) = 500 ms
Largura de banda (β) = desconhecida

$\beta_{\text{Amortizada}}$

$= \delta/\theta$
$= 240 \text{ b}/4\text{s}$
$= 60 \text{ bps}$

β_{Real}

$= \delta/(\theta - \lambda)$
$= 240 \text{ b}/(4\text{s} - 500 \text{ ms})$
$= 240 \text{ b}/3.5 \text{ s}$
$= 68.5 \text{ bps}$

Com o aumento da largura de banda e o decréscimo da latência, pode parecer inútil considerar esses cálculos. Perceba que a latência da linha inicial é incluída apenas uma vez, mas os pacotes normalmente transmitem em intervalos. Isso requer a adição do tempo de latência da linha várias vezes ao longo da sessão. Se 32 pacotes são entregues a cada segundo, o cálculo deve multiplicar a latência da linha por um fator de 32.

Meio de conexão

Criar um jogo conectado requer o estabelecimento de uma largura de banda mínima. A determinação do meio de suporte incide diretamente no estabelecimento da largura de banda. Caso contrário, a concepção do modelo de pacote e a chegada a uma largura de banda mínima irão determinar os meios de comunicação sobre o qual ele pode ser jogado. De qualquer maneira, é preciso conhecer a saturação da largura de banda de cada meio. A Tabela 5.6.1 enumera algumas especificações de largura de banda comum.

Tabela 5.6.1 Especificações máximas de largura de banda[10].

Tipo de conexão de mídia	Velocidade (bps)
Serial	20 K
USB 1&2	12 M, 480 M
ISDN	128 K
DSL	1.5 M abaixo, 896 K acima
Cabo	3 M abaixo, 256 K acima
LAN 10/100/1G BaseT	10 M, 100 M, 1 G
Sem fio (Wireless) 802.11 a/b/g	b=11 M, a=54 M, g=54 M
Linha de Energia (Power Line)	14 M
T1	1.5 M

Perceba que tanto o DSL quanto o Cabo fazem download de 2 a 12 vezes mais rápido do que envia os dados. A especificação serial descreve a taxa de transferência sem compressão que um modem NULL experimenta. Modems de telefone usam o serial chip (UART); o serial chip teoricamente limita os modems de telefone. Ambos os modems 28.8 K e 56 K adquirem a taxa de

---

[10] N.R.T.: Observe que na tabela e no texto o autor está utilizando o sistema inglês (SI) para o separador decimal: por ponto.

transferência extra por meio de esquemas de compressão adicional. As transferências diretas de serial também contêm cabeçalhos menores, o que aumenta a largura de banda em relação ao TCP/IP, por exemplo. A largura de banda efetivamente entregue de qualquer suporte de dados confiável tende a chegar a cerca de 70% de seu máximo anunciado.

⟩ Camada de conexão de dados

A *camada de conexão de dados*[11] serializa os dados para a camada física e gerencia a transmissão para seu nodo vizinho. O adaptador Ethernet ou placa de rede (NIC) trata dessa serialização. Cada NIC contém um endereço MAC para identificá-lo como um nodo único na rede local. Nem todos os NICs contêm endereços MAC originais, porém, para uma sub-rede se comunicar, todas as NICs nessa sub-rede devem conter um endereço MAC exclusivo.

⟩ Camada de rede

A *camada de rede* trata do roteamento de pacotes. Seu residente mais popular, o Internet Protocol (IP), contém os endereços de IP de origem e destino para um pacote. O livro de Richard Stevens [Stevens94] fornece cobertura clara e completa de IP e seus protocolos auxiliares TCP e UDP.

Endereços IP

Duas versões comuns de IP existem hoje na Internet: a antiga e popular IP versão 4 (IPv4) e o IP versão 6 (IPv6), também conhecida como a próxima geração (IPng). Os formatos de cabeçalho se diferenciam em tudo, mas os primeiros 4 bits de dados especificam a versão do IP utilizado. A principal diferença entre esses protocolos concentram-se no tamanho e no formato das entradas de endereço IP. Um endereço IPv4 contém 4 bytes, geralmente exibidos em seções decimais de 8 bits:

$$255.000.255.000$$

Um endereço IPv6 contém 16 bytes, comumente exibido em seções hexadecimais de 16 bits:

$$FFFF:FFFF:0000:0000:FFFF:FFFF:0000:0000$$

GUIs de entrada de IP devem ser planejadas para aceitar ambas as formas de endereço. As APIs de soquete, responsáveis por passar o endereço IP para essa camada, fornecem um modo genérico de lidar com esses endereços. Para mais detalhes, veja a discussão de como vincular um soquete a um endereço IP na seção "Camada de sessão" deste capítulo.

Difusão ponto a ponto

Um endereço IP de um indivíduo, ou endereço de difusão único, do tipo ponto a ponto, vem de uma das seguintes fontes:

---

[11] N.R.T.: Em inglês: *data link layer*.

Estático (designado pelo usuário): A designação estática de um endereço IP é geralmente reservada para servidores que requerem uma presença bem conhecida.

Dynamic Host Configuration Protocol (DHCP): Roteadores comumente usam esse protocolo para designar IPs para um NIC específico. O servidor DHCP mantém uma lista de concessão de IP que contém o endereço IP atribuído, o endereço MAC do NIC atribuído e o tempo de expiração da designação. Quando uma designação de endereço IP expira, ela pode ser renovada automaticamente com o mesmo IP ou um IP diferente, dependendo da política de rede em vigor.

Automatic Private IP Addressing (APIPA): Realiza a solicitação de um IP quando um serviço DHCP não está disponível no momento.

Endereços especiais

Os seguintes endereços IPv4 comumente usados têm um significado especial e não podem ser empregados como um endereço de difusão ponto a ponto.

Multidifusão

Faixa: *.*.*.{224–239}

Roteadores especiais de "multidifusão" permitem que vários IPs entrem no grupo. Quando um membro do grupo envia um pacote, este vai para o endereço do grupo no roteador, e o roteador redireciona esse pacote para todos os membros. A multidifusão proporciona excelente economia de banda, mas os custos de hardware tornam essa tecnologia escassa.

Transmissão local

Faixa: 255.255.255.255
Soquete macro: INADDR_BROADCAST

Pacotes locais de transmissão são entregues para todos os adaptadores na sub-rede local, alcançando até 222 adaptadores IPv4.

Transmissão direcionada

Faixa: *.*.*.{240–255}

Similar às transmissões locais, mas em vez de transmitir na sub-rede local, transmite na sub-rede especificada (*directed Broadcast*). Apesar de ser um bom recurso, transmissões direcionadas são em geral descartadas por firewalls.

Loop back

Faixa: 127.0.0.1
Soquete macro: INADDR_LOOPBACK

Pacotes enviados para esse endereço nunca alcançam a camada física. Em vez disso, são transferidos da fila de envio para a fila de recebimento na camada IP.

Endereço qualquer

Faixa: 0
Soquete macro: INADDR_ANY

Os computadores com adaptadores únicos costumam usar esse endereço como endereço de origem quando criam um soquete de escuta, porque seleciona o IP associado ao único NIC no computador. Computadores com múltiplos NICs podem usar esse endereço também para permitir a seleção automática de qualquer NIC disponível para o soquete escutar.

Nome de domínio

Um nome de domínio fornece uma forma legível do endereço IP, e uma camada de indireção através do Domain Name Service (DNS). Por exemplo, o servidor Web localizado em 16.15.32.1 fornece descrição menos inteligível humanamente do que o nome de domínio www.gamedev.net. A indireção DNS permite que o site gamedev.net mude para outro endereço IP a qualquer momento, mas os clientes podem usar o mesmo nome de domínio. O DNS é uma infraestrutura de servidor dedicado para a resolução rápida de nomes de domínio. Enquanto o DNS encontra frequentemente os seus objetivos de serviço, ele tem suas desvantagens.

Primeiro, adiciona uma camada de complexidade ao processo de conexão de soquete, se for requerido um endereço de resolução, o que leva algum tempo, já que ele deve manter contato com um ou mais servidores DNS para assim realizar o seu intento. Trabalhar com um endereço IP diretamente pouparia tempo de conexão. Em segundo lugar, o servidor DNS pode estar inacessível, deixando qualquer um incapaz de se conectar em dado momento, mesmo com uma rede ativa. Mais uma vez, usar um endereço IP diretamente evita essas dependências. Outro problema com os centros de DNS sobre a mudança de nome de domínio é associado ao endereço IP. Mover um nome de domínio para apontar para um novo IP leva tempo para se propagar através da infraestrutura de servidores DNS. Mover um domínio para um novo servidor pode levar horas ou mesmo dias antes de todos os nodos de DNS refletirem a mudança. Colocar em cache a mais recente resolução IP oferece uma boa solução alternativa se o DNS falhar por algum motivo, embora não seja 100% confiável.

Os soquetes API contêm métodos de resolver um domínio para um IP e observam todos os nomes de domínios associados com um IP, getaddrinfo() e getnameinfo(), respectivamente.

› Camada de transporte

A *camada de transporte* assegura a entrega de dados entre terminais. Ela se recupera de erros e controla o fluxo de dados. Também fornece a noção de "portas", como uma extensão lógica para o endereço IP.

Portas

Um número de *porta* funciona de forma semelhante a um número de apartamento, onde um endereço IP funciona de forma semelhante para o endereço do complexo de apartamentos. Para entregar uma carta do correio, o carteiro precisa de ambos os números. As conexões de rede também exigem um "endereço de rede" completo:

$$\text{Endereço de Rede} = \text{Endereço IP} + \text{Porta}^{12}$$

Portas têm intervalo entre 0 e 64 k. Serviços comuns de rede como FTP, Telnet e HTTP usam "portas conhecidas" no intervalo de 0-1024. Historicamente, RFC 1700 manteve as especificações

---

[12] N.R.T.: Em inglês: *Net Address = IP Address + Port*.

da porta. Agora, esses números são mantidos pela Internet Assigned Numbers Authority [IANA]. Além disso, mas menos comum, os serviços mapeiam para o espaço de portas 1 k–5 k. Embora inteiramente válidos, usar números de porta abaixo de 5 k pode colidir com outros servidores em uma LAN. Por exemplo, a criação de um servidor que escuta na porta 80 pode nunca receber qualquer tráfego devido ao encaminhamento de todo o tráfego para porta 80 para o servidor Web da LAN.

Cabeçalhos de pacotes UDP e TCP contêm as entradas das portas fonte e destino. A porta de escuta deve ser confirmada por ambas as extremidades, antes de tentar uma conexão. Se um conector não tiver essa informação, serão necessárias tentativas de conexão em todas as 64 k portas para descobrir qual delas o host escolhe ouvir. O conector também deve especificar a porta de retorno, mas, devido à sua inclusão no pacote, pode ser selecionada aleatoriamente.

Protocolo de controle de transmissão

O TCP funciona melhor para as transmissões de dados grandes e os dados que devem chegar ao seu destino. As seções a seguir destacam os recursos mais usados do TCP.

Entrega em ordem garantida TCP

O TCP não vai fornecer dados para a camada de sessão fora de ordem. Se dois bytes, byte "A" e byte "B", são enviados em respectiva ordem, o TCP garante que o byte "A" seja entregue para a camada de sessão antes do byte "B", mesmo que o byte "B" chegue antes do byte "A.

O TCP suporta uma bandeira especial no cabeçalho chamada "Out of Band", que permite o envio/recebimento de pacotes de prioridade. Entretanto, a arquitetura necessária para usar essa facilidade é muito malvista. A alternativa recomendada implica a criação de uma conexão TCP separada para lidar com dados de alta prioridade.

Conectado

O TCP requer um estado conectado entre os terminais que suporta as seguintes características:

Janela de pacote: Apesar da passagem de dados entre as camadas de Transporte e Sessão ser considerada como um stream, a transmissão de dados de TCP para TCP ocorre através de pacotes. Isso permite que uma janela de N pacotes ótimos, cada um com um número de sequência da janela para a reconstrução do stream, reconheça o pacote e reenvie-o quando necessário.

Coalescência de pacote: Também conhecido como o *algoritmo de Nagle* ou *nagling de pacote*, combina pacotes menores em um único pacote maior para reduzir o congestionamento da rede causado por muitos pequenos pacotes. Se um byte de dados for enviado em um pacote, 41 bytes serão realmente enviados: 40 para o cabeçalho e 1 para os dados. O lado ruim disso é que os dados podem se alojar na pilha TCP e ali ficarem à espera de mais dados, causando latências inaceitáveis. Nagle, por padrão, pode ser desligado com a opção de soquete TCP_NODELAY.

Tempo esgotado de conexão: Desligado (*Off*) por padrão, esse recurso envia um simples pacote "Timeout" após a linha permanecer ociosa (sem transmissão) por um período de tempo especificado. O receptor da pulsação deve responder com um aviso em determinado período de tempo, ou a sessão TCP será fechada. Use a opção de soquete SO_KEEPALIVE para configurar o limite de tempo de TCP.

Streaming: Os dados transmitidos através de TCP vêm como um fluxo para a camada de sessão em vez de pacotes individuais. Internamente, o TCP envia/recebe dados em pacotes, mas esses pacotes não necessariamente refletem o tamanho do buffer de dados construídos na camada de Sessão através de uma chamada para send(). O TCP pode enviar dividindo ou combinando comandos individuais, dependendo das configurações TCP. Isso requer que a camada de Apresentação conceda facilidades para reconstruir os dados em pacotes, se necessário.

Usar datagram protocol (UDP)

O *UDP* comunica em um formato de enviar e esquecer, não garantindo a ordem de entrega ou mesmo a entrega, já que nenhuma conexão direta é feita. Os dados são transmitidos em pacotes em vez de na forma stream, o que pressupõe uma conexão. A falta de manutenção da conexão também reduz o tamanho do cabeçalho UDP. O tamanho reduzido do cabeçalho em conjunto com a ausência de reenvio e a coalescência de pacotes proporciona uma melhor latência/largura de banda do que o modelo TCP.

Evite escrever uma camada garantida em cima de UDP, que contorna todo o tempo e esforço embutido no TCP. Os firewalls tendem a tornar essas soluções inúteis, pois em geral bloqueiam todo o tráfego de entrada UDP. A política de bloquear todo o tráfego de entrada UDP decorre do problema de segurança introduzido por não verificar o endereço de retorno. Parar um ataque à rede envolve a identificação de sua origem – uma jornada difícil sem um endereço de retorno confirmado. Projete o jogo para permitir que o TCP seja uma reserva para tráfego UDP negado[13].

Broadcasting

Todas as transmissões (*broadcasting*) em redes IP acontecem com pacotes UDP. Isso faz sentido com a natureza de falta de conexão do UDP. No entanto, a transmissão sobrecarrega a largura de banda da rede e os firewalls normalmente ignoram pacotes de entrada de transmissão. Tal fato restringe o seu uso em redes locais em que se proporciona um excelente método de descoberta e identificação de jogador/jogo. Lobby de servidores, como GameSpy, substituem a sua UDP *broadcasting* real na Internet por uma transmissão de lógica baseada em assinatura, em que é preciso se conectar ao servidor para receber pacotes TCP enviados a todas as conexões.

〉 Camada de sessão

A *camada de sessão* controla as conexões entre as aplicações. Suas responsabilidades incluem o estabelecimento de conexões, o encerramento de conexões e a coordenação de troca de dados. Os soquetes API fornecem uma camada de sessão de plataforma cruzada para lidar com essas tarefas.

Soquetes

Os *soquetes API* suportam vários modelos de desenvolvimento básico, simples para o seu desenvolvimento inicial. A complexidade surge quando se mantém soquetes múltiplos, definindo opções

---

[13] N.R.T.: Um *datagrama* é definido como uma unidade de transferência básica associada a uma rede de comutação de pacotes em que a entrega, a hora de chegada e a ordem não são garantidas. Para mais detalhes sobre o UDP, veja o *User Datagram Protocol,* de Postel (1980) em: http://tools.ietf.org/html/rfc768.

para as camadas inferiores da pilha de protocolo e, finalmente, quando são usadas extensões de soquetes de alto desempenho. Enquanto se mantêm os métodos padrão de soquetes API para promover a portabilidade de plataforma cruzada, esse modelo em geral se limita ao desenvolvimento de cliente. Servidores muitas vezes vão além dos limites de conectividade e/ou processamento de dados, exigindo o uso de extensões de soquete específicos de SO. Existem cerca de uma dúzia de extensões que obscurecem a melhor abordagem para atingir alto desempenho. A referência "Sockets Programming" ao final deste capítulo contém grandes quantidades de informações sobre os soquetes básicos e de alto desempenho. Apesar de não ser listada nas referências, a maioria das linguagens de programação modernas suporta a soquetes API, incluindo Java, C#, C/C++ e Visual Basic. O restante dessa seção apresenta uma visão geral dos soquetes, e, mais importante, as diferenças de alto nível nas maneiras de usar soquetes. Os trechos de código usam definições WinSock que, ocasionalmente, diferem de seus equivalentes em UNIX.

Origens

Os soquetes se originam como uma extensão para o paradigma de arquivo I/O, o que explica por que a abreviação "fd" do arquivo descritor está espalhada por todos os soquetes. Até hoje, serial [Camp93], soquetes e outros tipos de conexão mantêm conexões compatíveis com o arquivo descritor. Essas conexões passam para interfaces do arquivo I/O como read() e write(), permitindo transferências de dados para acompanhar o padrão reader/writer. O UNIX sediou o primeiro soquetes API, que previa a funcionalidade adicional para lidar com as transmissões latentes de dados e controle de protocolos. Muitos anos se passaram antes que as portas de empresas terceirizadas fossem disponibilizadas na plataforma Microsoft Windows, mas logo após essas primeiras portas tornarem-se disponíveis, a Microsoft lançou sua própria implementação de soquetes, na WinSock Sockets API.

WinSock

Todas as interfaces de soquete padrão existem no WinSock, com extensões específicas contendo o prefixo do nome da função "WSA". A Microsoft fornece extensões de soquete fora do padrão brevemente documentadas, externas para a especificação de WinSock, que permite a reutilização de soquetes e recursos adicionais de alto desempenho.

Todos os programas WinSock precisam usar duas funções de extensão para alocar/liberar recursos do sistema; soquetes Unix não requerem essa inicialização:

- WSAStartup(): Chame isso antes de usar qualquer método API WinSock.
- WSACleanup(): Chame isso para liberar todas as conexões de soquete após fechá-las.

Modos de soquete

Os soquetes são tanto *bloqueadores* como *não bloqueadores*. Por padrão, soquetes utilizam o modo de bloqueio. Em um jogo que requer uma interface de usuário ativa, soquetes de bloqueio só devem ser usados em segmentos distintos, porque o bloqueio de chamadas coloca seus processos em um estado de hibernação até que a ação seja concluída. Para buscar em torno do problema de bloqueio de um processo único, é possível "espreitar" (*peek*) para encontrar dados disponíveis para leitura, uma vez que uma chamada read() de soquete muitas vezes bloqueia à espera de dados. Definir o modo de não bloqueio oferece uma melhor alternativa à espreita, porque realmente conclui a operação, se possível, ou retorna um erro dizendo que se encontra bloqueado, caso se encontre no modo de bloqueio. Em contraste, ocorre uma espreita bem-sucedida para os dados chegarem, eles ainda requerem uma operação adicional de leitura para limpar os dados na pilha. A leitura dupla dos buffers de memória do kernel degrada consideravelmente o desempenho em aplicativos de servidor.

Para alternar entre modo de bloqueio e não bloqueio:

```
unsigned long arg = ?; //0=bloqueio 1=não-bloqueio
int status = ioctlsocket( fd, FIONBIO, &arg);
```

Uma vez em qualquer modo de bloqueio ou não bloqueio, permaneça nesse modo no decorrer do processo. Se WinSock for desligado e reinicializado, será definido para o modo de bloqueio. Para forçar uma chamada de bloqueio de volta, feche o soquete ou faça uma chamada para WSACancelBlockingCall().

Modelos de soquete padrão

A especificação de soquetes fornece dois modelos de soquete: padrão e seleção. O modelo escolhido oferece um mecanismo para lidar com séries de até 64 soquetes cada um. As seções a seguir abordam de maneira breve a forma mais simples do modelo de soquete padrão e os padrões de uso comum.

Criação do soquete

A linha de código cria um descritor de soquete TCP:

```
SOCKET tcpSocket =
socket(PF_INET, SOCK_STREAM, IPPROTO_TCP);
```

Esta linha de código cria um descritor de soquete UDP:

```
SOCKET udpSocket =
socket(PF_INET, SOCK_DGRAM, IPPROTO_UDP);
```

Conexão TCP

Para se conectar a um soquete remoto de host ouvinte, um endereço de rede de destino é necessário. O código a seguir cria uma estrutura de endereços compatíveis com IPv4 e tenta uma conexão TCP:

```
SOCKADDR_IN addrV4;
addrV4.sin_family        = AF_INET;
addrV4.sin_port          = htons(4000);
addrV4.sin_addr.s_addr   = inet_addr("10.2.15.89");

int error =
connect(tcpSocket,(SOCKADDR*)&addrV4,sizeof(addrV4));
```

O código a seguir usa o método getaddrinfo() preferido para criar um endereço IP compatível com as versões 4 e 6:

```
PADDRINFOT info        = NULL;
ADDRINFOT hints;
hints.ai_flags         = AI_NUMERICHOST;
hints.ai_family        = PF_INET;
hints.ai_socktype      = SOCK_STREAM;
hints.ai_protocol      = IPPROTO_TCP;

char strPort[10] = "4000";

int result =
getaddrinfo("10.2.15.89",strPort,&hints,&info);

int error =
connect(tcpSocket, info->ai_addr, info->ai_addrlen);
```

Ouvinte TCP

O host TCP deve vincular o soquete para a porta e um adaptador local com a chamada bind( ). A seguir, o host deve escutar conexões de chegada e finalmente sentar e esperar para aceitar a conexão.

```
int status =
getaddrinfo(htonl(INADDR_ANY),strPort,&hints,&info);

status =
bind(tcpSocket, info->ai_addr, info->ai_addrlen);

int connectionBacklog = 1;
status = listen(tcpSocket, connectionBacklog);

int addrLen=0;
PADDRINFOT remote = NULL;

SOCKET newSocket =
accept(tcpSocket, &remote.addr, &remote.ai_addrlen);
```

Transmissões stream

Após a conexão, o cliente e o host podem livremente enviar e receber dados. Entre outras condições de erro, a operação de envio pode errar se o buffer TCP estiver cheio demais para aceitar os dados, no caso em que o send deve ser bem-sucedido, uma vez que os buffers têm tempo para transmitir seu conteúdo.

```
#pragma pack (1)
struct Packet
{
    short length;
    char username[10];
};
#pragma pack ()
Packet pkt = {12,"testpkt"};
int flags = 0;// Sem flags, raramente usado

int err = send(tcpSocket,(char*)&pkt,sizeof(pkt),flags);
```

As operações de recebimento do TCP podem parecer muito diferentes entre os desenvolvimentos devido à sua natureza de streaming. O exemplo a seguir fornece uma solução comum para o empacotamento do stream de dados. Assume-se que os dois primeiros bytes de todos os pacotes da camada do Aplicativo contenham o comprimento do pacote. Isso permite que o sistema determine o tamanho de um buffer para criar o pacote completo para a operação de leitura.

```
// Lidar com ordem Endian se usado em plataforma cruzada
short pktLen;

// um curto é usado para representar o comprimento do pacote
short lenSize = sizeof(short);

int bytesToRead = lenSize;
int flags = 0; // ignore

// Leia o comprimento do pacote primeiro
int bytesRead =
recv(tcpSocket, (char*)&pktLen, bytesToRead, flags);

// Aloque um buffer para ler um pacote inteiro
char* buffer = new char[pktLen];
memcpy( buffer, &pktLen, lenSize );

// Leia o lembrete do pacote
bytesToRead = pktLen - lenSize;
bytesRead =
recv( tcpSocket, &buffer[lenSize], bytesToRead,flags);
```

Transmissões de datagramas

O método sendto() do UDP age de forma semelhante à combinação de métodos connect() e send() do TCP. O método recvfrom() do UDP combina ainda mais funcionalidade em comparação com o recvfrom() do TCP tomando o lugar de bind(), listen(), accept() e recv(). O seguinte trecho de código mostra o método send do UDP com parâmetros previamente declarados:

```
int status = sendto( udpSocket, (char*) &pkt, sizeof(pkt),
info->ai_addr, info->ai_addrlen );
```

Além de combinar tanta funcionalidade em um método, recvfrom() também evita a leitura de duas etapas de comprimento do pacote seguida por uma leitura do restante do pacote. Isso é devido ao recvfrom () somente ler um pacote de cada vez. Simplesmente crie um buffer do tamanho do maior pacote possível e chame recvfrom() com o buffer e seu comprimento:

```
int flags = 0; // ignorar, não é muito útil
char buffer[MAX_PACKET_SIZE];

int bytesRead =
recvfrom(udpSocket, buffer, MAX_PACKET_SIZE, flags
&remote.addr, &remote.ai_addrlen);
```

O recvfrom () apenas irá preencher até o tamanho de um pacote único e retornar. O método nunca irá combinar pacotes, como o TCP, porque não transmite dados como o TCP.

Modelos de soquete de alto desempenho

Os modelos de soquete padrão estão aquém no que diz respeito ao desempenho em diversas áreas, principalmente na notificação de eventos e cópias do buffer de memória. Há outras lacunas na arquitetura accept() e reutilização de soquete. Para detalhes de desenvolvimento em cada um desses temas, pesquise as palavras-chave (em inglês), WSAEventSelect, I/O Completion Ports, poll e Kernel Queues. A seguir fornecemos uma visão geral das questões envolvidas com cada problema.

A notificação de eventos implica o uso de vários processos e sinalização de nível de kernel de um processo de bloqueio de aplicativo esperando até que uma operação seja concluída, como os dados que chegam, os dados enviados ou um soquete fechado. Os soquetes "padrão" precisam de um processo para cada operação, e soquetes de "seleção" exigem um processo para cada 64 soquetes. A notificação de eventos exige apenas um segmento de processo de soquete principal que recebe os sinais para todos os demais soquetes. Uma vez sinalizado, o segmento de processo pode lidar com a operação ou colocar a operação em uma fila sinalizada para processar em um segmento de trabalho a partir de um pool de processos.

Os soquetes padrão copiam os dados dos buffers do kernel para buffers fornecidos pelo usuário durante uma chamada de leitura. A I/O assíncrona resolve esse problema de desempenho, permitindo que o segmento do aplicativo ou o usuário passe para o kernel certos números de buffers a serem utilizados em vez dos seus próprios. Depois que um buffer é preenchido, o kernel, em seguida, sinaliza o segmento do usuário sobre os dados preparados. Isso reduz muito a sobreposição de transferências de dados, um aspecto crítico a fim de maximizar o rendimento de dados.

O papel de Listen/Accept de um host de conexão TCP usando o modelo de soquete padrão requer que o host aceite uma conexão de soquete antes de receber quaisquer dados do conector. Accept cria um soquete em um prolongado processo do kernel ao alocar um descritor. Duas soluções existem para diminuir o impacto desse problema. Uma solução permite a passagem de um soquete descritor criado, mas não conectado com o método accept, ignorando assim a criação de soquete no momento de execução. Isso ainda requer que a conexão aconteça antes de qualquer autenticação. A outra solução permite que o método de contato envie um pacote de dados inicial com o pedido de conexão. Tal procedimento permite que o host autentique uma solicitação de conexão antes que a solicitação de conexão TCP retorne como aceita.

Criar um soquete consome recursos valiosos. Reutilizar descritores de soquete após o encerramento permite que os servidores lidem com muitas conexões transientes com tempos de resposta mais rápidos. O fato requer conexões para confirmar o fechamento e que os soquetes fechados não liberem suas conexões dos descritores. O método close() de soquete padrão libera os descritores de soquete além de fechar a conexão. Observe que isso só se aplica aos soquetes TCP, uma vez que os soquetes UDP herdam a reutilização, já que nunca se conectam e, portanto, nunca precisam de encerramento.

Existem três métodos nas soquetes API para controlar as opções de protocolo TCP, UDP e IP e a camada de sessão I/O: getsockopt(), setsockopt() e ioctlsocket(). Estes pegam um soquete, um código de operação predefinido e os argumentos associados com a operação (além de outros parâmetros de sobrecarga). Consulte as referências no final deste capítulo, para uma explicação detalhada de todas essas opções e soquetes de programação em geral.

› Camada de apresentação

A camada de apresentação fornece a conversão de dados genéricos por meio da preparação de dados para transmissão e conversão de dados recebidos de volta para um formato reconhecido pela camada do aplicativo.

Compressão

Pacotes de dados em tempo real são relativamente comparados a transferências de arquivos, normalmente na ordem de 10 a 1.000 bytes. Eles não devem exceder a Unidade Máxima de Transmissão (MTU), que determina o tamanho máximo de um único pacote. Os pacotes maiores que o MTU, normalmente em torno de 2 k bytes, devem ser divididos em vários pacotes. Lidar com esses tamanhos de dados pequenos torna contraproducente usar compressores genéricos, como a codificação de Huffman, devido à sua sobrecarga de tabela. A melhor alternativa genérica seria um codificador personalizado construído no processo de serialização do pacote. Um codificador pode implementar os seguintes métodos de redução de dados:

Strings de Pascal: C/C++ em geral seguem a convenção de string terminada em NULL. Isso impõe dois problemas. Primeiro, o buffer de contenção normalmente é criado em um comprimento máximo da string estática, que muitas vezes desperdiça espaço, incluindo o espaço necessário para o terminador NULL. Segundo, um fluxo de pacotes funciona melhor se o comprimento dos dados pendentes vem em primeiro lugar. Com strings terminadas em NULL, o comprimento continua sendo um mistério até atingir o terminador NULL. Strings de Pascal reservam o primeiro byte ou dois da sequência de caracteres para colocar o comprimento da string e renunciam ao terminador NULL.

Tabelas de string: Algumas strings são definidas uma vez durante um jogo e usadas continuamente, como, por exemplo, um nome de usuário nas salas de bate-papo. Mantenha uma tabela de strings e associe uma chave de inteiros relacionada com cada string. Apresente uma string para todos os jogadores como um par *string/key* e apenas envie a chave (*key*) em todas as referências futuras. Mas lembre-se de que os novos jogadores precisam receber uma cópia da tabela inteira (o par *string/key*) ao entrarem no jogo.

Campos de bit: Colocar enumerações pequenas e variáveis booleanas em campos de bit conserva largura de banda. Desenvolva isso em um nível da estrutura para evitar ter de serializar os dados. Colocar campos de bit consecutivamente também reduz as lacunas do espaço de byte não utilizado.

Flutuante para fixo: Muitas vezes, precisão de ponto flutuante é um exagero para algumas representações de dados, como porcentagens. Um número de ponto fixo quase sempre usa um único número inteiro de 2 bytes e logicamente divide em duas partes: o número inteiro e a fração. Isso economiza 2 bytes sobre a representação de ponto flutuante de 4 bytes. Economize mais memória pela conversão desses elementos em algo curto ou em um único caractere se os requisitos de precisão assim o permitirem.

Matriz para quatérnion: Uma orientação 3D é comumente representada na forma matricial para qualquer número de razões. Um quatérnion fornece as mesmas informações e precisão com menos bytes.

Criptografia

A pessoa com maior probabilidade de hackear um pacote de jogos é a que está executando o jogo. Nunca passe dados sensíveis para uma DLL, pois são fáceis de encadear, permitindo que o usuário substitua a DLL pela sua própria para alterar os dados, que depois se façam passar como uma DLL autêntica. Esse processo de encadeamento é também referido como *calço (shimming)*. A DLL do WinSock também pode ser calçada, tornando vulnerável a segurança IP para adulteração de dados locais.

O melhor método de manter os dados longe dos olhos curiosos dos jogadores implica criptografá-los dentro do módulo executável.

Serialização

Estruturas podem conter preenchimento de inteiros alinhados ou ordenados, ponteiros ou outros dados que não pretendiam deixar o computador local. Para resolver esse problema, serialize os dados usando um buffer secundário e preencha-o com o fluxo exato de bytes para então poder passá-los para a camada de Sessão.

Ao usarmos TCP, os dados são enviados e recebidos da camada de Sessão como um stream. Para trabalharmos em pacotes através de TCP, essa camada deve fornecer a lógica para identificar o tamanho e o tipo de pacotes, como:

```
struct packet
{
    ushort Length;    // Tamanho deste pacote
    ushort ID;        // Tipo de pacote predefinido - seu ID
    ...               // Informações adicionais do cabeçalho
    char Data;        // Dados da camada do aplicativo
};
```

O posicionamento da variável de comprimento como a primeira variável funciona bem na arquitetura do receptor. Em primeiro lugar, coloque uma operação de leitura de soquete de 2 bytes. Crie um buffer para armazenar o tamanho do pacote. Então poste uma segunda operação de leitura para receber o restante do pacote. Repita o procedimento para o próximo pacote.

Buffering

As próximas seções descrevem tipos diferentes de buffering encontrados na camada de apresentação.

Coalescência de pacote

Embora apoiado pelo TCP, desligue e crie um novo sistema de coalescência personalizado para evitar latência excessiva. Já que UDP não suporta essa funcionalidade, um sistema desse tipo personalizado na camada de apresentação pode ser usado com UDP. Clientes de jogo normalmente abandonam todas as coalescências em troca da menor latência absoluta. Os servidores de jogo podem realmente reduzir a latência global por meio da coalescência, liberando o tempo de processamento e largura de banda. Os efeitos são mais visíveis em servidores com um grande número de clientes.

Latência induzida

Idealmente, todos os jogadores atuam na mesma entrada de dados de todos os usuários, ao mesmo tempo. A técnica de latência induzida envia a entrada, e como logo ela tende a travar localmente em seguida, a armazena por uma certa quantidade de tempo prescrito (a latência induzida) antes de usá-la, como mostra a Figura 5.6.2.

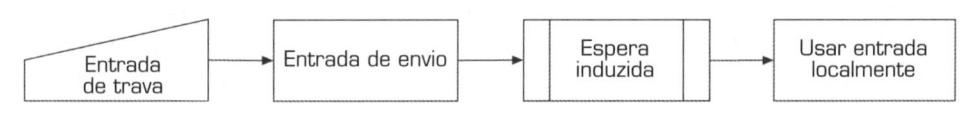

Figura 5.6.2 Diagrama de latência induzida.

Adicionar um servidor que envia a entrada local de volta em um ritmo constante permite que o servidor envie sugestões anteriores, quando a entrada atual não chega a tempo para o envio do servidor. Nesse caso, a máquina local não armazena suas entradas e atua somente em entradas recebidas a partir do servidor. Naturalmente, esta corre o risco de parar e esperar por uma entrada do servidor, mas a intenção é usar isso em um modelo síncrono, que deve parar e aguardar também pela entrada remota.

Dados mortos

Já que os pacotes UDP podem ser recebidos fora de ordem, um jogo em tempo real não pode utilizar dados antigos, deve permitir que a camada de apresentação descarte tais pacotes mais antigos. Já um sistema mais complexo usa dados velhos, quer para confirmar caminhos, quer para ajudar a fornecer uma interpolação mais precisa. Os dados antigos também podem ser inseridos em filas de repetição para transições mais suaves e um caminho original mais preciso. O designer de jogos deve decidir se o replay mostra caminhos reais ou caminhos vistos. Pelo fato de os caminhos reais poderem entrar em conflito com os caminhos locais, executar o sistema de replay deve levar para nodos de posição/orientação discretas em vez de executar novamente através de uma simulação com detecção de colisão.

Pacotes maiores

Os pacotes de dados maiores que o MTU do UDP ou maiores do que o buffer de envio do TCP devem ser divididos em vários pacotes. A camada de Apresentação deve cuidar dessa subdivisão e reconstrução. Esse sistema envolve a adição de uma nova identificação de pacotes para "grandes pacotes", um ID de instância única para diferenciá-los de outros grandes pacotes e um número de sequência. Um pacote de dados grandes deve transmitir o número total de pacotes no primeiro pacote ou fornecer um número de sentinela especial para o pacote final.

❯ Camada do aplicativo

A *camada do aplicativo* trata diretamente com os dados do jogo e a lógica do jogo. Enquanto as camadas de sessão e apresentação frequentemente contêm desenvolvimentos genéricos substituíveis por middleware, a camada do aplicativo é sempre parte do jogo. Aqui, o modelo de atualização de código e sua sincronização formam juntas o núcleo de um jogo em rede.

Verificação da versão

Quando uma equipe de garantia de qualidade (QA) inicia testes, especialmente durante o desenvolvimento, geralmente quando muitas versões de componentes do jogo existem, sempre é executada uma verificação de sanidade em todas as versões do componente. Essa verificação inclui comparar o tamanho, versão e uma soma de verificação (*checksums*) de todos os arquivos executáveis e bibliotecas de vínculo dinâmico (em cada DLLs utilizada no sistema), dados e arquivos de arte. Sempre nos arriscamos a uma perseguição constante de erros quando não nos servimos de um sistema de validação robusto.

Modelos de atualização

O *modelo de atualização* do jogo orienta o design dos pacotes mais intensos no jogo. O *modelo de reflexão de entrada* apresenta pacotes enviados pela rede como se fossem um outro dispositivo de entrada conectado ao computador. O *modelo de reflexão de estado* processa a entrada localmente e envia os dados processados, como novas posições, orientações, velocidades e acelerações.

Reflexão de entrada

Este modelo geralmente envia os dados de entrada parcialmente processados, mas o suficiente para tornar a entrada genérica em vez de lidar com as nuances do dispositivo específico. A entrada genérica para um único jogador usando um mouse, joystick e teclado pode se encaixar em um pacote menor que 32 bytes de tamanho, dependendo dos controles usados. Essa carga pequena acaba menor do que o combinado de cabeçalhos de protocolo TCP / IP, 40 bytes. Gastar mais largura de banda de dados do cabeçalho de pacotes de dados sobre a real carga quase sempre é considerado um uso ineficiente da banda. O mandato de baixa latência do pacote substitui a eficiência de largura de banda de rede geral, e, nesse contexto, destaca-se a reflexão de entrada sobressalente.

A percepção humana de atraso possui um papel crítico no estabelecimento de requisitos de latência da reflexão de entrada. As pessoas em geral vão notar qualquer coisa mais do que aproximadamente um décimo de um segundo nas tarefas de coordenação mão/olho. A taxa de frames aqui também desempenha um papel, já que idealmente cada novo frame muda novamente com relação aos inputs do jogador. Com a percepção humana e a média das taxas de frames máximos de nivelamento em torno de 60 fps, um pacote aceitável envia taxas variadas entre 16 a 64 pacotes de entrada por segundo.

A reflexão da entrada pode utilizar um modelo de execução síncrono ou assíncrono. A jogabilidade síncrona, em que o jogo para e espera até que receba os dados de entrada de todos os usuários, tem uma aparência horrível e uma jogabilidade problemática quando latências variam ou aumentam, mas permanece sempre 100% em sincronia. A jogabilidade assíncrona, em que o jogo prevê a entrada do jogador remoto quando não estiver disponível, produz problemas difíceis de sincronização do jogo quando previsões erradas resultam em acontecimentos dramáticos no jogo, como um acidente, morte ou qualquer outra coisa que produz um "aumento dos mortos" em uma ressincronização. Mesmo sem eventos catastróficos, a ressincronização de reflexão de entrada requer um estado complexo, abrangente e, potencialmente, o uso intensivo de memória para guardar cada simulação de entrada após um ponto de previsão, até a entrada real chegar. Isso permite a recuperação em qualquer ponto passado do previsto, de modo que o jogo volta para um ponto de gravação, descartando todos os estados futuros (ou, nesse caso, estado atual), e ressimula o jogo a partir desse ponto. A jogabilidade assíncrona é mais adequada para o modelo de reflexão de estado ou híbridos, que podem usar a reflexão de entrada como sugestões.

Reflexão pura de entrada funciona bem com o modelo síncrono de "parada e espera". As diretivas principais desse modelo mantêm:

- Latência baixa
- Latência consistente
- Todos os clientes em sincronia

O último item exige regras rígidas sobre a aleatoriedade. As dicas a seguir ajudam a evitar a aleatoriedade não intencional.

- A função rand() deve usar o mesmo grama em todos os clientes se usado em cálculos de simulação. Não deve haver nenhuma aleatoriedade real entre os clientes. Já que apenas uma instância rand() existe para um determinado processo, considere criar um randomizador personalizado para o jogo, se vários sistemas precisam.
- Use rand() de forma reprodutível; evite compartilhá-la entre o sistema de física, que é consistente, e o sistema gráfico, que apresenta variação entre os clientes.
- Corrija todas as variáveis não inicializadas. Limpe todas as variáveis de pilha e *heap*[14] para remover o conteúdo residual antes de configurar. Inicialização parcial de estruturas sujas e matrizes são erros muito difíceis de localizar.

---

[14] N.R.T.: Um *heap* é uma estrutura de dados organizada como árvore binária, seguindo algumas regras.

- Corrija todas as leituras de ponteiros livres. Confie nas ferramentas *heap* para isso.
- Valide versões de todos os arquivos entre os clientes. Observe que os arquivos de arte podem afetar os cálculos de física.
- Evite usar o tempo do sistema cliente para cálculos, pois ele raramente é compatível 100%.

Reflexão de estado

O modelo de reflexão de estado transmite alterações locais para os objetos, em outras palavras, a exibição do cliente no mundo do jogo. O desenvolvimento desse modelo começa com a passagem de posições de objetos e orientações. Ausentes dos sistemas de apoio para facilitar a movimentação de objetos, pelo menos, os objetos serão teletransportados para a sua posição correta. Outros tipos de estados de objeto também podem precisar ser transmitidos: as luzes com seu consequente ligar/desligar, portas abertas/fechadas, acionadores armados/descarregados/desarmados e possivelmente muito mais, tudo depende do jogo.

Devido à latência, uma atualização do estado/posição recebida por um cliente chega sempre com o passado. O verdadeiro trabalho de reflexão de estado vem com a construção de algoritmos de previsão suave e precisos. Esses algoritmos requerem informações adicionais, como a velocidade de um objeto e de aceleração, para fazer previsões válidas. Com ainda mais informações, como comportamento pathfinding e objetivos (metas de preservação, destinos), a previsão torna-se uma tarefa complicada. Com uma predição mais detalhada teremos mais casos de teste para determinar como lidar com falsas previsões e a possibilidade de que elas sempre existem.

Quando transmitimos o estado de um objeto nos defrontamos com um recurso crítico quando os mundos do jogo e/ou número de jogadores crescem em demasia. Para reduzir o número de objetos a serem transmitidos, particione o universo, possivelmente em uma grade simples, e apenas atualize os objetos em células adjacentes ao jogador. O tamanho dessas células e as células a serem transmitidas dependem de quanto tempo leva para um jogador ver uma área não atualizada. Algumas características do jogo, como mapas de visão, adicionam complicações. Uma visão geral pode exigir muito mais informações básicas sobre um objeto, mas não os dados pormenorizados, requeridos para interagir com esses objetos.

Quão frequentemente deve-se enviar um estado do objeto irá depender de como o jogador interage com ele. Quando entrar num jogo, o jogador precisa de uma imagem de tudo. Depois disso, se o objeto não mudar de estado, não há necessidade de enviá-lo, a menos que não seja garantido ao jogador receber a atualização do último objeto (como é o caso da UDP). Objetos podem ter associados a eles um tempo-limite de tal forma que sempre são transmitidos mesmo que não hajam mudanças. Quando um objeto está em movimento contínuo, o envio de suas mudanças a cada atualização da malha do jogo pode acarretar uso intensivo de banda. Optar por enviar um objeto 10 vezes por segundo contra uma vez por segundo depende de como os algoritmos de previsão funcionam e das limitações de largura de banda. O pior cenário, centenas de jogadores que se deslocam ao lado uns dos outros, deve ser capaz de confiar muito na previsão e transmitir apenas os dados críticos tão raramente possível. O que acontece com sua largura de banda quando 500 jogadores simultaneamente chutam seu jogador?

A reflexão de estado funciona melhor para os jogos que esperam latências grandes ou variáveis, um grande número de jogadores (centenas de milhares), e permite aos jogadores participar de um jogo em andamento. A maioria dos jogos em tempo real utiliza esse modelo.

Sincronização

Uma das tarefas mais artísticas de um programador de jogos de rede gira em torno de manter todos os clientes em sincronia com o mínimo de anomalias visuais relacionadas a eventos do jogo.

Navegação estimada (DR)

A *navegação estimada (Dead reckoning* ou DR)[15] é um método de predição básica que usa a última posição, orientação, momento e aceleração conhecida para determinar a posição atual mais plausível. O objeto passa por uma simulação no tempo assumindo que nenhuma mudança aos fatores de aceleração ocorreu. Os resultados funcionam bem para todas as mudanças drásticas na aceleração, que devem culminar no design do jogo.

Assistência de IA

Um padrão de design de IA envolve a definição de pontos de interesse organizados como waypoints configurados para os personagens não jogáveis (NPCs). Atualizações de posição fornecem esses waypoints, mas pode faltar a transição suave entre eles. Alavancar a IA para controlar a transição funciona muito bem enquanto os waypoints não mudam com muita frequência. Para tanto, forneça aos waypoints um tempo de compromisso e abstenha-se de remover o waypoint do ambiente considerando uma espera de tempo ajustável. Isso tem como consequência que o jogo rode um pouco fora de sincronia, mas evita o "transtorno visual" que resulta de waypoints que oscilem.

Arbitragem

Como na vida real, algumas coisas apenas não saem como planejado e exigem uma t *arbitragem* imparcial por parte de terceiros para corrigir uma situação que não apresenta um resultado claro. A lógica fuzzy ajuda a construir uma decisão ponderada quanto ao resultado correto com base em clientes afetados, bem como a visão que deverá ter o servidor de uma situação. Uma abordagem com estilo ditatorial simplificada ignora os pontos de vista do cliente e força os clientes a aceitar a opinião do servidor do jogo. A maioria dos jogos tem a função ditatorial no servidor, mas projeta o jogo com os estados incrementais. O cliente pode diminuir o impacto ditatorial atrasando os eventos críticos, tais como uma sequência de morte que começa com uma sequência de "gravemente ferido" enquanto aguarda a palavra final a partir do servidor/árbitro.

› Comunicação em tempo real

Jogos de rede em tempo real requerem um grande esforço de codificação para lidar eficientemente com a espera de dados que chegam. A construção de construtos multiprocessados adequadamente para evitar rodeios, fechamento, travamento, contenção de bloqueio e trocas de contexto excessivas ajuda a reduzir a espera. Esses construtos crescem em complexidade com o número de interações.

Reduzir o tempo de espera muitas vezes requer julgamento sobre as questões relacionadas aos seguintes dados:

---

[15] N.R.T.: Conforme já apresentado no Capítulo 5.3 *Inteligência artificial: agentes, arquitetura e técnicas*.

Prioridade: Certos tipos de dados afetam a sensação e a equidade da jogabilidade, enquanto outros tipos de dados meramente dão apoio ao jogo através de um toque adicionado. Os dados que afetam o jogo precisam arbitrar o resultado com outros jogadores.

Segurança: Criptografar todo o tráfego de dados custa tempo de CPU e largura de banda extra, que, por sua vez, provoca um atraso adicional de entrega. Um algoritmo de criptografia não necessariamente serve para todos. Considere as seguintes otimizações:
- Menor força de criptografia em dados menos sensíveis.
- Uso de senha secreta de chave pública para transmissões de alta frequência.
- Uso de retenção de mensagem em vez de senha secreta se a intenção é coibir adulteração sem esconder conteúdo de olhares curiosos.
- Criptografar cada pacote (ou menos às vezes) em transmissões de alta frequência, e então usar os pacotes criptografados para verificação de integridade em pacotes não criptografados.

Compressão: Converter, empacotar ou de outra forma compactar dados implica custo de ciclo de CPU. Embora a redução da largura de banda muitas vezes tenha prioridade sobre o custo da CPU, uma economia de largura de banda muito pequena pode incorrer em um custo da CPU de grande porte.

Confiabilidade: Será que os dados precisam chegar? Em caso afirmativo, use um protocolo garantido. Do contrário, use um protocolo não garantido. Jogos em geral requerem dados no tempo certo ou não. Usar UDP evita reenvio, liberando banda, buffers de soquete e ciclos de CPU para os dados necessários e na hora certa.

Sincronicidade: O jogo irá adotar uma política de "parada e espera" em dados latentes? Se assim for, a simulação pode precisar congelar, mas o subsistema gráfico deve continuar a atualizar. Parar atualizações gráficas dá a impressão de o sistema travar. O usuário precisa de acesso fluente para bater papo e sistemas de menu para se comunicar com as partes conectadas ou agir sobre o problema de latência de inicialização de um jogador ou simplesmente sair do jogo.

Modelos de conexão

Os modelos de conexão descritos nesta seção não devem ser confundidos com protocolos orientados à conexão ou sem conexão, como TCP e UDP, respectivamente. Mesmo que o UDP seja considerado sem conexão, um pacote segue um caminho considerado uma pseudoconexão para a presente discussão.

Transmissão (Broadcast)

A transmissão simplifica a descoberta do jogador, mas nunca deve ser usada para a entrega do pacote normal. Para receber um pacote de transmissão requer escutarmos ativamente todas as emissões. Os pacotes de transmissão devem conter alguma marca especial de identificação para diferenciá-los de transmissões enviadas por outros aplicativos (que você não tem escolha a não ser cortá-los do caminho). Um identificador global exclusivo (GUID), construído a partir de um *hash* de números únicos – endereço IP, o endereço MAC e data / hora atual –, lida com tais circunstâncias. A criação do identificador ocorre em geral fora da aplicação, seguindo por incorporá-lo como uma constante dentro do código-fonte. A Microsoft fornece o "guidgen.exe" para criar esses números, e ferramentas similares existem em outras plataformas.

Uma GUID estabelecida para as transmissões do jogo resolve o problema da descoberta do jogo. Para utilizar todos os pacotes de transmissão durante o jogo, requer-se uma segunda GUID para a instância do jogo. Enquanto a transmissão oferece um mecanismo útil para a descoberta do jogo em LANs, evite o seu uso para os pacotes de alta frequência. Se dez jogos de quatro jogadores forem utilizados na mesma rede local, cada pessoa terá de passar através de 39 pacotes para cada evento do jogo, enquanto apenas três importam para qualquer jogador.

Peer to peer

Conectividade *peer-to-peer* (P2P) significa que todo jogador se conecta diretamente com todos os outros jogadores, como mostra a Figura 5.6.3. Esse modelo experimenta uma pequena quantidade de latência, pois os pacotes evitam a viagem adicional para o servidor. Esse benefício de latência vem com o custo dos requisitos de largura de banda e complexidade de manutenção de conexão, bem como o número de conexões é aumentada com o número de jogadores além de dois. Já que jogos de dois jogadores não são afetados pelas adversidades de *peering*, eles normalmente utilizam esse modelo, a menos que a arquitetura do jogo necessite de um servidor.

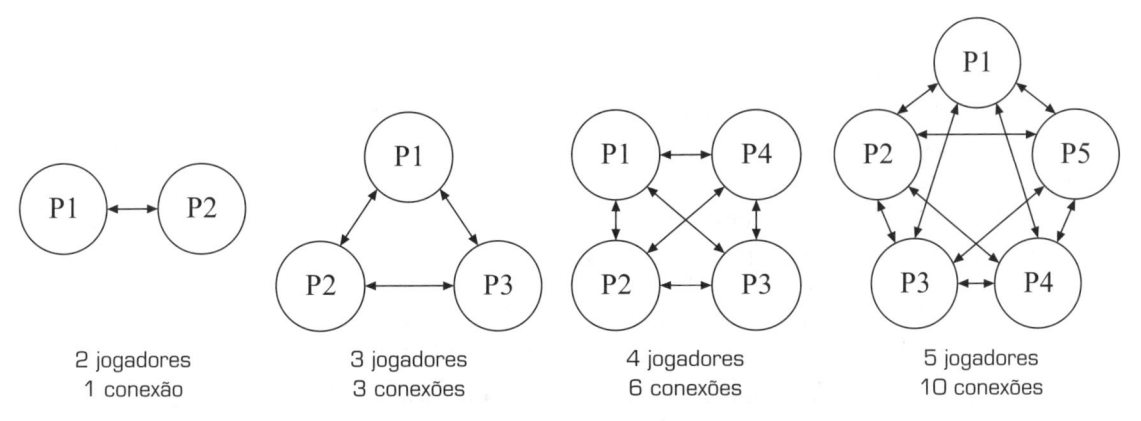

Figura 5.6.3 Conexões dentro do modelo *peer-to-peer*.

Cliente/servidor

O modelo *cliente/servidor* é compatível com a maioria dos jogos de mais de dois jogadores; é um modelo melhor que o *peering*, devido à fácil manutenção de conexão e menor largura de banda.

Ter um servidor no modelo de conexão, conforme mostra a Figura 5.6.4, oferece muitas vantagens sobre acordos de troca de tráfego (*peering*). A coalescência de pacotes funciona melhor em servidores. "Lossy TCP", um construto que requer um servidor, funciona da seguinte maneira. Geralmente pacotes UDP são facilmente recusados por configurações de firewall. Se o seu jogo se baseia em pacotes de alto rendimento, na ausência de UDP, recorra ao TCP. O TCP procura voltar para cima, tentando reentregar os pacotes que se tornam ultrapassados se não forem entregues imediatamente. Um servidor pode desenvolver uma "lossy TCP"[16] para clientes que não podem aceitar o tráfego UDP através da manutenção de um buffer de tamanho dois; um slot para o item a ser enviado, e o outro slot para o último pacote. Um pacote de entrada apenas substitui o item do segundo slot, se houver.

---

[16] N.R.T.: Uma *lossy TPC* consiste em um *protocolo de transferência de pacotes com perda*.

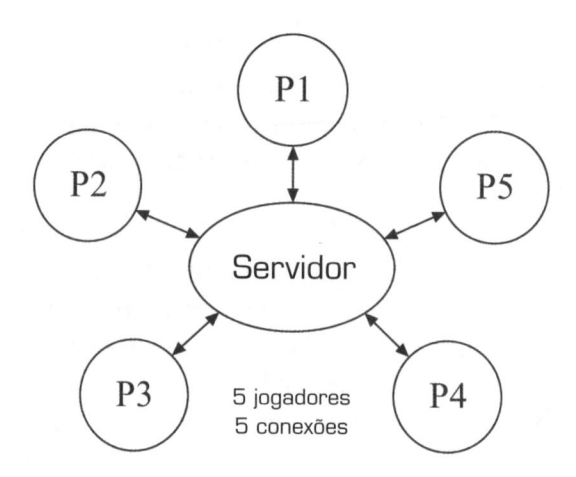

Figura 5.6.4 Conexões dentro do modelo cliente/servidor.

Complexidade de conexão

Manter uma conexão requer um acompanhamento da linha de entrada, saída de dados (duplicação de esforços para cada jogador adicional), a manutenção de conexões silenciosas ao fechar pacotes com a instrução "keep alive" (mantenha viva) e ainda a manipulação de ligações interrompidas ou términos de jogo ou tentativa de reconexão. A Tabela 5.6.2 ilustra o número de conexões necessárias usando modelos diferentes de conexão.

Tabela 5.6.2 Número de conexões necessárias usando modelos diferentes de conexão (N = número de jogadores).

	Transmissão/Broadcast	Peer to Peer	Cliente/Servidor
Conexões	0	$\sum_{x=1}^{N-1} x$	Cliente = 1 Servidor = N

Largura de banda

Os custos de largura de banda aumentam linearmente com o número de jogadores. Com uma largura de banda quase no mesmo valor que a latência, o *peering* tende a falhar além do simples jogo de dois jogadores. Em um jogo totalmente conectado, que ultrapasse o número de dois a três jogadores, a largura de banda é mais do que dobrada. Isso é superior aos dados da aplicação, pois cada pacote vem com o cabeçalho de transporte. A Tabela 5.6.3 ilustra o número de vezes que um pacote único deve ser transmitido para cada jogador usando modelos diferentes de conexão.

Tabela 5.6.3 Número de vezes que um pacote único deve ser transmitido para cada jogador (N = número de jogadores).

	Transmissão/Broadcast	Peer to Peer	Cliente/Servidor
Enviar	1	N – 1	Cliente = 1 Servidor = N
Receber	N – 1	N – 1	Cliente = 1 Servidor = N

Ambientes assíncronos

Um ambiente assíncrono existe quando duas ou mais ramificações do código são executadas simultaneamente. Essa seção assume um entendimento básico de processos, sinais e seções críticas. As seguintes informações fornecem dicas para programação de jogo em rede em um ambiente de multiprocessos.

Defina a prioridade do processo de rede acima ou igual ao processo de renderização principal, mas sempre abaixo do processo de áudio. Certifique-se de que todos os processos de rede saiam antes do processo principal, ou os dados partilhados provavelmente irão causar uma exceção de ponteiro NULL.

Use os sinais e eventos para acordar, do contrário comunique a disponibilidade de novas informações através dos processos. A alternativa, chamada seletiva para a mudança de estado, também é designada pelo nome de "spinning", devido ao tempo perdido em que não realiza nada. Ambos os eventos e sinais são recursos limitados do sistema, então planeje de acordo. Lembre-se de que os eventos notificam todos os inscritos, enquanto os sinais normalmente notificam um de N inscritos. Espere encontrar sinais com processos de chamada seletiva que contenham vários assinantes, mas apenas um processo disponível deve receber um sinal de ativação para o processo de item de trabalho.

Os temporizadores do sistema sinalizam um processo de alta prioridade, então abstenha-se de atividades grandes no processo do temporizador ou terá risco de distorção do tempo. Escolha uma resolução razoável de temporizador, sem necessidade de ir acima de 128 Hz para a maioria dos casos. Certifique-se de utilizar o temporizador de alta resolução adequado, pois mais de um temporizador pode existir no sistema operacional. Utilize o temporizador de multimídia para Windows.

Use as seções críticas com moderação. Tente projetar com a menor quantidade de seções críticas e sempre manter a quantidade de tempo em uma seção crítica a um mínimo. Sempre corresponda uma entrada de seção crítica a uma saída. Evite entrar em um método e sair no outro, pois isso dificulta a concepção. Todos os dados compartilhados exigem seções críticas se mais de um processo gravar os dados. Evite chamar outra seção crítica dentro de uma seção crítica a todo o custo, caso contrário, podem ocorrer impasses. Para alterações de dados incrementais, use interlockedIncrement () e interlockedDecrement () no Windows ou o seu equivalente OS em vez de utilizar uma seção crítica. Preceda todas as definições de dados compartilhados com a palavra-chave volátil; utilizar dados em uma seção crítica não dispensa a possibilidade de obtenção de dados compartilhados armazenados em registradores entre mudanças de contexto.

❯ Segurança

Logo que alguém começa a fazer alarde sobre a perfeita segurança de seu sistema, ele é hackeado. Segurança 100% não existe. Chaves e senhas podem sempre ser comprometidas em algum nível. Segurança ocupa tempo de desenvolvimento e afeta o desempenho do jogo. Em vez disso, faça um grande jogo e ofereça um ambiente *suficientemente seguro* contra todos, visando até o delinquente mais diligente. A melhor maneira de proteger um sistema envolve o uso de múltiplos mecanismos de segurança. Comece com medidas normais de segurança e, em seguida, adicione algumas convoluções criativas para tornar a segurança uma operação manual, e não um sistema aberto para quebra automática. O restante dessa seção descreve os mecanismos de segurança, o que fazem e onde usá-los.

Criptografia
O três objetivos da criptografia são:

Autenticação: Verificação da identidade da entidade
Privacidade: Evita visualização não autorizada dos dados
Integridade: Garantia de que os dados não foram adulterados depois de deixar a sua fonte, apesar de não impedir a manipulação ilícita

Elementos atômicos de segurança em geral abordam um ou dois desses objetivos, mas não os três. As camadas de segurança de nível superior combinam os atômicos para cumprir as metas adicionais.

Chave pública (assimétrica – pares de chave)
O algoritmo de *criptografia de chave pública* cria duas chaves: uma pública e outra privada. A chave torna-se pública para que outros possam criptografar dados com ela. Os dados criptografados requerem a chave privada para serem descriptografados. Esse algoritmo é mais forte do que a criptografia de chave secreta, mas requer muito mais tempo computacional. Ambas as criptografias simétrica e assimétrica proporcionam apenas privacidade.

Chave secreta (simétrica – mesma chave)
O algoritmo de *criptografia de chave secreta* compartilhada cria uma chave usada para criptografar e descriptografar dados. Utilize esse algoritmo para criptografar dados em tempo real, já que exige menos tempo de computação. Para compartilhar uma chave secreta, criptografe-a com a chave pública de fim remoto e envie-a para o seu final remoto.

Codificações
Codificações de bloco e *stream* descrevem como o mecanismo-chave interage com o texto sem formatação para produzir o texto codificado. Codificações de bloco trabalham com um bloco de dados de tamanho fixo. Se o texto simples não preencher o bloco de dados, a codificação de bloco acrescenta o preenchimento necessário. O texto simples maior que o bloco é dividido em vários blocos. Codificações do tipo stream trabalham com qualquer tamanho de dados. A mais simples codificação, chamada de *Electronic Cookbook* (BCE), combina a chave e o texto plano para produzir o texto codificado. Outras variações usam a saída da operação de codificação anterior, além do texto principal e simples, proporcionando criptografia mais forte [Sch96].

Retenção da mensagem
O algoritmo de *digestão de mensagens* relativamente rápido produz uma *checksum*[17] para verificar a integridade da mensagem, mas não codifica os dados ou fornece autenticação.

Certificados
Certificados, também conhecidos como *identificações digitais*[18], fornecem autenticação realizada por uma empresa terceirizada confiável [VeriSign]. A empresa terceirizada armazena chaves pú-

---
[17] N.R.T.: *Checksum, soma de verificação.*
[18] N.R.T.: Em inglês: *digital IDs.*

blicas associadas a uma entidade verificada e as distribui a seu pedido, encapsuladas em certificados que confirmam a identidade do proprietário da chave.

Proteção de cópia

Parar a pirataria de software do jogo pode não funcionar totalmente, mas por diversas razões fazer um esforço vale a pena, pelo menos, adiando o inevitável. Um jogo de muito sucesso realiza grande parte das vendas no primeiro mês de seu lançamento. Considere a compra de um sistema de proteção contra cópia como uma apólice de seguro sobre as vendas iniciais. Mesmo que os criminosos profissionais quebrem a proteção, muitos não pensam duas vezes sobre o ato de gravar uma cópia para seus amigos.

Uma antiga forma de proteção contra cópia envolveu o uso de uma planilha de distribuição com o jogo. A folha de código continha várias entradas de números que não era possível copiar. O jogo iria aleatoriamente pedir códigos da folha de código a ser inseridos, a fim de prosseguir com o jogo. Uma abordagem semelhante foi a solicitação de palavras de seções especificadas no manual. A dissuasão aqui era para enviar um manual muito grande. Ambas as folhas de código e cópias digitais dos manuais começaram a aparecer em toda a Internet.

A proteção de CD-ROM contra cópia combina truques usando dados válidos em setores marcados como inválidos em um CD-ROM e criptografia [Safedisc].

Marca-d'água

Embora não impeça a cópia ilegal, marcas-d'água digitais fazem alterações invisíveis em elementos de arte que podem revelar se essas artes aparecem em outras obras; por exemplo, um outro jogo com arte sem a permissão do criador.

Criptografia de execução

As seguintes seções detalham medidas contra ataques nos módulos de execução do jogo.

Ofuscação do código

Retirar o código de nomes de seu símbolo complica a engenharia reversa. Embora não seja possível com linguagens interpretadas, um ofuscador de código altera todos os nomes de variáveis e métodos para nomes não descritivos. Por exemplo, uma variável chamada "WorldPosition" mudaria para "v0001", deixando assim que um hacker tentasse descobrir sua finalidade. Ofuscadores de código não afetam o código de bytes real.

Heap Hopper

Estão disponíveis ferramentas para tirar fotos do *heap* antes e depois que um evento ocorra, como mover uma entidade do jogador para a frente. Depois de tirar várias fotos entre movimentos, certas localidades de variáveis mostram mudança consistente. Um hacker pode aproximar a imagem sobre a variável de movimento e alterá-la manualmente, ou fazer um programa para automatizar as alterações. *Heap hopping* move dados sensíveis em torno do *heap*[19] para dificultar a associação de uma ação com uma mudança de variáveis específicas. Isso pode ser feito de várias maneiras,

---

[19] N.R.T.: Lembrando que um *heap* é uma estrutura de dados organizada como árvore binária, seguindo algumas regras. Eles podem ser deslocados entre buffers, conforme colocado no texto.

mas uma estratégia cria buffers de *heap* de mesmo tamanho, copia os dados de um local para o outro e modifica as variáveis no novo local, evitando assim que um hacker encontre os dados sensíveis.

Execução do estouro da pilha
Hacks[20] da execução do estouro da pilha se utilizam da validação deficiente de dados de pacote do jogo. Se um usuário envia dados malformados que faz com que uma função no jogo estoure sua pilha, o hack pode modificar o ponteiro de instrução de retorno para apontar para outro local, seja no código, seja em um buffer de dados do usuário enviados em um pacote. Esse hack normalmente requer uma grande dose de análise de código, mas há determinados hackers dispostos a empregar o esforço para fazer tal ataque.

Hacks inoperantes
Um dos hacks mais fáceis envolve mudar o arquivo executável, substituindo chamadas de método códigos de byte do tipo "Sem Operação". Um hacker poderia usar isso para contornar as verificações de validação, permitindo uma maior manipulação do código.

Hacks de temporizador
Muitos jogos usam temporizadores do computador para regular a física do jogo ou movimento do controle. Mudar o relógio do sistema é muito simples. Para combater tais hacks, verifique se o relógio nunca vai voltar no tempo ou se nunca realiza saltos irracionais.

Correção de DLL
DLLs de jogos têm pontos de entrada de métodos. A correção de DLL imita os pontos de entrada e fornece o código de substituição para cada ponto de entrada para que silenciosamente substitua a DLL original. Isso permite o monitoramento dos dados passados para os métodos da DLL e muitas vezes muda a execução de código. Vários contadores viáveis para esse ataque incluem o uso de pontos de entrada numéricos (ordinais) em vez de nomes de métodos ou o fornecimento de apenas um ponto de entrada que retorna ponteiros para objetos de classe. Usar uma DLL com pontos de entrada de método nomeado facilita o trabalho do construtor da correção mais fácil, enquanto um ponto de entrada dificulta o trabalho do hacker.

Privacidade do usuário
Violar o direito à privacidade do jogador cria dores de cabeça que vão de más relações públicas até problemas jurídicos. Um jogo de assinatura on-line normalmente coleta dados pessoais para efeitos de faturamento.

Nunca divulgue as seguintes informações críticas:

- Nome real
- Senha do usuário
- Endereço
- Número de telefone
- Endereços de e-mail

---

[20] N.R.T.: *Hacks*, cortes, deriva de *Hack*, cortar. O termo é usado para as ações dos *hackers*.

- Informações de cobrança
- Idade (especialmente menores de idade)

Use fortes medidas de criptografia para transmissão e armazenamento de tais informações. Além disso, limite o acesso a esses dados na equipe de desenvolvimento.

Embora não seja um elemento listado nas informações privadas críticas, o endereço IP de um usuário justifica um grau razoável de privacidade. Arquiteturas de conexão do tipo *peer* tornam o compartilhamento de endereços IP inevitável, mas não sua exibição. Exibir o IP de um usuário permite que mesmo uma pessoa não técnica digite o IP de alguém em um programa que é capaz de realizar vários ataques de rede.

Interceptação de nome de usuário e senha

Usar criptografia de chave pública para a transmissão do nome de usuário e senhas e não mostrar a senha do usuário enquanto é digitada são práticas suficientes para assegurar essa informação. Problemas com roubo de nome de usuário/senha normalmente resultam da personificação em salas de bate-papo ou e-mail e utilitários falsos. A prevenção através da educação do usuário é o melhor passo para assumir as duas contas. Utilitários específicos falsos muitas vezes exigem que o usuário insira seu nome de usuário e senha, que envia para o hacker através de alguns meios não rastreáveis como uma conta do hotmail. Para reduzir o impacto de tal violação, todas as alterações para a conta e acesso a faturamento devem exigir a confirmação por meio do e-mail do usuário.

Firewalls

Um *firewall* tanto inspeciona pacotes para determinar se devem passar através do firewall ou fornece uma sessão criptografada.

Filtro de pacotes

A inspeção de protocolo, ou *filtragem de pacotes*, observa os cabeçalhos de protocolo para determinar se deve ser permitida a passagem para um pacote. Uma porta de dispositivo de filtragem inspeciona a entrada da porta de um pacote TCP ou UDP e aceita ou rejeita o pacote com base nas configurações de usuário para determinada porta. Os usuários devem manter as portas bloqueadas no caso de inadvertidamente adquirirem um programa malicioso que tenta se comunicar com os dados de seu computador. Isso se aplica duplamente para computadores que executam um servidor de jogo, o qual deve bloquear todas as portas não explicitamente em uso. Jogos que exigem certas portas disponíveis devem permitir a configuração da porta exatamente do jeito que o jogo a utiliza.

Filtros semelhantes inspecionam as entradas de endereços IP em pacotes IP e aceitam ou rejeitam pacotes baseados em sua fonte. Esses filtros oferecem uma maneira de banir IPs específicos do acesso à rede. A entrada de endereços IP na tabela proibida oferece o maior benefício quando feito por um processo automatizado que detecta inúmeras solicitações negadas de conexão a elementos da rede atrás do firewall.

Proxies

A aplicação *Proxy* inspeciona os dados dentro do pacote. Um servidor Proxy pode checar o tráfego MIME ou FTP para encontrar vírus.

Gateways de circuito
Gateways de circuito montam sessões seguras e ignoram conteúdos de pacotes.

Tradução de endereço de rede (NAT)
O protocolo NAT permite que os roteadores compartilhem um único endereço IP WAN entre todos os adaptadores de rede conectados ao roteador. Ele faz isso dividindo o espaço de porta 64 K do IP WAN entre eles. Para compartilhar o espaço da porta, o roteador NAT mantém uma tabela que mapeia endereços LAN, IP:Port, para WAN Ports. Esse processo esconde IPs LAN do lado da Internet do roteador, que vê apenas o IP WAN. Tal recurso torna mais difícil os ataques diretos em um endereço específico.

O algoritmo NAT determina se as portas solicitadas realmente mapeiam diretamente para a porta WAN. No caso de dois pedidos para a mesma porta, de placas separadas, uma solicitação será oferecida a uma porta externa diferente ou voltará com uma falha "em uso". A Figura 5.6.5 ilustra o processo.

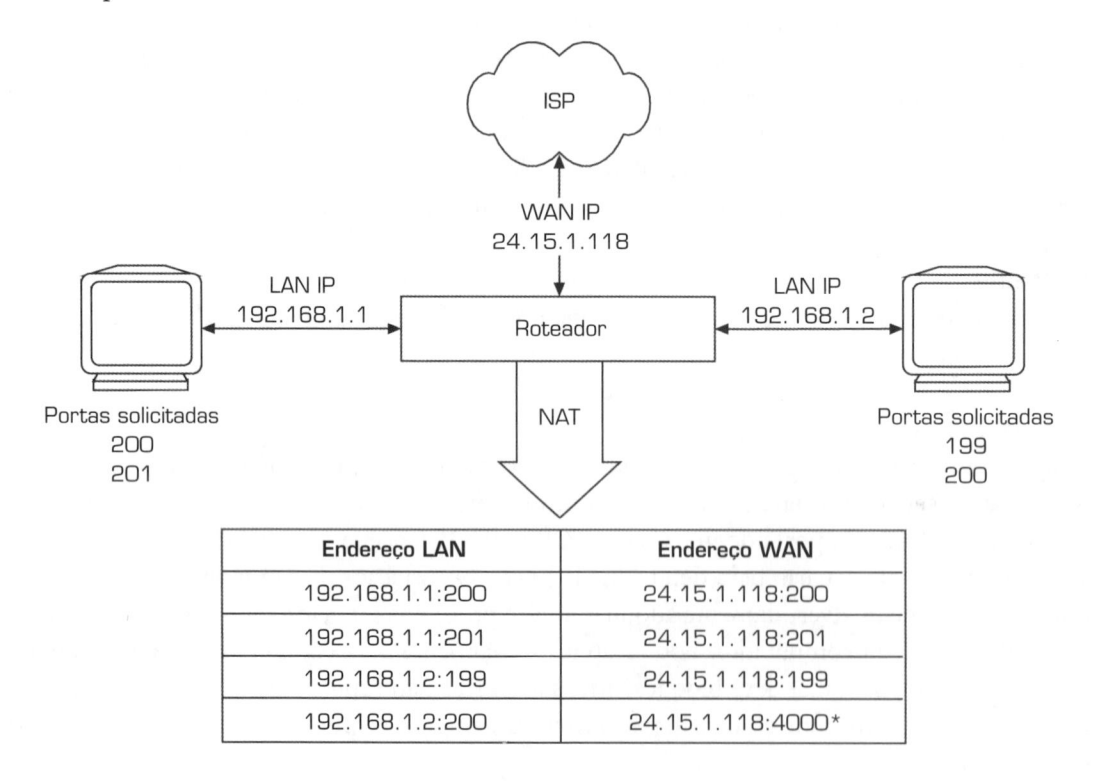

Endereço LAN	Endereço WAN
192.168.1.1:200	24.15.1.118:200
192.168.1.1:201	24.15.1.118:201
192.168.1.2:199	24.15.1.118:199
192.168.1.2:200	24.15.1.118:4000*

Figura 5.6.5 NAT sendo usado.

Encaminhamento de porta
A hospedagem de conexões de soquete requer um pré-acordo entre o cliente e o servidor como para o IP e a porta na qual o servidor escuta para suas conexões de cliente. Quando um computador atrás de um NAT escuta em uma porta, não há garantia de que a porta WAN seja a mesma porta. Para compensar o problema, a maioria dos roteadores permite o encaminhamento de portas específicas ou faixas de portas para determinado IP da LAN. Este, em essência, coloca uma entrada estática na tabela NAT.

Ativação de porta

A *ativação de portas* permite o encaminhamento de porta transiente. Alguns roteadores permitem a ativação de porta com uma tabela de nomes de processos e portas para encaminhar, quando solicitado, para o computador solicitante. Após o soquete se fechar e a porta ser posteriormente liberada, a porta retorna para o conjunto de portas disponíveis para a tradução do NAT. Isso reduz a vulnerabilidade causada pela natureza estática de encaminhamento de porta. Também permite que o jogo, exigindo a(s) porta(s) específica(s), trabalhe em computadores diferentes sem a necessidade de atualizar manualmente o encaminhamento de porta.

DMZ

Adicionar um endereço IP da LAN para a opção de uma configuração de zona desmilitarizada (DMZ) em um roteador encaminha todas as portas para esse computador específico. Isso ignora o NAT e sua característica de segurança de esconder o IP do computador. Um computador no DMZ compartilha o IP WAN com o roteador.

Determinando o IP WAN

Quando um computador atrás de um roteador usa os meios convencionais para determinar seu próprio endereço IP, ele recebe o IP da LAN emitido através do serviço DHCP. Nenhum método claro existe para recuperar de forma confiável o IP WAN através de programação. O método mais confiável, amigável em plataforma cruzadas e agnóstico do roteador de marca é por terceiros:

Empresas terceirizadas: Enviar um pacote para um terceiro solicitando uma resposta contendo o endereço IP que veem na parte de remetente do pacote IP. Essa ferramenta pode ser escrita como um servidor dedicado com esse propósito ou como um script de servidor simples, construído para o acesso através de HTTP.

UPnP: Universal Plug-and-Play contém métodos para acrescentar o IP WAN a novos roteadores que o suportam.

Página de administrador do roteador: Os roteadores têm maneiras diferentes de acessar essas informações por meio de ferramentas de administração. A interface de página da Web de administrador é popular, e um programador pode escrever um código para analisar o IP da página do administrador. O problema é que cada hierarquia da página do administrador do roteador e seu formato da página diferem de roteador para roteador, exigindo, portanto, suporte a código específico do fornecedor, o que requer tempo.

Resumo

Essa investigação sobre o desenvolvimento dos modos de multijogador começou pela observação de muitas categorias diferentes de multijogador, desde os de tela dividida a conexões de rede em tempo real. O material do núcleo se concentrou em dissecar as camadas OSI em um jogo de rede médio. As camadas OSI continham mídias, IP, TCP e UDP, soquetes, apresentação de pacotes e lógica do jogo relacionados à latência de controle. Em seguida, os modelos de comunicação em tempo real de transmissão, peer-to-peer e cliente/servidor nos quais foram analisados seus pontos fortes e fracos, seguido de dicas para trabalhar em ambientes de multiprocessos. O capítulo concluiu com uma pequena visão dos males necessários da segurança dos jogos.

Nenhum livro abrange todos os detalhes técnicos do desenvolvimento dos modos de multijogador. A cobertura completa implicaria uma discussão de todos os detalhes escabrosos em numerosas plataformas nos seguintes temas: comunicação serial, design de servidores, equipamentos de rede e infraestrutura, programação de soquetes, voz sobre IP (VOIP), ferramentas de troca, teste de unidade e beta, análise de middlewares disponíveis, desenvolvimento de banco de dados, desenvolvimento em Web, programação assíncrona e uma profundidade muito maior em questões como latência ocultação/recuperação para cada gênero de jogo.

Exercícios

Busca de protocolo

Use o site da RFC (www.rfc-editor.org/) e o site da IANA (www.iana.org/assignments/port-numbers) para responder às seguintes questões:

1. Que protocolos fazem a cobertura das seguintes RFCs: RFC 791, RFC 792, RFC 793, RFC 768, RFC 2616, RFC 10 e RFC 9?
2. Que protocolos são associados às seguintes portas: 80, 3074, 20/21, 1433 e 3306?

Cálculos de rendimento

Suponha as seguintes condições para os problemas de 3 a 5:

- Conexão 256 kbps DSL em todos os terminais
- Oito clientes enviando para um servidor dedicado
- Cada cliente envia em 32 Hz
- Dado de pacote de aplicação é de 64 bytes por pacote

3. Determine a saturação de envio do cliente segundo o protocolo TCP, pacote e taxa de envio.
4. Determine a saturação de largura de banda usando UDP.
5. Quantos clientes poderia um servidor suportar com uma largura de banda de 1 Mbps?

Construção de pacote

6. Reescreva o seguinte Packet para que não precise ser serializado e seja o menor possível. Suponha as seguintes condições:
   - O sistema suporta um comprimento de pacote de aplicação máxima de 300 bytes.
   - Os pacotes serão trocados entre variedades de plataformas, incluindo sistemas 64/32 bits e Windows/UNIX.

```
typedef enum PktCode
{
    Pkt0=0,
    ...                           // Outras IDs
    PktMax=65000
};
```

```
struct Packet
{
    PktCode     ID;
    BOOL        Lights;
    int         HourOfDay;      // 0-23
    short       DayOfWeek;
    int         Health;         // 0-100%
    int         PacketLength;
    char        UserName[64];
};
```

WinSock

Complete o Exercício 7 usando o servidor de aplicativos ServerMon (disponível na página do livro em www.cengage.com.br) rodando em um sistema remoto, de preferência com o Windows Server 2003 ou superior, com 2 GB de RAM. Os computadores do cliente também devem operar com pelo menos 2 GB de memória RAM para as tarefas de "massa crítica". O uso de RAM mais baixa vai limitar os recursos do sistema necessário para 30 mil conexões, devido à limitação de memória de página travada do kernel do Windows.

7. Blackbox:
   a. (opcional) Se o instrutor fornecer uma página Web contendo o IP:Porta do servidor, adquira essa informação da página Web usando o WinINet SDK ou classe de leito MFC HTTP. Uma alternativa mais avançada envolve a leitura do RFC protocolo HTTP para formatar pedido de página e desenvolver um protocolo HTTP simples para adquirir a página Web.
   b. Conecte-se ao IP:Porta dado para o servidor Blackbox e espere por um pacote Pkt_Message (definido no cabeçalho do arquivo "PacketDefs.h", disponível na página do livro em www.cengage.com.br), contendo instruções complementares. Esse programa vai testar sua capacidade de fazer host e conectar usando TCP e UDP e enviar e receber dados usando ambos os protocolos.
8. Massa crítica:
   a. Faça e mantenha 30 mil conexões TCP.
   b. Escute, aceite e mantenha 30 mil conexões TCP (não suportadas no ServerMon.exe fornecido).

Criptografia

Utilize a API Crypto da Microsoft para realizar o seguinte:
9. Desenvolva criptografia de chave pública com certificado:
   a. Gere um certificado usando makecert.exe.
   b. Extraia a chave pública do certificado para criptografar algumas mensagens de texto puro.
   c. Pegue a chave privada associada com o certificado, que foi colocada em um recipiente de chave que você nomeou durante a criação do certificado. Use essa chave privada para descriptografar o código do texto gerado no passo b.

10. Desenvolva criptografia de chave simétrica:
    a. Gere uma chave secreta/simétrica.
    b. Criptografe uma mensagem de texto puro.
    c. Salve a chave secreta em um arquivo.
    d. Carregue a chave secreta do arquivo e use para descriptografar o código do texto gerado no passo b.

Referências

Protocolos

[Hind95] Hinden, Robert, "IP Next Generation Overview", disponível on-line em http://playground.sun.com/pub/ipng/html/INET-IPng-Paper.html.
[IANA] Internet Assigned Number Authority, "Well Known Ports", disponível on-line em www.iana.org.
[NSIP04] Network Sorcery, "IP, Internet Protocol", disponível on-line em www.networksorcery.com/enp/protocol/ip.htm.
[NSIP604] Network Sorcery, "IPv6, Internet Protocol version 6," disponível on-line em www.networksorcery.com/enp/protocol/ipv6.htm#Version.
[NSTCP04] Network Sorcery, "TCP, Transmission Control Protocol," disponível on-line em www.networksorcery.com/enp/protocol/tcp.htm.
[NSUDP04] Network Sorcery, "UDP, User Datagram Protocol", disponível on-line em www.networksorcery.com/enp/protocol/udp.htm.
[RFC] Internet Society, "The Request for Comments", disponível on-line em www.rfc-editor.org/.
[Stevens94] Stevens, Richard, *TCP/IP Illustrated, Volume 1, The Protocols*, Addison-Wesley, 1994.

APIs de comunicação

[Camp93] Campbell, Joe, *C Programmer's Guide to Serial Communications*, Second Edition, Sams Publishing, 1993.
[Darcy] Darcy, Jeff, "High-Performance Server Architecture", disponível on-line em http://pl.atyp.us/content/tech/servers.html.
[Jones02] Jones, Anthony, *Network Programming for Microsoft Windows*, Second Edition, Microsoft Press, 2002.
[Kegel00] Kegel, Dan, "Micro benchmark comparing poll, kqueue, and /dev/poll", disponível on-line em www.kegel.com/dkftpbench/Poller_bench.html.
[Lemon] Lemon, Jonathan, "Kqueue: A generic and scaleable event notification facility", disponível on-line em http://people.freebsd.org/~jlemon/papers/kqueue.pdf.
[Provos00] Provos, Niels, "Scalable network I/O in Linux", disponível on-line em www.citi.umich.edu/techreports/reports/citi-tr-00-4.pdf.
[Stevens04] Stevens, Richard, *UNIX Network Programming, Volume 1*, Third Edition: The Sockets Networking API, Addison-Wesley, 2004.

Middleware

[DirectPlay] disponível on-line em http://msdn.microsoft.com–keyword DirectPlay.
[Quazal], disponível on-line em www.quazal.com.

Compensação de latência

[Aronson97] Aronson, Jesse, "Dead Reckoning: Latency Hiding for Networked Games", disponível on-line em www.gamasutra.com/features/19970919/aronson_01.htm.

[Caldwell00] Caldwell, Nick, "Defeating Lag with Cubic Splines", disponível on-line em www.gamedev.net/reference/articles/article914.asp.

[Haag01] Haag, Chris, "Targeting: A Variation of Dead Reckoning (v1.0)", disponível on-line em www.gamedev.net/reference/articles/article1370.asp.

Segurança

[Coleridge96] Coleridge, Robert, *The Cryptography API, or How to Keep a Secret*, disponível on-line em http://msdn.microsoft.com/library/en-us/dncapi/html/msdn_cryptapi.asp, August 19, 1996.

[Gibson02] Gibson, Steve, "Distributed Reflection Denial of Service", disponível on-line em http://grc.com/dos/drdos.htm.

[RSALabs00] RSA Laboratories, *RSA Laboratories' Frequently Asked Questions About Today's Cryptography*, Version 4.1, May 2000.

[Safedisc04] MacroVision, "Safedisc Copy Protection", disponível on-line em www.macrovision.com/products/safedisc/index.shtml.

[Sch96] Schneier, Bruce, *Applied Cryptography: Protocols, Algorithms, and Source Code in C*, 2nd Edition, John Wiley & Sons, 1996.

[TwoFish96] Schneier, Bruce, *The Twofish Encryption Algorithm*, John Wiley & Sons, 1996.

[Veri04] VeriSign, "Digital ID, A Brief Overview", disponível on-line em http://www.verisign.com/.

[VeriSign] VeriSign, "Protect Your Digital ID; Protect Your Private Key", disponível on-line em www.verisign.com/repository/PrivateKey_FAQ/.

> Índice

A

AABBs (caixas delimitadoras alinhadas por eixo), usar, 362
abstrações, alto nível de vazamento de, 312
ações
  reações à, 380
acoplamento
  no loop do jogo, 246-247
  ocorrência em herança, 219
  relação às arquiteturas, 234
afunilamento de jogador, explicação, 580
afunilamento, explicação, 580
agentes. *Veja* agentes de jogo
agentes de jogo IA
  ação, 506
  aprender e lembrar, 507
  detecção, 503
  pensar, 502-507
  tornando estúpido, 507
  trapaça, 507
agentes jogo
  modelagem de aprendizado e lembrança de, 504-507
  modelando desempenho de, 505
  modelando pensamento, 504-506
  sentidos de modelagem para, 504
  tornando estúpidos, 507
  trapaças, 507
ajuste igual, sistema de, 556
aleatoriedade filtrada, o potencial de, 524
aleatoriedade, minimizando, 308
Algoritmo A*, usado em pathfinding, 514, 541-544, 548-549
algoritmo Best-First, usar em pathfinding, 545-546

algoritmo Breadth-First, usando em pathfinding, 542-545
algoritmo de Dijkstra, utilizando, em pathfinding, 546-548
algoritmo de ortogonalização Gram-Schmidt, 340
algoritmo de varredura de plano, com, 364
algoritmo GJK (Gilbert-Johnson-Keerthi), usando, 370
algoritmos
  A*, 541-544, 548-549
  Best-First, 545-546
  Breadth-First, 542-545
  Dijkstra, 546-548
  filtragem anisotrópica, 432
  genética, 525
  GJK (Gilbert-Johnson--Keerthi), 370
  Ortogonalização de Gram-Schmidt, 340
  Random-Trace, 541
  varrer plano, 364
  velocidade e eficiência de, 422-423
algoritmos genéticos, o potencial de, 525
alocação de memória
  acompanhamento, 313-314
  dinâmica, 268-269
  especificando preferências para, 269
  estático, 266-268
  evitando problemas com, 266-268
  Veja também memória alocada
alocação de memória dinâmica
  desenvolvendo, 268-269
  melhores práticas para, 273

alocação de memória estática, execução, 266-268
ambientes assíncronos, visão geral de, 607
amostras
  arquivos de áudio como, 561
  reprodução e manipulação, 561
amplitude do som, definido, 558
Ataque, Declínio, Sustentação, Liberação (ADSR) envelopes, usar, 564-565
anexos, visão geral de, 495
ângulos
  funções trigonométricas para, 323
  identidades para, 325-326
  Veja também ângulos de Euler
ângulos de Euler
  considerações de orientação, 467
  descrevendo rotações com, 460-461
  Veja também ângulos
animação de personagens
  ângulos de Euler, 460-461
  controles, 464
  hierarquia do esqueleto, 458-459
  matriz 3 × 3 de rotação, 461-462
  modelos e exemplos, 463-464
  quaternions, 462-463
  transformadas, 459-460
  versus deformação, 463
  Veja também animações; reproduzindo animações
animações
  amostragem, 475
  escolhendo tempo para, 472
  mistura multiponto, 478

Veja também a animação de personagens, reprodução de animações
antisserrilhamento
importância de, 408
processo de, 450
Veja também serrilhamento
API OpenAL, características de, 554
APIs (application programming interfaces), usar com áudio, 554
aprendizagem de máquina, modelagem para os agentes do jogo, 505
aprendizagem por reforço (RL), o potencial de, 528
Aquisição de Recurso é Inicialização (RAII), 240-241
arbitragem, considerando na sincronização, 603
áreas de programação
código do jogo, 166
ferramentas de programação, 167
motor de jogo, 166-167
aritmética matricial, visão geral de, 332-335
aritmética vetorial
produto cruzado, 339-343
produto do ponto, 336-339
visão geral de, 329-331
armazenamento de animação
decomposição, 465
eliminação constante, 465
interpolação de ordem superior, 469-471
interpolação linear, 466-469
keyframes, 466-468
looping, 471-472
visão geral de, 463-466
armazenar animações. *Veja* armazenamento de animação
arquitetura ad-hoc, visão geral de, 234

arquitetura Core i7, características do, 249
arquitetura DAG (grafos acíclicos dirigidos), visão geral de, 235-236
arquitetura de quadro-negro, potencial de, 522-523
arquitetura de subsunção, técnica de IA, utiluizando, 521
arquitetura do jogo
etapas de inicialização/ desligamento, 239-240
otimizações, 241
RAII (Aquisição de Recurso é Inicialização), 240-241
arquitetura em camadas, visão geral de, 236-237
arquitetura Intel Core i7, características do, 249
arquitetura modular, visão geral de, 235
arquiteturas multinúcleo, a utilização de, 248-249
arquivo E/S
arquivos, 282-283
arquivos de pacote, 285-286
extensões e usuários avançados, 287
tamponamento, 283-284
unificado, sistema de arquivos independente de plataforma, 280-282
visão geral de, 279-281
arquivos de áudio, como amostras, 561
arquivos do pacote, utilizar, 285-286. *Veja também* do sistema de arquivos
Arquivo XML, entidade espada dados, 222
articulações existentes, suporte para, 398
árvore de decisão de aprendizagem, o potencial de, 523
árvores, quadtrees e octrees, 419-421

assertivas e falhas, gestão, 174
assertivas, verificando os pressupostos com, 315
assistência de IA, considerar na sincronização, 603
ativação de porta, uso em firewalls, 613
atualizações de objeto, incluindo loop do jogo, 245
atuando, modelando para agentes do jogo, 506
autenticação, definido, 608
avançar o rastreio, aplicando-se a iluminação, 433
aviões
características, 349-351
interseção com linhas, 352
próximo e distante, 412

B
backface, explicação, 449
banco de dados de erros, usando, 176-178
blocos de memória, utilizando separadamente, 266
bloqueio cardan, resultante de ângulos de Euler, 460
boa complexidade, looping de, 575
booleanos, usando com flags, 209-210
Boost, características do, 189
BSP (particionamento de espaço binário)
velocidade e eficiência de, 422
visão geral de, 418
buffer de profundidade
o reforço da visibilidade com, 408
precisão, 412
buffer duplo, utilizando em streaming de áudio, 563
buffering
melhorar o desempenho do arquivo com, 283-284
na camada de Apresentação, 599-600

streaming de áudio, 562
buffers
    índice, 425
    profundidade, 409
    quadro *versus* volta, 408
    stencil, 409-410
    utilizar com arquivos de áudio, 561
    vértice, 425
buffers circulares, usando streaming de áudio, 562
buffers de índice, utilizando com triângulos, 425
buffers de vértice, com, 425
buffers stencil, usando, 409-410
busca heurística, utilizando em pathfinding, 545-546, 548

C

C++
    bandeiras de empacotamento de bit, 209-211
    classe de interface na, 218
    criação de espada em, 221
    FSM codificado em, 509-510, 512-513
    herança virtual, 218
C# *versus* C++, 193
cabeçalho de alocação de memória, acrescentando única assinatura para, 273
caches de vértice, entradas, 426
caches de vértices de hardware, entradas, 426
caches L1-L3, usar com processador Intel Core i7, 249
cadeias mipmap, usar com texturas, 428
caixas, AABB e OBB, 362
caixas delimitadoras de alinhas ao eixo (AABBs), usando, 362
caixas delimitadoras orientadas (OBBs), utilizando, 362-363
cálculos, quebrando em etapas, 308
calendário de eventos, baseado em função *versus* em tempo real, 580

Camada de aplicação
    modelos de atualização, 600-603
    reflexão de entrada, 601-602
    reflexo do estado, 602-603
    sincronização, 603
    verificação de versão, 600
Camada de apresentação
    compressão, 597
    criptografia, 598
    serialização, 598
    tamponamento, 599-600
camada de rede
    endereços especiais, 588
    endereços IP, 587
    nome de domínio, 589
    unicast, 587-588
    visão geral de, 588
camada de sessão
    modelos de soquete de alta performance, 596
    modos de soquete, 592
    origens, 592
    padrão de modelos soquete, 592-596
    soquetes, 591
    WinSock, 592
camada de transporte
    portos, 589
    radiodifusão, 591-592
    TCP (Protocolo de controle de transmissão), 590
    UDP (*User Datagram Protocol*), 590-592
camada física
    largura de banda e latência, 585
    mídia, 586
campos de altura
    encontrando triângulos colidindo em, 365-366
    representando como terrenos, 365
canais RGBA, explicação, 413, 427
canal de som, definindo, 559

canal de transparência alfa, abreviatura de, 413
caracteres
    manter registros separados para, 313
Catto, Erin, 391
celulares e portáteis, em desenvolvimento, 180
certificados, usando, em criptografia, 609
chamadas sizeof(), através de imagens, 283
Chefe da função de transferência relativa (HRTF) codificação, o uso de, 566
cíclica coordenar descida, usando com multibone IK, 489
ciclo de movimento, exemplo, 377
cifras, usando, em criptografia, 608
cinemática
    Veja também FK (cinemática para a frente); IK (cinemática inversa)
cinemática das partículas, a visão de, 375-376
cinemática inversa (IK)
    definindo, 458
    dois ossos, 491-492
    multiosso, 489-491
    osso único, 488-489
    por interpolação, 492
    visão geral de, 489
    Veja também FK (cinemática para a frente); cinemática
cinemática para a frente (FK)
    definindo, 458
    Veja também IK (cinemática inversa); cinemática
classe AddressTranslator, usar com entidades de jogo, 298
classe arquivo, criando, 282-283
classe BufferingLayer, criando, 284
classe Enemy
    criação, 214

revisão para o polimorfismo, 216
classe FrontEnd, usando com RAII, 240
classe GameObject, criando com novo, 271
classe Heap, usando com gerenciador de memória de costume, 269-270
classe HomingProjectile, função Fixup para, 298
classe infantil, herdando, 215
classes DataStream
   diagrama de herança para, 284
   extensão, 287
classes inimigas, as relações entre, 215
classes, usando em design orientado a objeto, 213
CME (extração de movimento composto), usando, 482
cobertura de código, verificando no teste, 316
código
   alavancando existentes, 177-178
   específicas de cada jogo *versus* o motor de jogo, 233-234
   evitando a duplicação de, 316
   reutilização e manutenção de, 235
   suspeitando e depurando, 313
   veja também as práticas de programação
código de jogo, programando, 166
compartilhamento do espaço, hierárquico, 419
compilação JIT (Just-in-Time), usando com JVM, 192
compilações automatizadas diárias, aplicação, 172-173
compiladores
   compilação de jogos, 314

definindo níveis de aviso de, 314
componentes dos vetores XYZ, representando, 427
componentes, representando as unidades visuais, 223
componentes RGB, explicação, 427
comportamento de cada árvore técnica de IA, usando, 514
comportamento emergente, técnica de IA, utilizando, 516
compressão, acrescentando aos sistemas de arquivos, 287
compressão ADPCM, usar, 563
computações paralelas, interrompendo, 308
computadores. *Veja* PCs (computadores pessoais)
computadores pessoais (PCs), em desenvolvimento, 180
comunicação
   modelagem para os agentes do jogo, 504
   Veja também comunicação em tempo real
comunicação em rede, embalagem bit, 211-212
comunicação em tempo real
   ambientes assíncronos, 607
   modelos de conexão, 604-606
   Veja também comunicação
condições de contorno, verificar, 308
conectividade em tempo real, 582
conhecimento especializado, a modelagem para os agentes do jogo, 504-505
conjunto de entrada, processo de, 447
consoles de jogos, em desenvolvimento, 180-181
Console Xbox 360, memória, 465
constrói, diariamente automatizado, 172-173

construto if, usando em scripting FSM, 511
construtor, na inicialização, 268
contagem de atribuição, mantendo, 275
contagem de referência, utilizando com tempo de vida do recurso, 291
conteúdos de física, criação de, 400
controle de tom, atuando em sistemas de áudio, 561
controle de versão, benefícios de, 171
controle de volume, atuando em sistemas de áudio, 561
coordenadas baricêntricas, a computação para pontos, 367
coordenadas homogêneas
   definição, 411
   usando, 346
coordenando espaços, visão geral de, 410-413
corpo pano macio, suporte para, 397-398
criptografia
   assimétrica (chave pública), 608
   certificados, 609
   cifras, 608
   metas, 608
   na camada de Apresentação, 597
   resumo da mensagem, 608
   simétrica (chave secreta), 608
criptografia assimétrica, com, 608
criptografia de chave pública, utilizando, 608
criptografia de chave secreta, com, 608
criptografia de execução
   DLL, 610
   execução do superação da pilha, 610
      hacks temporizador, 610
      heap hopper, 610

ofuscação de código, 609
sem op hacks, 610
criptografia simétrica, com, 608
CUDA (arquitetura unificada do dispositivo de computação) site, 401
curva de Bezier, cúbico, 469-471
curva de Hermite, criando, 470
curvas
controle sobre tangentes, 469-470
tipos de, 471

D

Dados da camada de enlace, visão geral de, 587
dados de áudio
processamento em tempo real, 561
transferência, 561
dados ósseos, ordenando para aumentar a velocidade, 487
decibéis, definidos, 556
decisões em jogos
para os agentes do jogo, 505
declaração try-catch, usando com RAII, 240
declarações if, agrupando, 315
decomposição, aplicando-se a matriz 4 × 3, 465
D e D# notas da música, as frequências em hertz, 556
deformação
das posições dos vértices, 486
dos vértices normais, 486-487
versus animação, 463
deformação da malha, processo de, 484-487
delta
conclusão do repouso pose, 485
produção de osso raiz, 482
depuração
cenários e padrões, 309-313
com os sócios, 309
compreensão dos sistemas subjacentes, 312-313
dicas, 307-311
FSMs (máquinas de estado finito), 512
infraestrutura para a adição de, 313
obtendo ajuda com, 309
Veja também os erros
Depuração, passos
coletando pistas, 304-305
erros de identificação, 305-306
reparação de problemas, 306-307
reproduzindo problemas, 304
solução de teste, 307
descontinuidade, a ocorrência de, 471
desenvolvimento C++
bibliotecas, 187-188
características de alto nível, 186-187
contra linguagens de script, 195-196
desempenho, 186
fraquezas de, 189
herança C, 187
orientações para o uso de, 191
desenvolvimento multiplataforma, 181-183
design da fábrica, de objeto padrão
exemplo de, 254
usando, 226-227
design orientado a objeto
casos, 213
classes, 213
conceitos, 213-215
herança, 214-215
herança múltipla, 217-219
objetos, 215
polimorfismo, 215-216
destinos de renderização
mudança, 431
usando, 452
destinos de renderização, usando, 581
destruição, a implementação de, 401
detecção de colisão
alcançar a complexidade de tempo O (n), 363-364
complexidade da, 360
entre as esferas em movimento, 359
simplificação da geometria, 360-361
sobreposição de teste, 356-358
testes de interseção, 358-360
varrendo o plano, 364
visão geral de, 355, 495-496
volumes delimitadores, 361-362
Veja também a resposta da colisão atrito; terreno detecção de colisão
detecção de colisão do terreno
TINs (redes irregulares trianguladas), 366
visão geral de, 364
Veja também detecção de colisão
detecção de colisões e resposta, inclusive em loop do jogo, 245
determinante da matriz definida, 335
dicionários, usando, 207
difusão versus oclusão, 568
dinâmica de corpo flexível, visão geral de, 396-398
dinâmica de corpo rígido
articulações frágeis, 400
simulações de ragdoll, 398-399
visão geral de, 395
dinâmica dos fluidos, simulando, 399
direção
associando com magnitude, 329
DirectX, computação shader em, 401
DLL, explicação, 610

DMZ (zona desmilitarizada), no uso de firewalls, 613
duração de frame fixo *versus* variável, 243
duração dos frames, variável *versus* fixos, 243
duração variável *versus* estrutura fixa, 243

E

E/S partilhado, visão geral de, 581
EAX modelo de reverberação, visão geral de, 568
efeitos ambientais
  gerando, 567-568
  integração de áudio com 3D, 572-573
  normas, 568-569
efetuador final, utilizando em IK multibone, 489
empacotamento de bit
  bandeiras, 210
  comunicação de rede, 211-212
  explicação, 209
  inconveniente, 213
empresa Naughty Dog, 199
endereçamento virtual do sistema, utilizando, 265-266
endereço de Local Broadcast IPv4, explicação, 588
endereço de Loop Back IPv4, explicação, 588
endereço IPv4 de Broadcast Direto, explicação, 588
endereço IPv4 multicast, explicação, 587
Endereço, qualquer endereço IPv4, explicado, 588
endereços IP, considerando na camada de rede, 587
endereços IPv4, visão geral de, 588
endereço unicast, considerando na camada de rede, 587
entidade de bala, exemplo de, 221-222

entidade espada
  criando em C++, 221
  dados em arquivo XML, 223
entidades
  atualizando, 251-252
  carregamento, 296-299
  carregamento de ponteiros para, 297-299
  com dados duplicados, 257
  comunicação, 259-261
  criaando, 252-256
  criando objetos para, 296
  diagrama de hierarquia de classe, 220
  do mesmo tipo de modelo, 257
  estado de, 256
  identificação, 258-260
  instanciação de nível, 256-258
  interações entre, 221
  organização, 251
  o uso de modelos com, 256
  visão geral de, 251
entidades de jogo
  atualização, 251-252
  carregamento, 296-299
  carregamento ponteiros para, 297-299
  com dados duplicados, 257
  comunicação, 259-261
  criação de objetos para, 296
  criando, 252-256
  diagrama de hierarquia de classe, 220
  do tipo do mesmo modelo, 257
  estado, 256
  identificação, 258-260
  instanciação de nível, 256-258
  interações entre, 221
  organização, 251
  o uso de modelos com, 256
  visão geral de, 251
entrada de rede, recebendo, 243
entrada do jogador, recolhimento, 243

entrada, recolhendo em jogos, 243, 248
envelopes ADSR (Ataque, Declínio, Sustentação, Liberação), usar, 564-565
equação de Newton, 380, 385-386
equação dinâmica de impulso linear, 380
equações, utilizando unidades consistentes em, 374, 378
equipes de programação
  habilidades e personalidades sobre, 168
  organização, 167-168
erro de amostragem, exemplo de, 559
erro de quantização, a ocorrência de, 559
erro de truncamento
  definido, 386
  presença na integração numérica, 391
erros
  apontando para a depuração, 304-307
  compilador interno, 311-312
  comportamento inexplicável de, 311
  consumidor em hardware do console, 310
  desaparecimento durante as mudanças, 310
  erros do compilador interno, 311-312
  explicando, 309
  na liberação, mas não de depuração, 310
  prevenção, 314-316
  problemas AI, 313
  problemas intermitentes com, 311
  Veja também depuração; problemas
erros de compilação, depuração, 311-312

erros do compilador interno, depuração, 311-312
escalares
    definindo, 328
    distinção de vetores, 330
    multiplicando por vetores, 331
    representando, 330
escala uniforme, definindo, 346
esfera-esfera de colisão, exemplo de, 369
esferas, representando, 362
espaço à superfície local, definindo, 413
espaço de busca
    grades, 536
    gráficos waypoint, 536-539
    malhas de navegação, 539-540
    visão geral de, 535
espaço de objeto, explicação, 412
espaço do clipe, definido, 413
espaço do universo, explicando, 412
espaço tangente
    relativos à iluminação difusa, 442-443
    uso de mapas normal, 442
espaço, tipos de, 412-413
especificidades de jogo *versus* motor de jogo, 233-234
esqueletos
    visão geral de, 416
esquema de redução de bits, usando com áudio, 563
esquemas de particionamento espacial, a utilização de, 421-422
estado real da tela, dividindo, 581
estruturas de dados
    comunicação de rede, 211-212
    dicionários, 207-208
    empacotamento de bit, 209
    filas de espera, 208
    flags, 209-210
    listas encadeadas, 207
    matrizes, 205-206
    números de ponto flutuante, 212
    pilhas, 208
etapa da simulação, inclusive no loop do jogo, 245
etapa de inicialização, o propósito de, 239-240
etapas de tempo
    colisões que ocorrem em, 389
    inclusive no loop do jogo, 243-244
excluindo operador global
    criando, 268-271
    sobrepondo pools de memória, 279
execução do estouro da pilha superação, explicando, 610
executar construto, usar no script FSM, 511
exemplo, coeficiente de restituição, de, 381
exemplo de passagem com quadtree, 420
expansão da série Taylor, usando, 385
expressão pseudodeterminante, definindo, 340
extração de dados variáveis, utilizando, 482
extração de movimento
    composta, 481-482
    delta variável, 482
    LME (extração de movimento linear), 480-482
    visão geral de, 480
extração de movimento composto (CME), usando, 482
extração de movimento linear (LME), usar, 480-482

F

faixas de triângulo
    com, 424
    conversão para faixas indexados, 425
faixas indexadas, convertendo faixas de triângulo para, 425
falhas e asserivas, de gestão, 174
fãs de triângulo, usando, 423-424
fase de encerramento
    finalidade de, 239-240
    otimização, 241
ferramentas de depurador
    explorando, 309
    usando, 313
ferramentas de desenvolvimento, em casa, 237
ferramentas de desenvolvimento in-house, com, 237
ferramentas de programação, 167
ferramentas, em casa, 237
fila de prioridade, explicação, 208
filas, visão geral de, 208
filtragem anisotrópica, utilizar com texturas, 431
filtragem bilinear, usando com texturas, 431
filtragem trilinear, 431
filtragem trilinear e amostragem, 431
filtros de pacotes, uso em firewalls, 611-612
firewalls
    ativação de porta, 613
    determinação WAN IP, 613
    DMZ (zona desmilitarizada), 613
    filtros de pacotes, 611-612
    gateways de circuito, 612
    NAT (Network Address Translation), 612
    proxies, 611
    redirecionamento de portas, 613
física
    ciclo de movimento, 377
    cinemática da partícula, 375-376

coerência de unidades, a, 374, 378
  leis de Newton, as, 376-377
  força constante sobre o movimento de partículas, 377-378
  movimento de projéteis, 378-379
  resposta colisão atrito, 380-382
  Veja também simulação de física numérica
física do jogo, desenvolvimento de, 394
física do personagem, aplicando a ragdoll, 398-399
FK (cinemática para a frente)
  definindo, 458
  Veja também IK (cinemática inversa); cinemática
flags, usando, 209-210
flip-flop de modelagem, para os agentes do jogo, 505
formato de áudio MP3, a utilização de, 563-564
formato de áudio psicoacústico, usando, 563
formato DLS (DownLoadable Sound), uso de, 570
formato do pixel, mudando para o amortecedor traseiro, 408
formato Downloadable Sound (DLS), uso de, 570
formatos de áudio comprimido, 563-564
formatos de imagem, os exemplos de, 427
formatos de R texel e RG, explicação, 428
formatos texel ARGB, explicado, 427-428
formatos Texel RGB, explicação, 428
fragmentação de memória, 265-266

frame *versus* back buffers, 408
franquia *Crash Bandicoot*, 199
franquia *Jax and Daxter*, 199
frequência de ondas sonoras, definição, 556
Fronteira modo de cor, usando com texturas, 431
FSM linguagem de script, exemplo de, 510-511
FSMs (máquinas de estado finito)
  características, 510
  definição, 509-513
  depuração, 514
  extensão, 513
  hierárquicas, 513
  múltiplas, 514
  Veja também as máquinas de estado
função AddAddress, usar com entidades de jogo, 298
função AddRef(), usar em contagem de referência, 291
função cossecante, símbolo e definição, 322
função cosseno
  direito de, 327
  símbolo e a definição de, 322
  sinal de mudança, 325
  usando, 324
função cotangente, símbolo e definição, 322
função FileSystemOpen, alterando, 284
função Fixup, usando com entidades de jogo, 297-298
função GetMemoryBookmark, criando, 275
função Release(), utilizando, em contagem de referência, 291
função ReportMemoryLeaks, criando, 275
função RunSimulation( ), funcionamento, 247
função secante, símbolo e definição, 322

função seno
  direito de, 327
  símbolo e a definição de, 322
  sinal de mudança, 325
  usando, 324
função tangente
  definindo, 412
  símbolo e definição, 322
  sinal de mudança, 325
função Write, chamada na serialização, 294
funções trigonométricas inversas, usando, 326-327
funil de montão, explicação, 610

G

gama de cores, a limitação em computadores, 436
gamut, usando com IK, por interpolação, 493
gateways de circuito, a utilização em firewalls, 612
geometria
  cruzamentos de linhas e planos, 352
  distância entre pontos de linhas, 351-352
  linhas, 349
  planos, 349-351
  simplificação para a detecção de colisão, 360-361
gerenciador de memória
  detecção de vazamento de memória, 275-276
  escrita, 314
  novos e excluir operadores de classe específico, 270-273
  novos e excluir operadores globais, 269-271
  pools de memória, 276-279
  verificação de erros, 273-274
gerenciador de recursos, criando, 289-290
gerenciador personalizado de memória. *Veja* gerenciador de memória

GPU (graphics processing unit), as novas tendências, 401
grades
  utilizando no espaço de busca, 536-539
gráfica, separação de jogos, 484
gráficos de waypoint, usando em espaço de busca, 536-539
gráficos, o uso comum de, 417
grafo de cena, definindo, 417
grafos acíclicos dirigidos (DAG), arquitetura, visão geral de, 235-236
grampo, medição de iluminação, 436
graus e radianos, a conversão entre, 323

H

hacks de temporizador, explicando, 610
hacks inoperantes, explicação, 610
harmônicos esféricos, utilizando com luzes, 439
hemisfério de iluminação, utilizando, 438
herança
  diagrama de classes DataStream, 284
  limitações, 219
  múltiplo, 217-220
  usando em design orientado a objeto, 215
herança múltipla, utilizando em orientada a objeto design, 217-219
herança virtual, utilizando em C++, 218
Hertz, frequências, 556
hidrodinâmica de partículas suavizadas (SPH), usar, 399
hierarquia de classe, organizando, 221
hierarquia do esqueleto, visão geral de, 458-459
hipotenusa, definição, 322

hipótese, propondo para a depuração, 305-306
HRTF (Head Relative Transfer Function) codificação, o uso de, 566
I3DL2 (Interactive 3D Audio Rendering Level 2) visão geral, o nível de, 568

I

IA (inteligência artificial) para os jogos, visão geral de, 500-501
identidades, trigonometria, 325-326
IK (cinemática inversa)
  definição, 458
  dois ossos, 491-492
  multiosso, 489-491
  osso único, 488-489
  por interpolação, 492
  visão geral de, 489
  Veja também FK (cinemática para a frente); cinemática
IK de dois ossos, utilizando, 491-492
IK multiosso, usando, 489-491
IK único osso, usando, 488-489
iluminação
  ambientes internos *versus* exterior, 438
  avançar o rastreio, 433
  componentes, 434
  difusa, 439-444
  especular, 444-446
  hemisfério, 438
  monitoramento do raio, 433
  queda, 436-437
  rastreamento para trás, 433
  sombreamento Gouraud, 434
  sombreamento Phong, 435
  superfícies brilhantes, 438
  visão geral de, 433
iluminação difusa
  espaço tangente, 442
  mapas normais, 441-442

PRT (transferência de brilho pré-computada), 443-444
  versus iluminação especular, 444
  visão geral de, 442
iluminação do ambiente, representando, 435-437
iluminação especular
  mapas de ambiente, 446
  visão geral de, 444-447
iluminação especular Blinn, usar, 445-446
iluminação Lambert, utilizando, 439
independência de taxa de frames, a importância de, 393
índices, utilizando com triângulos, 425
indícios, coleta para a depuração, 304-305
instanciação, a implementação, 256
instâncias
  e modelos, 463
  usando em design orientado a objeto, 213
  versus recursos, 291
instrução switch, usando com FSM, 510
instruções de loop, juntando, 315
integração Euler
  explícita, 386-387, 391-393
  simplética, 392
integração explícita de Euler
  alternativas para, 391-392
  exemplo, 386-387
integração simplética de Euler, usando, 392
integração Verlet, as variações de, 391-392
integrador numérico
  escrita, 386
  métodos implícitos, 392
inteligência artificial (IA) para jogos, visão geral de, 500-501

intensidades de luz, magnitude, 436
interações e interferências, minimizando, 308
Interactive 3D Audio Rendering Level 2 (I3DL2) visão geral, o nível de, 568
Interactive eXtensible Music Format (iXMF), visão geral de, 570
interface ISerializable
    extensão, 297-298
    usando, 295
interpolação
    IK (cinemática inversa) por, 492-494
    linear, 466-469
    ordem elevada, 469-471
    slerp (interpolação esférica), 475
    Veja também lerp (interpolação linear)
interpolação esférica (slerp), utilizando, 475
interpolação linear (lerp)
    mascarados, 479
    normalizando, 477
    usar com keyframes, 465-468
    versus interpolação de alta ordem, 469
    Visão geral de, 474
    Veja também interpolação
interpolação, processo de, 467
iXMF (Interactive eXtensible Music Format), visão geral de, 570

J

janelas de exibição, usar, 581
Java
    desempenho, 192-193
    plataformas, 192-194
    utilização em jogos, 193-195
    visão geral de, 190
jogador de fluxo de áudio digital, visão geral de, 570

jogo de interface. *Veja* projetos de interface
jogo e renderização, as interações entre, 414
jogo *Resistance 2*, 249
jogos
    dissociação, 247
    separando dos gráficos, 484
    sequência de eventos, 238
jogos de browser e para download, desenvolvimento, 181
jogos *Doom*
    caminho fixo em aritmética, 212
juntas de bola, suporte para, 398
juntas deslizantes, suporte para, 398
JVM (Java Virtual Machine), características do, 192

K

keyframes
    e interpolação linear, 466-468
    problemas associados, 467

L

largura de banda
    em modelos de conexão, 606
    na camada física, 585-587
latência, considerando na camada física, 585
Leis de Newton do Movimento, 376-377, 380
leitor de música MIDI baseado em características do, 569
lembrando, modelagem para os agentes do jogo, 506-507
lerp (interpolação linear)
    mascarado, 479
    normalizando, 477
    usando com keyframes, 466-468
    versus interpolação de alta ordem, 469
    visão geral de, 474

Veja também interpolação
lerp mascarados, utilizando, 479
líder inimigo, desenvolvendo, 214-215
limite de Nyquist, explicação, 559
limites comuns, uso de, 398
linguagens de programação de shaders, 454
linguagens de script
    captura de erros, 197
    código como recurso, 195
    coleta de lixo automática, 197
    desempenho, 196-198
    escolha, 201
    escrita, 199
    facilidade de desenvolvimento, 195
    ferramentas de suporte, 197
    inconvenientes de, 196-199
    interface com jogos, 198
    Lua, 198
    NWNScript, 199
    personalizado, 199
    Python, 198
    QuakeC, 199
    recursos, 195-196
    tempo de iteração, 195
    UnrealScript, 199
    versus desenvolvimento C++, 195-196
linhas
    características da, 348-349
    distâncias entre os pontos a, 351-352
    interseção com os planos, 352
listas conectadas, visão geral de, 207
LME (extração de movimento linear), usando, 480-482
lógica do jogo, estruturação, 414
lógica fuzzy, o potencial de, 524
logs, mantendo para os personagens, 313
loop de simulação, a resposta de colisão em, 388

loop do jogo
  acoplamento, 247
  atualizações de objetos, 245
  colisão, 245
  de entrada, 243
  estrutura, 245
  etapa de tempo, 243-244
  exemplo de paralelizado, 249
  iteração de tarefas, 246
  ordem de execução, 247-252
  prestação, 245-246
  rede, 243
  simulação, 245
  tarefas, 242-243
looping, visão geral de, 471-472
luz ambiente, usar, 437
luzes
  ambiente, 437
  distância máxima de, 436
  intensidade, posição e cor de, 435
  representando, 437-442
  usar harmônicos esféricos, com, 439
luzes do ponto, utilizando, 435

M

magnitude, associando direção com, 329
malhas
  dividindo-se em tiras de triângulo, 425
  visão geral de, 415
manipulação de exceção, lidando com, 240
mapas de ambiente
  usando com iluminação especular, 445-446
  usando com superfícies brilhantes, 438
mapas de cubo, usando com texturas, 430
mapas de luz, utilizando, 438
mapas de reflexão, utilizando com superfícies brilhantes, 438

mapas normais
  usando com iluminação difusa, 442
  uso de, 428
  utilizando no espaço tangente, 442
máquina de Mealy, explicação, 508
máquina de Moore, explicação, 508
máquina de estados
  baseado em pilha, 520-521
  uso em IA (inteligência artificial), 520
  Veja também FSMs (máquinas de estado finito)
máquina de estados finitos (FSMs)
  características, 510
  definição, 509-513
  depuração, 512
  extensão, 513
  hierárquica, 513
  múltipla, 514
  Veja também máquinas de estado
marca d'água, utilizando, 609
máscaras de osso, utilizando, 478-479
materiais, visão geral de, 413
matriz de identidade, importância de, 335
matrizes
  a escrita de vetores como, 333
  entradas de, 332
  identidade, 334
  invertendo, 487
  multiplicando, 333-334
  ortogonais, 344
  simétrica, 333
  singular, 335
  transpõe de, 332-333
matrizes de textura, o uso de, 428
matrizes, visão geral de, 205
matriz ortogonal, definição, 344

mecanismo de renderização, estruturação, 414
meio vetor, utilizando na iluminação especular, 445
memória
  alocação dinâmica, 268-269
  alocação estática, 266-268
  conhecimento, 264
  controle, 265
  fragmentação, 265-266
  no console Wii, 465
  no console Xbox 360, 465
  preenchimento com padrão de bits, 275
  segurança, 264
  Veja também RAM (memória de acesso aleatório)
memória alocada
  acrescentado o número de guarda para, 274
  economizando tamanho de, 274
  Veja também alocação de memória
memória física, divisão de, 265
metodologia de cachoeira, utilizando, 170
metodologia de código e correção, usando, 169
metodologias ágeis, usando, 171
metodologias. *Veja* metodologias de desenvolvimento
metodologias de desenvolvimento
  ágil, 171
  cachoeira, 170
  codificar e consertar, 169
  iterativo, 170
metodologias iterativas, usando, 170
métodos de diferenças finitas, utilizando, 385-386
métodos de força de penalidade, a utilização de, 389-390

métodos implícitos A-Stable, usando, 392-393
microfacetas, usando com iluminação especular Blinn, 445
middleware, usando, 177-178
mídia
    considerando a camada física, 585-587
mipmapping, artefato, 431
mistura hierárquica, utilizando, 479
mistura multiponto, usando, 478
misturando animações
    lerp (interpolação linear), 474
    lerp mascarada, 479
    máscaras de osso, 478-479
    métodos de quatérnios, 475-476
    mistura hierárquica, 479
    mistura multiponto, 478
mixagem de áudio, as tendências, 555
modelagem de aprendizagem, para os agentes do jogo, 506-507
modelagem de audiência, para os agentes do jogo, 503-504
modelagem de jogador, o potencial de, 527-528
modelagem de sensores, para os agentes do jogo, 502-503
modelagem de visão, para os agentes do jogo, 502-503
modelo de reflexão de entrada, utilizando em camada de aplicação, 601-602
modelo de reflexão de estado, utilizando em camada de aplicação, 602-603
modelos
    e instâncias, 463-464
    Veja também os modelos de jogo

modelos de entidade, utilizando, 257-258
modelos de ligação
    cliente / servidor, 605-606
    complexidade de ligação, 606
    largura de banda, 606
    ponto a ponto, 603
    transmissão, 605
modelos de soquete
    Conexão TCP, 593-594
    criação de soquete, 593
    de alto desempenho, 596
    modos de tomada, bloqueando *versus* não bloqueando, 592
    transmissões de datagramas, 595
    transmissões de fluxo, 594-595
modelos, utilizando com entidades de jogo, 257-258
modificação fraqueza de aprendizagem, o potencial de, 529
modo clamp, usando com texturas, 430
modo de multijogador com tela dividida, visão geral de, 581
modo multijogador em tela cheia, visão geral de, 580-581
Modos de espelho, usar com texturas, 430
    modos multijogador
        calendário de eventos, 580
        conectividade, 582
        E/S partilhado, 580
        tela cheia, 580-581
        tela dividida, 581
modo Wrap, usar com texturas, 430
módulos, arranjo em arquitetura em camadas, 236-237
momentum linear, conservado, 380
motor de física Bullet site, 395

motor de física Digital Molecular Matter (DMM), 401
motor de física DMM (Digital Molecular Matter), 401
motor do jogo, programando, 166-167
    motores de física
        constrangimentos, 398
        conteúdos de física, autoria, 400
        dinâmica de corpo macio, 396-398
        dinâmica de corpos rígidos, 396
        dinâmica dos fluidos, 399
        DMM (Digital Molecular Matter), 400
        física e personagem de ragdoll, 398-399
        novas tendências, 400-401
        objetos estáticos e cinemáticos, 395
        resolução de constrangimentos, 391
        sites para, 394
movimento, a equação newtoniana de, 380
movimento de partículas, o efeito da força constante, 377-378
movimento de projéteis, exemplo de, 378-379
MSAA (multiamostragem de antisserrilhamento), processo de, 450
mudanças de código, depuração, 309
multiamostragem de antisserrilhamento (MSAA), processo de, 450

N

NAT (Network Address Translation), o uso em firewalls, 612

navegação estimada (*dead reckoning* ou DR)
  IA técnica, 516
  relação com a sincronização, 603
Network Address Translation (NAT), a utilização em firewalls, 612
  nível de detalhe técnico de IA (LOD), usando, 518
nlerp (interpolação linear normalizada), 476
nome de domínio, o papel da camada de rede, 589
nomes, a intercepção de, 611
normais de vértice, deformando, 486-487
normalizando interpolação linear (nlerp), 476
normas de codificação, documentação, 172
nós
  abertos e fechados, 542
  em PVS (conjunto otencialmente visível), 421
  exibição em portais, 417-418
  representando com classe PlannerNode, 542
  Veja também os nós folha
nós de folha, usando em BSP (partição binária do espaço), 419. *Veja também* nós
nota musical B, as frequências em hertz, 557
nota musical E, as frequências em hertz, 557
notas musicais A e A#, as frequências em hertz, 557
notas musicais C e C#, as frequências em hertz, 557
notas musicais F e F#, frequências em hertz, 557
notas musicais, frequências em hertz, 557
notas musicais G e G#, frequências em hertz, 557

novo operador global
  criação, 268-271
  sobreposição de pools de memória, 279
núcleos SPU, características, 248-249
número de alocação, retorno, 275
números de ponto fixo, usando, 212
números de ponto flutuante, usando, 212
números mágicos, evitando, 316

O

OBB (caixas limitadoras orientadas), utilizando, 362
objetos
  agrupamento, 229-230
  criação de entidades de jogo, 296
  execução por caracteres, 494
  notificação de diferentes tipos, 228-229
  usando em design orientado a objeto, 215
objetos alocados, determinar tamanho de, 277
objetos de cinemática, suporte para, 395
objetos de renderização
  casos, 414-416
  visão geral de, 414
objetos estáticos, suporte para, 395
obstáculo para evitar técnica de IA, utilizando, 519
oclusão *versus* difusão, 568
octrees
  e quadtrees, 419-421
  usando com TINs, 367
ofuscação de código, explicação, 609
$O(n^2)$ complexidade de tempo, conseguindo, 363-364
onda senoidal
  características da, 556

  representação de, 559
onda sonora, plotagem, 556
Open System Interconnect (OSI), especificação, 584
operações de stencil, processo de, 451-452
operações misturadas de alfa, processo de, 450-452
operações Z, processo de, 450-452
operador de classe específico novo, criando, 270-273
operador delete classe específica, criando, 271-273
ordem endian, considerando os pacotes, 583
orientações, renormalização, 467
OSI (Open System Interconnect), especificação 584
osso raiz, posição e orientação de, 482-483. *Veja também* ossos
osso raiz sintético (SRB), o significado de, 483. *Veja também* ossos
ossos
  armazenamento de, 466
  transformadas de, 458
  transformando em espaço do mundo, 485
  Veja também osso raiz; SRB (osso raiz sintético)

P

pacotes, visão geral de, 583-584
padrão de desenho de observação, utilizando, 228-230
padrão de design de comando, descrito, 231
padrão de design de fachada, descrição, 231
padrão de design do adaptador, descrito, 231
padrão de design do decorador, descrição, 231

padrão de design flyweight, descrição, 231
padrão de design único, com, 224-225
padrão de design visitante, descrevendo, 231
padrão de projeto composto, usando, 229-230
padrões de projeto
  adaptador, 231
  comando, 231
  compostos, 229-230
  decorador, 231
  fábrica de objetos, 226-227
  fachada, 231
  flyweight, 231
  observador, 228-229
  singleton, 225
  visitantes, 231
paisagem sonora, formando, 575
panning em sistemas de áudio, 561
papel de compressão, em camada de Apresentação, 597
paralelogramo, calculando a área de, 341
partição binária do espaço (BSP)
  velocidade e eficiência de, 422
  visão geral de, 418
particionamento de volume de renderização, visão geral de, 416-417
partículas
  coleta de simulação, 386-387
pathfinding
  algoritmo A*, 541-544, 548-549
  algoritmo Best-First, 545-546
  algoritmo Breadth-First, 544-545
  algoritmo Dijkstra, 545-548
  Random-Trace, 541
  visão geral de, 540-541
pathfinding Random-Trace, usando em pathfinding, 540-541

PCs (computadores pessoais)
  em desenvolvimento, 180
pensamento
  modelagem para os agentes do jogo, 504-505
período de deformação, definição, 381
período de restituição, definição, 381
pesos
  aplicação para a mistura, 478
Phong sombreamento, definição, 435
PhysX da NVIDIA, site do motor de física, 395
pilha de protocolos, visão geral de, 584
pilhas, visão geral de, 208
pipeline de renderização de hardware
  antisserrilhamento, 448-450
  características de shader, 453-454
  conjunto de entrada, 447
  função de pipelines fixos, 454-455
  linguagens de programação de shader, 454
  montagem primitiva, seleção e corte, 448
  múltiplos destinos de renderização, 452
  operações de alfa-mistura, 451-452
  operações de stencil, 451-452
  operações Z, 451-452
  projeção, 450
  rasterização, 450
  shading de pixel, 450-451
  sombreamento de vértice, 448
  visão geral de, 446-449
  Veja também renderização primitiva
pixel shading, processo de, 450
Pixelux Entertainment Site, 401

planejamento, aplicação de IA (inteligência artificial), 526
plataformas
  browser e download de jogos, 181
  consoles de jogos, 179-181
  definindo, 458
  desenvolvimento multiplataforma, 181-183
  PCs (computadores pessoais), 179-180
  portáteis e celulares, 180
plug-ins do site Maya, 400
polígonos. *Veja* modelar caixa com polígonos
polimorfismo, utilizar, em projeto orientado a objetos, 215-217
ponteiros
  carga de entidades de jogo, 297-300
  considerando os pacotes, 583
  de recursos do jogo, 296
  economia, 296-297
  inclusive para pilhas, 270
ponteiros NULL, verificando, 174
ponto de amostragem, utilizando com texturas, 431
pontos
  coordenadas baricêntricas de computação, 367
  definição de planos de, 349
  distâncias entre linhas, 351-352
  rotativa, 346-347
pontos de giro, 346-348
pools de memória
  benefícios, 277
  bloco de memória para alocar, 278-279
  criação de variável de membro estático para, 279
  declaração de classe, 277
  desvantagem de, 277
  integração com o gerenciador de memória, 279

portais
velocidade e eficiência de, 422
visão geral de, 417-418
portas, em função da camada de transporte, 589
portáteis e celulares, em desenvolvimento, 180
pose de repouso, encontrando delta do, 485
pose local, definição, 485
poses
para IK por interpolação, 492-493
tipos de, 486
posições dos vértices, deformando, 486
potencialmente conjunto visível (PVS)
velocidade e eficiência de, 422
visão geral de, 421
práticas de programação
compilações diárias automatizadas, 172-173
controle de versão, 171-172
normas de codificação, 172
Veja também o código
previsão de n-grama, o potencial de, 525
primitivas
montagem, abate e corte, 448
tipos de, 408
uso comum, 423
Veja também renderização primitivas
primitivas de renderização
faixas de triângulo, 424-425
ponto de sprites, 426
quadriláteros, 423
ventoinhas de triângulo, 423-424
Veja também as primitivas
privacidade do usuário, visão geral de, 610-611
privacidade, visão geral de, 610-611

problemas
depuração, 307
reprodução para a depuração, 304
Veja também os erros
problemas de áudio, os exemplos de, 574
problemas de IA, diagnóstico, 313
processo, do abate das, 416
processo unificado, explicado, 170
produção de osso raiz, produzindo delta para, 482
produto cruzado
como a operação anticomutativa, 343
do lado direito da regra, 342
explicação, 339-340
expressando-se como produto da matriz, 340
magnitude entre vetores, 341
pedido de vetores tridimensionais, 340
produto escalar
ângulo relacionado com, 338
definindo, 336
em três dimensões, 338
expresso como o produto da matriz, 337
importância de, 337
quantidade escalar de, 336
sinal de, 338
produto interno. *Veja* produto escalar
produto ponto-operação, usando com mapas normais, 441
produto vetorial
como a operação anticomutativa, 343
do lado direito da regra, 342
explicando, 339-340
expressando como produto da matriz, 340
magnitude entre vetores, 341
pedido de vetores tridimensionais, 340

profundidade de bits de amostra, explicado, 559
programação de áudio
ADSR (Ataque, Declínio, Sustentação, Liberação) envelopes, 564-565
Áudio 3D, 565-568
efeitos ambientais, 567-569
física, 555
formatos de áudio comprimido, 563-564
pipeline de áudio e mixagem, 560-561
representação digital do som, 558-559
reprodução e manipulação da amostra, 561
streaming de áudio, 562-563
terminologia, 555
visão geral de, 554
proteção contra cópia, visão geral de, 609
protocolos
pacotes, 583-584
RFC (Request for Comments), 584
proxies, uso em firewalls, 612
PRT (transferência de brilho pré-computada), usar com iluminação difusa, 444
PS3, explorando o poder de, 248-249
PVS (conjunto potencialmente visível)
velocidade e eficiência de, 422
visão geral de, 421

Q

quadriláteros, o uso de, 423
quads, o uso de, 423
quadtrees e octrees, visão geral de, 419-421
quaternions
métodos de mistura, 475-476
representando rotações com, 462-463

queda, usando com iluminação, 436

R

radianos e graus, a conversão entre, 323
RAII (Aquisição de Recurso é inicialização), 240-241
RAM (memória de acesso aleatório), a leitura de, 287. *Veja também* a memória
rasterização, processo de, 450
rastreamento para trás, aplicando à iluminação, 433
reconhecimento de fala, o potencial de, 529
reconhecimento de voz, visão geral de, 575
recursos
  ponteiros para, 296
  pré-cache, 292
  versus instâncias, 292
recursos do jogo
  contagem de referência, 291-292
  gerenciador de recursos, 288-290
  gerenciamento de tempo de vida explícito, 291
  pré-cache de recursos, 292
  recursos e de instâncias, 292
  tempo de vida do recurso, 290-291
  trabalhar com, 287
  Veja também ativos do jogo
redes bayesianas, o potencial de, 522
redes de IP, transmissão de mais de, 591
redes de percepção, o potencial de, 526
redes irregulares trianguladas (TINs), visão geral de, 366
redes neurais, e da percepção, 526
redes neurais, o potencial de, 526

redirecionamento de portas, o uso em firewalls, 613
registro do sistema, usando com o gerente de recursos, 290
regra direita, aplicando produto cruzado, 342
reinicialização a quente, fazendo, 241
relação de sintonia, ao som, 556
relação sinal-ruído (SNR), calculada, 559
relógio, usando no loop do jogo, 243
renderização
  às texturas, 432
  inclusive no loop do jogo, 245
  reduzindo o tempo envolvido em, 248
renderização e jogos, as interações entre, 414
reprodução de voz, avançado, 576-577
reproduzir animações
  esfregar, 473
  visão geral de, 474
  Veja também animações, animação de personagens
Request for Comments (RFC), explicando, 584
resolução de colisão
  colisão, 368-369
  epílogo, 370
  prólogo, 368
  sobreposição de teste, 369-370
  testes de interseção, 370
resposta de colisão
  complexidades, 389
  diagrama de, 381
  em loop de simulação, 388
  métodos alternativos, 389-390
resposta de colisão de atrito, visão geral de, 380-384. *Veja também* detecção de colisão
restrições

resolução por motores de física, 390
  usando, 400
resumo da mensagem, usando criptografia, 609
reunindo
  como comportamento emergente, 516
  técnica de IA, 517
reverberação
  caminho direto, 567
  modelo EAX, 568
revisões de código, executando, 173-174
RFC (Request for Comments), explicando, 584
RL (aprendizado por reforço), o potencial de, 528
rotações
  descrevendo com ângulos de Euler, 460-461
  representando com quaternions, 462-463

S

script de áudio e motor, integrando, 573-576
script Game Object Assembly Lisp (GOAL) linguagem, 199
scrubbing, visão geral de, 473
segmentos de linha
  em decomposição, 324
  mudança comprimentos de, 329
segurança
  criptografia, 608-609
  execução de criptografia, 609-610
  firewalls, 611
  intercepção do nome de usuário, 611
  interceptação de senhas, 611
  privacidade do usuário, 610-611
  proteção *versus* cópia, 609
senhas, a interceptação de, 611

sequência de números, leitura do arquivo, 284
serialização
  camada de apresentação, 599
  carregamento, 296-299
  criação de objetos, 296
  de pacotes, 583
  desenvolvimento de Write, 294
  gravação, 293-296
  identificadores únicos, 295-296
  indicadores de carga, 300
  ISerializable, 294
  ponteiros de gravação, 296
  recursos, 296
serrilhamento, identificar, 433. *Veja também* **antisserrilhamento**
shaders
  características, 454
  restrições, 453-454
  visão geral de, 413
shading Gouraud, definindo, 434
simulação de física, atualização em intervalos de tempo fixo, 393-394
simulação de física numérica
  alternativas para a integração de Euler, 391-393
  coleção de partículas, 386-387
  independência de taxa de quadros, 393
  integração da equação do movimento, 385-386
  problemas de estabilidade, 391-393
  resposta de colisão em loop de simulação, 388-390
  Veja também física
simulações de ragdoll, a utilização de, 398-399
sincronização na camada de Aplicação, 603
síndrome *Not Invented Here*, não inventado aqui (NIH), 178

sistema de arquivos
  adição de compressão, 287
  declaração para, 280
  execução, 282
  manipulando caminho atual, 281
  melhorando, 280-282
  peças de montagem, 280-281
  usando a tabela hash com, 282
  Veja também arquivos de pacote
sistema de disparo, técnica de IA, utilizando, 522
sistema de música, interativo, 570-571
sistema de programação de música
  DLS (Sound download), 570
  efeitos ambientais de áudio 3D, 572-573
  iXMF (Interactive eXtensible Music Format), 570
  leitor de música baseado em MIDI, 569
  reconhecimento de voz, 576
  reprodução de voz, 576-577
  reprodutor de fluxo de áudio digital, 570
  scripting e integração de áudio do motor, 573-576
  sistema interativo conceitual, 570-571
  tecnologia de sincronização de lábios, 575
sistema de reputação, o potencial de, 528
sistemas
  compreensão para a depuração, 313
  Veja também sistemas de jogo
sistemas de componentes
  composição direcionada a dados, 222
  inconvenientes e análises, 223
  limites da herança, 219-221
  organização, 221-224

sistemas de mensagens, usando com entidades de jogo, 259-261
sistemas de produção, o potencial de, 528
site CAL (Compute Abstraction Layer), 401
site da arquitetura unificada do dispositivo de computação (CUDA), 401
site de Open CL (Linguagem de Computação), 401
site do formato COLLADA, 400
site do motor de física Box2D, 395
site do motor de física Havok Physics, 395
site do motor de física PhysX, 395
site do processador Larrabee, 401
sites
  CAL (camada de abstração de computação), 401
  CUDA (arquitetura unificada de dispositivo de computação), 401
  formato COLLADA, 400
  motor de física Box2D, 395
  motor de física Bullet, 395
  motor de física Havok Physics, 395
  motor de física PhysX, 395
  motor de física PhysX da NVIDIA, 395
  motores de física, 395
  Open CL (linguagem de computação), 401
  Pixelux Entertainment, 400
  plug-ins de 3ds Max, 400
  plug-ins do Maya, 400
  processador Larrabee, 401
slerp (interpolação esférica), utilizar, 475
SNR (relação sinal / ruído), calcular, 559

sobreposição de teste
    limitações, 356-359
    resolver, 369
    resultados, 356-357
    versus testes de interseção, 358
soma de Minkowski, aplicando a detecção de colisão, 360-361
sombreamento de vértice, processo de, 448
sombreamento Gouraud e Phong, 434
sons
    amostragem, 559
    amplitude de, 558
    definindo, 555
    determinação de posições, 565
    repetição de jogos, 575
    representação digital da, 558-559
    representando, 555
    variando em jogos, 574
    Veja também áudio
sons de amostragem, 559
soquetes
    origens, 592
    papel na camada de Sessão, 590
SPH (hidrodinâmica de partículas suavizadas), usando, 399
sprites de ponto, o uso de, 426
SRB (osso raiz sintético), o significado de, 483. Veja também ossos
STL (Standard Template Library), características, 188, 189
streaming de áudio, 562-563
superfícies brilhantes, iluminação, 438

T

tabela de hash, utilizando com sistema de arquivo, 282
tarefas de qualidade
    assertos e falhas, 174
    banco de dados de erros, 176-178
    revisões de código, 173-174
    testes de aceitação, 176
    testes de unidade, 175
TCP (Protocolo de Controle de Transmissão), visão geral de, 590-591
técnica da bissecção, usando com teste de sobreposição, 356-357
técnica de formações de IA, usando, 517
técnica de IA de análise de terreno, usando, 521
técnica de IA de atribuição do gerente de tarefa, usando, 518-519
técnica de IA de hierarquia de comando, usando, 515-516
técnica de IA de máquina de estados baseada em pilha, utilização, 520-521
técnica de mapeamento de influência de IA, usando, 517-518
técnica de pesquisa, modelagem para os agentes do jogo, 505
técnica de script de IA, utilizando, 519-520
técnica LOD (nível de detalhe) de IA, usando, 518
técnica prefracture, o uso de, 401
técnicas de IA
    A* pathfinding, 514
    aleatoriedade filtrada, 524
    análise de terreno, 521
    aprendizagem de modificação de fraqueza, 529
    arquitetura de quadro-negro, 522-523
    arquitetura de subsunção, 521
    árvore de comportamento, 515
    árvore de decisão de aprendizagem, 523
    atribuição do gerenciador de tarefas, 518-519
    comportamento emergente, 516
    estimativa, 516
    evitar obstáculo, 519
    formações, 517
    GA (algoritmos genéticos), 525
    hierarquia de comando, 515-516
    LOD (nível de detalhe), 518
    lógica fuzzy, 524
    mapeamento de influência, 517-518
    máquina de estado, 520
    máquina de estado baseado em pilha, 520-521
    modelagem do jogador, 527-528
    planejamento, 527
    previsão estatística n-gram, 525-527
    reconhecimento de fala, 529
    redes Byesian, 522
    redes de percepção, 526
    redes neurais, 526
    reunindo, 517
    RLL (aprendizagem por reforço), 528
    scripts, 519-520
    sistema de ativação, 522
    sistema de reputação, 528
    sistemas de produção, 528
    terreno inteligente, 529
    texto para fala, 529
tecnologia de sincronização de lábios, visão geral de, 575
telas de navegação, utilizando em espaço de busca, 539-540
tempo
    do mundo real, 472

escolhendo para animações, 472
global, 472
tempo de espera, reduzindo em comunicação em tempo real, 604
tempo de mundo real, o uso de, 472
tempo de vida do recurso
  contagem de referência, 291
  gestão explícita, 291
  tudo de uma vez, 290-291
tempo global, o uso de, 472
tempos de reação, a modelagem para os agentes do jogo, 504
teorema de Pitágoras, usando, 351
terreno inteligente, o potencial de, 528-529
teste de interseção
  resolução, 370
  visão geral de, 358-360
testes
  aceitação, 176
  unidade, 175
testes de aceitação, realizando, 176
testes de unidade, realizando, 175
texels
  formatos, 426-429
  layout de, 428
  suavização de bordas afiadas, 431
  valores de, 426
texto para fala (TTS), o potencial de, 529
texturas
  definindo, 426-427
  filtragem, 431-432
  formatos, 426-429
  mapeamento, 429-433
  modo wrap/clamp, 430
  ponto de amostragem, 431
  renderização, 432
  usando cadeias mipmap com, 428

visão geral de, 413
TINs (redes irregulares trianguladas), visão geral de, 366
tipos de arquitetura
  ad-hoc, 234
  camadas, 236-237
  DAG (arquitetura de grafos acíclicos dirigidos), 235-236
  modulares, 235
tipos de objetos
  criando modelo para, 255
  criando objeto de Registro para, 255
  registo automático de, 255-256
  registrar e cancelar registro, 253-254
  usando cordas únicas para, 254
  utilizando UIDs (identificadores únicos) com, 254
total de energia, o cálculo do, 382
tracejar raio, aplicando-se à iluminação, 433
transferência de brilho pré-computada (PRT), utilizando iluminação difusa, 444
transformação de coordenadas do sistema, usando, 343-344
transformação ortonormal, definição, 487
transformações
  associação com ossos, 458
  comum, 345-348
  coordenadas homogêneas, 344-345
  representações de matriz para, 345-348
  representando como única matriz, 344-345
  sistema de coordenadas, 343-344
  transposição inversa de, 486-487

vetores normais, 348
visão geral de, 458
transmissão em redes IP, 591
Transmission Control Protocol (TCP), visão geral de, 590-591
triângulo retângulo, funções trigonométricas associadas com, 322
triângulos
  clipping, 412
  lados, 449
  projetando, rasterizando e antisserrilhando, 448-450
  topologias de, 424
  uso comum, 410
  uso de, 410
triângulos abate, backfacing, 448
trigonometria
  funções, 322-324
  funções inversas, 326-327
  identidades, 325-326
  senos e cossenos, 327-328
tronco, definição, 411

U

UDP (*User Datagram Protocol*)
  método sendto(), 595
  visão geral de, 591-592
UIDs (identificadores únicos) usando, 258
  usando na serialização, 294-295
UML (Unified Modeling Language) , FSM em, 509
unidade de processamento gráfico (GPU), as novas tendências, 401
unidades, consistência, 374
Unified Modeling Language (FSM), FSM em, 509

V

variáveis
  inicializando na declaração, 315
  nomenclatura, 314-315

variáveis do jogo, alterando durante o jogo, 313
vazamentos de memória
 detectando, 275
 observando, 264
ventoinhas, triângulo, 423-424
verificação de colisão, realizando com quadtrees, 420
verificação de erros, atuando no gerenciador de memória, 273-275
verificação de tronco, reproduzindo com quadtrees, 420
vértices
 características, 410-411
 clipping, 412
 indexação, 425-426
vetores
 adição e subtração, 331
 componentes x, y e z, 330
 comprimentos de, 331
 distinção de escalares, 330
 escritos como matrizes, 333
 metade, 445
 multiplicação por escalares, 331
 normalizados, 331
 ortogonais, 337
 referindo-se a componentes de, 331
 representando as componentes XYZ do, 427
 tangente e binormal, 413
 transformação, 348
 tridimensional, 331-332
 unidade de comprimento, 331
vetores ortogonais, definição, 338
vetor tangente, calculando, 348
visibilidade, reforçando com buffer de profundidade, 409
volume do som, medida, 558
volumes delimitadores, usando com detecção de colisão, 361-363

W

WAN IP, a utilização em firewalls, 613
Wii, memória, 465
WinSock, visão geral de, 592

X

Xaudio API, características do, 554

Z

Z-buffer
 o reforço da visibilidade com, 408
 precisão, 412
zona desmilitarizada (DMZ), a utilização em firewalls, 613

CARBON FREE

A Cengage Learning Edições aderiu ao Programa Carbon Free, que pela utilização de metodologias aprovadas pela ONU e ferramentas de Análise de Ciclo de Vida calculou as emissões de gases de efeito estufa referentes à produção desta obra (expressas em CO2 equivalente). Com base no resultado, será realizado um plantio de árvores, que visa compensar essas emissões e minimizar o impacto ambiental da atuação da empresa no meio ambiente.